रामचन्द्र शुक्ल संचयिता

रामचन्द्र शुक्ल संचयिता

सम्पादक
रामचन्द्र तिवारी

वाणी प्रकाशन

वाणी प्रकाशन
4695, 21-ए, दरियागंज, नयी दिल्ली 110 002
शाखा
अशोक राजपथ, पटना 800 004
फ़ोन : +91 11 23273167 फ़ैक्स : +91 11 23275710
www.vaniprakashan.in
vaniprakashan@gmail.com
sales@vaniprakashan.in

RAMCHANDRA SHUKLA SANCHAYITA
Edited by Ramchandra Tiwari

ISBN : 978-93-5000-109-7
Sanchayita

संस्करण 2003
आवृत्ति 2017

मूल्य : ₹ 695

रजोरिया प्रिंटर्स, दिल्ली-110 095 में मुद्रित

वाणी प्रकाशन का लोगो मक़बूल फ़िदा हुसेन की कूची से

अनुक्रम

निबंध-खंड

काव्य-चिंतन-खंड

मूल्यांकन खंड

इतिहास-खंड

विविध

विश्वविद्यालय का वक्तव्य

आम तौर पर यह धारणा है कि विश्वविद्यालय स्तर पर हिंदी साहित्य, भाषा और संस्कृति का जो अध्ययन-अध्यापन होता है वह अधिकतर रूढ़िग्रस्त और उबाऊ हो गया है। महात्मा गांधी अन्तरराष्ट्रीय हिन्दी विश्वविद्यालय के प्राथमिक सरोकारों में से एक यह है कि पाठ्यक्रम, पाठ्यचर्या और पाठ्यसामग्री को एक नई शताब्दी की नई चुनौतियों और प्रश्नाकुलता के अनुरूप ताजातरीन करते हुए इस क्षेत्र में नए विकल्पों को खोजा, विकसित और विन्यस्त किया जाए। तभी यह विश्वविद्यालय हिंदी अध्ययन-अध्यापन और अनुसंधान के क्षेत्रों में कुछ ठोस, प्रासंगिक और कारगर विकल्प प्रस्तुत कर सकता है।

हमारे विश्वविद्यालय ने देश और विदेश के श्रेष्ठ विशेषज्ञों से विचार-विनियम कर इस दिशा में कुछ प्रयत्न करना शुरू किया है। हमारा लक्ष्य हिंदी साहित्य, भाषा और संस्कृति को उसकी समग्रता, जटिलता और बहुलता में आलोकित करते हुए उनके नए प्रश्नों, चिंताओं और उत्सुकताओं से दो-चार होने की अपार क्षमता और उसकी वर्तमान अनेक दिशाओं का इंगित करना भी है।

चूँकि नए किस्म का पाठ्यक्रम और पाठ्यचर्या के लिए नए किस्म की पाठ्यसामग्री अनिवार्य है, इस विश्वबियालय ने एक अपेक्षाकृत महात्त्वाकांक्षी प्रकाशन-योजना हाथ में ली है। यह पुस्तक उसी योजना का एक हिस्सा है।

इस प्रकाशन योजना में हिंदी के प्रमुख लेखकों के प्रतिनिधि संचयनों, विविध विषयों पर आधारित संकलनों, यथा प्रेम, प्रकृति, अध्यात्म, मृत्यु और अनुपस्थिति, समाज, नदी, ऋतु विषयक कविताओं के संकलनों के साथ-साथ ऐसे लेखकों के चयन भी प्रकाशित करने की योजना है जो साहित्य की तथाकथित मुख्यधारा में कतिपय कारणों से विशेष उल्लेख न पा सके किन्तु जिनकी रचनात्मकता से परिचित होने पर हिंदी साहित्य की समझ समृद्ध ही होगी।

इनके साथ ही अनेक विशिष्ट प्रकाशनों की योजना है। बीसवीं सदी के उत्तरार्ध की हिंदी-कुल की भाषाओं (भोजपुरी, अवधी, बुंदेलखंडी, मालवी, आदि) की कविताओं

का संचयन, हिंदी के आरंभिक गद्य का संचयन, मध्यकालीन काव्य का संचयन, सूफी-काव्य का संचयन, बीसवीं सदी के उत्तरार्ध की हिंदी कथा, कविता, आलोचना आदि के चयन, महत्वपूर्ण लेखकों और कृतियों के द्विभाषी संस्करण (हिंदी-उर्दू, हिंदी-अंग्रेजी, हिंदी-पोलिश, आदि) तैयार किए जा रहे हैं।

इस प्रकाशन योजना की एक विशेषता यह है कि इसके निर्माण में लोकतांत्रिक और पारदर्शी प्रक्रिया अपनाई गई है। अपने अपने क्षेत्र के विशेषज्ञों की समितियों ने प्रकाशनयोग्य सामग्री के साथ-साथ संपादकों का चुनाव भी किया है। निश्चय ही पुस्तकों में उनकी अपनी दृष्टि तो झलकती है, उसके साथ ही वे एक सामूहिक विवेकसम्मत प्रक्रिया का परिणाम भी हैं। इन्हें तैयार करते समय इस बात का ध्यान तो रखा ही गया है कि इस सामग्री का उपयोग भारत के बाहर उन केंदों में भी किया जाना है जहाँ हिंदी पढ़ाई जा रही है। यदि ये पुस्तकें सामान्य पाठकों के अतिरिक्त हिंदी के छात्रों और शिक्षकों के लिए उपयोगी सिद्ध हुई तो हमें संतोष होगा।

—अशोक बाजपेयी

कुलपति

प्राक्कथन

प्रस्तुत संचयिता में आचार्य शुक्ल के समग्र रचनात्मक व्यक्तित्व को एक साथ और एक जगह उपस्थित करने के उद्देश्य से उनकी प्रतिनिधि रचनाओं का संयचन किया गया है। आचार्य शुक्ल मुख्यतः एक विचारशील निबन्ध-लेखक, काव्य-चिंतक, समीक्षक और इतिहासकार थे। इन क्षेत्रों में उनकी उपलब्धियाँ अप्रतिम हैं। हिन्दी-जगत् सामान्यतः उनके इन्हीं रूपों से परिचित है; किन्तु उनका रचनात्मक व्यक्तित्व इन्हीं तक सीमित नहीं है। वे एक सहृदय कवि, कहानीकार, संस्मरण एवं जीवनी-लेखक तथा सिद्ध अनुवादक भी थे। इस संचयिता में उनके अपेक्षाकृत अपरिचित रचनात्मक व्यक्तित्व को प्रतिनिधित्व करने वाली रचनाओं को भी सम्मिलित किया गया है। पूरी संचयिता, भूमिका और परिशिष्ट के अतिरिक्त पांच खण्डों—निबंध, काव्य-चिंतन, मूल्यांकन, इतिहास और विविध—में विभक्त है। निबंध खण्ड में आचार्य प्रवर के पाँच निबंध—भाव या मनोविकार, उत्साह, श्रद्धा-भक्ति, करुणा, तथा लोभ और प्रीति—संकलित हैं। ये निबंध उत्कृष्ट और प्रौढ़ ही नहीं हैं, आचार्य प्रवर के काव्य-चिन्तन की आधार-भूमि का निर्माण भी करते हैं। आचार्य शुक्ल की दृष्टि में मनुष्य को कर्म में प्रवृत्त करने वाली मूल वृत्ति भावात्मिका है। उसका सीधा संबंध भावों या मनोविकारों से है। कविता भावों या मनोविकारों के क्षेत्र को विस्तृत करती हुई उनका प्रसार और परिष्कार करती है। इसलिए कविता के मर्म को समझने के लिए भावों या मनोविकारों के स्वरूप को समझना आवश्यक है। आचार्य शुक्ल ने 'भाव या मनोविकार' निबंध में जीवन और काव्य दोनों ही क्षेत्रों में भावों की प्रेरक और गत्यात्मक भूमिका का प्रतिपादन किया है। 'उत्साह' निबंध में आचार्य शुक्ल ने कर्म-भावना-प्रधान 'उत्साह' को ही सच्चा माना है। उनकी दृष्टि में फल-भावना प्रधान उत्साह 'लोभ' का ही प्रच्छन्न रूप है। कर्म-भावना प्रधान उत्साह ही कर्म-सौंदर्य का विधायक और प्रवर्तक है। कहना न होगा कि कर्म-सौंदर्य मीमांसा आचार्य प्रवर के काव्य-सौंदर्य-चिन्तन की आधारभूमि है। श्रद्धा-भक्ति आचार्य शुक्ल का एक नितांत मौलिक निबंध है। इसमें उन्होंने 'भक्ति' के सामाजिक महत्त्व का प्रतिपादन करके लोक-मंगल के विधान में उसकी निर्णायक भूमिका की ओर संकेत किया है। यह

निबंध आचार्य प्रवर की 'लोक-मंगल की अवधारणा' का बीजाधार है। आचार्य शुक्ल की दृष्टि में मंगल का विधान करने वाले दो ही भाव हैं—करुणा और प्रेम। करुणा की गति 'रक्षा' की ओर होती है, और प्रेम की 'रंजन' की ओर। इसी 'रक्षा' और 'रंजन' के आधार पर आचार्य शुक्ल द्वारा प्रतिपादित 'लोक मंगल की साधना और सिद्धावस्था' का सारा ढाँचा खड़ा है। अतः 'करुणा' और 'लोभ और प्रीति' को छोड़ कर आचार्य शुक्ल का कोई निबंध-संग्रह सार्थक नहीं हो सकता। तात्पर्य यह है कि प्रस्तुत संचयन में आचार्य प्रवर के विशेषतः उन्हीं निबंधों को शामिल किया गया है, जो न केवल मौलिक और श्रेष्ठ हैं, वरन् आचार्य प्रवर के काव्य-चिन्तन की आधार-भूमि भी प्रस्तुत करते हैं। यह दूसरी बात है कि आचार्य शुक्ल विचारात्मक निबंधों में चुस्त भाषा के भीतर समासशैली में विचारों की कसी हुई जिस गूढ़-गुंफित अर्थ-परंपरा के कायल थे उसकी पूर्ति भी इन निबंधों से हो जाती है।

काव्य-चिन्तन खण्ड में 'कविता क्या है?' और 'काव्य में लोकमंगल की साधना एवं सिद्धावस्था' इन दो प्रमुख निबंधों के अतिरिक्त 'रसात्मक बोध के अंतर्गत समाहित प्रत्यक्ष, स्मृत और कल्पित रूप-विधानों को लेकर आचार्य शुक्ल ने जो मौलिक चिन्तन किया है, वह पूरा का पूरा सम्मिलित किया गया है। अति विस्तार से बचने के लिए अप्रस्तुत रूप-विधान के कुछ अंश बीच-बीच में छोड़ दिए गए हैं, किन्तु यह इस प्रकार किया गया है कि विचार-सूत्र कहीं खंडित नहीं हुए हैं। 'कविता क्या है ?' ऐसा निबंध है जिसे आचार्य प्रवर ने 1909 से लेकर 1935 ई. तक निरंतर काटा-छाँटा, तराशा तथा परिवर्धित-परिमार्जित किया है। इसमें उनके पूरे काव्य-चिन्तन का सार भाग समाविष्ट है। 'काव्य में लोकमंगल की साधना एवं सिद्धावस्था' शीर्षक निबंध का महत्त्व निर्विवाद है। यह निबंध आचार्य प्रवर की समीक्षा के प्रतिमान के रूप में मान्य हो चुका है। रसात्मक बोध के अन्तर्गत प्रत्यक्ष रूप-विधान को स्थान देना और उसमें भी, कुछ विशेष स्थितियों में, रस-संचार की क्षमता प्रमाणित करना, रस-पद्धति के क्षेत्र में आचार्य शुक्ल की एक मौलिक देन है। इसके अतिरिक्त स्मृत-रूप-विधान, प्रत्यभिज्ञान, स्मृत्याभास कल्पना तथा कल्पित रूप-विधान के संबंध में भी आचार्य शुक्ल का चिन्तन महत्त्वपूर्ण और स्पृहणीय है। अप्रस्तुत रूप विधान के संबंध में तो आचार्य शुक्ल के बाद चिन्तन की परंपरा ही रुक गई। आचार्य प्रवर ने 'काव्य' में प्राकृतिक दृश्य', 'साधारणीकरण और व्यक्ति वैचित्र्यवाद', 'काव्य में अभिव्यंजनावाद', 'काव्य में रहस्यवाद' आदि निबंधों में जो कुछ प्रतिपादित किया है, उसका सारतत्व किसी न किसी रूप में 'रसात्मक बोध' के अंतर्गत आ गया है। इस प्रकार यह पूरा खण्ड आचार्य शुक्ल के सम्पूर्ण काव्य-चिन्तन का परिचय कराने में समर्थ है।

मूल्यांकन खण्ड में आचार्य शुक्ल द्वारा किए गए जायसी, सूर, तुलसी, बिहारी, घनानंद, भारतेंदु, प्रसाद, पंत और निराला इन नौ कवियों के मूल्यांकन को स्थान

दिया गया है। इनमें जायसी, सूर और तुलसी की विस्तृत समीक्षाएं तो आचार्य प्रवर द्वारा इन कवियों पर लिखी गई स्वतंत्र समीक्षा-कृतियों या भूमिकाओं में उपलब्ध हैं। चयन में विस्तृत मूल्यांकन में से उन अंशों को ही लिया गया है जिनमें आचार्य प्रवर की रुचि और वृत्ति सर्वाधिक रमी है। बिहारी और घनानंद, रीतिकाल के प्रतिनिधि कवि हैं। इनका मूल्यांकन आचार्य प्रवर के इतिहास से यथावत् ले लिया गया है। आधुनिक काल के कवियों में आचार्य शुक्ल ने मात्र 'भारतेंदु' पर अलग से विचार किया है। उनका भारतेंदु सबंधी मूल्यांकन 'चिन्तामणि', पहला भाग, में संकलित है। यहाँ उसे वहीं से ले लिया गया है। 'प्रसाद', 'पंत' और 'निराला' संबंधी मूल्यांकन के लिए पुनः उनके 'हिंदी-साहित्य के इतिहास' पर ही निर्भर करना पड़ा है। इतिहास से लिए गए मूल्यांकन परिचयात्मक होते हुए भी सारगर्भित हैं। इनमें कवि-विशेष के संबंध में आचार्य शुक्ल ने सूत्र रूप में जो कुछ कहा है, उसे पल्लवित करके पूरी पुस्तक लिखी जा सकती है। कुछ समीक्षकों ने ऐसा किया भी है। निश्चय ही हिंदी के लगभग सभी प्राचीन और आधुनिक महत्त्वपूर्ण कवियों के संबंध में आचार्य शुक्ल के मूल्यवान निर्णयों को जानने के लिए यह खण्ड सर्वथा उपयोगी है। इतिहास-खण्ड में आचार्य शुक्ल के इतिहास से कुल तीन चीज़ें यहाँ ली गई हैं। (क) साहित्य के इतिहास की उनकी परिभाषा या उनका इतिहास दर्शन (ख) हिंदी साहित्य के इतिहास का उनका काल विभाजन, और (ग) प्रत्येक काल खण्ड का उनके द्वारा दिया गया सामान्य परिचय। इन तीनों को मिला देने से आचार्य शुक्ल की इतिहास-दृष्टि का एक रूप तो सामने आता ही है, हिंदी-साहित्य के अंतर्वर्ती प्रवाह का पूरा परिचय भी मिल जाता है। निश्चय ही प्रत्येक काल-खण्ड के प्रमुख कवियों की परिचयात्मक समीक्षा भी इतिहास का ही अंग है, किन्तु अन्ततः है वह समीक्षा ही। इतिहास तो जनता (शिक्षित जनता) की चित्तवृत्ति का परिवर्तनशील अंतर्वर्ती प्रवाह मात्र है, जो प्रत्येक काल खण्ड के साहित्य में प्रतिबिम्बित है। आचार्य शुक्ल ने प्रत्येक काल खण्ड के सामान्य परिचय में इसे ही रेखांकित करने की कोशिश की है। वस्तुतः भेदों में अभेद को पहचानना ही शुक्लजी के लिए सच्ची तत्व-दृष्टि है। अपने इतिहास-लेखन में भी उन्होंने इस तत्व-दृष्टि का विनियोग किया है। इसी दृष्टि के चलते उन्होंने प्रत्येक काल के अनेक कवियों में सामान्य रूप से व्याप्त अन्तर्वर्ती भाव-भूमि को निर्दिष्ट करने की कोशिश की है। ऐसी स्थिति में इस संचयिता का इतिहास-खण्ड आचार्य प्रवर की इतिहास-दृष्टि, तत्व-दृष्टि और हिंदी साहित्य की अंतर्वर्ती चित्तभूमि की पहचान कराने में समर्थ है।

विविध खण्ड में आचार्य शुक्ल की कविताओं के साथ ही उनके गद्य साहित्य के अन्य रूपों–कहानी, संस्मरण, जीवनी–का प्रतिनिधित्व करने वाली रचनाएँ संकलित हैं। शुक्लजी की कविताओं का संग्रह 'मधुस्रोत' प्रकाशित है। इसमें से यहाँ मात्र दो कविताएँ–'हृदय का मधुर भार' (झलक एक) और 'रूपमय हृदय' ली गई हैं।

उनकी ये दोनों कविताएँ प्रसिद्ध हैं। ये उन्हें भी प्रिय थीं। उनकी एकमात्र कहानी 'ग्यारह वर्ष का समय' 1903 ई. में 'सरस्वती' में प्रकाशित हुई थी। उस समय यह हिंदी की मौलिक कहानी के रूप में चर्चित हुई थी। यहाँ इस कहानी को स्थान दिया गया है। सन् 1931 ई. में प्रेमचन्द ने शुक्लजी से उनकी आत्मकथा 'हंस' के 'आत्म-कथांक' के लिए माँगी थी। शुक्लजी ने उनकी यह माँग 'प्रेमधन की छाया-स्मृति' लिखकर पूरी की थी। इसमें शुक्लजी भी हैं और 'प्रेमधन जी भी'। यहाँ शुक्लजी का यह 'संस्मरण' भी दिया गया है। सन् 1908 ई. में बाबू श्यामसुंदर दास ने आचार्य शुक्ल से बाबू राधाकृष्णदास की जीवनी लिखने का आग्रह किया था। शुक्लजी ने सन् 1913 ई. में इस आग्रह को मान देते हुए 106 पृष्ठों में राधाकृष्णदास जी की जीवनी तैयार की थी। इसका प्रकाशन नागरी प्रचारिणी सभा ने ही किया था। यहाँ इसे संक्षिप्त करके—अपनी ओर से बिना एक शब्द भी जोड़े संकलित किया गया है। आचार्य शुक्ल के साहित्य का एक अच्छा खासा हिस्सा अनुवाद के रूप में है। इस तरह की संचयिताओं में मौलिक रचनाओं के संचयन की ही परंपरा है। इसलिए उनके द्वारा अनूदित साहित्य का कोई नमूना यहाँ नहीं दिया गया है।

संचयिता के आरंभ में लगभग 40 पृष्ठों की एक भूमिका दी गई है। इसमें मुख्यतः आचार्य प्रवर के समीक्षक व्यक्तित्व के विकास को रेखांकित करने की कोशिश की गई है। साथ ही उनके रचनात्मक व्यक्तित्व के अन्य आयामों से हिंदी-पाठक को परिचित कराने का प्रयत्न भी किया गया है।

'संचयिता के अंत में' तीन छोटे-छोटे परिशिष्ट हैं। पहले में आचार्य प्रवर के जीवन की संक्षिप्त रूपरेखा, दूसरे में उनकी रचनाओं का क्रमबद्ध ब्योरा और तीसरे में उनके संबंध में प्रकाशित समीक्षात्मक साहित्य की विवरणिका दी गई है।

संचयिता का उद्देश्य मुख्यतः आचार्य शुक्ल के साहित्यिक व्यक्तित्व को समग्र रूप से सामने लाने के निमित्त उनकी प्रतिनिधि रचनाओं का व्यवस्थित और विश्वसनीय संचयन रहा है। रुचि-भेद के कारण किसी भी संचयन की विवाद-रहित विश्वसनीयता संभव नहीं है, फिर भी—यह संचयिता अपने उद्देश्य में सफल होगी, ऐसा हमारा विश्वास है।

—रामचन्द्र तिवारी

भूमिका

आचार्य रामचन्द्र शुक्ल : परिवेश और व्यक्तित्व

किसी भी साहित्यकार के व्यक्तित्व के विकास में उसके परिवेश का व्यापक प्रभाव लक्षित किया जा सकता है। आचार्य शुक्ल के व्यक्तित्व का विश्लेषण करने पर उसके अनेक आयामों के संघटन एवं विकास में उनके परिवेश की भूमिका साफ दिखाई देती है।

आचार्य शुक्ल का जन्म 1884 ई. में हुआ था। 16 वर्ष की अवस्था में अर्थात् 1900 ई. तक वे अपने को एक लेखक मानने लगे थे। 19 वर्ष की अवस्था में उन्होंने 'आनन्दकादम्बिनी' के सम्पादन का दायित्व संभाल लिया था। आधुनिक हिंदी-साहित्य के विकास-क्रम में यह समय आचार्य महावीर प्रसाद द्विवेदी और उनके युग के उन्मेष का है। आचार्य महावीर प्रसाद द्विवेदी ने 'सरस्वती' पत्रिका के माध्यम से हिंदी-भाषी जनता को पाखण्ड, रूढ़िवादिता, धर्मान्धता, प्राचीन-प्रियता, वैचारिक संकीर्णता तथा भाग्यवाद एवं अकर्मण्यता से मुक्त करके उसमें गरीबी एवं पराधीनता से संघर्ष करने की चेतना जागृत की। उन्होंने प्रमाणिक तथ्यों के साक्ष्य पर जनता को यह समझाने की चेष्टा की कि देश के पराभव का मूल कारण पराधीनता है। इसी के चलते हमारे उद्योग, हमारी शिक्षा, कला, संस्कृति और राष्ट्रीय स्वाभिमान नष्ट हुए हैं। हमें संघटित होकर अपनी स्वतंत्रता की लड़ाई लड़नी होगी और वैज्ञानिक जीवन-दृष्टि को अपनाकर आगे बढ़ना होगा। इस प्रकार द्विवेदी-युग भाषा-परिष्कार एवं सामाजिक सुधार का ही नहीं, अपने पराभाव के मूल कारणों की सही पहचान तथा राष्ट्रीय स्वाभिमान एवं वैज्ञानिक सोच के जागरण का युग भी था। आचार्य शुक्ल के साहित्य-संस्कारों का बीज इसी युग में अंकुरित और पल्लवित हुआ था। इसीलिए हम उनके व्यक्तित्व में एक समाज-प्रतिबद्ध, विवेकशील, वैज्ञानिक-दृष्टि-सम्पन्न तथा राष्ट्रीय स्वाभिमान से मण्डित तेजस्वी साहित्यकार के दर्शन करते हैं। अन्य साहित्यिक उपलब्धियों के स्तर पर इस युग में खड़ी-बोली की प्रतिष्ठा हुई। भाषा को व्याकरण के नियमों में ढालकर परिष्कृत किया गया। गंभीर और सुरुचि-सम्पन्न पत्र-पत्रिकाओं का प्रकाशन

आरंभ हुआ। ज्ञान-विज्ञान के विविध क्षेत्रों से सामग्री का चयन करके हिंदी को समृद्ध करने का अथक प्रयत्न आरंभ हुआ। 'काशी नागरी प्रचारिणी सभा' ने योजना-बद्ध तरीके से शोध, संपादन, कोश-निर्माण, व्याकरण-रचना तथा सुरुचिपूर्ण साहित्य के प्रकाशन का कार्य आरंभ किया। इस प्रकार जिस समय आचार्य शुक्ल ने लेखक की हैसियत से हिंदी-साहित्य के क्षेत्र में पदार्पण किया, उस समय तक आधुनिक हिंदी-साहित्य के निर्माण के लिए परिस्थितियाँ अनुकूल हो रही थीं और साहित्य-सर्जना के लिए समुचित परिवेश बन रहा था। 1908 ई. में आचार्य शुक्ल ने मिर्जापुर से काशी आकर 'हिंदी-शब्द-सागर' के संपादन का कार्य सँभाल लिया था, अर्थात् वे साहित्य के व्यापक परिवेश से जुड़ गये थे।

राजनीति के क्षेत्र में इस समय तिलक का व्यापक प्रभाव था। वे भारतीय अस्मिता के प्रतीक थे। वे स्वतंत्रता को जन्मसिद्ध अधिकार मानते थे। उनका विश्वास संघर्ष में था। वे उग्र थे और किसी प्रकार के समझौते के विरुद्ध थे। उन्हें गीता के अनासक्त कर्म-योग से प्रेरणा मिली थी और वे राजनीति को व्यापक मानवहित से प्रेरित कर्त्तव्य-भाव से संबद्ध करके देखते थे। आचार्य शुक्ल निश्चित रूप से उनसे प्रभावित थे। 'तिलक' का भारतीय राजनीति पर 1919 ई. तक वर्चस्व रहा। शुक्लजी के राजनीतिक विचारों पर तिलक की छाप है। इस संबंध में उनके भ्रातुष्पुत्र चन्द्रशेखर शुक्ल का यह कथन ध्यान देने योग्य है—"शुक्लजी राजनीति में उग्र विचार रखते थे। उन्हें तिलक की नीति पसन्द थी। अंग्रेजी शासन और उससे उत्पन्न भारतीयों की दासत्व-भावना पर अपना अमर्ष उन्होंने 'हाट हैज इण्डिया टू डू' शीर्षक लेख में 1904 ई. में अच्छी तरह व्यक्त कर दिया था।"[1] अब यह लेख हिंदी में अनूदित होकर प्रकाशित हो गया है।[2] इसमें ब्रिटिश शासन के प्रति अमर्ण का भाव तो नहीं; समाज-सुधार, शक्तिशाली समाज के निर्माण की आवश्यकता, तकनीकी शिक्षा, उद्योग-धंधों के विकास तथा भारतीयों में राष्ट्रीय चेतना एवं मानवीय दायित्वबोध उत्पन्न करने के लिए सामाज सुधारक, राजनीतिक, आन्दोलनकर्त्ता एवं शिक्षाविद् सभी की एक साथ आवश्यकता पर बल अवश्य दिया गया है। इस लेख को पढ़ते ही कलेक्टर विढम ने उनके पिता को बुलाकर कहा था—"आपका लड़का क्रांतिकारी हो रहा है। उसे संभालिए, नहीं तो हाथ से निकल जायगा।" यहाँ यह भी स्मरणीय है कि शुक्लजी ने 'उत्साह' का विवेचन करते हुए कर्म-भावना से उत्पन्न उत्साह को विशेष महत्त्व देकर प्रकारान्तर से तिलक के अनासक्त कर्म-योग का समर्थन किया है। वैसे फल के प्रति अनासक्ति और कर्म के प्रति समर्पण और तत्परता का भाव शुक्लजी में

1. रामचन्द्र शुक्ल : जीवन और कर्तृत्व, पृ. 261
2. आलोचना, वर्ष 34, अंक 74, 1985

सन् 1912 से लक्षित होता है। **लक्ष्मी** में 1912 में प्रकाशित 'आशा और उद्योग' शीर्षक कविता में वे कहते हैं–

करने दो प्रयत्न बस मुझको, देने दो जीवन का दान।
निज कर्त्तव्य पूर्ण कर लूँ मैं फल का मुझे नहीं कुछ ध्यान।।

स्मरणीय है कि तिलक का 'भगवद्गीता रहस्य' हिन्दी में 1917 ई. में प्रकाशित हुआ था। इसलिए निश्चय ही शुक्लजी के मन में 'फल के प्रति अनासक्ति' का भाव सीधे गीता के अध्ययन से जागृत हुआ था। तिलक का 'गीतारहस्य' पढ़कर नहीं। तिलक के ब्रिटिश साम्राज्य विरोधी उग्र विचारों से उनकी मनःतुष्टि अवश्य होती थी।

इस युग के सामाजिक परिवेश की रचना में उन सामाजिक-धार्मिक आंदोलनों का गहरा प्रभाव देखा जा सकता है, जिनका आरंभ भारतेन्दु-युग में हो गया था। 'आर्यसमाज', 'प्रार्थनासमाज', 'सत्य-शोधक-समाज', 'थियोसाफिलक सोसाइटी' आदि के द्वारा जो नैतिक विवेक जागृत किया गया था और उसके चलते सामाजिक एकता, बन्धुत्व, स्वतंत्रता तथा रूढ़ि विरोध का जो वातावरण बना था, उसने भारतीय समाज को भीतर-भीतर बहुत दूर तक प्रभावित किया था। सनातन वर्ण व्यवस्था को उसी रूप में स्वीकार करने में उसके समर्थक भी हिचकने लगे थे। नयी शिक्षा-व्यवस्था और वैज्ञानिक आविष्कारों ने पढ़े-लिखे सनातनियों को भी पौराणिक मिथकों की नयी व्याख्या करने के लिए विवश कर दिया था। आचार्य शुक्ल के व्यक्तित्व-संघटन में इन सांस्कृतिक-सामाजिक आंदोलनों का योगदान भी कम नहीं है। सनातनी होते हुए भी वे जन्म से ही 'वर्ण' की स्थिति स्वीकार करने के पक्ष में नहीं थे। इस संबंध में वे महाभारत की यह उक्ति उद्धृत करते थे–

"न योनिर्नापि संस्कारो न श्रुतं न च सन्ततिः।
कारणानि द्विजत्वस्य वृत्तमेव हिं कारणम्।।"

अर्थात् द्विज का चरित्र ही द्विजत्व का निर्णायक है। जन्म, संस्कार, विद्या या संतान नहीं।

इस युग के आर्थिक परिवेश के विश्लेषण से स्पष्ट हो जाता है कि देश की आर्थिक दशा दिन-प्रति-दिन खराब होती जा रही थी। अंग्रेजों ने इस देश का शासन संभालने के साथ ही यहाँ के उद्योग-धंधों को बुरी तरह नष्ट कर दिया था। पूरा देश अंग्रेजी माल के विक्रय का बाज़ार बन गया था। 1877 ई. के बाद नागपुर, अहमदाबाद, शोलापुर तथा कानपुर में कुछ कपड़ा–मिलें स्थापित हुई थीं, किंतु उनकी हालत अच्छी नहीं थी। 1914 ई. में प्रथम महायुद्ध छिड़ने के बाद बाहर से माल आना बंद हो गया। इस अवसर का लाभ कपड़ा-उद्योग को मिला। उसमें उत्पादन बढ़ा। मजबूरन अंग्रेजों ने चमड़े के उद्योगों की स्थापना की अनुमति दी। 1900 ई. तक आर्थिक क्षेत्र में किसी प्रकार की आशा की किरण नहीं दिखाई दे रही थी।

अंग्रेज सस्ते मूल्य पर हमारा कच्चा माल खरीदते थे और फिर उसी से बने हुए पक्के माल को महँगे दामों पर बेचते थे। खेती की हालत बहुत खराब थी। सिंचाई का कोई साधन नहीं था। सब कुछ भाग्याधीन था। देश के धन के विदेश चले जाने का जो सिलसिला भारतेंदु ने लक्षित किया था, वह शुक्लजी के समय तक जारी था। आचार्य शुक्ल देश की इस विपन्नता से अच्छी तरह परिचित थे। उन्हें मोटे आदमियों से सख्त नफ़रत थी। वे आजीवन, जीवन की छोटी-मोटी सुविधाओं को जुटाने के लिए संघर्ष करते रहे। उन्होंने अनुभव किया था कि उस सार्वदेशिक विपन्नता में भी सापेक्षिक दृष्टि से व्यापारी वर्ग की तुलना में किसान और छोटे ज़मींदार अधिक विपन्न होते जा रहे हैं। उन्होंने अपने 'नान कोआपरेशन एण्ड नान मर्केण्टाइल क्लासेज़' वाले प्रसिद्ध निबंध में इस स्थिति का गंभीर विश्लेषण करने के बाद गाँधीजी के असहयोग आंदोलन के चरित्र को असंतुलित बताया है। उनका तर्क यह है कि यदि अव्यापारिक-राजनीतिक श्रेणियों को राजकीय सेवा के बहिष्कार का निर्देश दिया गया है तो व्यापारिक श्रेणियों को विदेशों, विशेषतः अंग्रेजों से अपना व्यापारिक संबंध तोड़ने का निर्देश दिया जाना चाहिए था। वे अच्छी तरह जानते थे कि भारत की गरीबी का मूल कारण अंग्रेजों की व्यापार-नीति है। 'क्षात्रधर्म का सौंदर्य' निबंध में अंग्रेजों की ओर संकेत करते हुए वे कहते हैं—''कोई-कोई देश लोभवश इतना अधिक माल तैयार करते हैं कि उसे किसी देश के गले मढ़ने की फिक्र में दिन-रात मरते रहते हैं। जब तक यह व्यापारोन्माद दूर न होगा तब तक इस पृथ्वी पर सुख-शांति न होगी। दूर यह अवश्य होगा; पर जिस प्रकार और सब पागलपन दूर होते हैं, उसी प्रकार क्षात्र-धर्म की संसार में फिर प्रतिष्ठा होगी। चोरी का बदला डकैती से लिया जायगा।'' चोरी का बदला डकैती से लेने की बात कहकर शुक्लजी ने अपने क्षोभ और दृढ़ता की स्पष्ट व्यंजना करते हुए अपनी उग्र राष्ट्रीयता का परिचय दिया है।

24 वर्ष की आयु तक आचार्य शुक्ल मिर्जापुर में ही रहे थे। मिर्जापुर के मुक्त प्राकृतिक सौंदर्य और परम्परानिष्ठ सामाजिक जीवन का प्रभाव भी उन पर कम नहीं पड़ा था। मिर्जापुर में चौधरी 'प्रेमधन' के अतिरिक्त विन्ध्येश्वरी प्रसाद तिवारी (मिर्जापुर के सबसे बड़े पण्डित), बाबू बलभद्र सिंह (पौराणिक साहित्य के ज्ञाता और शिवि-दधीचि की सी दृढ़ता वाले आदर्श क्षत्रिय), सेठ बिहारीलाल (कृष्ण भक्त, अत्यंत उदार रईस) तथा चिरैया महाराज और बिलैया महाराज (सात्विक मनोरंजन प्रिय जीवन्त व्यक्तित्व के धनी) के व्यक्तित्व से भी वे प्रभावित हुए थे। यदि जीवन के आरंभिक दौर में आदर्श ब्राह्मण, आदर्श क्षत्रिय और आदर्श वैश्य की जीवनचर्या को निकट से देखकर शुक्लजी वर्ण-व्यवस्था के आदर्श स्वरूप के समर्थक हो गये हों, तो आश्चर्य नहीं।

आचार्य शुक्ल के व्यक्तित्व-संघटन के संदर्भ में जिन परिवेशगत प्रभावों की संभावना ऊपर प्रकट की गयी है, निश्चय ही उनके मानसिक क्षितिज की विशालता को देखते हुए वे सीमित और संकुचित हैं। उनके साहित्यिक-व्यक्तित्व के विकास

में सर्वाधिक योगदान उनके व्यापक और गंभीर अध्ययन का है। सन् 1900 ई. से लेकर 1919 ई. तक आचार्य शुक्ल ने विज्ञान, दर्शन, इतिहास, मनोविज्ञान, समाजशास्त्र तथा योरोपीय एवं भारतीय काव्यशास्त्र का गंभीर अध्ययन कर लिया था। 1920 ई. में प्रकाशित 'विश्वप्रपंच की भूमिका' शुक्लजी के अध्ययन की सूक्ष्मता, गंभीरता और व्याप्ति तीनों की साक्षी है। उसमें ज्ञान के किसी एक पक्ष का नहीं, शिक्षित जगत् के समग्र ज्ञान की स्थिति का बोध कराया गया है। इस भूमिका की बहुत बड़ी विशेषता यह है कि इसमें न केवल विकासवाद से प्रेरित प्रकृतिवादी और अनात्मवादी दर्शनों के समानान्तर आदर्शवादी और अध्यात्मवादी दर्शनों की सूक्ष्मतम बातों की भी चर्चा की गयी है, वरन् पाश्चात्य वैज्ञानिक चिंतन की उपलब्धियों के साथ भारतीय दर्शनों की उपलब्धियों की तुलना भी की गयी है।

1922 ई. तक आकर आचार्य शुक्ल एक सच्चे आचार्य का आत्म-विश्वास प्राप्त कर लेते हैं। अब हम उन्हें कहीं विज्ञान और आध्यात्म दोनों की सीमाओं का निर्देश करते हुए, कहीं विज्ञान, धर्म, दर्शन और काव्य की दृष्टियों की परीक्षा करके उनकी लक्ष्यगत एकता का संकेत करते हुए, कहीं भारतीय काव्यशास्त्र के आचार्यों की स्थापनाओं में एकांगिता और पाश्चात्य समीक्षकों की स्थापनाओं में असंगति लक्षित करते हुए, कहीं अपने मत को सोलहों आना ठीक बताकर पूरे विश्वास से उसकी प्रतिष्ठा करते हुए पाते हैं। 1909 ई. में उन्होंने 'कविता क्या है' निबंध लिखा था। 1922 ई. तक आते-आते काव्य के संबंध में उनके विचार पूर्णतः परिपक्व हो गये थे। 'काव्य में रहस्यवाद' निबंध में उन्होंने जिस आत्मविश्वास से 'साम्प्रदायिक रहस्यवाद' का खण्डन किया है, वह देखते बनता है। इस निबंध में उन्होंने योरोप के अनेक ऐसे काव्यांदोलनों का उल्लेख किया है, जिनके विषय में हिंदी के रहस्यवादी कवियों को कोई सूचना नहीं थी। इसी निबंध में शुक्लजी ने 'रसपद्धति' की मनोविज्ञान-सम्मत व्याख्या पर बल दिया है, और यह कहकर कि मनोविज्ञान द्वारा निरूपित भाव एक वृत्तिचक्र (System) है, जिसके अंतर्गत प्रत्यय (Cognition), अनुभूति (Feeling), इच्छा (Conation), गति या प्रवृत्ति (Tendency) और शरीर धर्म (Symptoms) सबका योग रहता है[1]। यह निर्दिष्ट किया है कि रसपद्धति के विभावों और अनुभावों की प्रतिष्ठा कवि-कल्पना द्वारा ही होती है और रस-सिद्धांत अपनी पूर्णता में मनोविज्ञान समर्थित है। इस निबंध में आचार्य शुक्ल एक ऐसे समीक्षक के रूप में सामने आये हैं जो तत्व-दृष्टि, मनोविज्ञान की दृष्टि और साहित्य-दृष्टि के संश्लिष्ट मानदण्ड के आधार पर पूरे विश्वास के साथ अपना निर्णय देने की क्षमता रखता है। यहाँ हम स्पष्ट अनुभव करते हैं कि शुक्लजी के साहित्यिक व्यक्तित्व

1. काव्य में रहस्यवाद, चिंतामणि, भाग-2, पृ. 80

के संघटन में तत्कालीन भारतीय परिवेश, विशेषतः हिंदी-भाषी क्षेत्र के साहित्यिक, सांस्कृतिक परिवेश का योगदान उतना नहीं है, जितना विश्व के पूरे ज्ञान-चिंतन के परिवेश का। यह बात तब और साफ होकर सामने आती है जब हम उनके समीक्षक व्यक्तित्व को उनके कुछ पूर्व और सम-सामायिक हिंदी-समीक्षकों के साथ रखकर देखते हैं।

शुक्ल-पूर्व-युग के समीक्षक (मिश्रबन्धु) जिस समय देव और बिहारी की सापेक्षिक उत्कृष्टता के प्रश्न से जूझ रहे थे और हिंदी के नौ श्रेष्ठ कवियों के चयन में उलझे हुए थे, उस समय आचार्य रामचंद्र शुक्ल कवि-कर्म को 'हृदय की मुक्ति की साधना के लिए किए जाने वाले शब्द-विधान' के रूप में विश्लेषित कर रहे थे। साहित्य के इतिहास के नाम पर जिस समय वृत्त-संग्रह को पूर्णता दी जा रही थी, उस समय आचार्य शुक्ल उन्नीसवीं शती के योरोपीय इतिहासदर्शन को पचाकर हिंदी-साहित्य के इतिहास को एक ठोस दार्शनिक पृष्ठभूमि प्रदान कर रहे थे। जिस समय कविता की भाषा के संदर्भ में कुछ शास्त्र-विहित गुणों की चर्चा करके संतोष कर लिया जा रहा था, उस समय आचार्य शुक्ल उसमें मूर्तिमत्ता, बिंबविधान, संश्लिष्ट-चित्रण, प्रतीक-विधान, और लक्षणा-शक्ति के विकास पर विचार कर रहे थे। यही नहीं, सन् 1907 ई. में ही अपनी भाषा पर विचार करते हुए 'बने-बनाए समासों', 'स्थिर विशेषणों' और 'नियत उपमाओं' के भीतर बँधकर भाषा को अलंकृत करने की प्रवृत्ति को वे जाति की मानसिक अवनति का चिह्न घोषित कर चुके थे। गतिशील सामाजिक चेतना एवं विवेकशील विचार-परम्परा से निरपेक्ष रूढ़-अलंकृत पदावली के प्रयोग को वे भाषा की स्तब्धता मानते थे—'किसी जाति को अशक्त करने का सबसे सहज उपाय, उसकी भाषा को नष्ट करना है।' यह घोषणा शुक्लजी ने 1907 में की थी। काश, हमारे कर्णधार आज भी इस सत्य को स्वीकार कर लेते तो हम मानसिक दासता से मुक्त हो जाते। जिस समय काव्यतत्व-विवेचन के क्रम में 'कल्पना' की चर्चा शुरू भी नहीं हुई थी, उस समय आचार्य शुक्ल बर्कले द्वारा प्रतिपादित 'परम कल्पना' के अध्यात्मदर्शन और उसके आधार पर कवि ब्लेक द्वारा रचित कल्पना के नित्य रहस्यलोक की अवैज्ञानिकता, प्रकृति और कल्पना के प्रत्यक्ष संबंध तथा विभाव-विधान एवं अप्रस्तुत-योजना में कल्पना की अनिवार्य भूमिका का विश्लेषण कर रहे थे। जिस समय काव्यशास्त्र के नाम पर रीति-ग्रंथों की परंपरा में 'अलंकार मंजूषा' लिखी जा रही थी, उस समय आचार्य शुक्ल भारतीय काव्य-सम्प्रदायों का अनुशीलन करके 'रस' की मनोवैज्ञानिकता के विवेचन में प्रवृत्त थे और लोक-मंगल के संदर्भ में उसकी नयी व्याख्या दे रहे थे। तात्पर्य यह है कि चाहे काव्य के स्वरूप-विवेचन का क्षेत्र हो, चाहे इतिहास-निर्माण का, आचार्य शुक्ल का साहित्यिक व्यक्तित्व अपने युग के परिवेश का अतिक्रमण करके एक आलोक स्तंभ के रूप में प्रदीप्त होता हुआ दिखाई पड़ता है।

आचार्य शुक्ल के व्यक्तित्व का एक बहुत बड़ा आकर्षण उनकी दृढ़ता और उनका स्वाभिमान है। अपने स्वाभिमान की रक्षा के लिए ही उन्होंने उन पदों और लाभ की जगहों का तिरस्कार किया, जहाँ उन्हें दासता की तनिक भी गन्ध मिली। 1903 ई. में मिर्जापुर कलक्टरी की अप्रेंटिसी, 1904 में नायब तहसीलदारी, 1920 में काशी विद्यापीठ के लिए श्री शिवप्रसाद गुप्त का अनुरोध भरा आमंत्रण उन्होंने इसीलिए स्वीकार नहीं किया कि इन पदों पर कार्य करते हुए वे अपने स्वाभिमान की रक्षा नहीं कर सकते थे। सन् 1924 ई. में उन्होंने कुछ दिनों के लिए अलवर नरेश के हिंदी-सचिव का पद अवश्य संभाला था, किंतु स्वाभिमान-रक्षा के लिए ही वे शीघ्र काशी लौट आए थे। अपने स्वाभिमान की रक्षा के लिए सचेष्ट होने के कारण ही वे अपने मित्र कांतित के राजा बेनीमाधव सिंह के बार-बार आग्रह करने पर भी उनके यहाँ नहीं गये और विंध्य-प्रदेश के एक राजकुमार को उनके निवास पर जाकर पढ़ाने का प्रस्ताव अस्वीकार कर दिया। उनका स्वाभिमान साहित्यिक मात्र का स्वाभिमान था। प्रेमचन्द के उपन्यासों पर अपनी टिप्पणी देते हुए उन्होंने कहा था कि साहित्यकारों को राजनीतिक पार्टियों द्वारा प्रचारित बातों तक ही सीमित न रहकर सामाजिक परिस्थितियों का स्वतंत्र विश्लेषण करना चाहिए। साहित्य को राजनीति से ऊपर रहना चाहिए, सदा उसके इशारों पर ही नहीं नाचना चाहिए। इस स्वाभिमान और दृढ़ता के मूल में उनकी संस्कारगत आस्था और मनस्विता थी, जो उन्हें अपनी पारिवारिक परंपरा, विशेषतः अपनी माता-मही से प्राप्त हुई थी।

निष्कर्ष रूप में हम कह सकते हैं कि आचार्य शुक्ल का व्यक्तित्व बहुआयामी है। उनके व्यक्तित्व में स्वाभिमान, दृढ़ता, आत्मविश्वास, गंभीरता, करुणाशीलता, मर्यादाप्रियता आदि गुणों के साथ ही प्रत्युत्पन्नमतित्व और रंजन की प्रवृत्तियाँ भी लक्षित होती हैं। इसमें से अनेक गुणों का विकास उनके परिवेश और जीवन-संघर्ष से जुड़ा हुआ है किंतु जहाँ तक उनके साहित्यिक व्यक्तित्व का प्रश्न है, उसने निश्चित रूप से अपने परिवेश का अतिक्रमण किया है। इतने गंभीर एवं व्यापक अध्ययन तथा इतनी सूक्ष्म और सटीक साहित्यिक समझदारी के साथ उस समय समग्र आधुनिक भारतीय साहित्य में आलोचना के क्षेत्र में आने वाला कोई दूसरा व्यक्तित्व नहीं है। आचार्य शुक्ल का साहित्यिक व्यक्तित्व अद्वितीय और अप्रतिम है।

सचमुच आचार्य रामचन्द्र शुक्ल समालोचना के अंबर पर छायी हुई अमानिशा के गहन अन्धकार को भेद कर दिव्य कलाधर के रूप में उदित हुए थे।

आचार्य शुक्ल के समीक्षक-व्यक्तित्व का विकास

सन् 1900 से लेकर 1922 तक आचार्य शुक्ल के समीक्षक व्यक्तित्व का निरंतर विकास होता रहा। इस विकास के दो चरण हैं। पहला चरण 1900 से 1908 ई. तक का है। 1908 ई. में आचार्य शुक्ल 'हिंदी-शब्द-सागर' के सहायक संपादक होकर

काशी आ गए थे। यहाँ से उनके विकास का दूसरा चरण आरंभ होता है और 1921 ई. में काशी हिंदी विश्वविद्यालय के हिंदी-विभाग में हिंदी अध्यापक के रूप में नियुक्ति के साथ इस चरण की समाप्ति होती है। यों तो विश्वविद्यालय में शुक्लजी का प्रवेश 1919 ई. में ही हो गया था किंतु तब वे सामान्य हिंदी पढ़ाते थे। हिंदी-विषय में बी. ए. और एम. ए. की पढ़ाई 1921 ई. से तब आरंभ हुई जब मालवीयजी के प्रयत्न से बाबू श्यामसुन्दर दास की अध्यक्षता में हिंदी-विभाग की स्थापना हुई। इसी के बाद आचार्य शुक्ल को एक विश्वस्तरीय अध्ययन-केन्द्र से जुड़े होने का गौरव बोध हुआ। उन्होंने एक सच्चे आचार्य का आत्म-विश्वास प्राप्त किया और उनकी कालजयी कृतियाँ प्रकाशित हुईं।

व्यक्तित्व-विकास के प्रथम चरण में आचार्य शुक्ल के चार निबंध—'कल्पना का आनंद' (जोजेफ एडिसन के 'प्लेजर्स ऑफ़ इमैजिनेशन' का अनुवाद), 'साहित्य' (न्यू मैन के 'लिटरेचर' का हिंदी रूपांतर), 'अपनी भाषा पर विचार' और 'कविता क्या है?'—ऐसे हैं जिनमें उनके काव्य-चिन्तन का बीज अंकुरित होता हुआ लक्षित किया जा सकता है। प्रथम तीन निबंध अनुवाद हैं। इनकी चिंतन भूमि यूरोपीय है। इनसे शुक्लजी को पारंपरिक भारतीय मान्यताओं को नये संदर्भ में जाँचने-परखने और व्याख्यायित करने की प्रेरणा और शक्ति मिली है। 'कल्पना तत्व' के अध्ययन से शुक्लजी को इस चिंतन के 'विभाव-पक्ष' पर पुनर्विचार करने और उसे नयी मर्यादा प्रदान करने का अवसर मिला है। एडिसन की 'नेत्रों के समक्ष उपस्थित विस्तृत और असीम दृश्यों के अवलोकन से प्राप्त (प्रथम कोटि के) कल्पना के आनंद' की अवधारणा से प्रेरित होकर ही आचार्य शुक्ल ने यह प्रमाणित किया कि 'रसानुभूति प्रत्यक्ष या वास्तविक अनुभूति से पृथक् कोई अंतर्वृति नहीं है, बल्कि उसी का एक उदात्त और अवदात स्वरूप है। यही नहीं, एडिसन के कल्पना-चिंतन ने ही आचार्य शुक्ल की जिज्ञासा को जगाकर भौतिक विश्व के रहस्य को समझने की प्रेरणा दी थी, जिसके चलते वे हैकेल की पुस्तक 'रिडल ऑव द यूनिवर्स' का अनुवाद करने में प्रवृत्त हुए थे।

एडिसन ने अपनी पुस्तक के दसवें प्रकरण में यह विचार प्रस्तुत किया है कि इतिहासकारों की तुलना में नये विज्ञान की पुस्तकों के प्रणेता हमारी कल्पना को अधिक संतुष्ट और प्रशस्त करते हैं। उसने लिखा है—"किंतु इस श्रेणी के लेखकों में (इतिहास लेखकों में) कोई कल्पना को इतना संतुष्ट और प्रशस्त नहीं करते हैं जितना नए विज्ञान की पुस्तकों के प्रणेता गण; चाहे हम उनके पृथ्वी तथा आकाश विषयक सिद्धांतों का और यंत्रों द्वारा नाना आविष्कारों का विचार करें अथवा प्रकृति विषयक उनके और अनुमानों पर ध्यान दें।" इसी क्रम में उसने आगे लिखा है—"कल्पना को कोई बात इतनी प्रिय नहीं है जितना पदार्थों के परस्पर विस्तार-संबंध को विचार करके क्रम-क्रम से प्रबर्धित होना, जब वह मनुष्य के शरीर को संपूर्ध पृथ्वी के पिण्ड से मिलान करती है; पृथ्वी को उस वृत्त से जो उसके चारों ओर वह

बनाती है, उस वृत्त को स्थिरीकृत ग्रहों के मण्डल से, स्थिरीकृत ग्रहों के मण्डल को संपूर्ण सृष्टि से और समस्त सृष्टि को उस अपार शून्य-स्थान से जो उसके चारों ओर फैला हुआ है; तो इस प्रकार का विचार अपनी सूक्ष्मता के कारण उन लोगों का उपहास-जनक जान पड़ता है जिन्होंने अपना ध्यान इस ओर नहीं फेरा है यद्यपि उसकी स्थिति दृढ़ प्रमाणों के आधार पर है।''

आश्चर्य नहीं कि यह सब पढ़ने और जानने के बाद काशी आने पर आचार्य शुक्ल ने इस विषय पर अपना अध्ययन जारी रखा हो, क्योंकि 1912 में हम उन्हें 'नागरी-प्रचारिणी पत्रिका' में 'ईथर की भँवर और संसार की उत्पत्ति' तथा 'प्रण-तत्व' जैसे निबंध लिखते हुए देखते हैं। इन दोनों निबंधों का उन्होंने 'विश्व प्रपंच' में पूरा उपयोग किया है। 'साहित्य' निबंध में न्यू मैन ने आधुनिक संदर्भ में साहित्य को परिभाषित करते हुए कहा है—''वह (साहित्य) विचारों का शब्दों में अवतीर्ण होना है और विचारों से तात्पर्य कल्पना, अनुभव, विवेचना तथा और अन्यान्य मन की क्रियाओं से है।'' निबन्ध का अन्त करते हुए उसने कहा है—''हम लोगों को यह दृढ़ विश्वास रखना चाहिए कि जितना ही हम इसमें, चाहे जिस भाषा द्वारा हो, अधिकार प्राप्त करेंगे और उसके रस का आस्वादन करेंगे, उतना ही हम दूसरों को लाभ पहुँचाने में समर्थ होंगे—चाहे वे कम हों या अधिक, धनी हों या दरिद्र; क्योंकि वे सब हमारी लेखनी के प्रभाव-मण्डल के भीतर आ जायेंगे।'' कहना न होगा कि इस निबंध को प्रस्तुत करने के क्रम में आचार्य शुक्ल को आधुनिक संदर्भ में साहित्य की सीमाओं तथा उसकी शक्ति और उपयोगिता को जानने-समझने की प्रवृत्ति को गति मिली होगी।

'अपनी भाषा पर विचार' शुक्लजी का मौलिक निबंध है। इसमें आपने 'शब्द-विस्तार' और 'शब्द-योजना' इन्हीं दो विषयों पर विचार किया है। शब्द-योजना के अंतर्गत परंपरा-पोषण की प्रवृत्ति पर प्रहार करते हुए वे कहते हैं—''कुछ दिन पहिले हमारी हिंदी की स्थिति ऐसी हो गई थी कि उसका विचार क्षेत्र में अग्रसर होना कठिन देख पड़ता था। बने बनाए समास, जिनका व्यवहार हजारों वर्ष पहिले हो चुका था, लाकर भाषा अलंकृत की जाती थी। किसी परिचित वस्तु के लिए जो-जो विशेषण बहुत काल से स्थिर थे, उनके अतिरिक्त कोई अपनी ओर से लाना मानो भारत भूमि के बाहर पैर बढ़ाना था। यहाँ तक कि उपमाएँ भी स्थिर थीं—मुख के लिए चन्द्रमा, हाथ पैर के लिए कमल, प्रताप के लिए सूर्य, कहाँ तक गिनावें; जहाँ इनसे आगे कोई बढ़ा कि वह साहित्य से अनभिज्ञ ठहराया गया अर्थात् इन सब नियत उपमाओं का जानना भी आवश्यक समझा जाता था। पाठक! यह भाषा की स्तब्धता है, विचारों की शिथिलता और जाति की मानसिक अवनति का चिह्न है।'' यह निबंध 1907 ई. में लिखा गया था। ध्यान देने की बात है कि सन् 1907 में आचार्य शुक्ल की भाषा-चिंता प्रकारांतर से हिंदी जाति की मानसिक अवनति की चिंता है। वे हिंदी-समाज को नये-नये विचारों के क्षेत्र में अग्रसर करना चाहते हैं और इसके लिए

भाषा की स्तब्धता को तोड़कर नयी शब्द योजना पर बल देते हैं। कहना न होगा कि आचार्य शुक्ल ने आजीवन हिंदी को नये-नये विचारों के क्षेत्र में अग्रसर करने की चेष्टा की और इसके लिए समुचित शब्द-योजना करते हुए विचार और चिंतन की भाषा का एक प्रौढ़ रूप निर्मित किया।

चौथा निबंध 'कविता क्या है?' पहली बार 'सरस्वती' में 1909 ई. में शुक्लजी के काशी आने के बाद प्रकाशित हुआ। लिखा यह मिर्जापुर में ही गया था। इस निबंध को आचार्य शुक्ल ने अपने समीक्षक और विचारक-व्यक्तित्व के विकास के प्रत्येक चरण में लिखा है। इसका दूसरा प्रारूप सन् 1922 ई. में 'नागरी-प्रचारिणी सभा' से प्रकाशित हिंदी-निबंध माला; दूसरा भाग, में प्रकाशित हुआ। यहाँ से उनके व्यक्तित्व-विकास का तीसरा चरण आरंभ होता है। अर्थात् इस निबंध का दूसरा प्रारूप आचार्य शुक्ल के समीक्षक-व्यक्तित्व के विकास के दूसरे चरण में ही तैयार हुआ। इसका तीसरा प्रारूप सन् 1930 में 'विचार वीथी' में प्रकाशित हुआ। यह इस निबंध का अंतिम प्रारूप है। निबंध का यह तीसरा प्रारूप आचार्य शुक्ल के समीक्षक-व्यक्तित्व के चरम उत्कर्ष का साक्षी है। आज, 'चिंतामणि-भाग एक' में इसे पढ़कर कल्पना भी नहीं कर सकते कि सन् 1909 में इसका मूल रूप क्या रहा होगा? सन् 1909 में प्रकाशित इस निबंध का ढाँचा निम्नलिखित विचार सूत्रों के आधार पर खड़ा किया गया है–

1. कविता से मनुष्य-भाव की रक्षा होती है। सृष्टि के पदार्थ या व्यापार-विशेष को कविता इस तरह व्यक्त करती है मानो वे पदार्थ या व्यापार-विशेष नेत्रों के सामने नाचने लगते हैं। वे मूर्तिमान दिखाई देने लगते हैं।
2. केवल बुद्धि हमें काम करने के लिए उत्तेजित नहीं करती। काम करने के लिए मन ही हमको उत्साहित करता है। अतः कार्य-प्रवृत्ति के लिए मन में वेग का आना आवश्यक है। कविता मनोवेगों को उत्तेजित करने का एक उत्तम साधन है। (अतः) कविता की प्रेरणा से कार्य में प्रवृत्ति बढ़ जाती है।
3. कविता का काम मनोरंजन ही नहीं कुछ और भी है। कविता मनुष्य के हृदय को उन्नत करती है और उसे उत्कृष्ट और अलौकिक पदार्थों का परिचय कराती है जिनके द्वारा यह लोक, देव-लोक और मनुष्य देवता हो सकता है।
4. कविता सृष्टि-सौंदर्य का अनुभव कराती है और मनुष्य को सुंदर वस्तुओं में अनुरक्त करती है। जो कविता रमणी के रूप-माधुर्य से हमें आह्लादित करती है वही उसके अंतःकरण की सुंदरता और कोमलता आदि की मनोहारिणी छाया दिखा कर मुग्ध भी करती है।
5. कविता में प्रत्यक्ष और स्वभाव-सिद्ध व्यापार सूचक शब्दों की संख्या अधिक

रहती है। परिभाषिक शब्दों के प्रयोग से कविता के प्रसाद गुण की हानि होती है।

6. अलंकार कविता नहीं है। अलंकार काव्योत्कर्ण का साधन मात्र है। अलंकारों की उद्‌भावना के पहले भी कविता होती थी और अच्छी होती थी। रसात्मक वाक्यों ही का नाम कविता है और रस ही कविता की आत्मा है।

सन् 1922 और 1930 के इस निबंध के दूसरे और तीसरे प्रारूपों में बहुत कुछ जोड़ा घटाया गया है। किंतु इस मूल ढाँचे के विचार-सूत्र बीज-रूप में बराबर सुरक्षित रहे हैं।

1908 में काशी आने पर आचार्य शुक्ल ने अपनी पूरी शक्ति 'हिंदी-शब्द-सागर' के निर्माण में लगा दी। 1908 से 1912 तक उनकी कोई स्वतंत्र रचना सामने नहीं आई। 1912 से 1918 ई. तक उनके मनोविकारों पर लिखे निबंध 'मनोविकारों का विकास' लेख माला के रूप में प्रकाशित होते रहे। इस अवधि में शुक्लजी शिक्षित जगत के संपूर्ण ज्ञान-धर्म, दर्शन, मनोविज्ञान, विज्ञान, इतिहास, काव्य-चिंतन आदि—का मंथन करने में लगे रहे और सच्ची तत्व-दृष्टि का अनुसंधान करते रहे। इसी मंथन का परिणाम 'हैकल' के विश्व प्रसिद्ध अनात्मवादी आधिभौतिक पक्ष के सिद्धांत ग्रंथ—'रिडल् ऑव द यूनिवर्स'—का अनुवाद और उसकी अत्यंत महत्त्वपूर्ण भूमिका है। 1912 ई. से 'नागरी-प्रचारिणी पत्रिका' में शुक्लजी के मनोविकार संबंधी निबंध ही नहीं भौतिक विज्ञान से संबद्ध—'सृष्टि विस्तार पर प्राचीन मत', 'ईथर की भँवर और संसार की उत्पत्ति', 'प्राण तत्व' आदि—भी प्रकाशित होते रहे। यहाँ महत्त्वपूर्ण बात ध्यान देने की यह है कि 1912 ई. के आस-पास प्रकाशित 'भाव या मनोविकार' निबंध और 1909 ई. में प्रकाशित 'कविता क्या है' निबंध के बीज-तत्वों में अद्‌भुत समानता है।

'कविता क्या है?' में शुक्लजी ने कहा था—

'कार्य-प्रवृत्ति के लिए मन में वेग का आना आवश्यक है।'

'भाव या मनोविकार' की पंक्ति है—

'समस्त मानव-जीवन के प्रवर्तक भाव या मनोविकार ही होते हैं।'

इसका सीधा अर्थ है कि मनुष्य को कर्म में प्रवृत्त करने की दिशा में कविता के प्राणभूत तत्व 'भाव' या 'मनोविकार' के महत्त्व का जो बीज शुक्लजी के मन में 1909 ई. में अंकुरित हुआ था, वही आगे चलकर उनके समीक्षक-व्यक्तित्व के विकास-क्रम में पल्लवित और पुष्पित होता रहा। विश्व रचना के रहस्य विश्लेषण में प्रवृत्त होने का प्रेरणा-बीज भी उनके मन में मिर्जापुर में रहते हुए ही अंकुरित हुआ था।

जोजेफ एडिसन के 'प्लेजर्स ऑव इमेजिनेशन' का अनुवाद करते हुए वे इस तत्व से अवगत हुए थे—"जब हम एक बेर समस्त पृथ्वी की ओर तथा उन सब

उपग्रहों की ओर जो उसके निकटवर्ती हैं, दृष्टि डालते हैं तो हम इतने लोकों को अंतरिक्ष में एक-दूसरे के समानांतर लटकते हुए तथा अपनी-अपनी कक्षाओं पर ऐसे अद्भुत चमत्कार और वेग के साथ परिक्रमण करते हुए देखकर एक मनोरंजक आश्चर्य से पूर्ण हो जाते हैं। यदि इनके उपरान्त हम (Ether) सूक्ष्म पदार्थ के अपार क्षेत्रों का विचार करते हैं, जो ऊँचाई में शनैश्चर से लेकर स्थिरीकृत ग्रहों तक (Fixed Stars) पहुँच गए हैं और इधर-उधर इतने विस्तार में फैले हुए हैं जिसका पारावार नहीं, तो हमारी कल्पना-शक्ति ऐसे विपुल दृश्य से भर उठती है जिसके समावेश के लिए उसको बहुत ही फैलना पड़ता है।'' इसी ज्ञान-बीज को हम मार्च 1912 ई. में नागरी-प्रचारिणी पत्रिका में प्रकाशित 'ईथर की भँवर और संसार की उत्पत्ति' शीर्षक निबंध में पल्लवित और ठोस तथ्याधार पर प्रतिष्ठित देखते हैं। हैकल की पुस्तक के बारहवें प्रकरण में 'ईथर' (प्रकाश रूप द्रव्य, अग्राह्य) और 'पिंड (ग्राह्य) की तुलना की गई है। उसने दिखाया है कि ईथर और पिण्ड दोनों परम-तत्व के रूप हैं और सदा मिलकर काम करते हैं। शुक्लजी अपनी ज्ञान-पिपासा के बल पर 1912 में यहाँ तक पहुँचे थे। इस ज्ञान का उपयोग उन्होंने हैकेल की पुस्तक के अनुवाद और उसकी लंबी मौलिक भूमिका लिखने में किया। वस्तुतः शुक्लजी 'ज्ञान' और 'भाव' की युगपत् सत्ता स्वीकार करते थे। शुक्त जी अपनी ज्ञान-पिपासा के बल पर में यहाँ तक पहुँचे थे इस ज्ञान का उपयोग उन्होंने हैकेल की पुस्तक के अनुवाद और उसकी लंबी मौलिक भूमिका लिखने में किया। वस्तुतः शुक्लजी 'ज्ञान' और 'भाव' की युगपत् सत्ता स्वीकार करते थे। वे ज्ञान-प्रसार के भीतर ही भाव-प्रसार की स्थिति मानते थे। भाव-प्रसार 'कविता' का क्षेत्र है और ज्ञान-प्रसार 'विज्ञान' और 'दर्शन' का। इसलिए काव्य क्षेत्र के बोध के लिए ज्ञान क्षेत्र से अवगत होना आवश्यक है। शुक्लजी की काव्य-दृष्टि दर्शन और विज्ञान से लब्ध तत्व-दृष्टि पर आधृत है।

हैकेल की पुस्तक का अनुवाद करते हुए शुक्लजी ने 'भूतवाद' (पदार्थाद्वैत) 'आत्मवाद' (जो आत्मा की ही सत्ता स्वीकार करता है और बाह्य जगत् की स्वतंत्र सत्ता नहीं मानता) और 'बाह्यार्थवाद' (जो भूत और आत्मा दोनों की भिन्न सत्ताएँ मानकर बाह्य जगत् को वास्तविक मानता है) तीनों का गंभीर अध्ययन किया था। इस संदर्भ में उन्होंने उन्नीसवीं और बीसवीं शती के प्रथम चरण में होने वाले यूरोपीय आधिभौतिकवादी, आत्मवादी और बाह्यार्थवादी दार्शनिकों के विचारों का मंथन तो किया ही था भारतीय दर्शन के आलोक में उनकी सीमाओं को भी जाँचा-परखा था। उन्होंने लक्षित किया था कि 'विज्ञान अपनी पद्धति से 'चैतन्य' को इस भूत शक्ति के अंतर्गत करने में समर्थ नहीं हुआ है। अतः 'चैतन्य' और 'शक्ति' का द्वैत अब रह गया है। सांख्य ने जहाँ छोड़ा था वहीं पर विज्ञान ने भी लाकर छोड़ दिया है।' ('विश्व प्रपंच' भूमिका, पृ. 82) यह द्वैत तभी समाप्त हो सकता है जब या तो पदार्थवादियों के पक्ष को स्वीकार करके चैतन्य को शक्ति का अधिष्ठान मान लिया

जाय या अद्वैत आत्मवाद के अनुसार 'चेतन्य' को शक्ति के अंतर्भूत किया जाय। इस संदर्भ में शुक्लजी ने हैकेल के बाद होने वाले प्रसिद्ध विज्ञानवेत्ता सर आलिवर लाज़ के विचारों को उद्धृत किया है–"आध्यात्मिक बातों को रसायन और भूत विज्ञान के शब्दों में बताना असंभव है, इसी से उनका अस्तित्व ही अस्वीकार किया जाता है। वे केवल भ्रांति लक्षण मानी जाती हैं। पर ऐसी अनाधिकार मीमांसा अनुचित है।" ('विश्व प्रपंच' भूमिका, पृ. 86) लाज़ के निष्कर्षात्मक कथन को शुक्लजी ने इस प्रकार प्रस्तुत किया है–'जगत् में चारों ओर क्रम व्यवस्था देखते हुए भी लोग जो नित्य चैतन्य का अधिष्ठान रूप से अस्तित्व अस्वीकार करते हैं, लाज़ के अनुसार यह उनकी दृष्टि की संकीर्णता है।'–('विश्व-प्रपंच' भूमिका, पृ. 86) शिक्षित जगत् के ज्ञान की वर्तमान स्थिति (1920 ई. तक की स्थिति) का उपसंहार करते हुए शुक्लजी कहते हैं–

"अब जिन्हें मैदान में जाना हो वे नाना विज्ञानों से तथ्य संग्रह करके सीधे उस सीमा पर जायँ जहाँ दो पक्ष अड़े हुए हैं–एक ओर आत्मवादी, दूसरी ओर अनात्मवादी, एक ओर जड़वादी, दूसरी ओर नित्य चैतन्यवादी। यदि चैतन्य की नित्यसत्ता सर्वमान्य हो गई तो फिर सब मतों की भावना का समर्थन हुआ समझिए क्योंकि चैतन्य सर्वस्वरूप है। नाना भेदों में अभेद-दृष्टि ही सच्ची तत्व-दृष्टि है। इसी के द्वारा सत्य का अनुभव और मतमतान्तर के रागद्वेष का परिहार हो सकता है।" (विश्व प्रपंच की भूमिका, पृ. 89) कहना न होगा कि इसी 'भेदों में अभेद-दृष्टि' के आधार पर ही आचार्य शुक्ल ने अपनी काव्य और समीक्षा-दृष्टि को विकसित किया था। आकस्मिक नहीं है कि शुक्लजी ने 'जायसी' की समीक्षा का आरंभ इस प्रकार किया है–

"बहुत दिनों तक एक साथ रहते-रहते हिंदू और मुसलमान एक-दूसरे के सामने अपना-अपना हृदय खोलने लग गए थे, जिससे मनुष्यता के सामान्य भावों के प्रवाह में मग्न होने और मग्न करने का समय आ गया था। जनता की प्रवृत्ति भेद से अभेद की ओर हो गई थी" ('जायसी ग्रंथावली', भूमिका, पृ. 1) 'भेद में अभेद-दर्शन' की जिस तत्व-दृष्टि का निर्माण 1920 ई. में ज्ञान मीमांसा के क्रम में हुआ था, उसका विनियोग सन् 1924 में जायसी की समीक्षा में हुआ।

व्यक्तित्व-विकास के इसी चरण में नागरी-प्रचारिणी पत्रिका में 'मनोविकारों का विकास' शीर्षक एक लेखमाला का आरंभ आचार्य शुक्ल ने किया था, यह हम कह आए हैं। इसी लेखमाला के अंतर्गत फरवरी 1915 में आचार्य शुक्ल का अत्यंत प्रौढ़ और महत्त्वपूर्ण निबंध 'श्रद्धा-भक्ति' प्रकाशित हुआ। इसी निबंध में हम उनके 'लोक मंगल की साधना' के प्रसिद्ध प्रतिमान का बीज लक्षित कर सकते हैं। इस निबंध में शुक्लजी कहते हैं–"कर्त्ता अपने सत्कर्म द्वारा एक विस्तृत क्षेत्र में मनुष्य की सद्वृत्तियों के आकर्षण का एक शक्ति-केंद्र हो जाता है। जिस समाज में किसी

ऐसे ज्योतिष्मान शक्ति-केन्द्र का उदय होता है उस समाज में भिन्न-भिन्न हृदयों से शुभकामनाएँ मेघ-खण्डों के समान उठ कर तथा एक ओर और एक साथ अग्रसर होने के कारण इतनी घनी हो जाती हैं कि उनकी घटा सी उमड़ पड़ती है और 'मंगल' की ऐसी वर्षा होती है कि सारे दुःख और क्लेश बह जाते हैं।''—(नागरी-प्रचारिणी पत्रिका', संख्या 8. पृ. 226) इस पूरे कथन पर ध्यान दीजिए—पूरे कथन का निहितार्थ यह है कि जिस समाज में अपने सद्कर्मों द्वारा लोगों की शुभकामनाओं को अपनी ओर आकृष्ट करने वाला कोई महापुरुष उत्पन्न होता है, उस समाज में लोगों के दुःख, क्लेश बहा देने वाले मंगल की वर्षा होती है। यह वर्षा लोगों की शुभकामनाओं के उन घनीभूत मेघखण्डों से होती है जो उस शक्ति-केंद्र की ओर एक साथ अग्रसर होते हैं। तात्पर्य यह है कि समाज में मंगल वर्षा के दो कारण हैं। प्रथम कारण है—महापुरुष के सद्कर्म, क्योंकि इन्हीं को देखकर लोगों में शुभकामनाएँ जागृत होती हैं। दूसरा कारण है—लोगों की शुभकामनाएँ, जो घनीभूत होकर वर्षा करती हैं। श्रद्धा के तीन रूपों—प्रतिभा सम्बन्धिनी, शील सम्बन्धिनी और साधन-सम्पत्ति सम्बन्धिनी—का विवेचन करते हुए शुक्लजी ने कहा है कि शील सम्बन्धिनी श्रद्धा प्रत्येक व्यक्ति का कर्तव्य है, क्योंकि अपनी श्रद्धा द्वारा हम शीलवान सदाचारी व्यक्ति का उत्साह-वर्धन करते हैं और उत्साहित होकर वह समाज के कल्याण-साधन में समर्थ होता है। 'इस प्रकार अपनी श्रद्धा द्वारा हम भी समाज का मंगल-साधन करते हैं।' शुक्लजी का निष्कर्ष है—''अस्तु भक्ति के सामाजिक महत्त्व को, इसकी लोकहित कारिणी-शक्ति को स्वीकार करने में किसी को आगा-पीछा नहीं हो सकता।''—(वही,) भारतीय समाज में शील और सदाचार के चरम उत्कर्ष की स्थिति राम और कृष्ण जैसे अवतारों में स्वीकार की गई है। शुक्लजी के अनुसार इनके रूप में 'विश्वात्मा की विशेष कला' अवतरित होती है और अन्याय, अधर्म और अनाचार को मिटाकर धर्म की प्रतिष्ठा करती है। फरवरी 1915 वाले अपने 'श्रद्धा-भक्ति' निबंध का अंत करते हुए शुक्लजी ने कहा है—'रामलीला' के अवसर पर जब हम ''एक ओर जटामुकुट धारी विजयी राम लक्ष्मण की मधुर मूर्ति देखते हैं और दूसरी ओर तीरों से विधा रावण का विशाल शरीर जलता देखते हैं उस समय धर्म के सौंदर्य पर लुब्ध और अधर्म की घोरता पर क्षुब्ध हो जाते हैं।'' कहना न होगा कि 'धर्म का यह सौंदर्य' राम और कृष्ण के रूप में अवतरित समाज कल्याण-साधनरत विश्वात्मा की विशेष कला का कर्म-सौंदर्य ही है। इस प्रकार इस पूरे निबंध में आचार्य शुक्ल ने बड़ी दृढ़ता के साथ यह प्रतिपादित किया है कि हमारी श्रद्धा के आश्रयमूल राम और कृष्ण जैसे हमारे अवतार इस लोक में आकर अन्याय और अधर्म को मिटाते और धर्म की प्रतिष्ठा करते हैं। उनके कर्म में सात्विक शील का उत्कर्ष होने के कारण अद्भुत सौंदर्य होता है। उनका सारा जीवन एक प्रकार से लोक-मंगल की साधना है। आगे चलकर 'काव्य में लोक-मंगल की साधनावस्था' वाले अपने प्रसिद्ध निबंध में शुक्लजी कहते हैं—''लोक

में फैले दुःख की छाया को हटाने में ब्रह्म की आनन्दकला जो शक्तिमय रूप धारण करती है, उसकी भीषणता में भी अद्भुत मनोहरता, कटुता में भी अपूर्व मधुरता, प्रचण्डता में भी गहरी आर्द्रता साथ लगी रहती है। विरुद्धों का यही सामंजस्य कर्म क्षेत्र का सौंदर्य है, जिसकी ओर आकर्षित हुए बिना मनुष्य का हृदय नहीं रह सकता।'' यहाँ 'विश्वात्मा की विशेष कला', 'ब्रह्म की आनंद कला' हो गई है। 'राम और कृष्ण' इस कला के 'शक्तिमय रूप' हो गए हैं और उनका कर्म (धर्म) सौंदर्य 'विरुद्धों के सामंजस्य' के रूप में व्याख्यायित कर दिया गया है। इस व्याख्या का पूर्व-रूप हम अक्टूबर 1921 में प्रकाशित 'क्षात्रधर्म के सौंदर्य' निबंध में लक्षित कर सकते हैं। यहाँ शुक्लजी ने कहा है—''हमारे प्रमुख अवतार राम और कृष्ण क्षत्रिय हैं। कर्म-सौंदर्य की योजना जितने रूपों में क्षात्र-जीवन में संभव है, उतने रूपों में और किसी जीवन में नहीं। शक्ति के साथ क्षमा, वैभव के साथ विनय, पराक्रम के साथ रूप-माधुर्य, तेज के साथ कोमलता, सुखभोग के साथ पर दुःखकातरता, प्रताप के साथ कठिन धर्म-पथ का अवलंबन कर्म-सौंदर्य के इतने अधिक प्रकार के उत्कर्ष-योग और कहाँ घट सकते हैं।'' कहना न होगा कि राम और कृष्ण के जीवन में चरितार्थ होने वाले कर्म (धर्म) सौंदर्य के इस वैविध्यपूर्ण उत्कर्ष-योग को ही 'लोक-मंगल की साधना' वाले निबंध में 'लोक में शक्तिमय रूप धारण करने वाली ब्रह्म की आनंदकला' के संदर्भ में 'विरुद्धों के सामंजस्य' के रूप में दर्शाया गया है। 'क्षात्र धर्म का सौंदर्य' निबंध फरवरी, 1915 में प्रकाशित 'श्रद्धा-भक्ति' निबंध के कुछ अंश लेकर और आरंभ में 'विजयादशमी' पर्व के अनुकूल कुछ अंश जोड़कर एक स्वतंत्र निबंध बना दिया गया है। 'क्षात्र धर्म का सौंदर्य' की अवधारणा राम और कृष्ण जैसे अवतारों के क्षत्रिय होने के कारण उन्हीं के कर्म-सौंदर्य के आधार पर की गई है। 'श्रद्धा-भक्ति' निबंध (1915 ई.) की अत्यंत सार-गर्भित पंक्तियाँ—'व्यक्ति संबंध-हीन सिद्धांत मार्ग निश्चयात्यिका बुद्धि को चाहे व्यक्त हों, पर प्रवर्तक मन को अव्यक्त रहते हैं', से लेकर 'चुपचाप अपना रास्ता लो',—तक दोनों में शब्दशः एक हैं। इसके बाद 'यहाँ कहा जा सकता है कि जब हम कर्म-क्षेत्र को सामने लाते हैं', से लेकर 'किसी का घर जलाते हाथ जलता है तो कहते हैं होम करते जला है'—तक, पूरा पैराग्राफ दोनों में एक है। 'श्रद्धा भक्ति' निबंध का अंतिम अंश—'रामलीला-कृष्णलीला आदि सामीप्य-सिद्धि के विधान हैं', से लेकर 'इनका स्मरण किया जाता है', तक यथावत 'क्षात्रधर्म के सौंदर्य' में ले लिया गया है। 'क्षात्रधर्म के सौंदर्य' में इसके बाद कुल तीन पंक्तियाँ—'आज संसार के बीच अपनी स्थिति बनाए रखने के लिए जिस युद्ध में हम प्रवृत्त हैं उसमें विजय प्राप्त करने की कामना से हम मर्यादा पुरुषोत्तम की भू-भार हारिणी विजय का स्मरण करते हैं और कहते हैं—भगवान रामचन्द्र की जय'—और जोड़ दी गई है। 'श्रद्धा भक्ति' निबंध के अंतिम प्रारूप में 'क्षात्र धर्म के सौन्दर्य' का तात्विक अंश अंत में जोड़ दिया गया है। शेष छोड़ दिया गया है।

इस प्रकार हम देखते हैं कि 1915 में प्रकाशित 'श्रद्धा-भक्ति' निबंध में 'राम और कृष्ण के रूप में अवतरित विश्वात्मा की विशेष कला के लोक-कल्याणकारी कर्म-सौंदर्य की उद्‌भावना' से जो विचार-यात्रा आरंभ हुई थी, वह 'लोक मंगल की साधना' की अवधारणा में पूरी हुई। किंतु यह आचार्य प्रवर के समीक्षक-व्यक्तित्व के विकास के तीसरे चरण की घटना है।

विकास के जिस दूसरे चरण की चर्चा हम कर रहे हैं, उसकी प्रमुख उपलब्धियाँ तीन हैं–

1. 'हिंदी-शब्द-सागर' के संपादन-कार्य के लगभग तीन-चौथाई का पूरा होना
2. 'विश्व प्रपंच' का एक लम्बी भूमिका के साथ प्रकाशन
3. 'मनोविकारों का विकास' नाम से लिखी जा रही निबंध-माला का पूरा होना।

इन तीनों से आचार्य शुक्ल के समीक्षक-व्यक्तित्व के तीन घटक तत्वों का विकास हुआ। कोश-निर्माण ने उन्हें 'विश्व-कोशीय ज्ञान का आलोक' देकर उनकी मनीषा को समृद्ध और मानसिक क्षितिज को विस्तृत किया। 'विश्व प्रपंच' की रचना ने उन्हें 'भेद में अभेद-दर्शन' की तत्व-दृष्टि प्रदान की और मनोविकारों के गंभीर अनुशीलन ने उन्हें व्यक्ति के शील या चरित्र के घटक-तत्वों का बोध कराया, मनःप्रवृत्तियों के शुभ-अशुभ परिणाम को परखने की शक्ति तथा मंगल का विधान करने वाले भावों की छान-बीन करने की क्षमता प्रदान की।

आचार्य शुक्ल के समीक्षक-व्यक्तित्व का तीसरा चरण काशी हिन्दू विश्वविद्यालय में सन् 1921 में बाबू श्यामसुंदर दास की अध्यक्षता में हिंदी-विभाग के स्थापित होने और उसमें अध्यापक के रूप में नियुक्त होने के साथ आरंभ होता है। इस चरण में वे एक पथिकृत आचार्य के आत्मविश्वास के साथ हिंदी-समीक्षा के सर्वतोमुखी विकास में तत्पर दिखाई देते हैं। उनकी सभी महत्त्वपूर्ण समीक्षा-कृतियाँ इसी चरण में प्रकाशित हुई हैं। 1922 ई. में उनका प्रसिद्ध निबंध 'काव्य में प्राकृतिक दृश्य' 'माधुरी' में प्रकाशित हुआ और एक वर्ष बाद 'तुलसी ग्रंथावली, खण्ड 3', की भूमिका के रूप में गोस्वामी तुलसीदास की विस्तृत समीक्षा सामने आई। दो वर्ष बाद 1924 ई. में उनके द्वारा संपादित दो पुस्तकें–'भ्रमर गीत सार' और 'जायसी ग्रंथावली' प्रकाशित हुईं। इन दोनों की समीक्षात्मक भूमिकाएँ आज भी 'सूर' और 'जायसी' के मूल्यांकन के प्रतिमान रूप में प्रतिष्ठित हैं। इसके बाद लगभग 5 वर्षों का अन्तराल दिखाई पड़ता है। लगता है इस अवधि में शुक्लजी 'हिंदी शब्द-सागर' की भूमिका-रूप में हिंदी-साहित्य के इतिहास-लेखन और नागरी-प्रचारिणी पत्रिका में प्रकाशित अपने मनोविकार संबंधी निबंधों के संशोधन परिवर्धन में लगे रहे। सन् 1929 में उनका 'काव्य में रहस्यवाद' शीर्षक अत्यंत विद्वत्तापूर्ण और लंबा निबंध पुस्तकाकार प्रकाशित हुआ। यह निबंध इस उद्देश्य से लिखा गया था कि 'रहस्यवाद' या 'छायावाद' की कविता के संबंध में जो अनेक प्रकार की बे-सिर-पैर की बातों का प्रचार किया जा

रहा था, वह बंद हो। इस निबंध में आचार्य शुक्ल ने यह दिखाया है कि 'रहस्यवाद' का सारा वितान जिस 'अज्ञात की लालसा' की आधारभूमि पर तना हुआ है; वह तत्व-दृष्टि से, मनोविज्ञान की दृष्टि से और साहित्य की दृष्टि से, कोई भाव ही नहीं है। वह केवल 'ज्ञात की लालसा' है, जो भाषा की छिपाने वाली वृत्ति के सहारे 'अज्ञात की लालसा' कही जाती है। इसी वर्ष 'हिंदी-शब्द सागर' की भूमिका के रूप में लिखा हुआ उनका 'हिंदी साहित्य का इतिहास' भी यत् किंचित संशोधन के साथ प्रकाशित हुआ। कहना न होगा कि इसके माध्यम से हिंदी-साहित्य के लगभग एक हजार वर्षों के इतिहास का एक व्यवस्थित ढाँचा हिंदी-जगत् के सामने आया। 1930 ई. उनके मौलिक निबंधों का एक संग्रह 'विचार-वीथी' नाम से प्रकाशित हुआ। यह 'कविता क्या है?' तथा मनोविकारों पर लिखे गए सारे निबंधों का संशोधित-परिवर्धित संस्करण है। केवल 'भारतेंदु हरिश्चन्द्र' और 'तुलसी का भक्तिमार्ग' दो निबंध और सम्मिलित कर लिए गए हैं। सन् 1932 ई. में शुक्ल के 'काव्य-प्रतिमान' का शिखर माना जाने वाला प्रसिद्ध निबंध 'काव्य में लोक मंगल की साधना' प्रकाशित हुआ। इस निबंध में उन्होंने प्रतिपादित किया है कि श्रेष्ठ काव्य वही होता है जिसके नायक में सात्विक शील का उत्कर्ष होता है और यह नायक लोक में व्याप्त अधर्म, अनीति, अत्याचार, उत्पीड़न आदि को मिटाकर 'मंगल की स्थापना' करता है। वस्तुतः ऐसे नायक के रूप में ब्रह्म की आनंद कला ही शक्तिमय रूप धारण करके अवतरित होती है। लोक में मंगल की स्थापना करने वाले ऐसे नायक के व्यक्तित्व में विरुद्धों का सामंजस्य दिखाई देता है। 'उसकी भीषणता में अद्‌भुत मनोहरता, कटुता में भी अपूर्व मधुरता, प्रचण्डता में भी गहरी आर्द्रता साथ लगी रहती है। विरुद्धों का यही सामंजस्य कर्म क्षेत्र का सौंदर्य है। भीषणता के मनोहर, कटुता के मधुर और प्रचण्डता के भी आर्द्र दिखाई पड़ने का कारण यह है कि रजोगुण से उद्‌भूत ये भाव सत्व गुण के अधीन होते हैं। उनका उद्देश्य सात्विक और मांगलिक होता है। हम राग के क्रोध के साथ भी तन्मय होकर रसमग्न होते हैं। उनका भीषण और प्रचण्ड रूप भी हमें मनोहर लगता है, क्योंकि हम जानते हैं कि वे ऐसा लोक में व्याप्त अधर्म को मिटाने के लिए कर रहे हैं। इसीलिए हमें उनके प्रचण्ड कर्मों से भी धर्म ज्योति फूटती हुई दिखाई देती है।' शुक्लजी की मान्यता है कि 'भीषणता और सरसता, कोमलता और कठोरता, कटुता और मधुरता, प्रचण्डता और मृदुता का सामंजस्य ही लोक धर्म का सौंदर्य है।' शुक्लजी की दृष्टि में इस सौंदर्य के सच्चे विधायक आदिकवि वाल्मीकि हैं। उनकी वाणी 'इसी सौन्दर्य के उद्‌घाटन महोत्सव का दिव्य संगीत है।' ऋषि वाल्मीकि के बाद महात्मा तुलसीदास ने राम के व्यक्तित्व में सात्विक शील का उत्कर्ष और विरुद्धों का सामंजस्य दिखाकर जनता को लोकधर्म की ओर फिर से आकर्षित किया। कदाचित् इसीलिए आचार्य शुक्ल ने इन्हीं दो कवियों को अपना आदर्श माना और इन्हीं के काव्य में लक्षित होने वाली आधारभूत विशेषताओं के आधार पर अपने काव्य-सिद्धांतों की स्थापना की।

सन् 1933 ई. में आचार्य शुक्ल का 'साधारणीकरण और व्यक्ति वैचित्र्यवाद' निबंध प्रकाशित हुआ। इसके दो वर्षों बाद 1935 ई. में साहित्य-सम्मेलन के इंदौर अधिवेशन में उन्होंने 112 पृष्ठों का अपना वह विद्वत्तापूर्ण भाषण दिया जिसमें तत्कालीन हिंदी-साहित्य का सिंहावलोकन किया गया था। इसमें उस समय काव्य क्षेत्र में विशेष रूप से चर्चित 'अभिव्यंजनावाद' पर ही विस्तार से विचार किया है। इसीलिए इसे बाद को 'काव्य में अभिव्यंजनावाद' शीर्षक से प्रकाशित किया गया। 1939 में 'विचार वीथी' के सभी निबंधों के साथ 'मानस की धर्मभूमि', 'काव्य में लोक मंगल की साधनावस्था', 'साधारणीकरण और व्यक्ति-वैचित्र्यवाद' और 'रसात्मक बोध के विविध रूप' इन चार निबंधों को मिलाकर 'चिंतामणि, भाग-एक' का प्रकाशन हुआ। 1941 ई. में आचार्य शुक्ल के निधन के बाद उनकी कालजयी कृतियाँ—'हिंदी साहित्य का इतिहास' (परिवर्धित संस्करण) और 'रसमीमांसा' प्रकाशित हुईं। 'रसमीमांसा' का संपादन पं. विश्वनाथ प्रसाद मिश्र ने आचार्य शुक्ल द्वारा 1922 से 1939 ई. के बीच लिखी गई बिखरी हुई सामग्री को संकलित और व्यवस्थित करके किया।

आचार्य शुक्ल के समीक्षक-व्यक्तित्व का यह तीसरा चरण इस दृष्टि से महत्त्वपूर्ण है कि इस चरण में उन्होंने अपनी सारी शक्ति लगाकर हिंदी-समीक्षा का स्वतंत्र प्रतिमान स्थापित किया और हिंदी साहित्य के इतिहास का एक व्यवस्थित ढाँचा तैयार किया। ये दोनों कार्य असाधारण हैं। इन दोनों का संकल्प बहुत दिनों से उनके मन में था। अपने इतिहास के प्रथम संस्करण (1929 ई.) के वक्तव्य में उन्होंने कहा था—"पाँच या छः वर्ष हुए, छात्रों के उपयोग के लिए मैंने कुछ संक्षिप्त नोट तैयार किए थे जिनमें परिस्थिति के अनुसार शिक्षित जन-समूह की बदलती हुई प्रवृत्तियों को लक्ष्य कर के हिंदी साहित्य के इतिहास के काल-विभाग और रचना की भिन्न-भिन्न शाखाओं के निरूपण का एक कच्चा ढाँचा खड़ा किया गया था।" कहना न होगा कि यही कच्चा ढाँचा क्रमशः व्यवस्थित विस्तृत होता हुआ 1941 में संशोधित और प्रवर्धित होकर सामने आया है। इसी प्रकार सन् 1929 ई. में ही 'काव्य में रहस्यवाद' शीर्षक निबंध लिखते हुए आचार्य ने कहा था—"साहित्य के शास्त्र पक्ष की प्रतिष्ठा काव्य चर्चा की सुगमता के लिए माननी चाहिए, रचना के प्रतिबन्ध के लिए नहीं। इस दृष्टि से जब हम अपने साहित्य शास्त्र को देखते हैं, तब उसकी अत्यंत व्यापक और प्रौढ़ व्यवस्था स्वीकार करनी पड़ती है। शब्द शक्ति और रस-पद्धति का निरूपण तो अत्यंत गंभीर है। उसकी तह में एक ऐसे स्वतंत्र और विशाल भारतीय समीक्षा-भवन के निर्माण की संभावना छिपी हुई है जिसके भीतर लाकर हम सारे संसार के सारे साहित्य की आलोचना अपने ढंग पर कर सकते हैं।" आचार्य प्रवर की स्वतंत्र और विशाल समीक्षा भवन के निर्माण की इसी आकांक्षा की परिणति है—'रसमीमांसा'। 'रसमीमांसा' में उनके काव्य-चिंतन संबंधी सारे निबंधों को काट-छाँट कर समाविष्ट कर लिया गया है। यह कृति एक प्रकार से अधूरी है किंतु जितनी और जो भी

है, उसका महत्त्व कम नहीं है। इसमें आचार्य शुक्ल ने शास्त्र-स्थिति-सम्पादन की परंपरा से हटकर रस-पद्धति को सर्वथा नयी भूमि पर प्रतिष्ठित किया है। पारंपरिक रस-सिद्धांत में न तो प्रत्यक्ष रूप-विधान में रस-संचार या रसानुभूति की स्थिति स्वीकार की गई है न रस की कोटियों का विधान है। जीवन की संपूर्ण परिस्थिति को 'विभाव' मानकर शुक्लजी ने बाह्य जगत् को जो महत्त्व दिया है, उसका स्वीकार भी वहाँ नहीं है। "हृदय की अनुभूति ही साहित्य में 'रस' और 'भाव' कहलाती है", "हृदय के प्रभावित होने का नाम ही रसानुभूति है", "लोक-हृदय में हृदय के लीन होने की दशा का नाम 'रस-दशा' है"। ये स्थापनाएँ भी आचार्य की नई स्थापनाएँ हैं जो आधुनिक काव्य-भूमि को ध्यान में रखकर की गई हैं। पारंपरिक रस-चिंतन में भावों के स्वरूप और सत्ता का वह विवेचन भी नहीं है जो आचार्य शुक्ल की रस-पद्धति में दिखाई पड़ता है। मनोविज्ञान की दृष्टि से भावों के स्वरूप की पहचान, शील-निर्माण और मंगल-विधान में उनकी भूमिका, प्रवृत्ति और निवृत्ति की दृष्टि से उनका विवेचन, वृत्तियों पर सभ्यता के नये-नये आवरणों के चढ़ते जाने के कारण सहज रूप में भाव या रस-संचार में कठिनाई और प्रबंध-काव्यों में 'बीज भाव' की उद्भावना, यह सब पारंपरिक रस-दृष्टि के लिए नयी चीज़ें हैं। काव्य के संदर्भ में कल्पना-तत्व का महत्त्व और विभावन-व्यापार में उसकी भूमिका का निरूपण आचार्य शुक्ल की रस-चिंतन को मौलिक देन है। रस-मीमांसा के संदर्भ में शब्द-शक्तियों का विस्तृत विवेचन आचार्य शुक्ल नहीं कर सके। फिर भी अभिधा शक्ति को विशेष महत्त्व देकर उन्होंने काव्य-चिंतकों को नये ढंग से सोचने की प्रेरणा दी है। तात्पर्य यह है कि 'रसमीमांसा' में आचार्य शुक्ल ने रसाधृत अपनी पारंपरिक काव्य-दृष्टि को आधुनिक काव्य के मूल्यांकन के लिए समर्थ बना दिया है। उसके पारंपरिक ढाँचे को नये-नये अनुभवों के अनुसार आधुनिक मनोविज्ञान आदि की सहायता से अनेक दिशाओं में फैला कर समृद्ध और सशक्त कर दिया है। यहाँ यह भी स्मरणीय है कि रसेतर भारतीय काव्य-प्रतिमानों—अलंकार, रीति, वक्रोक्ति और ध्वनि—को भी उन्होंने वहीं तक महत्त्व दिया है, जहाँ तक वे रस-तत्व का पोषण करते हैं। इसके बाद नहीं। पाश्चात्य काव्य-प्रतिमानों को भी उन्होंने रसानुभूति की शर्त पर ही स्वीकारा या नकारा है। साम्प्रदायिक रहस्यवाद, असम्बद्ध भावनाओं को लेकर चलने वाले तथा उपमान वाक्यों का ढेर लगा देने वाले 'छायावाद', 'कलावाद', 'अभिव्यंजनावाद', 'अन्तश्चेतनावाद', 'व्यक्तिवैचित्र्यवाद', 'मूर्तिमत्तावाद', 'प्रतीकवाद', 'संवेदनावाद' आदि का विरोध आचार्य शुक्ल ने इसलिए किया कि ये सिद्धांत रस-विरोधी हैं। आचार्य शुक्ल का रसवाद 'लोक-सामान्य भाव-भूमि' को महत्त्व देता है। उनका 'साधारणीकरण' का सिद्धांत 'अभेदभाव की भूमि' पर टिका है, जबकि उपर्युक्त सिद्धांत व्यक्तिवाद की असामान्य भूमि पर आधृत है। निश्चय ही 'रस मीमांसा' आचार्य शुक्ल के समीक्षक व्यक्तित्व के तीसरे चरण की सर्वाधिक महत्त्वपूर्ण देन है।

तीसरे चरण की दूसरी अन्यतम कृति है—'हिंदी-साहित्य का इतिहास'। इसमें आचार्य शुक्ल की इतिहास-दृष्टि और समीक्षा-दृष्टि का अद्भुत सामंजस्य लक्षित होता है। शुक्लजी भावों या मनोविकारों (चित्तवृत्तियों) को ही समस्त मानव-जीवन का प्रर्वतक मानते हैं। इसलिए किसी भी देश की जनता की मनोवृत्तियों (चित्तवृत्तियों) का विवेचन उस देश की जनता के जीवन को समझने के लिए आवश्यक है। किसी भी देश के साहित्य में संचित ये मनोवृत्तियाँ (चित्तवृत्तियाँ) देश और काल के अनुसार परिवर्तित होती रहती हैं। इनके परिवर्तन के साथ साहित्य के स्वरूप में भी परिवर्तन होता रहता है। शुक्लजी की मान्यता है—"आदि से अंत तक इन्हीं चित्तवृत्तियों की परंपरा को परखते हुए साहित्य-परंपरा के साथ उसका सामंजस्य दिखाना ही साहित्य का इतिहास कहलाता है।" जनता की चित्तवृत्ति समाज-निपरेक्ष नहीं होती, "वह बहुत कुछ राजनीतिक, सामाजिक, साम्प्रदायिक तथा धार्मिक परिस्थिति के अनुसार होती है।" इसीलिए शुक्लजी 'कारण स्वरूप इन परिस्थितियों का किचिंत् दिग्दर्शन कराना' भी आवश्यक समझते हैं। कहना न होगा कि शुक्लजी की यह इतिहास-दृष्टि उनकी काव्य-दृष्टि पर ही आधृत है। परिस्थितियों को शुक्लजी कविता का विभाव-पक्ष मानते हैं। भाव-सत्ता, इस विभाव-पक्ष के अनुसार होती है। जैसे काव्य में विभाव, भाव के कारण होते हैं, वैसे ही इतिहास में सामाजिक-राजनीतिक परिस्थितियाँ चित्तवृत्तियों का कारण होती हैं। एक का परिवर्तन दूसरे के परिवर्तन का कारण बनता है। जनता की चित्तवृत्ति बदल गई हो और साहित्य पुरानी लीक पर चल रहा हो तो इसे दोनों के बीच असामांजस्य माना जायगा। भारतेंदु के समय में यही हुआ था। नयी शिक्षा और नव जागरण से जनता (शिक्षित जनता) की चित्तवृत्ति बदल गई थी। उसमें समाज-हित और देशहित की उमंगे उठ रही थीं। 'भारतेंदु ने बड़ा काम यह किया कि साहित्य को नवीन मार्ग दिखाया और उसे शिक्षित जनता के साहचर्य में ले आए।' शुक्लजी भारतेंदु-काल का सामान्य परिचय देते हुए कहते हैं—"इस नयी धारा की कविता के भीतर जिन नए-नए विषयों के प्रतिबिंब आए, वे अपनी नवीनता से आकर्षित करने के अतिरिक्त नूतन परिस्थिति के साथ हमारे मनोविकारों का सामंजस्य भी घटित कर चले।" शुक्लजी ने अपने पूरे इतिहास में जनता की चित्तवृत्ति और इतिहास की गति के इसी सामंजस्य का विवेचन किया है। इतिहास-लेखन में इससे बेहतर किसी अन्य दृष्टि का विनियोग उनके बाद फिर नहीं हो पाया है। 'साहित्य का इतिहास' समाज के विकास का इतिहास नहीं हो सकता, क्योंकि साहित्य का तत्वाधार अनुभूति और भाव-सत्ता है। साहित्य की सापेक्षिक स्वायत्ता सर्वमान्य है। इसके साथ ही यह भी सत्य है कि साहित्य का इतिहास समाज-निरपेक्ष भी नहीं हो सकता, क्योंकि चित्तवृत्ति या भावसत्ता का अस्तित्व भी समाज, लोकसत्ता या शेष-सृष्टि के अस्तित्व पर आधृत है। चित्तवृत्ति का परिवर्तन सामाजिक परिवर्तन के साथ ही होता है। मनोभावों का विकास, परिष्कार और विस्तार और महत्त्व उनकी सामाजिक उपयोगिता पर निर्भर

है। शुक्लजी के बाद उनके इतिहास के ढाँचे की चर्चा तो बहुत हुई, उसकी सीमाओं का उल्लेख भी बार-बार किया गया किंतु कोई दूसरा ऐसा इतिहास नहीं लिखा गया जो उनके इतिहास का स्थान ले सके।

आचार्य शुक्ल को अपनी परंपरा के उदात्त मूल्यों पर गर्व था। वे राष्ट्रीय स्वाभिमान और आत्मगौरव से दीप्त थे। उनका आत्मविश्वास अडिग था। वे विश्व के बड़े-से-बड़े काव्य-चिन्तक और विचारक से टकराने की शक्ति रखते थे। उनकी प्रज्ञा तत्वाभिनिवेषिणी थी। उनकी उद्भावना शक्ति अपूर्व थी। वे विश्व-साहित्य को अपनी दृष्टि से देखना चाहते थे और देखते थे। उन्होंने अपने समय के संपूर्ण ज्ञान को आत्मसात् करके काव्य-चिन्तन के क्षेत्र में प्रवेश किया था। उनकी समीक्षा में सिद्धांत और व्यवहार पक्ष की दूरी समाप्त हो गई है। उनके बाद उनके भाव-बोध की सीमाओं की ओर इशारा करने वाले तो बहुत हुए किंतु उनकी पद्धति को विकसित करने वाला कोई नहीं हुआ। वे हिंदी-समीक्षा के पथिकृत आचार्य थे। उन्होंने हिंदी-आलोचना को जहाँ से उठाया है और जहाँ पहुँचा दिया है, उसे देखकर आश्चर्य होता है। उन्होंने अपने समीक्षक-व्यक्तित्व के विकास के दूसरे चरण में 'भेद में अभेद दर्शन' की जो तत्व-दृष्टि विकसित की थी, उसका विनियोग उन्होंने बड़ी गहराई और सतर्कता के साथ बराबर किया है। अपने इतिहास में समालोचना प्रकरण को समाप्त करते हुए उन्होंने कहा है–

"योरप के साहित्य क्षेत्र में फैशन के रूप में प्रचलित बातों को कच्चे-पक्के ढंग से सामने लाकर कुतूहल उत्पन्न करने की चेष्टा करना अपनी मस्तिष्क शून्यता के साथ ही साथ समस्त हिंदी-पाठकों पर मस्तिष्क शून्यता का आरोप करना है।"

इस संबंध में हम इतना ही निवेदन करेंगे कि यह मस्तिष्क-शून्यता काव्य-चिंतन और समीक्षा के क्षेत्र में आज भी विद्यमान है। अंतर यह आया है कि उस समय उन जैसा इसे देखने-परखने और अपनी चिंता व्यक्त करने वाला एक व्यक्ति हिंदी-समीक्षा के क्षेत्र में था। जिसके पास देखने की तत्व-दृष्टि थी, अपनी ज़मीन थी, अपनी समृद्ध परंपरा का बोध था, और संग्रह-त्याग का विवेक भी था। आज वह भी नहीं है।

समीक्षा का प्रतिमान : काव्य में लोक मंगल की अवधारणा

आचार्य रामचन्द्र शुक्ल ने ऐसे काव्यों को जिनमें मंगल का विधान करने वाला भाव 'करुणा' बीज रूप में विद्यमान रहता है, श्रेष्ठ घोषित करके 'लोक मंगल की साधना' को काव्य-प्रतिमान के रूप में प्रतिष्ठित किया है। उनका तर्क है कि 'लोक में मंगल का विधान' करने वाले दो भाव हैं–'करुणा' और 'प्रेम'। 'करुणा' की गति लोक की रक्षा की ओर होती है और प्रेम की गति लोक के रंजन की ओर। इन दोनों भावों को वे सत्त्व-गुण प्रधान मानते हैं। वे कहते हैं–"उच्च दशा का प्रेम और करुणा

दोनों सत्व गुण प्रधान हैं। त्रिगुणों में सत्त्व-गुण सबके ऊपर है। यहाँ तक कि उसकी ऊपरी सीमा नित्य पारमार्थिक सत्ता के पास तक—व्यक्त और अव्यक्त की संधि तक—जा पहुँचती है। इसी से शायद वल्लभाचार्यजी ने सच्चिदानन्द के सत् स्वरूप का प्रकाश करने वाली शक्ति को 'संधिनी' कहा है। "यह जगत् अव्यक्तावस्था से छूटी हुई प्रकृति का व्यक्त स्वरूप है। इसमें सत्त्व, रजस् और तमस् तीनों गुणों की स्थिति निरंतर बनी रहती है। ऐसी स्थिति में मंगल का विधान तभी हो सकता है जब 'रजस्' और 'तमस्' गुण 'सत्त्व गुण' के अधीन रहकर कार्य करें। काव्य भाव-प्रधान होता है। भावों में 'करुणा' और 'प्रेम' सत्त्व-गुण प्रधान होते हैं और क्रोध, भय, घृणा आदि प्रचण्ड भाव रजस् और तमस् प्रधान होते हैं।" आचार्य शुक्ल की मान्यता है कि 'करुणा' और 'प्रेम' से प्रेरित होने पर (सत्त्व-गुण-युक्त भावों के अधीन रहने पर) ये 'रजस्' और 'तमस्' प्रधान प्रचण्ड और उग्रभाव भी सुंदर हो जाते हैं। वाल्मीकीय रामायण में लोक-पीड़क राक्षसराज रावण के प्रति राम का कालाग्निसदृश क्रोध इसीलिए लोकोत्तर सौंदर्य का विधान कर सका है कि वह करुणा से, लोक-रक्षा की भावना से, प्रेरित है। रावण की मृत्यु के बाद लोक से दुःख की छाया हट जाती है। लोक, पीड़ा और विघ्न-बाधा से मुक्त हो जाता है और तब राम-राज्य की स्थापना होती है। यह रामराज्य व्यावहारिक स्तर पर 'सत्' और 'आनंद' का प्रतीक है। आचार्य शुक्ल के शब्दों में—'लोक की रक्षा 'सत्' का आभास है, लोक का मंगल 'परमानंद' का आभास है। इस व्यावहारिक 'सत्' और 'आनंद' का प्रतीक है—रामराज्य।' (गोस्वामी तुलसीदास, पृ. 23) इस 'रामराज्य' की महिमा का वर्णन करते हुए शुक्लजी कहते हैं—"राज्य की कैसी व्यापक भावना है! आदर्श राज्य केवल बाहर कर्मों का प्रतिबंधक और उत्तेजक नहीं है, हृदय को स्पर्श करने वाला है, इसमें लोक-रक्षा के अनुकूल भावों की प्रतिष्ठा करनेवाला है। यह धर्म राज्य है—प्रकृति का रंजन करने वाला है। इस राज्य की स्थापना केवल शरीर पर ही नहीं होती, हृदय पर भी होती है। यह राज्य केवल चलती हुई जड़ मशीन नहीं है—आदर्श व्यक्ति का परिवर्तित रूप है।" (गोस्वामी तुलसीदास, पृ. 25) रामराज्य की स्थापना शरीर पर ही नहीं हृदय पर भी होती है। हृदय पर 'करुणा' और 'प्रेम' के द्वारा ही राज्य किया जा सकता है। इस प्रकार आचार्य शुक्ल की दृष्टि में 'करुणा' और 'प्रेम' पुंज, लोक में धर्म के विग्रह के रूप में प्रतिष्ठित, शील के आगार राम जैसे नायक को—ऐसे नायक को जिसकी प्रचण्ड और उग्र वृत्तियाँ निरंतर सत्त्व-गुण के अधीन गतिशील हों—केंद्र में रखकर रचित काव्य में ही पूर्ण सौंदर्य के प्रकाशन की क्षमता होती है। वे कहते हैं—"यदि बीज-भाव की प्रकृति मंगल-विधायिनी होती है तो उसकी व्यापकता और निर्विशेषता के अनुसार सारे प्रेरित भाव तीक्ष्ण और कठोर होने पर भी सुंदर होते हैं। ऐसे बीज-भाव की प्रतिष्ठा जिस पात्र में होती है, उसके सब भावों के साथ पाठकों की सहानुभूति होती है, अर्थात् पाठक या श्रोता भी रस-रूप में उन्हीं भावों

का अनुभव करते हैं जिन भावों की वह व्यंजना करता है।'' (चिंतामणि, पहला भाग, पृ. 222) यही नहीं वे यहाँ तक कह जाते हैं कि ''ऐसे पात्र की गति में बाधा डालने वाले पात्रों के उग्र या तीक्ष्ण भावों के साथ पाठकों का वास्तव में तादात्म्य नहीं होता; चाहे उनकी व्यंजना में रस की निष्पत्ति करने वाले तीनों अवयव (विभाव, अनुभाव, संचारी भाव) वर्तमान हों।'' –(वही, पृ. 222)

लोक-मंगल की साधना को काव्य-प्रतिमान के रूप में प्रतिष्ठित करके आचार्य शुक्ल ने अपनी मौलिक दृष्टि का परिचय दिया है, किंतु इस प्रतिमान को लेकर हिंदी-जगत् में दो बिंदुओं पर पर्याप्त विवाद चल पड़ा है। पहला बिंदु 'लोक संबंधी अवधारणा' है और दूसरा बिंदु है--मंगल-विधायक बीज-भाव प्रेरित आदर्श नायक द्वारा व्यक्त भावों में ही सच्चे 'साधारणीकरण' (रस-निष्पत्ति) की स्थिति का होना। सबसे पहले शुक्लजी की 'लोक' संबंधी अवधारणा पर विचार करेंगे। आचार्य शुक्ल ने अपने मनोविकारों पर लिखे गये निबंधों, गोस्वामी तुलसीदास की समीक्षा, चिंतामणि प्रथम भाग में संगृहीत प्रसिद्ध निबंध 'काव्य में लोक मंगल की साधनावस्था' तथा 'चिंतामणि, द्वितीय भाग' में संगृहीत लंबे निबंध 'काव्य में रहस्यवाद' में अनेक संदर्भों में 'लोक' शब्द का प्रयोग किया है। उन्होंने लोक के साथ अन्य शब्दों को जोड़कर अनेक सामासिक पदों की रचना की है और विभिन्न संदर्भों में उनका प्रयोग करके 'लोक' शब्द को अधिक व्यंजक बना दिया है। लोक-मंगल, लोक-रंजन, लोक-संग्रह, लोक-सामान्य, लोक-पावन, लोक-हृदय, लोक-जीवन, लोक-विप्लव, लोक-चरित्र, लोक-सत्ता, लोक-बद्ध, लोक-व्यवस्था, लोक-धर्म, लोक-नीति, लोक-व्यवहार, लोक-वाह्य, लोक-गति, लोक-वाद जैसे कितने ही सामासिक पदों का प्रयोग उन्होंने किया है। इन प्रयोगों में कुछ ऐसे भी हैं, जहाँ उन्होंने 'लोक' शब्द की व्याख्या करने का या उसका अर्थ स्पष्ट करने का प्रयत्न किया है। यहाँ हम उन संदर्भों को प्रस्तुत करना चाहेंगे, जिनमें 'लोक' शब्द का अर्थ स्पष्ट हुआ है।

–दूसरी बात यह है कि भारतीय भक्ति-मार्ग व्यक्ति कल्याण और लोक-कल्याण दोनों के लिए है। वह लोक या जगत् को छोड़ कर नहीं चल सकता।

(गोस्वामी तुलसीदास, पृ. 5)

–अब तक जो कुछ कहा गया, उसमें गोस्वामीजी व्यक्तिवाद (Individualism) के विरोधी और लोकवाद (Socialism) के समर्थक से लगते हैं।

(गोस्वामी तुलसीदास, पृ. 30)

–गृहधर्म पर दृष्टि रखनेवाला किसी परिवार की रक्षा देखकर, वर्गधर्म पर दृष्टि रखनेवाला किसी वर्ग या समाज की रक्षा देखकर और लोकधर्म पर दृष्टि रखनेवाला लोक या समस्त मानव-जाति की रक्षा देखकर आनंद का अनुभव करता है।

(चिंतामणि, पहला भाग, पृ. 208)

—वही अबरक्रांवे जो कभी वाद-ग्रस्त होकर 'चेतना के कोने के बाहर' की बात कहने जाता है जब लोकवादी (Humanitarian) के रूप में हमारे सामने आता है, विशुद्ध काव्य-दृष्टि का प्रमाण देता है, तब उसकी सच्चाई में संदेह करने की कोई जगह नहीं रह जाती।

(चिंतामणि, द्वितीय भाग, पृ. 86)

—समाजशास्त्र के आधुनिक विवेचकों ने भी लोक-संग्रह और लोक-विरोध की दृष्टि से जनता का विभाग किया है। गिडिगूज़ के चार विभाग हैं—लोक-संग्रही, लोक-बाह्य, अलोकोपयोगी और लोक-विरोधी। (The true social classes are the social, the non-social, the psedudo-social and the anti-social-Giddings)

उपर्युक्त संदर्भों में 'लोक' शब्द कहीं 'जगत्' के अर्थ में, कहीं 'समाज' के अर्थ में, कहीं 'समस्त मानव जाति' के अर्थ में और कहीं 'मानवता' के अर्थ में प्रयुक्त हुआ है। स्वयं संस्कृत साहित्य में 'लोक' शब्द 'संसार' (इहलोक), मानव जाति, प्रजा (राष्ट्र के व्यक्ति), समुदाय, क्षेत्र, सामान्य जीवन आदि कई अर्थों में प्रयुक्त होता रहा है। अब प्रश्न यह है कि 'लोक मंगल की साधना' के संदर्भ में प्रयुक्त 'लोक' शब्द से क्या तात्पर्य है। तुलसी की 'लोक-नीति और लोक-मर्यादा' का विवेचन करते हुए आचार्य शुक्ल ने 'लोकवाद' के साथ 'सोशलिज्म' शब्द का प्रयोग किया है। इससे यह धारणा बनती है कि उनका 'लोकवाद' 'समाजवाद' का ही पर्याय है, लेकिन उन्होंने स्वयं इस भ्रम का निवारण करते हुए कहा है—"उनका (तुलसीदास का) 'लोकवाद' वह 'लोकवाद' नहीं है जिसका अकांड तांडव रूस में हो रहा है। वे व्यक्ति की स्वतंत्रता का हरण नहीं चाहते जिसमें व्यक्ति इच्छानुसार हाथ पैर भी न हिला सके, अपने श्रम, शक्ति और गुण का अपने लिए कोई फल ही न देख सके। वे व्यक्ति के आचरण का इतना ही प्रतिबंध चाहते हैं, जितने से दूसरों के जीवन-मार्ग में बाधा न पड़े और हृदय की उदात्त वृत्तियों के साथ लौकिक संबंधों का सामंजस्य बना रहे। राजा-प्रजा, उच्च-नीच, धनी-दरिद्र, सबल-निर्बल, शास्य-शासक, मूर्ख-पंडित, पति-पत्नी, गुरु-शिष्य, पिता-पुत्र इत्यादि भेदों के कारण जो अनेक रूपात्मक संबंध प्रतिष्ठित हैं, उनके निर्वाह के अनुकूल मन (भाव), वचन और कर्म की व्यवस्था ही उनका लक्ष्य है, क्योंकि इन संबंधों के सम्यक् निर्वाह से ही वे सबका कल्याण मानते हैं। इन संबंधों की उपेक्षा करने वाले 'व्यक्ति-प्राधान्यवाद' के वे अवश्य विरोधी हैं।"

(गोस्वामी तुलसीदास, पृ. 30)

उपुर्यक्त विवेचन में तुलसी के 'लोकवाद' के प्रति आचार्य शुक्ल के मन में एक प्रकार का आकर्षण और रूसी 'समाजवाद' के प्रति एक प्रकार का आक्रोश स्पष्ट रूप से व्यक्त हुआ है। इससे यह तो साफ हो जाता है कि आचार्य शुक्ल रूसी 'समाजवाद' के समर्थक नही हैं और उनका 'लोक' सर्वहारा वर्ग नहीं है। आचार्य शुक्ल की बद्धमूल धारणा थी कि जिस प्रकार परिवार में ऊँची-नीची श्रेणियाँ होती

हैं, उसी प्रकार समाज में भी शील, विद्या, बुद्धि, शक्ति आदि के भेद के आधार पर ऊँची-नीची श्रेणियाँ रहेंगी। उनके अनुसार 'फावड़ा लेकर मिट्टी खोदनेवाले और कलम लेकर वेदांत-सूत्र लिखने वाले के काम एक ही कोटि के नहीं माने जा सकते।' समाज में ऐसे लोगों की आवश्यकता बराबर रहेगी जो पठन-पाठन, तत्त्व-चिंतन और ज्ञान के नये-नये क्षेत्रों के अनुसंधान में प्रवृत्त रहें। ऐसे लोग भी आवश्यक होंगे जो अस्त्र-शस्त्र से सज्जित होकर देश की रक्षा में निरंतर प्रवृत्त रहें। कृषि, वाणिज्य-व्यवराय आदि से जुड़े लोग भी समाज के अंग रहेंगे। और इन सभी के लिए आवश्यक सुविधाएं जुटाने वाला एक वर्ग भी किसी न किसी रूप में विद्यमान रहेगा। इन वर्गों के द्वारा सम्पादित कार्य एक ही कोटि के नहीं माने जायेंगे। ऐसी स्थिति में जिन कार्यों को श्रेष्ठ समझा जायगा, उनसे जुड़े लोगों के प्रति छोटा समझे जाने वाले कार्यों से जुड़े लोगों के मन में ईर्ष्या-द्वेष का भाव उत्पन्न हो सकता है। आचार्य शुक्ल की मान्यता है कि वर्णाश्रम व्यवस्था में यह भाव इसलिए उत्पन्न नहीं होता था कि जो श्रेष्ठ थे, समाज के प्रति उनका त्याग और कर्तव्य-भाग भी उसी क्रम में अधिक होता था। ब्राह्मण और क्षत्रिय को लोक-हित में प्रतिक्षण अपने व्यक्तिगत सुख का त्याग करने के लिए तत्पर रहना पड़ता था। शेष वर्गों को अपने व्यक्तिगत और पारिवारिक सुख की व्यवस्था के लिए पूरा अवकाश रहता था। आचार्य शुक्ल के शब्दों में—"जब तक उच्च श्रेणियों के कर्तव्य की कठिनता प्रत्यक्ष रहेगी—कठिनता के साक्षात्कार के अवसर आते रहेंगे—तब तक नीची श्रेणियों में ईर्ष्या-द्वेष का भाव नहीं जाग्रत हो सकता। जब तक वे क्षत्रियों को अपने चारों ओर धन-जन की रक्षा में तत्पर देखेंगे, ब्राह्मणों को ज्ञान की रक्षा और वृद्धि में सब कुछ त्याग कर लगे हुए पावेंगे, तब तक वे अपना सब कुछ उन्हीं की बदौलत समझेंगे और उनके प्रति कृतज्ञता, श्रद्धा, और मान का भाव बना रहेगा। जब कर्तव्य-भाग शिथिल पड़ेगा और अधिकार-भाग ज्यों का त्यों रहेगा, तब स्थिति-विघातिनी विषमता उत्पन्न होगी।" (गोस्वामी तुलसीदास, पृ. 26) आचार्य शुक्ल का निष्कर्ष है—"वर्ण-व्यवस्था की छोटाई-बड़ाई का यह अभिप्राय नहीं था कि छोटी श्रेणी के लोग दुःख ही में समय काटें और जीवन के सारे सुभीते बड़ी श्रेणी के लोगों को ही रहें।" (वही पृ. 26) वर्ण-व्यवस्था अपने मूल रूप में चाहे जितनी संतुलित और सामंजस्यमयी रही हो, तुलसीदास उसे पुनः प्रतिष्ठित करने के लिए चाहे जितने प्रयत्नशील रहे हों, आचार्य शुक्ल यह अच्छी तरह जानते थे कि जिस युग में वे 'लोक-मंगल की साधना' का प्रतिमान प्रतिष्ठित कर रहे हैं, उस युग में 'राजधर्म, आचार्यधर्म, वीर-धर्म सब पर सोने का पानी फिर गया है।' ब्राह्मण धर्म और क्षात्रधर्म दोनों का लोप हो गया है, केवल वणिकधर्म रह गया है। "व्यापार-नीति राजनीति का प्रधान अंग हो गई है। बड़े-बड़े राज्य माल की बिक्री के लिए लड़ने वाले सौदागर हो गए हैं।" (चिंतामणि-3, पृ. 188) वे यह भी जानते थे कि उनका देश गुलाम है। विश्व का सबसे शक्तिशाली साम्राज्यवादी देश उस

पर शासन कर रहा है। वे यह भी देख रहे थे कि उसके शासन में उनका देश दिन-ब-दिन गरीब होता जा रहा है। सन् 1907 ई. में ही वे अपने देशवासियों को बता देना चाहते थे कि–"प्रत्येक ग्रामवासी को यह जानना चाहिए कि अधिक काम करने के बाद भी उसे उसके बदले में कम क्यों दिया जाता है, प्रत्येक नागरिक को यह बताया जाना चाहिए कि उसकी सेवाओं की इतनी कम माँग क्यों है? और वस्तुतः प्रत्येक भारतीय को यह साफ-साफ पता होना चाहिए कि उसका देश दिन-ब-दिन और गरीब क्यों होता जा रहा है।" देखिए–('भारत को क्या करना चाहिए?' निबंध, आलोचना, वर्ष 34, अंक 74) ऐसी स्थिति में उनकी 'लोक' संबंधी कल्पना में भारत की गरीब, पीड़ित और शासित जनता का बिंब अवश्य था। इस गरीबी और बेरोजगारी को दूर करने की दिशा में वे 'स्वदेशी आंदोलन' को एक प्रयास मानते थे। इसका समर्थन करते हुए उन्होंने कहा था–"इस दशा में स्वदेशी आंदोलन द्वारा एक प्रयास किया गया है। यह लाखों लोगों को भुखमरी से बचाने के लिए और नियमित रोजगार के अभाव में भटक रहे लाखों लोगों को काम देने के उद्देश्य से चलाया गया आंदोलन है।" (वही, वर्ष 34, अंक 74) आचार्य शुक्ल जिसे लोक-मंगल की साधनावस्था या 'मंगल की प्रतिष्ठा का प्रयत्नपक्ष' कहते हैं, उसमें इस आंदोलन के रूप में किए गए प्रयत्न की छाया भी देखी जा सकती है। व्यावहारिक स्तर पर इस प्रयास के दो पक्ष थे। एक था इसका नैतिक पक्ष और दूसरा था अहिंसक या हिंसक विरोध या संघर्ष का पक्ष। स्वतंत्रता हमारा नैतिक अधिकार था। इसलिए हमारा संघर्ष सत्वगुण प्रेरित था। काव्य के स्तर पर विचार करते हुए आचार्य शुक्ल इसे ही 'सत्व के अधीन प्रचण्ड भावों की गतिशीलता' मानते हैं। इस प्रकार काव्य में 'लोक-मंगल की साधना' की अवधारणा का प्रेरणा-स्रोत वाल्मीकि और तुलसी के राम का धर्म की प्रतिष्ठा के लिए किया गया सात्विक संघर्ष ही नहीं, देश की स्वतंत्रता के लिए राष्ट्रीय नेताओं का नैतिक संघर्ष भी है। पराधीन देश की दुर्दशा से चिंतित आचार्य शुक्ल के काव्य-चिंतन पर अपने समय के इतिहास की छाया निश्चित रूप से लक्षित की जा सकती है। अपने लेखन-काल के प्रथम चरण से ही वे अनुभव कर रहे थे कि ब्रिटिश शासन से मुक्त होने के लिए सभी प्रकार की सामाजिक बुराइयों को दूर करना होगा। देशी भाषा के साहित्य के विकास को प्रोत्साहन देना होगा। भारत के उद्योग-धंधों का परिवर्धन और परिष्कार करना होगा और इसके लिए अपेक्षित तकनीकी शिक्षा प्राप्त करनी होगी। शिक्षा के क्षेत्र में गुणात्मक परिवर्तन करना होगा और उसे इस रूप में ढालना होगा कि अफसरों की 'जी हुजूरी' करने की प्रवृत्ति से ऊपर उठकर वह लोगों में उच्च उत्तरदायित्त्व का भाव भर सके। देश के लोगों में ऐसी जागृति पैदा करनी होगी जो राष्ट्रीय भावनाओं के विकास के अवरोधक तत्वों को निर्मूल कर दे। यह सब तभी सम्भव होगा जब सामान्य जनता को ब्रिटिश शासन के असली

चरित्र की सही जानकारी दी जाय और इसके लिए 'हमें समाज सुधारक, राजनीतिक, आंदोलनकर्त्ता, कवि और शिक्षाविद्'—इन सबकी एक ही साथ, एक ही समय में जरूरत है।'' (आलोचना, वर्ष 34, अंक 74 में प्रकाशित 'भारत को क्या करना चाहिए ?' निबंध) जाहिर है कि जिस समाज में आचार्य शुक्लजी रहे थे, उसमें वे आमूल परिवर्तन चाहते थे। देश की स्वतंत्रता के साथ ही वे उसे सम्पन्न और खुशहाल भी देखना चाहते थे। देश-प्रेम उनके लिए मात्र फैशन की चीज़ नहीं थी। वे अपने देश के मनुष्यों, पशु-पक्षियों, पेड़-पत्तों, वन-पर्वतों, नदी-निर्झरों सभी के प्रति गहरे लगाव को सच्चा देश-प्रेम मानते थे। 'लोभ और प्रीति' निबंध में वे कहते हैं—''देश-प्रेम की दुहाई देने वालों में से कितने अपने किसी थके-माँदे भाई के फटे-पुराने कपड़ों और धूल भरे पैरों पर रीझकर, या कम से कम न खीझ कर, बिना मन मैला किए कमरे की फर्श भी मैली होने देंगे? मोटे आदमियो! तुम जरा-सा दुबले हो जाते—अपने अंदेशे से ही सही—तो न जाने कितनी ठठरियों पर मांस चढ़ जाता।'' आचार्य शुक्ल की सहानुभूति सजे-सजाये कमरों में आराम कुर्सियों पर लेटे हुए अपने अंदेशे से भी दुबले न होने वाले मोटे आदमियों के प्रति नहीं, फटे-पुराने कपड़ों और धूल भरे पैरों वाले गरीब भाइयों के प्रति थी। आप कल्पना कर सकते हैं कि जिस लोक के मंगल की साधना में वे करुणा से प्रेरित अपने काव्य-नायक को प्रवृत्त करना चाहते थे वह लोक किसका होगा? 'लोक' शब्द का प्रयोग उन्होंने चाहे जितने अर्थों में किया हो, वह 'लोक' जो उनकी करुणा का आलंबन था, निश्चय ही पीड़ितों, दुःखियों, गरीबों और अभाव-ग्रस्तों का था। आखिर दुःख की छाया हटाने के लिए ही तो उनका काव्य-नायक प्रवृत्त होगा। वह दुःख की छाया का लोक सम्पन्नों, प्रभुओं, शोषकों अर्थात्, 'मोटे आदमियों' का तो नहीं ही होगा। पूछा जा सकता है कि यदि आचार्य शुक्ल का लोक से तात्पर्य दुःखियों और गरीबों से ही है तो उसे 'सर्वहारा' क्यों न माना जाय ? तुलसी का 'लोकवाद' रूसी 'समाजवाद' भले न हो, शुक्लजी तो आधुनिक संदर्भ में—सच्चे देश प्रेम के संदर्भ में फटे-पुराने कपड़ों और धूल भरे पैरों वाले देश-भाइयों की बात कर रहे हैं। वस्तुतः 'सर्वहारा वर्ग' का चरित्र पूर्णतः परिभाषित है। 'पूँजीवाद' से 'समाजवाद' में संक्रमण की अवधि में मजदूरों और किसानों का वह संघबद्ध वर्ग जो मेहनतकश जन साधारण को बुर्जुआ वर्ग से अलग करके अपनी ओर आकृष्ट करता है, 'समाजवाद' के निर्माण में नियोजित करता है, 'सर्वहारा' कहलाता है। उसकी अवधारणा उस समाज-दर्शन के अंतर्गत की गई है जो पूरे समाज को शोषक और शोषित वर्गों में विभाजित करके देखता है और वर्ग-रहित समाज की स्थापना को अपना लक्ष्य मानता है। शुक्लजी तो वर्ग-रहित समाज की सत्ता ही स्वीकार नहीं करते। वे कहते हैं—''एक-एक व्यक्ति के दूसरे-दूसरे व्यक्तियों के लिए सुखद और दुःखद दोनों रूप बराबर रहे हैं और बराबर रहेंगे। किसी प्रकार की राजनीतिक और सामाजिक व्यवस्था—एकाशाही से लेकर साम्यवाद तक—इस दोरंगी

झलक को दूर नहीं कर सकती। मानवी प्रकृति की अनेकरूपता शेष प्रकृति की अनेकरूपता के साथ-साथ चलती रहेगी। ऐसे समाज की कल्पना, ऐसी परिस्थिति का स्वप्न, जिसमें सुख ही सुख, प्रेम ही प्रेम हो, या तो लंबी-चौड़ी बात बनाने के लिए अथवा अपने को या दूसरों को फुसलाने के लिए ही समझा जा सकता है।'' (चिंतामणि, पहला भाग, पृ. 128-29) उनका 'लोक' अन्याय और अत्याचार से पीड़ित वह जन समाज है जो अपनी दयनीय स्थिति से किसी शक्ति-सम्पन्न और शीलवान राष्ट्र-नायक को करुणा-प्लावित करके अन्याय के प्रतिकार में प्रवृत्त करने की क्षमता रखता है। अन्याय के प्रतिकार में पीड़ित जन-समाज की भागीदारी के लिए आचार्य शुक्ल समाज-सुधार शिक्षा-संस्कार और जन-जागरण की बात तो करते हैं किंतु समाज को संघबद्ध करने के लिए कोई दर्शन नहीं देते। यह संकेत अवश्य देते हैं कि किसी भी अवस्था में समाज-व्यवस्था यांत्रिक नहीं होनी चाहिए। मात्र दण्ड भय से अर्थशक्ति खड़ी करके समाज-व्यवस्था का संचालन उचित नहीं है। व्यक्ति-वैशिष्ट्य को स्वीकार किया जाना चाहिए। समाज में व्यक्ति को गुण, शील, बुद्धि, प्रतिभा, कला-कौशल के विकास की पूरी सुविधा मिलनी चाहिए। अक्टूबर 1917 में लेनिन के नेतृत्व में रूस में होने वाली सामाजिक क्रांति के फलस्वरूप स्थापित सामाजिक-राजनीतिक व्यवस्था को आचार्य शुक्ल ने कभी महत्व नहीं दिया। रूसी-क्रांति को लेकर ब्रिटिश सरकार की चिंता और उसके संबंध में उसका दुष्प्रचार स्वाभाविक है।[1] आचार्य शुक्ल इस दुष्प्रचार से कुछ तो अवश्य प्रभावित रहे होंगे परंतु उनका अपना मत भी इसके विरुद्ध ही रहा। वस्तुतः वे ऊपर से प्रयत्नपूर्वक स्थापित समता को प्रकृति-विरुद्ध मानते थे। लेनिन के जीवन के संबंध में उनकी जानकारी कितनी थी, यह तो नहीं कहा जा सकता, लेकिन यह निर्विवाद है कि वे यह मानकर चल रहे थे कि वहाँ की नीची श्रेणी के लोगों में उच्च श्रेणी के लोगों के प्रति जो ईर्ष्या-द्वेष था, उसी का लाभ उठाकर लेनिन महात्मा बन गये थे।[2] यह कहना कि अपने इतिहास का परिवर्धित संस्करण तैयार करते समय तक उनका मत बदल गया था और रूसी क्रांति के प्रति वे कुछ उदार हो गए थे, कुछ ठीक नहीं लगता। यदि ऐसा हुआ होता तो 'अखिल

1. सन् 1920 में अंग्रेजी सरकार को संदेह हुआ कि भारत में बोल्शेविक प्रचार हेतु रूसी रूबल भेजा जा रहा है। अतः इसकी रोक के लिए एक उच्चस्तरीय अफसरों की बैठक में दो अफसरों को नियुक्त किया गया, जो इस कार्य पर रोक लगायें।

—भारत में उपनिवेशवाद और राष्ट्रवाद, पृ. 436

2. ऐसा प्रतीत होता है कि लेनिन के संबंध में आचार्य रामचन्द्र शुक्ल को उतनी जानकारी भी नहीं थी जितनी लोकमान्य तिलक को थी। क्योंकि तिलक ने अपने समाचार पत्र 'केसरी' के माध्यम से बोल्शेविकवाद के विरुद्ध सरकार के प्रचार का खण्डन किया तथा लेनिन को एक महान् चिंतक एवं मानव प्रेमी बताया।'

—वही, पृ. 437

भारतीय हिंदी साहित्य सम्मेलन' के अठाइसवें अधिवेशन के साहित्य-परिषद् के स्वागताध्यक्ष की हैसियत से 17 अक्टूबर, 1939 को दिए गए अपने भाषण में वे यह क्यों कहते कि ''रूस के वोल्शेविकों की बात सुनिए तो वे बड़ी उपेक्षा से अब तक के सारे साहित्य को ऊँचे वर्ग के लोगों का साहित्य बताकर बढ़ैयों, लोहारों और मजदूरों के साहित्य का आसरा देखने को कहेंगे।'' आखिर यह बढ़ई, लोहार और मजदूर भी तो उसी क्रांति की देन थे। वस्तुतः शुक्लजी संसार के भिन्न-भिन्न देशों की भिन्न-भिन्न प्रवृत्तियों की समीक्षा करते हुए अपनी बाह्य और आभ्यंतर परिस्थिति के अनुसार अपना स्वतंत्र मार्ग निकालने के पक्ष में थे, और अंत तक वे इस पर कायम रहे। निष्कर्ष रूप में हम कह सकते हैं कि आचार्य शुक्ल का 'लोकवाद' रूसी 'समाजवाद' नहीं है। उनका 'लोक' भी रूसी सर्वहारा वर्ग नहीं है। किंतु यह निर्विवाद है कि जिस लोक के मंगल की बात वे बार-बार करते हैं वह लोक, प्रभुओं, सत्ताधीशों, शोषकों, साधन-सम्पन्नों का लोक भी नहीं है। रागाज का यह वर्ग कभी भी करुणा का आलंबन नहीं हो सकता। यह वर्ग तो अपने हित-साधन के निमित्त अनेक प्रकार के अत्याचार करता है। अन्याय का सहारा लेता है। उनका लोक, गरीबों, दुःखियों, पीड़ितों और सूखी ठठरियों वाले लोगों का ही लोक है। इसी लोक का मंगल उन्हें काम्य है। यह अवश्य है कि इस वर्ग के लोगों में उच्च वर्ग के प्रति ईर्ष्या, द्वेष, अहंकार और घृणा का संचार करके वर्ग-संघर्ष की स्थिति उत्पन्न करना वे नहीं चाहते। इसे वे समाज के लिए श्रेयस्कर भी नहीं मानते। यह उनके चिंतन की, संस्कार की और युग की सीमा है। वे शासक वर्ग को सत्ता-च्युत करने के लिए तो शक्ति का प्रयोग करने के पक्ष में हैं किंतु ऊँची श्रेणियों को मिटाने के लिए संघटित शक्ति के प्रयोग की बात नहीं सोच पाते। उनका विश्वास था कि ऊँची-नीची श्रेणियों की स्थिति स्वाभाविक है। अधिकार और कर्त्तव्य में संतुलन के आधार पर इनमें सामंजस्य बनाये रखना ही श्रेयस्कर है। यदि ऊँची श्रेणी के लोग अपने कर्तव्य और दायित्व से च्युत होकर या स्वार्थ-रत होकर सामाजिक संतुलन को विकृत करते हैं तो उन्हें सचेत करने, उनकी विगर्हणा करने और उनको सुधारने का दायित्व राज्य का या उनके वर्ग के लोगों का है। आचार्य शुक्ल यह नहीं सोच पाते कि यदि राज्य उसी वर्ग का हो या उस वर्ग के बहुसंख्यक लोग उनके ऐतिहासिक कारणों से स्वार्थी, लोलुप और दायित्वहीन हो गये हों तो उस वर्ग को सुधारने का कार्य कौन करेगा ? शायद तब वे यह कहेंगे कि ऐसी स्थिति में ब्रह्म की आनंद-कला इस अधर्म-जनित दुःख की छाया को हटाने के लिए शक्तिमय रूप धारण करेगी—लोक के बीच नर में नारायण की दिव्य कला प्रस्फुटित होगी—दुःख की छाया हटेगी और समाज में सब कुछ समंजसित हो जायगा। अब इस उत्तर से संतुष्ट होना न होना आपका काम है, उनका नहीं।

अब काव्य में लोक-मंगल की साधना के प्रतिमान की उपयुक्तता-अनुपयुक्तता

पर भी विचार करना चाहिए। आचार्य शुक्ल की मान्यता है कि काव्य मात्र का लक्ष्य आनंद मंगल का विधान है। आनंद-मंगल की दो स्थितियाँ होती हैं। कभी यह सिद्ध या आविर्भूत होता है और कभी इसकी सिद्धि या आविर्भाव के लिए प्रयत्न या साधना करनी पड़ती है। जब यह सिद्ध होता है तो सुख-सौंदर्य, माधुर्य, सुषमा, विभूति, उल्लास, प्रेम-व्यापार आदि का प्राधान्य होता है। जब यह सिद्ध नहीं होता और इसकी सिद्धि के लिए साधना या प्रयत्न करना पड़ता है तो पीड़ा, बाधा, अन्याय, अत्याचार आदि के दमन की आवश्यकता होती है और इस दमन में प्रवृत्त होने के लिए करुणा-प्रेरित क्रोध, उत्साह, घृणा, भय आदि प्रवृत्तियाँ गतिशील होती हैं। जिन काव्यों में आनंद-मंगल की सिद्धावस्था को केंद्र में रखा जाता है उनमें सुख-सौंदर्य, माधुर्य, सुषमा, विभूति, उल्लास, अर्थात् मधुचर्या को महत्व दिया जाता है। इसके विपरीत जिन काव्यों में आनंद-मंगल की साधनावस्था को केंद्र में रखा जाता है उनमें काव्य-नायक करुणा से प्रेरित होकर अन्याय-अत्याचार के दमन में प्रवृत्त होता है और उसके क्रोध, उत्साह, घृणा, आदि वृत्तियों की व्यंजना होती है। आचार्य शुक्ल ऐसे कवियों को ही पूर्ण कवि मानते हैं। उनकी दृष्टि में लोक-मंगल की साधना को लक्ष्य मानकर चलने वाले कवि जीवन की अनेक परिस्थितियों के भीतर सौंदर्य का साक्षात्कार करते हैं। लोक-मंगल की सिद्धावस्था वाले काव्यों में जीवन के मधुर पक्ष का ही विधान होता है। प्रयत्न में गति होती है। इसलिए प्रयत्न पक्ष या साधना-पक्ष-प्रधान काव्यों में व्यक्त सौंदर्य गत्यात्मक होता है। उदाहरण के लिए 'रामायण' महाकाव्य को लीजिए। इसमें रावण लोक-पीड़क है। अत्याचारी है। उसका दमन करने के लिए राम प्रवृत्त होते हैं। राम का उत्साह और क्रोध करुणा-प्रेरित है। राम जीवन की अनेक सम-विषम परिस्थितियों से अपना मार्ग निकालते हुए बढ़ते हैं। उन्हें लोक में आनंद-मंगल का विधान करना है। ऐसी स्थिति में उनके प्रत्येक आचरण में चाहे वह प्रचण्ड और उग्र हो, चाहे कोमल और मधुर, सौंदर्य की व्यंजना होगी। यहाँ तक तो ठीक है। आचार्य शुक्ल और आगे बढ़कर यह स्थापित करते हैं कि ऐसे पात्र (लोक-मंगल की साधना में प्रवृत्त राम जैसे पात्र) की गति में बाधा डालने वाले पात्रों (रावण जैसे पात्रों) के उग्र या तीक्ष्ण भावों के साथ पाठकों का वास्तव में तादात्म्य नहीं होता। चूँकि आचार्य शुक्ल 'साधारणीकरण' के लिए पाठक या श्रोता का आश्रय के साथ तादात्म्य आवश्यक मानते हैं, इसलिए उन्हें यह निर्णय लेना पड़ता है कि रावण द्वारा राम के प्रति व्यक्त क्रोध में रौद्र रस की व्यंजना नहीं होगी। आचार्य शुक्ल की इस स्थापना पर टिप्पणी करते हुए डॉ. नगेंद्र कहते हैं–"इस प्रकार आलंबन का क्षेत्र सीमित हो जाता है और परंपरा द्वारा निर्धारित आलंबन ही काव्य में ग्राह्य हो सकते हैं–अर्थात्, रामादि सदा प्रीतिकर भावों के और रावाणादि अप्रीतिकर भावों के ही आलंबन बन सकते हैं। अतः यह रस-दृष्टि परम्परागत नैतिक मूल्यों से परिबद्ध है। सामान्यतः परंपरा एवं नैतिक मूल्यों का अनुशासन श्रेयस्कर ही होता है और काव्य-मूल्य उससे सर्वथा

स्वतंत्र नहीं हो सकते, फिर भी नैतिक मूल्य और साहित्यिक मूल्य पर्याय नहीं बन सकते। इस तरह तो भाव क्षेत्र का विकास ही रुक जाएगा और 'मेघनाद वध' जैसे महान् काव्यों की रसवत्ता ही खंडित हो जायगी।'' (रस-सिद्धांत, पृ. 206) वस्तुतः प्रश्न राम, रावण का नहीं, मंगल-अमंगल, न्याय-अन्याय तथा सत्-असत् का है। जब तक समाज में इन मूल्यों की प्रतिष्ठा रहेगी, तब तक न्याय के पक्ष में अपने व्यक्तिगत सुखों का परित्याग करने वाले और लोक-पीड़क अन्यायी का दमन करने वाले लोक-नायक के प्रति लोक-चित्त में श्रद्धा का भाव रहेगा। ऐसी स्थिति में अन्यायी के प्रति व्यक्त उसके क्रोध के सौन्दर्य की प्रतिष्ठा लोक-चित्त में सहज भाव से होगी। इसके विपरीत लोक-पीड़क, अत्याचारी और अन्याय-रत प्रति-नायक के द्वारा न्याय पक्ष का समर्थन करने वाले काव्य-नायक के प्रति व्यक्त क्रोध या घृणा को पाठक और श्रोता अपनी सहानुभूति नहीं दे सकेंगे। आधुनिक काल में यदि कोई कवि जलियाँ वाले बाग की घटना को केंद्र में रखकर काव्य-रचना करता है और वह 'जनरल डायर' के प्रति गाँधी द्वारा भर्त्सना का भाव व्यक्त करवाता है, तब निश्चय ही पाठक उसका स्वागत करेंगे किंतु यदि वह जनरल डायर द्वारा गोली चलाने के अमानवीय कार्य को न्यायोचित ठहराता है और उसके प्रति सहानुभूति दिखाता है तो क्या स्थिति होगी? जनरल डायर ने जब गोली चलाने का आदेश दिया होगा, तब उसने भारतीयों के प्रति क्रोध और घृणा का भाव भी व्यक्त किया होगा। क्या उसके क्रोध के साथ किसी भारतीय का तादात्म्य हो सकता है ? यहाँ यह स्मरणीय है कि इस घटना से उत्तेजित होकर रवींद्रनाथ टैगोर ने ब्रिटिश पार्लियामेंट सरकार द्वारा प्रदान की गई 'नाइट हुड' की उपाधि लौटा दी थी। यहाँ यह भी स्मरणीय है कि ब्रिटिश के अनुदारवादी सदस्यों ने जनरल डायर को पुरस्कार रूप में सम्मान की तलवार और 26,000 पौण्ड की धनराशि प्रदान की थी। जो व्यक्ति हमारे लिए घृणा और भर्त्सना का पात्र है, वही देश काल-भेद से दूसरों की दृष्टि में आदर और सम्मान का पात्र है। माना कि काव्य इतिहास नहीं है। वह काल्पनिक सृष्टि है किंतु कल्पना इतिहास का अतिक्रमण किस सीमा तक कर सकती है? यथार्थ-निरपेक्ष कल्पना संभव नहीं है। आचार्य शुक्ल की अत्याचारी के प्रति सहानुभूति और उसके भावों से तादात्म्य न हो सकने वाली स्थापना 'प्रसाद' जी के सामने भी थी। उन्होंने यह कह कर 'किंतु रस में फलयोग अर्थात् अंतिम संधि मुख्य है, इन बीच के व्यापारों में जो संचारी भावों के प्रतीक हैं;, रस की खोज कर उसे छिन्न-भिन्न कर देना है। यह सब मुख्य रस-वस्तु के सहायक मात्र हैं' बात समाप्त कर दी। उन्होंने यह भी कह दिया कि वर्तमान काल में चरित्र-चित्रण और व्यक्ति-वैचित्र्य पर विशेष बल देने वाले जो नाटक लिखे जा रहे हैं, उनका रस से सीधा संबंध तो नहीं दिखाई देता, ''क्योंकि इसमें वर्तमान युग की मानवीय मान्यताएं अधिक प्रभाव डाल चुकी हैं, जिसमें व्यक्ति अपने को विरुद्ध स्थिति में पाता है।'' (काव्य और कला तथा अन्य निबंध–पृ. 84) मूल बात यह

है कि भावों की विभाव-निरपेक्ष शुद्ध अनुभूति लोकबद्ध प्राणी के लिए संभव नहीं है। ऐसी मनोदशा जिसमें सहृदय यह भूल जाय कि यह क्रोध राम का है या रावण का, वह क्रोध की शुद्ध अनुभूति करे, एक आदर्श कल्पना है। व्यक्तिगत राग-द्वेष से पूर्णतः मुक्त होकर अखण्ड रस की अनुभूति की अवधारणा काव्यानुभूति को शैवाद्वेत के अखण्ड आत्मानंद के स्तर पर प्रतिष्ठित करने के निमित्त की गई है। इसलिए यदि काव्य को एक भौतिक या लौकिक शक्ति के रूप में देखना है; यदि यह स्वीकार करके चलना है कि काव्य में दो पक्ष होते हैं—एक न्याय का, दूसरा अन्याय का; यदि अपना सर्वस्व निछावर करके समाज को भयमुक्त और मंगलमय बनाने की साधना में लोक चित्त को प्रभावित करने की बात, शील के उत्कर्ष के प्रति सहज श्रद्धा के उद्रेक की बात, स्वीकार्य है तो शुक्लजी के पक्ष से अहसमत होना संभव नहीं है। हाँ, यदि यह मान लिया जाय कि आज का साहित्य रागात्मक न होकर पूर्णतः बौद्धिक हो गया है; आज का जीवन-यथार्थ सभी प्रकार के नैतिक मूल्यों से निरपेक्ष हो गया है; आज न्याय में अन्याय और अन्याय में न्याय के संदर्भ इस प्रकार संश्लिष्ट हो गए हैं कि उन्हें अलग किया ही नहीं जा सकता; आज का काव्य-नायक पाठक या श्रोता के मन में मात्र कुतूहल या विस्मय की ही सृष्टि कर सकता है; आज की कविता खंडित भाव-चित्रों की ऐसी अद्भुत सृष्टि है कि उसमें चित्त को भाव-दीप्त करने की क्षमता ही नहीं रह गई है; आज हम संशय, विडम्बना, विद्रूप, भटकाव, अनिर्णय, असहमति, तनाव और द्वन्द्व की ऐसी मनःस्थिति में जीने के लिए अभिशप्त हैं कि किसी भी प्रकार की भावगत तन्मयता की स्थिति असंभव हो जाने के कारण रसानुभूति की अवधारणा सर्वथा अप्रासंगिक हो गई है, तो बात दूसरी है। निष्कर्ष यह कि जब तक समाज में अच्छे-बुरे, सत्-असत्, मंगल-अमंगल, न्याय-अन्याय का द्वन्द्व विद्यमान रहेगा; मंगल-विधायक भावों की अवधारणा रहेगी; चरित्र के औदात्य के मान-बिंदु रहेंगे, तब तक काव्य के उत्कर्ष के प्रतिमान के रूप में लोक-मंगल की साधना की प्रासंगिकता बनी रहेगी।

रचनात्मक व्यक्तित्व के अन्य आयाम

आचार्य रामचन्द्र शुक्ल मौलिक काव्य-चिंतक, इतिहास-लेखक और मर्मी समीक्षक ही नहीं, एक सिद्ध अनुवादक, सफल जीवनीकार, संवेदनशील संस्मरण लेखक, कल्पनाशील कहानीकार तथा सहृदय कवि भी थे। अपने साहित्यिक जीवन का आरंभ उन्होंने एक अनुवादक और कवि के रूप में ही किया था। क्रमशः उनका काव्य-चिंतक और समीक्षक रूप उभरता गया और वह इतना महत्वपूर्ण हो गया कि उनके अन्य रूप दब गए। आज लोग यह भूल गए हैं कि कभी उन्होंने कहानी भी लिखी थी और एक कवि की हैसियत से अखिल भारतीय कवि-सम्मेलनों की अध्यक्षता भी की थी। इसलिए आज आधुनिक हिंदी-साहित्य के पिछले 100 वर्षों के इतिहास की उपलब्धियों

का आकलन करते हुए हम आवश्यक समझते हैं कि उनके समग्र साहित्य के श्रेष्ठांश को सामने रखकर भावी पीढ़ी को उनके साहित्यिक व्यक्तित्व के सभी आयामों से अवगत करायें।

अनुवाद

आचार्य शुक्ल के समग्र साहित्य का एक बड़ा भाग अनुवाद के रूप में हमारे सामने है। आचार्य शुक्ल ने सन् 1901 ई. में, जब वे हाई स्कूल के छात्र थे, अठारहवीं शती के प्रथम चरण के अंग्रेजी निबंधकार जोसेफ़ एडिसन (1672-1719 ई.) के ग्यारह निबंधों की लेखमाला 'प्लेजर्स ऑफ़ इमैजिनेशन' का अनुवाद 'कल्पना का आनंद' शीर्षक से किया था। यह उनका पहला अनुवाद है। उनकी वय और उस समय के हिंदी-गद्य की स्थिति को देखते हुए यह अनुवाद चकित करने वाला है। अनुवाद के क्रम में शुक्लजी को अनेक पारिभाषिक शब्दों के हिंदी प्रतिरूप गढ़ने पड़े हैं। इन प्रतिरूपों का कोई पूर्व-निर्दिष्ट मानक रूप उनके सामने नहीं था। इस दिशा में वे स्वयं प्रयोग-सा करते हुए दिखाई देते हैं। किसी-किसी पारिभाषिक शब्द के लिए उनके मन में दो-दो या तीन-तीन विकल्प उभरे हैं। वे इन सब का प्रयोग करते चले हैं। 'इमेज' शब्द के लिए आचार्य शुक्ल ने अपनी आलोचना में 'विम्ब' शब्द का प्रयोग किया है। यहाँ उन्होंने कहीं 'प्रतिरूप' का प्रयोग किया है, कहीं 'स्वरूप' का; 'अलूज़न' के लिए 'दृष्टांत' और 'मेटॅफर' के लिए 'उपमा' जैसे शब्दों के प्रयोग भी उनकी मानसिक अपरिपक्वता के द्योतक हैं। इन कमियों के बावजूद उनकी अनुवाद की भाषा में कहीं भी अस्पष्टता या उलझाव नहीं है। सबसे बड़ी बात यह है कि इस अनुवाद ने उनके परवर्ती काव्यचिंतन को कई स्तरों पर प्रभावित किया है। कवि-कर्म में कल्पना की भूमिका और उसके महत्व से सम्बन्धित सारे चिंतन की आधारभूमि यह अनुवाद ही है। प्रत्यक्ष रूप-विधान में भी, कुछ विशेष स्थितियों में रसानुभूति होती है, आचार्य शुक्ल की इस मान्यता की प्रेरणा-भूमि तो निश्चय ही एडिसन का नेत्रों के समक्ष उपस्थित पदार्थों के अवलोकन से उत्पन्न होने वाला कल्पना का प्रथम श्रेणी का आनंद है। समता मूलक अलंकारों के संबंध में आचार्य शुक्ल के चिंतन पर भी एडिसन के विचारों की छाया दिखाई पड़ती है और विश्व की पहेली को वैज्ञानिक दार्शनिक दृष्टि से समझने की उनकी जिज्ञासा का बीज-वपन भी एडिसन के निबंधों के अनुवाद-काल में ही हुआ था। इस प्रकार देखा जाय तो आचार्य शुक्ल द्वारा किया गया यह अनुवाद आचार्य शुक्ल की अनुवाद-क्षमता का द्योतक ही नहीं, उनके मौलिक विचारों के उदय और विकास की दिशा का स्रोत-बीज भी है।

काल-क्रम से आचार्य शुक्ल का दूसरा अनुवाद-कार्य जॉन हेनरी न्यूमन (1801-90 ई.) के द आइडिया ऑफ ए यूनिवर्सिटी डिफाइन्ड के 'लिटरेचर' नामक निबंध का 'साहित्य' शीर्षक से किया गया भावानुवाद है। न्यूमन विक्टोरिया-युग में विश्वविद्यालय

की परिकल्पना को वैचारिक आधार देने वाले प्रख्यात चिंतकों में प्रमुख थे। उनका साहित्य संबंधी चिंतन महत्वपूर्ण है। भारतीय शिक्षा-जगत् में उनकी लोक-प्रियता से ही आचार्य शुक्ल का ध्यान उनके निबंध की ओर गया होगा। यह अनुवाद सन् 1904 ई. की 'सरस्वती' में प्रकाशित हुआ था। अनुवाद की भाषा अपेक्षाकृत प्रौढ़ और परिमार्जित है। इस अनुवाद का कई दृष्टियों से विशेष महत्व है। पहली बात तो यह है कि स्वयं न्यूमन ने इस निबंध में अन्य बातों के अतिरिक्त अनुवाद-कार्य की जटिलता की ओर भी संकेत किया था। उसने कहा था–"मैं तो समझता हूँ कि कल्पनाएँ जितनी ही अद्भुत और नवीन होंगी, उतना ही उनको शब्दों में लाना कठिन होगा; उनका किसी एक भाषा में प्रादुर्भाव होना ही उनके किसी अन्य भाषा में कहे जाने की संभावना को कम कर देता है।" न्यूमन के इस कथन ने आचार्य शुक्ल की अनुवाद-दृष्टि को भी प्रभावित किया है। उन्होंने किसी कृति का शब्दशः अनुवाद नहीं किया है। मूल-कथन के अभिप्राय को पूरी तरह हृदयंगम करके उसे अपनी भाषा में इस तरह प्रस्तुत किया है कि अंग्रेजी न जानने वाला हिंदी-पाठक भी उसे अच्छी तरह समझ जाय। दूसरी बात यह है कि आचार्य शुक्ल की साहित्य और कला-दृष्टि पर इस निबंध की गहरी छाप लक्षित होती है। "विज्ञान, पदार्थ या तत्त्व का बोधक है; साहित्य कल्पना या विचार का। विज्ञान की भाषा संकेत-प्रधान होती है; साहित्य की प्रशस्त, आलंकारिक, मधुर, सरस, लयबद्ध, मुहाविरेदार तथा अन्यान्य व्यंजक-तत्त्वों से समृद्ध होती है, रचनाकार के शब्द, छंद, अनुप्रास, समास आदि उसके चित्त के उद्वेग से उत्पन्न होते हैं। कल्पना और विचार उसके अंतःकरण के निवासी हैं। जिस प्रकार संगीतज्ञ, चित्रकार और शिल्पी के लिए प्रतिभा के साथ अभ्यास की आवश्यकता होती है उसी प्रकार प्रतिभा-सम्पन्न साहित्यकार के लिए भी श्रम और अभ्यास आवश्यक है। विचार और शब्द को एक दूसरे से अलग नहीं किया जा सकता।" इस निबंध में इस तरह के बहुत से विचार-सूत्र हैं, जिनसे आचार्य शुक्ल के काव्य-चिंतन की आधार-भूमि तैयार हुई है।

सन् 1913 ई. में आचार्य शुक्ल ने राजा सर टी. माधव राव द्वारा बड़ौदा के नाबालिग महाराज सयाजी राव को राज्यप्रबंध की शिक्षा देने के लिए अंग्रेजी में लिखी पुस्तक 'माइनर हिंट्स' का 'राज्य-प्रबंध-शिक्षा' नाम से अनुवाद किया। यह अनुवाद उन्होंने सभा के आग्रह पर किया था। इसका उनके रचनात्मक व्यक्तित्व के विकास में कोई योगदान नहीं है।

1914 ई. में शुक्लजी ने एडम्स विलियम डेवन पोर्ट लिखित अंग्रेजी भाषा की लोकप्रिय कृति 'प्लेन लिविंग एंड हाई थिंकिंग' का 'आदर्श जीवन' नाम से अनुवाद किया। इस अनुवाद-कार्य में वे स्वतः प्रवृत्त हुए थे। उनके अनुसार "इस पुस्तक में विवेक, बुद्धि और स्वास्थ्य इन तीनों की वृद्धि के संबंध में अलग-अलग विचार करके मनुष्य-जीवन का एक सर्वांगपूर्ण और उच्च आदर्श सामने रखा गया है।"

मनुष्य-जीवन के उच्च आदर्श की ओर शुक्लजी की सहज प्रवृत्ति थी। यह प्रकृति द्विवेदीकालीन साहित्य के भावबोध की आधारशिला है। शुक्लजी ने अनुभव किया था कि "हिंदी में ऐसी पुस्तकें देखने की चाह अब लोगों को हो चली है।" इस अनुवाद के माध्यम से उन्होंने इस 'चाह' की पूर्ति की थी। शुक्लजी ने अपनी आलोचना में काव्य-नायकों के सात्त्विकशील पर बहुत बल दिया है। उन्होंने दिखाया है कि सात्त्विकशील जन-श्रद्धा को आकृष्ट करता है और नायक को लोक कल्याण में प्रवृत्त करता है। आचार्य शुक्ल की इस मान्यता के आधार-सूत्र इस पुस्तक में विद्यमान हैं।

सन् 1920 ई. में आचार्य शुक्ल ने जर्मनी के विख्यात प्राणितत्त्ववेत्ता हैकेल (Ernst Haeckel) (1836-1919 ई.) की विश्व-प्रसिद्ध पुस्तक 'रिडल् ऑव द यूनिवर्स' का हिंदी रूपांतर प्रस्तुत किया। इस पुस्तक का प्रकाशन जर्मन भाषा में 1899 ई. में हुआ था। आचार्य शुक्ल के अनुसार "यह अनात्मवादी आधिभौतिक पक्ष का सिद्धांत ग्रंथ है। इसमें नाना विज्ञानों से प्राप्त उन सब तथ्यों का संग्रह है जिन्हें भूतवादी अपने पक्ष के प्रमाण में उपस्थित करते हैं।" अनुवाद की भाषा के संबंध में शुक्लजी का कथन है–"भाषा के संबंध में इतना कह देना अनुचित न होगा कि उसे केवल हिंदी या संस्कृत जानने वाले भी अपनी विचार-पद्धति के प्रायः अनुकूल पायेंगे। कौन सा वाक्य किस अंग्रेजी वाक्य का अक्षरशः अनुवाद है, इसका पता लगाने की जरूरत किसी को न होगी।" कहना न होगा कि यहाँ भी शुक्लजी ने उसी अनुवाद-दृष्टि से काम लिया है जो उन्हें न्यूमन के 'साहित्य निबंध' के अनुवाद-क्रम में प्राप्त हुई थी। इस अनूदित पुस्तक की 94 पृष्ठों की लंबी भूमिका है। इस भूमिका में आधुनिक दर्शन और विज्ञान से संबंध रखने वाली जिन-जिन बातों का उल्लेख पुस्तक में किया गया है, उन्हीं बातों को सुलझे हुए रूप में प्रस्तुत किया गया है। भूमिका पढ़कर पुस्तक का अभिप्राय आसानी से समझा जा सकता है। हैकेल ने जीव-विकास के नियम, जाति-विकास के सिद्धांत और अजैव पदार्थों में जीवन की उत्पत्ति जैसी अपनी सैद्धांतिक स्थापनाओं में डार्विन के मूल सिद्धांतों को पर्याप्त विकसित और पुष्ट किया था। इसका सर्वाधिक विरोध चर्च की ओर से हुआ। प्रत्ययवादी दार्शनिकों और प्रत्ययवादी प्रकृतिविदों ने भी इसके विरोध में आवाज़ उठाई। प्रगतिशील भौतिकवादी वैज्ञानिकों ने इसका जोरदार स्वागत किया। स्वयं लेनिन ने उस समय इसके संबंध में बहुत ऊँची धारणा व्यक्त की। सन् 1919 में हैकेल की मृत्यु हुई। विश्व-प्रपंच के रहस्यों के प्रति शुक्लजी की जिज्ञासा एडिसन के 'प्लेजर्स ऑव इमैजिनेशन' के अनुवाद-काल से ही जागृत हो चुकी थी। इस दिशा में उनका अध्ययन निरंतर जारी था। 1912 ई. से ही इस विषय से संबंधित उनके निबंध प्रकाशित होने लगे थे। लगता है, हैकेल की मृत्यु के बाद उसके प्रति जागृत आदरभाव से प्रेरित होकर आचार्य शुक्ल ने उसकी प्रसिद्ध पुस्तक का हिंदी में अनुवाद करने का निश्चय किया। सन् 1900 में जोजेफ मेसकैव इस पुस्तक का जर्मन से अंग्रेजी भाषा में अनुवाद कर

चुके थे। आचार्य शुक्ल ने इसी अंग्रेजी अनुवाद का हिंदी-रूपांतरण हिंदी-पाठकों के सम्मुख प्रस्तुत किया। अनुवाद की भाषा-दृष्टि वही है, जो 'हिंदी-शब्द-सागर' के निर्माण में अपनाई गई थी। अधिकतर शब्द संस्कृत के हैं या संस्कृत की धातुओं में उपसर्ग और प्रत्यय लगाकर निर्मित किए गए हैं। कुछ शब्दों का अंग्रेजी रूप उनके उच्चारण को हिंदी की प्रकृति के अनुसार थोड़ा परिवर्तित करके यथावत् स्वीकार कर लिया गया है। कुछ शब्द और पद-बोलचाल की भाषा से उठाकर रख लिए गए हैं। इस क्रम में आचार्य शुक्ल ने अपने व्यापक अध्ययन तथा विचार एवं उद्भावना-शक्ति का परिचय दिया है। उन्होंने हिंदी को वैज्ञानिक और दार्शनिक चिंतन-भूमि की ऊँचाई तक पहुँचाकर उसकी अभिव्यक्ति-क्षमता में आसाधारण वृद्धि कर दी है। बीसवीं शती के प्रथम चरण के शिक्षित जगत् की ज्ञान-मीमांसा के समस्त विस्तार को सामने रखकर आचार्य शुक्ल ने अपनी तत्त्व-दृष्टि का निर्माण किया और इसके आलोक में भारतीय काव्य-चिंतन को नई मर्यादा प्रदान की। आचार्य शुक्ल के चिंतक व्यक्तित्व के निर्माण में इस अनुवाद-कार्य की ऐतिहासिक भूमिका को अस्वीकार नहीं किया जा सकता। यहाँ यह भी स्मरणीय है कि 'विश्व प्रपंच' अनुवाद-ग्रंथ अवश्य है किंतु उसकी विस्तृत भूमिका मौलिक है। आचार्य शुक्ल के बाद हिंदी के किसी दूसरे साहित्यकार ने अपने समय के संपूर्ण ज्ञान-विस्तार को मापने का प्रयत्न नहीं किया और न इस दिशा में किसी प्रकार का मौलिक चिंतन ही किया। कहना न होगा कि इस ज्ञान-मीमांसा से लब्ध तत्त्वदृष्टि के बल पर ही आचार्य शुक्ल ने काव्य के बोध-पक्ष का विवेचन किया और जीवन की सम्पूर्ण परिस्थिति को काव्य के विभाव-पक्ष के रूप में स्वीकार करके पारंपरिक रस-पद्धति को नया आयाम दिया।

आचार्य शुक्ल देश की वर्तमान दुर्दशा का एक कारण अपने प्राचीन गौरव से विमुख होना भी मानते थे। उन्हें इस बात का खेद था कि राम-कृष्ण के चरितगान का मधुर स्वर तो भारत की सारी भाषाओं में गूँज रहा है, पर जिस गौतम बुद्ध के प्रभाव से एशिया खण्ड का सारा पूर्वार्द्ध भारत को इस गिरी दशा में भी प्रेम और श्रद्धा की दृष्टि से देखता चला आ रहा है, उनकी स्मृति तक जनता के हृदय से दूर हो गई है। उन्होंने सर एडविन अर्नाल्ड की प्रसिद्ध रचना 'लाइट ऑव एशिया' का 'बुद्ध चरित' शीर्षक से अनुवाद जनता के हृदय में महात्मा गौतम बुद्ध की स्मृति को सजीव करने के लिए किया। यह अनुवाद सन् 1922 ई. में प्रकाशित हुआ। अनुवाद के संबंध में आचार्य शुक्ल ने कहा है–

''यह बुद्ध-चरित अंग्रेजी के 'Light of Asia' का हिंदी काव्य के रूप में अवतरण है। यद्यपि ढंग इसका ऐसा रखा गया है कि एक स्वतंत्र हिंदी-काव्य के रूप में इसका ग्रहण हो पर साथ ही मूल पुस्तक के भावों को स्पष्ट करने का भी पूर्ण प्रयत्न किया गया है।''

प्रकट है कि मूल पुस्तक के भावों की रक्षा करते हुए आचार्य शुक्ल ने इस कृति को एक स्वतंत्र-रचना के रूप में प्रस्तुत किया है। आचार्य शुक्ल अपने इस लक्ष्य की सिद्धि में कितना सफल हुए हैं, इसे परखने के लिए एक उदाहरण पर्याप्त होगा। बुद्ध के महाभिनिष्क्रमण की भूमिका प्रस्तुत करते हुए अर्नाल्ड ने लिखा है—

Softly the Indian nighy sinks on the plains
At full moon, in the month of Chaitra Shud,
When mangoes redden and the asopka buds
Sweeten the breeghe and Rama's birthday comes
and all the fields are glad and all the towns
Softly that night fell over Vishramvan,
Fragrant withblooms and jewelled thick with stars,
And cool with mountain airs sighing a down
From snow-flats on Himala high outspread.

इस पूरे वातावरण को प्रस्तुत करते हुए आचार्य शुक्ल ने लिखा है—

निखरी रैन चैत पूनो की अति निर्मल उजियारी।
चारु हासिनी खिली चाँदनी पटपर पै अति प्यारी।
अमराइन में धँसि अमियन को दरसावति विलगाई।
सींकन में गुछि झूलि रहीं जो मंद झकोरन पाई।
चुवत मधूक परसि भू जौ लौं 'टप टप' शब्द सुनावै
ताके प्रथम पलक भारत भर में निज झलक दिखावै।
महकति कतहुँ अशोक मंजरी, कतहुं कतहुँ पुर माँही
राम जन्म उत्सव के अब लौं साज हटे है नाहीं।
छिटकी विमल विश्राम भवन गै यामिनी मृदुताभरी
वासित सुगंध प्रसून परिमल सों नछत्रन सों जरी।
ऊँचे उठे हिमवान की हिमराशि सों मनभावनी,
संचरति शैल सुवायु शीतल मंद मंद सुहावनी।

कहना न होगा कि शुक्लजी का उपर्युक्त हिंदी रूपांतरण अर्नाल्ड के मूल वर्णन से अधिक काव्यात्मक और सजीव है। अर्नाल्ड ने चैत की रात में पूर्ण चंद्र के उदय होने की बात कही है। शुवलजी ने चाँदनी को 'चारुहासिनी' कहकर अलग व्यक्तित्व प्रदान कर दिया है। अर्नाल्ड ने मात्र आमों की ललाई का उल्लेख किया है। शुक्लजी ने खिली हुई चाँदनी में पतली सीकों में गुँछे हुए आमों को हवा के झकोरों से झूलता हुआ दिखाकर पूरे चित्र को अधिक संश्लिष्ट और विम्बात्मक बना दिया है। अर्नाल्ड के वर्णन में महुए का कहीं कोई उल्लेख नहीं है। शुक्लजी ने टप्-टप् करके चूते हुए महुओं का चित्र अंकित करके चैत्र की रात्रि को अधिक सुहावनी बना दिया है। अर्नाल्ड ने चैत्र में राम के जन्मदिन की सूचना मात्र दी है। शुक्लजी ने 'राम

जन्म उत्सव के अब लौं साज हटे हैं नाहीं' कहकर बुद्ध के निष्क्रमण के बाद आने वाली उदासी को और गहरा कर दिया है। इसी प्रकार अर्नाल्ड ने विस्तृत हिमालय के शिखरों से शीतल वायु के उच्छ्वसित होकर आने की बात कही है, किंतु शुक्लजी ने उसको 'मंद-मंद सुहावनी' और 'मनभावनी' कहकर उसके संवेदन की अनुकूलता को और उभार दिया है। पूरे 'बुद्धचरित' में इस प्रकार के अवसरोचित परिवर्तन करके शुक्लजी ने इस अनुवाद को काफी कुछ मौलिक बना दिया है।

सन् 1922 ई. में आचार्य शुक्ल का ध्यान बँगला के सुप्रसिद्ध उपन्यासकार और पुरातत्त्वविद् राखालदास बन्द्योपाध्याय के उपन्यास 'शशांक' की ओर गया। इस ऐतिहासिक उपन्यास में राखालदास ने पारंपरिक भारतीय संस्कृति और जीवन-पद्धति का बड़ा ही भव्य चित्र प्रस्तुत किया है। शुक्लजी इससे बहुत प्रभावित हुए थे। शशांककालीन इतिहास की गहरी छान-बीन के बाद शुक्लजी इस निष्कर्ष पर पहुँचे थे कि मूल ग्रंथ में जिस युद्ध में शशांक की मृत्यु दिखाई गई है, उसमें उसके मरने का कोई ठोस ऐतिहासिक प्रमाण नहीं मिलता। उसके बाद भी उसके जीवित रहने के साक्ष्य उपलब्ध हैं। इसलिए शुक्लजी ने अनुवाद करते समय दो अध्याय अपनी ओर से जोड़कर उपन्यास को सुखांत बना दिया। ये अध्याय इस कुशलता से जोड़े गए हैं कि यदि मूल रचना सामने न हो तो पाठक को किसी प्रकार के जोड़ का अहसास नहीं होगा। अनूदित होने पर भी यह कृति पूर्णतः मौलिक प्रतीत होती है। बँगला भाषा से किया गया आचार्य शुक्ल का यह अकेला अनुवाद है। वस्तुतः 1922 के बाद आचार्य शुक्ल ने फिर किसी दूसरी भाषा से भी कोई अनुवाद नहीं किया। उसके बाद का उनका सारा साहित्यिक जीवन अर्जित ज्ञान के बल पर मौलिक काव्य-चिंतन, व्यवस्थित इतिहास-लेखन और गंभीर आलोचना कार्य में व्यतीत हुआ।

जीवनी

आचार्य रामचंद्र शुक्ल की प्रवृत्ति किसी की जीवनी लिखने में नहीं थी। इन्होंने कुल तीन व्यक्तियों की जीवनियाँ लिखी हैं—बाबू काशीनाथ खत्री, फ्रेडरिक पिन्काट और श्री राधाकृष्ण दास। शुक्लजी ने खत्री जी का संक्षिप्त जीवन परिचय इसलिए लिखा है कि "कर्तव्यनिष्ठा, सदाचार तथा लोकहित का मार्ग ढूँढ़ने को इनकी लेखनी उठती थी, चाहे वह मार्ग शुष्क और नीरस सहारा के रेगिस्तान से होकर गया हो, चाहे शीतल सलिल सिंचित हरे-भरे उद्यानों से। इनके विषय में जानकारी रखना न केवल हिंदी भाषा ही के नाते उचित है वरन् मनुष्यता के नाते से भी, क्योंकि वे न केवल अच्छे ग्रंथकार ही थे वरन् अच्छे मनुष्य भी थे।" फ्रेडरिक पिन्काट के प्रति शुक्लजी के आकर्षण का कारण यह था कि "इनका (पिन्काट साहब) सारा जीवन इस बात का प्रत्यक्ष प्रमाण है कि किस प्रकार एक दृढ़ प्रतिज्ञ पुरुष समाज की निम्न श्रेणी में रहकर भी अपनी ऊँची से ऊँची अभिलाषाओं को पूरा करता हुआ संसार में सुखी

और यशस्वी हो सकता है।'' तात्पर्य यह कि उपर्युक्त दोनों व्यक्तियों के प्रति शुक्लजी के झुकाव का कारण उनका सात्विक शील और हिंदी-प्रेम था। इन दोनों व्यक्तियों में शुक्लजी को कहीं न कहीं अपने श्रम, संकल्प और जीवन-संघर्ष की छाया दिखाई पड़ती थी। जीवनी-लेखन में शुक्लजी ने तथ्यों के संग्रह और जीवन की छोटी-छोटी घटनाओं के ब्योरेवार उल्लेख पर ध्यान नहीं दिया है। मात्र उन घटनाओं का उल्लेख करना उचित समझा है जिनसे उनके चरित-नायकों के हिंदी-प्रेम और लोकहित में कार्य की प्रबल इच्छा की पुष्टि होती हो। बाबू काशीनाथ खत्री की जीवनी लगभग नौ पृष्ठों और फ्रेडरिक पिन्काट की बारह पृष्ठों में समाप्त हुई है। शुक्लजी ने दोनों ही चरित-नायकों की रचनाओं का उल्लेख आवश्यक समझा है। उनकी भाषा-संबंधी त्रुटियों की ओर भी संकेत किया है। साथ ही उनकी परिस्थितिगत कठिनाइयों के प्रति सहानुभूति प्रकट करना भी जरूरी समझा है। शुक्लजी ने तथ्यों की पुष्टि के लिए प्रायः चरित-नायकों को लिखे गए पत्रों का साक्ष्य प्रस्तुत किया है। प्रकट है कि प्रामाणिक जीवनी-लेखन के संदर्भ गें पत्रों के महत्व से वे भली भाँति परिचित थे।

सन् 1913 ई. में आचार्य शुक्ल ने श्री राधाकृष्ण दास की 106 पृष्ठों की विस्तृत जीवनी प्रस्तुत की। यह जीवनी उन्होंने बाबू श्यामसुंदर दास के आग्रह पर लिखी थी। इसके निवेदन में शुक्लजी ने लिखा है–''एक तो जीवन-चरित लिखने में जिस संग्रह-श्रम की आवश्यकता अधिक होती है वह मेरी रुचि के अनुकूल नहीं, दूसरे इस बात का ठीक निश्चय ही नहीं कि अपने साहित्य-सेवियों का बहुत थोड़ा ध्यान रखने वाले हिंदी-पाठक बाबू राधाकृष्ण दास का वृत्तांत जानने को कहाँ तक उत्सुक हैं। इस प्रकार अपनी अनुपयुक्ता क्या अयोग्यता को खूब समझते हुए और बड़े सामान्य उत्साह के साथ मैंने इस पुस्तक के लिखने में हाथ लगाया।'' जीवनी लिखने में प्रवृत्त होने के बाद थोड़ा आगे बढ़ने पर उनमें उत्साह जागृत हुआ, क्योंकि ''कुछ दूर चलकर भारतेंदु-काल की तथा उसके थोड़े ही पीछे की कुछ ऐरी-ऐसी बातें मिलने लगीं जिनके जानने की उत्कंठा'' उनके मन में पहले से थी। इस उत्कण्ठा के चलते वे कार्य करते गए और धीरे-धीरे यह जीवनी पूरी हुई। जीवनी में शुक्लजी ने बाबू साहब के वंश, शिक्षा, विवाह, संस्कार, धर्म संबंधी विचार, आदि का उल्लेख करने के बाद 'नागरी प्रचारिणी-सभा' के सुचारु संचालन में उनकी भूमिका तथा उनकी अन्य हिंदी-सेवाओं का विस्तृत परिचय दिया है। पुस्तक के अंत में शुक्लजी ने बाबू साहब की छोटी-बड़ी, पूरी-अधूरी सभी रचनाओं का ब्योरा भी दे दिया है। जीवनी की माँग को ध्यान में रखकर शुक्लजी ने बाबू साहब के समय में होने वाली उनसे संबद्ध देश-विदेश की घटनाओं, उनके परिवार, व्यवसाय, संतति, मृत्यु, तथा वसीयतनामे आदि का भी ब्योरेवार उल्लेख किया है। इस जीवनी की एक विशेषता यह है कि इसमें तथ्यों की पुष्टि के लिए स्वयं राधाकृष्ण दास के अतिरिक्त बाबू गोकुल चंद

(भारतेंदु के छोटे भाई), श्रीधर पाठक, श्रीनिवास दास, राधाचरण गोस्वामी, रामशंकर व्यास, बाबू रामदीन सिंह (खड्ग विलास प्रेस के संचालक), बाबू श्यामसुंदर दास, चिंतामणि घोष, माधवराव सप्रे, आदि के पत्रों को भी उद्धृत किया गया है। इसमें एक छोटा-सा पत्र 'भारतेंदु' की स्त्री मित्र 'मल्लिका' का भी है। भारतेंदु के नाते वह इन्हें बड़े स्नेह के भाव से देखती थी और 'प्रिय बच्चा' कहकर सम्बोधित करती थी। बाबू साहब की मृत्यु होने पर देश के कोने-कोने से शोक-संदेश प्राप्त हुए थे। शुक्लजी ने कुछ शोकसूचक पत्रों को यथावत् उदधृत किया है। इस अवसर पर हिंदी के प्रायः सभी समाचार-पत्रों ने इनके लिए शोक व्यक्त किया था। शुक्लजी ने 'श्री वेंकटेश्वर समाचार' के शोकोद्गार की कुछ पंक्तियाँ उदधृत की हैं–

"काशी नागरी प्रचारीणी सभा के वर्तमान सेक्रटरी हिंदी के एक जबरदस्त प्रचारक, सहायक और पोषक, अनेक ग्रन्थों के रचयिता, भारतेंदु हरिश्चंद्र के फुफेरे भाई, सौजन्य शील बाबू तथा राधा कृष्ण दास अब इस संसार में नहीं रहे। ता. 2 अप्रैल (सन् 1907 ई.) मंगलवार को आपका परलोकवास हो गया। आपके परलोकवास से हिंदी-समाज बहुत शोकान्वित हुआ है। भगवान आपको मोक्ष का अधिकारी बनावें। तमाम हिंदी-संसार को इनके कुटुम्ब के साथ हार्दिक सहानुभूति है।" इस प्रकार स्वेच्छा से उत्साहपूर्वक इस जीवनी लेखन में प्रवृत्त न होने पर भी शुक्लजी ने एक जीवनी-लेखक के दायित्व का निर्वाह करते हुए आदर्श जीवनी की लगभग सभी माँगों की पूर्ति कर दी है। इस जीवनी के लेखन से शुक्लजी का भारतेंदु-युग से अंतरंग परिचय हुआ है, जिसका पूरा उपयोग उन्होंने हिंदी-साहित्य का इतिहास लिखते हुए भारतेंदु-युग की प्रवृत्ति विश्लेषण में किया है।

संस्मरण

आचार्य शुक्ल ने जीवन भर में कुल एक ही संस्मरण लिखा है–'प्रेमधन की छाया-स्मृति'। इसका प्रकाशन 'हंस' के आत्मकथांक जनवरी-फरवरी 1931 में हुआ था। इस समय तक आचार्य शुक्ल काशी हिंदू विश्वविद्यालय के हिंदी-विभाग के मान्य अध्यापक तथा एक सिद्ध आचार्य आलोचक एवं इतिहास-लेखक के रूप में विख्यात हो चुके थे। प्रेमचंदजी ने उनसे 'हंस' के लिए अपनी आत्मकथा लिखने का निवेदन किया था। इसी निवेदन के चलते शुक्लजी ने 'प्रेमधन की छाया-स्मृति' लिखा, जिसमें आनुषंगिक रूप से अपने विषय में भी कुछ कह दिया। 'छायावाद' के विरोध के बावजूद 'छाया' शब्द का जादू उनके सर पर चढ़ चुका था। कदाचित् इसीलिए प्रेमघन के इस छोटे से संस्मरण को उन्होंने 'प्रेमधन की छाया-स्मृति' नाम दिया। इसमें शुक्लजी के संबंध में तो हम इतना ही जान पाते हैं कि आठ वर्ष की अवस्था में वे अपने पिता के साथ हमीरपुर की राठ तहसील से चल कर मिर्जापुर आ गए थे। उनके

पिताजी पुरानी हिंदी कविता के साथ ही भारतेंदु के नाटकों के भी प्रेमी थे। शुक्लजी के मन में 'भारतेंदु' के प्रति एक अपूर्व मधुर भावना जमी हुई थी। उनका बालमन पौराणिक सत्य हरिश्चंद्र और भारतेंदु हरिश्चंद्र को एक-दूसरे से अलग नहीं कर पाता था। मिर्जापुर आकर उन्होंने सुना कि भारतेंदु के एक मित्र यहाँ रहते हैं, जो हिंदी के एक प्रसिद्ध कवि हैं और जिनका नाम है—उपाध्याय बदरी नारायण चौधरी। इसके बाद पूरे संस्मरण में चौधरी साहब की वेश-भूषा, रूप-रंग, मनः प्रवृति, स्वभाव, बातचीत का ढंग, जिंदादिली, रईसी आदि तथा शुक्लजी का उन्हें एक पुरानी चीज़ मानकर प्रेम और कुतूहल मिश्रित पुरातात्त्विक दृष्टि से देखना और क्रमशः उनके निकट आते जाने की चर्चा की गयी है। शुक्लजी के संबंध में हम कुल इतना ही और जान पाते हैं कि सोलह वर्ष की अवस्था तक पहुँचते-पहुँचते उनके साथ समवयस्क हिंदी-प्रेमियों की एक खासी मंडली जुड़ गई थी, जिनमें श्रीयुत काशीप्रसाद जायसवाल, बाबू भगवानदास जी हालना, पं. बदरीनाथ गौड़, पं. उमाशंकर द्विवेदी मुख्य थे। शुक्लजी अब अपने को एक लेखक समझने लगे थे और इसी हैसियत से चौधरी साहब के यहाँ जाने लगे थे। उस समय हिंदी-प्रेमी होना शिक्षित विरादरी को कत्तई पसंद नहीं था। स्पष्ट है कि यह गद्य-वन्ध आत्मकथा से अधिक 'प्रेमधन' का संस्मरण ही है और इसकी 'प्रेमधन की छाया-स्मृति' संज्ञा सार्थक है। यह इस बात का साक्षी है कि यदि शुक्लजी ने इस दिशा में प्रयत्न किया होता तो वे एक बहुत अच्छे संस्मरण लेखक हो सकते थे।

कहानी

आचार्य शुक्ल की कहानी 'ग्यारह वर्ष का समय' सन् 1903 में प्रकाशित हुई थी। इस समय तक शुक्लजी मिर्जापुर में रहते हुए चौधरी प्रेमधन के संपर्क में आ चुके थे। एडिसन के 'पेल्जर्स ऑव इमैजिनेशन' का अनुवाद कर चुके थे और लेखक के रूप में उनकी पहचान कायम हो चुकी थी। उनके भाव-तरल तरुण हृदय में तरह-तरह की कल्पनाएँ जागृत हो रही थीं और धर्म, कर्तव्य, त्याग, सदाशयता, निःस्वार्थ प्रेम तथा पर-दुःख-कातरता जैसे आदर्शवादी मूल्य उनकी सृजन-चेतना को गति और दिशा दे रहे थे। इसी मनोदशा में यह कहानी लिखी गई।

कहानी कुल इतनी ही है कि काशी के निकट गंगा के किनारे स्थित एक गाँव में चंद्रशेखर मिश्र नामक एक कुलीन ब्राह्मण रहते थे। उनके परिवार में उनके अतिरिक्त उनकी स्त्री और एक पुत्र, दो प्राणी और थे। उन्होंने बाल्यावस्था में ही पुत्र का ब्याह कर दिया था। एक दिन सहसा सारा गाँव गंगा की बाढ़ की चपेट में आ गया। नाव से भागते समय भीड़-भाड़ में उनका पुत्र पीछे छूट गया। मिश्रजी उसकी खोज में भटकने लगे। एक छप्पर के सहारे बहते हुए उनके पुत्र को कलकत्ता के एक व्यापारी ने बचा लिया। उसने कृपापूर्वक उसका पालन-पोषण भी किया। व्यापारी

के पुत्र का ब्याह होता देख उसे अपने ब्याह की याद आई। अपनी पत्नी और परिवार की तलाश में भटकता हुआ वह दैव योग से अपने गाँव के खण्डहर में पहुँचा। उधर अपनी भौजाई के व्यवहार से संतप्त उसकी पत्नी पहले से ही आकर अपने पति-गृह के उसी खण्डहर में रह रही थी। प्रेतों की आवास भूमि समझकर वहाँ कोई आता नहीं था। ग्यारह वर्षों के अंतराल के बाद पति-पत्नी का यह आकस्मिक मिलन अकल्पनीय था। पत्नी ने पति के हाथ में काला तिल देखकर उसे पहचान लिया। उसके मन का सारा संदेह जाता रहा। शुक्लजी ने कहानी का अंत इस प्रकार किया है–"स्त्री कुछ काल तक उसी की ओर देखती रही; फिर मुख ढाँप कर सिर नीचा करके बैठ रही। लज्जा का प्रवेश हुआ। क्योंकि यह एक हिंदू रमणी का उसके पति के साथ प्रथम संयोग था।"

कहना न होगा कि पूरी कहानी का ढाँचा कुतूहल, रहस्य-कल्पना, भावुकता, देवयोग और आदर्शवादिता के ताने-बाने से तैयार किया गया है। जिस समय यह कहानी लिखी गई थी, उस समय तक हिंदी में सामाजिक यथार्थ के चित्रण का सूत्रपात नहीं हुआ था। प्रायः संस्कृत, अंग्रेजी या बँगला के रम्य आख्यानों को हिंदी में रूपान्तरित करके या कभी-कभी लोक-कथाओं को थोड़ा विश्वसनीय बनाकर कहानी-लेखन की खाना-पूर्ति कर दी जाती थी। शुक्लजी की इस कहानी पर भी लोक-कहानियों की छाया विद्यमान है। किसी आकस्मिक दुर्घटना में नायक-नायिका का बिछुड़ना और फिर दैवयोग से उनका मिलना लोक-कथा की चिरंतन रूढ़ि है। तिल या गोदना देखकर बचपन के बिछुड़े पुत्र, पति या पत्नी को पहचानने की रूढ़ि भी पुरानी है। प्रत्येक स्थिति में कहानी का सुखांत होना भी लोक कथाओं की सर्वमान्य परंपरा है। इन सबके बावजूद शुक्लजी की यह कहानी हृदयद्रावक और मर्मस्पर्शी है। नायिका की करुण प्रतीक्षा और नायक की नियति-प्रेरित प्रयत्न-सिद्धि ने कहानी को अतिरिक्त आकर्षण प्रदान कर दिया है। इसीलिए भाषा और शिल्प के कच्चेपन के बावजूद हिन्दी कहानी के विकास के प्रथम चरण में हिंदी-जगत् ने शुक्लजी की इस कहानी का स्वागत किया था और आज हिंदी कहानी के पिछले 100 वर्षों के विकास को रेखांकित करते हुए भी इसे याद किया जा रहा है।

कविता

आचार्य रामचन्द्र शुक्ल ने अपने साहित्यिक जीवन का आरंभ काव्य-रचना से ही किया था। उनके जीवनी-लेखक श्री चंद्रशेखर शुक्ल के अनुसार बारह वर्ष की अवस्था में शुक्लजी ने चौधरी प्रेमधन के आदेश पर किसी सज्जन की कन्या से विवाह के निमंत्रण-पत्र पर छपवाने के लिए निम्नलिखित दोहा रचा था–

विश्व-विधान विनोद रत माया जाया संग।
मंगलमय मंगल करहु, दरसावहु बहु रंग।

कहना न होगा कि यह दोहा निर्दोष है और इसका पद-विन्यास सधा हुआ है। चौधरी साहब के संपर्क में रहते हुए शुक्लजी ब्रजभाषा में कविताएँ लिखते रहे। उनकी पहली प्रकाशित कविता 'मनोहर छटा' ब्रजभाषा में है। इसका प्रकाशन 'सरस्वती' (अक्टूबर, 1901) में हुआ था। जनवरी, 1905 की 'सरस्वती' में शुक्लजी की 35 छंदों में लिखी गई कविता 'शिशिर पार्थक' या 'प्रत्यक्ष फलदायक व्रत' प्रकाशित हुई थी। इसमें द्विवेदी जी ने किंचित् संशोधन भी किया था। यह भी ब्रजभाषा में ही है। 1907 ई. में हम शुक्लजी को खड़ीबोली में काव्य-रचना करते देखते हैं। 'देशद्रोही को दुत्कार' और 'फूट' शीर्षक कविताएं खड़ी बोली में लिखी गई हैं। इन दोनों का प्रकाशन 'आनन्द कादम्बिनी' में 1907 में हुआ है। इसके बाद शुक्लजी ब्रजभाषा के साथ ही खड़ी बोली में भी कविताएँ लिखते दिखाई देते हैं। ब्रजभाषा में लिखी शुक्लजी की सर्वश्रेष्ठ रचना 'बुद्ध चरित' है। अनुवाद होते हुए भी इसमें मौलिक रचना के तत्व विद्यमान हैं। इसकी चर्चा हम 'अनुवाद' के प्रसंग में कर आये हैं। खड़ीबोली में उनकी श्रेष्ठ रचनाएँ दो हैं–'हृदय का मधुर भार' और 'रूपमय हृदय'। 'हृदय का मधुर भार' में शुक्लजी ने अपने हृदय में अंकित उन दृश्य-चित्रों को आकार देने की कोशिश की है, जिनके बीच उनके जीवन की भावधारा सबसे पहले उमड़कर प्रवाहित हुई थी। सन् 1925 से 1928 के बीच लिखी इस लंबी कविता में तीन 'झलकें' हैं। प्रत्येक झलक में कई-कई छंद हैं। तीनों 'माधुरी' में प्रकाशित हुई हैं। पहली मार्च, 1925 में, दूसरी अप्रैल, 1927 में और तीसरी अगस्त-सितम्बर 1928 में। यहाँ हम शुक्लजी की खड़ीबोली कविता की बानगी दिखाने के लिए उनकी तीनों झलकों से एक-एक छंद उद्धृत करना चाहेंगे–

(1)

भूरी, हरी घास आस पास, फूली सरसों है,
पीली-पीली बिंदियों का चारों ओर है पसार।
कुछ दूर विरल, सघन फिर, और आगे
एक रंग मिला चला गया पीत-पारावार।
गाढ़ी हरी श्यामता की तुंग राशि-रेखा धनी
बाँधती है दक्षिणा की ओर उसे घेर घार।
जोड़ती है जिसे खुले नीले नभ मण्डल से
धुँधली-सी नीली नग माला उठी धुआँधार।

2.

धुँधले दिगंत में विलीन हरिदाभ रेखा
किसी दूर देश की सी झलक दिखाती है,
जहाँ स्वर्ग भूतल का अंतर मिटा है, चिर
पथिक के पथ की अवधि मिल जाती है

भूत और भविष्यत् की भव्यता भी सारी छिपी
दिव्य भावना-सी वहीं भासती भुलाती है।
दूरता के गर्भ में जो रूपता भरी है वही
माधुरी ही जीवन की कटुता मिटाती है।

3.

प्रखर-प्रणय-पूर्ण दृष्टि से प्रभाकर की,
ललक-लपट भरी भूमि भभराई है।
पीवर पवन लोट-लोट धूल-धूसरित,
झपट रहा है—बड़ी धूम की बधाई है।
सूखे तृण पत्र लिए कहीं रेणु-चक्र उठा
धूर्णित प्रभत्त देता नाचता दिखाई है,
झाड़ और झपेट झेल झूमते खड़े हैं पेड़
मर्मर-मिलित हू-हू दे रहा सुनाई है।

आचार्य शुक्ल की कविता के उपर्युक्त तीन नमूने उनके काव्यादर्श के तीन विधानों की पूर्ति में समर्थ हैं। शुक्लजी विंब-ग्रहण कराने वाले संश्लिष्ट दृश्य चित्रण को काव्य का प्रथम विधान मानते हैं। पहले छंद में भूरी हरी घास के आस-पास फूली हुई सरसों की पीली-पीली बिन्दियों से निर्मित विरल, फिर सघन और फिर गाढ़े पीले रंग का विस्तार तथा इस विस्तार को दक्षिण की ओर घेरने वाली गाढ़ी हरी श्यामवर्णी तुंग राशि रेखा और अंत में उसे खुले नीले नभ मण्डल से जोड़ती हुई धुंधली-सी नीली पर्वत माला के संश्लेष से जो दृश्य चित्र उभरा है; वह शुक्ल के काव्यादर्श के प्रथम विधान की पूर्ति करने वाला है।

शुक्लजी स्वाभाविक रहस्यभावना को अत्यंत रमणीय और मधुर भावना मानते थे और रसभूमि में उसका एक विशेष स्थान भी स्वीकार करते थे। 'काव्य में रहस्यवाद' निबंध में उन्होंने स्वाभाविक रहस्य भावना के उदाहरण रूप में दूसरे छंद को उद्धृत किया है और लिखा है—"शिशिर के अंत में उठी हुई धूल छाई रहने के कारण किसी भारी मैदान में क्षितिज से मिले हुए छोर पर वृक्षावली की जो धुँधली श्यामल रेखा दिखाई पड़ती है उसके उस पार किसी अज्ञात दूर देश का बहुत सुंदर और मधुर आरोप स्वभावतः आप से आप होता है। मनुष्य की सुंदर आशा के गर्भ में भरी हुई रमणीयता की कैसी मनोहर और गोचर व्यंजना उसके द्वारा होती है।" किसी अज्ञात दूर देश की स्वाभाविक गोचर व्यंजना कराने वाला उपर्युक्त दूसरा छंद शुक्लजी द्वारा मान्य रहस्य भावना के विधान की पूर्ति में समर्थ है। इस दृष्टि से उसका महत्व निर्विवाद है। यहाँ यह भी ध्यातव्य है कि काव्य-लक्षणों के लिए स्वनिर्मित उदाहरण देने की पंडितराज जगन्नाथ से चली आती हुई परंपरा वासना-रूप में कहीं न कहीं शुक्लजी की अंतश्चेतना में भी विद्यमान थी। इसलिए काव्य-तत्वों की चर्चा करते

हुए वे प्रायः स्वनिर्मित उदाहरण देते चलते हैं। पशु-पक्षियों की चेष्टा-विशेष से काव्यानुकूल मार्मिक तथ्यों की व्यंजना का निदर्शन करते हुए भी उन्होंने स्वरचित छंद को उद्धृत किया है। शुक्लजी के अनुसार नाद-सौंदर्य से कविता की आयु बढ़ती है। नाद-सौष्ठव के लिए भावानुकूल वर्ण-विन्यास आवश्यक होता है। कविता की भाषा पर विचार करते हुए शुक्लजी ने स्वीकार किया है कि भावानुकूल वर्ण-विन्यास से भाव या रस की धारा का मन के भीतर अधिक प्रसार होता है। काव्य में कोमल और मधुर भाव ही रसात्मक नहीं होते; पुरुष प्रखर और प्रचण्ड भाव भी उचित अवसर पर अनुकूल वर्ण-विन्यास के सहारे व्यक्त होकर सौंदर्य की सृष्टि करते हैं। यहाँ ग्रीष्म की प्रचण्डता की व्यंजना में समर्थ तीसरा छंद इसीलिए उद्धृत किया गया है कि उसका भावानुकूल वर्ण-विन्यास शुक्लजी द्वारा मान्य काव्य-भाषा की इस विशेषता का निर्देशन कराने में पूर्णतः समर्थ है।

'रूपमय हृदय' अपेक्षाकृत प्रौढ़ रचना है। शुक्लजी की मान्यता थी कि यही बाहर हँसता-खेलता, रोता-गाता, खिलता-मुरझाता जगत् भीतर भी है, जिसे हम 'मन' कहते हैं। जिस प्रकार यह जगत् रूपमय और गतिमय है उसी प्रकार मन भी। इसी मान्यता का निदर्शन रूपमय हृदय कविता में हुआ है। उसमें शुक्लजी कहते हैं–

भव्य भावना-भवन हमारे,
रचित इन्हीं रूपों से सारे।
इनकी ही अनुभूति-भूति से विश्व मूर्तिमय योग जगेगा।
किंतु न किसी अरूप लोक से हृदय हमारा कभी लगेगा।

शुक्लजी ने अव्यक्त, अगोचर और निर्गुण-निराकार की तुलना में व्यक्त गोचर, और सगुण-साकार सत्ता को निरंतर महत्व दिया है। यह पूरी कविता इस व्यक्त जगत् के सौंदर्य का भावन कराती है। हम इस कविता के कुछ छंद यहाँ उद्धृत करना चाहते हैं–

नवदल-गुंफित पुष्प हास यह !
शशि-रेखा सुस्मित-विभास यह !
नभःचुंबित नग-निविड़-नीलिमा उठी अवनि उर की उमंग-सी।
कलित विरल-धन पटल-दिगंचल-प्रभा पुलकमय रागरंग-सी।
पांडुर धूम्र पुंज बहु खंडित;
कोर हिरण्य-मेखला मंडित।

तिग्म ताप तिलमिली तिरोहित,
शीतलता संचरित समाहित,
दृग-रंजन अंजन घन छाया हरे हरे लहलहे हर्ष पर।
निशा नयन मीलित अरूपता असित असत् छन हेतु छिन्न कर।

वज्र रेख-दुति द्रुत उन्मीलन,
अक्षर रूप काला अनुशीलन।

यहाँ न केवल तत्सम प्रधान सामासिक पद-विन्यास के सहारे व्यक्त प्रकृति के विराट सौंदर्य की भावना जगाकर एक विशेष प्रकार के औदात्य की सृष्टि की गई है, वरन मूर्त पदार्थों के सौंदर्य को उत्कर्ष प्रदान करने के लिए अमूर्त उपमानों का विधान करके भाषा की लक्षणाशक्ति के सहारे पूरे दृश्य-चित्र को अधिक विम्बात्मक और सजीव भी बनाया गया है। यहाँ हम शुक्लजी को काव्य-रचना के क्षेत्र में कुछ आगे बढ़ा देखते हैं, किंतु खेद है कि वे इस दिशा में अभीष्ट प्रगति नहीं कर सके। वस्तुतः काव्य-चिंतन की दिशा में निरंतर आगे बढ़ते हुए आचार्य शुक्ल की कठिनाई यह थी कि कविता लिखते समय श्रेष्ठ कविता की उनकी समझ सृजनात्मक प्रतिभा पर हावी हो जाती थी और वे स्वतंत्र रचना न करके प्रायः श्रेष्ठ कविता के विधायक-तत्वों के संघटन में प्रवृत हो जाते थे। परिणाम यह होता था कि उनकी कविता जाने-अनजाने उन विधायक-तत्वों का उदाहरण बन कर रह जाती थी। यही कारण है कि 'कविता क्या है?' या 'काव्य में रहस्यवाद' जैसे निबंधों को लिखते समय शुक्लजी को प्रायः अपनी कविताओं की ही याद आई है और उन्होंने उनको उदाहरण-रूप में प्रस्तुत किया है। कालांतर में क्रमशः उनका कवि रूप दबता गया है और अंततः हम उसे शुक्लजी के समीक्षक व्यक्तित्व के सहायक सहचर के रूप में लक्षित करके संतोष कर लेते हैं। आज जब हम उनके समग्र साहित्यिक व्यक्तित्व का एक पूर्ण विम्ब अपनी कल्पना में मूर्त करना चाहते हैं, तब हमें यह भूलना न होगा कि अपने साहित्यिक जीवन के प्रथम चरण में वे एक मान्य कवि के रूप में प्रतिष्ठित थे और उनका कवि अंत तक रस-ग्रहण में उनकी अचूक-क्षमता का कारण बना रहा।

निबन्ध-खण्ड

भाव या मनोविकार

अनुभूति के द्वन्द्व ही से प्राणी के जीवन का आरंभ होता है। उच्च प्राणी मनुष्य भी केवल एक जोड़ी अनुभूति लेकर इस संसार में आता है। बच्चे के छोटे-से हृदय में पहले सुख और दुःख की सामान्य अनुभूति भरने के लिए जगह होती है। पेट का भरा या खाली रहना ही ऐसी अनुभूति के लिए पर्याप्त होता है। जीवन के आरंभ में इन्हीं दोनों के चिह्न हँसना और रोना देखे जाते हैं पर ये अनुभूतियाँ बिल्कुल सामान्य रूप में रहती हैं; विशेष-विशेष विषयों की ओर विशेष-विशेष रूपों में ज्ञानपूर्वक उन्मुख नहीं होतीं।

नाना विषयों के बोध का विधान होने पर ही उनसे संबंध रखने वाली इच्छा की अनेकरूपता के अनुसार अनुभूति के भिन्न-भिन्न योग संघटित होते हैं जो भाव या मनोविकार कहलाते हैं। अतः हम कह सकते हैं कि सुख और दुःख की मूल अनुभूति ही विषय-भेद के अनुसार प्रेम, हास, उत्साह, आश्चर्य, क्रोध, भय, करुणा, घृणा इत्यादि मनोविकारों का जटिल रूप धारण करती है। जैसे, यदि शरीर में कहीं सुई चुभने की पीड़ा हो तो केवल सामान्य दुःख होगा; पर यदि साथ ही यह ज्ञान हो जाय कि सुई चुभानेवाला कोई व्यक्ति है तो उस दुःख की भावना कई मानसिक और शारीरिक वृत्तियों के साथ संश्लिष्ट होकर उस मनोविकार की योजना करेगी जिसे क्रोध कहते हैं। जिस बच्चे को पहले अपने ही दुःख का ज्ञान होता था, बढ़ने पर असंलक्ष्यक्रम अनुमान-द्वारा उसे और बालकों का कष्ट या रोना देखकर भी एक विशेष प्रकार का दुःख होने लगता है जिसे दया या करुणा कहते हैं। इसी प्रकार जिस पर अपना वश न हो ऐसे कारण से पहुँचने वाले भावी अनिष्ट के निश्चय से जो दुःख होता है वह भय कहलाता है। बहुत छोटे बच्चे को, जिसे यह निश्चयात्मिका बुद्धि नहीं होती, भय कुछ भी नहीं होता। यहाँ तक कि उसे मारने के लिए हाथ उठाएँ तो भी वह विचलित न होगा; क्योंकि वह यह निश्चय नहीं कर सकता कि इस हाथ उठाने का परिणाम दुःख होगा।

मनोविकारों या भावों की अनुभूतियाँ परस्पर तथा सुख या दुःख की मूल अनुभूति से ऐसी ही भिन्न होती हैं जैसे रासायनिक मिश्रण परस्पर तथा अपने संयोजक द्रव्यों

से भिन्न होते हैं। विषय-बोध की विभिन्नता तथा उससे संबंध रखने वाली इच्छाओं की विभिन्नता के अनुसार मनोविकारों की अनेकरूपता का विकास होता है। हानि या दुःख के कारण में हानि या दुःख पहुँचाने की चेतन वृत्ति का पता पाने पर हमारा काम उस मूल अनूभूति से नहीं चल सकता जिसे दुःख कहते हैं, बल्कि उसके योग से संघटित क्रोध नामक जटिल भाव की आवश्यकता होती है। जब हमारी इंद्रियाँ दूर से आती हुई क्लेशकारिणी बातों का पता देने लगती हैं, जब हमारा अंतःकरण हमें भावी आपदा का निश्चय कराने लगता है; तब हमारा काम दुःख मात्र से नहीं चल सकता। बल्कि भागने या बचने की प्रेरणा करने वाले भय से चलता है। इसी प्रकार अच्छी लगने वाली वस्तु या व्यक्ति के प्रति जो सुखानुभूति होती है उसी तक प्रयत्नवान् प्राणी नहीं रह सकता; बल्कि उसकी प्राप्ति, रक्षा या संयोग की प्रेरणा करने वाले लोभ या प्रेम के वशीभूत होता है।

अपने मूल रूपों में सुख और दुःख दोनों की अनुभूतियाँ कुछ बँधी हुई शारीरिक क्रियाओं की ही प्रेरणा प्रवृत्ति के रूप में करती हैं। उनमें भावना, इच्छा और प्रयत्न की अनेकरूपता का स्फुरण नहीं होता। विशुद्ध सुख की अनुभूति होने पर हम बहुत करेंगे—दाँत निकालकर हँसेंगे, कूदेंगे या सुख पहुँचाने वाली वस्तु से लगे रहेंगे; इसी प्रकार शुद्ध दुःख में हम बहुत करेंगे—हाथ-पैर पटकेंगे, रोयेंगे, चिल्लाएँगे या दुःख पहुँचाने वाली वस्तु से हटेंगे—पर हम चाहे कितना ही उछल-कूदकर हँसें, कितना ही हाथ-पैर पटककर रोयें, इस हँसने या रोने को प्रयत्न नहीं कह सकते। ये सुख और दुःख के अनिवार्य लक्षण मात्र हैं जो किसी प्रकार की इच्छा का पता नहीं देते। इच्छा के बिना कोई शारीरिक क्रिया प्रयत्न नहीं कहला सकती।

शरीर-धर्म मात्र के प्रकाश से बहुत थोड़े भावों की निर्दिष्ट और पूर्ण व्यंजना हो सकती है। उदाहरण के लिए कम्प लीजिए। कम्प शीत की संवेदना से भी हो सकता है, भय से भी, क्रोध से भी और प्रेम के वेग से भी। अतः जब तक भागना, छिपना या मारना-झपटना इत्यादि प्रयत्नों के द्वारा इच्छा के स्वरूप का पता न लगेगा तब तक भय या क्रोध की सत्ता पूर्णतया व्यक्त न होगी। सभ्य जातियों के बीच इन प्रयत्नों का स्थान बहुत कुछ शब्दों ने लिया है। मुँह से निकले हुए वचन ही अधिकतर भिन्न-भिन्न प्रकार की इच्छाओं का पता देकर भावों की व्यंजना किया करते हैं। इसी से साहित्य-मीमांसकों ने अनुभाव के अंतर्गत आश्रय की उक्तियों को विशेष स्थान दिया है।

क्रोधी चाहे किसी ओर झपटे या न झपटे, उसका यह कहना ही कि 'मैं उसे पीस डालूँगा' क्रोध की व्यंजना के लिए काफी होता है। इसी प्रकार लोभी चाहे लपके या न लपके, उसका यह कहना ही कि 'कहीं वह वस्तु हमें मिल जाती!' उसके लोभ का पता देने के लिए बहुत है। वीर-रस की जैसी अच्छी और परिष्कृत अनुभूति उत्साहपूर्ण उक्तियों द्वारा होती है वैसी तत्परता के साथ हथियार चलाने और रणक्षेत्र

में उछलने-कूदने के वर्णन में नहीं। बात यह है कि भावों द्वारा प्रेरित प्रयत्न या व्यापार परिमित होते हैं। पर वाणी के प्रसार की कोई सीमा नहीं। उक्तियों में जितनी नवीनता और अनेकरूपता आ सकती है या भावों का जितना अधिक वेग व्यंजित हो सकता है उतना अनुभाव कहलाने वाले व्यापारों-द्वारा नहीं। क्रोध के वास्तविक व्यापार तोड़ना-फोड़ना, मारना-पीटना इत्यादि ही हुआ करते हैं; पर क्रोध की उक्ति चाहे जहाँ तक बढ़ सकती है। 'किसी को धूल में गिला देना, चटनी कर डालना, किसी का घर खोदकर तालाब बना डालना' तो मामूली बात है। यही बात सब भावों के संबंध में समझिए।

समस्त मानव-जीवन का प्रवर्तक भाव या मनोविकार ही होते हैं। मनुष्य की प्रवृत्तियों की तह में अनेक प्रकार के भाव ही प्रेरक के रूप में पाए जाते हैं। शील या चरित्र का मूल भी भावों के विशेष प्रकार के संगठन में ही समझना चाहिए। लोक-रक्षा, और लोक-रंजन की सारी व्यवस्था का ढाँचा इन्हीं पर ठहराया गया है। धर्म-शासन, राज-शासन, मत-शासन—सबमें इनसे पूरा काम लिया गया है। इनका सदुपयोग भी हुआ है और दुरुपयोग भी। जिस प्रकार लोक-कल्याण के व्यापक उद्देश्य की सिद्धि के लिए मनुष्य के मनोविकार काम में लाए गए हैं उसी प्रकार किसी संप्रदाय या संस्था के संकुचित और परिमित विधान की सफलता के लिए भी।

सब प्रकार के शासन में-चाहे धर्म-शासन हो, चाहे राज-शासन, या संप्रदाय-शासन-मनुष्य-जाति के भय और लोभ से पूरा काम लिया गया है। दंड का भय और अनुग्रह का लोभ दिखाते हुए राज-शासन तथा नरक का भय और स्वर्ग का लोभ दिखाते हुए धर्म-शासन और मत-शासन चलते आ रहे हैं। इनके द्वारा भय और लोभ का प्रवर्तन उचित सीमा के बाहर भी प्रायः हुआ है और होता रहता है। जिस प्रकार शासकवर्ग अपनी रक्षा और स्वार्थ-सिद्धि के लिए भी इनसे काम लेते आए हैं उसी प्रकार धर्म-प्रवर्तक और आचार्य अपने स्वरूप-वैचित्र्य की रक्षा और अपने प्रभाव की प्रतिष्ठा के लिए भी। शासकवर्ग अपने अन्याय और अत्याचार के विरोध की शांति के लिए भी डराते और ललचाते आए हैं। मत-प्रवर्तक अपने द्वेष और संकुचित विचारों के प्रचार के लिए भी जनता को कँपाते और लपकाते आए हैं। एक जाति को मूर्ति-पूजा करते देख दूसरी जाति के मत-प्रवर्तक ने उसे गुनाहों में दाखिल किया है। एक संप्रदाय को भस्म और रुद्राक्ष धारण करते देख दूसरे संप्रदाय के प्रचारक ने उनके दर्शन तक में पाप लगाया है। भाव-क्षेत्र अत्यंत पवित्र क्षेत्र है। उसे इस प्रकार गंदा करना लोक के प्रति भारी अपराध समझना चाहिए।

शासन की पहुँच प्रवृत्ति और निवृत्ति की बाहरी व्यवस्था तक ही होती है। उनके मूल या मर्म तक उनकी गति नहीं होती। भीतरी या सच्ची प्रवृत्ति-निवृत्ति को जागरित रखने वाली शक्ति कविता है जो धर्म-क्षेत्र में शक्ति-भावना को जगाती रहती है। भक्ति धर्म की रसात्मक अनुभूति है। अपने मंगल और लोक के मंगल का संगम

उसी के भीतर दिखाई पड़ता है। इस संगम के लिए प्रकृति के क्षेत्र के बीच मनुष्य को अपने हृदय के प्रसार का अभ्यास करना चाहिए। जिस प्रकार ज्ञान नर सत्ता के प्रसार के लिए है, उसी प्रकर हृदय भी। रागात्मिका वृत्ति के प्रसार के बिना विश्व के साथ जीवन का प्रकृत सामंजस्य घटित नहीं हो सकता। जब मनुष्य के सुख और आनंद का मेल शेष प्रकृति के सुख-सौंदर्य के साथ हो जायगा, जब उसकी रक्षा का भाव तृण-गुल्म, वृक्ष-लता, पशु-पक्षी, कीट-पतंग, सबकी रक्षा के भाव के साथ समन्वित हो जायगा, तब उसके अवतार का उद्देश्य पूर्ण हो जायगा और वह जगत् का सच्चा प्रतिनिधि हो जायगा। काव्य योग की साधना इसी भूमि पर पहुँचाने के लिए है। सच्चे कवियों की वाणी बराबर पुकारती आ रही है—

विधि के बनाए जीव जेते हैं जहाँ के तहाँ
खेलत फिरत तिन्हैं खेलन फिरन देव।

—ठाकुर

श्रद्धा-भक्ति

किसी मनुष्य में जन-साधारण से विशेष गुण व शक्ति का विकास देख उसके संबंध में जो एक स्थायी आनंद-पद्धति हृदय में स्थापित हो जाती है उसे श्रद्धा कहते हैं। श्रद्धा महत्त्व की आनंदपूर्ण स्वीकृति के साथ-साथ पूज्य बुद्धि का संचार है। यदि हमें निश्चय हो जायगा कि कोई मनुष्य बड़ा वीर, बड़ा सज्जन, बड़ा गुणी, बड़ा दानी, बड़ा विद्वान्, बड़ा परोपकारी वा बड़ा धर्मात्मा है तो वह हमारे आनंद का एक विषय हो जायगा। हम उसका नाम आने पर प्रशंसा करने लगेंगे, उसे सामने देख आदर से सिर नवायेंगे; किसी प्रकार का स्वार्थ न रहने पर भी हम सदा उसका भला चाहेंगे, उसकी बढ़ती से प्रसन्न होंगे और अपनी पोषित आनंद-पद्धति में व्याघात पहुँचने के कारण उसकी निंदा न सह सकेंगे। इससे सिद्ध होता है कि जिन कर्मों के प्रति श्रद्धा होती है उनका होना संसार को वांछित है। यही विश्वकामना श्रद्धा की प्रेरणा का मूल है।

प्रेम और श्रद्धा में अंतर यह है कि प्रेम प्रिय के स्वाधीन कार्यों पर उतना निर्भर नहीं- कभी-कभी किसी का रूप मात्र, जिसमें उसका कुछ भी हाथ नहीं; उसके प्रति प्रेम उत्पन्न होने का कारण होता है। पर श्रद्धा ऐसी नहीं है। किसी की सुंदर आँख या नाक देखकर उसके प्रति श्रद्धा नहीं उत्पन्न होगी, प्रीति उत्पन्न हो सकती है। प्रेम के लिए इतना ही बस है कि कोई मनुष्य हमें अच्छा लगे; पर श्रद्धा के लिए आवश्यक यह है कि मनुष्य किसी बात में बढ़ा हुआ होने के कारण हमारे सम्मान का पात्र हो। श्रद्धा का व्यापार-स्थल विस्तृत है, प्रेम का एकांत है। प्रेम में घनत्व अधिक है और श्रद्धा में विस्तार। किसी मनुष्य से प्रेम रखने वाले दो ही एक मिलेंगे, पर उस पर श्रद्धा रखने वाले सैकड़ों, हजारों, लाखों तथा करोड़ों मिल सकते हैं। सच पूछिए तो इसी श्रद्धा के आश्रय से उन कर्मों के महत्त्व का भाव दृढ़ होता है जिन्हें धर्म कहते हैं और जिनमें मनुष्य-समाज की स्थिति है। कर्ता से बढ़कर कर्म का स्मारक दूसरा नहीं। कर्म की क्षमता प्राप्त करने के लिए बार-बार कर्ता ही की ओर आँख उठती है। कर्मों से कर्ता की स्थिति को जो मनोहरता प्राप्त हो जाती है उस पर मुग्ध होकर बहुत-से प्राणी उन कर्मों की ओर प्रेरित होते हैं। कर्ता अपने

सत्कर्म द्वारा एक विस्तृत क्षेत्र में मनुष्य की सद्वृत्तियों के आकर्षण का एक शक्ति-केंद्र हो जाता है। जिस समाज में किसी ऐसे ज्योतिष्मान् शक्ति-केन्द्र का उदय होता है, उस समाज में भिन्न-भिन्न हृदयों से शुभ भावनाएँ मेघ-खंडों के समान उठकर तथा एक ओर और एक साथ अग्रसर होने के कारण परस्पर मिलकर, इतनी घनी हो जाती हैं कि उनकी घटा-सी उमड़ पड़ती है और मंगल की ऐसी वर्षा होती है कि सारे दुःख और क्लेश बह जाते हैं।

हमारे अंतःकरण में प्रिय के आदर्श रूप का संघटन उसके शरीर या व्यक्ति मात्र के आश्रय से हो सकता है, पर श्रद्धेय के आदर्श-रूप का संघटन उसके फैलाए हुए कर्म-तंतु के उपादान से होता है। प्रिय का चिंतन हम आँख मूँदे हुए, संसार को भुलाकर, करते हैं; पर श्रद्धेय का चिंतन हम आँख खोले हुए, संसार का कुछ अंश सामने रखकर करते हैं। यदि प्रेम स्वप्न है तो श्रद्धा जागरण है। प्रेमी प्रिय को अपने लिए और अपने को प्रिय के लिए संसार से अलग करना चाहता है। प्रेम में केवल दो पक्ष होते हैं, श्रद्धा में तीन। प्रेम में कोई मध्यस्थ नहीं, पर श्रद्धा में मध्यस्थ अपेक्षित है। प्रेमी और प्रिय के बीच कोई और वस्तु अनिवार्य नहीं, पर श्रद्धालु और श्रद्धेय के बीच कोई वस्तु चाहिए। इस बात का स्मरण रखने से यह पहचानना उतना कठिन न रह जायगा कि किसी के प्रति किसी का कोई आनंदान्तर्गत भाव प्रेम है या श्रद्धा। यदि किसी कवि का काव्य बहुत अच्छा लगा, किसी चित्रकार का बनाया चित्र बहुत सुंदर जँचा और हमारे चित्त में उस कवि या चित्रकार के प्रति एक सुहृद्-भाव उत्पन्न हुआ तो वह श्रद्धा है; क्योंकि यह काव्य या चित्ररूप मध्यस्थ द्वारा प्राप्त हुआ है।

प्रेम का कारण बहुत कुछ अनिर्दिष्ट और अज्ञात होता है; पर श्रद्धा का कारण निर्दिष्ट और ज्ञात होता है। कभी-कभी केवल एक साथ रहते-रहते दो प्राणियों में यह भाव उत्पन्न हो जाता है कि वे बराबर साथ रहें; उनका साथ कभी न छूटे। प्रेमी प्रिय के संपूर्ण जीवन-क्रम के सतत साक्षात्कार का अभिलाषी होता है। वह उसका उठना, बैठना, चलना-फिरना, सोना, खाना-पीना सब कुछ देखना चाहता है। संसार में बहुत से लोग उठते-बैठते, चलते-फिरते हैं, पर सबका उठना-बैठना, चलना-फिरना उसको वैसा अच्छा नहीं लगता। प्रेमी प्रिय के जीवन को अपने जीवन से मिलाकर एक निराला मिश्रण तैयार करना चाहता है। वह दो से एक करना चाहता है। सारांश यह है कि श्रद्धा में दृष्टि पहले कर्मों पर से होती हुई श्रद्धेय तक पहुँचती है और प्रीति में प्रिय पर से होती हुई उसके कर्मों आदि पर जाती है। एक में व्यक्ति को कर्मों-द्वारा मनोहरता प्राप्त होती है; दूसरी में कर्मों को व्यक्ति-द्वारा। एक में कर्म प्रधान है, दूसरी में व्यक्ति।

किसी के रूप को स्वयं देखकर हम तुरंत मोहित होकर उससे प्रेम कर सकते हैं, पर उसके रूप की प्रशंसा किसी दूसरे से सुनकर चट हमारा प्रेम नहीं उमड़ पड़ेगा।

कुछ काल तक हमारा भाव लोभ के रूप में रहेगा, पीछे वह प्रेम में परिणत हो सकता है। बात यह है कि प्रेम एकमात्र अपने ही अनुभव पर निर्भर रहता है; पर श्रद्धा अपनी सामाजिक विशेषता के कारण दूसरों के अनुभव पर भी जगती है। रूप की भावना का बहुत कुछ संबंध व्यक्तिगत रुचि से होता है। अतः किसी के रूप और हमारे बीच यदि तीसरा व्यक्ति आया तो इस व्यापार में सामाजिकता आ गई; क्योंकि हमें उस समय यह ध्यान हुआ कि उस रूप से एक तीसरे व्यक्ति को आनंद या सुख मिला और हमें भी मिल सकता है। जब तक हम किसी के रूप का बखान सुनकर 'वाह-वाह' करते जाएँगे तब तक हम एक प्रकार के लोभी अथवा रीझने वाले या कद्रदान ही कहलाएँगे, पर जब हम उसके दर्शन के लिए आकुल होंगे, उसे बराबर अपने सामने ही रखना चाहेंगे, तब प्रेम का सूत्रपात समझा जायगा। श्रद्धा-भाजन पर श्रद्धावान् अपना किसी प्रकार अधिकार नहीं चाहता, पर प्रेमी प्रिय के हृदय पर अपना अधिकार चाहता है।

श्रद्धा एक सामाजिक भाव है, इससे अपनी श्रद्धा के बदले में हम श्रद्धेय से अपने लिए कोई बात नहीं चाहते। श्रद्धा धारण करते हुए हम अपने को उस समाज में समझते हैं जिसके किसी अंश पर—चाहे हम व्यष्टि रूप में उसके अंतर्गत न भी हों—जान-बूझकर उसने कोई शुभ प्रभाव डाला। श्रद्धा स्वयं ऐसे कर्मों के प्रतिकार में होती है जिसका शुभ प्रभाव अकेले हम पर नहीं, बल्कि सारे मनुष्य समाज पर पड़ सकता है। श्रद्धा एक ऐसी आनंदपूर्ण कृतज्ञता है जिसे हम केवल समाज के प्रतिनिधिरूप में प्रकट करते हैं। सदाचार पर श्रद्धा और अत्याचार पर क्रोध या घृणा प्रकट करने के लिए समाज ने प्रत्येक व्यक्ति को प्रतिनिधित्व प्रदान कर रखा है। यह काम उसने इतना भारी समझा है कि उसका भार सारे मनुष्यों को बाँट दिया है, दो-चार माननीय लोगों के ही सिर पर नहीं छोड़ रखा है। जिस समाज में सदाचार पर श्रद्धा और अत्याचार पर क्रोध प्रकट करने के लिए जितने ही अधिक लोग तत्पर पाए जाएँगे उतना ही वह समाज जाग्रत समझा जायगा। श्रद्धा की सामाजिक विशेषता एक इसी बात से समझ लीजिए कि जिस पर हम श्रद्धा रखते हैं उस पर चाहते हैं कि और लोग भी श्रद्धा रखें पर जिस पर हमारा प्रेम होता है उससे और दस-पाँच आदमी प्रेम रखें—इसकी हमें परवा क्या, इच्छा ही नहीं होती; क्योंकि हम प्रिय पर लोभवश एक प्रकार का अनन्य अधिकार या इजारा चाहते हैं। श्रद्धालु अपने भाव में संसार को भी सम्मिलित करना चाहते हैं, पर प्रेमी नहीं।

जब तक समष्टि-रूप में हमें संसार के लक्ष्य का बोध नहीं होता और हमारे अंतःकरण में सामान्य आदर्शों की स्थापना नहीं होती तब तक हमें श्रद्धा का अनुभव नहीं होता। बच्चों में कृतज्ञता का भाव पाया जाता है। पर सदाचार के प्रति उस कृतज्ञता का नहीं, जिसे श्रद्धा कहते हैं। अपने साथ किए जाने वाले जिस व्यवहार के लिए वे कृतज्ञ होते हैं उसी को दूसरों के साथ होते कर्ता के प्रति कृतज्ञ होना

वे देर में सीखते हैं—उस समय सीखते हैं जब वे अपने को किसी समुदाय का अंग समझने लगते हैं। अपने साथ या किसी विशेष मनुष्य के साथ किए जाने वाले व्यवहार के लिए जो कृतज्ञता होती है वह श्रद्धा नहीं है। श्रद्धालु की दृष्टि सामान्य की ओर होनी चाहिए, विशेष की ओर नहीं। अपने संबंधी के प्रति किसी को कोई उपकार करते देख यदि हम कहें कि उस पर हमारी श्रद्धा हो गई है तो यह हमारा पाखंड है, हम झूठ-मूठ अपने को ऐसे उच्च भाव का धारण-कर्ता प्रकट करते हैं। पर उसी सज्जन को दस-पाँच और ऐसे आदमियों के साथ जब हम उपकार करते देखें जिन्हें हम जानते तक नहीं और इस प्रकार हमारी दृष्टि विशेष से सामान्य की ओर हो जाय, तब यदि हमारे चित्त में उसके प्रति पहले से कहीं अधिक कृतज्ञता या पूज्य-बुद्धि का उदय हो तो हम श्रद्धालु की उच्च पदवी के अधिकारी हो सकते हैं। सामान्य रूप में हम किसी के गुण या शक्ति का विचार सारे संसार से संबद्ध करके करते हैं। अपने से या किसी विशेष प्राणी से संबद्ध करके नहीं। हम देखते हैं कि किसी मनुष्य में कोई गुण या शक्ति है जिसका प्रयोग वह चाहे जहाँ और जिसके प्रति कर सकता है।

श्रद्धा का मूल-तत्त्व है दूसरे का महत्त्व स्वीकार। अतः जिनकी स्वार्थ-बद्ध दृष्टि अपने से आगे नहीं जा सकती अथवा अभिमान के कारण जिन्हें अपनी ही बड़ाई के अनुभव की लत लग गई है उनकी इतनी समाई नहीं कि वे श्रद्धा ऐसे पवित्र भाव को धारण करें। स्वार्थियों और अभिमानियों के हृदय में श्रद्धा नहीं टिक सकती। उनका अंतःकरण इतना संकुचित और मलीन होता है कि वे दूसरों की कृति का यथार्थ मूल्य नहीं परख सकते।

स्थूल रूप से श्रद्धा तीन प्रकार की कही जा सकती है—

1. प्रतिभा-संबंधिनी
2. शील-संबंधिनी, और
3. साधन-संपति-संबंधिनी।

प्रतिभा से मेरा अभिप्राय अंतःकरण की उस उद्‌भाविका क्रिया से है जिसके द्वारा कला, विज्ञान आदि नाना क्षेत्रों में नई-नई बातें या कृतियाँ उपस्थित की जाती हैं। यह ग्रहण और धारणा-शक्ति से भिन्न है, जिसके द्वारा इधर-उधर से प्राप्त ज्ञान (विद्वत्ता) संचित किया जाता है। कला-संबंधिनी श्रद्धा के लिए श्रद्धालु में भी थोड़ी-बहुत मार्मिक निपुणता चाहिए, इससे उसका अभाव कोई भारी त्रुटि नहीं, वह क्षम्य है। यदि किसी उत्तम काव्य या चित्र की विशेषता न समझने के कारण हम कवि या चित्रकार पर श्रद्धा न कर सकें तो यह हमारा अनाड़ीपन है—हमारे रुचि-संस्कार की त्रुटि है। इसका उपाय यही है कि समाज कला-संबंधिनी मर्मज्ञता के प्रचार की व्यवस्था करे, जिससे विविध कलाओं के सामान्य आदर्श की स्थापना जन-समूह में हो जाए। पर इतना होने पर भी कला-संबंधिनी रुचि की विभिन्नता थोड़ी-बहुत अवश्य रहेगी। अश्रद्धालु रुचि का नाम लेकर ईर्ष्या या अहंकार के दोषारोपण से बच जाया करेंगे।

पर शील-संबंधिनी श्रद्धा प्रत्येक व्यक्ति का कर्तव्य है। शील या धर्म के सामान्य लक्षण संसार के प्रत्येक सभ्य जन-समुदाय में प्रतिष्ठित हैं। धर्म ही से मनुष्य-समाज की स्थिति है; अतः उसके संबंध में किसी प्रकार का रुचि-भेद, मत-भेद, आदि नहीं। सदाचारी के प्रति यदि हम श्रद्धा नहीं रखते तो समाज के प्रति अपने कर्तव्य का पालन नहीं करते। यदि किसी को दूसरों के कल्याण के लिए भारी स्वार्थ-त्याग करते देख हमारे मुँह से 'धन्य-धन्य' भी न निकला तो हम समाज के किसी काम के न ठहरे, समाज को हमसे कोई आशा नहीं, हम समाज में रहने योग्य नहीं। किसी कर्म में प्रवृत्त होने के पहले यह स्वीकार करना आवश्यक होता है कि वह कर्म या तो हमारे लिए या समाज के लिए अच्छा है। इस प्रकार की स्वीकृति कर्म की पहली तैयारी है। श्रद्धा द्वारा हम यह आनंदपूर्वक स्वीकार करते हैं कि कर्म के अमुक-अमुक दृष्टांत धर्म के हैं, अतः श्रद्धा धर्म की पहली सीढ़ी है। धर्म के इस प्रथम सोपान पर प्रत्येक मनुष्य को रहना चाहिए, जिसमें जब कभी अवसर आए तब वह कर्म-रूपी दूसरे सोपान पर हो जाय।

अब रह गई साधन-संपत्ति-संबंधिनी श्रद्धा की बात। यहाँ पर साधन-सम्पन्नता का ठीक-ठीक भाव समझ लेना आवश्यक है। साधन-संपत्ति का अनुपयोग भी हो सकता है, सदुपयोग भी हो सकता है और दुरुपयोग भी हो सकता है। किसी को पद्य रचने की अच्छी अभ्यास-सम्पन्नता है। यदि शिक्षा द्वारा उसके भाव उन्नत हैं, वह सहृदय है तो वह अपनी इस सम्पन्नता का उपयोग मनोहर उच्च भाव-पूर्ण काव्य प्रस्तुत करने में कर सकता है; यदि उसकी अवस्था ऐसी नहीं है तो वह या तो साधारण, भाव-शून्य गद्य की गीतिका, शिखरिणी आदि नाना छंदों में परिणत करेगा या अपनी भद्दी और कुरुचिपूर्ण भावनाओं को छंदोबद्ध करेगा। उसके इस कृत्य पर श्रद्धा रखने वाले भी बहुत मिल जाएँगे। ऐसे व्यक्ति के प्रति जो श्रद्धा होती है वह साधन-सम्पन्नता पर ही होती है, साध्य की पूर्णता पर नहीं।

देशी कारीगरी, चित्रकारी, संगीत आदि में नियम-पालन के अभ्यास द्वारा प्राप्त इस साधन-सम्पन्नता पर ही इधर बहुत दिनों से अधिक ध्यान दिया जाने लगा था और मानव-हृदय पर इन मनोहारिणी कलाओं के प्रभाव का बहुत कम विचार होने लगा था। बहुत से पुराने मकानों की कारीगरी देखिए तो उनमें बहुत-सा काम गिचपिच किया हुआ दिखाई देगा, ऐसे महीन बेल-बूटों की भिन्न-भिन्न पटरियाँ दीवारों में जमाई हुई मिलेंगी जो बिना आँख को पास ले जाकर सटाए स्पष्ट न जान पड़ेंगी। सारे मकान को एक बार में देखने से इन सबों का सम्मिलित प्रभाव दृष्टि और मन पर क्या पड़ेगा, इसका कुछ भी विचार बनाने वालों ने नहीं किया, यह स्पष्ट दिखाई पड़ेगा। ऐसे कामों में अभ्यास का तथा समय और श्रम के व्यय (या अपव्यय) का पूरा परिचय मिलता है; पर विचार और सहृदयतापूर्वक उनके उपयोग का बहुत कम। समझने की बात है कि इमारत हाथ पर लेकर देखने की चीज़ नहीं है, दस-पाँच

हाथ दूर पर खड़े होकर देखने की चीज़ है।

चित्रकारी की दशा भी इसी प्रकार की हो गई थी। राधा-कृष्ण कदंब के नीचे खड़े हैं। कदंब की एक-एक पत्ती अलग-अलग बारीकी के साथ बनी दिखाई पड़ती है। राधा की चुनरी की एक-एक बूटी बड़ी सावधानी और मिहनत के साथ बनाई गई है। देखने वाले को यह नहीं जान पड़ता कि वह कुछ दूर पर खड़ा होकर कदंब और राधा-कृष्ण को एक साथ देख रहा है, बल्कि यह जान पड़ता है कि कभी तो पत्तियाँ गिनने के लिए वह पेड़ पर चढ़ता है और कभी नमूना लेने के लिए चुनरी हाथ में लेता है। ऐसी रचनाओं के प्रति यदि श्रद्धा प्रकट की जायगी तो वह अभ्यास, श्रम और बारीकी अर्थात् साधन-सम्पन्नता के विचार से होगी, साध्य की पूर्णता अर्थात् कला के विचार से नहीं, जिसका उद्देश्य मानव-हृदय पर मधुर प्रभाव डालना है।

संगीत के पेच-पाँच देखकर भी हठयोग याद आता है। जिस समय कोई कलावंत पक्का गाना गाने के लिए आठ अंगुल मुँह फैलाता है और 'आ आ' करके विकल होता है, उस समय बड़े-बड़े धीरों का धैर्य छूट जाता है—दिन-दिन भर चुपचाप बैठे रहने वाले बड़े-बड़े आलसियों का आसन डिग जाता है। जो संगीत नाद की मधुर गति द्वारा मन में माधुर्य का संचार करने के लिए था वह इन पक्के लोगों के हाथ में पड़कर केवल स्वरग्राम की लंबी-चौड़ी कवायद हो गया। श्रद्धालुओं के अंतःकरण की मार्मिकता इतनी स्तब्ध हो गई कि एक खर-श्वान के गले से भी इस लंबी कवायद को ठीक उतरते देख उनके मुँह से 'वाह-वाह', 'ओहो हो ' निकलने लगा। काव्य पर शब्दालंकार आदि का इतना बोझ लादा गया कि उसका सारा रूप ही छिप गया। बात यह हुई कि इन विविध कलाओं के जितने अभ्यासगम्य और श्रमसाध्य अंग थे, वे तो हद से बाहर घसीटे गए और जितने सहृदयता से संबंध रखने वाले थे उन पर ध्यान ही न रहा। यदि ये कलाएँ मूर्तिमान् रूप धारण करके सामने आतीं तो दिखाई पड़ता कि किसी को जलोदर हुआ है, किसी को फीलपाँव! इनकी दशा सोने और रत्नों से जड़ी गुठली धार तलवार की-सी हो गई।

किसी मनुष्य में बहुत अधिक शारीरिक बल देख उस पर जन साधारण को श्रद्धा होती है और होनी चाहिए। प्रो. राममूर्ति को मोटर रोकते, लोहे की मोटे-मोटे सीकड़ तोड़ते, छाती पर 40 मन का पत्थर रखते, हाथी खड़ा करते और गाड़ी दौड़ाते देख उनके शारीरिक बल के कारण उन पर श्रद्धा होती है। अब इस सम्पन्नता का वे सदुपयोग भी कर सकते हैं, दुरुपयोग भी कर सकते हैं और अनुपयोग भी कर सकते हैं। वे इसके द्वारा किसी भारी संकट से अपनी या दूसरे की रक्षा भी कर सकते हैं और किसी निरपराध को पीड़ित भी कर सकते हैं पर हमारी श्रद्धा बिना सदुपयोग या दुरुपयोग की संभावना की कल्पना किए शुभ-साधन-सम्पन्नता ही पर होती है। कोरे विद्वानों के प्रति जो श्रद्धा होती है वह भी साधन-सम्पन्नता ही के संबंध में होती है; उसके उपयोग की निपुणता या प्रतिभा पर निर्भर नहीं होती। विद्वत्ता

किसी विषय की बहुत-सी बातों की जानकारी का नाम है, जिसका संचय बहुत कष्ट, श्रम और धारणा से होता है। यह बात विद्वान् की प्रतिभा पर निर्भर है कि वह ज्ञान का भंडारी और उपयोग-कर्ता दोनों हो-अर्थात् वह उत्तम चिंतक, वक्ता, लेखक, अन्वेषक या कवि भी होकर उस संचित साधन का उपयोग करें और अपने मूल विचारों का प्रभावपूर्ण प्रकाश करें। यदि विद्वान् में यह प्रतिभा नहीं है–यह शक्ति नहीं है–तो वह अपनी संचित जानकारी को कला-कुशल और प्रतिभाशाली लेखकों या तत्त्वान्वेषकों के सामने रख दे कि वे उससे आवश्यकतानुसार काम लें। इस रीति से उसकी विद्वत्ता सामाजिक उपयोग में आ जायगी।

भिन्न-भिन्न मानसिक संस्कार के लोगों में किसी विषय से संबंध रखने वाली श्रद्धा भिन्न-भिन्न मात्रा की हुआ करती है। यदि किसी को शारीरिक बल, साहस या चतुराई पर अत्यंत अधिक श्रद्धा है तो वह इनका दुरुपयोग देखकर भी बनी रह सकती है। अत्याचारियों के बल, डाकुओं के साहस और लंपटों की चालाकी की तारीफ संसार में थोड़ी-बहुत होती ही है। एक बात और है। यदि किसी पर किसी एक विषय में अत्यंत अधिक श्रद्धा है तो उसकी अन्य विषयों की त्रुटियों पर ध्यान नहीं जाता और कभी ध्यान भी जाता है तो वे भी सुहावनी लगती हैं। कोई प्रतिभाशाली कवि विलासप्रिय, मद्यप या सनकी है तो जो अत्यंत काव्य-प्रेमी होंगे उनकी घृणा को उसके ये दुर्गुण पूर्ण रूप से आकर्षित न कर सकेंगे। यहाँ तक कि उसके इन दुर्गुणों की चर्चा भी वे बड़ी रुचि के साथ करेंगे और सुनेंगे। बात यह है कि मनुष्य का अंतःकरण एक है। उसकी एक साथ दो परस्पर-विरुद्ध स्थितियाँ नहीं हो सकतीं। इस प्रकार की मानसिक स्तब्धता को श्रद्धांधता कह सकते हैं। यद्यपि श्रद्धांध, समाज में उतना अनर्थकारी नहीं हो सकता, उतना अपराधी नहीं ठहराया जा सकता, जितना मदांध, क्रोधांध या ईर्ष्यांध, पर उसकी श्रद्धा के बढ़ते-बढ़ते क्रियमाण रूप धारण करने पर और शील-संबंधिनी चेतना को बिल्कुल जवाब मिल जाने पर समाज के अनिष्ट में ब्याज से सहायता पहुँच सकती है।

यदि किसी अपव्ययी और मद्यप कवि पर अत्यंत श्रद्धालु होकर कोई उसकी आर्थिक सहायता करता जाता है तो वह उस अन्याय और उपद्रव का थोड़ा-बहुत उत्तरदाता अवश्य होता है जो कवि जी अपने सहवर्तियों के बीच करने में समर्थ होते हैं। यदि किसी पहलवान के बल पर प्रसन्न होकर कोई उसे हलवा-पूरी खाने के लिए कुछ महीना बाँधता है तो उसके गुंडेपन के कारण लोगों को पहुँची हुई पीड़ा के दोष का वह कम-से-कम उतना भाग अवश्य पा सकता है जितना इंद्रकृत हत्या की बँटाई के समय बहुतों को मिला था। उद्देश्य के अभाव के बल से यद्यपि इन श्रद्धालुओं पर दोष उतना सटीक नहीं लग सकता, पर समाज की दृष्टि में वे दान के पात्रता-संबंधी अविवेक के अभियोग से नहीं बच सकते।

अब यहाँ पर यह प्रश्न उठता है कि शील, कला और साधन-संपत्ति-श्रद्धा के

इन तीनों विषयों में से किसका ध्यान मनुष्य को पहले होना चाहिए और किसका पीछे। इसका बेधड़क यही उत्तर दिया जा सकता है कि जन-साधारण के लिए शील का ही सबसे पहले ध्यान होना स्वाभाविक है; क्योंकि उसका संबंध मनुष्य-मात्र की सामान्य स्थिति रक्षा से है। उसके अभाव में समाज या उस आधार की स्थिति ही नहीं रह सकती जिसमें कलाओं की उपयोगिता या मनोहारिता का प्रसार और साधन-संपत्ति की प्रचुरता का वितरण और व्यवहार होता है।

दूसरों की श्रद्धा संसार में एक अत्यंत वांछनीय वस्तु है, क्योंकि वह एक प्रकार का ऐसा परकीय निश्चय या विश्वास है जिसके सहारे स्वकीय कार्य सुगम होता है—जीवन की कठिनता कम होती है। जिस पर लोगों की अश्रद्धा होती है—उसके लिए व्यवहार के सब सीधे और सुगम मार्ग बंद हो जाते हैं—उसे या तो काँटों पर या ढाई कोस नौ दिन में चलना पड़ता है। पर जो किसी प्रकार दूसरों की श्रद्धा संपादित कर लेता है, उसके पैर रखने के लिए फूलों की पंखुड़ियाँ—आजकल लाल बनातें बिछाई जाती हैं। समाज में ये वस्तुएँ सच्चे गुणियों और परोपकारियों के लिए हैं, पर इन्हें छीनने और चुराने की ताक में बहुत से चोर, चाई और लुटेरे रहते हैं जो इनके द्वारा स्वार्थ-साधन करना या अपनी तुच्छ मानसिक वृत्तियों को तृप्त करना चाहते हैं। इनसे समाज को हर घड़ी सावधान रहना चाहिए। इन्हें सामाजिक दंड देने के लिए उसे सदा सन्नद्ध रहना चाहिए। ये अनेक रूपों में दिखाई पड़ते हैं। कोई गेरुआ वस्त्र लपेटे धर्म का डंका पीटता दिखाई देता है, कोई देश-हितैषिता का लंबा चोगा पहने देशोद्धार की पुकार करता पाया जाता है।

मनुष्य किसी ओर तीन प्रकार से प्रवृत्त होता है—मन से, वचन से और कर्म से। इनमें से मन तो देखने-दिखाने की चीज़ नहीं। वाणी और कार्यप्रणाली की नक़ल की जाती है, और बड़ी सफाई से की जाती है। हितोपदेश के गदहे ने तो बाघ की खाल ही ओढ़ी थी, पर ये लोग बाघ की बोली भी बोल लेते हैं। कहीं-कहीं केवल वचन ही से काम निकल जाता है। एक दिन मैं काशी की एक गली से जा रहा था। एक ठठेरे की दुकान पर कुछ परदेशी यात्री किसी बरतन का मोल-भाव कर रहे थे और कह रहे थे कि इतना नहीं, इतना लो तो लें। इतने ही में सौभाग्यवश दुकानदार जी को ब्रह्मज्ञानियों के वाक्य याद आ गए और उन्होंने चट कहा—"माया छोड़ो और इसे ले लो।" सोचिए तो, काशी ऐसा पुण्य-क्षेत्र! वहाँ न माया छोड़ी जायगी तो कहाँ छोड़ी जायगी। थोड़े दिन हुए, किसी लेखक ने कहीं पढ़ा कि प्रतिभाशाली लोग कुछ उग्रता और पागलपन लिए होते हैं। तब से वे बराबर अपने में इन दोनों शुभ लक्षणों की स्थापना के यत्न में लगे रहते हैं। सुनते हैं कि पहले में वे कुछ कृतकार्य भी हुए हैं, पर पागलपन की नकल करना कुछ हँसी-खेल नहीं; भूल-चूक से कुछ समझदारी की बातें मुँह से निकल ही जाती हैं।

जैसे और सब विद्याओं की, वैसी ही पर-श्रद्धाकर्षण की विद्या की भी आजकल

खूब उन्नति हुई है। आश्चर्य नहीं कि इसके लिए कुछ दिनों में एक अलग विद्यालय खुले। श्रद्धा के यथार्थ कारण का जितना ही अभाव हो, आकर्षण हो, अपनी विद्या में उतना ही दक्ष समझना चाहिए। आजकल सार्वजनिक उद्योगों की बड़ी धूम रहा करती है और बहुत से लोग निराहार परोपकार-व्रत करते सुने जाते हैं। ऊपर कहा जा चुका है कि पर-श्रद्धा के सहारे कार्य में सुगमता आती है, अतः किसी कार्य-साधना के लिए जो लोग प्रयत्न द्वारा दूसरों के हृदय में श्रद्धा उत्पन्न करते हैं वे उस कार्य के अनुसार चतुर, नीति-कुशल, धूर्त या पाखंडी कहे जाते हैं, पर संसार में बहुत ऐसे लोग भी होते हैं जिन्हें अपने ऊपर पराई श्रद्धा के चिंतन से जो एक प्रकार का आनंद मिलता है उसकी लत पड़ जाती है। वे पर-श्रद्धा को मनोरंजन या मानसिक भोग-विलास की एक सामग्री समझते हैं। वे पराई श्रद्धा केवल इसी निमित्त चाहते हैं, और किसी उद्देश्य से नहीं। ऐसे पर-श्रद्धाभिलाषियों को मानसिक दुर्व्यसन रहता है और वे उसी प्रकार दुर्व्यसनी कहे जा सकते हैं जिस प्रकार शराबी, गँजेड़ी और चंडूबाज आदि। पर समाज की श्रद्धा ऐसे अपव्यय के लिए नहीं है, प्रयोजन के लिए है। ऐसे लोग अपनी धुन में कभी-कभी बड़े-बड़े सार्वजनिक कार्य भी छोड़ बैठते हैं जिनका होना उन्हें इतना अभीष्ट नहीं होता, जितना अपने द्वारा होना। ये लोग पहचाने इस प्रकार जाते हैं कि उन कार्यों से अपने नाम का वियोग घड़ी भर भी नहीं सह सकते, यहाँ तक कि यदि वे दूसरों को कोई ऐसा कार्य हाथ में लेते देखते हैं जिसमें समाज के साधुवाद की संभावना होती है तो इनका पेट फूलने लगता है और ये या तो गुप्त रूप से उसमें विघ्न की व्यवस्था करते हैं या कम से कम उसके महत्त्व को बहुत कम करके दिखाया करते हैं। दूसरी पहचान यह है कि वे लोग ऐसे ही काम ठानते हैं जिनका नाम और आडंबर बड़ा होता है।

ऊपर कहा जा चुका है कि श्रद्धावान् अपनी श्रद्धा द्वारा श्रद्धेय में कोई ऐसा परिवर्तन उपस्थित नहीं करना चाहता जिसका अपने लिए कोई अनुकूल फल हो। श्रद्धावान् श्रद्धेय को प्रसन्न करने की इच्छा कर सकता है, पर उस प्रसन्नता से आप कोई लाभ उठाने की नहीं। श्रद्धा न्याय-बुद्धि के पलड़े पर तुली हुई एक वस्तु है जो दूसरे पलड़े पर रखे हुए श्रद्धेय के गुण, कर्म आदि के हिसाब से होती है। श्रद्धा सत्कर्म या सद्गुण ही का मूल्य है, जिससे और किसी प्रकार का सौदा नहीं हो सकता। पर जब कि इस व्यापार युग में ज्ञान बिकता है, न्याय बिकता है, धर्म बिकता है--तब श्रद्धा ऐसे भाव क्यों न बिके? पर असली भाव तो इस लेन-देन के व्यवहार के लिए उपस्थित नहीं किये जा सकते। खैर, नकली सही। एक भाव पर दूसरे भाव की कलई करके हम बाज़ार में क्यों न जाएँ? अपनी भीरुता या चापलूसी को हम 'श्रद्धा-श्रद्धा' कहकर गलियों और संवाद-पत्रों में क्यों न पुकारें? ऐसे झूठे श्रद्धावानों से घिरकर झूठे श्रद्धा-पात्र सच्चे श्रद्धा-पात्रों को क्यों न मात करें, जब कि आजकल झूठे मोती सच्चे मोतियों को मात करते हैं?

कला-कुशल या सदाचारी अपने चारों ओर प्रसन्नता देखना चाहता है; अतः अपनी श्रद्धा द्वारा हम अपनी प्रसन्नता का निश्चय मात्र कराते हैं। हमारी प्रसन्नता से उसे अपनी सामर्थ्य का बोध हो जाता है और उसका उत्साह बढ़ता है। इस प्रकार अपनी श्रद्धा द्वारा हम भी समाज का मंगल-साधन करते हैं। दूसरे की श्रद्धा का श्रद्धेय पर इतना ही प्रभाव पड़ना चाहिए, इससे अधिक नहीं। यदि हमारी श्रद्धा के कारण वह हमें किसी प्रकार का लाभ पहुँचाना चाहता है तो वह हमारी श्रद्धा को खुशामद समझता है और हमारा अपमान करता है। श्रद्धा में याचकता का भाव लेश-मात्र भी नहीं है। श्रद्धा द्वारा हम अपने हृदय का परिचय मात्र देते हैं कि उसमें मार्मिकता या धर्म-भाव है—सात्त्विक आचरण या प्रतिभा की कला में प्रसन्न होने की क्षमता है। यदि हमें किसी पर श्रद्धा है तो हमें उसके पास जाकर यह कहने की आवश्यकता नहीं है कि 'महाराज! मेरी यह श्रद्धा स्वीकार हो।' इस प्रकार की स्वीकृति की हमें कोई आवश्यकता नहीं। हम अपनी श्रद्धा लिए अपने घर बैठे रह सकते हैं। या उसे इस रीति से प्रकट कर सकते हैं जिस पर श्रद्धेय का कोई वश नहीं। यदि हमें किसी सुलेखक पर श्रद्धा है और वह हमसे रुष्ट है तो भी हम उसका सच्चा चित्र और चरित्र छाप सकते हैं। इसका स्वत्व हमें समाज द्वारा प्राप्त है—इसका हक हमें कानूनन हासिल है पर वहीं यदि हम उस सुलेखक से प्रेम करने चलें, उसके साथ-साथ लगे फिरें और हरदम उसे घेरे रहें तो वह हमें हटा सकता है। श्रद्धा प्रदर्शित करने का जितना विस्तृत सामाजिक अधिकार हमें प्राप्त है उतना उसके विपरीत भाव अश्रद्धा या घृणा प्रकट करने का नहीं, क्योंकि श्रद्धा यदि हमने भूल से या स्वार्थवश प्रकट की तो किसी को उतनी हानि नहीं, पर यदि घृणा भूल से या द्वेष-वश प्रकट की तो व्यर्थ का असंतोष और दुःख फैल सकता है।

ऊपर कहा जा चुका है कि श्रद्धा के विषय तीन हैं—शील, प्रतिभा और साधन-सम्पत्ति। शील या धर्म से समाज की स्थिति, प्रतिभा से रंजन और साधन-संपत्ति से शील-साधन और प्रतिभा-विकास दोनों की संभावना है। श्रद्धेय समाज की स्थिति या सुख का विधान करता है और समाज उसकी स्थिति और सुख का विधान करता है। समाज अपने श्रद्धालु प्रतिनिधियों को कभी तो उसे आपत्ति से बचाने के लिए भेजता है—कभी कुछ भेंट उसके सामने रखने के लिए। श्रद्धावश जो दान दिया जाता है वह उसी प्रकार की भेंट है। सच्चा दान दो प्रकार का होता है—एक वह जो श्रद्धा-वश दिया जाता है, दूसरा वह जो दया-वश दिया जाता है। पंडितों, विद्वानों और धार्मिकों को जो दान दिया जाता है वह श्रद्धावश दिया जाता है; अंधों, लूलों और लंगड़ों को जो दान दिया जाता है वह दया-वश दिया जाता है। श्रद्धा सामर्थ्य के प्रति होती है और दया असामर्थ्य के प्रति। जन-साधारण अपनी दया-द्वारा केवल असामर्थ्य के उपस्थित परिणामों का, कुछ स्थान के बीच और कुछ काल तक के लिए निवारण कर सकते हैं, अतः श्रद्धा द्वारा वे ऐसे असाधारण जनों को अपने वित्तानुसार थोड़ी-थोड़ी

शक्ति दान करते हैं जो असामर्थ्य के कारणों के निराकरण में समर्थ होते हैं।

श्रद्धा-वश दान में उपयोगिता का तत्त्व छिपा हुआ है। स्मृतियों में श्रद्धा-वश दान पर बड़ा जोर दिया गया है और ऐसे दान के विषय में पात्रापात्र का विचार भी खूब किया गया है। विद्या-दान में रत विद्वानों को, परोपकार में रत कर्मवीरों को, मानव ज्ञान की वृद्धि में तत्पर तत्त्वान्वेषकों को जो अभाव हो उसे हमें समाज की भूख समझनी चाहिए। इन्हें जो कुछ हम श्रद्धावश देते हैं, वह ठीक समाज के दुरुस्त पेट में जाता है, जहाँ से रस-रूप में उसका संचार अंग-अंग में होता है। इसके विरुद्ध स्वार्थियों, अन्यायियों आदि को जो कुछ दिया जाता है वह समाज के अंग में उसी प्रकार नहीं लगता जिस प्रकार अतिसार या संग्रहणी वाले को खिलाया हुआ अन्न। भारतवर्ष में श्रद्धा का संबंध दान के साथ इतना गहरा समझा जाता है कि अश्रद्धापूर्वक दिया हुआ दान निष्फल माना जाता है; इसी से शुष्क प्रथानुसरण के रूप में भी यदि कुछ दिया जाता है तो श्रद्धा का नाम ले लिया जाता है। पंडों-पुरोहितों को देते हुए यजमान भी कहता है कि 'महाराज! इतनी ही श्रद्धा है' और पंडे-पुरोहित भी कहते हैं कि 'जितनी श्रद्धा हो उतना दो'; यद्यपि इन पंडों और पुरोहितों के संबंध में सदा यह निश्चय नहीं रहता कि वे बड़े विद्वान्, बड़े धार्मिक या बड़े परोपकारी हैं। मनोविकार के उपयुक्त विषयों के निश्चय में कभी-कभी बुद्धि की भी थोड़ी बहुत आवश्यकता होती है, क्योंकि एक ही व्यक्ति के प्रति किसी को श्रद्धा होती है और किसी को अश्रद्धा, इसका कारण घृणा के अंतर्गत अच्छी तरह दिखाया गया है।

श्रद्धा और प्रेम के योग का नाम भक्ति है। जब पूज्य भाव की वृद्धि के साथ श्रद्धाभाजन से सामीप्य-लाभ की प्रवृत्ति हो, उसकी सत्ता के कई रूपों के साक्षात्कार की वासना हो, तब हृदय में भक्ति का प्रादुर्भाव समझना चाहिए। जब श्रद्धेय के दर्शन, श्रवण, कीर्तन, ध्यान आदि से आनंद को अनुभव होने लगे, जब उससे संबंध रखने वाले श्रद्धा के विषयों के अतिरिक्त बातों की ओर भी मन आकर्षित होने लगे, तब भक्ति-रस का संचार समझना चाहिए। जब श्रद्धेय का उठना, बैठना चलना, फिरना, हँसना, बोलना, क्रोध करना आदि भी हमें अच्छा लगने लगे तब हम समझ लें कि हम उसके भक्त हो गए। भक्ति की अवस्था प्राप्त होने पर हम अपने जीवन-क्रम का थोड़ा या बहुत अंश उसे अर्पित करने को प्रस्तुत होते हैं और उसके जीवन-क्रम पर भी अपना कुछ प्रभाव रखना चाहते हैं। कभी हम अर्पण करते हैं और कभी याचना करते हैं। सारांश यह कि भक्ति द्वारा हम भक्ति-भाजन से विशेष घनिष्ठ संबंध स्थापित करते हैं—उसकी सत्ता में विशेष रूप से योग देना चाहते हैं। किसी के प्रति श्रद्धा धारण करके हम बहुत करेंगे तो समय-समय पर उसकी प्रशंसा करेंगे, उसकी निंदा करने वालों से झगड़ा करेंगे या कभी कुछ उपहार लेकर उपस्थित होंगे, पर जिसके प्रति हमारी अनन्य भक्ति हो जायगी वह अपने जीवन के बहुत से अवसरों पर हमें अपने साथ देख सकता है। वह अपने बहुत से उद्योगों में हमारा योगदान

पा सकता है—भक्त वे ही कहला सकते हैं जो अपने जीवन का बहुत अंश स्वार्थ (परिवार व शारीरिक सुख आदि) से विभक्त करके किसी के आश्रय से किसी ओर लगा सकते हैं। इसी का नाम है आत्मनिवेदन।

महात्माओं के ऊपर श्रद्धा मात्र करके हम उन्हें जीवन-शक्ति द्वारा उपार्जित कोई फल अर्पित कर सकते हैं, पर उनके भक्त होकर हम अपने जीवन ही के कुछ अंश को अर्पित कर देते हैं। किसी वीरव्रती महात्मा पर बहुत श्रद्धालु होकर हम आर्थिक सहायता-द्वारा उसके लिए कुछ सुभीता कर सकते हैं, अपने वचनों से उसे प्रसन्न और उत्साहित कर सकते हैं, पर उसके भक्त बनकर हम अपने शारीरिक बल को उसका शारीरिक बल बनाएँगे, अपनी जानकारी और चतुराई को उसकी जानकारी और चतुराई बनाएँगे, अपनी वाग्मिता को उसकी वाग्मिता बनाएँगे, अपनी तत्परता को उसकी तत्परता बनाएँगे, यहाँ तक कि जो कुछ हमसे होगा उसे हम उसका कर डालेंगे और इसी प्रकार उसके जीवन में अपने जीवन का योग देकर उसके सामाजिक महत्त्व या प्रभाव को बढ़ाएँगे और उसके थोड़े-बहुत हम भी भागी होंगे। श्रद्धा-द्वारा हम दूसरे के महत्त्व के किसी अंश के अधिकारी नहीं हो सकते, पर भक्ति-द्वारा हो सकते हैं। यहाँ तक कि दूसरे की भक्ति करके हम तीसरे की भक्ति के अधिकारी हो सकते हैं। राम पर अनन्य भक्ति करके हनुमान, अन्य राम-भक्तों की भक्ति के अधिकारी हुए।

श्रद्धालु महत्त्व को स्वीकार करता है, पर भक्त महत्त्व की ओर अग्रसर होता है। श्रद्धालु अपने जीवन-क्रम को ज्यों-का-त्यों छोड़ता है; पर भक्त उसकी काट-छाँट में लग जाता है। अपने आचरण द्वारा दूसरों की भक्ति के अधिकारी होकर ही संसार के बड़े-बड़े महात्मा समाज के कल्याण-साधन में समर्थ हुए हैं। गुरु गोविंद सिंह को यदि केवल दंडवत् करने वाले और गद्दी पर भेंट चढ़ाने वाले श्रद्धालु ही मिलते, दिन-रात साथ रहने वाले-अपने सारे जीवन को अर्पित करने वाले-भक्त न मिलते तो वे अन्याय-दमन में कभी समर्थ न होते। इससे भक्ति के सामाजिक महत्त्व को, इसकी लोक-हितकारिणी शक्ति को स्वीकार करने में किसी को आगा-पीछा नहीं हो सकता। सामाजिक महत्त्व के लिए आवश्यक है कि या तो आकर्षित करो या आकर्षित हो। जैसे इस आकर्षण-विधान के बिना अणुओं द्वारा व्यक्त पिंडों का आविर्भाव नहीं हो सकता, वैसे ही मानव-जीवन की विशद अभिव्यक्ति भी नहीं हो सकती।

भक्ति में किसी ऐसे सान्निध्य की प्रवृत्ति होती है जिसके द्वारा हमारे महत्त्व के अनुकूल गति का प्रसार और प्रतिकूल गति का संकोच होता है। इस प्रकार का सामीप्य-लाभ करके हम अपने ऊपर पहरा बिठा देते हैं—अपने को ऐसे स्वच्छ आदर्श के सामने कर देते हैं जिससे हमारे कर्मों का प्रतिबिंब ठीक-ठीक दिखाई पड़ता है। जिसे अपनी वास्तविक क्षुद्रता का परिज्ञान अरुचिकर होगा वह सापेक्षिकता के भय से ऐसे महत्त्वादर्श का सामीप्य कभी न चाहेगा, दूर-दूर भागा फिरेगा। 'हमीं-हम' वाले

'तुम भी' नहीं सह सकते, 'तुम्हीं-तुम' की क्या बात है? ऐसे लोग तो स्वयं अपने लिए भक्त ढूँढ़ने निकलते हैं। भक्ति के लिए दैन्य अर्थात् दूसरे के महत्त्व के साथ अपने लघुत्व की भावना पहली बात है। इस भावना को जब हम मुक्त हृदय से मुग्ध होकर धारण करेंगे और दूसरे पर श्रद्धा कर लेंगे, तब हम उसके महत्त्व के सतत साक्षात्कार के लिए-अनेक रूपों में परिचय के लिए—उसके सामीप्य की इच्छा करते हुए उस श्रद्धा में प्रेम का भी मिश्रण करेंगे और अपने बहुत से क्रिया-कलाप को अपने पूज्य-प्रेम-पात्र के अधीन करके स्वयं महत्त्व के अभ्यास में प्रवृत्त होंगे। जन-साधारण के लिए इस प्रकार के आश्रय द्वारा महत्त्व-प्राप्ति सुगम होती है। जो उच्च पथ पहले कष्टकर और श्रम-साध्य जान पड़ता है, वही भक्ति के बल से मनोहर लगने लगता है।

व्यक्ति-संबंध-हीन सिद्धांत-मार्ग निश्चयात्मिका बुद्धि को चाहे व्यक्त हों, पर प्रवर्तक मन को अव्यक्त रहते हैं। वे मनोरंजनकारी तभी लगते हैं, जब किसी व्यक्ति के जीवन-क्रम के रूप में देखे जाते हैं। शील की विभूतियाँ अनंत रूपों में दिखाई पड़ती हैं। मनुष्य जाति ने जब से होश सँभाला, तब से वह इन अनंत रूपों को महात्माओं के आचरणों तथा आख्यानों और चरित्र-संबंधी पुस्तकों में देखती चली आ रही है। जब इन रूपों पर मनुष्य मोहित होता है, तब सात्त्विक शील की ओर आप से आप आकर्षित होता है। शून्य सिद्धांत-वाक्यों में कोई आकर्षण शक्ति या प्रवृत्तिकारिणी क्षमता नहीं होती 'सदा सत्य बोलो', 'दूसरे की भलाई करो', 'क्षमा करना सीखो'—ऐसे-ऐसे सिद्धांत-वाक्य किसी को बार-बार बकते सुन वैसा ही क्रोध आता है जैसे किसी बेहूदे की बात सुनकर। जो इस प्रकार की बातें करता चला जाय उससे चट कहना चाहिए—'बस चुप रहो, तुम्हें बोलने की तमीज नहीं, तुम बच्चों या कोल-भीलों के पास जाओ। ये बातें हम पहले से जानते हैं। मानव-जीवन के बीच हम इसके सौंदर्य का विकास देखना चाहते हैं। यदि तुम्हें दिखाने की प्रतिभा या शक्ति हो तो दिखाओ, नहीं तो चुपचाप अपना रास्ता लो।' गुण प्रत्यक्ष नहीं होता, उसके आश्रय और परिणाम प्रत्यक्ष होते हैं। अनुभावात्मक मन को आकर्षित करने वाले आश्रय और परिणाम हैं, गुण नहीं। ये ही अनुभूति के विषय हैं। अनुभूति पर प्रवृत्ति और निवृत्ति निर्भर हैं। अनुभूति मन की पहली क्रिया है, संकल्प-विकल्प दूसरी। अतः सिद्धांत-पथों के संबंध में जो आनंदानुभव करने की बातें हैं, जो अच्छा लगने की बातें हैं, वे पथिकों में तथा उनके चारों ओर पाई जाएँगी। सत्पथ के दीपक उन्हीं के हाथ में हैं—या वे ही सत्पथ के दीपक हैं। सत्त्वोन्मुख प्राणियों के लिए ऐसे पथिकों के सामीप्य-लाभ की कामना करना स्वाभाविक ही है।

सामीप्य से अभिप्राय केवल किसी के साथ-साथ लगा रहना नहीं है। श्रवण, कीर्तन और स्मरण आदि भी सामीप्य ही के विधान हैं। बाह्य और आभ्यंतर दोनों प्रयत्नों से सामीप्य की सिद्धि होती है। स्मरण द्वारा हम अपने आराध्य को—उसके

कर्म-क्षेत्र को अपने अंतःकरण के सामने उपस्थित करते हैं। यहाँ पर यह कहा जा सकता है कि जब हम इष्ट के कर्म-क्षेत्र को सामने लाते हैं तब उसमें ऐसे लोग भी तो आ जाते हैं जिन पर हमारी कुछ भी भक्ति नहीं। हाँ, आते अवश्य हैं। इनके द्वारा हमारे इष्ट के स्वरूप का पूर्ण विकास दिखाई पड़ता है—इनके बीच उनका (इष्ट का) रंग और खुल पड़ता है। यदि राम हमारे काम के हैं तो रावण भी हमारे काम का है। एक में हम अपने लिए प्रवृत्ति का क्रम पाते हैं, दूसरे में निवृत्ति का। जीवन में इस निवृत्ति और प्रवृत्ति का प्रवाह साथ-साथ चलता है। दुराचारी भी यदि अपने दुराचार का फल संसार के सामने पूर्ण रूप से भोग लेता है तो समाज के लिए उपयोगी ठहर जाता है। राम के हाथ से मारे जाने से रावण का जीवन भी सार्थक हो गया। यदि पापी अपने पाप का फल एकांत में या अपनी आत्मा ही में भोगकर चला जाता है तो वह अपनी जीवन की सामाजिक उपयोगिता की एकमात्र संभावना को भी नष्ट कर देता है। इसी से बहुत से प्रायश्चित्तों के विधान में किए हुए पापों का सबके समक्ष कथन आवश्यक होता है।

पाप का फल छिपाने वाला पाप छिपाने वाले से अधिक अपराधी है। पर ऐसे बहुत से लोग होते हैं जो किसी का घर जलाते हाथ जलता है तो कहते हैं कि होम करते जला है। दुराचारियों के जीवन का सामाजिक उपयोग करने के लिए ही—संसार में धर्म की मर्यादा स्थापित करने के लिए ही—श्रीकृष्ण ने अर्जुन को युद्ध में प्रवृत्त किया। यदि अधर्म में तत्पर कौरवों का नाश न होता और पांडव जीवन भर मारे-मारे ही फिरते तो संसार में अन्याय और अधर्म की ऐसी लीक खिंच जाती जो मिटाये न मिटती। जिस समाज में सुख और वैभव के रंग में रँगी अधर्म की ऐसी लीक दिखाई पड़े उसमें रक्षा करने वाली आत्मा का अभाव तथा विश्वात्मा की विशेष कला के अवतार की आवश्यकता समझनी चाहिए, क्योंकि भगवान् श्रीकृष्ण ने कहा है—

यदा यदा हि धर्मस्य ग्लानिर्भवति भारत।
अभ्युत्थानमधर्मस्य तदात्मानं सृजाम्यहम्।।

यदि कहीं पाप है, अन्याय है, अत्याचार है तो उनका आशुफल उत्पन्न करना और संसार के समक्ष रखना, लोक-रक्षा का कार्य है। अपने ऊपर किए जाने वाले अत्याचार और अन्याय का फल ईश्वर के ऊपर छोड़ना व्यक्तिगत आत्मोन्नति के लिए चाहे श्रेष्ठ हो; पर यदि अन्यायी या अत्याचारी अपना हाथ नहीं खींचता है तो लोक-संग्रह की दृष्टि से वह उसी प्रकार आलस्य या कायरपन है जिस प्रकार अपने ऊपर किए हुए उपकार का कुछ भी बदला न देना कृतघ्नता है।

अब भगवद्भक्ति को लीजिए। ऊपर जो कुछ कहा गया उससे स्पष्ट हो गया होगा कि मनुष्य की भक्ति के आधार क्या-क्या हैं। मनुष्य विश्व-विधान का एक क्षुद्र चेतन अंश है। उसके धर्म, अधर्म, दया, निष्ठुरता आदि के भाव विश्व के उतने ही अंश से संबंध रखते हैं जितने के भीतर उसे कार्य करना है। यह कार्य और कुछ

नहीं, अपनी समष्टि-स्थिति और सुख-संतोष का प्रयत्न मात्र है। अपने कार्यक्षेत्र के बाहर यदि वह अपने इन भावों का सामंजस्य ढूँढ़ता है तो नहीं पाता है—कहीं उसे 'जीवो जीवस्य जीवनम्' का सिद्धांत चलता दिखाई पड़ता है, कहीं लाठी और भैंस का। वह सोचता है कि इन बातों का अनुसरण मनुष्य-समाज में भी जान-बूझकर क्यों न किया जाय, यह नहीं सोचता कि मनुष्य-जाति की स्थिति इन अवस्थाओं से बहुत आगे बढ़ी है और चेतना की श्रेणी में उसके आगे की और कोई भूमि उसे दिखाई नहीं पड़ रही है। वह दया को निरर्थक समझ अपने अंतःकरण का एक अंग ही खंडित करना चाहता है। वह किसी को काना देखकर अपनी भी एक आँख फोड़ने चलता है। कुछ दिन पहले की सभ्यता मनुष्य जीवन को देवतुल्य बनाने में थी; अब मर्कटतुल्य और मत्स्यतुल्य बनाने में समझी जाने लगी है। पर यह सभ्यता जड़त्व और नाश की ओर ले जाने वाली है। जब हृदय की कुछ उदात्त प्रवृत्तियाँ बोझ मालूम होने लगी हैं तब और प्राणियों की अपेक्षा अपने अंतःकरण की पूर्णता का गर्व मनुष्य जाति कब तक कर सकती है? उसके मार्मिक अंग की व्यापकता के ह्रास और स्तब्धता की वृद्धि के भयंकर परिणाम का आभास योरप दे रहा है। अंतःकरण की जितनी वृत्तियाँ हैं उनमें से कोई निरर्थक नहीं—सबका उपयोग है। इनमें से किसी की शक्ति फालतू नहीं। यदि मनुष्य इनमें से किसी को निष्क्रिय करने का कार्य में अभ्यास डालेगा तो अपनी पूर्णता खोयगा और अपनी स्थिति को जोखिम में डालेगा।

मिट्टी के ढेले, गुलाब के पौधे, कुत्ते और बिल्ली की अपेक्षा मनुष्य अपने में अंशी का अधिक अंश समझता है—उस सर्वात्मा का अधिक अंश समझता है—विश्व-विधान जिसकी नित्य क्रिया है; अतः स्थिति रक्षा-विधान की जो-जो बातें अपने में हैं उनका अभाव उससे अंशी या सर्व में मानते नहीं बनता। दया, दाक्षिण्य, प्रेम, क्रोध आदि अपनी अंशात्मा में देखते हुए सर्वात्मा में उनके अभाव की धारणा मनुष्य करे तो कैसे करे? अतः ज्ञान-क्षेत्र में ईश्वर की खोज हम उतने ही घेरे में करेंगे जितने में इंद्रियों की सहायता लेकर बुद्धि पहुँचती है और कर्म-क्षेत्र में उसकी भावना हम उसे उतने ही भावों में परिमित करके करेंगे जितने की हमारे मन में जगह है। हम हैं, हम समझते हैं कि हम हैं और हम चाहते हैं कि हम रहें, ऐसी अवस्था में हम अपने स्थिति-रक्षा-संबंधी भावों को परमावस्था पर पहुँचाकर ही उस परम-भावमय की भावना करेंगे। हम उसे धर्ममय, दयामय, प्रेममय मानेंगे और यह प्रेम उसी रूप का होगा जिस रूप में उसका व्यवहार मनुष्य-जाति में दिखाई पड़ता है—जिस रूप में मनुष्य जाति को उसकी आवश्यकता पड़ी है। अत्याचारी से पीड़ित होकर मनुष्य उसके कोप का आह्वान करता है, आपद्‌ग्रस्त होकर उसकी दया का भिखारी होता है, सुख से संपन्न होकर उसके धन्यवाद के लिए हाथ उठाता है, भक्ति से पूर्ण होकर उसके आश्रय की वांक्षा करता है। ये ही व्यवहार वह मनुष्यों के साथ भी करता है।

अपने व्यवहार-पथ में आश्रय-प्राप्ति के निमित्त मनुष्य के लिए ईश्वर की

स्वानुरूप भावना ही संभव है। स्वानुभूति ही द्वारा वह उस परमानुभूति की धारणा कर सकता है। इसी से भर्तृहरि ने 'स्वानुभूत्यैकसाराय' कहकर नमस्कार किया है। यदि चिन्मय में अपनी इतनी अनुभूति का भी निश्चय मनुष्य को न हो वह प्रार्थना आदि क्यों करने जाय? कुत्ते प्रार्थना क्यों नहीं करते? उनमें धर्म की प्रतिष्ठा नहीं है—अर्थात् वे चेतना की उस भूमि तक नहीं पहुँचे हैं जिसमें समष्टि स्थिति की रक्षा से संबंध रखने वाले भावों का संचार होता। वे यह नहीं जानते कि एक-दूसरे को काटने दौड़ने से कुक्कुर-समाज की उन्नति और वृद्धि नहीं हो सकती। समष्टि-रक्षा या धर्म की ओर प्रवृत्त करने वाले दया आदि भाव उन्हें प्राप्त नहीं हैं। उनमें स्वार्थ का भाव है, परमार्थ का भाव नहीं। 'धर्मो रक्षति रक्षितः' की धारणा उन्हें नहीं होती। जहाँ धर्म-भाव है, वहीं ईश्वर की भावना है। जिन प्राणियों में जिन भावों का विकास नहीं हुआ है उनमें उनकी चरितार्थता की आवश्यकता प्रकृति नहीं समझती।

भक्ति का स्थान मानव-हृदय है—वहीं श्रद्धा और प्रेम के संयोग से उसका प्रादुर्भाव होता है। अतः मनुष्य की श्रद्धा के जो विषय ऊपर कहे जा चुके हैं उन्हीं को परमात्मा में अत्यंत विशद रूप में देखकर ही उसका मन खिंचता है और वह उस विशद रूप-विशिष्ट का सामीप्य चाहता है, उसके हृदय में जो सौंदर्य का भाव है, जो शील का भाव है, जो उदारता का भाव है, जो शक्ति का भाव है, उसे वह अत्यंत पूर्ण रूप में परमात्मा में देखता है और ऐसे पूर्ण पुरुष की भावना से उसका हृदय गद्‌गद हो जाता है और उसका धर्म-पथ आनन्द से जगमगा उठता है। धर्म-क्षेत्र या व्यवहार-पथ में वह अपने मतलब भर ही ईश्वरता से प्रयोजन रखता है। राम, कृष्ण, आदि अवतारों में परमात्मा की विशेष कला देख एक हिंदू के हृदय की सारी शुभ और आनंदमयी वृत्तियाँ उनकी ओर दौड़ पड़ती हैं, उनके प्रेम, श्रद्धा आदि को बड़ा भारी अवलंब मिल जाता है। उसके सारे जीवन में एक अपूर्व माधुर्य और बल का संचार हो जाता है। उनके सामीप्य का आनंद लेने के लिए कभी वह उनके अलौकिक रूप-सौंदर्य की भावना करता है, कभी उनकी बाल-लीला के चिंतन से विनोद प्राप्त करता है, कभी धर्म-बलपूर्ण उनके निर्मल चरित्र का गान करता है, कभी सिर झुकाकर वंदना करता है—यहाँ तक कि जब जी में आता है, प्रेम से भरा उलाहना भी देता है। यह हृदय द्वारा अर्थात् आनंद अनुभव करते हुए धर्म में प्रवृत्त होने का सुगम मार्ग है। भक्ति हृदय से की जाती है। बुद्धि से भक्ति करना ऐसे ही है जैसा नाक से खाना और कान से सूँघना। हमारे यहाँ भक्ति-विधान के अंतर्गत श्रवण, कीर्तन, स्मरण, सेवा, अर्चन, वंदन, दास्य, सख्य और आत्म-निवेदन ये नौ बातें ली गई हैं। जैसा कि ऊपर कहा जा चुका है, कोरी श्रद्धा में याचकता का भाव नहीं है, जब प्रेम के साथ उसका संयोग होता है तभी इस भाव की प्राप्ति होती है। श्रद्धावान् श्रद्धेय पर अपने निमित्त किसी प्रकार का प्रभाव डालना नहीं चाहता, पर भक्त दाक्षिण्य चाहता है।

रामलीला, कृष्णलीला आदि सामीप्य-सिद्धि के विधान हैं। इस सामीप्य की कामना, भक्तवर रसखान ने बड़ी मार्मिकता से इस प्रकार प्रकट की है—

मानुष हों तो वही 'रसखान'
बसौं सँग गोकुल गाँव के ग्वारन।
जौ पसु हों तो कहा बस मेरो,
चरौं नित नंद के धेनु मझारन।
पाहन हों तो वही गिरि को,
जो किए हरि छत्र पुरंदर-धारन।
जो खग हों तो बसेरो करौं,
मिलि कूल-कलिंदी कदंब के डारन।।

रामलीला-द्वारा लोग वर्ष में एक बार आकर पूज्यदेव की आदर्श मानव लीला का माधुर्य देखते हैं। जिस समय दूर-दूर के गाँवों के लोग एक मैदान में आकर इकट्ठे होते हैं तथा एक ओर जटा मुकुटधारी विजयी राम-लक्ष्मण की मधुर कीर्ति देखते हैं और दूसरी ओर तीरों से बिंधा रावण का विशाल शरीर जलता देखते हैं, उस समय वे धर्म के सौंदर्य पर लुब्ध और अधर्म की घोरता पर क्षुब्ध हो जाते हैं। इसी प्रकार जब कृष्णलीला में जीवन की प्रफुल्लता के साथ धर्म-रक्षा के अलौकिक बल का विकास देखते हैं, तब हमारी जीवन-धारणा की अभिलाषा दूनी-चौगुनी हो जाती है। हिंदू-जाति इन्हीं की भक्ति के बल से इतनी प्रतिकूल अवस्थाओं के बीच अपना स्वतंत्र अस्तित्व बचाती चलती चली आई है—इन्हीं की अद्‌भुत आकर्षणशक्ति से वह इधर-उधर ढलने नहीं पाई है। राम और कृष्ण को बिना आँसू बहाए छोड़ना हिंदू-जाति के लिए सहज नहीं था, क्योंकि वे अवतार अलग-टीले पर खड़े होकर उपदेश देने वाले नहीं थे, बल्कि मानव जीवन में पूर्ण रूप से सम्मिलित होकर उसके एक-एक अंग को मनोहरता दिखालाने वाले थे। मंगल के अवसरों पर उनके गीत गाए जाते हैं। बिमाताओं की कुटिलता की, बड़ों के आदर की, दुष्टों के दमन की, जीवन की, कष्ट की, घर की, वन सम्पद की, विपद की जहाँ चर्चा होती है, वहाँ इनका स्मरण किया जाता है।

संसार से तटस्थ रहकर शांति-सुखपूर्वक लोक-व्यवहार संबंधी उपदेश देने वालों का उतना अधिक महत्व हिन्दू धर्म में नहीं है, जितना संसार के भीतर घुसकर उसके व्यवहारों के बीच सात्त्विक विभूति की ज्योति जगाने वालों का है। हमारे यहाँ उपदेशक ईश्वर के अवतार नहीं माने गए हैं। अपने जीवन द्वारा कर्म-सौंदर्य संघटित करने वाले ही अवतार कहे गए हैं। कर्म-सौंदर्य के योग से उनके स्वरूप में इतना माधुर्य आ गया है कि हमारा हृदय आप से आप उनकी ओर खिंचा पड़ता है। जो कुछ हम करते हैं—खेलना, कूदना, हँसना, बोलना, क्रोध करना, शोक करना, प्रेम करना, विनोद करना, उन सबमें सौंदर्य लाते हुए हम जिन्हें देखेंगे उन्हीं की ओर ढल सकते हैं। वे हमें दूर से रास्ता दिखाने वाले नहीं हैं, आप रास्ते में चलकर हमें

अपने पीछे लगाने क्या खींचने वाले हैं। जो उनके स्वरूप पर मोहित न हो वह निस्संदेह जड़ है।

सुनि सीतापति सील सुभाउ।
मोद न मन, तन पुलक, नयन जल सो नर खेहर खाउ।।

जो उनका नाम सुनकर पुलकित होता है, जो उनके स्वरूप पर मोहित होता है, उसके सुधरने की बहुत कुछ आशा हो सकती है। जो संसार या मनुष्यत्व का सर्वथा त्याग न कर दे, उनके लिए शुद्ध सात्त्विक जीवन का यही मार्ग है। रागों के संपूर्ण दमन की अपेक्षा रागों का परिष्कार ज्यादा काम में आने वाली बात है। निर्लिप्त रहकर दूसरों का गला काटने वालों से लिप्त होकर दूसरों की भलाई करने वाले लोक-कल्याण के विचार से कहीं अच्छे हैं।

जनता के संपूर्ण जीवन का स्पर्श करने वाला क्षात्र-धर्म के इसी व्यापकत्व के कारण हमारे मुख्य अवतार राम और कृष्ण क्षत्रिय हैं। क्षात्र-धर्म एकांतिक नहीं है। उसका संबंध लोक-रक्षा से है। 'कोई राजा होगा तो अपने घर का होगा' इससे बढ़कर झूठ शायद ही कोई और मिले। झूठे खिताबों के द्वारा यह कभी सच नहीं की जा सकती। कर्म-सौंदर्य की योजना क्षात्र-जीवन में जितने रूप में संभव है, उतने रूपों में और किसी जीवन में नहीं। शक्ति के साथ क्षमा, वैभव के साथ विनय, पराक्रम के साथ रूप-माधुर्य, तेज के साथ कोमलता, सुख-भोग के साथ परदुःखकातरता; प्रताप के साथ कठिन धर्म-पथ का अवलंबन इत्यादि कर्म-सौंदर्य के इतने अधिक प्रकार के उत्कर्ष-योग और कहाँ घट सकते हैं? इसी क्षात्र-धर्म के सौंदर्य में जो मधुर-आकर्षण है वह अधिक व्यापक, अधिक मर्मस्पर्शी और अधिक स्पष्ट है। मनुष्य की संपूर्ण रागात्मिका वृत्तियों को उत्कर्ष पर ले जाने और विशुद्ध करने की सामर्थ्य उसमें है।

संसार में मनुष्य मात्र की समान वृत्ति कभी नहीं हो सकती। इस बात को भूलकर जो उपदेश दिए जाया करते हैं वे पाखंड के अंतर्गत आते हैं। वृत्तियों की भिन्नता के बीच से जो मार्ग निकल सकेगा वही लोक-रक्षा का मार्ग होगा—वही धर्म का चलता हुआ मार्ग होगा; जिसमें शिष्टों के आदर, दीनों पर दया, दुष्टों के दमन आदि जीवन के अनेक रूपों का सौंदर्य दिखाई पड़ेगा, वही सर्वाङ्गपूर्ण लोक-धर्म का मार्ग होगा। क्षात्र-धर्म पालन की आवश्यकता संसार में सब दिन बनी रहेगी। कोई व्यापार-युग उसे नहीं हटा सकता। किसी अनाथ अबला पर अत्याचार करने पर एक क्रूर पिशाच को हम उद्यत देख रहे हैं। समझाना-बुझाना या तो व्यर्थ है अथवा उसका समय ही नहीं है। ऐसी दशा में यदि उस अबला की रक्षा इष्ट है, तो हमें चटपट उस कर्म में प्रवृत्त होना होगा जिससे उस दुष्ट को बाधा पहुँचे। उस समय का हमारा क्रोध कितना सुंदर और अक्रोध कितना गर्हित होगा!

उत्साह

दुःख के वर्ग में जो स्थान भय का है, वह स्थान आनंद-वर्ग में उत्साह का है। भय में हम प्रस्तुत कठिन स्थिति के नियम से विशेष रूप में दुखी और कभी-कभी उस स्थिति से अपने को दूर रखने के लिए प्रयत्नवान् भी होते हैं। उत्साह में हम आने वाली कठिन स्थिति के भीतर साहस के अवसर के निश्चय द्वारा प्रस्तुत कर्म-सुख की उमंग से अवश्य प्रयत्नवान् होते हैं। उत्साह में कष्ट या हानि सहने की दृढ़ता के साथ-साथ कर्म में प्रवृत्ति होने के आनंद का योग रहता है। साहसपूर्ण आनंद की उमंग का नाम उत्साह है। कर्म-सौंदर्य के उपासक ही सच्चे उत्साही कहलाते हैं।

जिन कर्मों में किसी प्रकार का कष्ट या हानि सहने का साहस अपेक्षित होता है, उन सबके प्रति उत्कंठापूर्ण आनंद उत्साह के अंतर्गत लिया जाता है। कष्ट या हानि के भेद के अनुसार उत्साह के भी भेद हो जाते हैं। साहित्य-मीमांसकों ने इसी दृष्टि से युद्ध-वीर, दान-वीर, दया-वीर इत्यादि भेद किये हैं। इनमें सबसे प्राचीन और प्रधान युद्ध-वीरता है, जिसमें आघात, पीड़ा क्या मृत्यु तक की परवा नहीं रहती। इस प्रकार की वीरता का प्रयोजन अत्यंत प्राचीन काल से पड़ता चला आ रहा है, जिसमें साहस और प्रयत्न दोनों चरम उत्कर्ष पर पहुँचते हैं। पर केवल कष्ट या पीड़ा सहन करने के साहस में ही उत्साह का स्वरूप स्फुरित नहीं होता। उसके साथ आनन्दपूर्ण प्रयत्न या उसकी उत्कंठा का योग चाहिए। बिना बेहोश हुए भारी फोड़ा चिराने को तैयार होना साहस कहा जायगा, पर उत्साह नहीं। इसी प्रकार चुपचाप, बिना हाथ-पैर हिलाए, घोर प्रहार सहने के लिए तैयार रहना साहस और कठिन-से-कठिन प्रहार सहकर भी जगह से न हटना धीरता कही जायगी। ऐसे साहस और धीरता को उत्साह के अंतर्गत तभी ले सकते हैं जब कि साहसी या धीर उस काम को आनंद के साथ करता चला जायगा जिसके कारण उसे इतने प्रहार सहने पड़ते हैं। सारांश यह कि आनंदपूर्ण प्रयत्न या उसकी उत्कंठा में ही उत्साह का दर्शन होता है, केवल कष्ट सहने के निश्चेष्ट साहस में नहीं। धृति और साहस दोनों का उत्साह के बीच संचरण होता है।

दान-वीर में अर्थ-त्याग का साहस अर्थात् उसके कारण होने वाले कष्ट या

कठिनता को सहने की क्षमता अंतर्हित रहती है। दानवीरता तभी कही जायगी जब दान के कारण दानी को अपने जीवन-निर्वाह में किसी प्रकार का कष्ट या कठिनता दिखाई देगी; इसी कष्ट या कठिनता की मात्रा या संभावना जितनी ही अधिक होगी, दानवीरता उतनी ही ऊँची समझी जायगी। पर इस अर्थ-त्याग के साहस के साथ ही जब तक पूर्ण तत्परता और आनंद के चिह्न न दिखाई पड़ेंगे तब तक उत्साह का स्वरूप न खड़ा होगा।

युद्ध के अतिरिक्त संसार में और भी ऐसे विकट काम होते हैं जिसमें घोर शारीरिक कष्ट सहना पड़ता है और प्राण-हानि तक की संभावना रहती है। अनुसंधान के लिए तुषार-मण्डित अभ्रभेदी अगम्य पर्वतों की चढ़ाई, ध्रुव देश या सहारा के रेगिस्तान का सफ़र; क्रूर, बर्बर जातियों के बीच अज्ञात घोर जंगलों में प्रवेश इत्यादि भी पूरी वीरता और पराक्रम के कर्म हैं। इनमें जिस आनंदपूर्ण तत्परता के साथ लोग प्रवृत्त हुए हैं, वह भी उत्साह ही है।

मनुष्य शारीरिक कष्ट से ही पीछे हटने वाला प्राणी नहीं है। मानसिक क्लेश की संभावना से भी बहुत से कर्मों की ओर प्रवृत्त होने का साहस उसे नहीं होता। जिन बातों से समाज के बीच उपहास, निंदा, अपमान इत्यादि का भय रहता है उन्हें अच्छी और कल्याणकारिणी समझते हुए भी बहुत-से लोग उनसे दूर रहते हैं। प्रत्यक्ष हानि देखते हुए भी कुछ प्रथाओं का अनुसरण बड़े-बड़े समझदार तक इसलिए करते चलते हैं कि उनके त्याग से वे बुरे कहे जाएँगे, लोगों में उनका वैसा आदर-सम्मान न रह जायगा। उसके लिए मान-ग्लानि का कष्ट सब शारीरिक क्लेशों से बढ़कर होता है। जो लोग मान-अपमान का कुछ भी ध्यान न करके निंदा-स्तुति की कुछ भी परवा न करके किसी प्रचलित प्रथा के विरुद्ध पूर्ण तत्परता और प्रसन्नता के साथ कार्य करते जाते हैं वे एक ओर तो उत्साही और वीर कहलाते हैं दूसरी ओर भारी बेहया।

किसी शुभ परिणाम पर दृष्टि रखकर निंदा-स्तुति, मान-अपमान आदि की कुछ परवा न करके प्रचलित प्रथाओं का उल्लंघन करने वाले, वीर या उत्साही कहलाते हैं, यह देखकर बहुत-से लोग केवल इस विरुद के लोभ में ही अपनी उछल-कूद दिखाया करते हैं। वे केवल उत्साही या साहसी कहे जाने के लिए ही चली आती हुई प्रथाओं को तोड़ने की धूम मचाया करते हैं। शुभ या अशुभ परिणाम से उनको कोई मतलब नहीं, उनकी ओर उनका ध्यान लेशमात्र नहीं रहता। जिस पक्ष के बीच की सुख्याति का वे अधिक महत्त्व समझते हैं उसकी वाहवाही से उत्पन्न आनंद की चाह में वे दूसरे पक्ष के बीच की निंदा या अपमान की कुछ परवा नहीं करते। ऐसे ओछे लोगों के साहस या उत्साह की अपेक्षा उन लोगों का उत्साह या साहस-भाव की दृष्टि से—कहीं अधिक मूल्यवान् है जो किसी प्राचीन प्रथा की—चाहे वास्तव में हानिकारिणी ही हो—उपयोगिता का सच्चा विश्वास रखते हुए प्रथा तोड़ने वालों की निंदा, उपहास,

अपमान आदि सहा करते हैं।

समाज-सुधार के वर्तमान आंदोलनों के बीच जिस प्रकार सच्ची अनुभूति से प्रेरित उच्चाशय और गंभीर पुरुष पाए जाते हैं, उसी प्रकार कुछ मनोवृत्तियों द्वारा प्रेरित साहसी और दयावान् भी बहुत मिलते हैं। मैंने कई छिछोरों और लंपटों को विधवाओं की दशा पर दया दिखाते हुए उनके पापाचार के लंबे-चौड़े दास्तान हरदम सुनते-सुनाते पाया है। ऐसे लोग वास्तव में काम-कथा के रूप में ऐसे वृत्तांतों का तन्मयता के साथ कथन और श्रवण करते हैं। इस ढाँचे के लोगों से सुधार के कार्य में कुछ सहायता पहुँचने के स्थान पर बाधा पहुँचाने की ही संभावना रहती है। 'सुधार' के नाम पर साहित्य के क्षेत्र में भी ऐसे लोग गंदगी फैलाते पाए जाते हैं।

उत्साह की गिनती अच्छे गुणों में होती है। किसी भाव के अच्छे या बुरे होने का निश्चय अधिकतर उसकी प्रवृत्ति के शुभ या अशुभ परिणाम के विचार से होता है। वही उत्साह जो कर्तव्य कर्मों के प्रति इतना सुंदर दिखाई पड़ता है, अकर्तव्य कर्मों की ओर होने पर वैसा श्लाघ्य नहीं प्रतीत होता। आत्म-रक्षा, पर-रक्षा, देश-रक्षा आदि के निमित्त साहस की जो उमंग देखी जाती है उसके सौंदर्य को पर-पीड़न, डकैती आदि कर्मों का साहस कभी नहीं पहुँच सकता। यह बात होते हुए भी विशुद्ध उत्साह या साहस की प्रशंसा संसार में थोड़ी-बहुत होती ही है। अत्याचारियों या डाकुओं के शौर्य और साहस की कथाएँ भी लोग तारीफ करते हुए सुनते हैं।

अब तक उत्साह का प्रधान रूप ही हमारे सामने रहा, जिसमें साहस का पूरा योग रहता है पर कर्ममात्र के संपादन में जो तत्परतापूर्ण आनंद देखा जाता है वह भी उत्साह ही कहा जाता है। सब कामों में साहस अपेक्षित नहीं होता, पर थोड़ा-बहुत आराम, विश्राम, सुभीते आदि का त्याग सबमें करना पड़ता है, और कुछ नहीं तो उठकर बैठना, खड़ा होना या दस-पाँच क़दम चलना ही पड़ता है। जब तक आनंद का लगाव किसी क्रिया, व्यापार या उसकी भावना के साथ नहीं दिखाई पड़ता तब तक उसे 'उत्साह' की संज्ञा प्राप्त नहीं होती है। यदि किसी प्रिय मित्र के आने का समाचार पाकर हम चुपचाप ज्यों-के-ज्यों आनंदित होकर बैठे रह जाएँ या थोड़ा हँस भी दें तो यह हमारा उत्साह नहीं कहा जायगा। हमारा उत्साह तभी कहा जायगा जब हम अपने मित्र का आगमन सुनते ही उठ खड़े होंगे। उससे मिलने के लिए दौड़ पड़ेंगे और उसके ठहरने आदि के प्रबंध में प्रसन्न-मुख इधर-उधर आते-जाते दिखाई देंगे। प्रयत्न और कर्म-संकल्प उत्साह नामक आनंद के नित्य लक्षण हैं।

प्रत्येक कर्म में थोड़ा या बहुत बुद्धि का योग भी रहता है। कुछ कर्मों में तो बुद्धि की तत्परता और शरीर की तत्परता दोनों बराबर साथ-साथ चलती है। उत्साह की उमंग जिस प्रकार हाथ-पैर चलवाती है, उसी प्रकार बुद्धि से भी काम कराती है। ऐसे उत्साह वाले वीर को कर्मवीर कहना चाहिए या बुद्धिवीर-यह प्रश्न 'मुद्राराक्षस' नाटक बहुत अच्छी तरह हमारे सामने लाता है। चाणक्य और राक्षस के बीच जो

चोटें चली हैं वे नीति की हैं—शस्त्र की नहीं। अतः विचार करने की बात यह है कि उत्साह की अभिव्यक्ति बुद्धि-व्यापार के अवसर पर होती है अथवा बुद्धि के द्वारा निश्चित उद्योग में तत्पर होने की दशा में। हमारे देखने में तो उद्योग की तत्परता में ही उत्साह की अभिव्यक्ति होती है; अतः कर्मवीर ही कहना ठीक है।

बुद्धि-वीर दृष्टांत कभी-कभी हमारे पुराने ढंग के शास्त्रार्थों में देखने को मिल जाते हैं। जिस समय किसी भारी शास्त्रार्थी पंडित से भिड़ने के लिए कोई विद्यार्थी आनंद के साथ सभा में आगे जाता है, उस समय उसके बुद्धि-साहस की प्रशंसा अवश्य होती है। वह जीते या हारे, बुद्धि-वीर समझा ही जाता है। इस जमाने में वीरता का प्रसंग उठाकर वाग्वीर का उल्लेख यदि न हो तो बात अधूरी ही समझी जाएगी। ये वाग्वीर आजकल बड़ी-बड़ी सभाओं के मंचों पर से लेकर स्त्रियों के उठाए हुए पारिवारिक प्रपंचों तक में पाए जाते हैं और काफी तादाद में।

थोड़ा यह भी देखना चाहिए कि उत्साह में ध्यान किस पर रहता है। कर्म पर, उसके फल पर अथवा व्यक्ति या वस्तु पर? हमारे विचार में उत्साही वीर का ध्यान आदि से अंत तक पूरी कर्म-शृंखला पर से होता हुआ उसकी सफलतारूपी समाप्ति तक फैला रहता है। इसी ध्यान से जो आनंद की तरंगें उठती हैं वे ही सारे प्रयत्न को आनंदमय कर देती हैं। युद्ध-वीर में विजेतव्य को आलंबन कहा गया है। उसका अभिप्राय यही है कि विजेतव्य कर्म-प्रेरक के रूप में वीर के ध्यान में स्थिर रहता है, वह कर्म के स्वरूप का भी निर्धारण करता है। पर आनंद और साहस के मिश्रित भाव का सीधा लगाव उसके साथ नहीं रहता। सच पूछिए तो वीर के उत्साह का विषय विजय-विधायक कर्म या युद्ध ही रहता है। दानवीर और धर्मवीर पर विचार करने से यह बात स्पष्ट हो जाती है। दान दयावश, श्रद्धावश या कीर्ति-लोभवश दिया जाता है। यदि श्रद्धा-वश दान दिया जा रहा है, तो दान-पात्र वास्तव में श्रद्धा का और यदि दया-वश दिया जा रहा है तो पीड़ित यथार्थ में दया का विषय या आलंबन ठहरता है। अतः उस श्रद्धा या दया की प्रेरणा से जिस कठिन या दुस्साध्य कर्म की प्रवृत्ति होती है, उसी की ओर उत्साही का साहसपूर्ण आनंद उन्मुख कहा जा सकता है। अतः और रसों में आलंबन का स्वरूप जैसा निर्दिष्ट रहता है वैसा वीर रस में नहीं। बात यह है कि उत्साह एक यौगिक भाव है जिसमें साहस और आनंद का मेल रहता है।

जिस व्यक्ति या वस्तु पर प्रभाव डालने के लिए वीरता दिखाई जाती है, उसकी ओर उन्मुख कर्म होता है और कर्म की ओर उन्मुख उत्साह नामक भाव होता है। सारांश यह है कि किसी व्यक्ति या वस्तु के साथ उत्साह का सीधा लगाव नहीं होता। समुद्र लाँघने के लिए जिस उत्साह के साथ हनुमान उठे हैं उसका कारण समुद्र नहीं-लाँघने का विकट कर्म है। कर्म-भावना ही उत्साह उत्पन्न करती है, वस्तु या व्यक्ति की भावना नहीं।

किसी कर्म के संबंध में जहाँ आनंदपूर्ण तत्परता दिखाई पड़ी कि हम उसे उत्साह कह देते हैं। कर्म के अनुष्ठान में जो आनंद होता है उसका विधान तीन रूपों में दिखाई पड़ता है–

1. कर्म-भावना से उत्पन्न,

2. फल-भावना से उत्पन्न, और

3. आगंतुक, अर्थात् विषयांतर से प्राप्त।

इसमें कर्म-भावना-प्रसूत आनंद को ही सच्चे वीरों का आनंद समझना चाहिए, जिसमें साहस का योग प्रायः बहुत अधिक रहा करता है। सच्चा वीर जिस समय मैदान में उतरता है, उसी समय उसमें उतना आनंद भरा रहता है जितना औरों को विजय या सफलता प्राप्त करने पर होता है। उसके सामने कर्म और फल के बीच या तो कोई अंतर होता ही नहीं या बहुत सिमटा हुआ होता है। इसी से कर्म की ओर यह उसी झोंक से लपकता है जिस झोंक से साधारण लोग फल की ओर लपका करते हैं। इसी कर्मप्रवर्तक आनंद की मात्रा के हिसाब से शौर्य और साहस का स्फुरण होता है।

फल की भावना से उत्पन्न आनंद भी साधक कर्मों की ओर हर्ष और तत्परता के साथ प्रवृत्त करता है। पर फल का लोभ जहाँ प्रधान रहता है वहाँ कर्म-विषयक आनंद उसी फल की भावना की तीव्रता और मंदता पर अवलंबित रहता है। उद्योग के प्रवाह के बीच जब-जब फल की भावना मंद पड़ती है–उसकी आशा कुछ धुँधली पड़ जाती है, तब-तब आनंद की उमंग गिर जाती है और उसी के साथ उद्योग में भी शिथिलता आ जाती है। पर कर्म-भावना-प्रधान उत्साह बराबर एकरस रहता है। फलासक्त उत्साही असफल होने पर खिन्न और दुखी होता है, पर कर्मासक्त उत्साही केवल कर्मानुष्ठान के पूर्व की अवस्था में हो जाता है। अतः हम कह सकते हैं कि कर्म-भावना-प्रधान उत्साह ही सच्चा उत्साह है। फल-भावना-प्रधान उत्साह तो लोभ ही का एक प्रच्छन्न रूप है।

उत्साह वास्तव में कर्म और फल की मिली-जुली अनुभूति है, जिसकी प्रेरणा से तत्परता आती है। यदि फल दूर ही पर दिखाई पड़े, उसकी भावना के साथ ही उसका लेखमात्र भी कर्म या प्रयत्न के साथ लगाव न मालूम हो तो हमारे हाथ-पाँव कभी न उठें और उस फल के साथ हमारा संयोग ही न हो। इससे कर्म-श्रृंखला की पहली कड़ी पकड़ते ही फल के आनंद की भी कुछ अनुभूति होने लगती है। यदि हमें यह निश्चय हो जाय की अमुक स्थान पर जाने से हमें किसी प्रिय व्यक्ति का दर्शन होगा तो उस निश्चय के प्रभाव से हमारी यात्रा भी अत्यंत प्रिय हो जायगी। हम चल पड़ेंगे और हमारे अंगों की प्रत्येक गति में प्रफुल्लता दिखाई देगी। यही प्रफुल्लता कठिन-से-कठिन कर्मों के साधन में भी देखी जाती है। वे कर्म भी प्रिय हो जाते हैं और अच्छे लगने लगते हैं। जब तक फल तक पहुँचनेवाला कर्म-पथ अच्छा न

लगेगा तब तक केवल फल का अच्छा लगना कुछ नहीं। फल की इच्छा मात्र हृदय में रखकर जो प्रयत्न किया जायगा वह अभावमय और आनंदशून्य होने के कारण निर्जीव-सा होगा।

कर्म-रुचि-शून्य प्रयत्न में कभी-कभी इतनी उतावली और आकुलता होती है कि मनुष्य साधना के उत्तरोत्तर क्रम का निर्वाह न कर सकने के कारण बीच ही में चूक जाता है। मान लीजिए कि एक ऊँचे पर्वत के शिखर पर विचरते हुए किसी व्यक्ति को नीचे बहुत दूर तक गई हुई सीढ़ियाँ दिखाई दीं और यह मालूम हुआ कि नीचे उतरने पर सोने का ढेर मिलेगा। यदि उसमें इतनी सजीवता है कि उक्त सूचना के साथ ही वह उस स्वर्ण-राशि के साथ एक प्रकार के मानसिक संयोग का अनुभव करने लगा तथा उसका चित्त प्रफुल्ल और अंग सचेष्ट हो गए, तो उसे एक-एक सीढ़ी स्वर्णमयी दिखाई देगी, एक-एक क्षण उसे सुख से बीता हुआ जान पड़ेगा और वह प्रसन्नता के साथ स्वर्णराशि तक पहुँचेगा। इस प्रकार उसके प्रयत्न-काल को भी फल-प्राप्ति काल के अंतर्गत ही समझना चाहिए। इसके विरुद्ध यदि उसका हृदय दुर्बल होगा और उसमें इच्छामात्र ही उत्पन्न होकर रह जायगी; तो अभाव के बोध के कारण उसके चित्त में यही होगा कि कैसे झट से नीचे पहुँच जायँ। उसे एक-एक सीढ़ी उतरना बुरा मालूम होगा और आश्चर्य नहीं कि वह या तो हारकर बैठ जाय या लड़खड़ाकर मुँह के बल गिर पड़े।

फल की विशेष आसक्ति से कर्म के लाघव की वासना उत्पन्न होती है; चित्त में यही आता है कि कर्म बहुत सरल करना पड़े और फल बहुत-सा मिल जाय। श्रीकृष्ण ने कर्म-मार्ग से फलासक्ति की प्रबलता हटाने का बहुत ही स्पष्ट उपदेश दिया, पर उनके समझाने पर भी भारतवासी इस वासना से ग्रस्त होकर कर्म से तो उदास हो बैठे और फल के इतने पीछे पड़े कि गरमी में ब्राह्मण को एक पेठा देकर पुत्र की आशा करने लगे; चार आने रोज का अनुष्ठान करा के व्यापार से लाभ, शत्रु पर विजय, रोग से मुक्ति, धन-धान्य की वृद्धि तथा और भी न जाने क्या-क्या चाहने लगे। आसक्ति प्रस्तुत या उपस्थित वस्तु में ही ठीक कही जा सकती है। कर्म सामने उपस्थिति रहता है। इससे आसक्ति उसी में चाहिए। फल दूर रहता है, इससे उसकी ओर कर्म का लक्ष्य काफी है। जिस आनंद से कर्म की उत्तेजना होती है और जो आनंद कर्म करते समय तक बराबर चला चलता है उसी का नाम उत्साह है।

कर्म के मार्ग पर आनंदपूर्वक चलता हुआ उत्साही मनुष्य यदि अंतिम फल तक न भी पहुँचे तो भी उसकी दशा कर्म न करने वाले की अपेक्षा अधिकतर अवस्थाओं में अच्छी रहेगी; क्योंकि एक तो कर्म-काल में उसका जो जीवन बीता वह संतोष या आनंद में बीता, उसके उपरांत फल की अप्राप्ति पर भी उसे यह पछतावा न रहा कि मैंने प्रयत्न नहीं किया। फल पहले से कोई बना-बनाया पदार्थ नहीं होता। अनुकूल प्रयत्न-कर्म के अनुसार, उसके एक-एक अंग की योजना होती है। बुद्धि

द्वारा पूर्ण रूप से निश्चित की हुई व्यापार-परंपरा का नाम ही प्रयत्न है। किसी मनुष्य के घर का कोई प्राणी बीमार है। वह वैद्यों के यहाँ से जब तक औषधि ला-लाकर रोगी को देता जाता है और इधर-उधर दौड़-धूप करता जाता है तब-तक उसके चित्त में जो संतोष रहता है—प्रत्येक नए उपचार के साथ जो आनंद का उन्मेष होता रहता है--यह उसे कदापि न प्राप्त होता, यदि वह रोता हुआ बैठा रहता। प्रयत्न की अवस्था में उसके जीवन का जितना अंश संतोष, आशा और उत्साह में बीता, अप्रयत्न की दशा में उतना ही अंश केवल शोक और दुःख में कटता। इसके अतिरिक्त रोगी के न अच्छे होने की दशा में भी वह आत्मग्लानि के उस कठोर दुःख से बचा रहेगा जो उसे जीवन भर यह सोच-सोचकर होता कि मैंने पूरा प्रयत्न नहीं किया।

कर्म में आनंद अनुभव करने वालों ही का नाम कर्मण्य है। धर्म और उदारता के उच्च कर्मों के विधान में ही एक ऐसा दिव्य आनंद भरा रहता है कि कर्ता को वे कर्म ही फलस्वरूप लगते हैं। अत्याचार का दमन और क्लेश का शमन करते हुए चित्त में जो उल्लास और तुष्टि होती है, वही लोकोपकारी कर्म-वीर का सच्चा सुख है। उसके लिए सुख तब तक के लिए रुका नहीं रहता जब तक कि फल प्राप्त न हो जाय; बल्कि उसी समय से थोड़ा-थोड़ा करके मिलने लगता है जब से वह कर्म की ओर हाथ बढ़ाता है।

कभी-कभी आनंद का मूल विषय तो कुछ और रहता है, पर उस आनंद के कारण एक ऐसी स्फूर्ति होती है जो बहुत-से कार्यों की ओर हर्ष के साथ अग्रसर करती है। इसी प्रसन्नता और तत्परता को देख लोग कहते हैं कि वे काम बड़े उत्साह से किये जा रहे हैं। यदि किसी मनुष्य को बहुत-सा लाभ हो जाता है या उसकी कोई बड़ी भारी कामना पूर्ण हो जाती है तो जो काम उसके सामने आते हैं उस सबको वह बड़े हर्ष और तत्परता के साथ करता है। उसके इस हर्ष और तत्परता को भी लोग उत्साह ही कहते हैं। इसी प्रकार किसी उत्तम फल या सुख प्राप्ति की आशा या निश्चय से उत्पन्न आनंद, फलोन्मुख, प्रयत्नों के अतिरिक्त और दूसरे व्यापारों के साथ संलग्न होकर, उत्साह के रूप में दिखाई पड़ता है। यदि हम किसी ऐसे उद्योग में लगे हैं जिससे आगे चलकर हमें बहुत लाभ या सुख की आशा है तो हम उस उद्योग को तो उत्साह के साथ करते ही हैं, अन्य कार्यों में भी प्रायः अपना उत्साह दिखा देते हैं।

यह बात उत्साह में नहीं, अन्य मनोविकारों में भी बराबर पाई जाती है। यदि हम किसी बात पर क्रुद्ध बैठे हैं और इसी बीच में कोई दूसरा आकर हमसे कोई बात सीधी तरह भी पूछता है तो भी हम उस पर झुंझला उठते हैं। इस झुंझलाहट का न तो कोई निर्दिष्ट कारण होता है, न उद्देश्य। यह केवल क्रोध की स्थिति के व्याघात को रोकने की क्रिया है, क्रोध की रक्षा का प्रयत्न है। इस झुंझलाहट द्वारा हम यह प्रकट करते हैं कि हम क्रोध में हैं और क्रोध में ही रहना चाहते हैं। क्रोध

को बनाए रखने के लिए हम उन बातों से भी क्रोध ही संचित करते हैं जिनसे दूसरी अवस्था में हम विपरीत भाव प्राप्त करते। इसी प्रकार यदि हमारा चित्त किसी विषय में उत्साहित रहता है तो हम अन्य विषयों में भी अपना उत्साह दिखा देते हैं। यदि हमारा मन बढ़ा हुआ रहता है तो हम बहुत-से काम प्रसन्नतापूर्वक करने के लिए तैयार हो जाते हैं। इसी बात का विचार करके सलाम-साधक लोग हाकिमों से मुलाकात करने के पहले अर्दलियों से उनका मिजाज पूछ लिया करते हैं।

करुणा

जब बच्चे को संबंधज्ञान कुछ-कुछ होने लगता है तभी दुःख के उस भेद की नींव पड़ जाती है जिसे करुणा कहते हैं। बच्चा पहले परखता है कि जैसे हम हैं वैसे ही ये और प्राणी भी हैं और बिना किसी विवेचना-क्रम के स्वाभाविक प्रवृत्ति द्वारा, वह अपने अनुभवों का आरोप दूसरे प्राणियों पर करता है। फिर कार्य-कारण-संबंध से अभ्यस्त होने पर दूसरों के दुःख के कारण या कार्य को देखकर उनके दुःख का अनुमान करता है और स्वयं एक प्रकार का दुःख अनुभव करता है। प्रायः देखा जाता है कि जब माँ झूठमूठ 'ऊँ-ऊँ' करके रोने लगती है तब कोई-कोई बच्चे भी रो पड़ते हैं। इसी प्रकार जब उसके किसी भी भाई या बहिन को कोई मारने उठता है तब वे कुछ चंचल हो उठते हैं।

दुःख की श्रेणी में प्रवृत्ति के विचार से करुणा का उल्टा क्रोध है। क्रोध जिसके प्रति उत्पन्न होता है उसकी हानि की चेष्टा की जाती है। करुणा जिसके प्रति उत्पन्न होती है उसकी भलाई का उद्योग किया जाता है। किसी पर प्रसन्न होकर भी लोग उसकी भलाई करते हैं। इस प्रकार पात्र की भलाई की उत्तेजना दुःख और आनंद दोनों की श्रेणियों में रखी गई है। आनंद की श्रेणी में ऐसा कोई शुद्ध मनोविकार नहीं है जो पात्र की हानि की उत्तेजना करे, पर दुःख की श्रेणी में ऐसा मनोविकार है जो पात्र की भलाई की उत्तेजना करता है। लोभ से, जिसे मैंने आनंद की श्रेणी में रखा है, चाहे कभी-कभी और व्यक्तियों या वस्तुओं को हानि पहुँच जाय पर जिसे जिस व्यक्ति या वस्तु का लोभ होगा, उसकी हानि वह कभी न करेगा। लोभी महमूद ने सोमनाथ को तोड़ा, पर भीतर से जो जवाहरात निकले उनको खूब सँभालकर रखा। नूरजहाँ के रूप के लोभी जहाँगीर ने शेर अफगन को मरवाया, पर नूरजहाँ को बड़े चैन से रखा।

ऊपर कहा जा चुका है कि मनुष्य ज्यों ही समाज में प्रवेश करता है, उसके सुख और दुःख का बहुत-सा अंश दूसरे की क्रिया या अवस्था पर अवलंबित हो जाता है और उसके मनोविकारों के प्रवाह तथा जीवन के विस्तार के लिए अधिक क्षेत्र हो जाता है। वह दूसरों के दुःख से दुखी और दूसरों के सुख से सुखी होने लगता

है। अब देखना यह है कि दूसरों के दुःख से दुःखी होने का नियम जितना व्यापक है क्या उतना ही दूसरों के सुख से सुखी होने का भी। मैं समझता हूँ, नहीं। हम अज्ञात-कुल-शील मनुष्य के दुःख को देखकर भी दुःखी होते हैं। किसी दुःखी मनुष्य को सामने देख हम अपना दुःखी होना तब तक के लिए बंद नहीं रखते जब तक कि यह न मालूम हो जाय कि वह कौन है, कहाँ रहता है और कैसा है; यह और बात है कि यह जानकर कि जिसे पीड़ा पहुँच रही है उसने कोई भारी अपराध या अत्याचार किया है हमारी दया दूर या कम हो जाय। ऐसे अवसर पर हमारे ध्यान के सामने वह अपराध या अत्याचार आ जाता है और उस अपराधी या अत्याचारी का वर्तमान क्लेश हमारे क्रोध की तुष्टि या साधक हो जाता है।

सारांश यह है कि करुणा की प्राप्ति के लिए पात्र में दुःख के अतिरिक्त और किसी विशेषता की अपेक्षा नहीं। पर आनंदित हम ऐसे ही आदमी के सुख को देखकर होते हैं जो या तो हमारा सुहृद या संबंधी हो अथवा अत्यंत सज्जन, शीलवान् या चरित्रवान् होने के कारण समाज का मित्र या हितकारी हो। यों ही किसी अज्ञात व्यक्ति का लाभ या कल्याण सुनने से हमारे हृदय में किसी प्रकार के आनंद का उदय नहीं होता। इससे प्रकट है कि दूसरों के दुःख से दुःखी होने का नियम बहुत व्यापक है और दूसरों के सुख से सुखी होने का नियम उसकी अपेक्षा परिमित है। इसके अतिरिक्त दूसरों को सुखी देखकर जो आनंद होता है उसका न तो कोई अलग नाम रखा गया है और न उनमें वेग या प्रेरणा होती है। पर दूसरों के दुःख के परिज्ञान से जो दुःख होता है, वह करुणा, दया आदि नामों से पुकारा जाता है और अपने कारण को दूर करने की उत्तेजना करता है।

जब कि अज्ञात व्यक्ति के दुःख पर दया बराबर उत्पन्न होती है तो जिस व्यक्ति के साथ हमारा अधिक संसर्ग होता है, जिसके गुणों से हम अच्छी तरह परिचित रहते हैं, जिसका रूप हमें भला मालूम होता है उसके उतने ही दुःख पर हमें अवश्य अधिक करुणा होगी। किसी भोली-भाली सुंदरी रमणी को, किसी सच्चरित्र परोपकारी महात्मा को, किसी अपने भाई-बंधु को दुःख में देख, हमें अधिक व्याकुलता होगी। करुणा की तीव्रता का सापेक्ष विधान जीवन-निर्वाह की सुगमता और कार्य-विभाग की पूर्णता के उद्देश्य से समझना चाहिए।

मनुष्य की प्रकृति में शील और सात्त्विकता का आदि संस्थापक यही मनोविकार है। मनुष्य की सज्जनता या दुर्जनता अन्य प्राणियों के साथ उसके संबंध या संसर्ग द्वारा ही व्यक्त होती है। यदि कोई मनुष्य जन्म से ही किसी निर्जन स्थान में अपना निर्वाह करे तो उसका कोई कर्म सज्जनता या दुर्जनता की कोटि में न आयगा। उसके सब कर्म निर्लिप्त होंगे। संसार में प्रत्येक प्राणी के जीवन का उद्देश्य दुःख की निवृत्ति और सुख की प्राप्ति है। अतः सबके उद्देश्य को एक साथ जोड़ने से संसार का उद्देश्य सुख का स्थापन और दुःख का निराकरण हुआ। अतः जिन कर्मों से संसार के इस

उद्देश्य के साधन हों वे उत्तम हैं। प्रत्येक प्राणी के लिए उससे भिन्न प्राणी संसार है। जिन कर्मों से दूसरे के वास्तविक सुख का साधन और दुःख की निवृत्ति हो वे शुभ और सात्त्विक हैं तथा जिस अंतःकरणवृत्ति से इन कर्मों में प्रवृत्ति हो वह सात्त्विक है। कृपा या अनुग्रह से भी दूसरों के सुख की योजना की जाती है, पर एक तो कृपा-अनुग्रह में आत्म-भाव छिपा रहता है और उसकी प्रेरणा से पहुँचाया हुआ सुख एक प्रकार का प्रतिकार है। दूसरी बात यह है कि नवीन सुख की योजना की अपेक्षा प्राप्त दुःख की निवृत्ति की आवश्यकता अत्यंत अधिक है।

दूसरे के उपस्थित दुःख का अनुभव अपनी तीव्रता के कारण मनोविकारों की श्रेणी में माना जाता है पर अपने भावी आचरण द्वारा दूसरे के संभाव्य दुःख का ध्यान या अनुमान, शील या साधारण सद्वृत्ति के अंतर्गत समझा जाता है। बोलचाल की भाषा में तो 'शील' शब्द से चित्त की कोमलता या मुरौवत ही का भाव समझा जाता है, जैसे 'उनकी आँखों में शील नहीं है', 'शील तोड़ना अच्छा नहीं'। दूसरों का दुःख दूर करना और दूसरों को दुःख न पहुँचाना इन दोनों बातों का निर्वाह करने वाला नियम न पालने का दोषी हो सकता है, पर दुःखशीलता या दुर्भाव का नहीं। ऐसा मनुष्य झूठ बोल सकता है, पर ऐसा नहीं जिससे किसी का कोई काम बिगिड़े या जी दुखे। यदि वह किसी अवसर पर बड़ों की कोई बात न मानेगा तो इसलिए कि वह उसे ठीक नहीं जँचती या वह उसके अनुकूल चलने में असमर्थ है, इसलिए नहीं कि बड़ों का अकारण जी दुखे।

मेरे विचार में तो 'सदा सत्य बोलना', 'बड़ों का कहना मानना', ये नियम के अंतर्गत हैं, शील या सद्भाव के अंतर्गत नहीं। झूठ बोलने से बहुधा बड़े-बड़े अनर्थ हो जाते हैं, इसी से उसका अभ्यास रोकने के लिए यह नियम कर दिया गया कि किसी अवस्था में झूठ बोला ही न जाय। पर मनोरंजन, खुशामद और शिष्टाचार आदि के बहाने संसार में बहुत-सा झूठ बोला जाता है जिस पर कोई समाज कुपित नहीं होता। किसी-किसी अवस्था में तो धर्मग्रंथों में झूठ बोलने की इजाजत तक दे दी गई है, विशेषतः जब इस नियम भंग द्वारा अंतःकरण की किसी उच्च और उदार वृत्ति का साधन होता हो। यदि किसी के झूठ बोलने से कोई निरपराध और निःसहाय व्यक्ति अनुचित दंड से बच जाय तो ऐसा झूठ बोलना बुरा नहीं बतलाया गया है क्योंकि नियम शील या सद्वृत्ति का साधक है, समकक्ष नहीं। मनोवेग-वर्जित सदाचार दंभ या झूठी कवायद है। मनुष्य के अंतःकरण में सात्त्विकता की ज्योति जगाने वाली यही करुणा है। इसी से जैन और बौद्ध धर्म में इसको बड़ी प्रधानता दी गई है और गोस्वामी तुलसीदासजी ने भी कहा है—

पर उपकार सरिस न भलाई। पर पीड़ा सम नहिं अधमाई।।

यह बात स्थिर और निर्विवाद है कि श्रद्धा का विषय किसी-न-किसी रूप में सात्त्विक शील ही होता है। अतः करुणा और सात्त्विकता का संबंध इस बात से

और भी सिद्ध होता है कि किसी पुरुष को दूसरे पर करुणा करते देख तीसरे को करुणा करने वाले पर श्रद्धा उत्पन्न होती है। किसी प्राणी में और किसी मनोवेग को देख श्रद्धा नहीं उत्पन्न होती। किसी को क्रोध, भय, ईर्ष्या, घृणा, आनंद आदि करते देख लोग उस पर श्रद्धा नहीं कर बैठते। क्रिया में तत्पर करने वाली प्राणियों की आदि अंतःकरण वृत्ति मन या मनोवेग है। अतः इन मनोवेगों में जो श्रद्धा का विषय हो वही सात्त्विकता का आदि संस्थापक ठहरा। दूसरी बात यह भी ध्यान देने की है कि मनुष्य के आचरण के प्रवर्तक भाव या मनोविकार ही होते हैं, बुद्धि नहीं। बुद्धि दो वस्तुओं के रूपों को अलग-अलग दिखला देगी, यह मनुष्य के मन के वेग या प्रवृत्ति पर है कि वह उनमें से किसी एक को चुनकर कार्य में प्रवृत्त हो। यदि विचार कर देखा जाय तो स्मृति, अनुमान बुद्धि आदि अंतःकरण की सारी वृत्तियाँ केवल मनोवेगों की सहायक हैं, वे भावों या मनोवेगों के लिए उपयुक्त विषय मात्र ढूँढ़ती हैं। मनुष्य की प्रवृत्ति पर भाव को और भावना को तीव्र करने वाले कवियों का प्रभाव प्रकट ही है।

प्रिय के वियोग से जो दुःख होता है उसमें कभी-कभी दया या करुणा का भी कुछ अंश मिला रहता है। ऊपर कहा जा चुका है कि करुणा का विषय दूसरे का दुःख है। अतः प्रिय के वियोग में इस विषय की भावना किस प्रकार होती है, यह देखना है। प्रत्यक्ष निश्चय कराता है और परोक्ष अनिश्चय में डालता है। प्रिय व्यक्ति के सामने रहने से उसके सुख का जो निश्चय होता रहता है, वह उसके दूर होने से अनिश्चय में परिवर्तित हो जाता है। अतः प्रिय के वियोग पर उत्पन्न करुणा का विषय प्रिय के सुख का अनिश्चय है। जो करुणा हमें साधारणजनों के वास्तविक दुःख के परिज्ञान से होती है, वही करुणा हमें प्रियजनों के सुख के अनिश्चय मात्र से होती है। साधारण जनों का तो हमें दुःख असह्य होता है, पर प्रियजनों के सुख का अनिश्चय ही। अनिश्चत बात पर सुखी या दुःखी होना ज्ञानवादियों के निकट अज्ञान है, इसी से इस प्रकार के दुःख या करुणा को किसी-किसी प्रांतिक भाषा में 'मोह' भी कहते हैं। सारांश यह कि प्रिय के वियोग-जनित दुःख में जो करुणा का अंश रहता है उसका विषय प्रिय के सुख का अनिश्चय है। राम-जानकी के वन चले जाने पर कौशल्या उनके सुख के अनिश्चय पर इस प्रकार दुःखी होती हैं–

बन को निकरि गए दोउ भाई।
सावन गरजै, भादों बरसै, पवन चले पुरवाई।
कौन बिरिछ तर भीजत है हैं राम लखन दोउ भाई। (–गीतावली)

प्रेमी को यह विश्वास कभी नहीं होता कि उसके प्रिय के सुख का ध्यान जितना वह रखता है उतना संसार में और भी कोई रख सकता है। श्रीकृष्ण गोकुल से मथुरा चले गये जहाँ सब प्रकार सुख-वैभव था; पर यशोदा इसी सोच में मरती रहीं कि–

प्रात समय उठि माखन रोटी को बिन माँगे दैहै ?
को मेरे बालक कुँवर कान्ह को छिन-छिन आगे लैहै ?

और उद्धव से कहती हैं—

सँदेसो देवकी सों कहियो।
हौं तो धाय, तिहारे सुत की कृपा करत ही रहियो।।
उबटन, तेल और तातो जल देखत ही भजि जाते।
जोइ जोइ माँगत सोइ सोइ देती क्रम-क्रम करि कै न्हाते।।
तुम तो टेब जानतिहि ह्वै हौ तऊ मोहि कहि आवै।
प्रात उठत मेरे लाल लड़ैतहि माखन रोटी भावै।।
अब यह सूर मोहि निसि बासर बड़ी रहत जिय सोच।
अब मेरे अलकलड़ैते लालन ह्वै है करत सँकोच।।

वियोग की दशा में गहरे प्रेमियों को प्रिय के सुख का अनिश्चय ही नहीं, कभी-कभी घोर अनिष्ट की आशंका तक होती है; जैसे एक पति-वियोगिनी संदेह करती है—

नदी किनारे धुआँ उठत है, मैं जानूँ कुछ होय।
जिसके कारण मैं जली, वही न जलता होय।।

शुद्ध वियोग का दुःख केवल प्रिय के अलग हो जाने की भावना से उत्पन्न क्षोभ या विषाद है जिसमें प्रिय के दुःख या कष्ट आदि की कोई भावना नहीं रहती।

जिस व्यक्ति से किसी की घनिष्ठता और प्रीति होती है वह उसके जीवन के बहुत से व्यापारों तथा मनोवृत्तियों का आधार होता है। उसके जीवन का बहुत-सा अंश उसी के संबंध द्वारा व्यक्त होता है। मनुष्य अपने लिए संसार आप बनाता है। संसार तो कहने-सुनने के लिए है, वास्तव में किसी मनुष्य का संसार तो वे ही लोग हैं जिनसे उसका संसर्ग या व्यवहार है। अतः ऐसे लोगों में से किसी का दूर होना उसके संसार के एक प्रधान अंश का कट जाना या जीवन के एक अंग का खंडित हो जाना है। किसी प्रिय या सुहृदय के चिरवियोग या मृत्यु के शोक के साथ करुणा या दया का भाव मिलकर चित्त को बहुत व्याकुल करता है। किसी के मरने पर उसके प्राणी उसके साथ किए हुए अन्याय या कुव्यवहार तथा उसकी इच्छा-पूर्ति करने में अपनी त्रुटियों का स्मरण कर और यह सोचकर कि उसकी आत्मा को संतुष्ट करने की भावना सब दिन के लिए जाती रही, बहुत अधीर और विकल होते हैं।

सामाजिक जीवन की स्थिति और पुष्टि के लिए करुणा का प्रसार आवश्यक है। समाजशास्त्र के पश्चिमी ग्रंथकार कहा करें कि समाज में एक-दूसरे की सहायता अपनी-अपनी रक्षा के विचार से की जाती है; यदि ध्यान से देखा जाय तो कर्म-क्षेत्र में परस्पर सहायता की सच्ची उत्तेजना देने वाली किसी-न-किसी रूप में करुणा ही दिखाई देगी। मेरा यह कहना नहीं कि परस्पर की सहायता का परिणाम प्रत्येक का

कल्याण नहीं है। मेरे कहने का अभिप्राय है कि संसार में एक-दूसरे की सहायता विवेचना द्वारा निश्चित इस प्रकार के दूरस्थ परिणाम पर दृष्टि रखकर नहीं की जाती, बल्कि मन को स्वतः प्रवृत्त करने वाली प्रेरणा से की जाती है। दूसरे की सहायता करने से अपनी रक्षा की भी संभावना है, इस बात या उद्देश्य का ध्यान प्रत्येक, विशेषकर सच्चे सहायक, को तो नहीं रहता। ऐसे विस्तृत उद्देश्यों का ध्यान तो विश्वात्मा स्वयं रखती है; वह उसे प्राणियों की बुद्धि ऐसी चंचल और मुण्डे-मुण्डे भिन्न वस्तु के भरोसे नहीं छोड़ती। किस युग में और किसी प्रकार मनुष्यों ने समाज-रक्षा के लिए एक-दूसरे की सहायता करने की गोष्ठी की होगी, यह समाजशास्त्र के बहुत से वक्ता लोग ही जानते होंगे। यदि परस्पर सहायता की प्रवृत्ति पुरखों की उस पुरानी पंचायत ही के कारण होती और यदि उसका उद्देश्य वहीं तक होता जहाँ तक समाजशास्त्र के वक्ता बतलाते हैं, तो हमारी दया मोटे, मुस्टंडे और समर्थ लोगों पर जितनी होती उतनी दीन, अशक्त और अपाहिज लोगों पर नहीं, जिनसे समाज को उतना लाभ नहीं। पर इसका बिलकुल उल्टा देखने में आता है। दुःखी व्यक्ति जितना ही असहाय और असमर्थ होगा उतनी ही अधिक उसके प्रति हमारी करुणा होगी। एक अनाथ अबला को मार खाते देख हमें जितनी करुणा होगी उतनी एक सिपाही या पहलवान को पिटते देख नहीं। इससे स्पष्ट है कि परस्पर साहाय्य के जो व्यापक उद्देश्य हैं उनको धारण करने वाला मनुष्य का छोटा-सा अंतःकरण नहीं, विश्वात्मा है।

दूसरों के, विशेषतया अपने परिचितों के, थोड़े क्लेश या शोक पर जो वेगरहित दुःख होता है, उसे सहानुभूति कहते हैं। शिष्टाचार में इस शब्द का प्रयोग इतना अधिक होने लगा है कि यह निकम्मा-सा हो गया है। अब प्रायः इस शब्द से हृदय का कोई सच्चा भाव नहीं समझा जाता है। सहानुभूति के तार, सहानुभूति की चिट्ठयाँ लोग यों ही भेजा करते हैं। यह छद्म-शिष्टता मनुष्य के व्यवहार-क्षेत्र से सच्चाई के अंश को क्रमशः चरती जा रही है।

करुणा अपने बीज अपने आलंबन या पात्र में नहीं फेंकती है, अर्थात् जिस पर करुणा की जाती है वह बदले में करुणा करने वाले पर भी करुणा नहीं करता—जैसा कि क्रोध और प्रेम में होता है—बल्कि कृतज्ञ होता अथवा श्रद्धा या प्रीति करता है। बहुत-सी औपन्यासिक कथाओं में यह बात दिखाई गई है कि युवतियाँ दुष्टों के हाथ से अपना उद्धार करने वाले युवकों के प्रेम में फँस गई हैं। कोमल भावों की योजना में दक्ष बंगला के उपन्यास-लेखक करुणा और प्रीति के मेल से बड़े ही प्रभावोत्मादक दृश्य उपस्थित करते हैं।

मनुष्य के प्रत्यक्ष ज्ञान में देश और काल की परिमिति अत्यंत संकुचित होती है। मनुष्य जिस वस्तु को जिस समय और जिस स्थान पर देखता है उसकी उसी समय और उसी स्थान की अवस्था का अनुभव उसे होता है। पर स्मृति, अनुमान या दूसरों से प्राप्त ज्ञान के सहारे मनुष्य का ज्ञान इस परिमिति को लाँघता हुआ

अपना देशकाल-संबंधी विस्तार बढ़ाता है। प्रस्तुत विषय के संबंध में उपयुक्त भाव प्राप्त करने के लिए यह विस्तार कभी-कभी आवश्यक होता है। मनोविकारों की उपयुक्तता कभी-कभी इस विस्तार पर निर्भर रहती है। किसी मार खाते हुए अपराधी के विलाप पर हमें दया आती है, पर जब हम सुनते हैं कि कई बार वह बड़े-बड़े अपराध कर चुका है, इससे आगे भी ऐसे ही अत्याचार करेगा, तो हमें अपनी दया की अनुपयुक्तता मालूम हो जाती है। ऊपर कहा जा चुका है कि स्मृति और अनुमान आदि भावों या मनोविकारों के केवल सहायक हैं अर्थात् प्रकारांतर से वे उनके लिए विषय उपस्थित करते हैं। वे कभी तो आप से आप विषयों को मन के सामने लाते हैं, कभी किसी विषय के सामने आने पर उससे संबंध (पूर्वापर व कार्य-कारण-संबंध) रखने वाले और बहुत से विषय उपस्थित करते हैं जो कभी तो सब के सब एक ही भाव के विषय होते हैं और उस प्रत्यक्ष विषय से उत्पन्न भाव को तीव्र करते हैं; कभी भिन्न-भिन्न भावों के विषय से उत्पन्न भावों को परिवर्तित या धीमा करते हैं। इससे यह स्पष्ट है कि मनोवेग या भावों को मंद या दूर करने वाली, स्मृति, अनुमान या बुद्धि आदि कोई दूसरी अंतःकरण-वृत्ति नहीं है, मन का दूसरा भाव या वेग ही है।

मनुष्य की सजीवता मनोवेग या प्रवृत्ति में, भावों की तत्परता में है। नीतिज्ञों और धार्मिकों का मनोविकारों को दूर करने का उपदेश घोर पाखंड है। इस विषय में कवियों का प्रयत्न सच्चा है जो मनोविकारों पर सान ही नहीं चढ़ाते बल्कि उन्हें परिमार्जित करते हुए सृष्टि के पदार्थों के साथ उनके उपयुक्त संबंध-निर्वाह पर जोर देते हैं। यदि मनोवेग न हो तो स्मृति, अनुमान, बुद्धि आदि के रहते भी मनुष्य बिलकुल जड़ है। प्रचलित सभ्यता और जीवन की कठिनता से मनुष्य अपने इन मनोवेगों के मारने और अशक्त करने पर विवश होता जाता है और इस प्रकार उसके जीवन का स्वाद निकलता जाता है। वन, नदी, पर्वत आदि को देख आनंदित होने के लिए अब उसके हृदय में उतनी जगह नहीं। दुराचार पर उसे क्रोध या घृणा होती है पर झूठे शिष्टाचार के अनुसार उसे दुराचारी की मुँह पर प्रशंसा करनी पड़ती है। जीवन-निर्वाह की कठिनता से उत्पन्न स्वार्थ की शुष्क प्रेरणा के कारण उसे दूसरे के दुःख की ओर ध्यान देने, उस पर दया करने और उसके दुःख की निवृत्ति का सुख प्राप्त करने की फुरसत नहीं। इरा प्रकार मनुष्य हृदय को दबाकर केवल क्रूर आवश्यकता और कृत्रिम नियमों के अनुसार ही चलने पर विवश और कठपुतली-सा जड़ होता जाता है। उसकी भावुकता का नाश होता जाता है। पाखंडी लोग मनोवेगों का सच्चा निर्वाह न देख, हताश हो मुँह बनाकर कहने लगें हैं–''करुणा छोड़ो, प्रेम-छोड़ो, आनंद छोड़ो। बस, हाथ-पैर हिलाओ, काम करो।''

यह ठीक है कि मनोवेग उत्पन्न होना और बात है और मनोवेग के अनुसार व्यवहार करना और बात; पर अनुसारी परिणाम के निरंतर अभाव से मनोवेगों का

अभ्यास भी घटने लगता है। यदि कोई मनुष्य आवश्यकतावश कोई निष्ठुर कार्य अपने ऊपर ले ले तो पहले दो-चार बार उसे दया उत्पन्न होगी; पर जब बार-बार दया की प्रेरणा के अनुसारी कोई परिणाम वह उपस्थित न कर सकेगा तब धीरे-धीरे उसका दया का अभ्यास कम होने लगेगा यहाँ तक कि उसकी दया की वृत्ति ही मारी जायगी।

बहुत से ऐसे अवसर आ पड़ते हैं जिनमें करुणा आदि मनोवेगों के अनुसार काम नहीं किया जा सकता। पर ऐसे अवसरों की संख्या का बहुत बढ़ना ठीक नहीं है। जीवन में मनोवेगों के अनुसार परिणामों का विरोध प्रायः तीन वस्तुओं से होता है–

1. आवश्यकता, 2. नियम, और 3. न्याय।

हमारा कोई नौकर बहुत बुड्ढा और कार्य करने में अशक्त हो गया है जिससे हमारे काम में हर्ज होता है। हमें उसकी अवस्था पर दया तो आती है पर आवश्यकता के अनुरोध से उसे अलग करना पड़ता है। किसी दुष्ट अफसर के कुवाक्य पर क्रोध तो आता है पर मातहत लोग आवश्यकता के वश उस क्रोध के अनुसार कार्य करने की कौन कहे, उसका चिह्न तक नहीं प्रकट होने देते। यदि कहीं पर यह नियम है कि इतना रुपया देकर लोग कोई कार्य करने पायँ तो जो व्यक्ति रुपया वसूल करने पर नियुक्त होगा वह किसी ऐसे दीन अकिंचन को देख जिसके पास एक पैसा भी न होगा, दया तो करेगा पर नियम के वशीभूत हो उसे वह उस कार्य के करने से रोकेगा। राजा हरिश्चंद्र ने अपनी रानी शैव्या से अपने ही मृत पुत्र के कफन का टुकड़ा फड़वा नियम का अद्भुत पालन किया था। पर यह समझ रखना चाहिए कि यदि शैव्या के स्थान पर कोई दूसरी स्त्री होती तो राजा हरिश्चंद्र के उस नियम-पालन का उतना महत्त्व न दिखाई पड़ता; करुणा ही लोगों की श्रद्धा को अपनी ओर अधिक खींचती है। करुणा का विषय दूसरे का दुःख है, अपना दुःख नहीं। आत्मीय जनों का दुःख एक प्रकार से अपना ही दुःख है। इससे राजा हरिश्चंद्र के नियम-पालन का जितना स्वार्थ से विरोध था उतना करुणा से नहीं।

न्याय और करुणा का विरोध प्रायः सुनने में आता है। न्याय से ठीक प्रतिकार का भाव समझा जाता है। यदि किसी ने हमसे 1000 रु. उधार लिए तो न्याय यह है कि वह हमें 1000रु. लौटा दे। यदि किसी ने कोई अपराध किया तो न्याय यह है कि उसको दंड मिले। यदि 1000रु. लेने के उपरांत उस व्यक्ति पर कोई आपत्ति पड़ी और उसकी दशा अत्यंत शोचनीय हो गई तो न्याय पालने के विचार का विरोध करुणा कर सकती है। इसी प्रकार यदि अपराधी मनुष्य बहुत रोता, गिड़गिड़ाता और कान पकड़ता है तथा पूर्ण दंड की अवस्था में अपने परिवार की घोर दुर्दशा का वर्णन करता है, तो न्याय के पूर्ण निर्वाह का विरोध करुणा कर सकती है। ऐसी अवस्थाओं में करुणा करने का सारा अधिकार विपक्षी अर्थात् जिसका रुपया चाहिए या जिसका

अपराध किया गया है, उसको है, न्यायकर्त्ता या तीसरे व्यक्ति को नहीं। जिसने अपनी कमाई के 1000 रु. अलग किए, या अपराध द्वारा जो क्षति-ग्रस्त हुआ विश्वात्मा उसी के हाथ में करुणा ऐसी उच्च सद्वृत्ति के पालन का शुभ अवसर देती है। करुणा सेंत का सौदा नहीं है। यदि न्यायकर्त्ता को करुणा है तो वह उसकी शांति पृथक् रूप से कर सकता है, जैसे ऊपर लिखे मामले में वह चाहे तो दुखिया ऋणी को हजार-पाँच सौ अपने पास से दे दे या दंडित व्यक्ति तथा उसके परिवार की और प्रकार से सहायता कर दे। उसके लिए भी करुणा का द्वार खुला है।

लोभ और प्रीति

जिस प्रकार का सुख या आनंद देने वाली वस्तु के संबंध में मन की ऐसी स्थिति को जिसमें उस वस्तु के अभाव की भावना होते ही प्राप्ति, सान्निध्य या रक्षा की प्रबल इच्छा जग पड़े, लोभ कहते हैं। दूसरे की वस्तु का लोभ करके उसे लोग लेना चाहते हैं, अपनी वस्तु का लोभ करके उसे लोग देना या नष्ट होने देना नहीं चाहते। प्राप्य या प्राप्त सुख के अभाव या अभाव-कल्पना के बिना लोभ की अभिव्यक्ति नहीं होती। अतः इसके सुखात्मक और दुःखात्मक दोनों पक्ष हैं। जब लोभ अप्राप्त के लिए होता है तब तो दुःख स्पष्ट ही रहता है। प्राप्त के संबंध में दुःख का अंग निहित रहता है और अभाव के निश्चय या आशंका मात्र पर व्यक्त हो जाता है। कोई सुखद वस्तु पास में रहने पर भी मन में इस इच्छा का बीज रहता है कि उसका अभाव न हो। पर अभाव का जब तक ध्यान नहीं होता तब तक इस वासना का कहीं पता नहीं रहता। हम बैठे-बैठे किसी वस्तु का आनंद ले रहे हैं और उस आनंद के अभाव से जो दुःख होगा उसका कुछ भी ध्यान हमारे मन में नहीं है। इसी बीच में कोई आकर उस वस्तु को ले जाना चाहता है; तब हम उससे कुछ व्यग्र होकर कहते हैं 'अभी रहने दो।' इसके पहले कोरे आनंद के अभाव में इच्छा का कहीं पता न था कि वह वस्तु हटाई न जाय।

विशिष्ट वस्तु या व्यक्ति के प्रति होने पर लोभ वह सात्त्विक रूप प्राप्त करता है, जिसे प्रीति या प्रेम कहते हैं। जहाँ लोभ सामान्य या जाति के प्रति होता है वहाँ वह लोभ ही रहता है, जहाँ पर किसी जाति के एक ही विशेष व्यक्ति के प्रति होता है वहाँ 'रुचि' या 'प्रीति' का पद प्राप्त करता है। लोभ सामान्योन्मुख होता है और प्रेम विशेषोन्मुख। कहीं कोई अच्छी चीज़ सुनकर दौड़ पड़ना लोभ है। किसी विशेष वस्तु पर इस प्रकार मुग्ध रहना कि उससे कितनी अच्छी-अच्छी वस्तुओं के सामने आने पर भी उस विशेष वस्तु से प्रवृत्ति न हटे, रुचि या प्रेम है। किसी स्त्री या पुरुष के रूप की प्रशंसा सुनते ही पहला भाव लोभ का होगा। किसी को हमने बहुत सुंदर देखा और लुभा गये, उसके पीछे दूसरे को उससे भी सुंदर देखा तो उस पर लुभा गये। जब तक प्रवृत्ति का यह व्यभिचार रहेगा, तब तक हम रूप-लोभी ही माने

जायँगे। जब हमारा लोभ किसी एक ही व्यक्ति पर स्थिर हो जायगा, हमारी वृत्ति एकनिष्ठ हो जायगी, तब हम प्रेमी कहे जाने के अधिकारी होंगे, पर साधारणतः मन की ललक यदि वस्तु के प्रति है तो लोभ और किसी प्राणी या मनुष्य के प्रति होती है तो प्रीति कहलाती है।

लोभ का प्रथम संवेदनात्मक अवयव है किसी वस्तु का बहुत अच्छा लगना, उससे बहुत सुख या आनंद का अनुभव होना। अतः यह आनंद स्वरूप है। इसी से किसी अच्छी वस्तु को देखकर लुभा जाना कहा जाता है। पर केवल इस अवस्था में लोभ की पूरी अभिव्यक्ति नहीं होती। कोई वस्तु हमें बहुत अच्छी लगी, किसी वस्तु से हमें बहुत सुख या आनंद मिला, इतने ही पर दुनिया में यह नहीं कहा जाता कि हमने लोभ किया। जब संवेदनात्मक अवयव के साथ इच्छात्मक अवयव का संयोग होगा अर्थात् जब उस वस्तु को प्राप्त करने की, दूर न करने की, नष्ट न होने देने की इच्छा प्रकट होगी तभी हमारा लोभ लोगों पर खुलेगा। इच्छा लोभ या प्रीति का ऐसा आवश्यक अंग है कि यदि किसी को कोई बहुत अच्छा और प्रिय लगता है तो लोग कहते हैं कि 'वह उसे चाहता है।'

भूखे रहने पर सबको पेड़ा अच्छा लगता है, पर चौबे जी पेट भर भोजन के ऊपर भी पेड़े पर हाथ फेरते हैं। अतः हम कह सकते हैं कि चौबे जी को मिष्टान्न में अधिक रुचि है। यह अभिरुचि भी लोभ की चेष्टाएँ उत्पन्न करती है। इंद्रियों के विषय-भेद से अभिरुचि के विषय भी भिन्न-भिन्न हो सकते हैं। कमल का फूल और रमणी का सुंदर मुख अच्छा लगता है। वीणा की तान और अपनी तारीफ अच्छी लगती है, जूही और केसर की गंध अच्छी लगती है, रबड़ी और मालपुआ अच्छा लगता है, मुलायम गद्दा अच्छा लगता है। ये सब वस्तुएँ तो आपको आनंद देती हैं, इससे इनकी प्राप्ति की इच्छा बहुत सीधी-सादी और स्वाभाविक कही जा सकती है। पर जिससे इन सब वस्तुओं की प्राप्ति सुलभ होती है उसमें चाहे आनंद देने वाली स्वतः कोई बात न हो, पर उसकी प्राप्ति की इच्छा होती है। उसका लोभ होता है। रुपये के रूप, रस, गंध आदि में कोई आकर्षण नहीं होता, पर जिस वेग से मनुष्य उस पर टूटते हैं उस वेग से भौंरे कमल पर और कौए मांस पर भी न टूटते होंगे। यहाँ तक कि 'लोभी' शब्द से साधारणतः रुपये-पैसे का लोभी, धन का लोभी समझा जाता है। एक धातुखंड के गर्भ में कितने प्रकार के सुख और आनंद मनुष्य समझता है! पर यह समझ इतनी पुरानी पड़ गई है कि इसकी ओर हमारा ध्यान अब प्रायः नहीं रहता। धन संचय करने में बहुतों का लक्ष्य धन ही रहता है, उससे प्राप्य सुख नहीं। वे बड़े-से-बड़े सुख के बदले में या कठिन-से-कठिन कष्ट निवारण के लिए थोड़ा-सा धन अलग करना नहीं चाहते। उनके लिए साधन ही साध्य हो जाता है।

स्थिति-भेद से प्रिय या अच्छी लगने वाली वस्तु के संबंध में इच्छा दो प्रकार की होती है—

1. प्राप्ति या सान्निध्य की इच्छा।

2. दूर न करने या नष्ट न होने देने की इच्छा।

प्राप्ति या सान्निध्य की इच्छा भी दो प्रकार की हो सकती है—

1. इतने सम्पर्क की इच्छा जितनी और किसी का न हो।

2. इतने सम्पर्क की इच्छा जितनी सब कोई या बहुत से लोग एक-साथ रख सकते हों।

इसमें से प्रथम प्रतिषेधात्मक होने के कारण प्रायः विरोधग्रस्त होती है, इससे उस पर समाज का ध्यान अधिक रहता है। कोई वस्तु हमें बहुत अच्छी लगती है, लगा करे, दूसरों को इससे क्या? पर जब हम उस वस्तु की ओर हाथ बढ़ायँगे या औरों को उसकी ओर हाथ बढ़ाने न देंगे तब बहुत-से लोगों का ध्यान हमारे इस कृत्य पर जायगा जिनमें से कुछ हाथ थामने वाले और मुँह लटकाने वाले भी निकल सकते हैं। हमारे लोभ की शिकायत ऐसे ही लोग अधिक करते पाये जायँगे। दूसरों के लोभ की निन्दा जैसी अच्छी लोभी कर सकते हैं वैसी और लोग नहीं। माँगने पर न पाने वाले और न देनेवाले दोनों इसमें प्रवृत्त होते हैं। एक कहता है 'वह बड़ा लोभी है, देता नहीं', दूसरा कहता है 'वह बड़ा लोभी है, बराबर माँगा करता है।' रहीम दोनों को लोभी, दोनों को बुरा कहते हैं—

रहिमन वे नर मर चुके जे कहुँ माँगन जाहिं।
उनते पहले वे मुए जिन मुख निकसत नाहिं।।

ऐसा उस समय होता है जब एक ही वस्तु के संबंध में एक ओर तो प्राप्त करने और दूसरी ओर दूर न करने की इच्छा बिंब-प्रतिबिंब रूप से दो व्यक्तियों में होती है। इसके अतिरिक्त एक ही वस्तु को प्राप्त करने की इच्छा यदि संयोग से कई प्राणियों के चित्त में हुई तो भी विरोध का पूरा विधान होता है। सारांश यह कि दोनों अवस्थाओं में लोभ का लक्ष्य एक होने पर लोभी एक-दूसरे को बहुत व्याकुल करते हैं।

प्राप्ति की प्रतिषेधात्मक इच्छा की सदोषता और निर्दोषता लोभ के विषय पर निर्भर रहती है। लोभ के विषय दो प्रकार के होते हैं—सामान्य और विशेष। अच्छा खाना, अच्छा कपड़ा, अच्छा घर तथा धन, जिससे ये सब वस्तुएँ सुलभ होती हैं, सबको भाता है, सबक उसकी प्राप्ति की आकांक्षा करते हैं। ये लोभ के सामान्य विषय हुए जिन पर प्रायः मनुष्य मात्र का लक्ष्य रहता है, अतः इनके प्रति जो लोभ होता है उस पर बहुत लोगों का ध्यान जाता है। पर यदि किसी को गुलाबजामुन या विशेष बूटों की छींट बहुत अच्छी लगे और वह उसे प्राप्त करना या न देना चाहे तो उसके इस लोभ पर बहुत कम लोगों का ध्यान जायगा और जिनका ध्यान जायगा भी उन्हें वह खटकेगा नहीं। ऐसे लोभ को वे रुचि कहेंगे। सबको जिसकी हाय-हाय होती है, सब जिसको पाना या रखना चाहते हैं, वह बहुत-से लोगों को एक मैदान में लाकर खड़ा किया करता है जहाँ एक दूसरे की गतिविधि का निरीक्षण

और अवरोध बड़ी कड़ी नज़र और पूरी मुस्तैदी से होता है।

यदि मनुष्य-समाज में सबके लोभ के लक्ष्य भिन्न-भिन्न होते तो लोभ को बुरा कहने वाले कहीं न मिलते। यदि एक साथ रहने वाले दस आदमियों में से कोई गाय बहुत चाहता, कोई घोड़ा, कोई कपड़ा, कोई ईंट, कोई पत्थर, कोई सोना, कोई चाँदी, कोई ताँबा; और इन वस्तुओं में से किसी को शेष सब वस्तुओं को प्राप्त कराने की कृत्रिम शक्ति न दी जाती, तो एक के लोभ से दूसरे को कोई कष्ट न पहुँचता और दूसरी बात यह होती कि लोभ का एक बुरा लक्षण जो असंतोष है, उसकी भी एक सीमा हो जाती—कोई कितनी गायें रखता, कितने घोड़े बाँधता, कहाँ तक सोना-चाँदी इकट्ठा करता! पर विनिमय की कठिनता दूर करने के लिए मनुष्यों ने कुछ धातुओं में सब आवश्यक वस्तुएँ प्राप्त कराने का कृत्रिम गुण आरोपित किया जिससे मनुष्य मात्र की सांसारिक इच्छा और प्रयत्न का लक्ष्य एक-सा हो गया, सबकी टकटकी टके की ओर लग गई।

लक्ष्य की इस एकता से समाज में एक-दूसरे की आँखों में खटकने वाले की वृद्धि हुई। जब एक ही को चाहने वाले बहुत-से हो गए तब एक की चाह को दूसरे कहाँ तक पसंद करते? लक्ष्मी की मूर्ति, धातुमयी हो गई, उपासक सब पत्थर के हो गए, धीरे-धीरे यह दशा आई कि जो बातें पारस्परिक प्रेम की दृष्टि से, धर्म की दृष्टि से की जाती थीं, वे भी रुपये-पैसे की दृष्टि से होने लगीं। आजकल तो बहुत-सी बातें धातु के ठीकरों पर ठहरा दी गई हैं। पैसे से राज-सम्मान की प्राप्ति, विद्या की प्राप्ति और न्याय की प्राप्ति होती है। जिसके पास कुछ रुपया है, बड़े-बड़े विद्यालयों में अपने लड़कों को भेज सकते हैं, न्यायालयों में फीस देकर अपने मुकदमे दाखिल कर सकते हैं, और महँगे वकील-बैरिस्टर करके बढ़िया खासा निर्णय करा सकते हैं। अत्यंत भीरु और कायर होकर बहादुर कहला सकते हैं, राजधर्म; आचार्यधर्म, वीरधर्म सब पर सोने का पानी फिर गया, सब टकाधर्म हो गए। धन की पैठ मनुष्य के सब कार्य-क्षेत्रों में करा देने से, उसके प्रभाव को इतना विस्तृत कर देने से, ब्राह्मणधर्म और क्षात्र-धर्म का लोप हो गया; केवल वणिग्धर्म रह गया।

व्यापारनीति राजनीति का प्रधान अंग हो गई। बड़े-बड़े राज्य माल की बिक्री के लिए लड़ने वाले सौदागर हो गए। जिस समय क्षात्र-धर्म की प्रतिष्ठा थी, एक राज्य दूसरे राज्य पर कभी-कभी विजय-कीर्ति की कामना से डंके की चोट पर चढ़ाई करता था। अब सदा एक-दूसरे देशों का चुपचाप दबे पाँव धन हरण करने की ताक में लगा रहता है। इसी से भिन्न-भिन्न राज्यों की परस्पर संबंध-समस्या इतनी जटिल हो गई है। कोई-कोई देश लोभवश इतना अधिक माल तैयार करते हैं कि उसे किसी देश के गले मढ़ने की फिक्र में दिन-रात मरते रहते हैं। जब तक यह व्यापारोन्माद दूर न होगा तब तक इस पृथ्वी पर सुख-शांति न होगी। दूर वह अवश्य होगा। क्षात्रधर्म की संसार में एक बार फिर प्रतिष्ठा होगी, चोरी का बदला डकैती से लिया जायगा।

सामान्य-विषयगत प्रतिषेधात्मक लोभ में भी लोभदृष्टि जितनी ही संकुचित होती है, उसके भीतर जितनी ही कम वस्तुएँ आती हैं, उतना ही उसका दोष कम होता है। अच्छे भोजन की सबको चाह होती है। अतः उसे बहुत चाहने वाला लोभी कहला सकता है, पर अच्छे भोजनों में से यदि किसी को मिठाई की चाह अधिक रहे, तो उसका दोष कम और मिठाइयों में से यदि केवल गुलाबजामुन की अधिक चाह रहे तो और कम क्या कुछ भी न समझा जायगा। इसी प्रकार जहाँ एक ही वस्तु बहुत प्रकार की रखी हुई है वहाँ भी यदि कोई एक किसी को बहुत पसंद आ जाय और वह उसे लेना चाहे तो उसकी गिनती लोभियों में न होगी। विश्वामित्र को वशिष्ठ की गाय बहुत पसंद आई और वे उसके बदले में बहुत-सी गायें देने के लिए तैयार हो गए पर वशिष्ठ ने अपनी गाय नहीं दी। इसके लिए लड़-भिड़कर भी न वशिष्ठ लोभी कहलाए, न विश्वामित्र। इसी प्रकार एक नवाब साहब को बाबू हरिश्चंद्र का एक अलबम बहुत पसंद आया था। ये लोभ के विशेष विषय के उदाहरण हैं। इनके प्रति जो लोभ होता है उसके अवसर इतने कम होते हैं कि उनसे स्वभाव या अधिक अभ्यास का अनुमान नहीं किया जा सकता। पर किसी की अच्छी चीज़ देखते ही जिनके मुँह में पानी आ जाता है, बराबर खरी-खोटी सुना करते हैं। एक लोभ से दूसरे लोभ का निवारण भी होता है जिससे लोभी में अन्य वस्तुओं के त्याग का साहस आता है! विशेष विषयगत लोभ यदि बहुत प्रबल और सच्चा हुआ तो लोभी के त्याग का विस्तार बहुत बड़ा होता है। लोभ तो उसे एक विशेष और निर्दिष्ट वस्तु से है, अतः उसके अतिरिक्त अन्य अनेक वस्तुओं का त्याग वह उसके लिए कर सकता है। विश्वामित्र एक गाय के लिए अपना सारा राजपाट देने को तैयार हो गए थे। अन्य का त्याग अनन्य और सच्चे लोभ की पहचान है।

यहाँ तक तो प्राप्ति की प्रतिषेधात्मक इच्छा वाले लोभ की बात हुई जिसका प्रायः विरोध होता है। अब प्राप्ति की उस इच्छा का विचार करता हूँ जिसे एक ही वस्तु के संबंध में बहुत-से लोग बिना किसी विरोध के रख सकते हैं। जिस लोभ से दूसरे को कोई बाधा या कष्ट पहुँचता है उसी को पहले एक—प्रायः जिसे बाधा या कष्ट होता है—बुरा कहता है, फिर दूसरा, फिर तीसरा, इस प्रकार बहुत-से बुरा कहने वाले हो जाते हैं। सारांश यह कि जो लोग दूसरे की सुख-शांति या स्वच्छंदता के बाधक होते हैं, अधिकतर वही निंद्य समझे जाते हैं। उपवन की शोभा सबको लुभाती है! यदि कोई नित्य किसी के बगीचे में जाकर टहला करे तो उसका क्या जाता है? यदि हम किसी वस्तु पर लुभाकर उससे उतना ही संपर्क रखना चाहते हैं जितना सब लोग एक साथ रख सकते हैं, तो हमारा लोभ किसी की आँखों में नहीं खटक सकता। बगीचे को आँख से एक साथ बहुत लोग देख सकते हैं, पर उसमें के फल नहीं खा सकते। जहाँ देखने का दाम लगता है या कुछ आदिमियों का देखना बिना बंद किए देखा नहीं जा सकता, वहाँ दृष्टि-संपर्क की इच्छा भी मुश्किल

में डाल देती है। पर जहाँ एक की इच्छा दूसरे की इच्छा का बाधक न होकर साधक होती है, वहाँ एक ही वस्तु का लोभ रखने वाले बहुत-से लोग बड़े सद्भाव के साथ रहते हैं। लुटेरे या डाकू इसी प्रकार दल-बद्ध होकर काम करते हैं।

किसी को कोई स्थान बहुत प्रिय हो जाता है और वह हानि और कष्ट उठाकर भी वहाँ से नहीं जाना चाहता। हम कह सकते हैं कि उसे उस स्थान का पूरा लोभ है। जन्म-भूमि का प्रेम, स्वदेश-प्रेम यदि वास्तव में अंतःकरण का कोई भाव है तो स्थान के लोभ के अतिरिक्त और कुछ नहीं है। इस लोभ के लक्षणों से शून्य देश-प्रेम कोरी बकवाद या फैशन के लिए गढ़ा हुआ शब्द है। यदि किसी को अपने देश से प्रेम है तो उसे अपने देश के मनुष्य, पशु, पक्षी, लता, गुल्म, पेड़, पत्ते, वन, पर्वत, नदी, निर्झर सबसे प्रेम होगा, सबको वह चाहभरी दृष्टि से देखेगा, सबकी सुध करके वह विदेश में आँसू बहाएगा। जो यह भी नहीं जानते कि कोयल किस चिड़िया का नाम है, जो यह भी नहीं सुनते कि चातक कहाँ चिल्लाता है, जो आँख भर यह भी नहीं देखते कि आम प्रणय-सौरभपूर्ण मंजरियों से कैसे लदे हुए हैं; जो यह भी नहीं झाँकते कि किसानों के झोपड़ों के भीतर क्या हो रहा है, वे यदि दस बने-ठने मित्रों के बीच प्रत्येक भारतवासी की औसत आमदनी का परता बताकर देश-प्रेम का दावा करें तो उनसे पूछना चाहिए कि, "भाइयो! बिना परिचय का यह प्रेम कैसा? जिनके सुख-दुःख के तुम कभी साथी न हुए उन्हें तुम सुखी देखना चाहते हो, यह समझते नहीं बनता। उनसे कोसों दूर बैठे-बैठे, पड़े-पड़े या खड़े-खड़े, तुम विलायती बोली में अर्थशास्त्र की दुहाई दिया करो, पर प्रेम का नाम उसके साथ न घसीटो। प्रेम हिसाब-किताब की बात नहीं है। हिसाब-किताब से देश की दशा का ज्ञान-मात्र हो सकता है। हित-चिंतन और हित-साधन की प्रवृत्ति इस ज्ञान से भिन्न है। वह मन के वेग पर निर्भर है, उसका संबंध लोभ या प्रेम से है जिसके बिना आवश्यक त्याग का उत्साह हो ही नहीं सकता। जिसे ब्रज की भूमि से प्रेम होगा वह इस प्रकार कहेगा—

नैनन सों रसखान जबै ब्रज के बन बाग तड़ाग निहारौं।
केतिक ये कलधौत के धाम करील के कुज्जन ऊपर बारौ।।

रसखान तो किसी की 'लकुटी अरु कामरिया' पर तीनों पुरों का राजसिंहासन तक त्यागने को तैयार थे, पर देश-प्रेम की दुहाई देने वालों में से कितने अपने किसी थके-माँदे भाई के फटे-पुराने कपड़ों और धूल भरे पैरों पर रीझकर या कम-से-कम न खीझ कर, बिना मन मैला किए कमरे की फर्श भी मैली होने देंगे? मोटे आदमियो! तुम जरा-सा दुबले हो जाते—अपने अंदेशे से ही सही—तो न जाने कितनी ठठरियों पर मांस चढ़ जाता।

अब पूछिए कि जिनमें यह देश-प्रेम नहीं है उनमें वह किसी प्रकार हो भी सकता है? हाँ, हो सकता है—परिचय से, सान्निध्य से। जिस प्रकार लोभ से सान्निध्य

की इच्छा उत्पन्न होती है, उसी प्रकार सान्निध्य से भी लोभ या प्रेम की प्रतिष्ठा होती है। जिनके बीच हम रहते हैं, जिन्हें हम बराबर आँखों से देखते हैं, जिनकी बातें हम बराबर सुनते रहते हैं, जिनका हमारा हर घड़ी का साथ हो जाता है; सारांश यह है कि जिनके सान्निध्य का हमें अभ्यास पड़ जाता है, उनके प्रति लोभ या राग हो जाता है। जिस स्थान पर कोई बहुत दिनों तक रह आता है, उसे छोड़ते हुए दुःख होता है। पशु और बालक भी जिनके साथ अधिक रहते हैं उन्हें परच जाते हैं। यह 'परचना' परिचय से निकला है। परिचय प्रेम का प्रवर्तक है। बिना परिचय के प्रेम नहीं हो सकता। यदि देश-प्रेम के लिए हृदय में जगह करनी है तो देश के स्वरूप से परिचित और अभ्यस्त हो जाओ। बाहर निकलो तो आँखें खोलकर देखो कि खेत कैसे लहलहा रहे हैं, नाले झाड़ियों के बीच से कैसे बह रहे हैं, टेसू के फूलों से वनस्थली कैसी लाल हो रही है; चौपायों के झुंड चरते हैं, चरवाहे तान लड़ा रहे हैं, अमराइयों के बीच में गाँव झाँक रहे हैं। उनमें घुसो, देखो क्या हो रहा है। जो मिलें उनसे दो-दो बातें करो; उनके साथ किसी पेड़ की छाया के नीचे घड़ी-आध-घड़ी बैठ जाओ और समझो कि ये सब हमारे हैं। इस प्रकार जब देश का रूप तुम्हारी आँखों में समा जायगा; तुम उसके अंग-प्रत्यंग से परिचित हो जाओगे, तब तुम्हारे अंतःकरण में इस इच्छा का उदय होगा कि वह हमसे कभी न छूटे; वह सदा हरा-भरा और फूला-फला रहे; उसके धन-धान्य की वृद्धि हो, उसके सब प्राणी सुखी रहें। यह तो वर्तमान प्रेमसूत्र हुआ। अतीत की ओर दृष्टि फैलाओ। राम, कृष्ण, भीम, अर्जुन, विक्रम, कालिदास, भवभूति इत्यादि का स्मरण करो जिससे यह सब नाम तुम्हारे हो जायँ। इनके नाते भी यह भूमि और इस भूमि के निवासी तुम्हें प्रिय होंगे।

पर आजकल इस प्रकार का परिचय बाबुओं की लज्जा का एक विषय हो रहा है। वे देश के स्वरूप से अनजान रहने या बनने में अपनी बड़ी शान समझते हैं। मैं अपने एक लखनवी दोस्त के साथ साँची का स्तूप देखने गया। यह स्तूप एक बहुत सुंदर छोटी-सी पहाड़ी के ऊपर है। नीचे एक छोटा-सा जंगल है जिसमें महुए के पेड़ भी बहुत-से हैं। संयोग से उन दिनों पुरातत्व-विभाग का कैंप पड़ा हुआ था। रात हो जाने से हम लोग उस दिन स्तूप नहीं देख सके। सबेरे देखने का विचार करके नीचे उतर रहे थे। वसंत का समय था। महुए चारों ओर टपक रहे थे। मेरे मुँह से निकला—"महुओं की कैसी मीठी महक आ रही है!" इस पर लखनवी महाशय ने मुझे रोक कर कहा, "यहाँ महुए-सहुए का नाम न लीजिए, लोग देहाती समझेंगे।" मैं चुप हो गया, समझ गया कि महुए का नाम जानने से बाबूपन में बड़ा भारी बट्टा लगता है!

आरंभ में ही कहा जा चुका है कि प्रवृत्ति-भेद से प्रिय वस्तु के संबंध में इच्छा दो प्रकार की होती है—प्राप्ति या सान्निध्य की इच्छा तथा दूर न करने या कष्ट न होने देने की इच्छा। प्राप्ति या सान्निध्य की इच्छा का विचार तो हो चुका। अब

रक्षा की इच्छा का अन्वेषण करना है। रक्षा की इच्छा भी दो प्रकार की होती है–

1. स्वायत्त रक्षा की इच्छा अर्थात् अपने अधिकार में रखने की इच्छा।
2. स्व-निरपेक्ष रक्षा की इच्छा अर्थात् केवल बने रहने देने की इच्छा।

स्वायत्त रखने की इच्छा प्रायः अनन्य उपयोग या उपभोग की वासना से संबद्ध रहती है। इससे वह कभी-कभी लोगों को खटकती है और लोग उसका विरोध करते हैं। कोई बहुत मीठे आम का पेड़ है जिसका फल सब लोग खाते हैं और जिसकी रखवाली सब लोग करते हैं। यदि उनमें से कोई एक अकेले उसकी रखवाली करने चले और किसी को पास न आने दे, तो सब लोग मिलकर विरोध करेंगे। पर कभी-कभी स्वायत्त रखने की इच्छा अन्य द्वारा यथेष्ट रक्षा के उस अविश्वास के कारण होती है जो लोभ या प्रीति की अधिकता से उत्पन्न होता है। ऐसी दशा में यदि संरक्ष्य वस्तु के उपयोग या उपभोग आदि में औरों को कोई बाधा नहीं पहुँचती है तो किसी एक का उसे अपनी रक्षा में रखना दूसरे को बुरा नहीं लगता।

यदि लोभ की वस्तु ऐसी है जिससे सबको सुख और आनंद है तो उस पर जितना ही अधिक ध्यान रहेगा, रक्षा के भाव की एकता के कारण, परस्पर मेल की उतनी ही प्रवृत्ति होगी। यदि दस आदमियों में से सबकी यही इच्छा है कि कोई मंदिर बना रहे; गिरने-पड़ने न पाए अथवा और अधिक उन्नत और सुसज्जित हो, तो यह सम्मिलित इच्छा ऐक्य-सूत्र होगी। मिलकर कोई कार्य करने से उसका साधन अधिक या सुगम होता है, यह बतलाना 'पर उपदेश कुशल' नीतिज्ञों का काम है, मेरे विचार का विषय नहीं। मेरा उद्देश्य तो मनुष्य की स्वाभाविक प्रवृत्तियों की छानबीन है जो निश्चयात्मिका वृत्ति से भिन्न है। मुझे तो यह कहना है कि इन-इन अवस्थाओं में मेल की प्रवृत्ति होती है। अब मेल से क्या-क्या लाभ होते हैं, यह तो न जाने कितने झगड़ालू बताते हैं और न जाने कितने लोग सुनकर झगड़ा करते हैं।

लोभ का सबसे प्रशस्त रूप वह है जो रक्षा-मात्र की इच्छा का प्रवर्तक होता है, जो मन में यही वासना उत्पन्न करता है कि कोई चीज़ बनी रहे, चाहे वह हमारे किसी उपयोग में आये या न आये। इस लोभ में दोष का लेश उसी अवस्था में आ सकता है जबकि वह वस्तु ऐसी हो जिससे किसी को कोई बाधा या हानि पहुँचती हो। कोई सुंदर कृष्णसार मृग नित्य आकर खेती की हानि किया करता है। उसके सौंदर्य पर मुग्ध होकर उसकी रक्षा चाहने वाला यदि बराबर उसकी रक्षा में प्रवृत्त रहेगा तो बहुतों से उसकी अनबन हो सकती है। वह लोभ धन्य है जिससे किसी के लोभ का विरोध नहीं और लोभ की जो वस्तु अपने सब लोभियों को एक-दूसरे का लोभी बनाये रहती है वह भी परम पूज्य है। घर का प्रेम, पुर या ग्राम का प्रेम, देश का प्रेम इसी पवित्र लोभ के क्रमशः विस्तृत रूप हैं। मनुष्य के प्रयत्नों की पहुँच बहुत परिमित होती है। अतः जो प्रेम-क्षेत्र जितना ही निकटस्थ होगा उसमें उतने ही अधिक प्रयत्न की आवश्यकता होती है और जो जितना ही दूर होगा, प्रयत्नों

का उतना ही कम अंश उसके लिए आवश्यक होगा। सबसे अधिक घर की रक्षा का, फिर पुर या ग्राम की रक्षा का और फिर देश की रक्षा का ध्यान जन-साधारण के लिए स्वाभाविक है। पर जिनकी दृष्टि बहुत व्यापक होती है, जिनके अंतःकरण में परार्थ को छोड़ स्वार्थ के लिए अलग जगह नहीं होती, वे इस क्रम का विपर्यय कर दिखाते हैं। वे देश की रक्षा के लिए अवसर पड़ने पर घर का लोभ क्या, प्राण तक का लोभ छोड़ देते हैं। पर ऐसे लोग विरले होते हैं। सबसे ऐसी आशा नहीं की जा सकती।

अब घर का प्रेम, पुर का प्रेम, देश का प्रेम कहाँ तब विरोध-शून्य होता है, यह भी देखिए। इनका अविरोध परिमित होता है—"घर के भीतर, पुर या ग्राम के भीतर" ही उसके होने का निश्चय रहता है। घर के बाहर, पुर या ग्राम के बाहर, देश के बाहर विरोध करने वाले मिल सकते हैं। एक घर की रक्षा दूसरे घर वालों से, एक पुर की रक्षा दूसरे पुर वालों से और एक देश की रक्षा दूसरे देश वालों से करनी पड़ती है।

जिनकी आत्मा समस्त भेदभाव को भेदकर अत्यंत उत्कर्ष पर पहुँची हुई होती है, वे सारे संसार की रक्षा चाहते हैं—जिस स्थिति में भूमंडल के समस्त प्राणी, कीट-पतंग से लेकर मनुष्य तक सुखपूर्वक रह सकते हैं, उसके अभिलाषी होते हैं, ऐसे लोग विरोध के परे होते हैं। उनसे जो विरोध रखें वे सारे संसार के विरोधी हैं, वे लोक के कंटक हैं।

कोई वस्तु हमें बराबर सुख या आनंद देती रहे और कोई वस्तु बनी रहे, इन्ही दो भावों को लेकर स्वायत्त की रक्षा की इच्छा और स्वनिरपेक्ष रक्षा की इच्छा—ये दो विभाग पहले किये गये हैं। अतः पहली को यदि हम अपने सुख की रक्षा की इच्छा कहें तो बहुत अनुचित न होगा। वस्तु के दूसरे के पास जाने से या नष्ट हो जाने से हमें सुख या आनंद न मिल सकेगा, इसी से हम उसकी रक्षा के लिए व्यग्र होते हैं। यदि ऐसी वस्तु को कोई उठाए लिए जाता हो और वह बीच में नष्ट हो जाय, तो हमें दुःख न होगा; क्योंकि जब चीज़ हमारे हाथ से निकल गई, हमें वह सुख या आनंद दे नहीं सकती, तब वह चाहे रहे, चाहे नष्ट हो। यहाँ तक कि यदि ले जाने वाले के प्रति हमें क्रोध होगा या ईर्ष्या होगी तब हम प्रसन्न होंगे। जहाँ वस्तु-रक्षा की इच्छा होगी वहाँ यह बात न होगी। हम किसी देश में उस वस्तु का नाश न चाहेंगे। किसी पुराने काजी के पास दो स्त्रियाँ एक बच्चे को लेकर लड़ती हुई आईं। एक कहती थी कि बच्चा मेरा है, दूसरी कहती थी मेरा। काजी साहब ने परीक्षा के विचार से कहा—"अच्छा, तुम दोनों को बच्चा काटकर आधा-आधा बाँट दिया जायगा।" इतना सुनते ही दोनों में से एक स्त्री घबराकर बोल उठी—"जाने दीजिए, बच्चा मुझे न चाहिए, उसी को दे दीजिए।" काजी साहब समझ गए कि बच्चा इसी का है। वह स्त्री बच्चे की माँ थी, अतः उसे उसका सच्चा लोभ था।

अब तक लोभ के संबंध में जो कुछ कहा गया, वह उसका व्यापक अर्थ लेकर। पर जैसा पहले कहा जा चुका है, 'लोभ' शब्द कहने से आजकल प्रायः धन के लोभ की भावना होती है, प्राप्ति या रक्षा की उस इच्छा को ओर ध्यान जाता है जो जीवन-निर्वाह की सामग्रियों के प्रति होती है। धन से अनेक सुखों की प्राप्ति और अनेक कष्टों का निवारण होता है अथवा यों कहिए कि धन के बिना संसार में रहना संभव नहीं। संसार में जो इतने लोग धन इकट्ठा करते दिखाई देते हैं उनमें से कुछ तो घोर कष्ट के निवारण के लिए, कुछ अधिक सुख की प्राप्ति के लिए, कुछ भविष्य में सुख के अभाव या कष्ट की शंका से और कुछ बिना किसी उद्देश्य-भावना के। इनमें से प्रथम श्रेणी के लोग तो धन की जितनी प्रबल इच्छा करें, उसके लिए चाहे जितना आतुर हों, लोभी नहीं कहला सकते। धन के बिना जिन्हें पेट भर अन्न नहीं मिलता, जो शीत और ताप से अपने शरीर की रक्षा नहीं कर सकते, उन्हें जो लोभी कहें वे बड़े भारी लोभी और बड़े भारी क्रूर हैं। दूसरी श्रेणी के लोगों पर से लोभ के आरोप की संभावना क्रमशः बढ़ते-बढ़ते चौथी श्रेणी के लोगों पर जाकर निश्चय कोटि की पहुँच जाती है। कष्ट-निवारण की इच्छा, अधिक सुख प्राप्ति की इच्छा, सुखाभाव या कष्ट की आशंका—ये तीनों धन और उसकी प्राप्ति की इच्छा के बीच ओट या व्यवधान के रूप में रहती हैं। जहाँ इन तीनों में से कोई परदा नहीं रहता वहाँ शुद्ध धन-लोभी की जघन्य मूर्ति साक्षात् दिखाई पड़ती है।

धन की कितनी इच्छा लोभ के लक्षणों तक पहुँचती है, इसका निर्णय कठिन है। पर किसी मनोविकार की उचित सीमा का अतिक्रमण प्रायः वहाँ समझा जाता है जहाँ और मनोवृत्तियाँ दब जाती हैं या उनके लिए बहुत कम स्थान रह जाता है और मनोवेगों के आधिक्य से लोभ के आधिक्य में विशेषता यह होती है कि लोग स्वविषयान्वेषी होने के कारण अपनी स्थिति और वृद्धि का आधार आप खड़ा करता रहता है, जिससे असंतोष की प्रतिष्ठा के साथ-ही-साथ और वृत्तियों के लिए स्थायी अनावकाश हो जाता है; और मनोविकारों में यह बात नहीं होती। क्रोध को ही लीजिए। क्रोध कुछ बातों पर आता है, पर उन बातों को ढूँढ़ने में प्रवृत्त नहीं होता। क्रोधी स्वभाव का मनुष्य ऐसी बातों पर चिढ़ जाता है जिनसे और लोग नहीं चिढ़ते, पर वह सदा इस फेर में नहीं घूमा करता कि कोई बात चिढ़ने को मिले। क्रोध में आगबबूला होने वाले तुरंत करुणा से आर्द्र और लज्जा से पानी-पानी हुए भी देखे जाते हैं। क्रोध आदि में अन्य वृत्तियों का जो बोध हो जाता है वह प्रायः क्षणिक होता है, पर लोभ द्वारा स्थायी हो जाता है। बात यह है कि लोभ का प्रथम अवयव सुखात्मक होने के कारण लोभी को विषय की ओर बराबर प्रवृत्त रखता है। धन का लोभी धन पाकर लोभ से निवृत्त नहीं हो जाता; या तो भले-बुरे का सब विचार छोड़ रक्षा में तत्पर दिखाई देता है या और अधिक प्राप्ति में। इस प्रकार लोभ से अन्यमुख वृत्तियों का जो स्तम्भन होता है, वह स्वभावान्तर्गत हो जाता है। अस्तु, स्थूल रूप

से उद्धत लोभ के दो उग्र लक्षण कहे जा सकते हैं–

(1) असंतोष

(2) अन्य वृत्तियों का दमन।

लोभ चाहे जिस वस्तु का हो, जब बहुत बढ़ जाता है तब उस वस्तु की प्राप्ति, सान्निध्य या उपभोग से जी नहीं भरता। मनुष्य चाहता है कि वह बार-बार मिले या बराबर मिलती रहे। धन का लोभ जब रोग होकर चित्त में घर कर लेता है तब प्राप्ति होने पर भी और प्राप्ति की इच्छा बराबर जगी रहती है। जिससे मनुष्य सदा आतुर और प्राप्त के आनंद से विमुख रहता है। जितना नहीं है उतने के पीछे जितना है उतने से प्रसन्न होने का उसे कभी अवसर ही नहीं मिलता। उसका सारा अंतःकरण सदा अभावमय रहता है। उसके लिए जो है, वह भी नहीं है। असंतोष अभाव-कल्पना से उत्पन्न दुःख है, अतः जिस किसी में यह अभाव-कल्पना स्वाभाविक हो जाती है, सुख से उसका नाता सब दिनों के लिए टूट जाता है। न किसी को देखकर वह प्रसन्न होता है और न उसे देखकर कोई प्रसन्न होता है। इसी से संतोष सात्त्विक जीवन का एक अंग बतलाया गया है। भक्तवर तुलसीदासजी संतोष-वृत्ति की वांछा इस प्रकार करते हैं–

कबहुँक हौं यहि रहनि रहौंगो।
यथालाभ संतोष सदा काहू सों कछू न चहौंगो।

पर जिस स्थिति से कोई कष्ट या कठिनता हो उससे असंतुष्ट रहना गृहस्थ का धर्म है, क्योंकि ऐसे असंतोष से जिस प्रयत्न की प्रेरणा होती है वह एक अच्छे फल के निमित्त होता है। ऐसे असंतोष का अभाव आलस्य-सूचक होता है। पर प्राप्ति की जो इच्छा व्यसन के रूप में होती है, उसका निरसन ही ठीक है।

धन का जो लोभ मानसिक व्याधि या व्यसन के रूप में होता है, उसका प्रभाव अंतःकरण की शेष वृत्तियों पर यह होता है कि वे अनभ्यास से कुंठित हो जाती हैं। जो लोभ मान-अपमान के भावों को, करुणा और दया के भाव को, न्याय-अन्याय के भाव को, यहाँ तक कि अपने कष्ट-निवारण या सुख भोग की इच्छा तक को दबा दे, वह मनुष्य कहाँ तक रहने देगा? जो अनाथ विधवा का सर्वस्वहरण करने के लिए कुर्क अमीन लेकर चढ़ाई करते हैं, जो अभिमानी धनिकों की दुतकार सुनकर त्योरी पर बल नहीं आने देते, जो मिट्टी में रुपया गाड़कर न आप खाते और न दूसरों को खाने देते हैं, परिजनों का कष्ट-क्रंदन सुनकर भी रुपये गिनने में लगे रहते हैं, वे अधमरे होकर जीते हैं। उनका आधा अंतःकरण मारा गया समझिए। जो किसी के लिए नहीं जीते, उनका जीना-न-जीना बराबर है।

लोभियों का दमन योगियों के दमन से किसी प्रकार कम नहीं होता। लोभ के बल से वे काम और क्रोध को जीतते हैं, सुख की वासना का त्याग करते हैं, मान-अपमान में समान भाव रखते हैं। अब और चाहिए क्या? जिससे वे कुछ पाने

की आशा रखते हैं, वह यदि उन्हें दस गालियाँ भी देता है तो उनकी आकृति पर न रोष का कोई चिह्न प्रकट होता है और न मन में ग्लानि होती है। न उन्हें मक्खी चूसने में घृणा होती है और न रक्त चूसने में दया। सुंदर से सुंदर रूप देखकर वे अपनी एक कौड़ी भी नहीं भूलते। करुण से करुण स्वर सुनकर वे अपना एक पैसा भी किसी के यहाँ नहीं छोड़ते। तुच्छ से तुच्छ व्यक्ति के सामने हाथ फैलाने में वे लज्जित नहीं होते। क्रोध, दया, घृणा, लज्जा आदि करने से क्या मिलता है कि वे करने जायँ? जिस बात से उन्हें कुछ मिलता नहीं जब कि उसके लिए उनके मन के किसी कोने में जगह नहीं होती, तब जिस बात से पास का कुछ जाता है, वह बात उन्हें कैसी लगती होगी; यह यों ही समझा जा सकता है। जिस बात में कुछ लगे वह उनके किसी काम की नहीं, चाहे वह कष्ट-निवारण हो या सुख-प्राप्ति, धर्म हो या न्याय। वे शरीर सुखाते हैं; अच्छे भोजन, अच्छे वस्त्र आदि की आकांक्षा नहीं करते। लोभ के अंकुश से अपनी संपूर्ण इंद्रियों को वश में रखते हैं। लोभियो! तुम्हारा अक्रोध, तुम्हारा इंद्रिय-निग्रह, तुम्हारा मानापमान-समता, तुम्हारा तप अनुकरणीय है; तुम्हारी निष्ठुरता, तुम्हारी निर्लज्जता, तुम्हारा अविवेक, अन्याय विगर्हणीय है। तुम धन्य हो! तुम्हें धिक्कार है!!

पक्के लोभी लक्ष्य-भ्रष्ट नहीं होते, कच्चे हो जाते हैं। किसी वस्तु को लेने के लिए कई आदमी खींचतान कर रहे हैं। उनमें से एक क्रोध में आकर उस वस्तु को नष्ट कर देता है। उसे पक्का लोभी नहीं कह सकते, क्योंकि क्रोध ने उसके लोभ को दबा दिया, वह लक्ष्य-भ्रष्ट हो गया।

अब एक प्राणी के प्रति दूसरे प्राणी के लोभ का प्रसंग सामने आता है, जिसे प्रीति या प्रेम कहते हैं। यद्यपि किसी व्यक्ति की ओर प्रवृत्ति भी जब तक एकनिष्ठ न हो, लोभ ही कही जा सकती है, पर साधारण बोल-चाल में वस्तु के प्रति मन की जो ललक होती है उसे 'लोभ', और किसी व्यक्ति के प्रति जो ललक होती है उसे 'प्रेम' कहते हैं। वस्तु और व्यक्ति के विषय-भेद से लोभ के स्वरूप और प्रवृत्ति में बहुत-कुछ भेद पड़ जाता है, इससे व्यक्ति के लोभ को अलग नाम दिया गया है। पर मूल में लोभ और प्रेम दोनों एक ही हैं, इसका पता हमारी भाषा ही देती है। किसी रूपवान् या रूपवती को देखकर उस पर 'लुभा जाना' बराबर कहा जाता है। अंग्रेजी के प्रेम-वाचक शब्द 'लव' (Love) सैक्सन के 'लुफु' (Lufu) और लैटिन के 'लुबेट' (Lubet) का संबंध संस्कृत के 'लोभ' शब्द वा लुभ् धातु से स्पष्ट लक्षित होता है।

किसी व्यक्ति का लोभ वस्तु के लोभ से कितना विलक्षण होता है, अब यह देखना चाहिए। विलक्षणता का सबसे बड़ा कारण है दोनों पक्षों में मनस्तत्त्व का विधान। जो लुब्ध होता है उसके भी हृदय होता है, जिस पर वह लुब्ध होता है उसके भी। अतः किसी व्यक्ति का लोभी उस व्यक्ति से केवल बाह्य संपर्क रखकर ही तुष्ट नहीं

हो सकता; उसके हृदय का संपर्क भी चाहता है। अतः मनुष्य का मनुष्य के साथ जितना गूढ़, जटिल और व्यापक संबंध हो सकता है उतना वस्तु के साथ नहीं। वस्तु-लोभ के आश्रय और आलंब, इन दो पक्षों में भिन्न-भिन्न कोटि की सत्ताएँ रहती हैं। पर प्रेम एक ही कोटि की दो सत्ताओं का योग है, इससे कहीं अधिक गूढ़ और पूर्ण होता है।

वस्तु के भीतर लोभी चेतना को कोई विधान नहीं देखता जिस पर प्रभाव डालने का वह प्रयत्न करे, पर प्रेमी प्रिय की अंतर्वृत्ति पर प्रभाव डालने में तत्पर रहा करता है। प्रभाव डालने की यह वासना प्रेम उत्पन्न होने के साथ ही जगती है और बढ़ी चली जाती है। वस्तु पर लुब्ध होकर कोई इस चिंता में नहीं पड़ता कि उस वस्तु को मालूम हो जाय कि वह उस पर लुब्ध है। पर किसी पर लुब्ध या प्रेमासक्त होते ही प्रेमी इस बात के लिए आतुर होने लगता है कि प्रिय को उसके प्रेम की सूचना मिल जाय। उसे इस बात की चिंता रहती है कि प्रिय को भी उससे प्रेम हो गया है, कम-से-कम उसके प्रेम का पता लग गया है, या नहीं—

वा निरमोहिनि रूप की रासि जऊ उर हेतु न ठानति ह्वै है।
बारहि बार बिलोकि घरी घरी सूरति तो पहिचानति ह्वै है।
ठाकुर या मन को परतीति है, जो पै सनेह न मानति ह्वै है।
आवत हैं नित मेरे लिए इतनो तो विशेष कै जानति ह्वै है।

इस प्रवृत्ति के मूल में कई बातें दिखाई पड़ती हैं। पहली बात तो तुष्टि का विधान है। लोभी या प्रेमी सान्निध्य या संपर्क द्वारा तुष्ट होना चाहता है। वस्तु के सान्निध्य या संपर्क के लिए तो वस्तु की ओर से किसी प्रकार स्वीकृति या प्रयत्न की अपेक्षा नहीं। पर किसी चेतन प्राणी से प्रेम करके कोई उसके सान्निध्य या संपर्क की आशा तब तक नहीं कर सकता जब तक कि वह उसमें भी साान्निध्य या सम्पर्क की इच्छा न उत्पन्न कर ले। दूसरी बात यह है कि प्रेम का पूर्ण विकास तभी होता है जब हृदय एक-दूसरे की ओर क्रमशः खिंचते हुए मिल जाते हैं। इस अंतर्योग के बिना प्रेम की सफलता नहीं मानी जा सकती। अतः प्रिय को अपने प्रेम की सूचना देना उसके मन को अपने मन से मिलाने के लिए न्योता देना है।

अपने प्रेम की सूचना देने के उपरांत प्रेमी प्रिय के हृदय में अपनी ओर कुछ भावों की प्रतिष्ठा चाहता है। पहले कहा जा चुका है कि सहसा उत्पन्न लोभ या प्रीति का प्रथम संवेदात्मक अवयव है 'अच्छा लगना'। वस्तु के संबंध में तो उसी वस्तु का अच्छा लगना काफी होता है। लोभियों को इस फेर में नहीं पड़ना पड़ता कि जो वस्तु उन्हें अच्छी लग रही है उसे वे अच्छे लगें पर प्रेमी यह चाहने लगता है कि जिस प्रकार प्रिय मुझे अच्छा लगता है उसी प्रकार मैं भी प्रिय को अच्छा लगूँ। वह अपना सारा अच्छापन किसी-न-किसी बहाने उसके सामने रखना चाहता है। यह बराबर देखने में आता है कि जब कभी किसी नवयुवक का चित्त किसी युवती की

ओर आकर्षित होता है तब ऐसे स्थानों पर जाते समय जहाँ उसके दिखाई पड़ने की संभावना होती है, उसका ध्यान कपड़े-लत्ते की सफाई और सजावट की ओर कुछ अधिक हो जाता है। सामने होने पर बातचीत और चेष्टा में भी एक खास ढब देखा जाता है। अवसर पड़ने पर चित्त की कोमलता, सुशीलता, वीरता, निपुणता इत्यादि का भी प्रदर्शन होता है। प्रेमी को जिस घड़ी यह पता चलता है कि प्रिय का चित्त भी उसकी ओर थोड़ा-बहुत खिंचा है उसी घड़ी से वह लोभ की ऊपरी सतह से और गहरे में जाकर प्रेम के आनंद-लोक में मग्न हो जाता है।

एक-दूसरे की ओर आकर्षित दो हृदयों के योग से जीवन में एक नया रस उत्पन्न हो जाता है या दूनी सजीवता आ जाती है। आनंद की संभावना भी बहुत अधिक बढ़ जाती है और दुःख की भी। प्रिय के हृदय का आनंद प्रेमी के हृदय का आनंद हो जाता है। अतः एक ओर तो प्रिय के आनंद का मेल हो जाने से प्रेमी संसार की नाना वस्तुओं में कई गुने अधिक आनंद का अनुभव करने लगता है; दूसरी ओर प्रिय के अभाव में उन्हीं वस्तुओं में उसके लिए आनंद बहुत कम या कुछ भी नहीं रह जाता है। वियोग की दशा में तो वे वस्तुएँ उलटा दुःख देने लगती हैं। होते-होते यहाँ तक होता है कि प्रेमी के लिए प्रिय के आनंद से अलग आनंद रह ही नहीं जाता। प्रिय के आनंद में ही वह अपना आनंद ढूँढ़ा करता है। दो हृदयों की यह अभिन्नता अखिल जीवन की एकता के अनुभव-पथ का द्वार है, प्रेम का यह रहस्यपूर्ण महत्त्व है।

प्रेम का प्रभाव एकांत भी होता है और लोक-जीवन के नाना क्षेत्रों में भी दिखाई पड़ता है। एकांत प्रभाव उस अंतर्मुख प्रेम में देखा जाता है जो प्रेमी को लोक के कर्म क्षेत्र से खींचकर केवल दो प्राणियों के एक छोटे-से संसार में बंद कर देता है। उसका उठना-बैठना, चलना-फिरना, मरना-जीना, सब उसी घेरे के भीतर होता है। वह उस घेरे के बाहर कोई प्रभाव उत्पन्न करने के उद्देश्य से कुछ भी नहीं करता। उसमें जो साहस, धीरता, दृढ़ता, कष्ट-सहिष्णुता आदि दिखाई देती है वह प्रेम-मार्ग के बीच प्रेमोन्माद के रूप में, लोक के बीच कर्तव्य के रूप में नहीं। सारांश यह कि इस प्रकार के प्रेम का क्षेत्र सामाजिक और पारिवारिक जीवन से विच्छिन होता है। उसमें प्रियपक्ष का प्रबल राग जीवन के अन्य सब पक्षों से पूर्ण विराग की प्रतिष्ठा कर देता है। फारसी के साहित्य में ऐसे ही ऐकांतिक और लोक-बाह्य प्रेम की प्रधानता है। भारतीय साहित्य में गोपियों के प्रेम को प्रायः यही स्वरूप दिया गया है। भक्ति-मार्ग में प्रायः यही ऐकांतिक और अनन्य प्रेम लिया गया है; क्योंकि यह एक ऐसा राग है जिसके प्रभाव से विराग की साधना आप-से-आप, विना किसी मानसिक प्रयत्न के, हो जाती है।

प्रेम का दूसरा स्वरूप वह है जो अपना मधुर और रंजनकारी प्रकाश जीवन-यात्रा के नाना पथों पर फेंकता है। प्रेमी जगत् के बीच अपने अस्तित्व की रमणीयता का

अनुभव आप भी करता है और अपने प्रिय को भी कराना चाहता है। प्रेम के दिव्य प्रभाव से उसे अपने आसपास चारों ओर सौंदर्य की आभा फैली दिखाई पड़ती है, जिसके बीच वह बड़े उत्साह और प्रफुल्लता के साथ अपना कर्म-सौंदर्य प्रदर्शित करता है। वह प्रिय को अपने समग्र जीवन का सौंदर्य जगत् के बीच दिखाना चाहता है। यह प्रवृत्ति इस बात का पूरा संकेत करती है कि मनुष्य की अंतःप्रवृत्ति में जाकर प्रेम का जो विकास हुआ है वह सृष्टि के बीच सौंदर्य-विधान की प्रेरणा करने वाले एक दिव्य शक्ति के रूप में। मनुष्य का प्रेमसौंदर्य-भाव-सौंदर्य, वस्तु-सौंदर्य, कर्म-सौंदर्य, वाक्-सौंदर्य, सब-देखना और दिखाना चाहता है। वीरता के पुराने जमाने में युवक योद्धा यह समझकर कि गढ़ी की ऊँची अट्टालिका के गवाक्षों से हमारी प्रेयसी झाँकती होगी, किस सौंदर्य-भावनापूर्ण उमंग के साथ रणक्षेत्र में उतरता था। कर्म का सबसे अधिक विकट क्षेत्र युद्ध है। इससे आर्य जाति के वीरकाल के काव्यों में शृंगार और वीर का अत्यंत मनोहर समन्वय पाया जाता है। जिस प्रकार यूरोपीय साहित्य में वीरधर्म का एक युग रहा है, उसी प्रकार हमारे हिंदी-साहित्य में भी। उस काल की कविता का प्रसंग अधिकतर 'युद्ध और प्रेम' (love and war) ही पाया जाता है।

भारतीय प्रबंध काव्यों की मूल प्रवृत्ति लोक-जीवन के संशिलष्ट प्रेम के वर्णन की ओर ही रही। आदि कवि वाल्मीकि ने राम और सीता के प्रेम का विकास मिथिला या अयोध्या के महलों और बगीचों में न दिखाकर दंडकारण्य के विस्तृत कर्मक्षेत्र के बीच दिखाया है। उनका प्रेम जीवन-यात्रा के मार्ग में माधुर्य फैलाने वाला है; उससे अलग किसी कोने में चौकड़ी या आहें भराने वाला नहीं; उसके प्रभाव से वनचर्या में एक अद्भुत रमणीयता आ गई है। सारे कँटीले पथ प्रसूनमय हो गए हैं, संपूर्ण कर्म-क्षेत्र एक मधुर ज्योति से जगमगा उठा है। कोमलांगी सीता अपने प्रिय पति की विशाल भुजाओं और कंधे के ऊपर निकली हुई धनुष की वक्रकोटि पर मुग्ध निविड़ और निर्जन काननों में निश्शंक विचर रही हैं। खर-दूषण की राक्षसी सेना कोलाहल करती आ रही है। राम कुछ मुस्कराकर एक बार प्रेम-भरी दृष्टि से सीता की ओर देखते हैं, फिर वीरदर्प से राक्षसों की ओर दृष्टि फेंककर अपना धनुष चढ़ाते हैं। उस वीरदर्प में कितनी उमंग, कितना उत्साह, कितना माधुर्य रहा होगा! सीताहरण होने पर राम का वियोग जो सामने आता है वह भी चारपाई पर करवटें बदलने वाला नहीं है, समुद्र पार कराकर पृथ्वी का भार उतारने वाला है।

उस ऐकांतिक प्रेम की अपेक्षा जो प्रेमी को एक घेरे में उसी प्रकार बंद कर देता है जिस प्रकार कोई मर्ज मरीज को एक कोठरी में डाल देता है, हम उस प्रेम का अधिक मान करते हैं जो संजीवन-रस के रूप में प्रेमी के सारे जीवन-पथ को रमणीय और सुंदर कर देता है, उसके सारे कर्मक्षेत्र को अपनी ज्योति से जगमगा देता है। जो प्रेम जीवन की नीरसता हटाकर उसमें सरलता ला दे, वह प्रेम धन्य है। जिस प्रेम का रंजनकारी प्रभाव विद्वान् की बुद्धि, कवि की प्रतिभा, चित्रकार की

कला, उद्योगी की तत्परता, वीर के उत्साह तक बराबर फैली दिखाई दे उसे हम भगवान् का अनुग्रह समझते हैं। भगवद्‌भक्ति के लिए हम तो प्रेम की यही पद्धति समीचीन मानते हैं। जब कि प्रिय के संबंध से न जाने कितनी वस्तुएँ प्रिय हो जाती हैं, तब उस परम प्रिय के संबंध से सारा जगत् प्रिय हो सकता है। शुद्ध भक्ति-मार्ग में जगत् से विरक्ति का स्थान हम ढूँढ़ते हैं और नहीं पाते हैं। भक्ति राग की वह दिव्य भूमि है जिसके भीतर सारा चराचर जगत् आ जाता है। जो भक्त इस जगत् को ब्रह्म की ही व्यक्त सत्ता या विभूति समझेगा, भगवान् के लोकपालक और लोकरंजक स्वरूप पर मुग्ध रहेगा, वह अपने स्नेह, अपनी दया, अपनी सहानुभूति को लोक में और फैलाएगा कि चारों ओर से खींच लेगा? हम तो जगत् के बीच हृदय के सम्यक् प्रसार में ही भक्ति का प्रकृत लक्षण देखते हैं, क्योंकि राम की ओर ले जाने वाला रास्ता इसी संसार से होता हुआ गया है।

जब कोई रामभक्त पुत्र-कलत्र, भाई-बंधु का राग छोड़ने, कर्मपथ से मुँह मोड़ने और जगत् का नाता तोड़ने का उपदेश देता है तब मेरी समझ जवाब देने लगती है। मेरे देखने में तो वही रामभक्त-सा लगता है जो अपने पुत्र-कलत्र, भाई-बहिन, माता-पिता से स्नेह का व्यवहार करता है, रास्ते में चीटियाँ बचाता चलता है, किसी प्राणी का दुःख देख आँसू बहाता हुआ रुक जाता है, किसी दीन पर निष्ठुर अत्याचार होते देख क्रोध से तिलमिलाता हुआ अत्याचारी का हाथ थामने के लिए कूद पड़ता है, बालकों की क्रीड़ा देख विनोद से पूर्ण हो जाता है, लहलहाती हुई हरियाली देख लहलहा उठता है और खिले हुए फूलों को देख खिल जाता है। जो यह सब देख 'मुझसे क्या प्रयोजन?' कहकर विरक्त या उदासीन रहेगा—क्रोध, करुणा, स्नेह, आनंद आदि को पास तक न फटकने देगा—उसे मैं, ज्ञानी, ध्यानी, संयमी चाहे कहूँ भक्त कदापि न कह सकूँगा। 'राम का नाता' सारे संसार से नाता जोड़ता है, तोड़ता नहीं। लोकमंगल की प्रेरणा द्वारा भक्त अपने 'नेह का नाता' संसार में निभाता हुआ राग से जोड़ने का प्रयत्न करता है। इस संबंध-निर्वाह में जो बाधक हों भक्त के लिए वे अवश्य त्याज्य हैं, चाहे वे अपने सुहृद और स्नेही परिजन ही क्यों न हों, क्योंकि—

नाते सबै राम के मनियत सुहृद्‌ सुसेव्य जहाँ लौं।

ऐकांतिक और लोकबद्ध प्रेम के इन दो स्वरूपों का परिचय हो चुका। अब हम प्रेमी और प्रिय, इन दो पक्षों की पारस्परिक स्थिति पर कुछ विचार करना चाहते हैं। प्रेम कहीं तो दोनों पक्षों में युगपद् होता है अर्थात् आरंभ ही से सम रहता है; कहीं पहले एक में उत्पन्न होकर फिर दूसरे में होता है और कहीं एक ही में उत्पन्न होकर रह जाता है, दूसरे में होता ही नहीं अर्थात् विषम ही रह जाता है। पहले कहा जा चुका है कि किसी के प्रति प्रेम का प्रादुर्भाव होते ही प्रेमी उसे अपने प्रेम का परिचय देने के लिए आतुर होता है। यह आतुरता तुल्यानुराग की प्रतिष्ठा के लिए होती है जिसके बिना प्रेम सफल नहीं जान पड़ता। तुल्यानुराग के प्रयत्न की भी

एक बँधी हुई पद्धति दिखाई पड़ती है।

दूसरों की ओर द्रवित करने वाली हृदय की दो कोमल वृत्तियाँ हैं—करुणा और प्रेम। इसमें से प्रेम का पात्र होने के लिए भिन्न-भिन्न प्रकार की विशिष्टता अपेक्षित होती है। इससे दूसरे के हृदय में प्रेम उत्पन्न कर सकने का निश्चय किसी को जल्दी नहीं हो सकता। पर दया का पात्र होने के लिए केवल दुःख या पीड़ा का प्रदर्शन ही पर्याप्त होता है। दया का क्षेत्र अत्यंत विस्तृत है। दया मनुष्य-मात्र का धर्म है और प्राणी-मात्र उसके अधिकारी हैं। दया यह नहीं देखने जाती कि दुखी या पीड़ित कौन और कैसा है? इसी से प्रेमी कभी तो यह चेष्टा करता दिखाई पड़ता है कि वह भी प्रिय को अच्छा लगे और कभी ऐसे उपायों का अवलंबन करता है जिससे प्रिय के हृदय में उसके ऊपर दया उत्पन्न हो। दया उत्पन्न करके वह प्रिय के अंतस में प्रेम की भूमिका बाँधना चाहता है। वह समझता है कि दया उत्पन्न होगी तो धीरे-धीरे प्रेम भी उत्पन्न हो जायगा। वह वियोग की अपनी दारुण वेदना प्रिय के कानों तक बराबर पहुँचाता रहता है।

यह न समझना चाहिए कि प्रिय के हृदय में दया उत्पन्न करने की यह चाह तुल्यानुराग की प्रतिष्ठा के पूर्व तक ही रहती है। वह प्रेम-मार्ग की एक सामान्य प्रवृत्ति है जो प्रेमी के हृदय में सदा बनी रहती है। बात यह है कि जिस प्रकार दूसरे के हृदय में प्रेम उत्पन्न करने की जरूरत होती है, उसी प्रकार बराबर बनाये रखने की भी। प्रेम की रखवाली करने के लिए प्रेमी प्रिय के हृदय में दया को बराबर जगाता रहता है। दया या करुणा का भाव जाग्रत रखने की इस प्रवृत्ति का प्रकर्ष फारसी या उर्दू की शायरी में विशेष रूप से पाया जाता है। वहाँ प्रेमी जीते-जी यार के कूचे में अपनी कब्र बनवाते हैं, उस कूचे के कुत्तों के नाम अपनी हड्डियाँ वक्फ करते हैं और बार-बार मरकर अपना हाल सुनाया करते हैं। मरण से बढ़कर करुणा का विषय और क्या हो सकता है? शत्रु तक का मरना सुनकर सहानुभूति के एक-आध शब्द मुँह से निकल आते हैं। प्रिय के मुख से निकले हुए सहानुभूति के शब्द-सा प्रिय संसार में कोई शब्द नहीं हो सकता। 'बेचारा बहुत अच्छा था' प्रिय के मुँह से इस प्रकार कुछ शब्दों की संभावना पर ही आशिक लोग अपने मर जाने की कल्पना बड़े आनंद से किया करते हैं। जब कि सहानुभूति के एक शब्द का इतना मोल है तब अश्रु का तो कोई मोल ही नहीं हो सकता; प्राण के बदले में भी वह सस्ता ही जँचेगा। यदि प्रेमी को यह निश्चित हो जाय कि मर जाने पर प्रिय की आँखों में आई हुई आँसू की बूँद वह देख सकेगा तो वह अपना शरीर छोड़ने के लिए तैयार हो सकता है।

यह कहा जा चुका है कि तुल्यानुराग की प्रतिष्ठा हो जाने पर ही प्रेम को पूर्ण तुष्टि और सफलता प्राप्त होती है। हमारे साहित्य के पुराने आचार्यों ने एक पक्ष की प्रीति को रसाभास के अंतर्गत लिया है। जब तक तुल्यानुराग की संभावना

रहती है या प्रिय-पक्ष की विरक्ति और उदासीनता का प्रमाण सामने नहीं रहता तब तक रस में त्रुटि नहीं मानी जाती। प्रेमी का तिरस्कार करता हुआ प्रिय जब अन्य में अनुरक्त पाया जाता है तब उसकी विरक्ति का पक्का प्रमाण सामने आ जाता है। ऐसी दशा में भी बने रहने वाले प्रेम की चर्चा काव्यों में मिलती है। फारसी और उर्दू की शायरी में आशिकों को अक्सर यह शिकायत रहती है कि ''माशूक गैरों से मिला करता है और हमारी ओर ताकता तक नहीं।'' कृष्ण के मथुरा चले जाने पर गोपियों की शिकायत भी कुछ-कुछ इसी ढंग की हो गई थी।

रस और रसाभास की बात छोड़ हमें प्रेम के स्वरूप पर विचार करना है, जिसमें प्रेमी तो प्रेम विह्वल रहता है और प्रिय उसकी ओर ध्यान ही नहीं देता या बराबर उसका तिरस्कार करता जाता है। क्या ऐसा प्रेम कोई प्रेम ही नहीं है? यह नहीं कहा जा सकता है। प्रेमी तो प्रेम कर चुका, उसका कोई प्रभाव प्रिय पर पड़े या न पड़े। उसके प्रेम में कोई कसर नहीं। प्रिय यदि उससे प्रेम करके उसकी आत्मा को तुष्ट नहीं करता तो इसमें उसका क्या दोष? तुष्टि का विधान न होने से प्रेम के स्वरूप की पूर्णता में कोई त्रुटि नहीं आ सकती। जहाँ तक ऐसे प्रेम के साथ तुष्टि की कामना या अतृप्ति का क्षोभ लगा दिखाई पड़ता है, वहाँ तक तो उसका उत्कर्ष प्रकट नहीं होता। पर जहाँ आत्मतुष्टि की वासना विरत हो जाती है या पहले ही से नहीं रहती, वहाँ प्रेम का अत्यंत निखरा हुआ निर्मल और विशुद्ध रूप दिखाई पड़ता है। ऐसे प्रेम की अविचल प्रतिष्ठा अत्यन्त उच्च भूमि पर होती है जहाँ सामान्य हृदयों की पहुँच नहीं हो सकती। इस उच्च भूमि पर पहुँचा हुआ प्रेमी प्रिय से कुछ भी नहीं चाहता, केवल यही चाहता है—प्रिय से नहीं, ईश्वर से—कि हमारा प्रिय बना रहे और हमें ऐसा ही प्रिय रहे। इसी उच्च दशा का अनुभव करती हुई सूर की गोपियाँ कहती हैं—

जहँ जहँ रहौ राज करौ तहँ तहँ लेहु कोटि सिर भार।
यह असीस हम देति सूर सुनु 'न्हात खसै जनि बार'।।

ऐसे प्रेमी के लिए प्रिय की तुष्टि या सुख से अलग अपनी कोई तुष्टि या सुख रह ही नहीं जाता। प्रिय का सुख-संतोष ही उसका सुख-संतोष हो जाता है। बंकिम बाबू की 'दुर्गेशनंदिनी' में आयशा का जगत सिंह पर अनुराग इसी उच्च भूमि पर लाकर छोड़ा गया है। जिस दिन से उसे जगत सिंह और तिलोत्तमा के प्रेम का पता चलता है, उसी दिन से वह अपने प्रेम को भौतिक कामनाओं से मुक्त करने लगती है और अंत में तिलोत्तमा के साथ जगत का विवाह कराकर पूर्ण शांति के साथ प्रेम के विशुद्ध मानस-लोक में प्रवेश करती है।

प्रेमी यदि अपने प्रेम का कोई प्रभाव प्रिय पर न देखे तो उसके सामने प्रेम की वही उच्च भूमि दिखाई पड़ती है। सान्निध्य या संपर्क की कामना के त्याग द्वारा ही वह प्रेम-रक्षा और शांति-लाभ कर सकता है। यदि उसमें यह क्षमता न होगी तो

प्रतिवर्तन (Reaction) द्वारा घोर मानसिक विप्लव और पतन की आशंका रहेगी, ईर्ष्या आदि बुरे भावों के लिए रास्ता खुल जायगा। यहाँ तक कि समय-समय पर क्रोध का दौरा होगा और प्रेम का स्थान बैर ले लेगा।

प्रेम-काव्यों में प्रायः रूप-लोभ ही प्रेम का प्रवर्तक दिखाया जाता है। किसी के उत्कृष्ट रूप-गुण पर कोई मुग्ध होता है और उसका प्रेमी बन जाता है। पर प्रेम का एक और कारण, जो रूप-गुण से सर्वथा स्वतंत्र और उनकी अपेक्षा अधिक निश्चित प्रभाव वाला होता है, साहचर्य है। देश-प्रेम के अंतर्गत इसका उल्लेख हो चुका है। किसी अरब को उसकी रेगिस्तानी जन्मभूमि से ले जाकर कश्मीर के हरे-भरे मैदान में रख दें तो भी वह अपने देश के वियोग में रोया करेगा। इसी प्रकार जिन मनुष्यों के बीच कोई बचपन से या बहुत दिनों से रहता चला आता है, उनके प्रति उसके हृदय में एक स्थायी प्रेम होता है। इस साहचर्यगत प्रेम में विशेषता यह होती है कि इसका वेग साहचर्य-काल में तो कुछ अवसरों पर ही रह-रहकर व्यक्त होता है, पर विच्छेद-काल में बराबर उमड़ा रहता है। भाई-बहिन, पिता-पुत्र, इष्ट-मित्र से लेकर चिर-परिचित, पशु-पक्षी और वृक्ष तक का प्रेम इसी ढंग का होता है। रूप-गुण की भावना से उत्पन्न प्रेम भी आगे चलकर कुछ दिनों में यह साहचर्यजन्य स्वरूप प्राप्त करता है, अतः प्रेम के इस स्वरूप का महत्त्व बराबर ध्यान में रहना चाहिए।

लोभ या प्रेम की सबसे बड़े विलक्षणता का उल्लेख करके अब हम यह निबंध समाप्त करते हैं। यही एक ऐसा भाव है जिसकी व्यंजना हँसकर भी की जाती है और रोकर भी; जिसके व्यंजक दीर्घ निःश्वास और अश्रु भी होते हैं तथा हर्षपुलक और उछल-कूद भी। इसके विस्तृत शासन के भीतर आनंदात्मक और दुःखात्मक दोनों प्रकार के मनोविकार आ जाते हैं। साहित्य के आचार्यों ने शृंगार के दो पक्ष कर दिए हैं—संयोग पक्ष, वियोग पक्ष। कोई और भाव ऐसा नहीं है जो आलंबन के रहने पर तो एक प्रकार की मनोवृत्तियाँ और चेष्टाएँ उत्पन्न करे और न रहने पर बिल्कुल दूसरे प्रकार की। कुछ और भाव भी लोभ या प्रेम का-सा स्थायित्व प्राप्त करते हैं—जैसे क्रोध बहुत दिनों तक टिका रह जाने पर द्वेष या वैर का रूप धारण करता है और जुगुप्सा', घृणा या विरक्ति का—पर यह विशेषता और किसी में नहीं पाई जाती। मनुष्य की अंतर्वृत्तियों पर लोभ या प्रेम के शासन का यही दीर्घ विस्तार देखकर लोगों ने शृंगार को 'रसराज' कहा है।

काव्यचिन्तन–खण्ड

कविता क्या है?

मनुष्य अपने भावों, विचारों और व्यापारों के लिए दूसरों के भावों, विचारों और व्यापारों के साथ कहीं मिलता और कहीं लड़ता हुआ अंत तक चला चलता है और इसी को जीना कहता है। जिस अनंत रूपात्मक क्षेत्र में यह व्यवसाय चलता रहता है उसका नाम है जगत्। जब तक कोई अपनी पृथक् सत्ता की भावना को ऊपर किए इस क्षेत्र के नाना रूपों और व्यापारों को अपने योगक्षेम, हानि-लाभ, सुख-दुःख आदि से संबद्ध करके देखता रहता है तब तक उसका हृदय एक प्रकार से बद्ध रहता है। इन रूपों और व्यापारों के सामने जब कभी वह अपनी पृथक् सत्ता की धारणा से छूट कर—अपने आपको बिल्कुल भूलकर—विशुद्ध अनुभूति मात्र रह जाता है, तब वह मुक्त-हृदय हो जाता है। जिस प्रकार आत्मा की मुक्तावस्था ज्ञान दशा कहलाती है उसी प्रकार हृदय की यह मुक्तावस्था रस-दशा कहलाती है। हृदय की इसी मुक्ति की साधना के लिए मनुष्य की वाणी जो शब्द-विधान करती आई है, उसे कविता कहते हैं। इस साधना को हम भावयोग कहते हैं और कर्मयोग और ज्ञानयोग का समकक्ष मानते हैं।

कविता ही मनुष्य के हृदय को स्वार्थ-संबंधों के संकुचित मंडल से ऊपर उठाकर लोक-सामान्य भाव-भूमि पर ले जाती है। जहाँ जगत् की नाना गतियों के मार्मिक स्वरूप का साक्षात्कार और शुद्ध अनुभूतियों का संचार होता है। इस भूमि पर पहुँचे हुए मनुष्य को कुछ काल के लिए अपना पता नहीं रहता। वह अपनी सत्ता को लोक-सत्ता में लीन किए रहता है। उसकी अनुभूति सबकी अनुभूति होती है या हो सकती है। इस अनुभूति-योग के अभ्यास से हमारे मनोविकारों का परिष्कार तथा शेष सृष्टि के साथ हमारे रागात्मक संबंध की रक्षा और निर्वाह होता है। जिस प्रकार जगत् अनेक रूपात्मक है उसी प्रकार हमारा हृदय भी अनेक भावात्मक है। इन अनेक भावों का व्यायाम और परिष्कार तभी समझा जा सकता है जब कि इस सबका प्रकृत सामंजस्य जगत् के भिन्न-भिन्न रूपों, व्यापारों तथा तथ्यों के साथ हो जाय। इन्हीं भावों के सूत्र से मनुष्य-जाति जगत् के साथ तादात्म्य का अनुभव चिरकाल से करती चली आई है। जिन रूपों और व्यापारों से मनुष्य आदिम युगों से ही परिचित है,

जिन रूपों और व्यापारों को सामने पाकर वह नर-जीवन के आरंभ से ही लुब्ध और क्षुब्ध होता आ रहा है, उनका हमारे भावों के साथ मूल या सीधा संबंध है। अतः काव्य के प्रयोजन के लिए हम उन्हें मूल रूप और मूल व्यापार कह सकते हैं। इस विशाल विश्व के प्रत्यक्ष से अप्रत्यक्ष और गूढ़ से गूढ़ तथ्यों को भावों के विषय या आलंबन बनाने के लिए इन्हीं मूल रूपों और मूल व्यापारों में परिणत करना पड़ता है। जब तक वे इन मूल मार्मिक रूपों में नहीं लाए जाते तब तक उन पर काव्य-दृष्टि नहीं पड़ती।

वन, पर्वत, नदी, नाले, निर्झर, कछार, पटपर, चट्टान, वृक्ष, लता, झाड़ी, फूल, शाखा, पशु, पक्षी, आकाश, मेघ, नक्षत्र, समुद्र, इत्यादि ऐसे ही चिर-सहचर रूप हैं। खेत, ढुर्री, हल, झोपड़े, चौपाए इत्यादि भी कुछ कम पुराने नहीं हैं। इसी प्रकार पानी का बहना, सूखे पत्तों का झड़ना, बिजली का चमकना, घटा का घिरना, नदी का उमड़ना, मेह का बरसना, कुहरे का छाना, डर से भागना, लोभ से लपकना, छीनना, झपटना, नदी या दलदल से बाँह पकड़कर निकालना, हाथ से खिलाना, आग में झोंकना, गला काटना ऐसे व्यापारों का भी मनुष्य-जाति के भावों के साथ अत्यंत प्राचीन साहचर्य है। ऐसे आदिम रूपों और व्यापारों में, वंशानुगत वासना की दीर्घ-परंपरा के प्रभाव से, भावों के उद्बोधन की गहरी शक्ति संचित है; अतः इनके द्वारा जैसा रस-परिपाक संभव है वैसा कल-कारखाने, गोदाम, स्टेशन, इंजिन, हवाई जहाज ऐसी वस्तुओं तथा अनाथालय के लिए चेक काटना, सर्वस्व हरण के लिए जाली दस्तावेज़ बनाना, मोटर की चरखी घुमाना या इंजिन में कोयला झोंकना आदि व्यापारों द्वारा नहीं।

काव्य और सृष्टि प्रसार

हृदय पर नित्य प्रभाव रखने वाले रूपों और व्यापारों को भावना के सामने लाकर कविता बाह्य प्रकृति के साथ मनुष्य की अंतःप्रकृति का सामंजस्य घटित करती हुई उसकी भावात्मक सत्ता के प्रसार का प्रयास करती है। यदि अपने भावों को समेट कर मनुष्य अपने हृदय को शेष सृष्टि से किनारे कर ले या स्वार्थ की पशुवृत्ति में ही लिप्त रखे तो उसकी मनुष्यता कहाँ रहेगी? यदि वह लहलहाते हुए खेतों और जंगलों, हरी घास के बीच घूम-घूमकर बहते हुए नालों, काली चट्टानों पर चाँदी की तरह ढलते हुए झरनों, मंजरियों से लदी हुई अमराइयों और पटपर के बीच खड़ी झाड़ियों को देख क्षण भर लीन न हुआ, यदि कलरव करते हुए पक्षियों के आनंदोत्सव में उसने योग न दिया, यदि खिले हुए फूलों को देख वह न खिला, यदि सुंदर रूप सामने पाकर अपनी भीतरी कुरूपता का उसने विसर्जन न किया, यदि दीन-दुःखी का आर्तनाद सुन वह न पसीजा, यदि अनाथों और अबलाओं पर अत्याचार होते देख क्रोध से न तिलमिलाया, यदि किसी बेढब और विनोदपूर्ण दृश्य या उक्ति पर न हँसा तो उसके जीवन में रह क्या गया? इस विश्वकाव्य की रस-धारा में जो

थोड़ी देर के लिए निमग्न न हुआ उसके जीवन को मरुस्थल की यात्रा ही समझना चाहिए।

काव्य दृष्टि कहीं तो (1) नरक्षेत्र के भीतर रहती है (2) कहीं मनुष्येतर वाह्य सृष्टि के, और (3) कहीं समस्त चराचर के।

1. पहले नरक्षेत्र को लेते हैं। संसार में अधिकतर कविता इसी क्षेत्र के भीतर हुई है। नरत्व की वाह्य प्रकृति और अंतःप्रकृति के नाना संबंधों और पारस्परिक विधानों का संकलन या उद्भावना ही काव्यों में—मुक्तक हों या प्रबंध—अधिकतर पाई जाती है।

प्राचीन महाकाव्यों और खंडकाव्यों के मार्ग में यद्यपि शेष दो क्षेत्र भी बीच-बीच में पड़ जाते हैं पर मुख्य यात्रा नरक्षेत्र के भीतर ही होती है। वाल्मीकि रामायण में यद्यपि बीच-बीच में ऐसे विशद वर्णन बहुत कुछ मिलते हैं जिनमें कवि की मुग्ध दृष्टि प्रधानतः मनुष्येतर वाह्य प्रकृति के रूप-जाल में फँसी पाई जाती है, पर उसका प्रधान विषय लोकचरित ही है और प्रबंध-काव्यों के संबंध में भी यही बात कही जा सकती है। रहे मुक्तक या फुटकल पद्य, वे भी अधिकतर मनुष्य ही की भीतरी-बाहरी वृत्तियों से संबंध रखते हैं। साहित्य-शास्त्र की रसनिरूपण-पद्धति में आलंबनों के बीच वाह्य प्रकृति को स्थान ही नहीं मिला है। वह उद्दीपन मात्र मानी गई है। शृंगार के उद्दीपन रूप में जो प्राकृतिक दृश्य लाए जाते हैं उनके प्रति रतिभाव नहीं होता; नायक या नायिका के प्रति होता है। वे दूसरे के प्रति उत्पन्न प्रीति को उद्दीप्ति करने वाले होते हैं; स्वयं प्रीति के पात्र या आलंबन नहीं होते। संयोग में वे सुख वढ़ाते हैं और वियोग में काटने दौड़ते हैं। जिस भावोद्रेक और जिस ब्यौरे के साथ नायक या नायिका के रूप का वर्णन किया जाता है उस भावोद्रेक और उस ब्यौरे के साथ उनका नहीं। कहीं-कहीं तो उनके नाम गिनाकर ही काम चला लिया जाता है।

मनुष्यों के रूप, ब्यापार या मनोवृत्तियों के सादृश्य, साधर्म्य की दृष्टि से जो प्राकृतिक वस्तु-व्यापार आदि लाए जाते हैं उनका स्थान भी गौण ही समझना चाहिए। वे नर संबंधी भावना को ही तीव्र करने के लिए रखे जाते हैं।

2. मनुष्येतर वाह्य प्रकृति का आलंबन के रूप में ग्रहण हमारे यहाँ संस्कृत के प्राचीन प्रबंध-काव्यों के बीच-बीच में ही पाया जाता है। वहाँ प्रकृति का ग्रहण आलंवन के रूप में हुआ है, इसका पता वर्णन की प्रणाली से लग जाता है। पहले कह आए हैं कि किसी वर्णन में आई हुई वस्तुओं का मन में ग्रहण दो प्रकार का हो सकता है—बिंबग्रहण और अर्थग्रहण। किसी ने कहा 'कमल'। अब इस 'कमल' पद का ग्रहण कोई इस प्रकार भी कर सकता है कि ललाई लिए हुए सफेद पंखुड़ियों और झुके हुए नाल आदि के सहित एक फूल की मूर्ति मन में थोड़ी देर के लिए आ जाय कुछ देर बनी रहे; और इस प्रकार भी कर सकता है कि कोई चित्र उपस्थित न हो; केवल पद का अर्थ मात्र समझकर काम चला लिया जाय। काव्य के दृश्य-चित्रण में पहले प्रकार का संकेतग्रहण अपेक्षित होता है और व्यवहार तथा शास्त्र-चर्चा में

दूसरे प्रकार का। बिंबग्रहण वहीं होता है जहाँ कवि अपने सूक्ष्म निरीक्षण द्वारा वस्तुओं के अंग- प्रत्यंग, वर्ण, आकृति तथा उनके आसपास की परिस्थिति का परस्पर संश्लिष्ट विवरण देता है। बिना अनुराग के ऐसे सूक्ष्म ब्योरों पर न दृष्टि जा ही सकती है, न रम ही सकती है। अतः जहाँ ऐसा पूर्ण और संश्लिष्ट चित्रण मिले, वहाँ समझना चाहिए कि कवि ने वाह्य प्रकृति को आलंबन के रूप में ग्रहण किया है। उदाहरण के लिए वाल्मीकि का यह हेमंत वर्णन लीजिए–

अवश्याय-निपातेन किञ्चित्प्रक्लिन्नशाद्वला।
वनानां शोभते भूमिर्निविष्टतरुणातपा।।
स्पृशंन सुविपुलं शीतमुदकं द्विरदः सुखम्।
अत्यन्ततृषितो वन्यः प्रतिसंहरते करम्।।
अवश्यायतमोनद्धा नीहारतमसावृताः।
प्रसुप्ता इव लक्ष्यन्ते विपुष्पा वनराजयः।।
वाष्पसंछन्नसलिला रुतविज्ञेयसारसाः।
हिमार्द्रबालुकैस्तीरैः सरितो भान्ति साम्प्रतम्।।
जराजर्जरितेः पद्मैः शीर्णकेशरकर्णिकैः।
नालशेषर्हिमध्वस्तैर्न भान्ति कमलाकरः[1]।।

(रामायण, अरण्यकाण्ड, सर्ग 16)

मनुष्येतर वाह्य प्रकृति का इसी रूप में ग्रहण 'कुमारसंभव' के आरंभ तथा 'रघुवंश' के बीच-बीच में मिलता है। नाटक यद्यपि मनुष्य ही की भीतरी-बाहरी प्रवृत्तियों के प्रदर्शन के लिए लिखे जाते हैं और भवभूति अपने मार्मिक और तीव्र अंतर्वृत्ति-विधान के लिए ही प्रसिद्ध हैं, पर उनके 'उत्तररामचरित' में कहीं-कहीं वाह्य-प्रकृति के बहुत ही सांग और संश्लिष्ट खंड-चित्र पाए जाते हैं। पर मनुष्येतर वाह्य प्रकृति को जो प्रधानता 'मेघदूत' में मिली है, वह संस्कृत के और किसी काव्य में नहीं। 'पूर्वमेघ' तो यहाँ से वहाँ तक प्रकृति की ही एक मनोहार झाँकी या भारतभूमि के स्वरूप का ही मधुर ध्यान है जो इस स्वरूप के ध्यान में अपने को भूलकर कभी-कभी मग्न हुआ करता है वह घूम-घूमकर वक्तृता दे या न दे, चंदा इकट्ठा करे या न करे, देशवासियों की आमदनी का औसत निकाले या न निकाले, सच्चा देशप्रेमी है। मेघदूत

1. वन की भूमि, जिसकी हरी-हरी घास ओस गिरने से कुछ गीली हो गई है, तरुण धूप के पड़ने से कैसी शोभा दे रही है। अत्यंत प्यासा जंगली हाथी बहुत शीतल जल के स्पर्श से अपनी सूंड़ सिकोड़ लेता है। बिना फूल के वनसमूह कुहरे के अंधकार में सोए से जान पड़ते हैं। नदियाँ, जिनका जल कुहरे से ढका हुआ है और जिनमें सारस पक्षियों का पता केवल उनके शब्द से लगता है, हिम से आर्द्र बालू के तटों से ही पहचानी जाती है। कमल जिनके पत्ते जीर्ण होकर झड़ गए हैं, जिनकी केसर कर्णिकाएँ टूट-फूटकर छितरा गई हैं, पाले से ध्वस्त होकर नाल मात्र खड़े हैं।

न कल्पना की क्रीड़ा है, न कला की विचित्रता। वह है प्राचीन भारत के सबसे भावुक हृदय की अपनी प्यारी भूमि की रूप-माधुरी पर सीधी-सादी प्रेम-दृष्टि।

अनंत रूपों में प्रकृति हमारे सामने आती है—कहीं मधुर, सुसज्जित या सुंदर रूप में; कहीं रूखे, बेडौल या कर्कश रूप में; कहीं भव्य, विशाल या विचित्र रूप में; कहीं उग्र, कराल या भयंकर रूप में। सच्चे कवि का हृदय उसके इन सब रूपों में लीन होता है, क्योंकि उसके अनुराग का कारण अपना खास सुख-भोग नहीं, बल्कि चिरसाहचर्य द्वारा प्रतिष्ठित वासना है। जो केवल प्रफुल्लप्रसून प्रसार के सौरभ-संचार, मकरंद-लोलुप, मधुप-गुंजार, कोकिल-कूजित निकुंज और शीतल सुख-स्पर्श समीर इत्यादि की चर्चा किया करते हैं; वे विषयी या भोगलिप्सु हैं। इसी प्रकार जो केवल मुक्ताभास-हिमबिंदु मंडित मरकताभशाद्वल-जल, अत्यंत विशाल गिरिशिखर से गिरते हुए जल-प्रपात के गंभीर गर्त से उठी हुई सीकर नीहारिका के बीच विविध वर्णस्फुरण की विशालता, भव्यता और विचित्रता में ही अपने हृदय के लिए कुछ पाते हैं, वे तमाशबीन हैं—सच्चे भावुक या सहृदय नहीं। प्रकृति के साधारण-असाधारण सब प्रकार के रूपों में रमाने वाले वर्णन हमें वाल्मीकि, कालिदास, भवभूति आदि संस्कृत के प्राचीन कवियों में मिलते हैं। पिछले खेवे के कवियों में मुक्तक-रचना में तो अधिकतर प्राकृतिक वस्तुओं का अलग-अलग उल्लेख मात्र उद्दीपन की दृष्टि से किया गया है। प्रबंध-रचना में जो थोड़ा-बहुत संश्लिष्ट चित्रण किया है वह प्रकृति की विशेष रूप-विभूति को लेकर ही। अंग्रेजी के पिछले कवियों में वर्ड्सवर्थ की दृष्टि सामान्य, चिरपरिचित, सीधे-सादे प्रशांत और मधुर दृश्यों की ओर रहती थी, पर शैली की असाधारण, भव्य और विशाल की ओर।

साहचर्य-संभूत रस के प्रभाव से सामान्य सीधे-सादे चिरपरिचित दृश्यों में कितने माधुर्य की अनुभूति होती है! पुराने कवि कालिदास ने वर्षा के प्रथम जल से सिक्त तुरंत की जोती हुई धरती तथा उसके पास बिखरी हुई भोली चितवन वाली ग्रामवनिताओं में, साफ-सुथरे ग्रामचैत्यों और कथा-कोविद ग्रामवृद्धों में इसी प्रकार के माधुर्य का अनुभव किया था।[1] आज भी इसका अनुभव लोग करते हैं। बाल्य या कौमार अवस्था में जिस पेड़ के नीचे हम अपनी मंडली के साथ बैठा करते थे, चिड़चिड़ी बुढ़िया की जिस झोपड़ी के पास से होकर हम आते-जाते थे, उसकी मधुर स्मृति हमारी भावना को बराबर लीन किया करती है। बुड्ढी की झोपड़ी में न कोई चमक-दमक थी, न कला-कौशल का वैचित्र्य। मिट्टी की दीवारों पर फूस का छप्पर पड़ा था, नींव के किनारे चढ़ी हुई मिट्टी पर सत्यानाशी के नीलाभ हरित कँटीले, कटावदार पौधे खड़े थे जिनके पीले फूलों के गोल संपुटों के बीच लाल-लाल बिंदियाँ झलकती थीं।

1. मेघदूत, पूर्वमेघ, 16, 32।

जो केवल अपने विलास या शरीर-सुख की सामग्री ही प्रकृति में ढूँढ़ा करते हैं उनमें उस रागात्मक 'सत्त्व' की कमी है जो व्यक्त सत्ता मात्र के साथ एकता की अनुभूति में लीन करके हृदय के व्यापकत्व का आभास देता है। संपूर्ण सत्ताएँ एक ही परम सत्ता और संपूर्ण भाव एक ही परम भाव के अंतर्भूत हैं। अतः बुद्धि की क्रिया से हमारा ज्ञान जिस अद्वैत भूमि पर पहुँचता है उसी भूमि तक हमारा भावात्मक हृदय भी इस सत्व-रस के प्रभाव से पहुँचता है। इस प्रकार अंत में जाकर दोनों पक्षों की वृत्तियों का समन्वय हो जाता है। इस समन्वय के बिना मनुष्यत्व की साधना पूरी नहीं हो सकती।

मनुष्येतर प्रकृति के बीच के रूप-व्यापार कुछ भीतरी भावों या तथ्यों की भी व्यंजना करते हैं। पशु-पक्षियों के सुख-दुःख, हर्ष-विपाद, राग-द्वेष, तोष-क्षोभ, कृपा-क्रोध इत्यादि भावों की व्यंजना जो उनकी आकृति, चेष्टा, शब्द आदि से होती है, वह तो प्रायः वहुत प्रत्यक्ष होती है। कवियों को उन पर अपने भावों का आरोप करने की आवश्यकता प्रायः नहीं होती। तथ्यों का आरोप या संभावना अलबत वे कभी-कभी किया करते हैं। पर इस प्रकार का आरोप कभी-कभी कथन को, 'काव्य' के क्षेत्र से घसीटकर 'सूक्ति' या 'सुभापित' के क्षेत्र में डाल देता है। जैसे, 'कौवे सबेरा होते ही क्यों चिल्लाने लगते हैं? वे समझते हैं कि सूर्य अंधकार का नाश करता बढ़ा आ रहा है, कहीं धोखे से हमारा भी नाश न कर दे।'[1] यह सूक्ति मात्र है, काव्य नहीं। जहाँ तथ्य केवल आरोपित या संभावित रहते हैं वहाँ वे अलंकार रूप में ही रहते हैं। पर जिन तथ्यों का आभास हमें पशु-पक्षियों के रूप, व्यापार या परिस्थिति में ही मिलता है वे हमारे भावों के विषय वास्तव में हो सकते हैं। मनुष्य सारी पृथ्वी छेंकता चला जा रहा है। जंगल कट-कट कर खेत, गाँव और नगर बनते चले जा रहे हैं। पशु-पक्षियों का भाग छिनता चला जा रहा है। उनके सब ठिकानों पर हमारा निष्ठुर अधिकार होता चला जा रहा है। वे कहाँ जाएँ? कुछ तो हमारी गुलामी करते हैं। कुछ हमारी बस्ती के भीतर या आस-पास रहते हैं और छीन-झपटकर अपना हक ले जाते हैं। हम उनके साथ बराबर ऐसा ही व्यवहार करते हैं, मानो उन्हें जीने का कोई अधिकार ही नहीं है। इन तथ्यों का सच्चा आभास हमें उनकी परिस्थिति से मिलता है। अतः उनमें से किसी की चेष्टा-विशेष में इन तथ्यों की मार्मिक व्यंजना की प्रतीति काव्यानुभूति के अंतर्गत होगी। यदि कोई बंदर हमारे सामने से कोई खाने-पीने की चीज़ उठा ले जाय और किसी पेड़ के ऊपर बैठा-बैठा हमें घुड़की दे, तो काव्य-दृष्टि से हमें ऐसा मालूम हो सकता है कि—

1. वयं काका वयं काका जल्पन्तीति प्रगेद्विकाः।
तिमिरारिस्तमो हन्यादिति शङ्कितमानसाः।।

देते हैं घुड़की यह अर्थ ओज भरी हरि
"जीने का हमारा अधिकार क्या न गया रह?
पर प्रतिषेध के प्रसार बीच तेरे नर!
क्रीड़ामय जीवन-उपाय है हमारा यह।
दानी जो हमारे रहे, वे भी दास तेरे हुए,
उनकी उदारता भी सकता नहीं तू सह।
फूली-फली उनकी उमंग उपकार कीतू।
छेंकता है जाता, हम जाएँ कहाँ, तू ही कह!"

पेड़-पौधे, लता-गुल्म आदि भी इसी प्रकार कुछ भावों या तथ्यों की व्यंजना करते हैं जो कभी-कभी कुछ गूढ़ होती है। सामान्य दृष्टि भी वर्षा की झड़ी के पीछे उनके हर्ष और उल्लास को, ग्रीष्म के प्रचंड आतप में उनकी शिथिलता और म्लानता को, शिशिर के कठोर शासन में उनकी दीनता को, मधुकाल में उनके रसोन्माद, उमंग और ह्रास को, प्रबल वात के झकोरों में उनकी विकलता को, प्रकाश के प्रति उनकी ललक को देख सकती है। इसी प्रकार भावुकों के समक्ष वे अपनी रूपचेष्टा आदि द्वारा कुछ मार्मिक तथ्यों की भी व्यंजना करते हैं। हमारे यहाँ के पुराने अन्योक्तिकारों ने कहीं-कहीं इस व्यंजना की ओर ध्यान दिया है। 'कहीं-कहीं' का मतलब यह है कि बहुत जगह उन्होंने अपनी भावना का आरोप किया है, उनकी रूपचेष्टा या परिस्थिति से तथ्य-चयन नहीं। पर उनकी विशेष परिस्थितियों की ओर भावुकता से ध्यान देने पर बहुत से मार्मिक तथ्य सामने आते हैं। कोसों तक फैले, कड़ी धूप में तपते मैदान के बीच एक अकेला वटवृक्ष दूर तक छाया फैलाए खड़ा है। हवा के झोंकों से उसकी टहनियाँ और पत्ते हिल-हिल कर मानो बुला रहे हैं। हम धूप से व्याकुल होकर उसकी ओर बढ़ते हैं। देखते हैं, उसकी जड़ के पास एक गाय बैठी आँखें मूँदे जुगाली कर रही है। हम लोग भी उसी के पास आराम से जा बैठते हैं। इतने में एक कुत्ता जीभ बाहर निकाले हाँफता हुआ उस छाया के नीचे आता है और हममें से कोई उठकर उसे छड़ी लेकर भगाने लगता है। इस परिस्थिति को देख हममें से कोई भावुक पुरुष उस पेड़ को इस प्रकार संबोधन करे तो कर सकता है—

काया की न छाया यह केवल तुम्हारी, द्रुम!
अंतस् के मर्म का प्रकाश यह छाया है।
भरी है इसी में वह स्वर्ग-स्वप्न-धरा, अभी
जिसमें न पूरा-पूरा नर बह पाया है।
शांतिसार शीतल प्रसार यह छाया धन्य!
प्रीति सा पसारे इसे कैसी हरी काया है।
हे नर! तू प्यारा इस तरु का स्वरूप देख,
देख फिर घोर रूप तूने जो कमाया है।

ऊपर नरक्षेत्र और मनुष्येतर सजीव सृष्टि के क्षेत्र का उल्लेख हुआ है। काव्यदृष्टि कभी तो इन पर अलग-अलग रहती है और कभी समष्टि-रूप में समस्त जीवन-क्षेत्र पर। कहने की आवश्यकता नहीं कि विच्छिन्न दृष्टि की अपेक्षा समष्टि-दृष्टि में अधिक व्यापकता और गंभीरता रहती है। काव्य का अनुशीलन करने वाले मात्र जानते हैं कि काव्य-दृष्टि सजीव सृष्टि तक ही बद्ध नहीं रहती। वह प्रकृति के उस भाग की ओर भी जाती है जो निर्जीव या जड़ कहलाता है। भूमि, पर्वत, चट्टान, नदी, नाले, टीले, मैदान, समुद्र, आकाश, मेघ, नक्षत्र इत्यादि की रूप-गति आदि से भी हम सौंदर्य, माधुर्य, भीषणता, भव्यता, विचित्रता, उदासी, उदारता, सम्पन्नता इत्यादि की भावना प्राप्त करते हैं। कड़कड़ाती धूप के पीछे उमड़ी हुई घटा की श्यामल स्निग्धता और शीतलता का अनुभव मनुष्य क्या पशु-पक्षी, पेड़-पौधे तक करते हैं। अपने इधर-उधर हरी-भरी लहलहाती प्रफुल्लता को विधान करती हुई नदी की अविराम जीवन-धारा में हम द्रवीभूत औदार्य का दर्शन करते हैं। पर्वत की ऊँची चोटियों में विशालता और भव्यता का, वात-विलोड़ित जल-प्रसार में क्षोभ और आकुलता का, विकीर्णधन-खंड-मंडित, रश्मिरंजित सांध्य दिगंचल में चमत्कारपूर्ण सौंदर्य का, ताप से तिलमिलाती धरा पर धूल झोंकते हुए अंधड़ के प्रचंड झोंकों में उग्रता और उच्छृंखलता का, बिजली की कँपाने वाली कड़क और ज्वालामुखी के ज्वलंत स्फोट में भीषणता का आभास मिलता है। ये सब विश्वरूपी महाकाव्य की भावनाएँ या कल्पनाएँ हैं। स्वार्थभूमि से परे पहुँचे हुए सच्चे अनुभूति योगी या कवि इनके द्रष्टा मात्र होते हैं।

जड़ जगत् के भीतर पाए जाने वाले रूप, व्यापार या परिस्थितियाँ अनेक मार्मिक तथ्यों की भी व्यंजना करती हैं। जीवन के तथ्यों के साथ उनके साम्य का बहुत अच्छा मार्मिक उद्घाटन कहीं-कहीं हमारे यहाँ के अन्योक्तिकारों ने किया है। जैसे, इधर नरक्षेत्र के बीच देखते हैं तो सुख-समृद्धि और सम्पन्नता की दशा में दिन-रात घेरे रहने वाले स्तुति का खासा कोलाहल खड़ा करने वाले विपत्ति और दुर्दिन में पास नहीं फटकते; उधर जड़ जगत् के भीतर देखते हैं तो भरे हुए सरोवर के किनारे जो पक्षी बराबर कलरव करते रहते हैं वे उसके सूखने पर अपना-अपना रास्ता लेते हैं।

कोलाहल सुनि खगन के, सरवर! जनि अनुरागि।
ये सब स्वारथ के सखा, दुर्दिन दैहैं त्यागि।।
दुर्दिन दैहैं त्यागि, तोय तेरो जब जैहैं।
दूरहिं ते तजि आस, पास कोऊ नहिं ऐहैं।।

इसी प्रकार सूक्ष्म और मार्मिक दृष्टि वालों को और गूढ़ व्यंजना भी मिल सकती है। अपने इधर-उधर हरियाली और प्रफुल्लता का विधान करने के लिए यह आवश्यक है कि नदी कुछ काल तक एक बँधी हुई मर्यादा के भीतर बहती रहे। वर्षा की उमड़ी हुई उच्छृंखलता में पोषित हरियाली और प्रफुल्लता का ध्वंस सामने आता है। पर यह उच्छृंखलता और ध्वंस अल्पकालिक होता है और इसके द्वारा आगे

के लिए पोषण की नई शक्ति का संचय होता है। उच्छृंखलता नदी की स्थायी वृत्ति नहीं है। नदी के इस स्वरूप के भीतर सूक्ष्य मार्मिक दृष्टि लोकगति के स्वरूप का साक्षात्कार करती है। लोकजीवन की धारा जब एक बँधे मार्ग पर कुछ काल तक अबाध गति से चलने पाती है तभी सभ्यता के किसी रूप का पूर्ण विकास और उसके भीतर सुख-शांति की प्रतिष्ठा होती है। जब जीवन प्रवाह क्षीण और अशक्त पड़ने लगता है और गहरी विषमता आने लगती है तब नई शक्ति का प्रवाह फूट पड़ता है जिसमें वेग की उच्छृंखलता के सामने बहुत कुछ ध्वंस भी होता है। पर यह उच्छृंखलता का वेग जीवन का या जगत् का नित्य स्वरूप नहीं है।

३. पहले कहा जा चुका है कि नरक्षेत्र के भीतर बद्ध रहने वाली काव्य-दृष्टि की अपेक्षा संपूर्ण जीवन-क्षेत्र और समस्त चराचर के क्षेत्र से मार्मिक तथ्यों का चयन करने वाली दृष्टि उत्तरोत्तर अधिक व्यापक और गंभीर कही जायगी। जब कभी हमारी भावना का प्रसार इतना विस्तीर्ण और व्यापक होता है कि हम अनंत व्यक्त सत्ता के भीतर नरसत्ता के स्थान का अनुभव करते हैं तब हमारी पार्थक्य-बुद्धि का परिहार हो जाता है। उस समय हमारा हृदय ऐसी उच्च भूमि पर पहुँचा रहता है जहाँ उसकी वृत्ति प्रशांत और गंभीर हो जाती है, उसकी अनुभूति का विषय ही कुछ बदल जाता है।

तथ्य चाहे नरक्षेत्र के ही हों, चाहे अधिक व्यापक क्षेत्र के हों, कुछ प्रत्यक्ष होते हैं और कुछ गूढ़। जो तथ्य हमारे किसी भाव को उत्पन्न करें उसे भाव का आलंबन कहना चाहिए। ऐसे रसात्मक तथ्य आरंभ में ज्ञानेंद्रियाँ उपस्थित करती हैं। फिर ज्ञानेंद्रियों द्वारा प्राप्त सामग्री से भावना या कल्पना उनकी योजना करती है। अतः यह कहा जा सकता है कि ज्ञान ही भावों में संचार के लिए मार्ग खोलता है। ज्ञान-प्रसार के भीतर ही भाव-प्रसार होता है। आरंभ में मनुष्य की चेतन सत्ता अधिकतर इंद्रियज ज्ञान की समष्टि के रूप में ही रही। फिर ज्यों-ज्यों अंतःकरण का विकास होता गया और सभ्यता बढ़ती गई त्यों-त्यों मनुष्य का ज्ञान बुद्धि व्यवसायात्मक होता गया। अब मनुष्य का ज्ञानक्षेत्र बुद्धिव्यवसायात्मक या विचारात्मक होकर बहुत ही विस्तृत हो गया है। अतः उसके विस्तार के साथ हमें अपने हृदय का विस्तार भी बढ़ाना पड़ेगा। विचारों की क्रिया से, वैज्ञानिक विवेचन और अनुसंधान द्वारा उद्‌घाटित परिस्थितियों और तथ्यों के मर्मस्पर्शी पक्ष का मूर्त और सजीव चित्रण भी—उसका इस रूप में प्रत्यक्षीकरण भी कि वह हमारे किसी भाव का आलंबन हो सके—कवियों का काम और उच्च काव्य का एक लक्षण होगा। कहने की आवश्यकता नहीं कि इन तथ्यों और परिस्थितियों के मार्मिक रूप न जाने कितनी बातों की तह में छिपे होंगे।

काव्य और व्यवहार

भावों या मनोविकारों के विवेचन में हम कह चुके हैं कि मनुष्य को कर्म में प्रवृत्त करने वाली मूल प्रवृत्ति भावात्मिका है। केवल तर्क-बुद्धि या विवेचना के बल से हम किसी कार्य में प्रवृत्त नहीं होते। जहाँ जटिल बुद्धि-व्यापार के अनंतर किसी कर्म का अनुष्ठान देखा जाता है वहाँ भी तह में कोई भाव या वासना छिपी रहती है। चाणक्य जिस समय अपनी नीति की सफलता के लिए किसी निष्ठुर व्यापार में प्रवृत्त दिखाई पड़ता है उस समय वह दया, करुणा आदि सब मनोविकारों या भावों से परे दिखाई पड़ता है। पर थोड़ा अंतर्दृष्टि गड़ाकर देखने से कौटिल्य को नचाने वाली डोर का छोर भी अंतःकरण के रागात्मक खंड की ओर मिलेगा। प्रतिज्ञापूर्ति की आनंद भावना और नंदवंश के प्रति क्रोध या वैर की वासना बारी-बारी से उस डोर को हिलाती हुई मिलेगी। अर्वाचीन राष्ट्रनीति के गुरु-घंटाल जिस समय अपनी किसी गहरी चाल से किसी देश की निरपराध जनता का सर्वनाश करते हैं, उस समय वे दया आदि दुर्वलताओं से निर्लिप्त, केवल बुद्धि के कठपुतले दिखाई पड़ते हैं। पर उनके भीतर यदि छानवीन की जाय तो कभी अपने देशवासियों के सुख की उत्कंठा, कभी अन्य जाति के प्रति घोर विद्वेप, कभी अपनी जातीय श्रेप्ठता का नया या पुराना घमंड, इशारे करता हुआ मिलेगा।

बात यह है कि केवल इस वात को जानकर ही हम किसी काम को करने या न करने के लिए तैयार नहीं होते कि वह काम अच्छा है या बुरा, लाभदायक है या हानिकारक। जव उसकी या उसके परिणाम की कोई ऐसी बात हमारी भावना में आती है जो आह्लाद, क्रोध, करुणा, भय, उत्कंठा आदि का संचार कर देती है तभी हम उस काम को करने या न करने के लिए उद्यत होते हैं। शुद्ध ज्ञान या विवेक में कर्म की उत्तेजना नहीं होती। कर्मप्रवृत्ति के लिए मन में कुछ वेग का आना आवश्यक है। यदि किसी जनसमुदाय के बीच कहा जाय कि अमुक देश तुम्हारा इतना रुपया प्रतिवर्प उठा ले जाता है तो संभव है कि उस पर कुछ प्रभाव न पड़े। पर यदि दारिद्र्य और अकाल का भीपण और करुण दृश्य दिखाया जाय, पेट की ज्वाला से जले हुए कंकाल कल्पना के सम्मुख रखे जायँ और भूख में तड़पते हुए बालक के पास बैठी हुई माता का आर्त्तक्रंदन सुनाया जाय तो बहुत से लोग क्रोध और करुणा से व्याकुल हो उठेंगे और इस दशा को दूर करने का यदि उपाय नहीं तो संकल्प अवश्य करेंगे। पहले ढंग की वात कहना राजनीतिज्ञ या अर्थशास्त्री का काम है और पिछले प्रकार का दृश्य भावना में लाना कवि का। अतः यह धारणा कि काव्य व्यवहार का बाधक है, उसके अनुशीलन से अकर्मण्यता आती है, ठीक नहीं। कविता तो भाव-प्रसार द्वारा कर्मण्य के लिए कर्मक्षेत्र का और विस्तार कर देती है।

उक्त धारणा का आधार यदि कुछ हो सकता है तो यही कि जो भावुक या सहृदय होते हैं अथवा काव्य के अनुशीलन से जिनके भाव-प्रसार का क्षेत्र विस्तृत हो जाता है, उनकी वृत्तियाँ उतनी स्वार्थबद्ध नहीं रह सकतीं। कभी-कभी वे दूसरों का जी दुखाने के डर से, आत्मगौरव या कुलगौरव या जातिगौरव के ध्यान से अथवा जीवन के किसी पक्ष की उत्कर्ष-भावना में मग्न होकर अपने लाभ के कर्म में अतत्पर या उससे विरत देखे जाते हैं। अतः अर्थागम से 'हृष्ट, स्वकार्य साधयेत्' के अनुयायी काशी के ज्योतिषी और कर्मकांडी, कानपुर के बनिए और दलाल, कचहरियों के अगले और मुख्तार ऐसों को कार्य-भ्रंशकारी, मूर्ख, निरे निठल्ले या खब्त-उल-हवास समझ सकते हैं। जिनकी भावना किसी बात के मार्मिक पक्ष का चित्रानुभव करने में तत्पर रहती है, जिनके भाव चराचर के बीच किसी को भी आलंबनोपयुक्त रूप या दशा में पाते ही उसकी ओर दौड़ पड़ते हैं, वे सदा अपने लाभ के ध्यान से या स्वार्थ-बुद्धि द्वारा ही परिचालित नहीं होते। उनकी यही विशेषता अर्थपरायणों को—अपने काम से काम रखने वालों को—एक त्रुटि-सी जान पड़ती है। कवि और भावुक हाथ-पैर न हिलाते हों, यह बात नहीं है। पर अर्थियों के निकट उनकी बहुत-सी क्रियाओं का कोई अर्थ नहीं होता।

मनुष्यता की उच्च भूमि

मनुष्य की चेष्टा और कर्मकलाप से भावों का मूल संबंध निरूपित हो चुका है और यह भी दिखाया जा चुका है कि कविता इन भावों या मनोविकारों के क्षेत्र को विस्तृत करती हुई उनका प्रसार करती है। पशुत्व से मनुष्यत्व में जिस प्रकार अधिक ज्ञानप्रसार की विशेषता है उसी प्रकार अधिक भाव-प्रसार की भी। पशुओं के प्रेम की पहुँच प्रायः अपने जोड़े बच्चों या खिलाने-पिलाने वालों तक ही होती है, इसी प्रकार उनका क्रोध भी अपने सताने वालों तक ही जाता है, स्व वर्ग या पशुमात्र को सताने वालों तक नहीं पहुँचता। पर मनुष्य में ज्ञान-प्रसार के साथ-साथ भाव-प्रसार भी क्रमशः बढ़ता गया है। अपने परिजनों, अपने संबंधियों, अपने पड़ोसियों, अपने देशवासियों क्या मनुष्य और प्राणिमात्र तक से प्रेम करने भर की जगह उसके हृदय में बन गई है। मनुष्य की त्योरी मनुष्य को ही सताने वाले पर नहीं चढ़ती गाय-बैल और कुत्ते-बिल्ली को सताने वाले पर भी चढ़ती है। पशु की वेदना देखकर भी उसके नेत्र सजल होते हैं। बंदर को शायद बंदरिया के मुँह में ही सौंदर्य दिखाई पड़ता होगा; पर मनुष्य पशु-पक्षी, फूल-पत्ते और रेत-पत्थर में भी सौंदर्य पाकर मुग्ध होता है। इस हृदय-प्रसार का स्मारक स्तंभ काव्य है जिसकी उत्तेजना से हमारे जीवन में एक नया जीवन आ जाता है। हम सृष्टि के सौंदर्य को देखकर रसमग्न होने लगते हैं, कोई निष्ठुर कार्य हमें असह्य होने लगता है, हमें जान पड़ता है कि हमारा जीवन कई गुना बढकर सारे संसार में व्याप्त हो गया है।

कवि-वाणी के प्रसाद से हम संसार के सुख-दुःख, आनंद-क्लेश आदि का शुद्ध स्वार्थमुक्त रूप में अनुभव करते हैं। इस प्रकार के अनुभव के अभ्यास से हृदय का बंधन खुलता है और मनुष्यता की उच्च भूमि की प्राप्ति होती है। किसी अर्थपिशाच कृपण को देखिए जिसने केवल अर्थलोभ के वशीभूत होकर क्रोध, दया, श्रद्धा, भक्ति, आत्माभिमान आदि भावों को एकदम दबा लिया है और संसार के मार्मिक पक्ष से मुँह मोड़ लिया है। न सृष्टि के किसी रूप-माधुर्य को देख वह पैसों का हिसाब-किताब भूल कभी मुग्ध होता है, न किसी दीन-दुनिया को देख कभी करुणा से द्रवीभूत होता है, न कोई अपमानसूचक बात सुनकर क्रुद्ध या क्षुब्ध होता है। यदि उससे किसी लोमहर्षण अत्याचार की बात कही जाय तो वह मनुष्य धर्मानुसार क्रोध या घृणा प्रकट करने के स्थान पर रुखाई के साथ कहेगा कि "जाने दो, हमसे क्या मतलब; चलो अपना काम देखें।" यह महा भयानक मानसिक रोग है। इससे मनुष्य मर जाता है। इसी प्रकार किसी महाक्रूर पुलिस कर्मचारी को जाकर देखिए जिसका हृदय पत्थर के समान जड़ और कठोर हो गया है, जिसे दूसरे के दुःख और क्लेश की भावना स्वप्न में भी नहीं होती है। ऐसों को सामने पाकर स्वभावतः यह मन में आता है कि क्या इनकी भी कोई दवा है? इनकी दवा कविता है।

कविता ही हृदय को प्रकृत दशा में लाती है और जगत् के वीच क्रमशः उसका अधिकाधिक प्रसार करती हुई उसे मनुष्यत्व की उच्च भूमि पर ले जाती है। भावयोग की सबसे उच्च कक्षा पर पहुँचे हुए मनुष्य का जगत् के साथ पूर्ण तादात्म्य हो जाता है, उसकी अलग भावसत्ता नहीं रह जाती, उसका हृदय विश्व-हृदय हो जाता है। उसकी अश्रुधारा में जगत् की अश्रुधारा का, उसके हास-विलास में जगत् के आनंद-नृत्य का, उसके गर्जन-तर्जन में जगत् के गर्जन-तर्जन का आभास मिलता है।

भावना या कल्पना

आरंभ में ही हम काव्यानुशीलन को भावयोग कह आए हैं और उसे कर्मयोग और ज्ञानयोग के समकक्ष बता आए हैं। यहाँ पर अब यह कहने की आवश्यकता प्रतीत होती है कि 'उपासना' भावयोग का ही एक अंग है। पुराने धार्मिक लोग उपासना का अर्थ 'ध्यान' ही लिया करते हैं। जो वस्तु हमसे अलग है, हमसे दूर प्रतीत होती है, उसकी मूर्ति मन में लाकर उसके सामीप्य का अनुभव करना ही उपासना है। साहित्य वाले इसी को 'भावना' कहते हैं और आजकल के लोग 'कल्पना'। जिस प्रकार भक्ति के लिए उपासना या ध्यान की आवश्यकता होती है उसी प्रकार और भावों के प्रवर्तन के लिए भी भावना या कल्पना अपेक्षित होती है। जिनकी भावना या कल्पना शिथिल या अशक्त होती है, किसी कविता या सरस उक्ति को पढ़-सुनकर उनके हृदय में मार्मिकता होते हुए भी वैसी अनुभूति नहीं होती। बात यह है कि उनके अंतःकरण में चटपट वह सजीव और स्पष्ट मूर्तिविधान नहीं होता जो भावों

को परिचालित कर देता है। कुछ कवि किसी बात के सारे मार्मिक अंगों का पूरे ब्यौरे के साथ चित्रण कर देते हैं, पाठक या श्रोता की कल्पना के लिए बहुत कम काम छोड़ते हैं और कुछ कवि कुछ मार्मिक खंड रखते हैं जिन्हें पाठक की तत्पर कल्पना आपसे आप पूर्ण करती है।

कल्पना दो प्रकार की होती है—विधायक और ग्राहक। कवि में विधायक कल्पना अपेक्षित होती है और श्रोता या पाठक में अधिकतर ग्राहक। अधिकतर कहने का अभिप्राय यह है जहाँ कवि पूर्ण चित्रण नहीं करता वहाँ पाठक या श्रोता को भी अपनी ओर से कुछ मूर्तिविधान करना पड़ता है। योरपीय साहित्य-मीमांसा में कल्पना को बहुत प्रधानता दी गई है। है भी यह काव्य का अनिवार्य साधन; पर है साधन ही, साध्य नहीं, जैसा कि उपर्युक्त विवेचन से स्पष्ट है। किसी प्रसंग के अंतर्गत कैसा ही विचित्र मूर्तिविधान हो, पर यदि उसमें उपयुक्त भाव-संचार की क्षमता नहीं है तो वह काव्य के अंतर्गत न होगा।

मनोरंजन

प्रायः सुनने में आता है कि कविता का उद्देश्य मनोरंजन है। पर जैसा कि हम पहले कह आए हैं कविता का अंतिम लक्ष्य जगत् के मार्मिक पक्षों का प्रत्यक्षीकरण करके उनके साथ मनुष्य-हृदय का सामंजस्य-स्थापन है। इतने गंभीर उद्देश्य के स्थान पर केवल मनोरंजन का हलका उद्देश्य सामने रखकर जो कविता का पठन-पाठन या विचार करते हैं, वे रास्ते ही में रह जाने वाले पथिक के समान हैं। कविता पढ़ते समय मनोरंजन अवश्य होता है, पर उसके उपरांत कुछ और भी होता है और वही सब कुछ है। मनोरंजन वह शक्ति है जिससे कविता अपना प्रभाव जमाने के लिए मनुष्य की चित्तवृत्ति को स्थिर किये रहती है, इधर-उधर जाने नहीं देती। अच्छी से अच्छी बात को भी कभी लोग केवल कान से सुन भर लेते हैं, उसकी ओर उनका मनोयोग नहीं होता। केवल यही कहकर कि 'परोपकार करो', 'दूसरों पर दया करो', 'चोरी करना महापाप है', हमें यह आशा कदापि न करनी चाहिए कि कोई अपकारी उपकारी, कोई क्रूर दयावान् या कोई चोर साधु हो जायगा। क्योंकि ऐसे वाक्यों के अर्थ की पहुँच हृदय तक होती ही नहीं, वह ऊपर ही ऊपर रह जाता है। ऐसे वाक्यों द्वारा सूचित व्यापारों का मानव-जीवन के बीच कोई मार्मिक चित्र सामने न पाकर हृदय उनकी अनुभूति की ओर प्रवृत्त ही नहीं होता।

पर कविता अपनी मनोरंजन शक्ति द्वारा पढ़ने या सुनने वाले का चित्त रमाए रहती है, जीवन-पट पर उक्त कर्मों की सुंदरता या विरूपता अंकित करके हृदय के मर्मस्थलों का स्पर्श करती है। मनुष्य के कर्मों में जिस प्रकार दिव्य सौंदर्य और माधुर्य होता है, उसी प्रकार कुछ कर्मों में भीषण कुरूपता और भद्दापन होता है। इसी सौंदर्य या कुरूपता का प्रभाव मनुष्य के हृदय पर पड़ता है और इस सौंदर्य या कुरूपता

का सम्यक् प्रत्यक्षीकरण कविता ही कर सकती है।

कविता की रमाने वाली शक्ति को देखकर जगन्नाथ पंडितराज ने रमणीयता का पल्ला पकड़ा और उसे काव्य का साध्य स्थिर किया तथा योरपीय समीक्षकों ने 'आनंद' को काव्य का चरम लक्ष्य ठहराया। इस प्रकार मार्ग को ही अंतिम गंतव्य स्थल मान लेने के कारण बड़ा गड़बड़झाला हुआ। मनोरंजन या आनंद तो बहुत-सी बातों में हुआ करता है। किस्सा-कहानी सुनने में भी तो पूरा मनोरंजन होता है; लोग रात-रात भर सुनते रह जाते हैं। पर क्या कहानी सुनना और कविता सुनना एक ही बात है? हम रसात्मक कथाओं या आख्यानों की बात नहीं कहते हैं; केवल घटना-वैचित्र्यपूर्ण कहानियों की बात कहते हैं। कविता और कहानी का अंतर स्पष्ट है। कविता सुनने वाला किसी भाव में मग्न रहता है और कभी-कभी बार-बार एक ही पद्य सुनना चाहता है, पर कहानी सुनने वाला आगे की घटना के लिए आकुल रहता है। कविता सुनने वाला कहता है, " जरा फिर तो कहिए।" कहानी सुननेवाला कहता है, "हाँ! तब क्या हुआ?'

मन को अनुरंजित करना, उसे सुख या आनंद पहुँचाना ही यदि कविता का अंतिम लक्ष्य माना जाय तो कविता भी केवल विलास की एक सामग्री हुई। परंतु क्या कोई कह सकता है कि वाल्मीकि ऐसे मुनि और तुलसीदास ऐसे भक्त ने केवल इतना ही समझकर श्रम किया कि लोगों को समय काटने का एक अच्छा सहारा मिल जायगा? क्या इससे गंभीर कोई उद्देश्य उनका न था? खेद के साथ कहना पड़ता है कि बहुत दिनों से बहुत से लोग कविता को विलास की सामग्री समझते आ रहे हैं। हिंदी के रीति काल के कवि तो मानों राजाओं-महाराजाओं की काम-वासना उत्तेजित करने के लिए ही रखे जाते थे। एक प्रकार के कविराज तो रईसों के मुँह में मकरध्वज रस झोंकते थे, दूसरे प्रकार के कविराज कान में मकरध्वज रस की पिचकारी देते थे। पीछे से तो ग्रीष्मोपचार आदि के नुस्खे भी कवि लोग तैयार करने लगे। गर्मी के मौसम के लिए एक कवि जी व्यवस्था करते हैं–

सीतल गुलाबजल भरि चहबच्चन में,
डारि कै कमलदल न्हायबे को धँसिए।
कालिदास अंग-अंग अगर अतर संग,
केसर उसीर नीर घनसार धँसिए।
जेठ में गोविंद लाल! चंदन के चहलन,
भरि-भरि गोकुल के महलन बसिए।

इसी प्रकार शिशिर के मसाले सुनिए–

गुलगुली मिलमैं, गलीचा हैं, गुनीजन हैं,
चिक हैं, चिराकैं हैं, चिरागन की माला हैं।
कहै पदमाकर है गजक गजा हूँ सजी,

सज्जा है, सुराही हैं, सुरा है अरु प्याला हैं।
सिसिर के पाला को न व्यापत कसाला तिन्हैं,
जिनके अधीन एते उदित मसाला हैं।

सौंदर्य

सौंदर्य बाहर की कोई वस्तु नहीं है, मन के भीतर की वस्तु है। योरपीय कला समीक्षा की यह एक बड़ी ऊँची उड़ान व बड़ी दूर की कौड़ी समझी गई है। पर वास्तव में यह भाषा के गड़बड़ झाले के सिवा और कुछ नहीं है। वीरकर्म से पृथक् वीरत्व कोई पदार्थ नहीं, वैसे ही सुंदर वस्तु से पृथक् सौंदर्य कोई पदार्थ नहीं। कुछ रूप-रंग की वस्तुएँ ऐसी होती हैं जो हमारे मन में आते ही थोड़ी देर के लिए हमारी सत्ता पर ऐसा अधिकार कर लेती हैं कि उसका ज्ञान ही हवा हो जाता है और हम उन वस्तुओं की भावना के रूप में ही परिणत हो जाते हैं। हमारी अंतस्सत्ता की यही तदाकार-परिणति सौंदर्य की अनुभूति है। इसके विपरीत कुछ रूप-रंग की वस्तुएँ ऐसी होती हैं जिनकी प्रतीति या जिनकी भावना हमारे मन में कुछ देर टिकने ही नहीं पाती और एक मानसिक आपत्ति-सी जान पड़ती है। जिस वस्तु के प्रत्यक्ष ज्ञान या भावना से तदाकार परिणति जितनी ही अधिक होगी, उतनी ही वह वस्तु हमारे लिए सुंदर कही जायगी। इस विवेचन से स्पष्ट है कि भीतर-बाहर का भेद व्यर्थ है। जो भीतर है वही बाहर है।

यही बाहर हँसता-खेलता, रोता-गाता, खिलता-मुरझाता जगत् भीतर भी है, जिसे हम मन कहते हैं। जिस प्रकार यह जगत् रूपमय और गतिमय है उसी प्रकार मन भी। मन भी रूपगति का संघात ही है। रूप मन और इंदियों द्वारा संघटित है या मन और इंद्रियाँ रूपों द्वारा, इससे यहाँ प्रयोजन नहीं। हमें तो केवल यही कहना है कि हमें अपने मन का और अपनी सत्ता का बोध रूपात्मक ही होता है।

किसी वस्तु के प्रत्यक्ष ज्ञान या भावना से हमारी अपनी सत्ता के बोध का जितना ही अधिक तिरोभाव और हमारे मन की उस वस्तु के रूप में जितनी ही पूर्ण परिणति होगी उतनी ही बढ़ी हुई हमारी सौंदर्य की अनुभूति कही जायगी। जिस प्रकार रूपरेखा या वर्णविन्यास से किसी की तदाकार परिणति होती है, उसी प्रकार की रूपरेखा या वर्णविन्यास उसके लिए सुंदर हैं। मनुष्यता की सामान्य भूमि पर पहुँची हुई संसार की सब सभ्य जातियों में सौंदर्य के सामान्य आदर्श प्रतिष्ठित हैं। भेद अधिकतर अनुभूति की मात्रा में पाया जाता है। न सुंदर को कोई एकबारगी कुरूप कहता है और न बिल्कुल कुरूप को सुंदर। जैसा कि कहा जा चुका है, सौंदर्य का दर्शन मनुष्य-मनुष्य ही में नहीं करता है; प्रत्युत् पल्लवगुंफित, पुष्पहास में, पक्षियों के पक्षजाल में, सिंदूराभ सांध्य दिगंचल के हिरण्यमेखला-मंडित घनखण्ड में, तुषारावृत्त तुंग-गिरि-शिखर में, चंद्रकिरण से झलझलाते निर्झर में और न जाने कितनी वस्तुओं में वह सौंदर्य

की झलक पाता है।

जिस सौंदर्य की भावना में मग्न होकर मनुष्य अपनी पृथक् सत्ता की प्रतीति का विसर्जन करता है वह अवश्य एक दिव्य विभूति है। भक्त लोग अपनी उपासना या ध्यान में इसी विभूति का अवलंबन करते हैं। तुलसी और सूर ऐसे सगुणोपासक भक्त राम और कृष्ण की सौंदर्य-भावना में मग्न होकर ऐसी मंगल-दशा का अनुभव कर गए हैं जिसके सामने कैवल्य या मुक्ति की कामना का कहीं पता नहीं लगता।

कविता केवल वस्तुओं के ही रंग-रूप में सौंदर्य की छटा नहीं दिखाती, प्रत्युत् कर्म और मनोवृत्ति के सौंदर्य के भी अत्यंत मार्मिक दृश्य सामने रखती है। वह जिस प्रकार विकसित कमल, रमणी के मुखमंडल आदि का सौंदर्य मन में लाती है उसी प्रकार उदारता, वीरता, त्याग, दया, प्रेमोत्कर्ष इत्यादि कर्मों और मनोवृत्तियों का सौंदर्य भी मन में जगाती है। जिस प्रकार वह शव को नोचते हुए कुत्तों और शृगालों के बीभत्स व्यापार की झलक दिखाती है उसी प्रकार क्रूरों की हिंसावृत्ति और दुष्टों की ईर्ष्या आदि की कुरूपता से भी क्षुब्ध करती है। इस कुरूपता का अवस्थान सौंदर्य की पूर्ण और स्पष्ट अभिव्यक्ति के लिए ही समझना चाहिए। जिन मनोवृत्तियों का अधिकतर बुरा रूप हम संसार में देखा करते हैं उनका भी सुंदर रूप कविता ढूँढ़कर दिखाती है। दशवदन-निधनकारी राम के क्रोध के सौंदर्य पर कौन मोहित न होगा?

जो कविता रमणी के रूपमाधुर्य से हमें तृप्त करती है वही उसकी अंतर्वृत्ति की सुंदरता का आभास देकर हमें मुग्ध करती है। जिस बंकिम की लेखनी ने गढ़ पर बैठी हुई राजकुमारी तिलोत्तमा के अंग-प्रत्यंग की सुषमा को अंकित किया है उसी ने नवाब-नंदिनी आयशा के अंतस् की अपूर्व सात्त्विकी ज्योति की झलक दिखाकर पाठकों को चमत्कृत किया है। जिस प्रकार बाह्य-प्रकृति के बीच वन, पर्वत, नदी, निर्झर आदि की रूप-विभूति से हम सौंदर्य-मग्न होते हैं उसी प्रकार अंतःप्रकृति में दया, दाक्षिण्य, श्रद्धा, भक्ति आदि वृत्तियों की स्निग्ध शीतल आभा में सौंदर्य लहराता हुआ पाते हैं। यदि कहीं वाह्य और आभ्यंतर दोनों सौंदर्यों का योग दिखाई पड़े तो फिर क्या कहना है! यदि किसी अत्यंत सुंदर पुरुष की धीरता, सत्यप्रियता आदि अथवा किसी अत्यंत रूपवती स्त्री की सुशीलता, कोमलता और प्रेमपरायणता आदि भी सामने रख दी जाएँ तो सौंदर्य की भावना सर्वांगपूर्ण हो जाती है।

सुंदर और कुरूप काव्य में बस ये ही दो पक्ष हैं। भला-बुरा, शुभ-अशुभ, पाप-पुण्य, मंगल-अमंगल, उपयोगी-अनुपयोगी ये सब शब्द काव्य-क्षेत्र के बाहर के हैं। ये नीति, धर्म, व्यवहार, अर्थशास्त्र आदि के शब्द हैं। शुद्ध काव्य-क्षेत्र में न कोई बात भली कही जाती है न बुरी; न शुभ न अशुभ, न उपयोगी न अनुपयोगी। सब बातें केवल दो रूपों में दिखाई जाती हैं—सुंदर और असुंदर। जिसे धार्मिक शुभ या मंगल कहता है, कवि उसके सौंदर्य-पक्ष पर आप ही मुग्ध रहता है और दूसरों को भी मुग्ध करता है। जिसे धर्मज्ञ अपनी दृष्टि के अनुसार शुभ या मंगल समझता

है उसी को कवि अपनी दृष्टि के अनुसार सुंदर कहता है। दृष्टिभेद अवश्य है। धार्मिक की दृष्टि जीव के कल्याण, परलोक में सुख, भवबंधन से मोक्ष आदि की ओर रहती है। पर कवि की दृष्टि इन सब बातों की ओर नहीं रहती। वह उधर देखता है जिधर सौंदर्य दिखाई पड़ता है। इतनी-सी बात ध्यान में रखने से ऐसे झमेलों में पड़ने की आवश्यकता बहुत कुछ दूर हो जाती है कि 'कला में सत्-असत्, धर्माधर्म का विचार होना चाहिए या नहीं'', 'कवि को उपदेशक बनना चाहिए या नहीं।'

कवि की दृष्टि तो सौंदर्य की ओर जाती है, चाहे वह जहाँ हो--वस्तुओं के रूप-रंग में अथवा मनुष्यों के मन, वचन और कर्म में। उत्कर्ष-साधन के लिए, प्रभाव की वृद्धि के लिए, कवि लोग कई प्रकार के सौंदर्यों का मेल भी किया करते हैं। राम की रूपमाधुरी और रावण की विकरालता भीतर का प्रतिबिंब-सी जान पड़ती है। मनुष्य के भीतरी-बाहरी सौंदर्य के साथ चारों ओर की प्रकृति के सौंदर्य को भी मिला देने से वर्णन का प्रभाव कभी-कभी बहुत बढ़ जाता है। चित्रकूट ऐसे रम्य स्थान में राम और भरत ऐसे रूपवानों की अंतःप्रकृति की छटा का क्या कहना है।

चमत्कारवाद

काव्य के संबंध में चमत्कार', 'अनूठापन' आदि शब्द बहुत दिनों से लाए जाते हैं। चमत्कार मनोरंजन की सामग्री है, इसमें संदेह नहीं। इससे जो लोग मनोरंजन को ही काव्य का लक्ष्य समझे हैं वे यदि कविता में चमत्कार ही ढूँढ़ा करें तो कोई आश्चर्य की बात नहीं। पर जो लोग इससे ऊँचा और गंभीर लक्ष्य समझते हैं वे चमत्कार मात्र को काव्य नहीं मान सकते। 'चमत्कार' से हमारा अभिप्राय यहाँ प्रस्तुत वस्तु के अद्‌भुतत्व या वैलक्षण्य से नहीं जो अद्‌भुत रस के आलंबन में होता है। 'चमत्कार' से हमारा तात्पर्य उक्ति के चमत्कार से है, जिसके अंतर्गत वर्ण विन्यास की विशेषता (जैसे अनुप्रास में), शब्दों की क्रीड़ा (जैसे श्लेष, यमक आदि में) वाक्य की वक्रता या वचनभंगी (जैसे काव्यार्थापत्ति, परिसंख्या, विरोधाभास, असंगति इत्यादि में) तथा अप्रस्तुत वस्तुओं का अद्‌भुतत्व अथवा प्रस्तुत वस्तुओं के साथ उनके सादृश्य या संबंध की अनहोनी या दूरारूढ़ कल्पना (जैसे उत्प्रेक्षा, अतिशयोक्ति आदि में) इत्यादि बातें आती हैं।

चमत्कार का प्रयोग भावुक कवि भी करते हैं, पर किसी भाव की अनुभूति को तीव्र करने के लिए। जिस रूप या मात्रा में भाव की स्थिति है उसी रूप और उसी मात्रा में उसकी व्यंजना के लिए प्रायः कवियों को व्यंजना का कुछ असामान्य ढंग पकड़ना पड़ता है। बातचीत में देखा जाता है कि कभी-कभी हम किसी को मूर्ख न कहकर 'बैल' कह देते हैं। इसका मतलब यह है कि उसकी मूर्खता की जितनी गहरी भावना मन में है वह 'मूर्ख' शब्द से नहीं व्यक्त होती। इसी बात को देखकर

कुछ लोगों ने यह निश्चय किया कि यही चमत्कार या उक्तिवैचित्र्य ही काव्य का नित्य लक्षण है। इसी निश्चय के अनुसार कोई वाक्य, चाहे वह कितना ही मर्मस्पर्शी हो, यदि उक्तिवैचित्र्यशून्य है तो काव्य के अंतर्गत न होगा और कोई वाक्य जिसमें किसी भाव या मनोविकार की व्यंजना कुछ भी न हो पर उक्तिवैचित्र्य हो, वह खासा काव्य कहा जाएगा। उदाहरण के लिए पद्माकर का यह सीधा-सादा वाक्य लीजिए–

"नैन नचाय कही मुसकाय 'लला फिर अइयो खेलन होरी'।"

अथवा मंडन का यह सवैया लीजिए–

अलि! हौं तो गई जमुना-जल को, सो कहा कहौं, घोर विपत्ति परी।
घहराय कै कारी घटा उनई, इतनेई में गागर सीस धरी।।
रपट्यो पग, घाट चढ़्यौ न गयो, कवि मंडन ह्वै कै बिहाल गिरी।
चिरजीवहु नंद को बारो अरी, गहि बाँह गरीब ने ठाढ़ी करी।।

इसी प्रकार ठाकुर की यह अत्यंत स्वाभाविक वितर्क-व्यंजना देखिए–

वा निरमोहिनी रूप की रासि जऊ उर हेतु न ठानति ह्वैहैं।
वारहि बार बिलोकि घरी-घरी सूरति तौ पहिचानति ह्वैहैं।
ठाकुर या मन की परतीति है, जौ पै सनेह न मानति ह्वैहैं।
आवत हैं नित मेरे लिए, इतनौ तो विसेष कै जानति ह्वैहैं।

मंडन ने प्रेमगोपन के जो वचन कहलाए हैं, वे ऐसे ही हैं जैसे जल्दी में स्वभावतः मुँह से निकल पड़ते हैं। उनमें विदग्धता की अपेक्षा स्वाभाविकता कहीं अधिक झलक रही है। ठाकुर के सवैये में भी अपने प्रेम का परिचय देने के लिए आतुर नए प्रेमी के चित्त के वितर्क की बड़े सीधे-सादे शब्दों में, बिना किसी वैचित्र्य या लोकोत्तर चमत्कार के, व्यंजना की गई है। क्या कोई सहृदय वैचित्र्य के अभाव के कारण कह सकता है कि इनमें काव्यतत्व नहीं है?

अब इनके सामने उन केवल चमत्कारवाली उक्तियों का विचार कीजिए जिनमें कहीं कोई कवि किसी राजा की कीर्ति की धवलता चारों ओर फैलती देख यह आशंका प्रकट करता है कि कहीं मेरी स्त्री के बाल भी सफेद न हो जायँ[1] अथवा प्रभात होने पर कौवों के काँव-काँव का कारण यह भय बताता है कि कालिमा या अंधकार का नाश करने में प्रवृत्त सूर्य कहीं उन्हें काला देख उनका भी नाश न कर दे। भोजप्रबंध तथा और सुभाषित संग्रहों में इस प्रकार की उक्तियाँ भरी पड़ी हैं। केशव की रामचंद्रिका में पचीसों ऐसे पद्य हैं जिनमें अलंकारों की भद्दी भरती के चमत्कार के

---

1. यथा यथा भोजयशो विवर्धते सितां त्रिलोकीमिव कर्तुमुद्यतम्।
तथा तथा मे हृदयं विदूयते प्रियालकावलिधवलत्वशङ्कया।।

—भोज प्रबंध, 76

सिवा हृदय को स्पर्श करने वाली या किसी भावना में मग्न करने वाली कोई बात न मिलेगी। उदाहरण के लिए पताका और पंचवटी के ये वर्णन लीजिए—

पताका

अति सुंदर अति साधु। थिर न रहति पल आधु।
परम तपोमय मानि। दंडधारिणी जानि।।

पंचवटी

बेर भयानक सी अति लगै। अर्क समूह जहाँ जगमगै।
पांडव की प्रतिमा सम लेखौ। अर्जुन भीम महामति देखौ।
है सुभगा सम दीपति पूरी। सिंदुर और तिलकावलि रूरी।
राजति है यह ज्यौं कुलकन्या। धाय विराजति है संग धन्या।।

क्या कोई भावुक इन उक्तियों को शुद्ध काव्य कह सकता है? क्या वे उसके मर्म का स्पर्श कर सकती हैं?

ऊपर दिए अवतरणों में हम स्पष्ट देखते हैं कि किसी उक्ति की तह में उसके प्रवर्तक रूप में यदि कोई भाव या मार्मिक अंतर्वृत्ति छिपी है तो चाहे वैचित्र्य हो या न हो, काव्य की सरसता बराबर पाई जायगी। पर यदि कोरा वैचित्र्य या चमत्कार है तो थोड़ी देर के लिए कुछ कुतूहल या मनबहलाव चाहे हो जाय पर काव्य की लीन करने वाली सरसता न पाई जायगी। केवल कुतूहल तो बालवृत्ति है। कविता सुनना और तमाशा देखना एक ही बात नहीं है। यदि सब प्रकार की कविता में केवल आश्चर्य या कुतूहल का ही संचार मानें तब तो अलग-अलग स्थायी भावों की रसरूप में अनुभूति और भिन्न भावों के आश्रयों के साथ तादात्म्य का कहीं प्रयोजन ही नहीं रह जाता।

यह बात ठीक है कि हृदय पर जो प्रभाव पड़ता है, उसके मर्म का जो स्पर्श होता है, वह उक्ति ही के द्वारा। पर उक्ति के लिए यह आवश्यक नहीं कि वह सदा विचित्र, अद्भुत या लोकोत्तर हो—ऐसी हो जो सुनने में नहीं आया करती या जिसमें बड़ी दूर की सूझ होती है। ऐसी उक्ति जिसे सुनते ही मन किसी भाव या मार्मिक भावना (जैसे प्रस्तुत वस्तु का सौंदर्य आदि) में लीन न होकर एकबारगी कथन के अनूठे ढंग, वर्णविन्यास या पद-प्रयोग की विशेषता, दूर की सूझ, कवि की चातुरी या निपुणता इत्यादि का विचार करने लगे, वह काव्य नहीं, सूक्ति है। बहुत से लोग काव्य और सूक्ति को एक ही समझा करते हैं। पर इन दोनों का भेद सदा ध्यान में रहना चाहिए। जो उक्ति हृदय में कोई भाव जागरित कर दे या उसे प्रस्तुत वस्तु या तथ्य की मार्मिक भावना में लीन कर दे, वह तो है काव्य। जो उक्ति केवल कथन के ढंग के अनूठेपन, रचनावैचित्र्य, चमत्कार, कवि के श्रम या निपुणता के विचार में ही प्रवृत्त करे, वह है सूक्ति।

यदि किसी उक्ति में रसात्मकता और चमत्कार दोनों हों तो प्रधानता का विचार करके सूक्ति या काव्य का निर्णय हो सकता है। जहाँ उक्ति में अनूठापन अधिक

मात्रा में होने पर भी उसकी तह में रहने वाला भाव आच्छन्न नहीं हो जाता, वहाँ भी काव्य ही माना जायगा। जैसे, देव का यह सवैया लीजिए–

साँसन ही में समीर गयो अरु आँसुन ही सब नीर गयो ढरि।
तेज गयो गुन लै अपनो अरु भूमि गई तन की तनुता करि।।
देव जियै मिलिबेई की आस कै, आसहु पास अकाल रह्यो भरि।
जा दिन तें मुख फेरि हरे हँसि हेरि हियो जो लियो हरि जू हरि।।

सवैया का अर्थ यह है कि वियोग में उस नायिका के शरीर को संघटित करने वाले पंचभूत धीरे-धीरे निकलते जा रहे हैं। वायु दीर्घ निःश्वासों के द्वारा निकल गई, जलतत्त्व सारा आँसुओं ही आँसुओं में ढल गया, तेज भी न रह गया–शरीर की सारी दीप्ति या कांति जाती रही, पार्थिव तत्त्व के निकल जाने से शरीर भी क्षीण हो गया, अब तो उसके चारों ओर आकाश ही आकाश रह गया है–चारों ओर शून्य दिखाई पड़ रहा है। जिस दिन से श्रीकृष्ण ने उसकी ओर मुँह फेरकर ताका है और मंद-मंद हँसकर उसके मन को हर लिया है, उसी दिन से उसकी यह दशा है।

इस वर्णन में देव जी ने विरह की भिन्न-भिन्न दशाओं में चार भूतों के निकलने की बड़ी सटीक उद्भावना की है। आकाश का अस्तित्व भी बड़ी निपुणता से चरितार्थ किया है। यमक, अनुप्रास आदि भी हैं। सारांश यह कि उनकी उक्ति में एक पूरी सावयव कल्पना है, मजमून की पूरी बंदिश है। पूरा चमत्कार या अनूठापन है। पर इस चमत्कार के बीच में भी विरह-वेदना स्पष्ट झलक रही है, उसकी चकाचौंध में अदृश्य नहीं हो गई है। इसी प्रकार मतिराम के इस सवैये की पिछली दो पंक्तियों में वर्षा के रूपक का जो व्यंग्य चमत्कार है वह भाव-सबलता के साथ अनूठे ढंग से गुंफित है–

दोऊ अनंद सों आँगन माँझ बिराजैं असाढ़ की साँझ सुहाई।
प्यारी के बूझत और तिया को अचानक नाम लियो रसिकाई।
आई उनै मुँह में हँसी, कोहि तिया पुनि चाप सी भौंह चढ़ाई।
आँखिन ते गिरे आँसू के बूँद, सुहास गयो उड़ि हंस की नाई।।

इसके विरुद्ध बिहारी की उन उक्तियों में जिनमें विरहिणी के शरीर के पास ले जाते-ले जाते शीशी का गुलाबजल सूख जाता है[1]; उसके विरह-ताप की लपट के मारे माघ के महीने में भी पड़ोसियों का रहना कठिन हो जाता है[2], कृशता के कारण विरहिणी साँस खींचने के साथ दो-चार हाथ पीछे और साँस छोड़ने के साथ दो-चार हाथ आगे

1. औघाई सासी सुलखि विरह बरति बिललात।
बीचहिं सूखि गुलाब गा, छींटी छुई न गात।।
2. आड़े दै आले बसन जाड़ेहू की राति।
साहसु कैकै नेहु बस सखी सबै ढिग जाति।।

उड़ जाती है[1], अत्युक्ति का एक बड़ा तमाशा ही खड़ा किया गया है। कहाँ यह सब मजाक, कहाँ बिरह-वेदना!

यह कहा जा चुका है कि उमड़ते हुए भाव की प्रेरणा से अक्सर कथन के ढंग में कुछ वक्रता आ जाती है। ऐसी वक्रता काव्य की प्रक्रिया के भीतर रहती है। उसका अनूठापन भावविधान के बाहर की वस्तु नहीं। उदाहरण के लिए दास जी की यह विरहदशासूचक उक्तियाँ लीजिए–

अब तौ बिहारी के वे बानक गए री,
तेरी तन दुति-केसर को नैन कसमीर भो।
श्रौन तुव बानी स्वाति-बूँदन के चातक भे,
साँसन को भरिवो द्रुपदजा को चीर भो।।
हिय को हरष मरु धरनि को नीर भो, री!
जियरो मनोभव सरन को तुनीर भो।
एरी! बेगि करिकै मिलापु थिर थापु,
न तौ आपु अब चहत अतनु को सरीर भो।।

ऐसी ही भाव प्रेरित वक्रता द्विजदेव की इस मनोहर उक्ति में है–

तू जो कही, सखि! लोनो सरूप,
सो मो अँखियान को लोनी गई लगि।

प्रेम के स्फुरण की विलक्षण अनुभूति नायिका को हो रही है–कभी आँसू आते हैं, कभी अपनी दशा पर आप अचरज होता है, कभी हलकी हँसी आ जाती है कि अच्छी बला मैंने मोल ली। इसी बीच अपनी अंतरंग सखी को समाने पाकर किंचित् विनोदचातुरी की भी प्रवृत्ति होती है। ऐसी जटिल अंतर्वृत्ति द्वारा प्रेरित उक्ति में विचित्रता आ ही जाती है। ऐसी चित्तवृत्तियों के अवसर घड़ी-घड़ी नहीं आया करते। सूरदास जी का 'भ्रमरगीत' ऐसी भावप्रेरित वक्र-उक्तियों से भरा पड़ा है।

उक्ति की वहीं तक वचनभंगी या वक्रता के संबंध में हमसे कुंतल जी का 'वक्रोक्तिः काव्यजीवितम्' मानते बनता है, जहाँ तक कि वह भावानुमोदित हो या किसी मार्मिक अंतर्वृत्ति से संवद्ध हो; उसके आगे नहीं। कुंतल जी की वक्रता बहुत व्यापक है जिसके अंतर्गत वे वाक्यवैचित्र्य की वक्रता और वस्तुवैचित्र्य की वक्रता दोनों लेते हैं। सालंकृत वक्रता के चमत्कार ही में वे काव्यत्व मानते हैं। योरोप में भी आजकल क्रोचे के प्रभाव से एक प्रकार का वक्रोक्तिवाद जोर पर है। विलायती वक्रोक्तिवाद लक्षणा-प्रधान है। लाक्षणिक चपलता और प्रगल्भता में ही, उक्ति के अनूठे स्वरूप में ही, बहुत से लोग वहाँ कविता मानने लगे हैं। उक्ति ही काव्य होती है, यह तो सिद्ध बात है। हमारे यहाँ भी व्यंजक वाक्य ही काव्य माना जाता है।

---

1. इत आवति चलि जाति उत चली छ-सातक हाथ।
चढ़ी हिंडोरै से रहै लगी उसासन साथ।।

अब प्रश्न यह है कि कैसी उक्ति, किस प्रकार की व्यंजना करने वाला वाक्य वक्रोक्तिवादी कहेंगे कि ऐसी उक्ति जिसमें कुछ वैचित्र्य या चमत्कार हो, व्यंजना चाहे जिसकी हो, या किसी ठीक-ठीक बात की न भी हो। पर जैसा कि हम कह चुके हैं, मनोरंजन मात्र काव्य का उद्देश्य न मानने वाले उनकी इस बात का समर्थन करने में असमर्थ होंगे। वे किसी लक्षणा में उसका प्रयोजन अवश्य ढूँढ़ेंगे।

काव्य की भाषा

कविता में कही गई बात चित्र रूप में हमारे सामने आनी चाहिए यह हम पहले कह आए हैं। अतः उसमें गोचर रूपों का विधान अधिक होता है। वह प्रायः ऐसे रूपों और व्यापारों को ही लेती है जो स्वाभाविक होते हैं और संसार में सबसे अधिक मनुष्यों को सबसे अधिक दिखाई पड़ते हैं।

अगोचर बातों या भावनाओं को भी, जहाँ तक हो सकता है, कविता स्थूल गोचर रूप में रखने का प्रयास करती है। इस मूर्त विधान के लिए वह भाषा की लक्षणा शक्ति से काम लेती है। जैसे 'समय बीता जाता है' कहने की अपेक्षा 'समय भागा जाता हैं' कहना वह अधिक पसंद करेगी। किसी काम से हाथ खींचना, किसी का रुपया खा जाना, कोई बात पी जाना, दिन ढलना या डूबना, मन मारना, मन छूना, शोभा बरसना, उदासी टपकना इत्यादि ऐसी ही कविसमय सिद्ध उक्तियाँ हैं जो वोलचाल में रूढ़ि होकर आ गई हैं। लक्षणा द्वारा स्पष्ट और सजीव आदान-प्रदान का विधान प्रायः सब देशों के कविकर्म में पाया जाता है। कुछ उदाहरण देखिए—

(क) **धन्य भूमि बनपंथ पहारा।**
जहँ जहँ नाथ पाँव तुम धारा।–तुलसी

(ख) **मनहु उमगि अँग अँग छबि छलकै।–तुलसी**

(ग) **चूनरि चारु चुई सी परै।**

(घ) **बनन में बागन में बगरो बसंत है।–पद्माकर**

(ड.) **वृंदावन बागन पै बसंत बरसो परै।–पद्माकर**

(च) **हौं तो श्यामरंग में चोराय, चित्त चोराचोरी,**
बोरत तो बोर्‌यो पै निचोरत बनै नहीं।–पद्माकर

(छ) **एहो नंदलाल! ऐसी व्याकुल परी है बाल,**
हाल ही चलौ तौ चलौ, जोरे जुरि जायगी।
कहै पद्माकर नहीं तौ ये झकोरे लगे,
औरे लौं अचाका बिनु घोरे घुरि जायगी।
तौ ही लगि चैन जौ लौं चेतिहै न चंदमुखी,
चेतैगी कहूँ तौ चाँदनी में चुरि जायगी।

इन उदाहरणों से स्पष्ट है कि वस्तु या तथ्य के पूर्ण प्रत्यक्षीकरण तथा भाव या मार्मिक अंतर्वृत्ति के अनुरूप व्यंजना के लिए लक्षणा का बहुत कुछ सहारा कवि को लेना पड़ता है।

भावना को मूर्त्तरूप में रखने की आवश्यकता के कारण कविता की भाषा में दूसरी विशेषता यह रहती है कि उसमें जाति संकेतवाले शब्दों की अपेक्षा विशेष-रूप-व्यापार सूचक शब्द अधिक रहते हैं। बहुत से ऐसे शब्द होते हैं जिनसे किसी एक का नहीं बल्कि बहुत से रूपों या व्यापारों का एक साथ चलता सा अर्थ ग्रहण हो जाता है। ऐसे शब्दों को हम जाति-संकेत कह सकते हैं। ये मूर्त्तविधान के प्रयोजन के नहीं होते। किसी ने कहा, ''वहाँ बड़ा अत्याचार हो रहा है''। इस अत्याचार शब्द के अंतर्गत मारना-पीटना, डाँटना-डपटना, लूटना-पाटना इत्यादि बहुत से व्यापार हो सकते हैं, अतः 'अत्याचार' शब्द के सुनने से उन सब व्यापारों की एक मिली-जुली अस्पष्ट भावना थोड़ी देर के लिए मन में आ जाती है, कुछ विशेष व्यापारों का स्पष्ट चित्र या मूर्त रूप नहीं खड़ा होता। इससे ऐसे शब्द कविता के उतने काम के नहीं। ये तत्त्वनिरूपण, शास्त्रीय विचार आदि में ही अधिक उपयोगी होते हैं। भिन्न-भिन्न शास्त्रों में बहुत से शब्द तो विलक्षण ही अर्थ देते हैं और पारिभाषिक कहलाते हैं। शास्त्र मीमांसक या तत्त्वनिरूपक को किसी सामान्य तथ्य या तत्त्व तक पहुँचने की जल्दी रहती है इससे वह किसी सामान्य धर्म के अंतर्गत आने वाली बहुत सी बातों को एक मानकर अपना काम चलाता है, प्रत्येक का अलग-अलग दृश्य देखने-दिखाने में नहीं उलझता।

पर कविता कुछ वस्तुओं और व्यापारों को मन के भीतर मूर्त्त रूप में लाने और प्रभाव उत्पन्न करने के लिए कुछ देर रखना चाहती है। अतः उक्त प्रकार के व्यापक अर्थ-संकेतों से ही उसका काम नहीं चल सकता। इससे जहाँ उसे किसी स्थिति का वर्णन करना रहता है वहाँ वह उसके अंतर्गत सबसे अधिक मर्मस्पर्शिनी कुछ विशेष वस्तुओं या व्यापारों को लेकर उनका चित्र खड़ा करने का आयोजन करती है। यदि कहीं के घोर अत्याचार का वर्णन करना होगा तो वह कुछ निरपराध व्यक्तियों के वध, भीषण यंत्रणा, स्त्री-बच्चों पर निष्ठुर प्रहार आदि का क्षोभकारी दृश्य सामने रखेगी। 'वहाँ घोर अत्याचार हो रहा है', इस वाक्य द्वारा वह कोई प्रभाव नहीं उत्पन्न कर सकती। अत्याचार शब्द के अंतर्गत न जाने कितने व्यापार आ सकते हैं, अतः उसे सुनकर या पढ़कर संभव है कि भावना में एक भी व्यापार स्पष्ट रूप से न आए या आए भी तो ऐसा जिसमें मर्म को क्षुब्ध करने की शक्ति न हो।

उपर्युक्त विचार से ही किसी व्यवहार या शास्त्र के पारिभाषिक शब्द भी काव्य में लाए जाने योग्य नहीं माने जाते। हमारे यहाँ के आचार्यों ने पारिभाषिक शब्दों के प्रयोग को 'अप्रतीत्व' दोष माना है। पर दोष स्पष्ट होते हुए भी चमत्कार के प्रेमी कब मान सकते हैं? संस्कृत के अनेक कवियों ने वेदांत, आयुर्वेद, न्याय के

पारिभाषिक शब्दों को लेकर बड़े-बड़े चमत्कार खड़े किए हैं या अपनी बहुज्ञता दिखाई है। हिंदी के किसी मुकदमेबाज कवित्त कहने वाले ने 'प्रेमफौजदारी' नाम की एक छोटी-सी पुस्तक में शृंगाररस की बातें अदालती कार्रवाइयों पर घटाकर लिखी हैं। 'एकतरफा डिगरी', 'तनकीह' ऐसे-ऐसे शब्द चारों ओर अपनी बहार दिखा रहे हैं, जिन्हें सुनकर कुछ अशिक्षित या भद्दी रुचि वाले वाह-वाह भी कर देते हैं।

शास्त्र के भीतर निरूपित तथ्य को भी जब कोई कवि अपनी रचना के भीतर लेता है तब वह पारिभाषिक तथा अधिक व्याप्तिवाले जातिसंकेत शब्दों को हटाकर उस तथ्य को व्यंजित करने वाले कुछ विशेष मार्मिक रूपों और व्यापारों का चित्रण करता है। कवि गोचर और मूर्त्त रूपों के द्वारा ही अपनी बात कहता है। उदाहरण के लिए गोस्वामी तुलसीदासजी के ये वचन लीजिए–

जेहि निसि सफल जीवन सूतहिं तब कृपापात्र जन जागै!

इसमें माया में पड़े हुए जीवन की अज्ञानदशा का काव्यपद्धति पर कथन है। और देखिए, प्राणी आयु भर क्लेश-निवारण और सुख-प्राप्ति का प्रयास करता रह जाता है और कभी वास्तविक सुख-शांति प्राप्त नहीं करता, इस बात को गोस्वामीजी यों सामने रखते हैं–

डासत ही गई बीति निसा सब, कबहुँ न नाथ! नींद भरि सोयो।

भविष्य का अज्ञान अत्यंत अद्भुत और रहस्यमय है जिसके कारण प्राणी आने वाली विपत्ति की कुछ भी भावना न करके अपनी दशा में मग्न रहता है। इस बात को गोस्वामीजी ने 'चरै हरित तृन बलिपशु' इस चित्र द्वारा व्यक्त किया है। अँगरेज कवि पोप ने भी भविष्य के अज्ञान का यही मार्मिक चित्र लिया है, यद्यपि उसने इस अज्ञान को ईश्वर का बड़ा भारी अनुग्रह कहा है–

उस बलिपशु को देख आज जिसका तू रे नर!
अपने रंग में रक्त बहाएगा बेदी पर।
होता उसको ज्ञान कहीं तेरा है जैसा,
क्रीड़ा करता कभी उछलता फिरता ऐसा?
अंतकाल तक हरा-भरा चारा चभलाता।
हनन हेतु उस उठे हाथ को चाटे जाता।।
आगम का अज्ञान ईश का परम अनुग्रह।।[1]

बातचीत में भी जब किसी को अपने कथन द्वारा कोई मार्मिकता का प्रभाव उत्पन्न

1. The lamp thy riot dooms to bleed today,
Had he the reason, would he skip and play ?
Pleased to the last he crops the flow'ry, food,
And licks the hand just raised to shed his blood,
The blindness to the future kindly given. —Essay on man.

करना होता है तब वह इसी पद्धति का अवलंबन करता है। यदि अपनी पत्नी पर अत्याचार करने वाले किसी व्यक्ति को उसे समझाना है तो वह कहेगा कि 'तुमने इसका हाथ पकड़ा है'; यह न कहेगा कि 'तुमने इसके साथ विवाह किया है।' विवाह, शब्द के अंतर्गत न जाने कितने बिधि-तिधान हैं जो सब-के-सब एकबारगी मन में आ भी नहीं सकते और उतने व्यंजक या मर्मस्पर्शी भी नहीं होते। अतः कहनेवाला उनमें से जो सबसे अधिक व्यंजक और स्वाभाविक व्यापार 'हाथ पकड़ना' है, जिससे सहारा देने का चित्र सामने आता है, उसे भावना में लाता है।

तीसरी विशेपता कविता की भाषा में वर्ण-विन्यास की है। 'शुष्को वृक्षस्तिप्ठत्यग्रे' और 'नीरसतरुरि विलसति पुरतः' का भेद हमारी पण्डित-मंडली में बहुत दिनों से प्रसिद्ध चला आता है। काव्य एक बहुत ही व्यापक कला है। जिस प्रकार मूर्त्त-विधान के लिए कविता चित्र-विधार की प्रणाली का अनुसरण करती है उसी प्रकार नादसौष्ठव के लिए वह संगीत का कुछ-कुछ सहारा लेती है। श्रुतिकटु मानकर कुछ वर्णों का त्याग, वृत्तविधान, लय, अन्त्यानुप्रास आदि नादसौंदर्य साधन के लिए ही हैं। नादसौष्ठव के निमित्त निरूपित वर्णविशिष्टता को हिंदी के हमारे कुछ पुराने कवि इतनी दूर तक घसीट ले गए कि उनकी बहुत सी रचना बेडौल और भावशून्य हो गई। उसमें अनुप्रास की लंबी लड़ी-वर्णविशेप की निरंतर आवृत्ति-के सिवा और किसी बात पर ध्यान नहीं जाता। जो बात भाव या रस की धारा का मन के भीतर अधिक प्रसार करने के लिए थी, वह अलग चमत्कार या तमाशा खड़ा करने के लिए काम में लाई गई।

नादसौंदर्य से कविता की आयु बढ़ती है। तालपत्र, भोजपत्र, कागज आदि का आश्रय छूट जाने पर भी वह बहुत दिनों तक लोगों की जिह्वा पर नाचती रहती है। बहुत सी उक्तियों को लोग, उनके अर्थ की रमणीयता इत्यादि की ओर ध्यान ले जाने का कष्ट उठाए बिना ही, प्रसन्न चित्त रहने पर गुनगुनाया करते हैं। अतः नादसौंदर्य का योग भी कविता का पूर्ण स्वरूप खड़ा करने के लिए कुछ-न-कुछ आवश्यक होता है। इसे हम बिल्कुल हटा नहीं सकते। जो अन्त्यानुप्रास को फालतू समझते हैं वे छंद को पकड़े रहते हैं, जो छंद को भी फालतू समझते हैं वे लय में ही लीन होने का प्रयास करते हैं। संस्कृत से संबंध रखने वाली भाषाओं में नाद-सौंदर्य के समावेश के लिए बहुत अवकाश रहता है। अतः अंगरेजी आदि अन्य भाषाओं की देखा-देखी, जिनमें इसके लिए कम जगह है, अपनी कविता को हम इस विशेषता से वंचित कैसे कर सकते हैं?

हमारी काव्यभाषा में एक चौथी विशेषता भी है जो संस्कृत से ही आई है। वह यह है कि कहीं-कहीं व्यक्तियों के नामों के स्थान पर उनके रूप, गुण या कार्यबोधक शब्दों का व्यवहार किया जाता है। ऊपर से देखने में तो पद्य के नपे हुए चरणों में शब्द खपाने के लिए ही ऐसा किया जाता है, पर थोड़ा विचार करने पर इससे गुरुतर उद्देश्य प्रकट होता है। सच पूछिए तो यह बात कृत्रिमता बचाने के लिए की

जाती है। मनुष्यों के नाम यथार्थ में कृत्रिम संकेत हैं, जिनसे कविता की पूर्ण परिपोषकता नहीं होती। अतएव कवि मनुष्यों के नामों के स्थान पर कभी-कभी उनके ऐसे रूप, गुण या व्यापार की ओर इशारा करता है जो स्वाभाविक और अर्थगर्भित होने के कारण सुननेवाले की भावना के निर्माण में योग देते हैं। गिरिधर, मुरारि, त्रिपुरारि, दीनबंधु, चक्रपाणि, मुरलीधर, सव्यसाची इत्यादि शब्द ऐसे ही हैं।

ऐसे शब्दों को चुनते समय इस बात का ध्यान रखना चाहिए कि वे प्रकरण-विरुद्ध या अवसर के प्रतिकूल न हों। जैसे, यदि कोई मनुष्य किसी दुर्धर्ष अत्याचारी के हाथ से छुटकारा पाना चाहता हो तो उसके लिए 'हे गोपिकारमण! हे वृंदावन-बिहारी!' आदि कहकर कृष्ण को पुकारने की अपेक्षा 'हे मुरारि! हे कंसनिकंदन!' आदि संबोधनों से पुकारना अधिक उपयुक्त है; क्योंकि श्रीकृष्ण के द्वारा कंस आदि दुष्टों का मारा जाना देखकर उनसे अपनी रक्षा की आशा होती है, न कि उनका वृंदावन में गोपियों के साथ विहार करना देखकर। इसी तरह किसी आपत्ति से उद्धार पाने के लिए कृष्ण को 'मुरलीधर' कहकर पुकारने की अपेक्षा 'गिरिधर' कहना अधिक अर्थसंगत है।

अलंकार

कविता में भाषा की सब शक्तियों से काम लेना पड़ता है। वस्तु या व्यापार की भावना चटकीली करने और भाव को अधिक उत्कर्प पर पहुँचाने के लिए कभी किसी वस्तु का आकार या गुण बहुत बढ़ाकर दिखाना पड़ता है; कभी उसके रूप-रंग या गुण की भावना को उसी प्रकार के और रूप-रंग मिलाकर तीव्र करने के लिए समान रूप और धर्मवाली और-और वस्तुओं को सामने लाकर रखना पड़ता है। कभी-कभी बात को भी घुमा-फिराकर कहना पड़ता है। इस तरह के भिन्न-भिन्न विधान और कथन के ढंग अलंकार कहलाते हैं। इनके सहारे से कविता अपना प्रभाव बहुत कुछ बढ़ाती है। कहीं-कहीं तो इनके बिना काम ही नहीं चल सकता। पर साथ ही यह भी स्पष्ट है कि ये साधन हैं, साध्य नहीं। साध्य को भुलाकर इन्हीं को साध मान लेने से कविता का रूप कभी-कभी इतना विकृत हो जाता है कि वह कविता ही नहीं रह जाती। पुरानी कविता में कहीं-कहीं इस बात के उदाहरण मिल जाते हैं।

अलंकार चाहे अप्रस्तुत वस्तुयोजना के रूप में हों (जैसे, उपमा, रूपक, उत्प्रेक्षा इत्यादि में), चाहे वाक्य-वक्रता के रूप में (जैसे, अप्रस्तुत-प्रशंसा, परिसंख्या, ब्याज-स्तुति, विरोध इत्यादि में), चाहे वर्ण-विन्यास के रूप में (जैसे, अनुप्रास में) लाए जाते हैं, वे प्रस्तुत भाव या भावना के उत्कर्ष-साधन के लिए ही। मुख के वर्णन में जो कमल, चंद्र आदि सामने रखे जाते हैं वह इसीलिए जिनमें इनकी वर्ण-रुचिरता, कोमलता, दीप्ति इत्यादि के योग से सौंदर्य की भावना और बढ़े। सादृश्य या साधर्म्य दिखाना उपमा, उत्प्रेक्षा इत्यादि का प्रकृत लक्ष्य नहीं है। इस बात को भूलकर कवि-परंपरा

में बहुत से ऐसे उपमान चला दिए गए हैं जो प्रस्तुत भावना में सहायता पहुँचाने के स्थान पर बाधा डालते हैं, जैसे, नायिका का अंग-वर्णन सौंदर्य की भावना प्रतिष्ठित करने के लिए ही किया जाता है। ऐसे वर्णन में यदि कटि का प्रसंग आने पर भिड़ या सिंह की कमर सामने कर दी जायगी तो सौंदर्य की भावना में क्या वृद्धि होगी? प्रभात के सूर्यबिंब के संबंध में इस कथन से कि 'है शोणित-कलित कपाल यह किल कापालिक काल को'[1] अथवा शिखर की तरह उठे हुए मेघखंड के ऊपर उदित होते हुए चंद्रबिंब के संबंध में इस उक्ति से कि 'मनहुँ क्रमेलक पीठ पैक धर्‌यो गोल घंटा लसत'', दूर की सूझ चाहे प्रकट हो, पर प्रस्तुत सौंदर्य की भावना की कुछ भी पुष्टि नहीं होती।

पर जो लोग चमत्कार ही को काव्य का स्वरूप मानते हैं, वे अलंकार को काव्य का सर्वस्व कहा ही चाहें। चंद्रालोककार तो कहते हैं–

अंगीकरोति यः काव्यं शब्दार्थावनलंकृति।
असौ न मन्यते कस्मादनुष्ण मनलं कृती।।

भरत मुनि ने रस की प्रधानता की ओर ही संकेत किया था; पर भामह, उद्‌भट आदि कुछ प्राचीन आचार्यों ने वैचित्र्य का पल्ला पकड़ अलंकार को प्रधानता दी। इनमें बहुतेरे आचार्यों ने अलंकार शब्द का प्रयोग व्यापक अर्थ में–रस, रीति, गुण आदि काव्य में प्रयुक्त होने वाली सारी सामग्री–के अर्थ में किया है। पर ज्यों-ज्यों शास्त्रीय विचार गंभीर और सूक्ष्म होता गया त्यों-त्यों साध्य और साधनों को विविक्त करके काव्य के नित्य स्वरूप या मर्मशरीर को अलग निकालने का प्रयास बढ़ता गया। रुद्रट और मम्मट के समय से ही काव्य का प्रकृत स्वरूप उभरते-उभरते विश्वनाथ महापात्र के साहित्यदर्पण में साफ ऊपर आ गया।

प्राचीन गड़बड़झाला मिटे बहुत दिन हो गए। वर्ण्य-वस्तु और वर्णन-प्रणाली बहुत दिनों से एक-दूसरे से अलग कर दी गई है। प्रस्तुत-अप्रस्तुत के भेद ने बहुत-सी बातों के विचार और निर्णय के सीधे रास्ते खोल दिए हैं। अब यह स्पष्ट हो गया है कि अलंकार प्रस्तुत या वर्ण्य-वस्तु नहीं, बल्कि वर्णन की भिन्न-भिन्न प्रणालियाँ हैं, कहने के खास-खास ढंग हैं। पर प्राचीन अव्यवस्था के स्मारक स्वरूप कुछ अलंकार ऐसे चले आ रहे हैं जो वर्ण्य-वस्तु का निर्देश करते हैं और अलंकार नहीं कहे जा सकते–जैसे, स्वभावोक्ति, उदात्त, अत्युक्ति। स्वभावोक्ति को लेकर कुछ अलंकार-प्रेमी कह बैठते हैं कि प्रकृति का वर्णन भी तो स्वभावोक्ति अलंकार ही है। पर स्वभावोक्ति अलंकार-कोटि में आ ही नहीं सकती। अलंकार वर्णन करने की प्रणाली है। चाहे जिस वस्तु या तथ्य के कथन को हम किसी अलंकार-प्रणाली के अंतर्गत ला सकते हैं। किसी

1. केशवदासकृत रामचंद्र चंद्रिका, पाँचवाँ प्रकाश, छंद–10

वस्तु-विशेष से किसी अलंकार प्रणाली का संबंध नहीं हो सकता। किसी तथ्य तक वह परिमित नहीं रह सकती। वस्तु-निर्देश अलंकार का काम नहीं, रस-व्यवस्था का विषय है। किन-किन वस्तुओं, चेष्टाओं या व्यापारों का वर्णन किन-किन रसों के विभावों और अनुभावों के अंतर्गत आएगा, इसकी सूचना रसनिरूपण के अंतर्गत ही हो सकती है।

अलंकारों के भीतर स्वभावोक्ति का ठीक-ठीक लक्षण-निरूपण हो भी नहीं सका है। 'काव्यप्रकाश' की कारिका में यह लक्षण दिया गया है–

स्वभावोक्तिस्तु डिंभादेः स्वक्रियारूप वर्णनम्

अर्थात् 'जिसमें बालकादिकों की निज की क्रिया या रूप का वर्णन हो वह स्वभावोक्ति है।' प्रथम तो बालकादिक पद की व्याप्ति कहाँ तक है, यही स्पष्ट नहीं। अतः यही समझा जा सकता है कि सृष्टि की वस्तुओं के रूप और व्यापार का वर्णन स्वभावोक्ति है। खैर, बालक की रूपचेष्टा को लेकर ही स्वभावोक्ति की अलंकारता पर विचार कीजिए। वात्सल्य में बालक के रूप आदि का वर्णन आलंबन विभाव के अंतर्गत और उसकी चेष्टाओं का वर्णन उद्दीपन विभाव के अंतर्गत होगा। प्रस्तुत वस्तु की रूप, क्रिया आदि के वर्णन को रस-क्षेत्र से घसीटकर अलंकार-क्षेत्र में हम कभी नहीं ले जा सकते। मम्मट ही के ढंग के और आचार्यों के लक्षण भी हैं। अलंकार-सर्वस्वकार राजानक रुय्यक कहते हैं–

सूक्ष्म-वस्तु-स्वभाव-यथावद्वर्णनं स्वभावोक्तिः।

आचार्य दंडी ने अवस्था की योजना करके यह लक्षण लिखा है–

नानावस्थं पदार्थानां साक्षाद्विवृण्वती।
स्वभावोक्तिश्च जातिश्चेत्याद्या सालंकृतिर्यथा।।

बात यह है कि स्वभावोक्ति अलंकारों के भीतर आ ही नहीं सकती। वक्रोक्तिवादी कुंतल ने भी इसे अलंकार नहीं माना है।

जिस प्रकार एक कुरूप स्त्री अलंकार लादकर सुंदर नहीं हो सकती, उसी प्रकार प्रस्तुत वस्तु या तथ्य की रमणीयता के अभाव में अलंकारों का ढेर काव्य का सजीव स्वरूप नहीं खड़ा कर सकता। केशवदास के पचीसों पद्य ऐसे रखे जा सकते हैं जिनमें यहाँ से वहाँ तक उपमाएँ और उत्प्रेक्षाएँ भरी हैं, शब्दसाम्य के बड़े खेल-तमाशे जुटाए गए हैं, पर उनके द्वारा कोई मार्मिक अनुभूति नहीं उत्पन्न होती। उन्हें कोई सहृदय या भावुक काव्य न कहेगा। आचार्यों ने भी अलंकारों को 'काव्य-शोभाकर', 'शोभातिशायी' आदि ही कहा है। महाराज भोज भी अलंकार को 'अलमर्थमलङ्कर्तुः' ही कहते हैं। पहले से सुंदर अर्थ को ही अलंकार शोभित कर सकता है। सुंदर अर्थ की शोभा बढ़ाने में जो अलंकार प्रयुक्त नहीं वे काव्यालंकार नहीं। वे ऐसे ही हैं जैसे शरीर पर से उतार कर किसी अलग कोने में रखा हुआ गहनों का ढेर। किसी भाव या मार्मिक भावना से असंपृक्त अलंकार चमत्कार या तमाशे हैं। चमत्कार का विवेचन पहले हो चुका है।

अलंकार है क्या? सूक्ष्म दृष्टि वालों ने काव्यों के सुंदर-सुंदर स्थल चुने और उनकी रमणीयता के कारणों की खोज करने लगे। वर्णन-शैली या कथन की पद्धति में ऐसे लोगों को जो-जो विशेषताएँ मालूम होती गईं, उनका वे नामकरण करते गए। जैसे, 'विकल्प' अलंकार का निरूपण पहले-पहल राजानक रुय्यक ने किया। कौन कह सकता है कि काव्यों में जितने रमणीय स्थल हैं, सब ढूँढ़ डाले गए, वर्णन की जितनी सुंदर प्रणालियाँ हो सकती हैं सब निरूपित हो गईं अथवा जो-जो स्थल रमणीय लगे, उनकी रमणीयता का कारण वर्णन-प्रणाली ही थी। आदिकाव्य रामायण से लेकर इधर तक के काव्यों में न जाने कितनी विचित्र वर्णन-प्रणालियाँ भरी पड़ी हैं जो न निर्दिष्ट की गई हैं और न जिनके कुछ नाम रखे गए हैं।

उपसंहार

कविता पर अत्याचार भी बहुत कुछ हुआ है। लोभियों, स्वार्थियों और खुशामदियों ने उसका गला दबाकर कहीं अपात्रों की आसमान पर चढ़ाने वाली स्तुति कराई है, कहीं द्रव्य न देने वालों की निराधार निंदा। ऐसी तुच्छ वृत्तिवालों का अपवित्र हृदय कविता के निवास के योग्य नहीं। कविता देवी के मंदिर ऊँचे, खुले, विस्तृत और पुनीत हृदय हैं। सच्चे कवि राजाओं की सवारी, ऐश्वर्य की सामग्री में ही सौंदर्य नहीं ढूँढ़ा करते। वे पूस के झोपड़ों, धूल-मिट्टी में सने किसानों, बच्चों के मुँह में चारा डालते हुए पक्षियों, दौड़ते हुए कुत्तों और चोरी करती हुई बिल्लियों में कभी-कभी सौंदर्य का दर्शन करते हैं जिसकी छाया भी महलों और दरबारों तक नहीं पहुँच सकती। श्रीमानों के शुभागमन पर पद्य बनाना, बात-बात में उनको बधाई देना, कवि का काम नहीं। जिनके रूप या कर्मकलाप जगत् और जीवन के बीच में उसे सुंदर लगते हैं, उन्हीं के वर्णन में वह 'स्वांतःसुखाय' प्रवृत्त होता है।

मनुष्य के लिए कविता इतनी प्रयोजनीय वस्तु है कि संसार की सभ्य-असभ्य सभी जातियों में, किसी-न-किसी रूप में पाई जाती है। चाहे इतिहास न हो, विज्ञान न हो, दर्शन न हो, पर कविता का प्रचार अवश्य रहेगा। बात यह है कि मनुष्य अपने ही व्यापारों का ऐसा सघन और जटिल मंडल बाँधता चला आ रहा है जिसके भीतर बँधा-बँधा वह शेष-सृष्टि के साथ अपने हृदय का संबंध भूला-सा रहता है। इस परिस्थिति में मनुष्य को अपनी मनुष्यता खोने का डर बराबर रहता है। इसी से अंतःप्रकृति में मनुष्यता को समय-समय पर जगाते रहने के लिए कविता मनुष्य जाति के साथ लगी चली आ रही है और चली चलेगी। जानवरों को इसकी जरूरत नहीं।

काव्य में लोक-मंगल की साधना एवं सिद्धावस्था

आत्मबोध और जगद्बोध के बीच ज्ञानियों ने गहरी खाई खोदी पर हृदय ने कभी उसकी परवा न की; भावना दोनों को एक ही मानकर चलती रही। इस दृश्य जगत् के बीच जिस आनन्द-मंगल की विभूति का साक्षात्कार होता रहा उसी के स्वरूप की नित्य और चरम भावना द्वारा भक्तों के हृदय में भगवान् के स्वरूप की प्रतिष्ठा हुई। लोक में इसी स्वरूप के प्रकाश को किसी ने 'राम-राज्य' कहा, किसी ने 'आसमान की बादशाहत।' यद्यपि मूसाइयों और उनके अनुगामी ईसाईयों की धर्म पुस्तक में आदम खुदा की प्रतिमूर्ति बताया गया पर, लोक के बीच नर में नारायण की दिव्य कला का सम्यक् दर्शन और उसके प्रति हृदय का पूर्ण निवेदन भारतीय भक्ति-मार्ग में ही दिखाई पड़ा।

सत्, चित् और आनन्द—ब्रह्म के इन तीन स्वरूपों में से काव्य और भक्ति मार्ग 'आनन्द' स्वरूप को लेकर चले। विचार करने पर लोक में इस आनन्द की अभिव्यक्ति की दो अवस्थाएँ पाई जायँगी—साधनावस्था और सिद्धावस्था। अभिव्यक्ति के क्षेत्र में ब्रह्म के 'आनन्द' स्वरूप का सतत् आभास नहीं रहता, उसका आविर्भाव और तिरोभाव होता रहता है। जगत् में न तो सदा और सर्वत्र लहलहाता वसन्त-विकास रहता है, न सुख-समृद्धिपूर्ण हास विलास। शिशिर के आतंक से सिमटी और झोंके झेलती वनस्थली की खिन्नता और हीनता के बीच से ही क्रमशः आनन्द की अरुण आभा धुँधली फूटती हुई अन्त में वसन्त की पूर्ण प्रफुल्लता और प्रचुरता के रूप में फैल जाती है; इसी प्रकार लोक की पीड़ा, बाधा, अन्याय, अत्याचार के बीच दबी हुई आनन्द ज्योति भीषण शक्ति में परिणत होकर अपना मार्ग निकालती है और फिर लोकमंगल और लोकरंजन के रूप में अपना प्रकाश करती है।

कुछ कवि और भक्त तो जिस प्रकार आनन्द-मंगल के सिद्ध या आविर्भूत स्वरूप को लेकर सुख सौन्दर्यमय माधुर्य, सुषमा, विभूति, उल्लास, प्रेम-व्यापार इत्यादि उपभोग पक्ष की ओर आकर्षित होते हैं उसी प्रकार आनन्द-मंगल की साधनावस्था या प्रत्यत्न-पक्ष को लेकर पीड़ा, बाधा, अन्याय आदि के दमन में तत्पर शक्ति के संचरण में भी। उत्साह, क्रोध, करुणा, भय, घृणा इत्यादि की गतिविधि में भी—पूरी

रमणीयता देखते हैं। वे जिस प्रकार प्रकाश को फैला हुआ देखकर मुग्ध होते हैं, उसी प्रकार फैलने के पूर्व उसका अन्धकार को हटाना देखकर भी। ये ही पूर्ण कवि हैं, क्योंकि जीवन की अनेक परिस्थितियों के भीतर ये सौन्दर्य का साक्षात्कार करते हैं। साधनावस्था या प्रत्यक्ष पक्ष को ग्रहण करनेवाले कुछ ऐसे कवि भी होते हैं जिनका मन सिद्धावस्था या उपभोग पक्ष की ओर नहीं जाता। जैसे भूषण। इसी प्रकार कुछ कवि या भावुक आनन्द के केवल सिद्ध स्वरूप या उपभोग पक्ष में ही अपनी वृत्ति रमा सकते हैं। उनका मन सदा सुख सौन्दर्यमय माधुर्य, दीप्ति, उल्लास, प्रेम, क्रीड़ा इत्यादि के प्राचुर्य ही की भावना में लगता है। इसी प्रकार की भावना या कल्पना उन्हें कला क्षेत्र के भीतर समझ पड़ती है।

उपर्युक्त दृष्टि से हम काव्यों के दो विभाग कर सकते हैं–

(1) आनन्द की साधनावस्था या प्रत्यत्न पक्ष को लेकर चलनेवाले।

(2) आनन्द की सिद्धावस्था या उपभोग पक्ष को लेकर चलनेवाले।

डंटन (Theodore Watts-Dunton) ने जिसे शक्ति काव्य (Poetry as an energy) कहा है वह हमारे प्रथम प्रकार के अन्तर्गत आ जाता है। जिसमें लोक प्रवृत्ति को परिचालित करनेवाला प्रभाव होता है, जो पाठकों या श्रोताओं के हृदय में भावों की स्थायी प्रेरणा उत्पन्न कर सकता है पर डंटन ने शक्ति काव्य से भिन्न को जो कला काव्य (Poetry as na art) कहा है वह कला का उद्देश्य केवल मनोरंजन मानकर। वास्तव में कला की दृष्टि दोनों प्रकार के काव्यों में अपेक्षित है। साधनावस्था या प्रयत्न पक्ष को लेकर चलनेवाले काव्यों में भी यदि कला में चूक हुई तो लोकगति को परिचालित करनेवाला स्थायी प्रभाव न उत्पन्न हो सकेगा। यहीं तक नहीं; व्यंजित भावों के साथ पाठकों की सहानुभूति या साधारणीकरण तक, जो रस की पूर्ण अनुभूति के लिए आवश्यक है, न हो सकेगा। यदि 'कला' का वही अर्थ लेना है जो कामशास्त्र की चौसठ कलाओं में है–अर्थात् मनोरंजन या उपभोग मात्र का विधायक–तो काव्य के संबंध में दूर ही से इस शब्द को नमस्कार करना चाहिए। काव्यसमीक्षा में फ्रांसीसियों की प्रधानता के कारण इस शब्द को इसी अर्थ में ग्रहण करने से योरप में काव्यदृष्टि इधर कितनी संकुचित हो गयी, इसका निरूपण हम किसी अन्य प्रबन्ध में करेंगे।

आनन्द की साधनावस्था या प्रयत्न पक्ष को लेकर चलनेवाले काव्यों के उदाहरण हैं–रामायण, महाभारत, रघुवंश, शिशुपाल वध, किरातार्जुनीय। हिन्दी में रामचरितमानस, पद्मावत (उत्तरार्ध), हम्मीररासो, पृथ्वीराजरासो, छत्रप्रकाश इत्यादि प्रबन्धकाव्य; भूषण आदि कवियों के वीररसात्मक मुक्तक तथा आल्हा आदि प्रचलित वीरगाथात्मक गीत। उर्दू के वीररसात्मक मरसिये। योरपीय भाषाओं में इलियड, ओडेसी, पैराडाइजलास्ट, रिवोल्ट आब् इसलाम इत्यादि प्रबन्ध काव्य तथा बैलेड (Ballads)।

आनन्द की सिद्धावस्था या उपभोग पक्ष को लेकर चलनेवाले काव्यों के उदाहरण हैं–आर्यासप्तशती, गाथा सप्तशती, अमरुशतक, गीतगोविन्द तथा शृंगार के फुटकल

पद्य। हिन्दी में सूरसागर, कृष्णभक्त कवियों की पदावली, बिहारी सतसई, रीतिकाल के कवियों के फुटकल शृंगारी पद्य, रास पंचाध्यायी ऐसे वर्णनात्मक काव्य तथा आजकल की अधिकांश छायावादी कविताएँ। फारसी उर्दू के शेर और गजलें। अँग्रेजी की लीरिक (Lyrics) कविताएँ तथा कई प्रकार की वर्णनात्मक कविताएँ।

आनन्द की साधनावस्था

लोक में फैली दुःख की छाया को हटाने में ब्रह्म की आनन्द कला जो शक्तिमय रूप धारण करती है उसकी भीषणता में भी अद्भुत मनोहरता, कटुता में भी अपूर्व मधुरता, प्रचण्डता में भी गहरी आर्द्रता साथ लगी रहती है। विरुद्धों का यही सामंजस्य कर्म क्षेत्र का सौन्दर्य है। जिसकी ओर आकर्पित हुए बिना मनुष्य का हृदय नहीं रह सकता। इस सामंजस्य का और कई रूपों में भी दर्शन होता है। किसी कोट, पतलून, हैटवाले को धाराप्रवाह संस्कृत बोलते अथवा किसी पण्डितवेशधारी सज्जन को अँग्रेजी की प्रगल्भ वक्तृता देते सुन व्यक्तित्व का जो एक चमत्कार-सा दिखाई पड़ता है उसकी तह में भी सामंजस्य का यही सौन्दर्य समझना चाहिए। भीपणता और सरसता, कोमलता और कठोरता, कटुता और मधुरता, प्रचण्डता और मृदुता का सामंजस्य ही लोकधर्म का सौन्दर्य है। आदि कवि वाल्मीकि की वाणी इसी सौन्दर्य के उद्घाटन महोत्सव का दिव्य संगीत है। सौन्दर्य का यह उद्घाटन असौन्दर्य का आवरण हटाकर होता है। धर्म और मंगल की यह ज्योति अधर्म और अमंगल की घटा को फाड़ती हुई फूटती है। इससे कवि हमारे सामने असौन्दर्य, अमंगल, अत्याचार, क्लेश इत्यादि भी रखता है; रोष, हाहाकार और ध्वंस का दृश्य भी लाता है। पर सारे भाव, सारे रूप और सारे व्यापार भीतर-भीतर आनन्द कला के विकास में ही योग देते पाए जाते हैं। यदि किसी ओर उन्मुख ज्वलन्त रोष है तो उसके और सब ओर करुण दृष्टि फैली दिखाई पड़ती है। यदि किसी ओर ध्वंस और हाहाकार है तो और सब ओर उसका सहगामी रक्षा और कल्याण है। व्यास ने भी अपने 'जयकाव्य'[1] में अधर्म के पराभव और धर्म की जय का सौन्दर्य प्रत्यक्ष किया था।

वह व्यवस्था या वृत्ति, जिससे लोक में मंगल का विधान होता है, 'अभ्युदय' की सिद्धि होती है, धर्म है। अतः अधर्म वृत्ति को हटाने में धर्मवृत्ति की तत्परता—चाहे वह उग्र और प्रचण्ड हो, चाहे कोमल और मधुर--भगवान् की आनन्द कला के विकास की ओर बढ़ती हुई गति है। यह गति यदि सफल हुई तो 'धर्म की जय' कहलाती है। इस गति में भी सुन्दरता है और इसकी सफलता में भी। यह बात नहीं है कि जब यह गति सफल होती है तभी इसमें सुन्दरता आती है। गति में सुन्दरता रहती ही है; आगे चलकर चाहे यह सफल हो, चाहे विफल। विफलता में भी एक निराला ही विषण्ण

1. महाभारत।

सौन्दर्य होता है। तात्पर्य यह कि गति आदि से अन्त तक सुन्दर होती है—अन्त चाहे सफलता के रूप में हो चाहे विफलता के। उपर्युक्त दोनों आर्ष कवियों ने पूर्णता के विचार से धर्म की गति का सौन्दर्य दिखाते हुए उसका सफलता में पर्यवसान किया है। ऐसा उन्होंने उपदेशक की बुद्धि से नहीं किया; धर्म की जय के बीच भगवान् की मूर्ति के साक्षात्कार पर मुग्ध होकर किया है। यदि राम द्वारा रावण का वध तथा कृष्ण के साहाय्य द्वारा जरासंध और कौरवों का दमन न हो सकता तो भी रामकृष्ण की गतिविधि में पूरा सौन्दर्य रहता, पर उसमें भगवान् की पूर्ण कला का दर्शन न होता क्योंकि भगवान् की शक्ति अमोघ है।

आनन्दकला के प्रकाश की ओर बढ़ती हुई गति की विफलता में भी सौन्दर्य का दर्शन करनेवाले अनेक कवि हुए हैं। अँग्रेज कवि शेली संसार में फैले पाषण्ड, अन्याय और अत्याचार के दमन तथा मनुष्य मनुष्य के बीच सीधे सरल प्रेमभाव के सार्वभौम संसार का स्वप्न देखनेवाले कवि थे। उनके 'इसलाम का विप्लव' (The Revolt of Islam) नामक द्वादश सर्गबद्ध महाकाव्य में मनुष्य जाति के उद्धार में रत नायक और नायिका (Laon and Cythna) में मंगल शक्ति के अपूर्व संचय की छटा दिखाकर तथा उनके द्वारा एक बार दुर्दान्त अत्याचार के पराभव के मनोरम आभास से अनुरंजित करके अन्त में उस शक्ति की विफलता की विषादमयी छाया से लोक को फिर आवृत दिखाकर छोड़ दिया है।

जैसा ऊपर कह आये हैं, मंगल-अमंगल के द्वन्द्व में कवि लोग अन्त में मंगल शक्ति की जो सफलता दिखा दिया करते हैं उसमें सदा शिक्षावाद (Didacticism) या अस्वाभाविकता की गन्ध समझकर नाक-भौं सिकोड़ना ठीक नहीं। अस्वाभाविकता तभी आयेगी जब बीच का विधान ठीक न होगा अर्थात् जब प्रत्येक अवसर पर सत्पात्र सफल और दुष्ट पात्र विफल या ध्वस्त दिखाए जायेंगे। पर सच्चे कवि ऐसा कभी नहीं करते। इस जगत् में अधर्म प्रायः दुर्दमनीय शक्ति प्राप्त करता है जिसके सामने धर्म की शक्ति बार-बार उठकर व्यर्थ होती रहती है। कवि जहाँ मंगल शक्ति की सफलता दिखाता है वहाँ कला की दृष्टि से सौन्दर्य का प्रभाव डालने के लिए; धर्मशासक की हैसियत से डराने के लिए नहीं कि यदि ऐसा कर्म करोगे तो ऐसा फल पाओगे। कवि कर्म सौन्दर्य के प्रभाव द्वारा प्रवृत्ति या निवृत्ति अन्तःप्रकृति में उत्पन्न करता है, उसका उपदेश नहीं देता।

कवि सौन्दर्य से प्रभावित रहता है और दूसरों को भी प्रभावित करना चाहता है। किसी रहस्यमयी प्रेरणा से उसकी कल्पना में कई प्रकार के सौन्दर्यों का जो मेल आपसे आप हो जाया करता है उसे पाठक के सामने भी वह प्रायः रख देता है। जिस पर कुछ लोग कह सकते हैं कि ऐसा मेल क्या संसार में बराबर देखा जाता है। मंगल शक्ति के अधिष्ठान राम और कृष्ण जैसे पराक्रमशाली और धीर हैं। वैसा ही उनका रूप माधुर्य और उनका शील भी लोकोत्तर है। लोकहृदय आकृति और

गुण, सौन्दर्य और सुशीलता; एक ही अधिष्ठान में देखना चाहता है। इसी से 'यत्राकृतिस्तत्र गुणा वसंति' सामुद्रिक की यह उक्ति लोकोक्ति के रूप में चल पड़ी। नैषध में नल हंस से कहते हैं–

न तुलाविषये तवाकृतिनं वचो वर्त्मनि ते सुशीलता।
त्वदुदाहरणाऽकृतौ गुणा इति स मुद्रिक सार मुद्रणा।।

–नैषधीय चरित, द्वितीय सर्ग, 5।

भीतरी और बाहरी सौन्दर्य, रूप सौन्दर्य और कर्म सौन्दर्य के मेल की यह आदत धीरोदात्त आदि भेद निरूपण से बहुत पुरानी है और बिलकुल छूट भी नहीं सकती। यह हृदय की एक भीतरी वासना की तुष्टि के हेतु कला की रहस्यमयी प्रेरणा है। 19वीं शताब्दी के कवि शेली–जो राजशासन, धर्मशासन, समाजशासन आदि सब प्रकार की शासन व्यवस्था के घोर विरोधी थे–इस प्रेरणा से पीछा न छुड़ा सके। उन्होंने भी अपने प्रबन्ध काव्यों में रूप सौन्दर्य और कर्म सौन्दर्य का ऐसा ही मेल किया है। उनके नायक (या नायिका) जिस प्रकार पीड़ा, अत्याचार आदि से मनुष्य जाति का उद्धार करने के लिए अपना प्राण तक उत्सर्ग करनेवाले, घोर से घोर कष्ट और यन्त्रणा से मुँह न मोड़नेवाले, पराक्रमी, दयालु और धीर हैं उसी प्रकार रूप माधुर्य सम्पन्न भी।[1]

आज भी किसी कवि से राम की शारीरिक सुन्दरता कुम्भकरण को और कुम्भकरण की कुरूपता राम को न देते बनेगी। माइकेल मधुसूदन दत्त ने मेघनाद को अपने काव्य का गुण सम्पन्न नायक बनाया पर लक्ष्मण को वे कुरूप न कर सके। उन्होंने जो उलटफेर किया वह कला या काव्यानुभूति की किसी प्रकार की प्रेरणा से नहीं; बल्कि एक पुरानी धारणा तोड़ने की बहादुरी दिखाने के लिए, जिसका शौक किसी विदेशी नई शिक्षा के पहले-पहल प्रचलित होने पर प्रायः सब देशों में कुछ दिन रहा करता है। इसी प्रकार बंगभाषा के एक दूसरे कवि नवीनचन्द्र ने अपने 'कुरुक्षेत्र' नामक काव्य में कृष्ण का आदर्श ही बदल दिया है। उसमें वे ब्राह्मणों के अत्याचार से पीड़ित जनता के उद्धार के लिए उठ खड़े हुए एक क्षत्रिय महात्मा के रूप में अंकित किए गये हैं। अपने समय में उठी हुई किसी खास हवा की झोंक में प्राचीन आर्ष काव्यों के पूर्णतया निर्दिष्ट स्वरूपवाले आदर्श पात्रों को एकदम कोई

1. Certain it is that with Shelley goodness is ever near to sensous beauty and passes easily into passion. Hence his choice of heroic types rather than simpel ones, of Laon and Cythna and prometheus rather than Michael, Mathew, etc. Laon and Cythna possess youth, strenght and beauty no less than courage and the instint for self sacrifice and their passion for freedom. A further admirable instance of this harmony of godness and beauty is seen in the description of Laby Beneficient who tended the garden of The Senditive plant.

Studies in Shelley by A.T. Strong

नया मनमाना रूप देना भारती के पवित्र मन्दिर में व्यर्थ गड़बड़ मचाना है।

शुद्ध मर्मानुभूति द्वारा प्रेरित कुशल कवि भी प्राचीन आख्यानों को बराबर लेते आये हैं और अब भी लेते हैं। वे पात्रों में अपनी नवीन उद्‌भावना का, अपनी नई कल्पित बातों का बराबर आरोप करते हैं, पर वे बातें उन पात्रों के चिरप्रतिष्ठित आदर्शों के मेल में होती हैं। केवल अपने समय की परिस्थिति विशेष को लेकर जो भावनाएँ उठती हैं उनके आश्रय के लिए जब कि नए आख्यानों और नए पात्रों की उद्‌भावना स्वछन्दतापूर्वक की जा सकती है तब पुराने आदर्शों को विकृत या खण्डित करने की क्या आवश्यकता है?

कर्म सौन्दर्य के जिस स्वरूप पर मुग्ध होना मनुष्य के लिए स्वाभाविक है और जिसका विधान कवि परम्परा बराबर करती चली आ रही है, उसके प्रति उपेक्षा प्रकट करने और कर्म सौन्दर्य के एक-दूसरे पक्ष में ही—केवल प्रेम और भ्रातृभाव के प्रदर्शन और आचरण में ही—काव्य का उत्कर्ष मानने का जो नया फैशन टाल्सटाय के समय में चला है वह एकदेशीय है। दीन और असहाय जनता को निरंतर पीड़ा पहुँचाते चले जानेवाले क्रूर आततायियों को उपदेश देने उनसे दया की भिक्षा माँगने और प्रेम जताने तथा उनकी सेवासुश्रूपा करने में ही कर्तव्य की सीमा नहीं मानी जा सकती, कर्मक्षेत्र का एकमात्र सौन्दर्य नहीं कहा जा सकता। मनुष्य के शरीर के जैसे दक्षिण और वाम दो पक्ष हैं वैसे ही उनके हृदय के भी कोमल और कठोर, मधुर और तीक्ष्ण, दो पक्ष हैं और बराबर रहेंगे। काव्यकला की पूरी रमणीयता इन दोनों पक्षों के समन्वय के बीच मंगल या सौन्दर्य के विकास में दिखाई पड़ती है।

भावों की प्रक्रिया की समीक्षा से पता चलता है कि उदय से अस्त तक भावमण्डल का कुछ भाग तो आश्रय की चेतना के प्रकाश (Conscious) में रहता है और कुछ अन्तस्संज्ञा के क्षेत्र (Subconscious region) में छिपा रहता है। संचारी भावों के संचरण-काल में कभी-कभी उनके स्थायी भाव कारण रूप में अंतस्संज्ञाओं के भीतर पड़ जाते हैं। रति भाव में संचारी होकर आई हुई असूया या ईर्ष्या ही को लीजिए। जिस क्षण में वह अपनी चरम सीमा पर पहुँची हुई होती है उस क्षण में आश्रय को ही रतिभाव की कोमल सत्ता का ज्ञान नहीं रहता, उस क्षण में उसके भीतर ईर्ष्या की ही तीक्ष्ण प्रतीति रहती है और बाहर ईर्ष्या के ही लक्षण दिखाई देते हैं। जिस प्रकार किसी आश्रय के भीतर कोई एक भाव स्थायी रहता है और अनेक भाव तथा अन्तर्दशाएँ उसके संचारी के रूप में आती हैं उसी प्रकार किसी प्रबन्धकाव्य के प्रधान पात्र में कोई मूल प्रेरक मात्र या बीज भाव रहता है जिसकी प्रेरणा से घटनाचक्र चलता है और अनेक भावों के स्फुरण के लिए जगह निकलती चलती है। इस बीजभाव को साहित्य ग्रन्थों में निरूपित स्थायी भाव और अंगी भाव[1] दोनों

1. प्रधान भाव, नाटकों के लक्षण में कथित अंगी रस।

से भिन्न समझना चाहिए।

बीजभाव द्वारा स्फुरित भावों में कोमल और मधुर-कठोर और तीक्ष्ण दोनों प्रकार के भाव रहते हैं। यदि बीजभाव की प्रकृति मंगल-विधायिनी होती है तो उसकी व्यापकता और निर्विशेषता के अनुसार सारे प्रेरित भाव तीक्ष्ण और कठोर होने पर भी सुन्दर होते हैं। ऐसे बीजभाव की प्रतिष्ठा जिस पात्र में होती है उसके सब भावों के साथ पाठकों की सहानुभूति होती है अर्थात् पाठक और श्रोता भी रसरूप में उन्हीं भावों का अनुभव करते हैं जिन भावों की वह व्यंजना करता है। ऐसे पात्र की गति में बाधा डालनेवाले पात्रों के उग्र या तीक्ष्ण भावों के साथ पाठकों का वास्तव में तादात्म्य नहीं होता; चाहे उनकी व्यंजना में रस निष्पत्ति करनेवाले तीनों अवयव वर्तमान हों। राम यदि रावण के प्रति क्रोध या घृणा की व्यंजना करेंगे तो पाठक या श्रोता का भी हृदय उस क्रोध या घृणा की अनुभूति में योग देगा। इस क्रोध या घृणा में भी काव्य का पूर्ण सौन्दर्य होगा। पर रावण यदि राम के प्रति क्रोध या घृणा की व्यंजना करेगा तो रस के तीनों अवयवों के कारण 'शास्त्रस्थिति सम्पादन'[1] चाहे हो जाये पर उस व्यंजित भाव के साथ पाठक का तादात्म्य कभी न होगा, पाठक केवल चरित्र द्रष्टामात्र रहेगा। उसका केवल मनोरंजन होगा, भाव में लीन करनेवाली प्रथम कोटि की रसानुभूति उसको न होगी।

ऊपर कहा गया है कि किसी शुभ बीजभाव की प्रेरणा से प्रवर्तित तीक्ष्ण और उग्रभावों की सुन्दरता की मात्रा उस बीजभाव की निर्विशेषता और व्यापकता के अनुसार होती है। जैसे, यदि करुणा किसी व्यक्ति की विशेषता पर अवलम्बित होगी—कि पीड़ित व्यक्ति हमारा कुटुम्बी, मित्र आदि है—तो उस करुणा के द्वारा प्रवर्तित तीक्ष्ण या उग्र भावों में उतनी सुन्दरता न होगी। पर बीजरूप में अन्तस्संज्ञ में स्थित करुणा यदि इस ढब की होगी कि इतने पुरवासी, इतने देशवासी या इतने मनुष्य पीड़ा पा रहे हैं तो उसके द्वारा प्रवर्तित तीक्ष्ण या उग्र भावों का सौन्दर्य उत्तरोत्तर अधिक होगा। यदि काव्य में वर्णित दो पात्रों में से एक तो अपने भाई को अत्याचार और पीड़ा से बचाने के लिए अग्रसर हो रहा है और दूसरा किसी बड़े भारी जनसमूह को, तो गति में बाधा डालनेवालों के प्रति दोनों के प्रदर्शित क्रोध के सौन्दर्य के परिणाम में बहुत अन्तर होगा।

भावों की छानबीन करने पर मंगल का विधान करनेवाले दो भाव ठहरते हैं—करुणा और प्रेम। करुणा की गति रक्षा की ओर होती है और प्रेम की रंजन की ओर। लोक में प्रथम साध्य रक्षा है। रंजन का अवसर उसके पीछे आता है। अतः साधनावस्था या प्रयत्नपक्ष को लेकर चलनेवाले काव्यों का बीजभाव करुणा

1. रसव्यक्तिमपेक्ष्यैषामंगाना सन्निवेशनम्।
न तु केवलया शास्त्रस्थिति सम्पादनेच्छया।।

—साहित्यदर्पण 6-120।

ही ठहरता है। इसी से शायद अपने दो नाटकों में रामचरित को लेकर चलनेवाले महाकवि भवभूति ने 'करुण' को ही एक मात्र रस कह दिया।[1] रामायण का बीजभाव करुणा है जिसका संकेत क्रौंच को मारनेवाले निषाद के प्रति वाल्मीकि के मुँह से निकले वचन द्वारा आरम्भ ही में मिलता है। इसके उपरान्त भी बालकाण्ड के 15वें सर्ग में इसका आभास दिया गया है। जहाँ देवताओं ने ब्रह्मा से रावण द्वारा पीड़ित लोक की दारुण दया का निवेदन किया है। उक्त आदि काव्य के भीतर लोकमंगल की शक्ति के उदय का आभास ताड़का और मारीच के दमन के प्रसंग में ही मिल जाता है। पंचवटी से वह शक्ति जोर पकड़ती दिखाई देती है। सीताहरण होने पर उसमें आत्मगौरव और दाम्पत्यप्रेम की प्रेरणा का भी योग हो जाता है। ध्यान देने की यह बात है कि इस आत्मगौरव और दाम्पत्यप्रेम की प्रेरणा बीच से प्रकट होकर उस विराट मंगलोन्मुखी गति में समन्वित हो जाती है। यदि राक्षसराज पर चढ़ाई करने का मूल कारण केवल आत्मगौरव या दाम्पत्यप्रेम होता तो राम के 'कालाग्नि सदृश क्रोध' में काव्य का वह लोकोत्तर सौन्दर्य न होता। लोक के प्रति करुणा जब सफल हो जाती है, लोक जब पीड़ा और विघ्नबाधा से मुक्त हो जाता है, तब रामराज्य में जाकर लोक के प्रति प्रेम-प्रवर्तन का, प्रजा के रंजन का, उसके अधिकाधिक सुख के विधान का, अवकाश मिलता है।

जो कुछ ऊपर कहा गया है उससे यह स्पष्ट है कि काव्य का उत्कर्ष केवल प्रेमभाव की कोमल व्यंजना में ही नहीं माना जा सकता जैसा कि टाल्सटाय के अनुयायी या कुछ कलावादी कहते हैं। क्रोध आदि उग्र और प्रचण्ड भावों के विधान में भी, यदि उनकी तह में करुण भाव अव्यक्त रूप में स्थित हो, पूर्ण सौन्दर्य का साक्षात्कार होता है। स्वतन्त्रता के उत्मत उपासक, घोर परिवर्तनवादी शेली के महाकाव्य The Revelt of Islam (द रिवोल्ट अव् इसलाम) के नायक-नायिका अत्याचारियों के पास जाकर उपदेश देनेवाले, अपनी साधुता, सहनशीलता और शान्त वृत्ति का चमत्कारपूर्ण प्रदर्शन करने वाले नहीं हैं। वे उत्साह की उमंग में प्रचण्ड वेग से युद्धक्षेत्र में बढ़नेवाले, पाषण्ड, लोकपीड़ा और अत्याचार देख पुनीत क्रोध के सात्विक तेज से तमतमानेवाले, भय या स्वार्थवश आततायियों की सेवा स्वीकार करनेवालों के प्रति उपेक्षा भाव प्रकट करनेवाले हैं। शेली ने भी काव्यकला का मूल तत्त्व प्रेम भाव ही माना था। पर अपने को सुख सौन्दर्यमय माधुर्य भाव तक ही बद्ध न रखकर प्रबन्धक्षेत्र में भी अच्छी तरह घुसकर भावों की अनेकरूपता का विन्यास किया था। स्थिर (Static) सौन्दर्य

1. एको रसः करुण एव निमित्तभेदात
भिन्नः पृथक् पृथगिवाश्रयते विवर्त्तान्।।
आवर्त्तवुद्‌वुद्‌तरंगमयान् विकारान्
अम्भो यथा सलिलमेव हि तत्समस्तम्।।

—उत्तररामचरित 3-47।

और गत्यात्मक (Dynamic) सौन्दर्य, उपभोग पक्ष और प्रयत्न पक्ष, दोनों उनमें पाए जाते हैं।

टाल्सटाय के मनुष्य मनुष्य में भ्रातृप्रेमसंचार को ही एकमात्र काव्य तत्त्व कहने का बहुत कुछ कारण साम्प्रदायिक था। इसी प्रकार कलावादियों का केवल कोमल और मधुर की लीक पकड़ना मनोरंजन मात्र की हलकी रुचि और दृष्टि की परिमिति के कारण समझना चाहिए। टाल्सटाय के अनुयायी प्रयत्न पक्ष को लेते अवश्य हैं पर केवल पीड़ितों की सेवासुश्रूषा की दौड़-धूप, आततायियों पर प्रभाव डालने के लिए साधुता के लोकोत्तर प्रदर्शन, त्याग, कष्ट सहिष्णुता इत्यादि में ही उसका सौन्दर्य स्वीकार करते हैं। साधुता की इस मृदुल गति को वे 'आध्यात्मिक शक्ति' कहते हैं। पर भारतीय दृष्टि से हम इसे भी प्राकृतिक शक्ति–मनुष्य की अन्तःप्रकृति की सात्विक विभूति–मानते हैं। विदेशी अर्थ में इस 'आध्यात्मिक' शब्द का प्रयोग हमारी देशभाषाओं में भी प्रचार पा रहा है। 'अध्यात्म' शब्द की मेरी समझ में काव्य या कला के क्षेत्र में कहीं कोई जरूरत नहीं है।

पूर्ण प्रभविष्णुता के लिए काव्य में हम भी सत्वगुण की सत्ता आवश्यक मानते हैं, पर दोनों रूपों में–दूसरे भावों की तह में अर्थात् अन्तस्संज्ञा में स्थित अव्यक्त बीजरूप में भी और प्रकाशरूप में भी। हम पहले कह आये हैं कि लोकमंगल विधान की ओर प्रवृत्त करनेवाले दो भाव हैं–करुणा और प्रेम। यह भी दिखा आये हैं कि क्रोध युद्धोत्साह आदि प्रचण्ड और उग्र वृत्तियों की तह में यदि इन दोनों में से कोई भाव बीज रूप में स्थित होगा तभी सच्चा साधारणीकरण और पूर्ण सौन्दर्य का प्रकाश होगा। उच्च दशा का प्रेम और करुणा दोनों सत्त्वगुणप्रधान हैं। त्रिगुणों में सत्त्वगुण सबके ऊपर है। यहाँ तक कि इसकी ऊपरी सीमा नित्य पारमार्थिक सत्ता के पास तक–व्यक्त और अव्यक्त की सन्धि तक–जा पहुँचती है। इसी से शायद वल्लभाचार्यजी ने सच्चिदानन्द के सत् स्वरूप का प्रकाश करनेवाली शक्ति को 'सन्धिनी' कहा है। व्यवहार में 'सत्' शब्द के दो अर्थ लिए जाते हैं–'जो वास्तव में हो', तथा 'अच्छा या शुभ'।

जब कि अव्यक्तावस्था से छूटी हुई प्रकृति के व्यक्त स्वरूप जगत् में आदि से अन्त तक सत्त्व, रजस् और तमस् तीनों गुण रहेंगे तब समष्टि रूप में लोक के बीच मंगल का विधान करनेवाली ब्रह्म की आनन्द कला के प्रकाश की यही पद्धति हो सकती है कि तमोगुण और रजोगुण दोनों सत्त्वगुण के अधीन होकर उसके इशारे पर काम करें। इस दशा में किसी ओर अपनी प्रवृत्ति के अनुसार काम करने पर भी समष्टि रूप में और सब ओर वे सत्त्वगुण के लक्ष्य की पूर्ति करेंगे। सत्त्वगुण के इस शासन में कठोरता, उग्रता और प्रचण्डता भी सात्त्विक तेज के रूप में भासित होगी। इसी से अवताररूप में हमारे यहाँ भगवान् की मूर्ति एक ओर तो 'वज्रादपि

कठोर' और दूसरी ओर 'कुसुमादपिमृदु' रखी गयी है–

कुलिसहु चाहि कठोर अति, कोमल कुसुमहु चाहि।

आनन्द की सिद्धावस्था

साधना या प्रयत्न में तत्पर करने के लिए फल की सुन्दरता या सुखदता की पूर्ण भावना जागरित करने की आवश्यकता हुआ करती है। साध्य आनन्द की प्रचुरता तथा उस आनन्द के विषय की सुन्दरता या सुखदता हमारे मन में जितना ही घर करेंगी उतनी ही अधिक तन्मयता के साथ हम उस आनन्द तथा उसके विषय तक पहुँचनेवाली साधना में प्रवृत्त होंगे। एक बहुत ही ऊँचे प्रकार का सुख देनेवाली वस्तु का नाम सुन्दरता है। लड्डू खाना, इत्र सूँघना, मुलायम गद्दे पर सोना, कोमल संगीत सुनना, सुन्दर रूप देखना ये सब सुखद होते हैं। इनमें से पिछली दो बातों का सुख पहली तीन बातों के सुख से ऊँचे दरजे का जान पड़ता है। कारण विचारने पर यही सुझाई पड़ता है कि आँख और कान दोनों का ज्ञानव्यापार में प्रधान योग रहता है। अतः इनका सुख शेप और इन्द्रियों के सुखों से ऊँचे दरजे का होना चाहिए। वास्तव में यदि यह सुख अपने शुद्ध रूप में रखा जाये, और प्रकार के स्थूल सुखों से मिलाया न जाये, तो ऊँचा जरूर दिखाई देता है।

दर्शन वृत्ति की बोध दशा भी होती है और रागात्मिकता दशा भी। नई वस्तुओं को देखकर जानकारी भी हो सकती है, प्रेम, क्रोध आदि भी। मन की दर्शनवृत्ति की रागात्मिका दशा ही सौन्दर्य की अनुभूति कहलाती है। जो सुदर्शन हो, जिसकी आकृति रुचिकर हो वही सुन्दर होता है। यद्यपि इस शब्द का प्रयोग लक्षणा से और विस्तृत अर्थ में भी किया जाता है। उदाहरण के लिए 'कर्म सौन्दर्य' शब्द लीजिए। जिसका व्यवहार हमने अन्यत्र अनेक स्थलों पर किया है। रूप रौन्दर्य से मध्यम कोटि की वस्तु नाद सौन्दर्य या शब्द माधुर्य है। जिस प्रकार दर्शनवृत्ति की बोध दशा और रागात्मिका दशाएँ दो दशाएँ होती हैं, उसी प्रकार श्रवणवृत्ति की भी। शब्द द्वारा ज्ञान संचार और माधुर्य संचार दोनों होते हैं। वार्तालाप, उपदेश, व्याख्यान इत्यादि में शब्द द्वारा हमें नई-नई बातों की जानकारी होती है; संगीत में हमें शब्द द्वारा माधुर्य की अनुभूति होती है। कहने की आवश्यकता नहीं कि नाद के संबंध में 'सुन्दर', 'मधुर', 'कोमल' आदि शब्दों का प्रयोग भी लाक्षणिक ही होता है। शास्त्रीय दृष्टि से इस प्रकार के लाक्षणिक प्रयोग भाषा की त्रुटि सूचित करते हैं। श्रवण के विषय शब्द की रुचिरता के लिए यदि कोई अलग शब्द होता तो दर्शनेन्द्रिय, रसनेन्द्रिय और त्वगिन्द्रिय की अनुभूतियों से मिले हुए 'सुन्दर', 'मधुर' और 'कोमल' शब्द अधिकतर कवियों और साहित्य समीक्षकों के ही काम में आते।

रूप और गति दोनों दृष्टि के विषय हैं। अतः दर्शनवृत्ति को तुष्ट करनेवाले

दो प्रकार के विषय ठहरते हैं–रूप और गति। प्रयत्न पक्ष में गति की रुचिरता का वर्णन साधनावस्था के अन्तर्गत हो चुका है। उपभोग पक्ष में गति की रुचिरता हमें नृत्य कला आदि में दिखाई पड़ती है। इस प्रकार दर्शन और श्रवण दोनों के उपभोग पक्ष को लेकर कई कलाओं का प्रादुर्भाव हुआ–दर्शन की तुष्टि के लिए चित्रकला, मूर्तिकला और नृत्यकला का; श्रवण की तुष्टि के लिए संगीत का। काव्य का इतना व्यापक विधान होता है कि उसमें इन सबका थोड़ा बहुत योग रहा करता है। पर इससे यह न समझना चाहिए कि उपभोग पक्ष की तुष्टि ही काव्य का एकान्त लक्ष्य है। रसात्मक तुष्टि का क्षेत्र उपभोग वृत्ति से और आगे तक है, यह बात साधनावस्था के अन्तर्गत कही जा चुकी है। गोस्वामी तुलसीदासजी का 'रामचरितमानस' मनोरंजन करके या जी बहलाकर ही नहीं रह जाता। वह हृदय के मूल में सत्त्व की ज्योति जगाता है।

पर यहाँ हमें उन काव्यभूमि का वर्णन करना है जिसमें 'आनन्द' अपनी सिद्धावस्था में दिखाई पड़ता है; जहाँ सब प्रकार के प्रयत्नों की अशान्ति तिरोहित और उपभोग की कला जगी रहती है। 'आनन्द' का ध्वज यहाँ चलता नहीं दिखाई पड़ता, गड़ा दिखाई पड़ता है। यहाँ नगाड़े की धमक, गर्जन तर्जन और हुंकार नहीं, विप्लव, ध्वंस और हाहाकार नहीं; वेग और तेज की तिग्मिता नहीं। यह दीप्ति, माधुर्य और कोमलता की स्निग्ध भूमि है; लहलहाते सरस प्रसार और परिमल घटित पुष्पहास का कलकंठ कूजित क्षेत्र है; मद और उल्लास की मृदुल तरंगमयी संगीतधारा का मानवलोक है। इस भूमि का प्रवर्तक भाव है–प्रेम।

देश के विस्तार और काल की दौड़ के बीच ऐसी भूमियाँ कहीं-कहीं और कभी-कभी मिल जाया करती हैं। सच पूछिए तो मनुष्य अपने जीवन पथ पर इन्हीं के लोभ में बराबर दौड़ता चला जाता है।[1] यहीं तक नहीं, 'सुगन छीर' और 'अवगुन जल' मिले इस महाप्रपंच से कल्पना द्वारा इन्हें अलग करके वह एक निराला आनन्द लोक खड़ा करता है जो शुष्क धार्मिकों का स्वर्ग और कवियों का स्वप्न ठहरता है। जिसके भीतर सत्त्व की ज्योति अत्यन्त क्षीण या मंद होती है, जिन्हें धर्म के सौन्दर्य का साक्षात्कार नहीं होता, जिनका मन कर्म की भावना में न लगकर फल ही की भावना में लगता है वे इसी स्वर्ग की कामना से बहुत से गिनाए हुए पुण्यकार्य, बिना उनके सम्पादन का प्रकृत सुख अनुभव किए, यों ही रूखे-सूखे ढंग से करते पाए जाते हैं।

ऊपर कह आये हैं कि उस काव्यभूमि में जहाँ आनन्द अपनी सिद्धावस्था में

---

1. Many a green isle needs must be
In the deep wide sea of misery,
Or the mariner warn and wan,
Never thus could voyage on,

—Shelley

दिखाई पड़ता है प्रवर्तक भाव है—प्रेम। इसी भाव के विविध प्रकार के आलम्बनों और उद्दीपनों का चित्रण इस भूमि के विभाग पक्ष में पाया जाता है। दीप्ति, माधुर्य और कोमलता के नाना रूप यहाँ मिलते हैं। बाहर नयनाभिराम, रूपरेख, विकसित वर्णवैचित्र्य, दीप्तिविभूतिप्रभूत चमक-दमक, शीतल स्निग्ध छाया, कलकण्ठ स्वर स्पन्दित, सौरभसमन्वित समीर, स्मित आनन्द, चपल भ्रूविलास, हास-परिहास, संगीतसज्जा, वीणा की झंकार इत्यादि हैं तो भीतर सौन्दर्य की मादक अनुभूति, प्रेमोल्लास, स्वप्न, स्मृति, विस्मृति, वीड़ा, क्रीड़ा, दर्शनपिपासा, उत्कण्ठा, मुग्धता इत्यादि।

इस भूमि के मानस या आभ्यन्तर पक्ष की एक खासी उलझन हमारे पुराने आचार्य सुलझा गये हैं। यद्यपि प्रेमदशा के भीतर सुखात्मक और दुःखात्मक दोनों प्रकार के भाव पाए जाते हैं पर कान में 'प्रेमानन्द' शब्द ही पड़ता है, 'प्रेमापन्न' नहीं। इससे 'प्रेम आनन्द स्वरूप है' यह लोकधारणा प्रकट होती है, जो साहित्य मीमांसकों को भी मान्य है। वियोग काल की सारी अश्रुधारा इस आनन्द स्वरूप को नहीं धो सकती; अश्रुधारा के तल में आनन्द की रेखाएँ दिखाई पड़ती रहती हैं। विरह में आनन्द नष्ट नहीं हुआ रहता, केवल आवृत रहता है। विरहियों का रोना एक प्रकार का हँसना ही है। उनके तीव्र ताप और प्रचण्ड ज्वाला की जड़ में एक रसमयी शीतलता रहती है। जब तक प्रिय इस जगत् में रहता है तव तक उसके कहीं दूर चले जाने पर भी, उसका कहीं पता न रहने पर भी जो दुःख और वेदना होती है वह प्रेम भाव की ही अनुभूति समझी जाती है। वात यह है कि वियोग काल चाहे कितना ही दारुण हो उसके बीच-बीच में मिलने की लालसा जागती रहती है, संयोग की कल्पना के सुख का अनुभव होता रहता है, प्रिय के रूप आदि का ध्यान आने पर मन लुभाता रहता है। यह लालसा या यह लुब्धता, आनन्द के ढंग की चीज है, दुःख के ढंग की नहीं। आनन्द के रूप में ही प्रेम का उदय होता है। और उसका यह भीतरी रूप बराबर बना रहता है। किसी के रूप सौन्दर्य और शील सौन्दर्य का पहले-पहल साक्षात्कार या परिचय होते ही सबसे पहली अनुभूति आनन्द की होती है; सबसे पहले हृदय विकसित और लुब्ध होता है। सारांश यह है कि प्रेमकाल जीवन का आनन्दकाल ही है। इसी से भक्तिमार्ग में वल्लभाचार्य जी ने भक्ति या प्रेम ही को साध्य कह दिया है।

प्रेम वास्तव में राग का ही पूर्ण विकसित रूप है। राग और द्वेष दोनों की स्थिति वासना के रूप में प्रत्येक प्राणी में होती है। वासनात्मक अवस्था में इन दोनों के विषय सामान्य रहते हैं। सामान्यतः सुख देनेवाली या चिरकाल से साथ रहनेवाली वस्तुओं के प्रति राग और दुःख देनेवाली वस्तुओं के प्रति द्वेष का बीज सबके हृदय क्षेत्र में ढँका रहता है। यही राग व्यक्त होकर किसी विशेष व्यक्ति की ओर पहले-पहल उन्मुक्त होता है तब 'लुभाना' कहलाता है और जब उस विशेष में जाकर स्थिर हो जाता है तब प्रेम कहा जाता है। सीधी बात यह कि वासनात्मक अवस्था से भावात्मक

अवस्था में आया हुआ राग ही अनुराग या प्रेम है। राग वास्तव में व्यक्तिबद्ध नहीं होता। किसी के रूप, गुण आदि का उत्कर्ष सुनकर जो पूर्वराग होता है वह भी उत्तेजित राग ही रहता है। यद्यपि उत्तेजना व्यक्तिविशेष के ही उत्कर्ष का परिचय पाकर होती है पर पूर्वराग की दशा में प्रेम की अनन्यता और पूर्ण एकनिष्ठता नहीं रहती; वह पीछे प्राप्त होती है। किसी के प्रति पूर्वराग उत्पन्न होने पर यह सम्भावना रहती है कि अन्य समय उससे अधिक उत्कर्षवाले किसी दूसरे का परिचय पाकर वह उसपर हो जाये।

राग मिलानेवाली वासना है और द्वेष अलग करनेवाली। रासायनिक मूल द्रव्यों के राग से ही सृष्टि का विकास होता है। राग की अभिव्यक्ति विशेष दाम्पत्य और वात्सल्य भाव से ही सजीव प्राणियों की परम्परा चिरकाल से चलती आ रही है। प्रेम में पालन की प्रवृत्ति प्रत्यक्ष है। माता का प्रेम शिशु का पालन करता है। पर प्रेम द्वारा पालन का विधान एक परिमित क्षेत्र के भीतर तथा अबाध और निर्विघ्न दशा में ही सम्भव है। विघ्न और बाधा की दशा में प्रेम काम करता हुआ नहीं दिखाई देता; एक ओर करुणा और दूसरी ओर क्रोध का प्रवर्तन ही देखा जाता है। जब तक शान्ति है, कहीं से अत्याचार आदि की बाधा नहीं उपस्थित हुई है तब तक तो माता प्रेम के बल से अपने शिशुओं का पालन करती चली चलती है, पर जब कोई बच्चों को मारता है, कष्ट या पीड़ा पहुँचाता है तब रक्षा अपेक्षित होती है। अतः प्रेम तो हृदय के किसी कोने में जा छिपता है क्रोध और करुणा का उदय होता है। तात्पर्य यह कि अत्याचार द्वारा उपस्थित घोर विघ्न-बाधा की दशा में प्रेमपात्र की भी रक्षा का सीधा लगाव प्रेम से नहीं रहता, करुणा से रहता है।

उपर्युक्त विवेचन से यह स्पष्ट है कि 'आनन्द' की सिद्धावस्था–शान्ति सुख की अवस्था–लेकर चलनेवाले कवियों का ही 'प्रेम' को बीजभाव मानना ठीक है, 'आनन्द' की साधनावस्था लेकर चलनेवालों का नहीं। पर आनन्द की साधनावस्था या प्रयत्न पक्ष को लेकर चलनेवाले योरपीय लोकमंगलवादियों का एक दल, जिसके अनुयायी, हमारे यहाँ के श्री रविन्द्रनाथ ठाकुर भी हैं, मनुष्य मनुष्य के बीच भातृप्रेम को ही काव्यभूमि का एकमात्र आधिकारिक भाव मानता है। इस दल के लोग साधनावस्था को लेकर भी माधुर्य और कोमलता के बाहर नहीं जाना चाहते। ये अपने हृदयंगत काव्यदेश की कोमलता और मधुरता के साथ तीक्ष्णता, कठोरता और उग्रता का सामंजस्य नहीं कर सकते। अतः काव्य के कोमल और मधुर पक्ष में ही लीन रहते हैं। ऐसे लोग लोकरक्षा की साधनावस्था के विधान में 'प्रेम' को ही बीजभाव बनाना चाहते हैं। पर साधनावस्था के वर्णन में हम कह आये हैं कि उक्त विधान में हमारे यहाँ के कवियों ने 'करुणा' को ही बीजभाव रखा है। इन दोनों मतों में, सच पूछिए तो, तत्त्वभेद नहीं है; दृष्टिभेद है। प्रेम को बीजभाव माननेवालों की दृष्टि उसके मूल वासनात्मक रूप 'राग' की ओर रहती है जो मनुष्य की अन्तःप्रकृति में

निहित रहकर सम्पूर्ण सजीव सृष्टि के साथ किसी गूढ़ संबंध की अनुभूति के रूप में समय-समय पर जगा करता है। अच्छी तरह देखा जाये तो मनुष्य की प्रकृति के भीतर अव्यक्त रूप में यह रागात्मक संबंध सूत्र चर-अचर सारे प्राणियों के साथ जुड़ा हुआ है। केवल मनुष्य मनुष्य को ही जोड़नेवाला नहीं है। पर इतने असीम और व्यापक रूप में वासनात्मक राग ही रह सकता है उसका व्यक्त और स्फुरित स्वरूप प्रेम नहीं। प्रेम का आलम्बन परिमित, परिचित और निर्दिष्ट होगा अपरिमित, अपरिचित और अनिर्दिष्ट नहीं।

राग की वासना दो भावों का प्रवर्तन करती है–प्रेम का और करुणा का। इनमें से प्रेम का व्यापार परिमित, परिचित और निर्दिष्ट के प्रति होता है। प्रेम के लिए व्यक्ति की कोई विशेषता अपेक्षित होती है। अपने प्रवर्तक 'राग' के समान उसमें निर्विशेषता नहीं होती। इस प्रकार की निर्विशेषता करुणा ही में होती है।

यदि किसी अत्याचार पीड़ित अपरिचित को देख कोई व्याकुल होकर, सहायता के लिए दौड़ पड़े तो प्रेम को बीजभाव माननेवाला कहेगा 'उसके हृदय में बड़ा प्रेम है', पर करुणा को बीजभाव माननेवाला कहेगा 'वह बड़ा दयालु है।' इनमें से प्रथम जिसे 'प्रेम' कहता है वह वास्तव में प्रत्यक्ष प्रेरणा करनेवाले करुणा भाव के मूल में रहनेवाली 'राग' नाम की वासना है। यह पहले कहा जा चुका है कि राग नाम की वासना का विषय सामान्य होता है और 'प्रेम' नामक भाव का आलम्बन कोई निर्दिष्ट विशेष होता है। आर्द्र होकर सहायता करनेवाले का उस अपरिचित पीड़ित व्यक्ति से प्रेम था, यह न कहा जाता है न कहा जा सकता है। कहा यहीं तक जा सकता है कि उसकी अन्तःप्रकृति में सामान्यतः सब जीवों के प्रति जो राग की वासना निहित थी उसी के प्रभाव से करुणा उत्पन्न हुई जिसने उसे व्याकुल और सहायता के लिए सन्नद्ध किया। यह कहा जा चुका है कि शुद्ध करुणा के उद्रेक के लिए पीड़ित आलम्बन में किसी प्रकार की विशेषता अपेक्षित नहीं। यह बात नहीं है कि जिससे प्रेम हो उसी की पीड़ा देख करुणा उत्पन्न हो। करुणा बैर प्रीति कुछ नहीं देखती। करुणा करनेवाले के मन में केवल यही रहता है कि उसके समान ही सुख-दुःख अनुभव करनेवाला कोई प्राणी है जिसे कष्ट या पीड़ा पहुँच रही है। इससे स्पष्ट है कि करुणा प्रेम से एक स्वतन्त्र भाव है। वह रक्षा का कार्य प्रेम के संचारी के रूप में करती हो यह बात भी नहीं है, यह कार्य उसका अपना है। उसका मूल चाहे अन्तर्निहित राग की वासना में हो, पर कविता अव्यक्त मूल को लेकर नहीं चलती; व्यक्त प्रसार को लेकर चलती है।

कविता अभिव्यंजना है। वह अभिव्यक्ति या विकास को लेकर चलती है। इसी दृष्टि से हमारे यहाँ के कवियों ने लोकरक्षा के विधान में करुणा को ही बीजभाव रखा है। करुणा से रक्षा का विधान होता है; प्रेम से पालन और रंजन का। रक्षा और पालन में अन्तर अच्छी तरह समझ लेना चाहिए। विष्णु भगवान् जगत् का पालन

तो हर समय करते रहते हैं, पर रक्षा समय-समय पर किया करते हैं। सुरक्षा आपद्ग्रस्त की होती है; पालन रक्षित का होता है। बच्चे को समय पर दूध पिलाना पालन है; भूख से मरते को खिला देना रक्षा है। लोकरक्षा का विधान किसी आई हुई आपत्ति से बचाने का विधान है। अतः लोकमंगल की साधनावस्था या प्रयत्नपक्ष को लेकर चलनेवाले कवियों या समीक्षकों को 'करुणा' ही को बीजभाव कहना चाहिए। सिद्धावस्था की प्रशान्त भूमि पर चलनेवाले कवियों का ही 'प्रेमतत्त्व' को बीजभाव कहना ठीक है।

यहाँ पर अब हमें सिद्धावस्था के संबंध में ही विचार करना है जो काव्य की प्रशान्त, निर्विघ्न और अबाध भूमि है। इस भूमि में पालन और रंजन का ही पूर्ण प्रसाद दिखाई पड़ता है। इस भूमि का एकमात्र अधिष्ठाता देवता 'प्रेम' है। उसी के द्वारा पालन और रंजन दोनों सम्पन्न होते हैं। वात्सल्य भाव द्वारा पालन का और दाम्पत्य भाव द्वारा रंजन का विधान होता है। इसका तात्पर्य यह नहीं कि इनके अतिरिक्त अन्य प्रकार के प्रेम द्वारा पालन और रंजन नहीं होता। इन दोनों भावों को रसपद्धति में मुख्य रूप से ग्रहण करने का अभिप्राय केवल इतना ही है कि इनमें पालन और रंजन दोनों चरम उत्कर्ष को पहुँचते हैं। आनन्द की सिद्धावस्था पर ही दृष्टि रखनेवाले कवियों का 'प्रेम' को ही प्रवर्तक या बीजभाव मानना ठीक है किन्तु पालन और रंजन दोनों पक्षों के सहित। पर महाराज भोज ने रंजन पक्ष ही लेकर शृंगार (दाम्पत्य भाव) को ही एकमात्र रस कहा है।[1] इससे यह प्रकट होता है कि काव्य समीक्षा के क्षेत्र में सिद्धान्त या 'वाद' वहुत कुछ रुचिवैचित्र्य के इशारे पर खड़े हुआ करते हैं, सम्यक् दृष्टि के अनुरोध से कम। काव्य के जिस देश की ओर किसी की रुचि अधिक होती है उसी को वह काव्य का सम्पूर्ण देश मानना मनाना चाहता है।

आरम्भ में ही यह कहा जा चुका है कि आनन्द की सिद्धावस्था या उपभोग पक्ष का प्रदर्शन करनेवाली काव्यभूमि दीप्ति, माधुर्य और कोमलता की भूमि है जिसमें प्रवर्तक या बीजभाव प्रेम है। काव्य की इस भोगभूमि में दुःखात्मक भावों को बेधड़क चले आने की इजाजत नहीं। आने के पहले उन्हें प्रेम का पूरा शासन स्वीकार करना पड़ता है और बहुत दबकर आना पड़ता है। पड़ोसियों का नाकों दम करनेवाले, माघ में लू चलानेवाले विरहताप की अपेक्षा बीच-बीच में छानेवाली आशासुख की शीतलता अधिक ही मानी गयी है।[2] यहाँ अमर्ष, ईर्ष्या, त्रास इत्यादि स्वतन्त्र होकर सिर नहीं

1. शृंगार एवैकश्चतुवर्गैककारणं रस इति। —शृंगारप्रकाश, प्रथम प्रकाश 13।

2. सीरैं जतननु सिसिर रितु सहि बिरहिनि तन तापु।
वसिबे कौं ग्रीषम दीननु पर्‍यौ परोसिनि पापु ।।66।।
सुनत पथिक मुँह, माह निसि चलति लुवै उहि गाम।
बिन बूझैं, बिनु ही कहैं, जियति विचारी बाम।।285।।

उठा सकते। हास्य और आश्चर्य नामक आनन्दात्मक भाव अलबत स्वतन्त्र विचर सकते हैं। आश्चर्य असामान्यत्व पर होता है, अतः उसका आविर्भाव काव्य की कर्मभूमि और भोगभूमि—आनन्द की साधनावस्था और सिद्धावस्था—दोनों में देखा जाता है। यहाँ हमें केवल भोगभूमि की चर्चा करनी है। इस भूमि में आश्चर्य के विषय असामान्य शोभा, सौन्दर्य, दीप्ति, आत्मोत्सर्ग, विरह-वेदना इत्यादि पाए जाते हैं।

बहुत से लोग इस असामान्य या विरल को ही काव्य की एकमात्र सामग्री मानते हैं। जिनमें से कुछ तो उसे प्रस्तुत अर्थ या विषय के स्वरूप में और कुछ उक्ति के स्वरूप में देखना चाहते हैं। आनन्द की सिद्धावस्था लेकर चलनेवाले काव्यों में अर्थात् काव्य की भोगभूमि में आश्चर्य अधिकतर रंजन का अंग होकर आया करता है। विभाव पक्ष में असामान्य शोभा, दीप्ति, प्राचुर्य, प्रफुल्लता, कोमलता, सौकुमार्य इत्यादि के अद्भुत या अलौकिक रंजन की योजना की जाती है। सारांश यह है कि मन और इन्द्रियों के सुखद विषय ही काव्य की इस भूमि में लिए जाते हैं। अतः उन विषयों की प्रचुरता और असामान्यता या चमत्कार के रुचिवाले कवि बाह्य प्रकृति का चित्रण उसकी असाधारण विभूति को—उसकी चमक-दमक, सजावट, वैचित्र्य, अनोखेपन इत्यादि को—लेकर ही करते हैं। इसी रुचि को बहुत से लोग कला की रुचि मानते हैं। उनके मत से जगत् के साधारण और अरुचिकर के बीच से असाधारण और रुचिर को छाँट-छाँटकर सजाना ही और कलाओं के समान काव्यकला का भी काम है। श्रीयुत रविन्द्रनाथ ठाकुर अपने 'साहित्य धर्म' नामक निबन्ध में कहते हैं—

> **'कोठार और रसोई घर की गृहस्थ को रोज आवश्यकता पड़ती है, पर संसार के लोगों से वह उन्हें छिपाए रखने की कोशिश करता है। बैठक के बिना भी काम चल सकता है, फिर भी उसी घर में सारा साज समान रहता है, पूरी सजावट रहती है। घर का मालिक उसी घर में तसवीरें टाँगकर, कार्पेट बिछाकर उस पर सदा के लिए अपनी छाप लगा देना चाहता है। उस घर को उसने खासतौर से छाँटा है। उसी के द्वारा वह सबसे परिचित होना चाहता है—अपनी व्यक्तिगत महिमा से।...इसीलिए बैठक अलंकृत रहती है।'**

इस कथन का अभिप्राय यह है कि इसी 'सजावट की रुचि' का ही एक रूप काव्य की रुचि है, इसी रुचि की प्रेरणा से कवि की कल्पना काम करती है और इसी रुचि की तुष्टि के लिए कविता पढ़ी या सुनी जाती है। पर जो कुछ अब तक कहा जा चुका है उसके अनुसार ऊपर उद्धृत कथन काव्य के केवल एक पक्षविशेष का निरूपण करता है। यह अवश्य है कि इस पक्ष पर खड़े होनेवाले पहले भी रहे हैं और अब भी बहुत से लोग हैं। शृंगार को ही एकमात्र रस माननेवाले महाराज भोज का जिक्र हो चुका है। भोज ऐसे राजाओं के दरबार में रत्नों की जगमगाहट और यश की चाँदनी फैलानेवाली वाणी का बहुत ही अनुरंजनकारी संग्रह हमारे साहित्य

में है। फारस की शायरी भी अधिकतर चुनी हुई सजावट ही लेकर चली है। फ्रांस और इटली के प्रभाव से योरप में भी 'सजावट और अनूठेपन' की वासना को ही कला की मूल वासना समझनेवाले बहुत से हैं।

कहना न होगा कि 'सजावट और अनूठेपन' का यह सिद्धान्त असामान्यतावाद के ही अन्तर्गत है। काव्य का यह असामान्यतावाद धीरे-धीरे उस लोकोत्तरवाद तक पहुँचा जिसका प्रतिपादन काव्य को आध्यात्मिक क्षेत्र में ले जाने के लिए किया गया। श्रीयुत रविन्द्र कहते हैं–

> **'जिसे सीमा में बाँध सकें उसका नाम भी रखा जा सकता है, किन्तु जो सीमा के बाहर है, जो पकड़ने या छूने में नहीं आ सकता, उसे बुद्धि द्वारा नहीं पाते, बोध के अन्दर–किसी भीतरी तह में–पाते हैं। उपनिषद् ने ब्रह्म के संबंध में कहा है–न तो उसे मन में पाते हैं, न वचन में। उसे जब पाते हैं तब आनन्द के अनुभव में। हमारी इस अनुभव की भूख आत्मा की भूख है। वह इसी अनुभव से अपने को पहचानती है। जिस प्रेम में, जिस ध्यान में, जिस दर्शन में केवल इस अनुभव की भूख मिटती है वही स्थान पाता है साहित्य में, रूपकला में।'**

श्रीयुत रविन्द्र के उपर्युक्त दोनों कथनों को मिलाकर विचार करने पर यह स्पष्ट हो जाता है कि उनका लक्ष्य आनन्द की सिद्धावस्था या उपभोग पक्ष को भासित करनेवाली काव्यभूमि की ओर है। यह कहा जा चुका है कि इस भूमि में शोभा, दीप्ति, प्राचुर्य, प्रफुल्लता, कोमलता इत्यादि द्वारा रंजन की योजना की जाती है। प्रथम उद्धरण इसी भूमि की ओर स्पष्ट संकेत करता है। उसमें सजावट की रुचि का–शोभन, दीप्त और रुचिर के चुनाव की प्रवृत्ति का पूरा आभास मिलता है। इस उपभोग या रंजन की जो वृद्धि आश्चर्य के मेल से होती है उसकी ओर दूसरा उद्धरण इशारा करता है। उस उद्धरण में शोभा सौन्दर्य की असीमता के आनन्द का उल्लेख है जो आगे चलकर इस प्रकार बताया गया है :–

> **'बाहर जिस अखण्ड आकाश में ग्रह ताराओं का मेला लगा रहता है उसकी असीमता का आनन्द सिर्फ हमारे अनुभव में ही है। जीवनलीला के लिए वह आकाश बिल्कुल फालतू है। जमीन के भीतर रहनेवाला कीड़ा इस बात का सबूत है।'**

विभावपक्ष में शोभन और दीप्त को चुनकर उनकी असामान्य योजना द्वारा अद्‌भुत रंजन की सामग्री तैयार करना तथा भावपक्ष में अनुभूति और व्यंजना का वैचित्र्य प्रदर्शित करना काव्य में कलावाद के नए और पुराने अनुयायियों का लक्ष्य रहा है। शोभा और दीप्ति की लोकोत्तर कल्पना हमारे यहाँ के भक्तों में भी भगवान् की विभूति की भावना मानी जाती है और विलायती ढंग की 'आध्यात्मिक कविता'

में भी असीम और अनन्त की झाँकी समझी जाती है। हमारे यहाँ के भक्तिमार्ग में इसे 'अचिंत्यैश्वर्य्य' कहते हैं।

माधुर्यपक्ष

असामान्यता, दीप्ति, चमत्कार इत्यादि से सर्वथा स्वतन्त्र आकर्षण माधुर्य का है। इस गुण के अधिष्ठान का असामान्य, अलौकिक या दीप्त होना आवश्यक नहीं। सामान्य से समाान्य तुच्छ से तुच्छ वस्तुओं और दृश्यों में माधुर्य का पूरा आकर्षण रहता है। महाकवि कालिदास ने बरसात में चारों ओर दिखाई पड़नेवाले खुमी के पौधों, तुरन्त के जुते खेतों की सोंधी मिट्टी और 'भ्रूविलासनभिज्ञ' गाँव की सीधी-सादी स्त्रियों और पुरानी कहानी कहते हुए बुड्ढों तक में इस माधुर्य का साक्षात्कार किया है।[1] परम भावुक अँग्रेज कवि वर्डसवर्थ (Wardsworth) का हृदय पगडण्डी के किनारे उगे हुए गर्द से मैले तुच्छ-से-तुच्छ फूल के पौधे (Meanest flower) को भी अपनाता था।[2] हृदय की पूरी व्यापकता हम दीप्ति और माधुर्य, असामान्य और सामान्य, दोनों पक्षों के रसात्मक ग्रहण में मानते हैं। साहित्य की पुस्तकों में 'सब अवस्थाओं में पाई जानेवाली रमणीयता' को माधुर्य कहा है–

सर्वावस्थाविशेषु माधुर्य रमणीयता

–साहित्यदर्पण 3-97

सामान्य से सामान्य प्राकृतिक वस्तुओं में, नगण्य से नगण्य के जीवन-व्यापार में इस माधुर्य का अनुभव होता है। अतीत की स्मृति में, कौमार अवस्था के परिचित पुराने पेड़ों और उजाड़ टीलों में, किसानों के झोपड़ों, काई और कीचड़ भरे तालों में चरकर लौटती हुई गायों के धूल उड़ाते हुए झुण्ड में, गड़ेरियों और ग्वालों की कमली में, ऊसर की पगडण्डियों में मन को लीन करनेवाला जो गुण है, वह माधुर्य है। प्रत्येक देश के सच्चे कवियों ने सीधे-सादे और सामान्य में भी बराबर इस माधुर्य का अनुभव किया है। इस माधुर्य की अनुभूति के स्वरूप को दीप्ति और सज्जा की अनुभूति के स्वरूप से भिन्न समझना चाहिए। जैसे घास के चौरस मैदान को मखमली कालीन या पन्ने का फर्श कहने से माधुर्य की अनुभूति के ठीक स्वरूप की व्यंजना नहीं होगी। ऐसे कथन में केवल दीप्ति और सजावट की भावना पाई जायगी।

रूप सौन्दर्य के अन्तर्गत प्रायः दीप्ति और माधुर्य दोनों मिले रहते हैं। दीप्ति चकित और स्तम्भित करती है। प्रेमकाव्यों में कहीं-कहीं नायिका के रूप को देखते ही नायक जो मूर्च्छित होकर गिर जाया करते हैं उसे दीप्ति का प्रभाव समझना चाहिए।

---

1. मेघदूत, पूर्वमेघ, 11, 16; 32।
2. To me the meanest flower that blows can give Thoughts that do often lie too deep for tears.

-Ode on Intimations of Imoortality from Recollections of Early Childhood.

जायसी के पद्मावत में शिव मन्दिर में प्रवेश करती हुई पद्मिनी को देखते ही राजा रत्नसेन तो मूर्च्छित हो ही गये; शिव और देवता लोग भी स्तब्ध हो गये।[1] रूप में लोभ उत्पन्न करनेवाली या लुभानेवाली वस्तु, मन को पास खींचनेवाली शक्ति माधुर्य है। दीप्ति मात्र में चिपक नहीं होती। लोग न जाने कितने दमकते हुए रूप देखते हैं, चकित होते हैं पर सब जगह उनका मन नहीं चिपका करता। प्रेम के रूप में राग का आविर्भाव माधुर्य पाकर ही होता है। पर इस माधुर्य की अनुभूति व्यक्तिगत होती है। दीप्ति का स्वीकार तो बहुत से आदमी एक साथ करते हैं, पर किसी व्यक्ति या वस्तु में माधुर्य दस-पाँच आदमियों में एक या दो ही आदमी देखेंगे। लैला में मजनूँ की ही आँख ने माधुर्य देखा था। सान्निध्य और सम्पर्क की प्रबल प्रवृत्ति जगानेवाली दशा, जिसे आसक्ति कहते हैं, माधुर्य भावना के संचार से ही प्राप्त होती है। भवधारा के भीतर-भीतर चलनेवाली जो भावधारा है मनुष्य के हृदय को द्रवीभूत करके उसमें मिलनेवाली भावना माधुर्य की है। 'कविता क्या है' नामक प्रबन्ध[2] में काव्य को हमने भावयोग कहा है।[3] इसी भावयोग की चरम साधना से हृदय को जो मुक्तावस्था प्राप्त होती है वह इसी माधुर्य की अनुभूति के सहारे। भेद में अभेद की रसात्मक प्रतीति इसी माधुर्य का स्वाद है जिसे हमारे यहाँ के भक्तों ने भगवान् का प्रसाद बताया है—ऐसा प्रसाद जिससे आत्मा का पोषण होता है।

1. देखिए पद्मावत, वसन्त खण्ड।
2. देखिए 'विचार-बीथी'।
3. देखिए उपरोक्त पृष्ठ 5।

रसात्मक बोध

ज्ञानेन्द्रियों से समन्वित मनुष्य जाति जगत् नामक अपार और अगाध रूपसमुद्र में छोड़ दी गयी है। न जाने कब से वह इसमें बहती चली आ रही है। इसी की रूपतरंगों से ही उसकी कल्पना का निर्माण और इसी की रूपगति से उसके भीतर विविध भावों या मनोविकारों का विधान हुआ है। सौन्दर्य, माधुर्य, विचित्रता, भीषणता, क्रूरता इत्यादि की भावनाएँ बाहरी रूपों और व्यापारों से ही निष्पन्न हुई हैं। हमारे प्रेम, भय, आश्चर्य; क्रोध, करुणा इत्यादि भावों की प्रतिष्ठा करनेवाले मूल आलम्बन बाहर ही के हैं—इसी चारों ओर फैले हुए रूपात्मक जगत् के ही हैं। जब हमारी आँखें देखने में प्रवृत्त रहती हैं तब रूप हमारे बाहर प्रतीत होते हैं; जब हमारी वृत्ति अन्तर्मुख होती है तब हमारे भीतर दिखायी पड़ते हैं। बाहर भीतर दोनों ओर रहते हैं रूप ही। सुन्दर, मधुर, भीषण या क्रूर लगनेवाले रूपों या व्यापारों से भिन्न सौन्दर्य, माधुर्य, भीषणता या क्रूरता कोई पदार्थ नहीं। सौन्दर्य की भावना जगना, सुन्दर-सुन्दर वस्तुओं या व्यापारों का मन में आना ही है। इसी प्रकार मनोवृत्तियों या भावों की सुन्दरता, भीषणता आदि की भावना भी रूप होकर मन में उठती है। किसी की दयाशीलता या क्रूरता की भावना करते समय दया या क्रूरता के किसी विशेष व्यापार या दृश्य का मानसिक चित्र ही मन में रहता है, जिसके अनुसार भावना तीव्र या मन्द होती है। तात्पर्य यह कि मानसिक रूपविधान का नाम ही सम्भावना या कल्पना है।

मन के भीतर यह रूपविधान दो तरह का होता है। या तो यह कभी प्रत्यक्ष देखी हुई वस्तुओं का ज्यों-का-त्यों प्रतिबिम्ब होता है अथवा प्रत्यक्ष देखे हुए पदार्थों के रूप, रंग, गति आदि के आधार पर खड़ा किया हुआ नया वस्तु व्यापार विधान। प्रथम प्रकार की आभ्यन्तर रूपप्रतीति स्मृति कहलाती है और द्वितीय प्रकार की रूपयोजना या मूर्तिविधान को कल्पना कहते हैं। कहने की आवश्यकता नहीं कि इन दोनों प्रकार के भीतरी रूपविधानों के मूल हैं प्रत्यक्ष अनुभव किये हुए बाहरी रूपविधान। अतः रूपविधान तीन प्रकार के हुए—

1. प्रत्यक्ष रूपविधान
2. स्मृत रूपविधान और

3. सम्भावित या कल्पित रूपविधान।

इन तीनों प्रकार के रूपविधानों में भावों के इस रूप में जागरित करने की शक्ति होती है कि वे रसकोटि में आ सकें; यही हमारा पक्ष है। सम्भावित या कल्पित रूपविधान द्वारा जागरित मार्मिक अनुभूति तो सर्वत्र काव्यानुभूति या रसानुभूति मानी जाती है। प्रत्यक्ष या स्मरण द्वारा जागरित वास्तविक अनुभूति भी विशेष दशाओं में रसानुभूति की कोटि में आ सकती है, यहाँ पर हमें यही दिखाना है।

प्रत्यक्ष रूपविधान

भावुकता की प्रतिष्ठा करनेवाले मूल आधार या उपादान प्रत्यक्ष रूप ही हैं। इन प्रत्यक्ष रूपों की मार्मिक अनुभूति जिनमें जितनी ही अधिक होती है वे उतने ही रसानुभूति के उपयुक्त होते हैं। जो किसी मुख के लावण्य, वनस्थली की सुषमा, नदी या शैलतटी की रमणीयता, कुसुमविकास की प्रफुल्लता, ग्रामदृश्यों की सरल माधुरी देख मुग्ध नहीं होता; जो किसी प्राणी के कष्ट व्यंजक रूप और चेष्टा पर करुणार्द्र नहीं होता; जो किसी पर निष्ठुर अत्याचार होते देख क्रोध से नहीं तिलमिलाता, उसमें काव्य का सच्चा प्रभाव ग्रहण करने की क्षमता कभी नहीं हो सकती। जिसके लिए ये सब कुछ नहीं हैं, उसके लिए सच्ची कविता की अच्छी-से-अच्छी उक्ति भी कुछ नहीं है। वह यदि किसी कविता पर वाह-वाह करे तो समझना चाहिए कि या तो भावुकता या सहृदयता की नकल कर रहा है अथवा उस रचना के किसी ऐसे अवयव की ओर दत्तचित्त है जो स्वतः काव्य नहीं है। भावुकता की नकल करनेवाले श्रोता या पाठक ही नहीं कवि भी हुआ करते हैं। वे सच्चे भावुक कवियों की वाणी का अनुकरण बड़ी सफाई से करते हैं और अच्छे कवि कहलाते हैं। पर सूक्ष्म और मार्मिक दृष्टि उनकी रचना में हृदय की निश्चेष्टता का पता लगा लेती है। किसी काल में जो सैकड़ों कवि प्रसिद्ध होते हैं उनमें सच्चे कवि—ऐसे कवि जिनकी तीव्र अनुभूति ही वास्तव में कल्पना को अनुकूल रूपविधान में तत्पर करती है—दस-पाँच ही होते हैं।

'प्रत्यक्ष' से हमारा अभिप्राय केवल चाक्षुष ज्ञान से नहीं है। रूप शब्द के भीतर शब्द, गन्ध, रस और स्पर्श भी समझ लेना चाहिए। वस्तु व्यापार वर्णन के अन्तर्गत ये विषय भी रहा करते हैं। फूलों और पक्षियों के मनोहर आकार और रंग का ही वर्णन कवि नहीं करते; उनकी सुगन्ध, कोमलता और मधुर स्वर का भी वे बराबर वर्णन करते हैं। जिन लेखकों या कवियों की घ्राण शक्ति तीव्र होती है वे ऐसे स्थलों की गन्धात्मक विशेषता का वर्णन कर जाते हैं जहाँ की गन्धविशेष का थोड़ा बहुत अनुभव तो बहुत से लोग करते हैं पर उसकी ओर स्पष्ट ध्यान नहीं देते। खलियानों और रेलवे स्टेशनों पर जाने से भिन्न-भिन्न प्रकार की गन्ध का अनुभव होता है। पुराने कवियों ने तुरन्त की जोती हुई भूमि से उठी हुई सोंधी महँक

का,[1] हिरनों के द्वारा चरी हुई दूब की ताजी गमक का उल्लेख किया है। फरासीसी उपन्यासकार जोला की गन्धानुभूति बड़ी सूक्ष्म थी। उसने यूरोप के कई नगरों और स्थानों की गन्ध की पहचान बतायी है। इसी प्रकार बहुत से कवियों का अनुभव भी बहुत सूक्ष्म होता है। रात्रि में, विशेषतः वर्षा की रात्रि में, झींगुरों और झिल्लियों के झंकारमिश्रित सीत्कार का बँधा तार सुनकर लड़कपन में मैं यही समझता था कि रात बोल रही है। कवियों ने कलियों के चटकने तक के शब्द का उल्लेख किया है।[2]

ऊपर गिनाये हुए तीन प्रकार के रूपविधानों में से अन्तिम (कल्पित) ही काव्यसमीक्षकों और साहित्यमीमांसकों के विचार क्षेत्र के भीतर लिए गये हैं और लिए जाते हैं। बात यह है कि काव्य शब्द-व्यापार है। वह शब्दसंकेतों के द्वारा ही अन्तस् में वस्तुओं और व्यापारों का मूर्तिविधान करने का प्रयत्न करता है। अतः जहाँ काव्य की प्रक्रिया का संबंध है वहाँ तक रूप और व्यापार कल्पित ही होते हैं। कवि जिन वस्तुओं और व्यापारों का वर्णन करने बैठता वे उस समय उसके सामने नहीं होते, कल्पना में ही होते हैं। पाठक या श्रोता भी अपनी कल्पना द्वारा ही उनका मानस साक्षात्कार करके उनके आलम्बन से अनेक प्रकार के रसानुभव करता है। ऐसी दशा में यह स्वाभाविक था कि कविकर्म का निरूपण करनेवालों का ध्यान रूपविधान के कल्पना पक्ष पर ही रहे; रूपों और व्यापारों के प्रत्यक्ष बोध और उससे सम्बद्ध वास्तविक भावानुभूति की बात अलग ही रखी जाये।

उदाहरण के रूप में ऊपर लिखी बात यों कही जा सकती है। एक स्थान पर हमने किसी अत्यन्त रूपवती स्त्री का स्मित आनन और चंचल भ्रूविलास देखा और मुग्ध हुए अथवा किसी पर्वत के अंचल की सरस सुषमा देख उसमें लीन हुए। इसके उपरान्त किसी प्रतिमालय और चित्रशाला में पहुँचे और रमणी की वैसी ही मधुर मूर्ति अथवा उसी प्रकार के पर्वतांचल का चित्र देख लुब्ध हुए। फिर एक तीसरे स्थान पर जाकर कविता की कोई पुस्तक उठायी और उसमें वैसी ही नायिका अथवा वैसे ही दृश्य का सरस वर्णन पढ़ रसमग्न हुए। पिछले दो स्थलों की अनुभूतियों को ही कलागत या काव्यगत मान प्रथम प्रकार की (प्रत्यक्ष या वास्तविक) अनुभूति का विचार एकदम किनारे रखा गया। यहाँ तक कि प्रथम से शेष दो का कुछ संबंध ही न समझा जाने लगा। कोरे शब्दव्यवसायी केशवदासजी को कमल और चन्द्र को प्रत्यक्ष देखने में कुछ भी आनन्द नहीं आता था; केवल काव्यों में उपमा, उत्प्रेक्षा आदि के

---

1. मेघदूत, पूर्वमेघ, 16।
2. (क) मदन महीप जू की बालक वसन्त ताहि
   प्रातहि लगावत गुलाब चटकारी दै।—देव।

   (ख) तुव जब सीतल पौन परसि चटकी गुलाब की कलियाँ। —भारतेन्दु हरिश्चन्द्र।

अन्तर्गत उनका वर्णन या उल्लेख ही भाता था—

'देखे मुख भावै अनदेखेई कमल चन्द;
ताते मुख मुखै, सखी! कमलौ न चन्द री।

—रामचन्द्र चन्द्रिका, 9-43।

इतने पर भी उनके कवि होने में कोई सन्देह नहीं किया गया।

यही बात यूरोप में भी बढ़ती-बढ़ती बुरी हद को पहुँची। कलागत अनुभूति को वास्तविक या प्रत्यक्ष अनुभूति से एकदम पृथक् और स्वतन्त्र निरूपित करके वहाँ कवि का एक अलग 'काल्पनिक जगत्' कहा जाने लगा। कला समीक्षकों की ओर से यह धारणा उत्पन्न की जाने लगी कि जिस प्रकार कवि के 'काल्पनिक जगत्' के रूपव्यापारों की संगति प्रत्यक्ष या वास्तविक जगत् के रूपव्यापारों से मिलाने की आवश्यकता नहीं, उसी प्रकार उसके भीतर व्यंजित अनुभूतियों का सामंजस्य जीवन की वास्तविक अनुभूतियों में ढूँढ़ना अनावश्यक है। इस दृष्टि से काव्य का हृदय पर उतना ही और वैसा ही प्रभाव स्वीकार किया गया जितना और जैसा किसी परदे के बेल-बूटे, मकान की नक्काशी, सरकस के तमाशे तथा भाँड़ों की लफ्फाजी, उछलकूद या रोनेधोने का पड़ता है। इस धारणा के प्रचार से जाने में या अनजाने में कविता का लक्ष्य बहुत नीचा कर दिया गया। कहीं-कहीं तो वह अमीरों के शौक की चीज समझी जाने लगी। रसिक और गुणग्राहक बनने के लिए जिस प्रकार वे तरह-तरह की नई-पुरानी, भली-बुरी तस्वीरें इकट्ठी करते, कलावन्तों का गाना-बजाना सुनते, उसी प्रकार कविता की पुस्तकें भी अपने यहाँ सजाकर रखते और कवियों की चर्चा भी दस आदमियों के बीच बैठकर करते। सारांश यह कि 'कला' शब्द के प्रभाव से कविता का स्वरूप तो हुआ सजावट या तमाशा और उद्देश्य हुआ मनोरंजन या मनबहलाव। यह दशा देख कुछ पुराने मनोविज्ञानियों ने भी काव्य द्वारा प्रेरित विविध भावों के संचार को एक प्रकार की क्रीड़ावृत्ति (Play impulse) ठहराया। यह 'कला' शब्द आजकल हमारे यहाँ भी साहित्यचर्चा में बहुत जरूरी सा हो रहा है। इससे न जाने कब पीछा छूटेगा? हमारे यहाँ के पुराने लोगों ने काव्य को 64 कलाओं में गिनना ठीक नहीं समझा था।

अब यहाँ पर रसात्मक अनुभूति की उस विशेषता का विचार करना चाहिए जो उसे प्रत्यक्ष विषयों की वास्तविक अनुभूति से पृथक् करती प्रतीत हुई है। इस विशेषता का निरूपण हमारे यहाँ साधारणीकरण के अन्तर्गत किया गया है।

किसी काव्य का श्रोता या पाठक जिन विषयों को मन में लाकर रति, करुणा, क्रोध, उत्साह इत्यादि भावों तथा सौन्दर्य, रहस्य, गाम्भीर्य आदि भावनाओं का अनुभव करता है वे अकेले उसी के हृदय से संबंध रखनेवाले नहीं होते; मनुष्य मात्र की भावात्मक सत्ता पर प्रभाव डालनेवाले होते हैं। इसी से उक्त काव्य को एक साथ पढ़ने या सुननेवाले सहस्रों मनुष्य उन्हीं भावों या भावनाओं का थोड़ा या बहुत अनुभव कर

सकते हैं। जब तक किसी भाव का कोई विषय इस रूप में नहीं लाया जाता कि वह सामान्यतः सबके उसी भाव का आलम्बन हो सके तब तक उसमें रसोद्‌बोधन की पूर्ण शक्ति नहीं आती। इसी रूप में लाया जाना हमारे यहाँ 'साधारणीकरण' कहलाता है। यह सिद्धान्त यह घोषित करता है कि सच्चा कवि वही है जिसे लोकहृदय की पहचान हो, जो अनेक विशेषताओं और विचित्रताओं के बीच से मनुष्य जाति के सामान्य हृदय को अलग करके देख सके। इसी लोकहृदय में हृदय के लीन होने की दशा का नाम रसदशा है।

आलम्बन के जिस साधारणीकरण का ऊपर उल्लेख हुआ है उसका अभिप्राय स्पष्ट हो जाना चाहिए। मेरे विचार में साधारणीकरण प्रभाव का होता है, सत्ता या व्यक्ति का नहीं। जैसे, किसी काव्य में यदि औरंगजेब की घोर निष्ठुरता और क्रूरता पर शिवाजी के भीषण क्रोध की व्यंजना हो तो पाठक का रसात्मक क्रोध औरंगजेब नामक व्यक्ति ही पर होगा; औरंगजेब से अलग क्रूरता की किसी आरोपित सामान्य मूर्ति पर नहीं। रौद्र रस की अनुभूति के समय कल्पना औरंगजेब की ही रहेगी, किसी भी निष्ठुर या क्रूर व्यक्ति की सामान्य और धुँधली भावना नहीं। पाठक या श्रोता के मन में रह-रहकर यही आयेगा कि औरंगजेब सामने होता तो उसे खूब पीटते। मतलब यह कि भावना व्यक्तिविशेष की ही रहती है; उसमें प्रतिष्ठा सामान्य स्वरूप की—ऐसे स्वरूप की जो सबके भावों को जगा सके कर दी जाती है। विभावादि सामान्य रूप में प्रतीत होते हैं, इसका तात्पर्य यही है कि रसमग्न पाठक के मन में यह भेदभाव नहीं रहता कि आलम्बन मेरे हैं या दूसरे के। थोड़ी देर के लिए पाठक या श्रोता का हृदय लोक का सामान्य हृदय हो जाता है। जब कि आश्रय के साथ अभिन्नता हो गई तब उसके आलम्बन भी अपने आलम्बन हो ही जायेंगे।

किसी काव्य में वर्णित किसी पात्र का किसी कुरूप और दुखशील स्त्री पर प्रेम हो सकता है पर उस स्त्री के वर्णन द्वारा शृंगार रस का आलम्बन नहीं खड़ा हो सकता। अतः काव्य केवल भावप्रधान ही होगा, विभाव विधायक कभी नहीं हो सकता। इसी प्रकार रौद्र रस के वर्णन में जब तक आलम्बन का चित्रण इस रूप में न होगा कि वह मनुष्य मात्र के क्रोध का पात्र हो सके तब तक वह वर्णन भाव प्रधान ही रहेगा, उसका विभाव पक्ष तो शून्य अथवा अशक्त होगा। पर भाव और विभाव दोनों पक्षों के सामंजस्य के बिना पूरी और सच्ची रसानुभूति हो नहीं सकती। भावप्रधान काव्यों में होता यह है कि पाठक या श्रोता अपनी ओर से अपनी भावना के अनुसार आलम्बन का आरोप किये रहता है।

प्राचीन काल में भट्ट और चारण युद्धस्थल में वीर रस की कविताएँ पढ़-पढ़कर वीरों को अस्त्रसंचालन के लिए उत्तेजित किया करते थे। योद्धाओं के सामने कर्मक्षेत्र और शत्रु दोनों प्रत्यक्ष रहते थे। फड़कती हुई कविता सुनकर वे उपस्थित कर्मक्षेत्र विशेष की ओर उन्मुख होते थे। इसी प्रकार आधुनिक काल में भी गत यूरोपीय

महायुद्ध के समय कैसर और जर्मनों के अत्याचार की न जाने कितनी कहानियाँ फैलायी गयीं और उनकी क्रूरता और नृशंसता पर अनेक कविताएँ पत्रिकाओं में इधर-उधर निकली थीं जिन्हें पढ़-पढ़कर न जाने कितने अमेरिकनों का खून उबल उठा होगा और वे जर्मनी के विरुद्ध युद्धक्षेत्र में कूदे होंगे। ऐसी अवस्था में क्या कोई कह सकता है कि उन कविताओं के पाठकों के क्रोध का आलम्बन कैसर विलियम नामक व्यक्तिविशेष और जर्मन नामक जातिविशेष नहीं थी? क्या उनकी कल्पना में किसी अनिर्दिष्ट अत्याचारी या क्रूरकर्म का सामान्य रूप ही था? हमारा निश्चय तो यही है कि अत्याचारी या क्रूरकर्मा का लोकसामान्य स्वरूप जब कैसर में आरोपित कर दिया गया तब पाठक या श्रोता के क्रोध नामक भाव का आलम्बन वही व्यक्तिविशेष हो गया। अतः सिद्धान्त यही निकला की साधारणीकरण स्वरूप का ही होता है, व्यवित या वस्तु का नहीं। इस सिद्धान्त का पूर्ण सामंजस्य उस सिद्धान्त के साथ हो जाता है जिसका निरूपण मैं अपने पिछले प्रबन्धों में कर चुका हूँ।[1] वह सिद्धान्त यह है कि मन में आलम्बनों का मार्मिक ग्रहण बिम्बग्रहण के रूप में होता है; केवल अर्थग्रहण के रूप में नहीं।

इस प्रकार 'साधारणीकरण' का अभिप्राय यह है कि किसी काव्य में वर्णित आलम्बन केवल भाव की व्यंजना करनेवाले पात्र (आश्रय) का ही आलम्बन नहीं रहता बल्कि पाठक या श्रोता का भी- एक ही नहीं अनेक पाठकों और श्रोताओं का भी–आलम्बन हो जाता है। अतः उस आलम्बन के प्रति व्यंजित भाव में पाठकों या श्रोताओं का भी हृदय योग देता हुआ उसी भाव का रसात्मक अनुभव करता है। तात्पर्य यह कि रसदशा में अपनी पृथक् सत्ता की भावना का परिहार हो जाता है अर्थात् काव्य में प्रस्तुत विषय को हम अपने व्यक्तित्व से सम्बद्ध रूप में नहीं देखते, अपनी योगक्षेम-वासना की उपाधि से ग्रस्त हृदय द्वारा ग्रहण नहीं करते; बल्कि निर्विशेष शुद्ध और मुक्त हृदय द्वारा ग्रहण करते हैं; इसी को पाश्चात्य समीक्षापद्धति में अहं का विसर्जन और निःसंगता (Impersonality and Detachment) कहते हैं। इसी को चाहे रस का लोकोत्तरत्व या ब्रह्मानन्दसहोदरत्व कहिये चाहे विभावन व्यापार का अलौकिकत्व। अलौकिकत्व का अभिप्राय इस लोक से संबंध न रखनेवाली कोई स्वर्गीय विभूति नहीं। इस प्रकार के केवल भावव्यंजक (तथ्यबोधक नहीं) और स्तुतिपरक शब्दों को समीक्षा के क्षेत्र में घसीटकर पश्चिम में इधर अनेक प्रकार के अर्थशून्य वागाडम्बर खड़े किये गये थे।

'कला कला के लिए' नामक सिद्धान्त के प्रसिद्ध व्याख्याकार डाक्टर ब्रैडले बोले– 'काव्य आत्मा है।'[2] डा. मकेल साहब ने फरमाया–'काव्य एक अखण्ड तत्त्व या

1. देखिए चिन्तामणि, दूसरा भाग, काव्य में प्राकृतिक दृश्य, पृष्ठ 1-2।
2. Poetry is a Spirit—Bradley.

शक्ति है जिसकी गति अमर है।[1] बंगभाषा के प्रसाद से हिन्दी में भी इस प्रकार के अनेक मधुर प्रलाप सुनायी पड़ा करते हैं।

अब प्रस्तुत विषय पर आते हैं। हमारा कहना यह है कि जिस प्रकार काव्य में वर्णित आलम्बनों के कल्पना में उपस्थित होने पर साधारणीकरण होता है, उसी प्रकार हमारे भावों के कुछ आलम्बनों के प्रत्यक्ष सामने आने पर भी उन आलम्बनों के संबंध में लोक के साथ—या कम-से-कम सहृदयों के साथ—हमारा तादात्म्य रहता है। ऐसे विषयों या आलम्बनों के प्रति हमारा जो भाव रहता है वही भाव और भी बहुत से उपस्थित मनुष्यों का रहता है। वे हमारे और लोक के सामान्य आलम्बन रहते हैं। साधारणीकरण के प्रभाव से काव्यश्रवण के समय व्यक्तित्व का जैसा परिहार हो जाता है वैसा ही प्रत्यक्ष या वास्तविकता अनुभूति के समय भी कुछ दशाओं में होता है। अतः इस प्रकार की प्रत्यक्ष या वास्तविक अनुभूतियों को रसानुभूति के अन्तर्गत मानने में कोई बाधा नहीं। मनुष्य जाति के सामान्य आलम्बनों के आँखों के सामने उपस्थित होने पर यदि हम उनके प्रति अपना भाव व्यक्त करेंगे तो दूसरों के हृदय भी उस भाव की अनुभूति में योग देंगे और यदि दूसरे लोग भाव व्यक्त करेंगे तो हमारा हृदय योग देगा। इसके लिए आवश्यक इतना ही है कि हमारी आँखों के सामने जो विषय उपस्थित हों वे मनुष्यमात्र या सहृदयमात्र के भावात्मक सत्व पग प्रभाव डालनेवाले हों। रस में पूर्णतया मग्न करने के लिए काव्य में भी यह आवश्गक होता है। जब तक किसी भाव का कोई विषय इस रूप में नहीं लाया जाता कि वह सामान्यतः सबके उसी भाव का आलम्बन हो सके तब तक रस में पूर्णतया लीन करने की शक्ति उसमें नहीं होती।

जैसा कि ऊपर कह आये हैं रसात्मक अनुभूति के दो लक्षण ठहराये गये हैं—

(1) अनुभूतिकाल में अपने व्यक्तित्व के संबंध को भावना की परिहार, और

(2) किसी भाव के आलम्बन का सहृदय मात्र के साथ साधारणीकरण अर्थात् उस आलम्बन के प्रति सारे सहृदयों के हृदय में उसी भाव का उदय।

यदि हम इन दोनों बातों को प्रत्यक्ष उपस्थित आलम्बनों के प्रति जीनेवाले भावों को अनुभूतियों पर घटाकर देखते हैं तो पता चलता है कि कुछ भावों में तो ये बातें कुछ ही दशाओं में या कुछ अंशों तक घटित होती हैं और कुछ में बहुत दूर तक या बराबर।

'रति भाव' को लीजिए। गहरी प्रेमानुभूति की दशा में मनुष्य रसलोक में ही पहुँचा रहता है। उसे अपने तनबदन की सुध नहीं रहती, वह सब कुछ भूल कभी फूला-फूला फिरता है, कभी खिन्न पड़ा रहता है। हर्ष, विषाद, स्मृति इत्यादि अनेक संचारियों का अनुभव वह बीच-बीच में अपना व्यक्तित्व भूला हुआ करता है। पर

1. Poetry is a continuous substance or energy whose progress is immortal—Mackal.

अभिलाष, औत्सुक्य आदि कुछ दशाओं में अपने व्यक्तित्व का संबंध जितना ही अधिक और घनिष्ठ होकर अन्तःकरण में स्फुट रहेगा प्रेमानुभूति उतनी ही रसकोटि के बाहर रहेगी। 'अभिलाष' में जहाँ अपने व्यक्तित्व का संबंध अत्यन्त अल्प या सूक्ष्म रहता है—जैसे, रूप अवलोकन मात्र का अभिलाष, प्रिय जहाँ रहे सुख से रहे इस बात का अभिलाष—वहाँ वास्तविक अनुभूति इसके किनारे तक पहुँची हुई होती है। आलम्बन के साधारणीकरण के संबंध में यह समझ रखना चाहिए कि रति भाव की पूर्ण पुष्टि के लिए कुछ काल अपेक्षित होता है। पर अत्यन्त मोहक आलम्बन को सामने पाकर कुछ क्षणों के लिए तो प्रेम के प्रथम अवयव[1] का उदय एक साथ बहुतों के हृदय में होगा। वह अवयव है, अच्छा या रमणीय लगना।

'हास' में भी यही बात होती है कि जहाँ उसका पात्र सामने आया कि मनुष्य अपना सारा सुख-दुःख भूल एक विलक्षण आह्लाद का अनुभव करता है, जिसमें बहुत से लोग एकसाथ योग देते हैं।

अपने निज के लाभवाले विकट कर्म की ओर जो उत्साह होगा वह तो रसात्मक न होगा, पर जिस विकट कर्म को हम लोककल्याणकारी समझेंगे उसके प्रति हमारे उत्साह की गति हमारी व्यक्तिगत परिस्थिति के संकुचित मण्डल से बद्ध न रहकर बहुत व्यापक होगी। स्वदेशप्रेम के गीत गाते हुए नवयुवकों के दल जिस साहसभरी उमंग के साथ कोई कठिन या दुष्कर कार्य करने के लिए निकलते हैं, वह वीरत्व की रसात्मक अनुभूति है।[2]

क्रोध, भय, जुगुप्सा और करुणा के संबंध में साहित्यप्रेमियों को शायद कुछ अड़चन दिखाई पड़े क्योंकि इनकी वास्तविक अनुभूति दुखात्मक होती है। रसास्वाद आनन्दस्वरूप कहा गया है, अतः दुःखरूप अनुभूति रस के अन्तर्गत कैसे ली जा सकती है, यह प्रश्न कुछ गड़बड़ डालता दिखाई पड़ेगा। पर 'आनन्द' शब्द को व्यक्तिगत सुखभोग के स्थूल अर्थ में ग्रहण करना मुझे ठीक नहीं जँचता। उसका अर्थ मैं हृदय

---

1. देखिए 'लोभ और प्रीति' नामक प्रबन्ध।

—चिन्तामणि, पहला भाग, पृष्ठ 94।

2. आजकल के बहुत गम्भीर अँग्रेज समालोचक रिचर्ड्स (I.A. Richards) को भी कुछ दशाओं में वास्तविक अनुभूति के रसात्मक होने का आभास-सा हुआ है, जैसा कि इन पंक्तियों में प्रकट होता है—

There is no such gulf between poetry and life as overliterary persons sometimes suppose. There is no gap between our every day imotional life and the material of poetry. The verbal exprcsion of this life, at its finest, is forced to use the techinique of poetry XXX If we do not live in consonance with good poetry. We must live in consonance with bad poetry. I do not see how we can avoid the conclusion that a general insensitivity to poetry does witness a low level of general imaginative life.

Practical Criticism (Summary)

का व्यक्तिबद्ध दशा से मुक्त और हलका होकर अपनी क्रिया में तत्पर होना ही उपयुक्त समझता हूँ। इस दशा की प्राप्ति के लिए समय-समय पर प्रवृत्ति होना कोई आश्चर्य की बात नहीं। करुण-रस-प्रधान नाटक के दर्शकों के आँसुओं के संबंध में यह कहना कि 'आनन्द में भी तो आँसू आते हैं' केवल बात टालना है। दर्शक वास्तव में दुख ही का अनुभव करते हैं। हृदय की मुक्त दशा में होने के कारण वह दुख भी रसात्मक होता है।

अब क्रोध आदि को अलग-अलग देखिए। यदि हमारे मन में किसी ऐसे के प्रति क्रोध है जिसने हमें या हमारे किसी संबंधी को पीड़ा पहुँचाई है तो उस क्रोध में रसात्मकता न होगी।

पर किसी लोकपीड़क या क्रूरकर्मा अत्याचारी को देख-सुनकर जिस क्रोध का संचार हममें होगा वह रसकोटि का होगा जिसमें प्रायः सब लोग योग देंगे। इसी प्रकार यदि किसी झाड़ी से शेर निकलता देख हम भय से काँपने लगें तो यह भय हमारे व्यक्तित्व से इतना अधिक सम्बद्ध रहेगा कि आलम्बन के पूर्ण स्वरूपग्रहण का अवकाश न होगा और हमारा ध्यान अपनी ही मृत्यु, पीड़ा आदि परिणामों की ओर रहेगा। पर जब हम किसी वस्तु की भयंकरता को, अपना ध्यान छोड़, लोक से सम्बद्ध देखेंगे तब हम रसभूमि की सीमा के भीतर पहुँचे रहेंगे। इसी प्रकार किसी सड़ी-गली दुर्गन्धयुक्त वस्तु के प्रत्यक्ष सामने आने पर हमारी संवेदना का जो क्षोभपूर्ण संकोच होगा वह तो स्थूल होगा; पर किसी ऐसे घृणित आचरणवाले के प्रति जिसे देखते ही लोकरुचि के विघात या आकुलता की भावना हमारे मन में होगी, हमारी जुगुप्सा रसमयी होगी।

'शोक' को लेकर विचार करने पर हमारा पक्ष बहुत स्पष्ट हो जाता है। अपनी इष्टहानि या अनिष्टप्राप्ति से जो 'शोक' नामक वास्तविक दुख होता है वह तो रसकोटि में नहीं आता, पर दूसरों की पीड़ा, वेदना देख जो 'करुणा' जगती है उसकी अनुभूति सच्ची रसानुभूति कही जा सकती है। 'दूसरों' से तात्पर्य ऐसे प्राणियों से है जिनसे हमारा कोई विशेष संबंध नहीं। 'शोक' अपनी निज की इष्टहानि पर होता है और करुणा दूसरों की दुर्गति या पीड़ा पर होती है। यही दोनों में अन्तर है। इसी अन्तर को लक्ष्य करके काव्यगत पात्र (आश्रय) के शोक की पूर्ण व्यंजना द्वारा उत्पन्न अनुभूति को आचार्यों ने शोक रस न कहकर 'करुण रस' कहा है। करुणा ही एक ऐसा व्यापक भाव है जिसकी प्रत्यक्ष या वास्तविक अनुभूति सब रूपों और सब दशाओं में रसात्मक होती है। इसी से भवभूति ने करुण रस को ही रसानुभूति का मूल माना और अँग्रेज कवि शेली ने कहा कि 'सबसे मधुर या रसमयी वाग्धारा वही है जो करुण प्रसंग लेकर चले।'[1]

1. अवर स्वीटेस्ट सॉग्स आर दोज दैट टेल आव् सैडेस्ट थॉट 'टू ए स्काइलार्क' से उद्धृत।

अब प्रकृति के नाना रूपों पर आइए। अनेक प्रकार के प्राकृतिक दृश्यों को सामने प्रत्यक्ष देख हम जिस मधुर भावना का अनुभव करते हैं क्या उसे रसात्मक न मानना चाहिए? जिस समय दूर तक फैले हरे-भरे टीलों के बीच से घूम-घूमकर हुए स्वच्छ नालों, इधर-उधर उभरी हुई बेडौल चट्टानों और रंग-बिरंगे फूलों से गुछी हुई झाड़ियों की रमणीयता में हमारा मन रमा रहता है, उस समय स्वार्थमय जीवन की शुष्कता और विरसता से हमारा मन कितनी दूर रहता है। यह रसदशा नहीं तो और क्या है? उस समय हम विश्वकाव्य के एक पृष्ठ के पाठक के रूप में रहते हैं। इस अनन्त दृश्य काव्य के हम सदा कठपुतली की तरह काम करनेवाले अभिनेता ही नहीं बने रहते; कभी-कभी सहृदय दर्शक की हैसियत को भी पहुँच जाते हैं। जो इस दशा को नहीं पहुँचते उनका हृदय बहुत संकुचित या निम्नकोटि का होता है। कविता उनसे बहुत दूर की वस्तु होती है; कवि वे भले ही समझे जाते हों। शब्दकाव्य की सिद्धि के लिए वस्तुकाव्य का अनुशीलन परम आवश्यक है।

उपर्युक्त विवचेन से यह सिद्ध है कि रसानुभूति प्रत्यक्ष या वास्तविक अनुभूति से सर्वथा पृथक् कोई अन्तर्वृत्ति नहीं है बल्कि उसी का एक उदात्त और अवदात्त स्वरूप है। हमारे यहाँ के आचार्यों ने स्पष्ट सूचित कर दिया है कि वासनारूप में स्थित भाव ही रसरूप में जगा करते हैं यह वासना या संस्कार वंशानुक्रम से चली आती हुई दीर्घ भावपरम्परा का मनुष्य जाति की मनुष्य अन्तःप्रकृति में निहित संचय है।

स्मृत रूपविधान

जिस प्रकार हमारी आँखों के सामने आये हुए कुछ रूपव्यापार हमें रसात्मक भावों में मग्न करते हैं उसी प्रकार भूतकाल में प्रत्यक्ष की हुई कुछ परोक्ष वस्तुओं का वास्तविक स्मरण भी कभी-कभी रसात्मक होता है। जब हम जन्मभूमि या स्वदेश का, बालसखाओं का, कुमार अवस्था के अतीत दृश्यों और परिचित स्थानों आदि का स्मरण करते हैं, तब हमारी मनोवृत्ति स्वार्थ या शरीरयात्रा के रूखे विधानों से हटकर शुद्ध भावक्षेत्र में स्थित हो जाती है। नीतिकुशल लोग लाख कहा करें कि 'बीती ताहि बिसारि दे', 'गड़े मुर्दे उखाड़ने से क्या लाभ?' पर मन नहीं मानता, अतीत के मधुस्रोत में कभी-कभी अवगाहन किया ही करता है। ऐसा स्मरण वास्तविक होने पर भी रसात्मक होता है। हम सचमुच 'स्मरण' करते हैं और रसमग्न होते हैं।

स्मृति दो प्रकार की होती है—(क) विशुद्ध स्मृति और (ख) प्रत्यक्षाश्रित (मिश्रित) स्मृति या प्रत्यभिज्ञान।

विशुद्ध स्मृति

यों तो न जाने कितनी बातों का हम स्मरण किया करते हैं, पर इनमें से कुछ बातों का स्मरण ऐसा होता है जो हमारी मनोवृत्ति को शरीरयात्रा के विधानों की उलझन से अलग करके शुद्ध मुक्त भावभूमि में ले जाता है। प्रिय का स्मरण; बाल्यकाल या यौवनकाल के अतीत जीवन का स्मरण, प्रवास में स्वदेश के स्थलों का स्मरण ऐसा ही होता है। 'स्मरण' संचारी भावों में माना गया है जिसका तात्पर्य यह है कि स्मरण रसकोटि में तभी आ सकता है जबकि उसका लगाव किसी स्थायी भाव से हो। किसी को कोई बात भूल गयी हो और फिर याद हो जाये; या कोई वस्तु कहाँ रक्खी है, यह ध्यान में आ जाये तो ऐसा स्मरण रसक्षेत्र के भीतर न होगा। अब रहा यह कि वास्तविक स्मरण—किसी काव्य में वर्णित स्मरण नहीं—कैसे स्थायी भावों के साथ सम्बद्ध होने पर रसात्मक होता है। प्रत्यक्ष रूपविधान के अन्तर्गत हम दिखा आये हैं कि कैसे प्रत्यक्ष रूपव्यापार हमें रसमग्न करते हैं और कैसे भावों की वास्तविक अनुभूति रसकोटि में आती है। अतः उन्हीं वस्तुओं या व्यापारों का वास्तविक स्मरण

रसात्मक होगा जिनकी प्रत्यक्ष अनुभूति रसकोटि में आ सकती है। ऐसी कुछ वस्तुएँ उदाहरण रूप में निर्दिष्ट की जा चुकी हैं, (वस्तुतः) रति, हास और करुणा से सम्बद्ध स्मरण ही अधिकतर रसात्मक कोटि में आता है।

'लोभ और प्रीति' नामक निबन्ध में हम रूप, गुण आदि से स्वतन्त्र साहचर्य को भी प्रेग का एक सबल कारण बता चुके हैं। इस साहचर्य का प्रभाव सबसे प्रबल रूप में स्मरण काल के भीतर देखा जाता है। जिन व्यक्तियों की ओर हम कभी विशेष रूप से आकर्षित नहीं हुए थे, यहाँ तक कि जिनसे हम चिढ़ते या लड़ते-झगड़ते थे, देशकाल का लम्बा व्यवधान पड़ जाने पर हम उनका स्मरण प्रेम के साथ करते हैं। इसी प्रकार जिन वस्तुओं पर आते-जाते केवल हमारी नजर पड़ा करती थी, जिनको सामने पाकर हम किसी विशेष भाव का अनुभव नहीं करते थे। वे भी हमारी स्मृति में मधु में लिपटी हुई आती हैं। इस माधुर्य का रहस्य क्या है? जो हो, हमें तो ऐसा दिखाई पड़ता है कि हमारी यह कालयात्रा जिसे जीवन कहते हैं, जिन-जिन रूपों के बीच से होती चली आती है, हमारा हृदय उन सबको पास समेटकर अपनी रागात्मक सत्ता के अन्तर्भूत करने का प्रयत्न करता है। यहाँ से वहाँ तक वह एक भावसत्ता की प्रतिष्ठा चाहता है। ज्ञानप्रसार के साथ-साथ रागात्मिका वृत्ति का यह प्रसार एकीकरण या समन्विति की एक प्रक्रिया है। ज्ञान हमारी आत्मा के तटस्थ (Transcendent) स्वरूप का संकेत है। रागात्मक हृदय उसके व्यापक (Immanent) स्वरूप का। ज्ञान ब्रह्म है तो हृदय ईश्वर है। किसी व्यक्ति या वस्तु को जानना ही वह शक्ति नहीं है जो उस व्यक्ति या वस्तु को हमारी अन्तस्सत्ता में सम्मिलित कर दे। वह शक्ति है राग या प्रेम।

जैसा कह आये हैं, रति, हास और करुणा से सम्बद्ध स्मरण ही अधिकतर रसक्षेत्र में प्रवेश करता है। प्रिय का स्मरण; बालसखाओं का स्मरण, अतीत जीवन के दृश्यों का स्मरण प्रायः रतिभाव से सम्बद्ध स्मरण होता है। किसी दीन-दुखी या पीड़ित व्यक्ति के उसकी विवर्ण आकृति, चेष्टा आदि के स्मरण का लगाव करुणा से होता है। दूसरे भावों के आलम्बनों का स्मरण भी कभी-कभी रससिक्त होता है—पर वहीं जहाँ हम सहृदय द्रष्टा के रूप में रहते हैं अर्थात् जहाँ आलम्बन केवल हमारी ही व्यक्तिगत भावसत्ता से सम्बद्ध नहीं, सम्पूर्ण नर-जीवन की भावसत्ता से सम्बद्ध होते हैं।

प्रत्यभिज्ञान

अब हम उस प्रत्यक्षमिश्रित स्मरण को लेते हैं जिसे प्रत्यभिज्ञान कहते हैं। प्रत्यभिज्ञान में थोड़ा-सा अंश प्रत्यक्ष होता है और बहुत-सा अंश उसी के संबंध से स्मरण द्वारा उपस्थित होता है। किसी व्यक्ति को हमने कहीं देखा और देखने के साथ ही स्मरण किया कि यह वही है जो अमुक स्थान पर उस दिन बहुत से लोगों के साथ झगड़ा कर रहा था। वह व्यक्ति हमारे सामने प्रत्यक्ष है। उसके सहारे से

हमारे मन में झगड़े का वह सारा दृश्य उपस्थित हो गया जिसका वह एक अंग था। 'यह वही है' इन्हीं शब्दों में प्रत्यभिज्ञान की व्यंजना होती है।

स्मृति के समान प्रत्यभिज्ञान में भी रससंचार की बड़ी गहरी शक्ति होती है। बाल्य या कौमार जीवन के किसी साथी के बहुत दिनों पीछे सामने आने पर कितने पुराने दृश्य हमारे मन के भीतर उमड़ पड़ते हैं और हमारी वृत्ति उनके माधुर्य में किस प्रकार मग्न हो जाती है! किसी पुराने पेड़ को देखकर हम कहने लगते हैं कि यह वही पेड़ है जिसके नीचे हम अपने अमुक-अमुक साथियों के साथ बैठा करते थे। किसी घर या चबूतरे को देखकर भी अतीत दृश्य इसी प्रकार हमारे मन में छा जाते हैं और हमारा मन कुछ और हो जाता है। कृष्ण के गोकुल से चले जाने पर वियोगिनी गोपियाँ जब-जब यमुना तट पर जाती हैं तब-तब उनके भीतर यही भावना उठती है कि 'यह वही यमुना तट है' और उनका मन काल का परदा फाड़ अतीत के उस दृश्य क्षेत्र में जा पहुँचता है जहाँ श्रीकृष्ण गोपियों के साथ उस तट पर विचरते थे—

मन ह्वै जात अजौं वहै या जमुना के तीर।

—बिहारी रत्नाकर, 681।

प्राचीन कवियों ने भी प्रत्यभिज्ञान के रसात्मक स्वरूप का बराबर विधान किया है। हृदय की गूढ़ वृत्तियों के सच्चे पारखी भावमूर्ति भवभूति ने शम्बूक का वध करके दण्डकारण्य के बीच फिरते हुए राम के मुख से प्रत्यभिज्ञान की बड़ी मार्मिक व्यंजना कराई है—

एते त एव गिरयो विरूवन्मयूरा
स्तान्येव मत्त हरिणानि वनस्थलानि।
आमंजु वंजुललतानि च तान्यमूनि
नीरन्ध्र नील निचुलानि सरित्तटानि।

—उत्तररामचरित 2-23।

एक दूसरे प्रकार के प्रत्यभिज्ञान का रसात्मक प्रभाव प्रदर्शित करने के लिए ही उक्त कवि ने उत्तररामचरित में चित्रशाला का समावेश किया है।

कहने की आवश्यकता नहीं कि प्रत्यभिज्ञान की रसात्मक दशा में मनुष्य मन में आयी हुई वस्तुओं में ही रमा रहता है, अपने व्यक्तित्व को पीछे डाले रहता है।

दशा की विपरीतता की भावना लिए हुए जिस प्रत्यभिज्ञान का उदय होता है उसमें करुण वृत्ति के संचालन की बड़ी गहरी शक्ति होती है कवि और वक्ता बराबर उसका उपयोग करते हैं। जब हम किसी ऐसी बस्ती, ग्राम या घर के खँडहर को देखते हैं जिसमें किसी समय हमने बहुत चहल-पहल या सुख-समृद्धि देखी थी तब 'यह वही है' की भावना हमारे हृदय को एक अनिर्वचनीय करुण स्रोत में मग्न करती है। अँग्रेजी के परम भावुक कवि गोल्डस्मिथ ने प्रत्यभिज्ञान का एक अत्यन्त मार्मिक स्वरूप दिखाने के लिए 'ऊजड़ गाम' की रचना की थी।

स्मृत्याभास कल्पना

अब तक हमने रसात्मक स्मरण और रसात्मक प्रत्यभिज्ञान को विशुद्ध रूप में देखा है अर्थात् ऐसी बातों का स्मरण का विचार किया है जो पहले कभी हमारे सामने हो चुकी हैं। अब हम उस कल्पना को लेते हैं जो स्मृति या प्रत्यभिज्ञान का-सा रूप धारण करके प्रवृत्त होती है। इस प्रकार की स्मृति या प्रत्यभिज्ञान में पहले देखी हुई वस्तुओं या बातों के स्थान पर या तो पहले सुनी या पढ़ी हुई बातें हुआ करती हैं अथवा अनुमान द्वारा पूर्णतया निश्चित। बुद्धि और वाणी के प्रसार द्वारा मनुष्य का ज्ञान प्रत्यक्ष बोध तक ही परिमित नहीं रहता, वर्तमान के आगे-पीछे भी जाता है। आगे आनेवाली बातों से यहाँ प्रयोजन नहीं; प्रयोजन है अतीत से। अतीत की कल्पना भावुकों में स्मृति की-सी सजीवता प्राप्त करती है और कभी अतीत का कोई बचा हुआ चिह्न पाकर प्रत्यभिज्ञान का-सा रूप ग्रहण करती है। ऐसी कल्पना के विशेष मार्मिक प्रभाव का कारण यह है कि यह सत्य का आधार लेकर खड़ी होती है। इसका आधार या तो आप्त शब्द (इतिहास) होता है अथवा शुद्ध अनुमान।

पहले हम स्मृत्याभास कल्पना के उस स्वरूप को लेते हैं जिसका आधार आप्त शब्द या इतिहास होता है। जैसे अपने व्यक्तिगत अतीत जीवन की मधुर स्मृति मनुष्य में होती है वैसे ही समष्टि रूप में अतीत नर जीवन की भी एक प्रकार की स्मृत्याभास कल्पना होती है जो इतिहास के संकेत पर जगती है। इसकी मार्मिकता भी निज के अतीत जीवन की मार्मिकता के ही समान होती है। मानव जीवन की चिरकाल से चली आती हुई अखण्ड परम्परा के साथ तादात्म्य की यह भावना आत्मा के शुद्ध स्वरूप की नित्यता, अखण्डता और व्यापकता का आभास देती है। यह स्मृतिस्वरूपा कल्पना कभी-कभी प्रत्यभिज्ञान का भी रूप धारण करती है। प्रसंग उठने पर जैसे इतिहास द्वारा ज्ञात किसी घटना या दृश्य के ब्यौरों को कहीं बैठे-बैठे हम मन में लाया करते हैं और कभी-कभी उनमें लीन हो जाते हैं वैसे ही किसी इतिहासप्रसिद्ध स्थल पर पहुँचने पर हमारी कल्पना चट उस स्थल पर घटित किसी मार्मिक पुरानी घटना अथवा उससे संबंध रखनेवाले कुछ ऐतिहासिक व्यक्तियों के बीच हमें पहुँचा देती है, जहाँ से हम फिर वर्तमान की ओर लौटकर कहने लगते हैं कि 'यह वही स्थल है जो कभी सजावट से जगमगाता था, जहाँ अमुक सम्राट सभासदों के बीच सिंहासन पर विराजते थे; यह वही फाटक है जिस पर ये वीर अद्भुत पराक्रम के साथ लड़े थे इत्यादि।' इस प्रकार हम उस काल से लेकर इस काल तक अपनी सत्ता के प्रसार का आरोप क्या, अनुभव करते हैं।

सूक्ष्म ऐतिहासिक अध्ययन के साथ-साथ जिसमें जितनी ही गहरी भावुकता होगी, जितनी ही तत्पर कल्पनाशक्ति होगी उसके मन में उतने ही अधिक ब्यौरे आयेंगे और पूर्ण चित्र खड़ा होगा। इतिहास का कोई भावुक और कल्पनासम्पन्न पाठक यदि पुरानी दिल्ली, कन्नौज, थानेश्वर, चित्तौड़, उज्जयिनी, विदिशा इत्यादि के खँडहरों पर

पहले-पहल भी जा खड़ा होता है तो उसके मन में वे सब बातें आ जाती हैं जिन्हें उसने इतिहासों में पढ़ा था या लोगों से सुना था। यदि उसकी कल्पना तीव्र और प्रचुर हुई तो बड़े-बड़े तोरणों से युक्त उन्नत प्रासादों की, उत्तरीय और उष्णीषधारी नागरिकों की, अलक्तरंजित चरणों में पड़े हुए नूपुरों की झंकारों की, कटि के नीचे लटकती हुई कांची की लड़ियों की, धूपवासित केशकलाप और पत्रभंग मण्डित गण्डस्थल की भावना उसके मन में चित्र-सी खड़ी होगी। उक्त नगरों का यह रूप उसने कभी देखा नहीं है, पर पुस्तकों के पठन-पाठन से इस रूप की कल्पना उसके भीतर संस्कार के रूप में जम गई है जो उन नगरों के ध्वंसावशेष के प्रत्यक्ष दर्शन से जग जाती है।

एक बात कह देना आवश्यक है कि आप्त वचन या इतिहास के संकेत पर चलनेवाली कल्पना या मूर्त भवना अनुमान का भी सहारा लेती है। किसी घटना का वर्णन करने में इतिहास उस घटना के समय की रीति, वेशभूषा, संस्कृति आदि का ब्यौरा नहीं देता चलता। अतः किसी ऐतिहासिककाल का कोई चित्र मन में लाते समय ऐसे ब्यौरों के लिए अपनी जानकारी के अनुसार हमें अनुमान का सहारा लेना पड़ता है।

यह तो हुई आप्त शब्द या इतिहास पर आश्रित स्मृतिरूपा या प्रत्यभिज्ञान रूपा कल्पना एक प्रकार की प्रत्यभिज्ञान रूपा कल्पना और होती है जो बिल्कुल अनुमान के ही सहारे पर खड़ी होती और चलती है। यदि हम एकाएक किसी अपरिचित स्थान के खँडहरों में पहुँच जाते हैं–जिसके संबंध में हमने कहीं कुछ सुना या पढ़ा नहीं है तो भी गिरे पड़े मकानों, दीवारों, देवालयों आदि को सामने पाकर हम कभी-कभी कह बैठते हैं कि "यह वही स्थान है जहाँ कभी मित्रों की मंडली जमती थी, रमणियों का हास विलास होता था, बालकों का क्रीड़ारव सुनाई पड़ता था इत्यादि।" कुछ चिह्न पाकर केवल अनुमान के संकेत पर ही कल्पना इन रूपों और व्यापारों की योजना में तत्पर हो गई। ये रूप और व्यापार हमारे जिस मार्मिक रागात्मक भाव के आलम्बन होते हैं उसका हमारे व्यक्तिगत योगक्षेम से कोई संबंध नहीं। अतः उसकी रसात्मकता स्पष्ट है।

अतीत की स्मृति में मनुष्य के लिए स्वाभाविक आकर्षण है। अर्थपरायण लाख कहा करें कि 'गड़े मुर्दे उखाड़ने से क्या फायदा', पर हृदय नहीं मानता; बार-बार अतीत की ओर जाता है; अपनी यह बुरी आदत नहीं छोड़ता। इसमें कुछ रहस्य अवश्य है। हृदय के लिए अतीत एक मुक्ति लोक है जहाँ वह अनेक प्रकार के बन्धनों से छूटा रहता है और अपने शुद्ध रूप में विचरता है। वर्तमान हमें अन्धा बनाये रहता है; अतीत बीच-बीच में हमारी आँखें खोलता रहता है। मैं तो समझता हूँ कि जीवन का नित्य स्वरूप दिखानेवाला दर्पण मनुष्य के पीछे रहता है; आगे तो बराबर खिसकता हुआ दुर्भेद्य परदा रहता है। बीती बिसारनेवाले 'आगे की सुध रखने का' दावा किया करें, परिणाम अशान्ति के अतिरिक्त और कुछ नहीं। वर्तमान को सम्भालने और आगे की सुध रखने का डंका पीटनेवाले संसार में जितने ही अधिक होते जाते

हैं, संघ शक्ति के प्रभाव से जीवन की उलझनें उतनी ही बढ़ती जाती हैं। बीता बिसारने का अभिप्राय है जीवन की अखण्डता और व्यापकता की अनुभूति का विसर्जन; सहृदयता भावुकता का भंग--केवल अर्थ की निष्ठुर क्रीड़ा।

कुशल यही है कि जिनका दिल सही-सलामत है, जिनका हृदय मारा नहीं गया है; उनकी दृष्टि अतीत की ओर जाती है। क्यों जाती है, क्या करने जाती है, यह बताते नहीं बनता। अतीत कल्पना का लोक है, एक प्रकार का स्वप्नलोक है, इसमें तो सन्देह नहीं। अतः यदि कल्पना लोक के सब खण्डों को सुखपूर्ण मान लें तब तो प्रश्न टेढ़ा नहीं रह जाता; झट से यह कहा जा सकता है कि सुख प्राप्त करने जाती है। पर क्या ऐसा माना जा सकता है? हमारी समझ में अतीत की ओर मुड़-मुड़कर देखने की प्रवृत्ति सुख-दुख की भावना से परे है। स्मृतियाँ हमें केवल सुखपूर्ण दिनों की झाँकियाँ नहीं समझ पड़तीं। वे हमें लीन करती हैं, हमारा मर्म स्पर्श करती हैं, बस इतना ही हम कह सकते हैं। यही बात स्मृत्याभास कल्पना के संबंध में भी समझनी चाहिए। इतिहास द्वारा ज्ञात बातों की मूर्त भावना कितनी मार्मिक, कितनी लीन करनेवाली होती है, न सहृदयों से छिपा है, न छिपाते बनता है। मनुष्य की अन्तःप्रकृति पर इसका प्रभाव स्पष्ट है, जैसा कि कहा जा चुका है इसमें स्मृति की-सी सजीवता होती है। इस मार्मिक प्रभाव और सजीवता का मूल है सत्य। सत्य से अनुप्राणित होने के कारण ही कल्पना स्मृति और प्रत्यभिज्ञान का-सा रूप धारण करती है। कल्पना के इस स्वरूप की सत्यमूलक सजीवता और मार्मिकता का अनुभव करके ही संस्कृत के पुराने कवि अपने महाकाव्य और नाटक इतिहास पुराण के किसी वृत्त का आधार लेकर रचना करते थे।

'सत्य' से यहाँ अभिप्राय केवल वस्तुतः घटित वृत्त ही नहीं, निश्चयात्मकता से प्रतीत वृत्त भी है। जो बात इतिहासों में प्रसिद्ध चली आ रही है वह यदि पक्के प्रमाणों से पुष्ट न भी हो तो भी लोगों के विश्वास के बल पर उक्त प्रकार की स्मृतिस्वरूपा कल्पना का आधार हो जाती है। आवश्यक होता है केवल इस बात का बहुत दिनों से जमा हुआ विश्वास कि इस प्रकार की घटना इस स्थल पर हुई थी। यदि ऐसा विश्वास सर्वथा विरुद्ध प्रमाण उपस्थित होने पर विचलित हो जायेगा तो वैसी सजीव कल्पना न जागेगी। संयोगिता के स्वयंवर की कथा को लेकर कुछ काव्य और नाटक रचे गये। ऐतिहासिक अनुसन्धान द्वारा वह सारी कथा अब कल्पित सिद्ध हो गयी है। अतः इतिहास के ज्ञाताओं के लिए उन काव्यों या नाटकों में वर्णित घटना का ग्रहण शुद्ध कल्पना की वस्तु के रूप में होगा, स्मृत्याभास कल्पना की वस्तु के रूप में नहीं।

पहले कहा जा चुका है कि मानव जीवन का नित्य और प्रकृत स्वरूप देखने के लिए दृष्टि जैसी शुद्ध होनी चाहिए वैसी अतीत के क्षेत्र के बीच ही वह होती है। वर्तमान में तो हमारे व्यक्तिगत रागद्वेष से वह ऐसी बँधी रहती है कि हम बहुत-सी

बातों को देखकर भी नहीं देखते। प्रसिद्ध प्राचीन नगरों और गढ़ों के खण्डहर; राजप्रासाद आदि जिस प्रकार सम्राटों के ऐश्वर्य, विभूति, प्रताप, आमोद-प्रमोद और भोगविलास के स्मारक हैं उसी प्रकार उनके अवसाद, विषाद, नैराश्य और घोर पतन के। मनुष्य की ऐश्वर्य, विभूति, सुख, सौन्दर्य की वासना अभिव्यक्त होकर जगत् के किसी छोटे या बड़े खण्ड को अपने रंग में रँगकर मानुषी सजीवता प्रदान करती है। देखते-देखते काल उस वासना के आश्रय मनुष्यों को हटाकर किनारे कर देता है। धीरे-धीरे उनका चढ़ाया हुआ ऐश्वर्यविभूति का वह रंग भी मिटता जाता है। जो कुछ शेष रह जाता है वह बहुत दिनों तक ईंट-पत्थर की भाषा में एक पुरानी कहानी कहता रहता है। संसार का पथिक मनुष्य उसे अपनी कहानी समझकर सुनता है, क्योंकि उसके भीतर झलकता है जीवन का नित्य और प्रकृत स्वरूप।

कुछ व्यक्तियों के स्मारक चिह्न तो उनके पूरे प्रतिनिधि या प्रतीक बन जाते हैं और उसी प्रकार हमारी घृणा या प्रेम के आलम्बन हो जाते हैं जिस प्रकार लोक के बीच अपने जीवनकाल में वे व्यक्ति थे। ऐसे व्यक्ति घृणा या प्रेम को अपने पीछे भी बहुत दिनों तक जगत् में जगाते रहते हैं। ये स्मारक न जाने कितनी बातें अपने पेट में लिए कहीं खड़े, कहीं बैठे, कहीं पड़े हैं।

किसी अतीत जीवन के ये स्मारक या तो यों ही—शायद काल की कृपा से—बने रह जाते हैं अथवा जानबूझकर छोड़े जाते हैं। जानबूझकर कुछ स्मारक छोड़ जाने की कामना भी मनुष्य की प्रकृति के अन्तर्गत है। अपनी सत्ता के सर्वथा लोप की भावना मनुष्य को असह्य है। अपनी भौतिक सत्ता तो वह बनाये नहीं रख सकता। अतः वह चाहता है कि उस सत्ता की स्मृति ही किसी जनसमुदाय के बीच बनी रहे। बाह्य जगत् में नहीं तो अन्तर्जगत् के किसी खण्ड में ही वह बना रहना चाहता है। इसे हम अमरत्व की आकांक्षा या आत्मा के नित्यत्व का इच्छात्मक आभास कह सकते हैं। अपनी स्मृति बनाये रखने के लिए कुछ मनस्वी कला का सहारा लेते हैं और उसके आकर्षक सौन्दर्य की प्रतिष्ठा करके विस्मृति के खड्ड में झोंकनेवाले काल के हाथों को बहुत दिनों तक—सहस्रों वर्ष तक थामे रहते हैं। इस प्रकार ये स्मारक काल के हाथों को कुछ थामकर मनुष्य की कई पीढ़ियों की आँखों से आँसू बहवाते चले चलते हैं। मनुष्य अपने पीछे होनेवाले मनुष्यों को अपने लिए रुलाना चाहता है।

सम्राटों की अतीत जीवनलीला के ध्वस्त रंगमंच वैषम्य की एक विशेष भावना जगाते हैं। उनमें जिस प्रकार भाग्य के ऊँचे-से-ऊँचे उत्थान का दृश्य निहित रहता है वैसे ही गहरे से गहरे पतन का भी। जो जितने ही ऊँचे पर चढ़ा दिखाई देता है गिरने पर वह उतना ही नीचे जाता दिखाई देता है। दर्शकों को उसके उत्थान की ऊँचाई जितनी कुतूहलपूर्ण और विस्मयकारिणी होती है उतनी ही उसके पतन की गहराई मार्मिक और आकर्षक होती है। असामान्य की ओर लोगों की दृष्टि भी अधिक दौड़ती है और टकटकी भी अधिक लगती है। अत्यन्त ऊँचाई से गिरने का

दृश्य कोई कुतूहल के साथ देखता है, तो कोई गम्भीर वेदना के साथ।

जीवन तो जीवन; चाहे राजा का हो चाहे रंक का। उसके सुख और दुख दो पक्ष होंगे ही। इनमें से कोई पक्ष स्थिर नहीं रह सकता। संसार और स्थिरता? अतीत के लम्बे-चौड़े मैदान के बीच इन उभय पक्षों की घोर विषमता सामने रखकर कोई भावुक जिस भावधारा में डूबता है उसी में औरों को डुबाने के लिए शब्दस्रोत भी बहाता है। इस पुनीत भावधारा में अवगाहन करने से वर्तमान की—अपने पराये की—लगी लिपटी मैल छँटती है और हृदय स्वच्छ होता है। ऐतिहासिक व्यक्तियों या राजकुलों के जीवन की जिन विषमताओं की ओर सबसे अधिक ध्यान जाता है वे प्रायः दो ढंग की होती हैं—सुख-दुख सम्बन्धिनी तथा उत्थान-पतन सम्बन्धिनी। सुख-दुख की विषमता की ओर जिसकी भावना प्रवृत्त होगी वह एक ओर तो जीवन का भोगपक्ष—यौवनमद, विलास की प्रभूत सामग्री, कला सौन्दर्य की जगमगाहट, रागरंग और आमोद-प्रमोद की चहल-पहल—और दूसरी ओर अवसाद, नैराश्य, कष्ट, वेदना इत्यादि के दृश्य मन में लायेगा। बड़े-बड़े प्रतापी सम्राटों के जीवन को लेकर भी वह ऐसा ही करेगा। उनके तेज, प्रताप, पराक्रम इत्यादि की भावना वह इतिहासविज्ञ पाठक की सहृदयता पर छोड़ देगा। कहने की आवश्यकता नहीं कि सुख और दुख के बीच का वैषम्य जैसा मार्मिक होता है वैसा ही उन्नति और अवनति, प्रताप और ह्रास के बीच का भी। इस वैषम्यप्रदर्शन के लिए एक ओर तो किसी के पतनकाल के असामर्थ्य, दीनता, विवशता, उदासीनता इत्यादि के दृश्य सामने रखे जाते हैं, दूसरी ओर उसके ऐश्वर्यकाल के प्रताप, तेज, पराक्रम इत्यादि के वृत्त स्मरण किये जाते हैं।

इस दुखमय संसार में सुख की इच्छा और प्रयत्न प्राणियों का लक्षण है। यह लक्षण मनुष्य में सबसे अधिक रूपों में विकसित हुआ है। मनुष्य की सुखेच्छा कितनी प्रबल, कितनी शक्तिशालिनी निकली! न जाने कब से वह प्रकृति को काटती छाँटती, संसार का कायापलट करती चली आ रही है। वह शायद अनन्त है, 'आनन्द' का अनन्त प्रतीक है। वह इस संसार में न समा सकी तब कल्पना को साथ लेकर उसने कहीं बहुत दूर स्वर्ग की रचना की। चतुर्वर्ग में इसी सुख का नाम 'काम' है। यद्यपि देखने में 'अर्थ' और 'काम' अलग-अलग दिखायी पड़ते हैं, पर सच पूछिए तो 'अर्थ', 'काम' का ही एक साधन ठहरता है, साध्य रहता है काम या सुख ही। अर्थ है संचय, आयोजन और तैयारी की भूमि। काम भोगभूमि है। मनुष्य कभी अर्थभूमि पर रहता है, कभी कामभूमि पर। अर्थ और काम के बीच जीवन बाँटता हुआ वह चला चलता है। दोनों का ठीक सामंजस्य सफल जीवन का लक्षण है। जो अनन्य भाव से अर्थसाधना में ही लीन रहेगा वह हृदय खो देगा; जो आँख मूँदकर कामचर्या में ही लिप्त रहेगा वह किसी अर्थ का न रहेगा। अकबर के जीवन में अर्थ और काम का सामंजस्य रहा। औरंगजेब बराबर अर्थभूमि पर ही रहा। मुहम्मदशाह सदा काम भूमि पर ही रहकर रंग बरसाते रहे।

कल्पित रूपविधान

कल्पना

काव्य वस्तु का सारा रूपविधान इसी की क्रिया से होता है। आजकल तो भाव की बात दब-सी गयी है केवल इसी का नाम लिया जाता है क्योंकि 'कवि की नूतन सृष्टि' केवल इसी की कृति समझी जाती है। पर जैसा कि हम अनेक स्थलों पर कह चुके हैं, काव्य के प्रयोजन की कल्पना वही होती है जो हृदय की प्रेरणा से प्रवृत्त होती है और हृदय पर प्रभाव डालती है। हृदय के मर्मस्थल का स्पर्श तभी होता है जब जगत् या जीवन का कोई सुन्दर रूप, मार्मिक दशा या तथ्य मन में उपस्थित होता है। ऐसी दशा या तथ्य की चेतना से मन में कोई भाव जगता है तो उस दशा या तथ्य की मार्मिकता का पूर्ण अनुभव करने और कराने के लिए उसके कुछ चुने हुए ब्यौरों की मूर्त भावनाएँ खड़ी करता है। कल्पना का यह प्रयोग प्रस्तुत के संबंध में समझना चाहिए जो विभाव पक्ष के अन्तर्गत है। शृंगार, रौद्र, वीर, करुण आदि रसों के आलम्बनों और उद्दीपनों के वर्णन, प्राकृतिक दृश्यों के वर्णन सब इसी विभाव पक्ष के अन्तर्गत हैं।

सारा रूपविधान कल्पना ही करती है अतः अनुभाव कहे जानेवाले व्यापारों और चेष्टाओं द्वारा आश्रय को जो रूप दिया जाता है वह भी कल्पना ही द्वारा। पर भावों के द्योतक शारीरिक व्यापार या चेष्टाएँ परिमित होती हैं, वे रूढ़ या बँधी हुई होती हैं। उनमें नएपन की गुंजाइश नहीं, पर आश्रय के वचनों की अनेकरूपता की कोई सीमा नहीं। इन वचनों की भी कवि द्वारा कल्पना ही की जाती है।

वचनों द्वारा भावव्यंजना के क्षेत्र में कल्पना को पूरी स्वच्छन्दता रहती है। भाव की ऊँचाई, गहराई की कोई सीमा नहीं। उसका प्रसार लोक का अतिक्रमण कर सकता है। उसकी सम्यक् व्यंजना के लिए प्रकृति के वास्तविक विधान कभी-कभी पर्याप्त नहीं जान पड़ते। मन की गति का वेग अबाध होता है। प्रेम के वेग में प्रेमी प्रिय को अपनी आँखों में बसा हुआ कहता है, उसके पाँव रखने के लिए पलकों के पाँवड़े बिछाता है, उसके अभाव में दिन के प्रकाश में भी चारों ओर शून्य या अन्धकार

देखता है, अपने शरीर की भस्म उड़ाकर उसके पास तक पहुँचाना चाहता है। इसी प्रकार क्रोध के वेग में मनुष्य शत्रु को पीसकर चटनी बना डालने के लिए खड़ा होता है, उसके घर को खोदकर तालाब बना डालने की प्रतिज्ञा करता है। उत्साह या वीरता की उमंगों में वह समुद्र पाट देने, पहाड़ों को उखाड़ फेंकने का हौसला प्रकट करता है।

ऐसे लोकोत्तर विधान करनेवाली कल्पना में भी यह देखा जाता है कि जहाँ कार्यकारण-विवेचनपूर्वक वस्तुव्यंजना का टेढ़ा रास्ता पकड़ा जाता है वहाँ वैचित्र्य-ही-वैचित्र्य रह जाता है, मार्मिकता दब जाती है। जैसे, यदि कोई कहे कि 'कृष्ण के वियोग में राधा का दिन-रात रोना सुनकर लोग घर-घर में नावें बनवा रहे हैं' तो यह कथन मार्मिकता की हद के बाहर जान पड़ेगा।

विभाव पक्ष के ही अन्तर्गत हम उन सब प्रस्तुत वस्तुओं और व्यापारों को भी लेते हैं जो हमारे मन में सौन्दर्य, माधुर्य, दीप्ति, कान्ति, प्रताप, ऐश्वर्य, विभूति इत्यादि की भावनाएँ उत्पन्न करते हैं। ऐसी वस्तुओं और व्यापारों की योजना करनेवाली प्रतिभा भी विभावविधायिनी ही समझनी चाहिए। कवि कभी-कभी सौन्दर्य, माधुर्य, दीप्ति इत्यादि की अनूठी सृष्टि खड़ी करने के लिए चारों ओर से सामग्री एकत्र करके पराकाष्ठा को पहुँची हुई लोकोत्तर योजना करते हैं। यह भी कविकर्म के अन्तर्गत है, पर सर्वत्र अपेक्षित उसकी कोई नित्य प्रक्रिया नहीं। मन के भीतर लोकोत्तर उत्कर्ष की झाँकियाँ तैयार करना भी कल्पना का एक काम है। इस काम में कविता उसे प्रायः लगाया करती है। कुछ लोग तो कल्पना और कविता का यही काम ही बताते है—खासकर वे लोग जो काव्य को स्वप्न का सगा भाई मानते हैं। जैसे स्वप्न को वे अंतस्संज्ञा में निहित अतृप्त वासनाओं की अन्तर्व्यंजना कहते हैं, वैसे ही काव्य को भी संसार में जितना अद्‌भुत, सुन्दर, मधुर, दीप्त हमारे सामने आता है; जितना सुख, समृद्धि, सद्‌वृत्ति, सद्‌भाव, प्रेम, आनन्द हमें दिखाई पड़ता है, उतने से तृप्त न होने के कारण अधिक की इच्छाएँ हमारी अंतरस्संज्ञा में दबी पड़ी रहती हैं। इसी प्रकार शक्ति, उग्रता, प्रचण्डता, उथल-पुथल, ध्वंस इत्यादि को हम जितने बढ़े-चढ़े रूप में देखना चाहते हैं उतने बढ़े-चढ़े रूपों में कहीं न देख हमारी इच्छा चेतना या संज्ञा के नीचे अज्ञात दशा में दबी पड़ी रहती है। वे ही इच्छाएँ तृप्ति के लिए कविता के रूप में व्यक्त होती हैं और श्रोताओं को भी तृप्त करती हैं।

इस संबंध में हम यहाँ इतना ही कहना चाहते हैं कि काव्य सर्वथा स्वप्न के रूप की वस्तु नहीं है। स्वप्न के साथ यदि उसका कुछ मेल है तो केवल इतना ही कि स्वप्न भी हमारी बाह्य इन्द्रियों के सामने नहीं रहता और काव्यवस्तु भी दोनों के आविर्भाव का स्थान भर एक है। स्वरूप में भेद है। कल्पना में आयी हुई वस्तुओं की प्रतीति से स्वप्न में दिखाई पड़नेवाली वस्तुओं की प्रतीति भिन्न प्रकार की होती है। स्वप्नकाल की प्रतीति प्रायः प्रत्यक्ष ही के समान होती है। दूसरी बात यह है

कि काव्य में शोक प्रसंग भी रहते हैं। शोक की वासना की तृप्ति शायद ही कोई प्राणी चाहता हो।

उपयुर्क्त सिद्धान्त का ही एक अंग कामवासना का सिद्धान्त है जिसके अनुसार काव्य का संबंध और कलाओं के समान कामवासना की तृप्ति से है। यहाँ पर इतना ही समझ रखना आवश्यक है कि यह मत काव्य को 'ललित कलाओं' में गिनने का परिणाम है। कलाओं के संबंध में, जिनका लक्ष्य केवल सौन्दर्य की अनुभूति उत्पन्न करना है यह मत कुछ ठीक कहा जा सकता है। इसी से 64 कलाओं का उल्लेख हमारे यहाँ कामशास्त्र के भीतर हुआ है। पर काव्य की गिनती कलाओं में नहीं की गयी है।

अब तक जो कुछ कहा गया है वह प्रस्तुत के संबंध में है। पर काव्य में प्रस्तुत के अतिरिक्त अप्रस्तुत भी बहुत अधिक अपेक्षित होता है, क्योंकि साम्यभावना काव्य का बड़ा शक्तिशाली अस्त्र है। कहने की आवश्यकता नहीं कि अप्रस्तुत की योजना भी कल्पना ही द्वारा होती है। आधुनिक पाश्चात्य समीक्षा क्षेत्र में तो 'कल्पना' शब्द से अधिकतर अप्रस्तुत विधायिनी कल्पना ही समझी जाती है। अप्रस्तुत की योजना के संबंध में वही बात समझनी चाहिए जो प्रस्तुत के संबंध में हम कह आये हैं अर्थात् उसकी योजना भी यदि किसी भाव के संकेत पर होगी—सौन्दर्य, माधुर्य, भीषणता, कान्ति, दीप्ति इत्यादि की भावना में वृद्धि करनेवाली होगी—तब तो वह काव्य के प्रयोजन की होगी; यदि केवल रंग, आकृति, छोटाई, बड़ाई आदि का ही हिसाब-किताब बैठाकर की जायेगी तो निष्फल ही नहीं बाधक भी होगी। भाव की प्रेरणा से जो अप्रस्तुत लाये जाते हैं उनकी प्रभविष्णुता पर कवि की दृष्टि रहती है; इस बात पर रहती है कि इनके द्वारा भी वैसी ही भावना जगे जैसी प्रस्तुत के संबंध में है।

केवल शास्त्रस्थितिसम्पादन[1] से कविकर्म की सिद्धि समझ कुछ लोगों ने स्त्री की कटि की सूक्ष्मता व्यक्त करने के लिए भिड़ या सिंहिनी की कटि सामने रख दी है, चन्द्रमण्डल और सूर्यमण्डल के उपमान के लिए दो घण्टे सामने कर दिये हैं, पर ऐसे अप्रस्तुत विधान केवल छोटाई-बड़ाई या आकृति को ही पकड़कर, केवल उसी का हिसाब-किताब बैठाकर, हुए हैं; उस सौन्दर्य की भावना की प्रेरणा से नहीं जो उस नायिका या चन्द्रमण्डल के संबंध में रही होगी। यह देखकर सन्तोष होता है कि हिन्दी की वर्तमान कविताओं में प्रभावसाम्य पर ही विशेष दृष्टि रहती है।

---

1. सन्धिसंध्यंगघटनं रसाभिव्यक्त्यपेक्षया।
न तु केवलया शास्त्रस्थितिसम्पादनेच्छया।।

—ध्वन्यालोक, 3-12।

देखिए ऊपर पृष्ठ 66 पादटिप्पणी।

भाषाशैली को अधिक व्यंजक, मार्मिक और चमत्कारपूर्ण बनाने में भी कल्पना ही काम करती है। कल्पना की सहायता यहाँ पर भाषा की लक्षणा और व्यंजना नाम की शक्तियाँ करती हैं। लक्षणा के सहारे ही कवि ऐसी भाषा का प्रयोग बेधड़क कर जाते हैं जैसी सामान्य व्यवहार में नहीं सुनाई पड़ती। ब्रजभाषा के कवियों में घनानन्द इस प्रसंग में सबसे अधिक उल्लेख योग्य हैं। भाषा को वे इतनी वशवर्तिनी समझते थे कि अपनी भावना के साथ उसे जिधर चाहते थे उधर बेधड़क मोड़ते थे। कुछ उदाहरण लीजिए–

(1) **अरसानि गही** वह **बानि** कछू सरसानि सों आनि निहोरत है।

(2) है है सोऊ घरी **भाग उघरी** अनन्दघन,
सुरस बरसि, लाल, देखिहौ हमै हरी।

(3) **उघरो जग,** छाय रहे 'घनआनन्द' चातक ज्यों तकिए अबतौ।

(4) मिलत न केहूँ भर राबरी **अमिलताई**
हिये में किये विसाल जे बिछोह-छत हैं।

(5) भूलनि चिन्हारि दोऊ है न हो हमारे ताते,
बिसरनि रावरी हमै **लै बिसरति है।**

(6) **उजरनि बसी** है हमारी अँखिआनि देखौ,
सुबस सुदेश जहाँ भावतै बसत हौ।

ऊपर के उद्धरणों के रेखांकित स्थलों में भाषा की मार्मिक वक्रता एक-एक करके देखिए। (1) बानि धीमी या शिथिल पड़ गयी कहने में उतनी व्यंजकता न दिखाई पड़ी। अतः कवि ने कृष्ण का आलस्य न कहकर उनकी बानि (आदत) का आलस्य करना कहा। (2) अपने को खुले भाग्यवाली न कहकर नायिका ने उस घड़ी को खुले भाग्यवाली कहा, इससे सौभाग्यदशा एक व्यक्ति ही तक न रहकर उस घड़ी के भीतर सम्पूर्ण जगत् में व्याप्त प्रतीत हुई। विशेषण के इस विपर्यय से कितनी व्यंजकता आ गयी! (3) मेघ का छाना और उघड़ना तो बराबर बोला जाता है, पर कवि ने मेघ के छाये रहने और श्रीकृष्ण के आँखों में छाये रहने के साथ-ही-साथ जग का उघड़ना (खुलना, तितर-बितर होना या तिरोहित होना) कह दिया जिसका लक्ष्यार्थ हुआ जगत् के फैले हुए प्रपंच का आँखों के सामने से हट जाना, चारों ओर शून्य दिखाई पड़ना। (4) कृष्ण की अमिलताई (न मिलना) हृदय के घाव में भी भर गयी है जिससे उसका मुँह नहीं मिलता और वह नहीं पूजता। भरा भी रहना और न भरना या पूजना में विरोध का चमत्कार भी है। (5) हम कभी-कभी आत्मविस्मृत हो जाती हैं; इससे जान पड़ता है कि आप हमें लिए दिये भूलते हैं अर्थात् उधर आप हमें भूलते हैं, इधर हमारी सत्ता ही तिरोहित हो जाती है। (6) हमारी आँखों में उजाड़ बसा है अर्थात् आँखों के सामने शून्य दिखाई पड़ता है। इसमें भी विरोध का चमत्कार अत्यन्त आकर्षक है।

आजकल हमारी वर्तमान काव्यधारा की प्रवृत्ति इसी प्रकार की लाक्षणिक वक्रता की ओर विशेष है। यह अच्छा लक्षण है। इसके द्वारा हमारी भाषा की अभिव्यंजना शक्ति के प्रसार की बहुत कुछ आशा है। श्री सुमित्रानन्दन पन्त की रचना से कुछ उदाहरण लेकर देखिए–

(1) **धूलि की ढेरी** में अनजान। छिपे हैं मेरे **मधुमय गान**।

(2) रुदन, क्रीड़ा, आलिंगन।
शशि की सी ये कलित **कलाएँ किलक रही हैं** पुर पुर में।

(3) मर्म **पीड़ा के हास**।

(4) अहह! यह मेरा **गीला गान**।

(5) तड़ित सा, सुमुखि! तुम्हारा ध्यान
प्रभा के पलक मार, उर चीर
गूढ़ गर्जन कर जब गम्भीर।

(6) **लाज में** लिपटी उषा समान।

घनानन्द की वाग्विशेषताओं को ध्यान में रखते हुए अब ऊपर के उद्धरणों के रेखाकिंत प्रयोगों की लाक्षणिक प्रक्रिया देखिए–

(1) धूलि की ढेरी=तुच्छ या असार कहा जानेवाला संसार। मधुमय गान=मधुमय गान के विषय=मधुर और सुन्दर वस्तुएँ। (2) कलाएँ किलक रही हैं=जोर से हँस रही हैं=आनन्द का प्रकाश कर रही हैं। (3) पीड़ा के हास=पीड़ा का विकास या प्रसार (विरोध का चमत्कार)। (4) गीला गान=आर्द्र हृदय या अश्रुपूर्ण व्यक्ति की वाणी (सामान्य) कथन में जो गुण व्यक्ति का कहा जाता है। वह गान का कहा गया; (विशेषण विपर्यय)। (5) प्रभा के पलक मार=पल-पल. पर चमककर। गूढ़ गर्जन=छिपी हुई हृदय की धड़कन। (6) लाज=लज्जा से उत्पन्न ललाई।

इन प्रयोगों का आधार या तो किसी-न-किसी प्रकार की साम्य भावना है अथवा किसी वस्तु का उपलक्षण या प्रतीक के रूप में ग्रहण। दोनों बातें कल्पना ही के द्वारा होती हैं। उपलक्षणों या प्रतीकों का एक प्रकार का चुनाव है जो मूर्तिमत्ता, मार्मिकता या आतिशय्य आदि की दृष्टि से होता है–जैसे, शोक या विषाद के स्थान पर अश्रु, हर्ष और आनन्द के स्थान पर हास, प्रिय प्रेमी के लिए मुकुल मधुप, यौवन काल या संयोग काल के लिए मधुमास, शुभ्र के स्थान पर रजत या हंस, दीप्त के स्थान पर स्वर्ण इत्यादि। यह सारा व्यवसाय कल्पना ही का है।

काव्य की पूर्ण अनुभूति के लिए कल्पना का व्यापार कवि और श्रोता दोनों के लिए अनिवार्य है। काव्य की कोई उक्ति कान में पड़ते समय जब काव्यवस्तु के साथ-साथ वक्ता या बोद्धव्य पात्र की कोई मूर्त भावना भी खड़ी रहती है तभी पूरी तन्मयता प्राप्त होती है।

प्रत्यक्ष रूपविधान के उपादान से ही कल्पित रूपविधान होता है। जन्मान्ध अपने

मन में स्पष्ट रूपविधान नहीं कर सकते। जिस प्रकार प्रत्यक्ष अनुभूति से कलानुभूति या काव्यानुभूति को एकदम अलग कहने की चाल यूरोप में चली उसी प्रकार प्रत्यक्ष रूपविधान से कल्पित रूपविधान को असम्बद्ध घोषित करने की रूढ़ि प्रतिष्ठित हुई। 'कल्पना' की एक निराली दुनिया कही जाने लगी और कवि लोग दूसरी सृष्टि बनानेवाले विश्वामित्र हुए। पर थोड़ा विचार करने पर यह उक्ति स्तुतिपरक ही ठहरती है। सारे वर्ण, सारी रूपरेखाएँ जिनसे कल्पित मूर्तिविधान होता है बाह्य जगत् के प्रत्यक्ष बोध से प्राप्त हुई हैं। हम मनुष्य, पशु, पक्षी, वृक्ष, लता, तृण, गुल्म, नदी, पर्वत, भूमि, चट्टान इत्यादि देखी हुई वस्तुओं के अतिरिक्त वस्तुओं की कल्पना नहीं कर सकते। लम्बाई, चौड़ाई, ऊँचाई (या गहराई) के अतिरिक्त और विस्तार मन में नहीं ला सकते। हम इतना ही कर सकते हैं कि चार मुँहवाले या घोड़े के मुँहवाले मनुष्य की कल्पना करें, सोने के पंखवाले पक्षी उड़ाएँ, मरकत, पद्मराग की प्रभावाले पेड़ खड़े करें, सोने की रेत पर चाँदी की धारा बहाएँ; माणिक्य और नीलम की चट्टानें बिछाएँ। पर असली ढाँचें मनुष्य, पशु, पक्षी, पेड़, रेत, नदी, चट्टान आदि के ही रहेंगे, उनमें रंग, रूप चाहे जैसे भरें। ऐसी दशा में यह कहना कि प्रत्यक्ष रूपविधान से कवि के काल्पनिक रूपविधान का कोई संबंध नहीं, बात बनाना ही माना जायेगा।

इन ढाँचों को लेकर हम विलक्षण रंगरूप की वस्तुएँ खड़ी कर सकते हैं, पर यह स्पष्ट समझ रखना चाहिए कि उन वस्तुओं का रूपरंग प्रकृति से जितना ही दूर घसीटा जाएगा उतनी ही वे वस्तुएँ कल्पना में कम देर तक टिकेंगी। घोड़े के मुँहवाले किन्नर, पुखराज की चट्टानों और सोने की रेत के बीच से बहती हुई नदियाँ, आग के बने हुए शरीर एक क्षण के लिए मन में आ सकते हैं; पर सोने की चिड़ियों की तरह चट उड़ जाएँगे। पर जैसा कि मैं अपने अन्य प्रबन्धों में दिखा चुका हूँ, हृदय के मर्म को स्पर्श करने के लिए, सच्ची और गहरी अनुभूति उत्पन्न करने के लिए आवश्यक है कि कल्पना में आयी हुई वस्तुएँ कुछ देर टिकें, मन उनका बिम्बग्रहण कुछ काल तक किये रहे।

काव्यभूमि जीवन से जगत् से परे नहीं है। वह वस्तु व्यापार योजना जो केवल विलक्षणता, नवीनता या अलौकिकता दिखाने के लिए की जाएगी, जिसमें जगत् या जीवन का कोई मार्मिक पक्ष, गम्भीर या साधारण, व्यक्त होता न दिखाई पड़ेगा, वह काव्य का ठीक लक्ष्य पूरा न कर सकेगी।

प्रस्तुत रूपविधान

कल्पित रूपविधान दो प्रकार का होता है–

(1) प्रस्तुत रूपविधान और

(2) अप्रस्तुत रूपविधान।

यह प्रस्तुत रूपविधान हमारे पुराने आचार्यों का विभाव-पक्ष है जिसके अन्तर्गत

आलम्बन और उद्दीपन दोनों हैं। विचार करने से उद्दीपन दो प्रकार के निकलेंगे—आलम्बनगत और आलम्बन से बाहर के। यहाँ पर हम प्रस्तुत रूपविधान का आलम्बन की दृष्टि से ही विचार करेंगे। इस विचार में आलम्बनगत या आलम्बन से बाहर, पर आलम्बन से लगाव रखनेवाली वस्तुएँ भी आ सकती हैं। आलम्बन से हमारा अभिप्राय केवल रसग्रन्थों में गिनाये आलम्बनों से नहीं, उन सब वस्तुओं और व्यापारों से है जिनके प्रति हमारे मन में किसी भाव का उदय होता है। जैसे, यदि कहीं कवि प्रकृति के किसी रमणीय खण्ड का वर्णन पूरी तन्मयता के साथ, पूरा ब्यौरा देते हुए करता है तो वहाँ वह दृश्य या प्रकृति ही आलम्बन होगी। अपने पूर्वप्रबन्धों और समीक्षाओं में मैं यह दिखा चुका हूँ कि प्रकृति का वर्णन दोनों रूपों में हो सकता है—आलम्बन के रूप में भी, उद्दीपन के रूप में भी। कुमारसम्भव के आरम्भ का हिमालय-वर्णन, मेघदूत का नाना प्रदेश वर्णन आलम्बन के रूप में ही समझना चाहिए। ऋतुसंहार में दिया हुआ प्रकृति वर्णन उद्दीपन के रूप में है। एक ही कवि कालिदास ने प्रकृति का आलम्बन के रूप में भी वर्णन किया है और उद्दीपन के रूप में भी। आलम्बन के रूप में जिस वस्तु का ग्रहण होता है भाव उसी के प्रति होता है उद्दीपन के रूप में जिसका ग्रहण होता है भाव उसके प्रति नहीं रहता, किसी अन्य के प्रति रहता है।

उपर्युक्त विवेचन से यह स्पष्ट है कि कोरा प्रकृति वर्णन भी रसात्मक होता है। आलम्बनमात्र का वर्णन भी बराबर रसात्मक होता है इस बात को पुराने आचार्यों ने भी स्वीकार किया है—

सद्भावश्चेद्विभावादेर्द्वयोरेकस्य वा भवेत्।
झटित्यन्यसमाक्षेपे तथा दोषो न विद्यते।

—साहित्यदर्पण, तृतीय परिच्छेद, 17।

इसके उदाहरण में जो पद्य दिया गया है वह मालविका के अंगप्रत्यंग का तन्मयता के साथ किया हुआ वर्णन मात्र है।[1] इतने ब्यौरे के साथ वर्णन करने की प्रवृत्ति में ही वर्णनकर्ता के मन में सौन्दर्य के प्रभाव, औत्सुक्य आदि का आभास मिलता है। इसी प्रकार आँखें फाड़-फाड़कर देखने आदि अनुभावों का आक्षेप भी हो जाता है और रतिभाव की भी व्यंजना हो जाती है। यही बात कोरे प्रकृतिवर्णन में भी समझिए।

पाश्चात्य समीक्षकों ने 'कल्पना' का ऐसा पल्ला पकड़ा कि उन्होंने कल्पित रूपविधान को ही एक प्रकार से काव्य का लक्ष्य ठहराया। हमारे यहाँ काल्पनिक

---

1. दीर्घाक्षं शरदिन्दुकान्ति वदनं बाहू नतावंसयोः
संक्षिप्तं निबिडोन्नतस्तनमुरः पार्श्वे प्रमृष्टे इव।
मध्यः पाणिमितो नितम्बि जघनं पादावरालाङ्गुली,
छन्दो नर्तयितुर्यथैव मानसः श्लिष्टं तथास्या वपुः।

—मालविकाग्निमित्र, 2-3।

रूपविधान साधन की कोटि में रखा गया है; साध्य वस्तु रसानुभूति ही रखी गई है। भारतीय काव्यदृष्टि के अनुसार कवि की कल्पना भावों की प्रेरणा से ही रूपविधान में प्रवृत्त होती है और श्रोता या पाठक की कल्पना उस रूपविधान का ग्रहण कर भावों को जगाती है। जो रूपयोजना कवि के मन में कार्यरूप में रहती है वही श्रोता या पाठक के अन्तस् में जाकर कारणरूप हो जाती है। अतः कल्पना की वही रूपयोजना काव्य के अन्तर्गत आ सकती है जो श्रोता या पाठक के मन में कोई भाव जगाने में समर्थ हो, भाव जगाने में वही रूपयोजना समर्थ होगी जो जगत् या जीवन का कोई गूढ़ या मार्मिक तथ्य सामने लाएगी, जो विश्व के किसी अनुरंजनकारी, क्षोभकारी या विस्मयकारी विधान का चित्र होगी।

यदि हम किसी कारखाने का पूरे ब्यौरे के साथ वर्णन करें, उसमें मजदूर किस व्यवस्था के साथ क्या-क्या काम करते हैं ये सब बातें अच्छी तरह सामने रखें तो ऐसे वर्णन से किसी व्यवसायी का ही काम निकल सकता है, काव्यप्रेमी के हृदय पर कोई प्रभाव न होगा। बात यह है कि ये सब विधान जीवन के मूल और सामान्य स्वरूप से बहुत दूर के हैं। पर यदि हम उसी कारखाने के पास बने हुए मजदूरों के झोपड़ों के भीतर के जीवन का चित्रण करें, रोटी के लिए झगड़ते हुए कृशकाय बच्चों पर झल्लाती हुई माँ का दृश्य सामने लाएँ तो कविकर्म में हमारे वर्णन का उपयोग हो सकता है।

अब यहाँ पर काव्य और सभ्यता के संबंध का सवाल सामने आता है। सभ्यता का स्वरूप उत्तरोत्तर बदलता चला आ रहा है। आज से सौ वर्ष पहले उसका जो स्वरूप था वह आज नहीं है, आज जो उसका स्वरूप है वह पचास वर्ष पीछे न रहेगा। अब विचारणीय यह है कि क्या कविता को भी सभ्यता का एक अंग होकर आज कुछ और कल कुछ और होते हुए चलना चाहिए अथवा सभ्यता के बाहरी और भीतरी दोनों स्वरूपों को बाह्य आवरण के रूप में रखकर एकरस-धारा के रूप में चलना चाहिए। हमारा कहना है कि दूसरा मार्ग ही सच्ची कविता का मार्ग हो सकता है। सभ्यता के साथ-साथ वह चलेगी पर उसी का एक विधान होकर नहीं। वह अपनी मूलसत्ता स्वतन्त्र रखेगी, किसी काल की सभ्यता की नकल करना, केवल नवीनता दिखाने के लिए पुरानी से भिन्न लगनेवाली बातें खड़ी करना; रेल, तार, हवाई जहाज, क्लब, सिनेमा इत्यादि का उल्लेख कर देना ही आधुनिक कविता करना नहीं कहा जा सकता। आधुनिक सभ्यता ने जो नई-नई वस्तुएँ प्रस्तुत की हैं; उनके संबंध में हमारा अपना विचार तो यही है कि उनके वर्णन में स्वतः कोई रागात्मक प्रभाव उत्पन्न करने की शक्ति कई शताब्दियों तक न आयेगी। यह हो सकता है कि चलित जीवन के साथ उनके घनिष्ठता के साथ मिलते जाने से परिस्थिति के चित्रों में वे कभी-कभी दिखाई पड़ा करेंगी, पर प्रायः उदासीन रहेंगी, रसप्रक्रिया में कोई योग न देंगी। इन

वस्तुओं का काव्य में बहुत दिनों तक वही स्थान रहेगा जो हमारे यहाँ के आचार्यों ने सरस वाक्यों के भीतर नीरस वाक्यों का बताया है।[1]

अँग्रेजी कविता में रेलगाड़ी और अगिनबोट की पहले-पहल चर्चा करनेवाले कवि वर्ड्सवर्थ थे। इनको कविता के भीतर घुसने का पास उन्होंने कुछ हिचकते हुए अपने मन को बहुत कुछ समझाते-बुझाते हुए दिया था।

'हे पृथ्वी और समुद्र पर की गति और साधन! तुम हमारी पुरानी रसभावना के साथ मेल नहीं खाते हो, पर अब यह न होगा कि तुम इस कारण अनुपयुक्त समझे जाव। तुम्हारी उपस्थिति चाहे प्रकृति की रमणीयता को कितना ही भ्रष्ट करे पर मन को भविष्य के हेरफेर का ऐसा आगम ज्ञान, दृष्टि की वह सीध, प्राप्त करने में बाधा न देगी जिससे यह खुले कि तुम तत्त्वतः हो क्या।'[2]

पीछे टेनिसन (Tennyson) और ब्राउनिंग (Browning) आदि कई कवि कविता में रेलगाड़ी लाये पर असली कविता के रंग में नहीं—कुतूहल या विनोद के रंग में। केवल एमिली डिकिंसन (Emily Dickinson) ने उसको प्रेम का थोड़ा बहुत आलम्बन बनाया। राबर्ट निकोल्स (Robert Nickols), सिटवेल (Sacheverell Sitwell) आदि आजकल के कवियों ने जीवन की एक सामान्य वस्तु मानकर उसका कुछ ब्यौरे के साथ वर्णन किया है।

लारा राइडिंग (Laura Riding) और राबर्ट ग्रेव्ज (Robert Graves) ने आजकल होनेवाली अँग्रेजी कविता पर जो पुस्तक (A Servey of Modernist Poetry) लिखी है उसमें आधुनिक सभ्यता और कविता के संबंध में यह मत प्रकट किया है कि वही आधुनिक कविता कविता होगी जिसमें जानबूझकर आधुनिकता का रंग न चढ़ाया गया होगा, जिसकी रचना यह समझकर न होगी कि आधुनिक सभ्यता के क्या-क्या अनुरोध हैं, क्या-क्या बातें लायी जायें जिससे वह आधुनिक लगे। ऐसी कविता एक साथ ही पुरानी भी होगी और नई भी। एक ओर तो उसकी प्रकृति के भीतर काव्य अपने सत्य सर्वकालव्यापी स्वरूप में स्थित रहेगा दूसरी ओर वह आधुनिक जीवन और सभ्यता के मेल में होगी।[3]

---

1. रसतपद्यान्तर्गतनीरसपदानामिव पद्यरसेन प्रबन्धरसेनैव तेषां रसवत्ताङ्गीरात्।—साहित्यदर्पण, प्रथम परिच्छेद।
2. Motions and Means on land and sea at war
   With old poetic feeling, not for this
   Shall ye, by poets even, be judged amiss
   Nor Shall your presence, howsoe'er it mar
   The loveliness of Nature, prove a bar
   To the Mind's gaining that prophetic sense
   Of future change, that point of vision, whence may be discovred what in soul ye are.
3. The modernist poetry can appear equally at all stages of historical development from wordsworth to Miss moor. And it does appear when the poet forget's what is the correct literary conduct demanded of him in relation to contemporary institutions →

'कल्पना' और 'व्यक्तित्व' की, पाश्चात्य समीक्षाक्षेत्र में इतनी अधिक मुनादी हुई कि काव्य के और सब पक्षों से दृष्टि हटकर इन्हीं दो पर जा जमी। 'कल्पना' काव्य का बोधपक्ष है। कल्पना में आयी हुई रूपव्यापार योजना का कवि या श्रोता को अन्तःसाक्षात्कार या बोध होता है। पर इस बोधपक्ष के अतिरिक्त काव्य का भावपक्ष भी है। कल्पना को रूपयोजना के लिए प्रेरित करनेवाले और कल्पना में आयी हुई वस्तुओं में श्रोता या पाठक को रमानेवाले रति, करुणा, क्रोध, उत्साह, आश्चर्य इत्यादि भाव या मनोविकार होते हैं। इसी से भारतीय दृष्टि ने भावपक्ष को प्रधानता दी और रस के सिद्धान्त की प्रतिष्ठा की। पर पश्चिम में 'कल्पना' की पुकार के सामने धीरे-धीरे समीक्षकों का ध्यान भावपक्ष से हट गया और बोधपक्ष ही पर भिड़ गया। काव्य की रमणीयता उस हलके आनन्द के रूप में ही मानी जाने लगी जिस आनन्द के लिए हम नई-नई, सुन्दर, भड़कीली और विलक्षण वस्तुओं को देखने जाते हैं। इस प्रकार कवि तमाशा दिखानेवाले के रूप में और श्रोता या पाठक तटस्थ तमाशबीन के रूप में समझे जाने लगे। केवल देखने का आनन्द कुछ विलक्षण को देखने का कुतूहल मात्र होता है।

'कल्पना' और 'व्यक्तित्व' पर एकदेशीय दृष्टि रखकर पश्चिम में कई प्रसिद्ध 'वादों' की इमारतें खड़ी हुईं। इटली निवासी क्रोसे (Benedetto Croce) ने अपने 'अभिव्यंजनावाद' के निरूपण में बड़े कठोर अग्रह के साथ कला की अनुभूति को ज्ञान या बोधस्वरूप ही माना है। उन्होंने उसे स्वयंप्रकाश ज्ञान (Intuition)–प्रत्यक्ष ज्ञान तथा बुद्धि व्यवसाय-सिद्ध या विचार-प्रसूत ज्ञान से भिन्न केवल कल्पना में आयी हुई वस्तु-व्यापार-योजना का ज्ञान मात्र माना है। वे इस ज्ञान को प्रत्यक्षज्ञान और विचार-प्रसूत ज्ञान दोनों सर्वथा निरपेक्ष, स्वतन्त्र और स्वतः पूर्ण मानकर चले हैं। वे इस निरपेक्षता को बहुत दूर तक घसीट ले गये हैं। भावों या मनोविकारों तक को उन्होंने काव्य की उक्ति का विधायक अवयव नहीं माना है। पर न चाहने पर भी अभिव्यंजना या उक्ति के अनभिव्यक्त पूर्व रूप में भावों की सत्ता उन्हें स्वीकार करनी

→ (with civilization speaking through criticism) and can wirte a poem having the power of survival inspite of its disregarding these demands, a poem of purity-of a certain old fashionedness of reaction against the time to archaism or of retreat to nature and the primitive passions. All poetry that deserves to endure is at once old fashioned and modernist.

× × ×

The relation of a poet's poetry to Poetry as a whole and to the time in which it is written is the problem of criticism; and if this problem becomes part of the making of a poem, it adds to the unconscious consciousness of the poet when he is in the act of composition, an alien element—a conscious consciousness what we may call the 'historical effort'.

—A survey of modernist poetry.

पड़ी है। उससे अपना पीछा वे छुड़ा नहीं सके हैं।[1]

काव्य-समीक्षा के क्षेत्र में व्यक्ति की ऐसी दीवार खड़ी हुई, 'विशेष' के स्थान पर सामान्य या विचार-सिद्ध ज्ञान के आ घुसने का इतना डर समाया कि कहीं-कहीं आलोचना भी काव्यरचना के ही रूप में होने लगी। कला की कृति की परीक्षा के लिए विवेचन-पद्धति का त्याग-सा होने लगा। हिन्दी की मासिक पत्रिकाओं में समालोचना के नाम पर आजकल जो अद्‌भुत और रमणीय शब्दयोजना मात्र कभी-कभी देखने में आया करती है वह इसी पाश्चात्य प्रवृत्ति का अनुकरण है।

पर यह भी समझ रखना चाहिए कि काव्य का विषय सदा 'विशेष' होता है, 'सामान्य' नहीं; वह 'व्यक्ति' सामने लाता है, 'जाति' नहीं। यह बात आधुनिक कला-समीक्षा के क्षेत्र में पूर्णतया स्थिर हो चुकी है। अनेक व्यक्तियों के रूप-गुण आदि के विवेचन द्वारा कोई वर्ग या जाति ठहराना, बहुत-सी बातों को लेकर कोई सामान्य सिद्धान्त प्रतिपादित करना, यह सब तर्क और विज्ञान का काम है—निश्चयात्मिक, बुद्धि का व्यवसाय है। काव्य का काम है कल्पना में बिम्ब (Images) या मूर्त भावना उपस्थित करना; बुद्धि के सामने कोई विचार (Concept) लाना नहीं। 'बिम्ब' जब होगा तब विशेष या व्यक्ति का ही होगा; सामान्य या जाति का नहीं।[2]

इस सिद्धान्त का तात्पर्य यह है कि शुद्ध काव्य की शक्ति सामान्य तथ्य कथन या सिद्धान्त के रूप में नहीं होती है। कविता वस्तुओं और व्यापारों का बिम्ब ग्रहण कराने का प्रयत्न करती है। अर्थग्रहण मात्र से उसका काम नहीं चलता। बिम्बग्रहण जब होगा तब विशेष या व्यक्ति का ही होगा। सामान्य या जाति का नहीं। जैसे, यदि कहा जाए कि "क्रोध में मनुष्य बावला हो जाता है" तो यह काव्य की उक्ति न होगी। काव्य की उक्ति तो किसी क्रुद्ध मनुष्य के उग्र वचनों और उन्मत्त चेष्टाओं की कल्पना में उपस्थिति भर कर देगी। कल्पना में जो कुछ उपस्थित होगा वह व्यक्ति या वस्तु विशेष ही होगा। सामान्य या 'जाति' की तो मूर्त भावना हो ही नहीं सकती।[1]

---

1. Mattter is emotivity nor aesthetically elaborated i.e. imprression. Form is elaboration and expression × × × Sentiments or impressions pass by means of words from the obsure region of the soul into the clarity of the contemplative spirit.

—'Aesthetics.'

2. अभिव्यंजनावाद (Expressionism) के प्रवर्तक क्रोसे (Benedetto Croce) ने कला के बोधपक्ष और तर्क के बोधपक्ष को इस प्रकार अलग-अलग दिखाया है—(क) Intutive knowledge, knowledge obtained through the imagination, knowledge of the individual or of individul things (ख) Logical knowledge, knowledge obtained through the intellect, knowledge of the universal, knowledge of the relations between individual things.

—Aesthetics by Benedetto Creco.

अब यह देखना चाहिए कि हमारे यहाँ विभावन व्यापार में जो 'साधारणीकरण' कहा गया है उसके विरुद्ध तो यह सिद्धान्त नहीं जाता। विचार करने पर स्पष्ट हो जाएगा कि दोनों में कोई विरोध नहीं पड़ता। विभावादिक साधारणतया प्रतीत होते हैं, इस कथन का अभिप्राय यह नहीं है कि रसानुभूति के समय श्रोता या पाठक के मन में आलम्बन आदि विशेष व्यक्ति या विशेष वस्तु की मूर्त भावना के रूप में न आकर सामान्यतः व्यक्ति मात्र या वस्तु मात्र (जाति) के अर्थसंकेत के रूप में आते हैं। 'साधारणीकरण' का अभिप्राय यह है कि पाठक या श्रोता के मन में जो व्यक्ति-विशेष या वस्तु-विशेष आती है वह जैसे काव्य में वर्णित 'आश्रय' के भाव का आलम्बन होती है वैसे ही सब सहृदय पाठकों या श्रोताओं के भाव का आलम्बन हो जाती है। जिस व्यक्तिविशेष के प्रति किसी भाव की व्यंजना कवि या पात्र करता है, पाठक या श्रोता की कल्पना में वह व्यक्ति-विशेष ही उपस्थित रहता है। हाँ, कभी-कभी ऐसा भी होता है कि पाठक या श्रोता की मनोवृत्ति या संस्कार के कारण वर्णित व्यक्ति-विशेष के स्थान पर कल्पना में उसी के समान धर्मवाली कोई मूर्ति-विशेष आ जाती है। जैसे, यदि किसी पाठक या श्रोता का किसी सुन्दरी से प्रेम है तो शृंगार रस की फुटकल उक्तियाँ सुनने के समय रह-रहकर आलम्बन रूप में उसकी प्रेयसी की मूर्ति ही उसकी कल्पना में आएगी। यदि किसी से प्रेम न हुआ तो सुन्दरी की कोई कल्बित-मूर्ति उसके मन में आएगी। कहने की आवश्यक नहीं कि यह कल्पित मूर्ति भी विशेष ही होगी—व्यक्ति की ही होगी।

कल्पना में मूर्ति तो विशेष ही की होगी, पर वह मूर्ति ऐसी होगी जो प्रस्तुत भाव का आलम्बन हो सके, जो उसी भाव को पाठक या श्रोता के मन में भी जगाये जिसकी व्यंजना आश्रय अथवा कवि करता है। इससे सिद्ध हुआ कि साधारणीकरण आलम्बनत्व धर्म का होता है। व्यक्ति तो विशेष ही रहता है। पर उसमें प्रतिष्ठा ऐसे सामान्य धर्म की रहती है जिसके साक्षात्कार से सब श्रोताओं या पाठकों के

---

1. साहित्यशास्त्र में नैयायिकों की बातें ज्यों-की-त्यों ले लेने से काव्य के स्वरूप-निर्णय में जो बाधा पड़ी है उसका एक उदाहरण 'शक्तिग्रह' का प्रसंग है। उसके अन्तर्गत कहा गया है कि संकेतग्रह 'व्यक्ति' का नहीं होता है, 'जाति' का होता है। तर्क में भाषा के संकेत मात्र (Symbolic aspect) से ही काम चलता है जिसमें अर्थग्रहण मात्र पर्याप्त होता है अतः न्याय में तो जाति का संकेतग्रह कहना ठीक है। पर काव्य में भाषा के प्रत्यक्षीकरण पक्ष (Presentative aspect) से काम लिया जाता है जिसमें शब्द द्वारा सूचित वस्तु का बिम्बग्रहण होता है अर्थात् उसकी मूर्ति कल्पना में खड़ी हो जाती है। काव्यमीमांसा के क्षेत्र में न्याय का यह हाथ बढ़ाना डाक्टर सतीशचन्द्र विद्याभूषण को भी खटका है। उन्होंने कहा है—It is however, to be regretted that during the last 500 years the Nyaya has been mixed up with Law Rhetaric etc. and thereby hampered the growth of those branches of knowings upon which it has grown up as a sort of parasite.

—Introduction (The Nyaya Sutras)

मन में एक ही भाव का उदय थोड़ा या बहुत होता है—तात्पर्य यह कि आलम्बन रूप में प्रतिष्ठित व्यक्ति, समान प्रभाववाले कुछ धर्मों की प्रतिष्ठा के कारण, सबके भावों का आलम्बन हो जाता है। विभावादि सामान्य रूप में प्रतीत होते हैं--इसका तात्पर्य यही है कि रसमग्न पाठक के मन में यह भेदभाव नहीं रहता कि यह आलम्बन मेरा है या दूसरे का। थोड़ी देर के लिए पाठक या श्रोता का हृदय लोक का सामान्य हृदय हो जाता है। उसका अपना अलग हृदय नहीं रहता।

'साधारणीकरण' के प्रतिपादन में पुराने आचार्यों ने श्रोता (या पाठक) और आश्रय (भावव्यंजना करनेवाला पात्र) के तादात्म्य की अवस्था का ही विचार किया है जिसमें आश्रय किसी काव्य या नाटक के पात्र के रूप में आलम्बनरूप किसी दूसरे पात्र के प्रति किसी भाव की व्यंजना करता है और श्रोता (या पाठक) उसी भाव का रसरूप में अनुभव करता है। पर रस की एक नीची अवस्था और है जिसका हमारे यहाँ के साहित्य ग्रन्थों में विवेचन नहीं हुआ है। उसका भी विचार करना चाहिए। किसी भाव की व्यंजना करनेवाला, कोई क्रिया या व्यापार करनेवाला पात्र भी शील की दृष्टि से श्रोता (या दर्शक) के किसी भाव का जैसे श्रद्धा, भक्ति, घृणा, रोष, आश्चर्य, कुतूहल या अनुराग का—आलम्बन होता है। इस दशा में श्रोता या दर्शक का हृदय उस पात्र के हृदय से अलग रहता है—अर्थात् श्रोता या दर्शक उसी भाव का अनुभव नहीं करता जिसकी व्यंजना पात्र अपने आलम्बन के प्रति करता है, बल्कि व्यंजना करनेवाले उस पात्र के प्रति किसी और ही भाव का अनुभव करता है। यह दशा भी एक प्रकार की रस दशा ही है—यद्यपि इसमें आश्रय के साथ तादात्म्य और उसके आलम्बन का साधारणीकरण नहीं रहता। जैसे, कोई क्रोधी या क्रूर प्रकृति का पात्र यदि किसी निरपराध या दीन पर क्रोध की प्रबल व्यंजना कर रहा है तो श्रोता या दर्शक के मन में क्रोध का रसात्मक संचार न होगा; बल्कि क्रोध प्रदर्शित करनेवाले उस पात्र के प्रति अश्रद्धा, घृणा आदि का भाव जगेगा। ऐसी दशा में आश्रय के साथ तादात्म्य या सहानुभूति न होगी, बल्कि श्रोता या पाठक उक्त पात्र के शीलद्रष्टा या प्रकृतिद्रष्टा के रूप में प्रभाव ग्रहण करेगा और यह प्रभाव भी रसात्मक ही होगा। पर इस रसात्मकता को हम मध्यम कोटि की ही मानेंगे।

जहाँ पाठक या दर्शक किसी काव्य या नाटक में सन्निविष्ट पात्र या आश्रय के शीलद्रष्टा के रूप में स्थित होता है वहाँ भी पाठक या दर्शक के मन में कोई-न-कोई भाव थोड़ा बहुत अवश्य जगा रहता है; अन्तर इतना ही पड़ता है कि उस पात्र का आलम्बन पाठक या दर्शक का आलम्बन नहीं होता, बल्कि वह पात्र ही पाठक या दर्शक के किसी भाव का आलम्बन रहता है; इस दशा में भी एक प्रकार का तादात्म्य और साधारणीकरण होता है। तादात्म्य कवि के उस अव्यक्त भाव के साथ होता है जिसके अनुरूप वह पात्र का स्वरूप संघटित करता है। जो स्वरूप कवि अपनी कल्पना में लाता है उसके प्रति उसका कुछ-न-कुछ भाव अवश्य रहता है। वह उसके

किसी भाव का आलम्बन अवश्य होता है। अतः पात्र का स्वरूप कवि के जिस भाव का आलम्बन रहता है, पाठक या दर्शक के भी उसी भाव का आलम्बन प्रायः हो जाता है। जहाँ कवि किसी वस्तु (जैसे—हिमालय, विंध्याटवी) या व्यक्ति का केवल चित्रण करके छोड़ देता है वहाँ कवि ही आश्रय के रूप में रहता है। उस वस्तु या व्यक्ति का चित्रण वह उसके प्रति कोई भाव रखकर ही करता है। उसी के भाव के साथ पाठक या दर्शक का तादात्म्य रहता है; उसी का आलम्बन पाठक या दर्शक का आलम्बन हो जाता है।

आश्रय की जिस भावव्यंजना को श्रोता या पाठक का हृदय कुछ भी अपना न सकेगा उसका ग्रहण केवल शीलवैचित्र्य के रूप में होगा और उसके द्वारा घृणा, विरक्ति, अश्रद्धा, क्रोध, आश्चर्य, कुतूहल इत्यादि में से ही कोई भाव उत्पन्न होकर अपरितुष्ट दशा में रह जाएगा। उस भाव की तुष्टि तभी होगी जब कोई दूसरा पात्र आकर उसकी व्यंजना वाणी और चेष्टा द्वारा उस बेमेल या अनुपयुक्त भाव की व्यंजना करनेवाले प्रथम पात्र के प्रति करेगा। इस दूसरे पात्र की भावव्यंजना के साथ श्रोता या दर्शक की पूर्ण सहानुभूति होगी। अपरितुष्ट भाव की आकुलता का अनुभव प्रबन्धकाव्यों, नाटकों और उपन्यासों के प्रत्येक पाठक को थोड़ा बहुत होगा। जब कोई असामान्य दुष्ट अपनी मनोवृत्ति की व्यंजना किसी स्थल पर करता है तब पाठक के मन में बार-बार यही आता है कि उस दुष्ट के प्रति उनके मन में जो घृणा या क्रोध है उसकी भरपूर व्यंजना वचन या क्रिया द्वारा कोई पात्र आकर करता। क्रोधी परशुराम तथा अत्याचारी रावण की कठोर बातों को जो उत्तर लक्ष्मण और अंगद देते हैं उससे कथा श्रोताओं की अपूर्व तुष्टि होती है।

इस संबंध में सबसे अधिक ध्यान देने की बात यह है कि शीलविशेष के परिज्ञान से उत्पन्न भाव की अनुभूति और आश्रय के साथ तादात्म्य दशा की अनुभूति (जिसे आचार्यों ने रस कहा है) दो भिन्न कोटि की रसानुभूतियाँ हैं। प्रथम में श्रोता या पाठक अपनी पृथक् सत्ता अलग सँभाले रहता है, द्वितीय में अपनी पृथक् सत्ता का कुछ क्षणों के लिए विसर्जन कर आश्रय की भावात्मक सत्ता में मिल जाता है। उदात्त वृत्तिवाले आश्रय की भावव्यंजना में भी यह होगा कि जिस समय तक पाठक या श्रोता तादात्म्य की दशा में पूर्ण रसमग्न रहेगा उस समय तक भावव्यंजना करनेवाले आश्रय को अपने से अलग रखकर उसके शील आदि की ओर दत्तचित्त न रहेगा। उस दशा के आगे पीछे ही वह उसकी भावात्मक सत्ता से अपनी भावात्मक सत्ता को अलग कर उसके शील सौन्दर्य की भावना कर सकेगा। भाव व्यंजना करनेवाले किसी पात्र या आश्रय के शील सौन्दर्य की भावना जिस समय रहेगी उस समय वही श्रोता या पाठक का आलम्बन रहेगा और उसके प्रति श्रद्धा, भक्ति या प्रीति टिकी रहेगी।

हमारे यहाँ के आचार्यों ने श्रव्य-काव्य और दृश्य-काव्य दोनों में रस की प्रधानता

रखी है, इसी से दृश्य-काव्य में भी उनका लक्ष्य तादात्म्य और साधारणीकरण की ओर रहता है। पर यूरोप के दृश्य-काव्यों में शीलवैचित्र्य या अन्तःप्रकृति वैचित्र्य की ओर ही प्रधान लक्ष्य रहता है जिसके साक्षात्कार से दर्शक को आश्चर्य या कुतूहल मात्र की अनुभूति होती है। अतः इस वैचित्र्य पर थोड़ा विचार कर लेना चाहिए। वैचित्र्य के साक्षात्कार से केवल तीन बातें हो सकती हैं–

(1) आश्चर्यपूर्ण प्रसादन;
(2) आश्चर्यपूर्ण अवसादन; या
(3) कुतूहल मात्र।

आश्चर्यपूर्ण प्रसादन शील के चरम उत्कर्ष अर्थात् सात्विक आलोक के साक्षात्कार से होता है। भरत का राम की पादुका लेकर विरक्त रूप में बैठना, राजा हरिश्चन्द्र का अपनी रानी से आधा कफन माँगना, नागानन्द नाटक में जीमूतवाहन का भूखे गरुड़ से अपना मांस खाने के लिए अनुरोध करना इत्यादि शीलवैचित्र्य के ऐसे दृश्य हैं जिनसे श्रोता या दर्शक के हृदय में आश्चर्यमिश्रित श्रद्धा या भक्ति का संचार होता है। इस प्रकार के उत्कृष्ट शीलवाले पात्रों की भावव्यंजना को अपनाकर वह उसमें लीन भी हो सकता है। ऐसे पात्रों का शील विचित्र होने पर भी भावव्यंजना के समय उनके साथ पाठक या श्रोता का तादात्म्य हो सकता है।

आश्चर्यपूर्ण अवसादन शील के अत्यन्त ण्तन अर्थात् तामसी घोरता के साक्षात्कार से होता है। यदि किसी काव्य या नाटक में हूण सम्राट मिहिरकुल पहाड़ की चोटी पर से गिराये जाते हुए मनुष्य के तड़पने, चिल्लाने आदि की भिन्न-भिन्न चेष्टाओं पर भिन्न-भिन्न ढंग से अपने आह्लाद की व्यंजना करे तो उसके आह्लाद में किसी श्रोता या दर्शक का हृदय योग न देगा, बल्कि उसकी मनोवृत्ति की विलक्षणता और घोरता पर स्तम्भित, क्षुब्ध या कुपित होगा। इसी प्रकार दुःशीलता की और और विचित्रताओं के प्रति श्रोता की आश्चर्यमिश्रित विरक्ति, घृणा आदि जगेगी।

जिन सात्विकी और तामसी प्रकृतियों की चरम सीमा का उल्लेख ऊपर हुआ है, सामान्य प्रकृति से उनकी आश्चर्यजनक विभिन्नता केवल उनकी मात्रा में होती है। वे किसी वर्गविशेष की सामान्य प्रकृति के भीतर समझी जा सकती हैं। जैसे भरत आदि की प्रकृति शीलवानों की प्रकृति के भीतर और मिहिरकुल की प्रकृति क्रूरों की प्रकृति के भीतर मानी जा सकती है। पर कुछ लोगों के अनुसार ऐसी अद्वितीय प्रकृति भी होती है जो किसी वर्ग विशेष की भी प्रकृति के भीतर नहीं होती। ऐसी प्रकृति के साक्षात्कार से न स्पष्ट प्रसादन होगा, न स्पष्ट अवसादन–एक प्रकार का मनोरंजन या कुतूहल ही होगा। ऐसी अद्वितीय प्रकृति के चित्रण को डंटन (Theodore Watts Dunton) ने कवि की नाटकीय या निरपेक्ष दृष्टि (Dramatic or Absolute vision) का सूचक और काव्यकला का चरम उत्कर्ष कहा है। उनका कहना है कि साधारणतः कवि या नाटककार भिन्न-भिन्न पात्रों की उक्तियों की कल्पना अपने

ही को उनकी परिस्थिति में अनुमान करके किया करते हैं। वे वास्तव में यह अनुमान करते हैं कि यदि हम उनकी दशा में होते तो कैसे वचन मुँह से निकालते। तात्पर्य यह कि उनकी दृष्टि सापेक्ष होती है; वे अपनी ही प्रकृति के अनुसार चरित्र-चित्रण करते हैं। पर निरपेक्ष दृष्टिवाले नाटककार एक नवीन नर प्रकृति की सृष्टि करते हैं। नूतन निर्माणवाली कल्पना उन्हीं की होती है।

डंटन ने निरपेक्ष दृष्टि को उच्चतम शक्ति तो ठहराया, पर उन्हें संसार-भर में दो ही तीन कवि उक्त दृष्टि से सम्पन्न मिले जिनमें मुख्य शेक्सपियर हैं। पर शेक्सपियर के नाटकों में कुछ विचित्र अन्तःप्रकृति के पात्रों के होते हुए भी अधिकांश ऐसे पात्र हैं जिनकी भावव्यंजना के साथ पाठक या दर्शक का पूरा तादात्म्य रहता है। 'जूलियस सीजर' नाटक में अटोनियों के लम्बे भाषण से जो क्षोभ उमड़ा पड़ता है उसमें किसका हृदय योग न देगा? डंटन के अनुसार शेक्सपियर की दृष्टि की निरपेक्षता के उदाहरणों में हैमलेट का चरित्र-चित्रण है। पर विचारपूर्वक देखा जाय तो हैमलेट की मनोवृत्ति भी ऐसे व्यक्ति की मनोवृत्ति है जो अपनी माता का घोर विश्वासघात और जघन्य शीलच्युति देख अर्धविक्षिप्त-सा हो गया हो। परिस्थिति के साथ उसके वचनों का असामंजस्य उसकी बुद्धि की अव्यवस्था का द्योतक है। अतः उसका चरित्र भी एक वर्ग विशेष के चरित्र के भीतर आ जाता है। उसके बहुत से भाषणों को प्रत्येक सहृदय व्यक्ति अपनाता है। उदाहरण के लिए आत्मग्लानि और क्षोभ से भरे हुए वे वचन जिनके द्वारा वह स्त्री जाति की भर्त्सना करता है। अतः हमारे देखने में ऐसी मनोवृत्ति का प्रदर्शन, जो किसी दशा में किसी की हो ही नहीं सकती, केवल ऊपरी मन-बहलाव के लिए खड़ा किया हुआ कृत्रिम तमाशा ही होगा। पर डंटन साहब के अनुसार ऐसी मनोवृत्ति का चित्रण नूतन सृष्टिकारिणी कल्पना का सबसे उज्ज्वल उदाहरण होगा।

'नूतन सृष्टि निर्माणवाली कल्पना' की चर्चा जिस प्रकार यूरोप में चलती आ रही है उसी प्रकार भारतवर्ष में भी। पर हमारे यहाँ यह कथन अर्थवाद के रूप में—कवि और कविकर्म की स्तुति के रूप में—ही गृहीत हुआ, शास्त्रीय सिद्धान्त या विवेचन के रूप में नहीं। यूरोप में अलबता यह एक सूत्र-सा बनकर काव्यसमीक्षा के क्षेत्र में भी जा घुसा है। इसके प्रचार का परिणाम वहाँ यह हुआ कि कुछ रचनाएँ इस ढंग की भी हो चलीं जिनमें कवि ऐसी अनुभूतियों की व्यंजना की नकल करता है जो न वास्तव में उसकी होती हैं और न किसी की हो सकती हैं। इस नूतन सृष्टिनिर्माण के अभिनय के बीच दूसरे जगत् के पंछियों की उड़ान शुरू हुई। शेली के पीछे पागलपन की नकल करनेवाले बहुत से खड़े हुए थे; वे अपनी बातों का ऐसा रूपरंग बनाते थे जो किसी और दुनिया का लगे या कहीं का न जान पड़े।[1]

यह उस प्रवृत्ति का हद के बाहर पहुँचा रूप है जिसका आरम्भ यूरोप में एक प्रकार से पुनरुत्थान काल (Renaissance) के साथ ही हुआ था। ऐसा कहा जाता

है कि उस काल के पहले काव्य की रचना काल को अखण्ड, अनन्त और भेदातीत मानकर तथा लोक को एक सामान्य सत्ता समझकर की जाती थी। रचना करनेवाले यह ध्यान रखकर नहीं लिखते थे कि इस काल के आगे आनेवाला काल कुछ और प्रकार का होगा अथवा इस वर्तमान काल का स्वरूप सर्वत्र एक ही नहीं है–किसी जनसमूह के बीच पूर्ण सभ्य काल है, किसी के बीच उससे कुछ कम; किसी जनसमुदाय के बीच कुछ असभ्यकाल है, किसी के बीच उससे बहुत अधिक। इसी प्रकार उन्हें इस बात की ओर ध्यान देने की आवश्यकता नहीं होती थी कि लोक भिन्न-भिन्न व्यक्तियों से बना होता है जो भिन्न-भिन्न रुचि और प्रवृत्ति के होते हैं। 'पुनरुत्थानकाल' से धीरे-धीरे इस तथ्य की ओर ध्यान बढ़ता गया, प्राचीनों की भूल प्रकट होती गयी। अन्त में इशारे पर आँख मूँदकर दौड़नेवाले बड़े-बड़े पण्डितों ने पुनरुत्थान की कालधारा को मथकर 'व्यक्तिवाद' रूपी नया रत्न निकाला। फिर क्या था? शिक्षित समाज में व्यक्तिगत विशेषताएँ देखने-दिखाने की चाह बढ़ने लगी।

काव्यक्षेत्र में किसी वाद का प्रचार धीरे-धीरे उसकी सारसत्ता को ही चर जाता है। कुछ दिनों में लोग कविता न लिखकर 'वाद' लिखने लगते हैं। कला या काव्य के क्षेत्र में 'लोक' और 'व्यक्ति' की उपर्युक्त धारणा कहाँ तक संगत है, इस पर थोड़ा विचार कर लेना चाहिए। लोक के बीच जहाँ बहुत-सी भिन्नताएँ देखने में आती हैं वहाँ अभिन्नता भी पायी जाती है। एक मनुष्य की आकृति से दूसरे की आकृति नहीं मिलती, पर सब मनुष्यों की आकृतियों को एक साथ लें तो ऐसी सामान्य आकृति भावना भी बँधती है जिसके कारण हम सबको मनुष्य कहते हैं। इसी प्रकार सबकी रुचि और प्रकृति में भिन्नता होने पर भी कुछ ऐसी अन्तर्भूमियाँ हैं जहाँ पहुँचने पर अभिन्नता मिलती है। ये अन्तर्भूमियाँ नरसमष्टि की रागात्मिका प्रकृति के भीतर हैं। लोकहृदय की यही सामान्य अन्तर्भूमि परखकर यहाँ 'साधारणीकरण' सिद्धान्त की प्रतिष्ठा की गयी है। वह सामान्य अन्तर्भूमि कल्पित या कृत्रिम नहीं है। काव्य रचना की रूढ़ि या परम्परा, सभ्यता के न्यूनाधिक विकास, जीवन-व्यापार के बदलनेवाले बाहरी रूप-रंग इत्यादि पर स्थित नहीं है। इसकी नींवें गहरी हैं। इसका संबंध हृदय के भीतरी मूल देश से है, उसकी सामान्य वासनात्मक सत्ता से है।

---

1. After Shelly's music began to captivate the world certain peots set to work upon the theory that between themselves and the other portion of the human race there is a wide gulf fixed. Their theory was that they were to sing, as far as posible, like birds of another worlds. X X X It might also be said that the peotic atmosphere became that of the supreme palace of wonder-Bedlam.

   Bailey, Dobell and smith wee not Bedlamites, but men of common sense. They only affected madness. The country from which the followers of Shelly sing to our lower world was named 'Nowhere.'

   —Poetry and the renaissance of Wonder by Theodore watts Dunton.

जिस 'व्यक्तिवाद' का ऊपर उल्लेख हुआ है उसने स्वच्छन्दता के आन्दोलन (Romantic Movement) के उत्तरकाल में बड़ा ही विकृत रूप धारण किया। यह व्यक्तिवाद यदि पूर्णरूप से स्वीकार किया जाय तो कविता लिखना व्यर्थ ही समझिए। कविता इसीलिए लिखी जाती है कि एक की भावना सैकड़ों, हजारों क्या लाखों दूसरे आदमी ग्रहण करें। जब एक के हृदय के साथ दूसरे के हृदय की कोई समानता ही नहीं तब एक के भावों को दूसरा क्यों और कैसे ग्रहण करेगा? ऐसी अवस्था में तो यही सम्भव है कि हृदय द्वारा मार्मिक या भीतरी ग्रहण की बात ही छोड़ दी जाय; व्यक्तिगत विशेषता के वैचित्र्य द्वारा ऊपरी कुतूहल मात्र उत्पन्न कर देना ही बहुत समझा जाय। हुआ भी यही। और हृदयों से अपने हृदय की भिन्नता और विचित्रता दिखाने के लिए बहुत से लोग एक-एक काल्पनिक हृदय निर्मित करके दिखाने लगे। काव्य क्षेत्र 'नकली हृदयों' का एक कारखाना हो गया!

ऊपर जो कुछ कहा गया उससे जान पड़ेगा कि भारतीय काव्यदृष्टि भिन्न-भिन्न विशेषों के भीतर से 'सामान्य' के उद्‌घाटन की ओर बराबर रही है। किसी-न-किसी 'सामान्य' के प्रतिनिधि होकर ही 'विशेष' हमारे यहाँ के काव्यों में आते रहे हैं। पर यूरोपीय काव्यदृष्टि इधर बहुत दिनों से विरल विशेष की विधान की ओर रही है। हमारे यहाँ के कवि उस सच्चे तार की झंकार सुनाने में ही सन्तुष्ट रहे जो मनुष्य मात्र के हृदय के भीतर से होता हुआ गया है। पर उन्नीसवीं शताब्दी के बहुत से विलायती कवि ऐसे हृदयों के प्रदर्शन में लगे जो न कहीं होते हैं और न हो सकते हैं। सारांश यह कि हमारी वाणी भावक्षेत्र के बीच 'भेदों में अभेद' को ऊपर करती रही और उनकी वाणी झूठे सच्चे विलक्षण भेद खड़े करके लोगों को चमत्कृत करने में लगी।

उन्माद का अभिनय करनेवाले कुछ कवियों का उल्लेख हो चुका है। उनकी नकल बंग भाषा के काव्यक्षेत्र में हुई और उस नकल की नकल निरालापन दिखाने के लिए हिन्दी में अब इस बीसवीं सदी में हो रही है।[1]

योरप में तो इस उन्माद के अभिनय को समाप्त हुए बहुत दिन हो गये; वहाँ तो अब वह एक पुराने जमाने की बात हो गयी। इसी प्रकार रहस्यवादी प्रतीकवाद (Symbolism or Decadence) उन्नीसवीं शताब्दी समाप्त होने के पहले ही अतीत दशा को प्राप्त हो गया। पर बंग भाषा के प्रसाद से न जाने कब के मरे हुए आन्दोलनों की नकल हिन्दी में अब हो रही है—काव्य रचना के क्षेत्र में भी और आलोचना के क्षेत्र में भी।

---

1. ये बंगाश्रयी अब कभी-कभी अँग्रेजी साहित्य की प्रगति का भी कुछ परिचय प्रकट करने के लिए 'शेली और रवीन्द्रनाथ का दर्शन' भी दिखाने चल पड़ते हैं, पर अँग्रेजी कविता की दो पंक्तियों का भी अनुवाद जहाँ करना पड़ा उनका असली रूप खुल जाता है, जैसे— →

योरप में साहित्य संबंधी आन्दोलनों की आयु बहुत थोड़ी होती है। कोई आन्दोलन 10 या 12 वर्ष से ज्यादा नहीं चलता। ऐसे आन्दोलनों के कारण वहाँ इस बीसवीं शताब्दी में आकर काव्यक्षेत्र के बीच बड़ी गहरी गड़बड़ी और अव्यवस्था फैली। काव्य की स्वाभाविक उमंग के स्थान पर नवीनता के लिए आकुलता मात्र रह गयी। कविता चाहे हो, चाहे न हो, कोई नवीन रूप या रंग ढंग अवश्य खड़ा हो। पर कोरी नवीनता केवल मरे हुए आन्दोलनों का इतिहास छोड़ जाए तो छोड़ जाए, कविता नहीं खड़ी कर सकती। केवल नवीनता और मौलिकता की बढ़ी-चढ़ी सनक में सच्ची कविता की ओर ध्यान कहाँ तक रह सकता है। कुछ लोग तो नये-नये ढंग की उच्छृंखलता, वक्रता, असम्बद्धता, अनर्गलता इत्यादि का ही प्रदर्शन करने में लगे; थोड़े से ही सच्ची भावनावाले कवि प्रकृत मार्ग पर चलते दिखाई पड़ने लगे। समालोचना भी अधिकतर हवाई ढंग की होने लगी।

रहस्यवादी प्रतीकवाद, मुक्तछन्दवाद, 'कला का उद्देश्य कलावाद' इत्यादि तो अब वहाँ बहुत दिन के मरे हुए आन्दोलन समझे जाते हैं। इस बीसवीं शताब्दी के आन्दोलन में अभिव्यंजनावाद (Expressionism), जार्जकाल प्रवृत्ति (Georginaism), मूर्तिमत्तावाद (Imagism), संवेदनावाद (Impressionism) और नवीन मर्यादावाद (New Classicism) मुख्य हैं। इनमें से 'अभिव्यंजनावाद' का कुछ परिचय मैं 'काव्य में रहस्यवाद' नाम की पुस्तक में दे चुका हूँ। पिछले चार वाद बिल्कुल हाल के हैं।

जार्ज काल की प्रवृत्ति का निचोड़ है 'प्रकृति का फिर आश्रय लेना।' गत योरपीय महायुद्ध के दो-तीन वर्ष पहले रूपर्ट ब्रुक (Rupert Brooke) प्रकृति की ओर बड़ी झोंक से बढ़े और उसे बड़े प्रेम से अपनाया। प्रकृति के चिर-परिचित सादे और सामान्य दृश्यों के माधुर्य ने उनके मन में घर कर लिया था। दृश्यावली की चमक-दमक, तड़क-भड़क, भव्यता, विशालता की ओर जिस प्रकार उनका मन नहीं जाता था उसी प्रकार वचनवक्रता, भाषा की ऐंठ और उछल-कूद, कल्पना की उड़ान की ओर उनकी प्रवृत्ति नहीं थी। उनमें थी प्रकृति के चिर-परिचित रूपों की ओर बालकों की-सी ललक और उमंग। उन्होंने प्रकृति के गम्भीरपन की ओर उतना ध्यान

→ A sensitive plant in a garden grew
and the young winds fed it with silver dew
अब इसका स्कूली तर्जुमा देखिए—

'एक होशमन्द पौधा बगीचे में उगा। युवती हवा इसे चाँदी की ओस पिलाने लगी।'

(सुधा, आषाढ़, जुलाई, 1930)

खेद इस बात पर होता है कि ऐसे लोग 'रवीन्द्रनाथ और शेली के दर्शन' पर विराट नोट लिखकर उसे सम्पादकीय कालमों तक में पहुँचा देते हैं। प्रतिष्ठित पत्रिकाओं के सम्पादक यदि थोड़ी सावधानी रखें, तो ऐसी अनधिकार चेष्टाओं की बहुत कुछ रोक हो जाय। इसके कारण हिन्दी साहित्य का सिर ऊँचा होने के स्थान पर नीचा ही होगा।

न दिया, उनकी वाणी में उतना गुरुत्व न था; पर भाव की सच्चाई अवश्य थी। उन्होंने सामान्य घरेलू जीवन और उसमें काम आनेवाली वस्तुओं को बड़े प्यार की दृष्टि से देखा था। सन् 1915 में उनका देहान्त हो गया। ठीक उन्हीं के पथ के पथिक हेराल्ड मोनरो (Harold Monoro) हैं जिनकी एक कविता है 'बिल्ली के पीने का दूध'। प्रकृति की ओर लौटनेवालों में डीला मेयर (Walter De La Mare) भी है, पर उनमें दृष्टि का विस्तार, भव्यता का आभास और भाषा की प्रगल्भता अधिक है।

मूर्तिमत्तावाद (Imagism) के प्रवर्तक फ्लिंट (F.S. Flint) थे जिनकी 'तारक जाल में' नाम की पुस्तक सन् 1909 में प्रकाशित हुई थी। इस सम्प्रदाय में डूलिट्ल (Hilda Doolittle H.D.) और अल्डिंगटन (Rechard Aldington) भी थे, यद्यपि अल्डिंगटन धीरे-धीरे इसके बाहर निकल आये। इन लोगों का सिद्धान्त था मूर्तरूप में ही विषय को रखना, अतः ये छोटी-छोटी कविताएँ ही ठीक समझते थे, जिनका चित्र मन में एक बार में आ सके। बड़ी और लम्बी कविताओं के ये विरोधी थे। अपने सिद्धान्त के अनुसार ये मूर्ति भावना खड़ी करनेवाले (Concrete) शब्द ही शुद्ध कविता के लिए उपयुक्त समझते थे, भाववाचक (Abstract) शब्दों को दूर रखने की सलाह देते थे। इनका कहना था कि मूर्त भावनावाले शब्द कल्पना में स्पष्ट और स्थायी रूपविधान भी करते हैं और सबको समान रूप से बोधगम्य भी होते हैं। वर्णनात्मक (Descriptive) और विचारात्मक (Philosophical) कविता का ये विरोध करते थे। इनके सिद्धान्त में सत्य का बहुत कुछ आधार था, पर ये उसे बहुत दूर तक घसीट ले गये।

विचार करने पर यह बात साफ सामने आती है कि काव्य चित्रविद्या और संगीत दोनों की पद्धतियों का कुछ-कुछ अनुसरण करता है। विभाव और अनुभाव दोनों में रूपविधान होता है जिसका उसी प्रकार कल्पना द्वारा स्पष्ट ग्रहण वांछित होता है जिस प्रकार नेत्र द्वारा चित्र का। अतः मूर्त भावना की आवश्यकता सबको स्वीकार करनी पड़ेगी। अँग्रेजी कविता में मूर्तिमत्तावाद का एक अलग आंदोलन खड़े होने के बहुत पहले ही फ्रांस में इसका कुछ आभास दिया गया था। सन् 1884 में वाट्स डंटन ने अँग्रेजी के प्रसिद्ध विश्वकोश (Encyclopaedia Britanica) में कविता पर जो प्रबन्ध दिया था उसमें उन्होंने काव्य का लक्षण यह लिखा था–

Absolute poetry is the concrete and artistic expression of the human mind in emotional and rhythmical language.

'भावमयी और लयमयी भाषा में मनुष्य के हृदय की मूर्त और कलात्मक व्यंजना ही कविता है।'

संवेदनावाद (Impressionism)–जैसा कि हम ऊपर कह आये हैं चित्रविद्या के समान संगीत कला की पद्धति का भी अवलम्बन कविता करती है। इस पक्ष

को लेकर भी फ्रांस की आधुनिक कविता में आन्दोलन खड़ा हुआ है। बहुत से लोग वहाँ काव्य को संगीत के निकट लाने के लिए उठ खड़े हुए हैं वे शब्दों के प्रयोग में उनके अर्थों पर ध्यान देना उतना आवश्यक नहीं बताते जितना उनकी नाद शक्ति पर। जैसे यदि मधुमक्खियों के समूह के धावे का वर्णन होगा तो 'भिन-भिन', 'मिन-मिन' ऐसी ध्वनिवाले, हवा के बहने या पत्तों के बीच चलने का वर्णन होगा तो 'सर-सर', 'मर्मर' ऐसी ध्वनिवाले शब्द इकट्ठे किये जायेंगे। हिन्दी की पुरानी वीर रस की कविताएँ पढ़नेवाले 'कड़क', 'तड़क', 'चटाक', 'पटाक' से तथा अमृतध्वनि छन्द से अच्छी तरह परिचित होंगे। सूदन कवि के–

धड़धद्धरं धड़धद्धरं, भड़भब्भरं भड़भब्भरं!
तड़तत्तरं तड़तत्तरं, कड़कक्करं कड़कक्करं।।

–सुजान चरित्र, पृष्ठ 186

से लोगों के घबराने का कारण यही है कि उनमें नादसंवेदन मात्र है अर्थ कुछ नहीं। नये पुराने सब कवियों ने व्यापार चित्रण करते समय कहीं-कहीं शब्दों के प्रयोग में नाद की अनुकृति का प्रयत्न किया है। भवभूति के वर्णनों में यह बात कई जगह मिलती है। अँग्रेजी कवियों की भी कई पंक्तियाँ इसके लिए प्रसिद्ध हैं। गोस्वामी तुलसीदासजी के–

'ककन किंकिनि नूपुर धुनि सुनि'

में भी झंकार का नाद चित्र है। पर असल कवियों ने इसका समावेश बड़े कौशल और सफाई के साथ बहुत कम जगह किया है। इसके लिए वे अर्थशक्तिशून्य शब्द नहीं लाये हैं। पर यूरोप में साहित्य संबंधी आन्दोलनों के चक्कर में पड़कर बहुत से लोग आँखों में पट्टी बाँधकर एक सीध में कुछ दिनों तक दौड़ते चले जाते हैं। यही दशा फ्रांस में हुई है। अक्षरों की ध्वनि में बड़ी लम्बी-चौड़ी व्यंजना मानकर वे अक्षरों पर मुख्य ध्यान रखते हुए शब्दविन्यास कर चलते हैं।

संवेदनावाद को लेकर सबसे विलक्षण तमाशा कमिंग्ज साहब (E.E. Cummings) ने खड़ा किया है। उन्होंने उक्त फरासीसी प्रवृत्ति के साथ मूर्तिमत्ता का सिद्धान्त मिलाकर पदभंग, पदलोप, वाक्यलोप, अक्षरविन्यास, चरणविन्यास इत्यादि के नये-नये करतब दिखाये हैं। जैसे–

सि–पाही स (ा) टी–देता है।

उसकी रचना का ढंग दिखाने के लिए उनकी एक कविता थोड़े से आवश्यक हेरफेर के साथ नीचे देता हूँ। यद्यपि उसकी विचित्रताएँ बहुत कुछ अँग्रेजी भाषा और उसके छन्दों की मात्रा आदि से संबंध रखती हैं और हिन्दी में नहीं दिखाई जा सकतीं फिर भी कुछ अन्दाजा हो जाएगा। कविता यह है–

सूर्यास्त *

संं–दंश
स्वर्ण 'गुंन्' जाल
सिखर पर
रजत
पाठ करता है

---

* Stinging
gold swarms
upon the spires
silver
chants litanies the
great bells are ringing with rose
        the lwed fat bells
                and a tall
wind
is dragging
the
sea
with
dream
-s

इसकी विशेषताएँ जो बतायी गयी हैं, संक्षेप में दी जाती हैं–

The lines do not begin with capitals. The spacing does not suggest any regular verse form, though it seems to be systematic. Nopuctuation marks are used. There is no obvious grammar either of the prose or of the poetic kind. It seems impossible to read the poem as a logical seqence. A great many words essential to the coherence of the ideas have been deliberately omitted : and the entire effect is so sketchy that the Poem might be made to mean almost anything or nothing.

× × ×

The heavy alliteration in S in the first seven lines, confirmed in the last by the solitary capitalized S, cannot be discarded. The first word 'Stinging', taken alone suggests a sharp feeling. In the second line 'swarms' developes the alliteration, at the same time colouring 'Stinging' with the association of golden bees, 'Silver' brings us back to the contract between cold and warm in the first and second lines ('Stinging' suggest cold in contract with the various suggestions of warmth in the 'gold swarms') because 'silver' reminds one of cold water as 'gold does of Warm light. Two suppressed S words, both disguised in 'silver' and gold, are 'sea' and 'sun', 'Sea' itself does not actually occur until the twelth line, when the S alliteration has flagged : separted from alliterative association it becomes the definite image 'Sea' and the centre around which the poem is to be built up. But once it has appeared ther is little more to be said; the poem trails off, closing with the large S echo of the last line. The hyphen before this S detaches it from 'dream'. In a realistic sense S might stand for the alteration of quiet and hiss in wave movement.

—A Survey of modernist Poetry

बड़े-बड़े घण्टे बजते हैं गेरू से
मोटे निठल्ले नगाड़े
        और एक उत्तुंग
पवन
खींचता है
सागर
को
स्वप्न
से

यह समुद्र के किनारे सूर्यास्त का वर्णन है जिसका विषय यह है। समुद्र की खारी हवा काटती-सी है। डूबते सूर्य की किरणें ऊँची उठी तरंग की श्वेत फेनिल चोटी पर पड़कर पीली मधुमक्खियों के फैले हुए झुण्ड-सी लगती हैं। वह ऊपर उठी लहर देवमन्दिर के मण्डप-सी जान पड़ती है जिसके भीतर पाठ होता है, बड़े-बड़े घण्टे बजते हैं, गेरू से पुते दरवाजे होते हैं, नगाड़े बजते हैं, तोंदवाले मोटे निठल्ले पुजारी बैठे रहते हैं। हवा समुद्र के जल को वैसे ही खींचती जान पड़ती है जैसे मछुवा जाल खींचता हो। सूर्यास्त हो जाता है। धुँधलापन, फिर अन्धकार हो जाता है; लोग सोते हैं।

अब किस ढंग से इन सब बातों की संवेदना उत्पन्न करने के लिए शब्दविधान किया गया है, थोड़ा-सा यह देखिए। 'स' से सनसनाहट अर्थात् हवा चलने की और 'दंश' से चमड़ा फटने, पानी की ठण्ड और मधुमक्खी के डंक मारने की संवेदना उत्पन्न की गई है। 'स्वर्ण' से सूर्य की किरणों और मधुमक्खियों के पीले रंग का आभास दिया गया है। 'गुंन्' से गुनगुनाहट या गुंजार को मिलाकर मन्दिरों में होनेवाले शब्द तथा समुद्र के गर्जन, छीटों के 'कलकल' का आभास दिया गया है। लटके हुए घण्टे की मूर्त भावना में लहरों के नीचे ऊपर झूलने का भी संकेत है। 'गेरू' में सन्ध्या की ललाई झलकाई गयी है। फिर दूसरे 'नगाड़े' में निकलती हुई तोंद का संकेत है। रचना के प्रथम खण्ड में 'सूर्य' और 'समुद्र' शब्द नहीं रखे गये हैं। स्वर्ण में तपे सोने के ताप और चमक की भावना रखकर सूर्य का और 'रजत' में शीतलता और स्वच्छता की भावना रखकर जलराशि या समुद्र का संकेत फिर कर दिया गया है। इसमें 'स' के अनुप्रास से भी सहायता ली गयी है। पहले खण्ड में यह अनुप्रास 'स' से आरम्भ होनेवाले 'सूर्य' और 'समुद्र' दो लुप्त शब्दों की ओर भी इशारा करता है। कमिंग्ज साहब की समझ में यह विषय को ठीक वैसे ही सामने रखना है जैसे संवेदना उत्पन्न होती है। इसमें ऐसे शब्द नहीं हैं जो अर्थसंबंध मिलाने के लिए या व्याकरण के अनुसार वाक्यविन्यास के लिए लाए जाते हैं पर संवेदना उत्पन्न करने में काम नहीं देते। उनके अनुसार यह खालिस कविता है जिसमें से

भाषा, व्याकरण, तात्पर्यबोध आदि का अनुरोध पूरा करनेवाले फालतू शब्द निकाल दिये गये हैं।

वास्तव में कमिंग्ज की इस प्रवृत्ति के मूल में क्या है? काव्यदृष्टि की परिमिति और प्रतिभा के अनवकाश के बीच 'नवीनता' के लिए नैराश्यपूर्ण आकुलता। 'सूर्योदय', 'सूर्यास्त' आदि बहुत पुराने विषय हैं जिन पर न जाने कितने कवि अच्छी-से-अच्छी कविता कर गये हैं। अब इन्हीं को लेकर जो नवीनता दिखाना चाहेगा वह मार्मिक दृष्टि के प्रसार के अभाव में सिवा इसके कि नये-नये वादों का अन्ध-अनुसरण करे शब्दों की कलाबाजी दिखाये, पहेली बनाये और करेगा क्या? पर इस प्रकार के ढकोसलों पर सहृदय समाज क्यों ध्यान देने जाएगा? वर्तमान कवियों में कमिंग्ज का नाम शायद ही कोई लेता हो।

इन नाना 'वादों' से अब पाश्चात्य कविमण्डली अपना पीछा छुड़ाना चाहती है। अब किसी कविता के संबंध में किसी 'वाद' का नाम लेना फैशन के खिलाफ माना जाने लगा है। कविता की सच्ची कला किस प्रकार 'वादग्रस्त' होकर विलीन होने लगती है यह बात बिना दिखाई पड़े कैसे रह सकती है। अब कोई 'वादी' समझे जाने में कवि अपना मान नहीं समझते। 'उन्हें अब यह नहीं कहना पड़ता कि हम 'व्यक्तिवादी' हैं (जैसा कि मूर्तिमत्तावादी कहा करते थे), हम 'रहस्यवादी' या 'छायावादी' हैं (जैसा कि इंगलिस्तान, आयर्लैण्ड के उस मरे हुए आन्दोलन के कवि कहा करते थे) अथवा हम 'प्रकृतिवादी' हैं (जैसा कि जार्ज काल के विगत आन्दोलनवाले कहा करते थे)।'[1]

इन बहुत सी 'वाद'-व्याधियों का प्रवर्तक है 'व्यक्तिवाद' जो बहुत पुराना रोग है। पुराने रोग जल्दी पीछा नहीं छोड़ते। एक न एक रूप में बहुत दिनों तक बने रहते हैं। यही दशा व्यक्तिवाद की है जिसकी नींव भेदभाव पर है। अबतक 'कवि के व्यक्तित्व' के नाम पर भेद प्रदर्शन होता था; अब उसकी 'कृति के व्यक्तित्व' के नाम पर होने के लक्षण दिखाई दे रहे हैं। अब तक किसी कविता में उसके कवि के व्यक्तित्व को प्रधानवस्तु कहने की चाल थी। पर अब 'कृति' ही प्रधान वस्तु कही जाने लगी है और उसकी सत्ता कवि और श्रोता (या पाठक) दोनों से स्वतन्त्र ठहरायी जाने लगी है। कवि के 'व्यक्तित्व' का परिहार यह कहकर किया जाने लगा है कि जैसे पुत्र का व्यक्तित्व पिता के व्यक्तित्व से अलग विकसित होने के लिए छोड़ दिया जाता है उसी प्रकार किसी काव्यरचना का व्यक्तित्व उसके कवि

1. The modernist poet does have to issue programme declaring his intentions toward the reader or to issue an announcement of tactics. He does not have to call himself an individualist (as the Imagist poet did) or a mystic (as the poet of the Angleo-Irish dead movement did) or a naturalist (as the poet of the georgian dead movement did).
—A Survey of Modernist Poetry.

के व्यक्तित्व से पृथक् और स्वतन्त्र होना चाहिए। इस पर विचार करने से यह स्पष्ट हो जाता है कि 'व्यक्तिवाद' बना हुआ है, केवल उसने अपनी जगह बदल दी है। लोक से विशेषता और विचित्रता तो बनी रहने दी गयी है, अन्तर इतना ही पड़ा है कि अब तक उस विशेषता या विचित्रता को कवि की कहते थे, अब कृति की कहेंगे।

बात सुलझते-सुलझते फिर उलझन में पड़ गयी क्योंकि भेदभाव का फंदा न छूट पाया। कवि और श्रोता दोनों पक्षों से 'व्यक्तित्व' को अलग हटाकर उसकी प्रतिष्ठा कृति में ले जाकर कर दी गयी। विलायत की 'साहित्य सरकार' की इस नयी कार्रवाई का मतलब यही हुआ कि किसी कविता का न तो कवि के हृदय के साथ सामंजस्य हो न श्रोता के हृदय के साथ। उसकी भावव्यंजना को दोनों अपनाएँ न, तटस्थ होकर तमाशे की तरह देखें। इस मनोवृत्ति को 'कल्पना' और 'कला' इन दो शब्दों ने और भी दृढ़ कर रखा है। जब कविता केवल कल्पना का खेल समझी जाएगी और भावुकता की 'सेंटीमेंटेलिटी' (Sentimentality) कहकर उपेक्षा की जाएगी तब काव्य का प्रकृत स्वरूप दृष्टि के सामने आने का साहस कैसे कर सकता है? जब कि 'कला' शब्द का इतना शोर है तब काव्य के पढ़ने-सुनने से उत्पन्न अनुभूति उससे अधिक गहरी, उससे अधिक मनस्पर्शिनी, कैसे समझी जा सकती है, जो किसी चित्र, इमारत, बेलबूटे की नक्काशी आदि के साम्ने आने पर होती है? मेरा विश्वास तो यही है कि कविता या उसकी समीक्षा जब तक भेदभाव का आधार हटाकर अभेदभाव के आधार पर न प्रतिष्ठित होगी तब तक उसका स्वरूप इसी तरह झंझट और खींचतान में पड़ा रहेगा। अभेदभाव की भूमि तैयार करने का नाम ही 'साधारणीकरण' है।

यह ठीक है कि प्रत्यक्ष वास्तविक अनुभूति से किसी काव्य के पठन, श्रवण से उत्पन्न रसानुभूति में एक बड़ी विशेषता होती है। यह विशेषता यह है कि इस दशा में अपनी पृथक् सत्ता की भावना का परिहार हो जाता है अर्थात् प्रस्तुत विषय को हम अपनी योगक्षेम वासना की उपाधि से ग्रस्त हृदय द्वारा ग्रहण नहीं करते, निर्विशेष, शुद्ध और मुक्त हृदय द्वारा ग्रहण करते हैं। इस मुक्त हृदय को व्यापक आत्मा का ही एक पक्ष समझना चाहिए। अब हमारा कहना यह है कि प्रत्यक्ष और वास्तविक अनुभूति (Actul Exerience) के समय भी कभी-कभी हमारा हृदय मुक्त रहता है। अतः भावों की प्रत्यक्ष वास्तविक अनुभूति भी रसकोटि की हो सकती है, और कभी-कभी होती है।

अप्रस्तुत रूपविधान

प्रस्तुत अप्रस्तुत-भेद का निरूपण यह मानकर किया गया है कि किसी काव्य में जगत् या जीवन से संबंध रखनेवाली कोई-न-कोई वस्तु या तथ्य अवश्य होता है। उसी वस्तु या तथ्य के हृदयग्राह्य पक्ष का प्रत्यक्षीकरण तथा उसके प्रति जागरित हृदय की वृत्तियों का विवरण काव्य का लक्ष्य हुआ करता है। पर इधर कुछ दिनों से योरपीय समीक्षकों में से कुछ लोग, जैसे अभिव्यंजनावादी (Expressionists) काव्य में कोई 'वस्तु' या विषय होना स्वीकार नहीं करते। 'कला' शब्द की बढ़ती हुई पुकार के साथ स्वर मिलाने के लिए उन्होंने यह कहना आरम्भ किया कि काव्य का कोई विषय या व्यंग्य वस्तु (या भाव) नहीं होता अर्थात् जिस रूप में कोई काव्यात्मक वाक्य हमारे सामने आता है उससे अलग कोई आधार वस्तु ढूँढ़ना व्यर्थ है। उनकी इस उक्ति में सत्य का अंश केवल इतना ही है कि आधार वस्तु या तथ्य का बोध रसानुभूति नहीं है; उसके मार्मिक पक्ष की अनुभूति का स्वरूप ही काव्यानुभूति तथा उस अनुभूति को उत्पन्न करनेवाला शब्द विधान ही काव्य है। पर यह कहना कि काव्य में कोई आधार वस्तु या तथ्य की नींव होती ही नहीं, वह शून्य में स्थित रहता है बैठकबाजी के सिवा और कुछ नहीं।

रसानुभूति में बोधवृत्ति का उपादान बराबर रहता है। उसे हम अलग नहीं कर सकते। किसी वस्तु या तथ्य के मार्मिक पक्ष की प्रतीति या बोध लिए हुए ही सच्ची रसानुभूति होती है। वस्तु या तथ्य का मार्मिक पक्ष उस वस्तु या तथ्य से अलग कोई वस्तु नहीं होता, उसी के अन्तर्भूत होता है। 'सत्' के भीतर ज्ञान का विषय भी रहता है हृदय का भी। उसी सत् को कोई सिर्फ जानकर रह जाता है और कोई उसके समक्ष हृदय निकालकर रखने लगता है। 'वह स्त्री मुस्करा रही है' कोई तो यही जानकर रह जाता है और कोई अपने को सुधासिक्त आलोक-रेखा से संपृक्त या शुभ्र मधुधारा में मग्न बतलाता है। क्या कोई कह सकता है कि सुधासिक्त आलोक 'रेखा' या 'शुभ्र मधुधारा' ही सब कुछ है, स्त्री के मुस्कान का काव्यविधान में कोई योग नहीं? यदि ऐसा माना जाय तो फिर कुछ इनीगिनी प्रियदर्शन, सुन्दर, भीषण, प्रकाण्ड अथवा अद्भुत वस्तुओं की विचित्र और अलौकिक योजना मात्र ही काव्य

कही जाएगी जिसका प्रभाव उतना ही हो सकता है जितना कागज की फुलवाड़ी, सजावट के गुलदस्ते या सरकस के तमाशे का होता है। पर मैं काव्य के प्रभाव को इससे कहीं अधिक गम्भीर और अन्तस्तलस्पर्शी मानता हूँ। उसे जीवन की एक शक्ति समझता हूँ।

शुद्ध सच्चे काव्य में दो पक्ष अवश्य रहते हैं—जगत् या जीवन का कोई तथ्य तथा उसके प्रति किसी प्रकार की अनुभूति। योरप के कुछ समीक्षक साहित्य क्षेत्र में नई हवा—चाहे उस हवा के झोंके में काव्य का प्रकृत स्वरूप ही क्यों न उड़ता दिखाई दे—बहाने के उद्योग में किस प्रकार इन दोनों को हवा बतलाने लगे थे यह उपर्युक्त विवरण से समझा जा सकता है। उक्ति या शब्दविधान का आधारभूत कोई विषय ही मानने की आवश्यकता नहीं तब जगत् या जीवन का कोई तथ्य कहाँ रहा? इसी प्रकार भावों की सच्ची और स्वाभाविक अनुभूति (Sentimentality) सेंटीमेंटेलिटी कहकर टाली गयी और कलानुभूति उससे सर्वथा भिन्न और स्वतन्त्र अनुभूति बतलायी गयी। मतलब यह है कि जिस अनुभूति से मनुष्य हाथ-पैर हिलाता है, जिस अनुभूति से शुभाशुभ कर्मों का प्रवर्तन होता है, जिस अनुभूति से मानवी प्रकृति का उत्तरोत्तर उत्कर्ष होता है वह इन कलाविदों के अनुसार काव्य के किसी उपयोग की नहीं। अब दूसरी कोटि की अनुभूति रही कौन? वही जो कोई तमाशा, नकल, नक्काशी, बेलबूटे आदि देखने पर उत्पन्न होती है।

हमारा वक्तव्य यह है कि प्रकृत काव्य का सारा स्वरूपविधान जगत् या जीवन की किसी वस्तु या तथ्य की ओर संकेत करता है। वही वस्तु या तथ्य कल्पना द्वारा उपस्थित काव्य सामग्री को व्यवस्थित ढंग से संयोजित करके एक कृति का स्वरूप देता है। जब तक भीतर किसी वस्तु या तथ्य का ढाँचा न होगा तब तक सुन्दर से सुन्दर सन्दर्भहीन रूपसमूह इमारत में लगनेवाले नक्काशीदार खम्भों, पटरियों इत्यादि का पड़ा हुआ ढेर-सा होगा। अतः काव्य में जगत् या जीवन की किसी वस्तु या तथ्य का होना, प्रस्तुत पक्ष का होना अनिवार्य है। आध्यात्मिक कविता भी वही सच्ची होगी जो अव्यक्त की ओर संकेत करनेवाले किसी तथ्य के आधार पर होगी।

जब काव्य में कोई 'प्रस्तुत' अवयव होना आवश्यक ठहरा तब उसके अतिरिक्त और जो कुछ रूपविधान होगा वह अप्रस्तुत होगा। पर इस अप्रस्तुत अवयव का होना अनिवार्य नहीं। कोरे वस्तु व्यापारवर्णन अथवा स्वभावोक्ति में अप्रस्तुत विधान नहीं रहता; पर रसात्मकता रहती है। यदि प्रस्तुत तथ्य अर्थात् उसके अन्तर्भूत, वस्तु, व्यापार मार्मिक हैं तो उनका ज्यों-का-त्यों चित्रण मात्र भी भावमग्न करनेवाला काव्य होता है।

हमें यहाँ अप्रस्तुत रूपविधान पर कुछ विचार करना है जो काव्य में किसी-न-किसी वेश में, चाहे अलंकार रूप में चाहे लक्षण के रूप में, प्रायः रहता है। उपमा, रूपक, उत्प्रेक्षा, सन्देह, भ्रान्ति, अपह्नुति, दीपक, अप्रस्तुत-प्रशंसा इत्यादि सादृश्यमूलक अलंकारों के अतिरिक्त और अलंकारों में भी कुछ-न-कुछ अप्रस्तुत रूपविधान मिलेगा। अब

देखना यह है कि प्रस्तुत रूपों के साथ अप्रस्तुत रूपों की जो योजना की जाती है वह किस दृष्टि से, उसका प्रकृत उद्देश्य क्या होता है। साहित्यग्रन्थों में उपमा, रूपक इत्यादि के निरूपण में अप्रस्तुत का आधार केवल सादृश्य या साधर्म्य ही लिखा पाया जाता है।

विचार करने पर इन दोनों में प्रभावसाम्य छिपा मिलेगा। सिद्ध कवियों की दृष्टि ऐसे ही अप्रस्तुतों की ओर जाती है जो प्रस्तुतों के समान ही सौन्दर्य, दीप्ति, कान्ति, कोमलता, प्रचण्डता, भीषणता, उग्रता, उदासी, अवसाद, खिन्नता इत्यादि की भावना जगाते हैं। काव्य में बँधे चले आते हुए उपमान अधिकतर इसी प्रकार के हैं। केवल रूपरंग आकार या व्यापार को ऊपर-ऊपर से देखकर या नाप-जोखकर, भावना पर उनका प्रभाव परखे बिना, वे नहीं रखे जाते थे। पीछे कविकर्म के बहुत कुछ श्रमसाध्य या अभ्यासगम्य होने के कारण जब कृत्रिमता आने लगी तब बहुत से उपमान केवल बाहरी नापजोख के अनुसार भी रखे जाने लगे। कटि की सूक्ष्मता दिखाने के लिए सिंहिनी और भिड़ सामने लायी जाने लगी।

कहीं-कहीं तो बाहरी सादृश्य या साधर्म्य अत्यन्त अल्प या न रहने पर भी आभ्यन्तर प्रभाव साम्य लेकर ही अप्रस्तुतों का सन्निवेश कर दिया जाता है। ऐसे अप्रस्तुत अधिकतर उपलक्षण के रूप में या प्रतीकवत् होते हैं–जैसे, सुख, आनन्द, प्रफुल्लता. यौवनकाल इत्यादि के स्थान पर उनके द्योतक उषा, प्रभात, मधुकाल, प्रिया के स्थान पर मुकुल; प्रेमी के स्थान पर मधुप; श्वेत या शुभ्र के स्थान पर कुन्द, रजत; माधुर्य के स्थान पर मधु; दीप्तिमान् या कान्तिमान के स्थान पर स्वर्ण; विषाद या अवसाद के स्थान पर अन्धकार, अँधेरी रात, सन्ध्या की छाया, पतझड़; मानसिक आकुलता या क्षोभ के स्थान पर झंझा, तूफान, भावतरंग के लिए झंकार; भावप्रवाह के लिए संगीत या मुरली का स्वर इत्यादि।

अप्रस्तुत किस प्रकार एकदेशीय, सूक्ष्म और धुँधले पर गर्मब्यंजक साम्य का धुँधला-सा आधार लेकर खड़े किए जाते हैं, यह बात नीचे के कुछ उद्धरणों से स्पष्ट हो जायेगी–

(1) उठ उठ री लघु लघु लोल लहर।
करुणा की नव अँगड़ाई-सी, मलयानिल की परछाईं सी,
इस सूखे तट पर छहर छहर।।

(लहर=सरस कोमल भाव। सूखा तट=शुष्क जीवन। अप्रस्तुत या उपमान भी लाक्षणिक हैं।)

(2) **गूढ़ कल्पना-सी कवियों की, अज्ञाता के विस्मय-सी**
ऋषियों के गम्भीर हृदय-सी, बच्चों के तुतले भय-सी।–'छाया'

(3) **गिरिवर के उर से उठ उठ कर,**
उच्चाकांक्षाओं से तरुवर हैं झाँक रहे नीरव नभ पर।

(उठे हुए पेड़ों का साम्य मनुष्य के हृदय की उन उच्च आकांक्षाओं से जो लोक के परे जाती हैं।)

(4) **वनमाला के गीतों का निर्जन में बिखरा है मधुमास।**

साम्यभावना हमारे हृदय का प्रसार करनेवाली, शेष सृष्टि के साथ मनुष्य के गूढ़ संबंध की धारणा बँधानेवाली, अत्यन्त अपेक्षित मनोभूमि है, इसमें सन्देह नहीं। पर यह सच्चा मार्मिक प्रभाव वहीं उत्पन्न करती है जहाँ यह प्राकृतिक वस्तु या व्यापार से प्राप्त सच्चे आभास के आधार पर खड़ी होती है। प्रकृति अपने अनन्त रूपों और व्यापारों के द्वारा अनेक बातों की गूढ़ या अगूढ़ व्यंजना करती रहती है। इस व्यंजना को न परखकर या न ग्रहण करके जो साम्यविधान होगा वह मनमाना आरोप मात्र होगा। इस अनन्त विश्व महाकाव्य की व्यंजनाओं की परख के साथ जो साम्यविधान होता है वह मार्मिक और उद्‌बोधक होता है। जैसे–

दुखदावा से नव अंकुर पाता जग जीवन का बन।
करुणार्द्र विश्व का गर्जन बरसाता नव जीवन कण।
खुल खुल नव इच्छाएँ फैलातीं जीवन के दल।
यह शैशव का सरल हास है, सहसा उर से है आ जाता।
यह ऊषा का नव विकास है, जो रज को है रजत बनाता।
यह लघु लहरों का विकास है, कलानाथ जिसमें खिंच आता।

× × ×

हँस पड़े कुसुमों में छविमान, जहाँ जग में पदचिह्न पुनीत।
वहीं सुख में आँसू बन प्राण, ओस में लुढ़क दमकते गीत।।

–गुंजन

मेरा अनुराग फैलने दो, नभ के अभिनव कलरव में।
जाकर सूनेपन के तम में, वन किरन कभी आ जाना।।
अखिल की लघुता आयी बन, समय का सुन्दर वातायन
देखने को अदृष्ट नर्त्तन।

–लहर

जल उठा स्नेह दीपक सा, नवनीत हृदय था मेरा।
अब शेष धूम रेखा से, चित्रित कर रहा अँधेरा।।

–आँसू

मनमाने आरोप, जिनका विधान प्रकृत के संकेत पर नहीं होता, हृदय के मर्मस्थल का स्पर्श नहीं करते, केवल वैचित्र्य का कुतूहल मात्र उत्पन्न करके रह जाते हैं। प्रकृति के वस्तु व्यापारों पर मानुषी वृत्तियों के आरोप का बहुत अधिक चलन हो जाने से कहीं-कहीं ये आरोप वस्तु व्यापारों की प्रकृत व्यंजना से बहुत दूर जा पड़ते हैं, जैसे चाँदनी के इस वर्णन में–

(1) **जग के दुख दैन्य शयन पर यह रुग्णा जीवन बाला।**
पीली पड़, निर्बल कोमल, कृश देह लता कुम्हलाई।
विवसना, लाज में लिपटी; साँसों में शून्य समाई।।

चाँदनी अपने-आप इस प्रकार की भावना मन में नहीं जगाती। उसके संबंध में यह उद्भावना भी केवल स्त्री की सुन्दर मुद्रा सामने खड़ी करती जान पड़ती है–

(2) **नीले नभ के शतदल पर वह बैठी शारद हासिनि।**
मृदु करतल पर शशिमुख धर नीरव अनिमिष एकाकिनि।।

–आँसू

इसी प्रकार आँसुओं को 'नयनों के बाल' कहना भी व्यर्थ-सा है। नीचे की जूठी प्याली भी (जो बहुत आया करती है) किसी मैखाने से लाकर रखी जान पड़ती है–

(3) **लहरों में प्यास भरी पड़ी है, है भँवर पात्र से खाली।**
मानस का सब रस पीकर, ढुलका दी तुमने प्याली।।

प्रकृति के नाना रूपों के सौन्दर्य की भावना सदैव स्त्री सौन्दर्य का आरोप करके करना उक्त भावना की संकीर्णता सूचित करता है। कालिदास ने भी मेघदूत में निर्विध्या और सिन्धु नदियों में स्त्री सौन्दर्य की भावना की है।[1] जिसमें नदी और मेघ के प्रकृत संबंध की रमणीय व्यंजना होती है ग्रीष्म में नदियाँ सूखती-सूखती पतली हो जाती हैं और तपती रहती हैं। उनपर जब मेघ छाया करता है तब वे शीतल हो जाती हैं और उस छाया को अंक में धारण किये दिखाई देती हैं। वहीं मेघ बरसकर उनकी क्षीणता दूर करता है। दोनों के बीच इसी प्राकृतिक संबंध की व्यंजना ग्रहण करके कालिदास ने अप्रस्तुत विधान किया है। पर सौन्दर्य की भावना सर्वत्र स्त्री का चित्र चिपकाकर करना खेल-सा हो जाता है। हिन्दी की नई रंगत की कविता में उषा सुन्दरी के कपोलों की ललाई, रजनी के रत्नजटित केशकलाप, दीर्घनिःश्वास और अश्रुबिन्दु तो रूढ़ हो ही गये हैं; किरन, लहर, चन्द्रिका, छाया, तितली सब अप्सराएँ या परियाँ बनकर ही सामने आने पाती हैं। इसी तरह प्रकृति के नाना व्यापार भी चुम्बन, आलिंगन, मधुग्रहण, मधुदान; कामिनी की क्रीड़ा इत्यादि में अधिकतर परिणत दिखाई देते हैं। कहने का तात्पर्य यह है कि प्रकृति की नाना वस्तुओं और व्यापारों का अपना-अपना सौन्दर्य भी है जो एक ही प्रकार की वस्तु या व्यापार के आरोप द्वारा अभिव्यक्त नहीं हो सकता।

हिन्दी की नई काव्यधारा में साम्य पहले उपमा, उत्प्रेक्षा, रूपक ऐसे अलंकारों के बड़े-बड़े साँचों के भीतर ही फैलाकर दिखाया जाता था। वह अब प्रायः थोड़े में या तो लाक्षणिक प्रयोगों के द्वारा झलका दिया जाता है अथवा कुछ प्रच्छन्न रूपकों

---

1. पूर्व मेघ, 30-31।

में प्रतीय मान रहता है इसी प्रकार किसी तथ्य या पूरे प्रसंग के लिए दृष्टान्त, अर्थांतरन्यास आदि का सहारा न लेकर अब अन्योक्ति पद्धति ही अधिक चलती है। यह बहुत ही परिष्कृत पद्धति है।

अधिकतर अलंकारों का विधान सादृश्य के आधार पर होता है। सादृश्य की योजना दो दृष्टियों से की जाती है—स्वरूपबोध के लिए और भाव तीव्र करने के लिए। कवि लोग सदृश वस्तुएँ भाव तीव्र करने के लिए ही अधिकतर लाया करते हैं पर बाह्य कारणों से अगोचर तथ्यों के स्पष्टीकरण के लिए जहाँ सादृश्य का आश्रय लिया जाता है वहाँ कवि का लक्ष्य स्वरूपबोध भी रहता है। भगवद्भक्तों की ज्ञानगाथा में सादृश्य की योजना दोनों दृष्टियों से रहती है। 'माया' को ठगिनी और काम, क्रोध आदि को बटमार, संसार को मायका और ईश्वर को पति रूप में दिखाकर बहुत दिनों से रमते साधु उपदेश देते आ रहे हैं। पर इन सदृश बस्तुओं की योजना से केवल स्वरूप बोध ही नहीं होता, भावोत्तेजना भी प्राप्त होती है। बल्कि यों कहना चाहिए कि उत्तेजित भाव ही उन सदृश्य वस्तुओं की कल्पना कराता है। विरक्तों के हृदय में माया और काम, क्रोध आदि का भाव ही उस भय की ओर ध्यान ले जाता है जो ठगों और बटमारों से होता है। तात्पर्य यह कि स्वरूपबोध के लिए भी काव्य में जो सदृश्य वस्तु लायी जाती है उसमें यदि भाव उत्तेजित करने की शक्ति भी हो तो काव्य के स्वरूप की प्रतिष्ठा हो जाती है। नाना राग बन्धनों से युक्त इस संसार के छूटने का दृश्य कैसा मर्मस्पर्शी है! भावुक हृदय में उसका क्षणिक साम्य मायके से स्वामी के घर जाने में दिखाई पड़ता है। बस इतनी ही झलक मिल सकती है। सदृश वस्तु के इस कथन द्वारा अगोचर आध्यात्मिक तथ्यों का कुछ स्पष्टीकरण भी हो जाता है और उनकी रुखाई भी दूर हो जाती है।

सादृश्य की योजना में पहले यह देखना चाहिए कि जिस वस्तु, व्यापार या गुण के सदृश्य वस्तु, व्यापार या गुण सामने लाया जाता है वह ऐसा तो नहीं है जो किसी भाव स्थायी या क्षणिक का आलम्बन या आलम्बन का अंग हो। यदि प्रस्तुत वस्तु व्यापार आदि ऐसे हैं तो यह विचार करना चाहिए कि उनके सदृश अप्रस्तुत वस्तु या व्यापार भी उसी भाव के आलम्बन हो सकते हैं या नहीं। यदि कवि द्वारा लाये हुए अप्रस्तुत वस्तु या व्यापार आदि ऐसे हैं तो कविक्रर्म सिद्ध समझना चाहिए। उदाहरण के लिए रमणी के नेत्र वीर का युद्धार्थ गमन और हृदय की कोमलता लीजिए। इन तीनों के वर्णन क्रमशः रतिभाव, उत्साह और श्रद्धा द्वारा प्रेरित समझे जायेंगे। और कवि का मुख्य उद्देश्य यह ठहरेगा कि वह श्रोता को भी इन भावों की रसात्मक अनुभूति कराये। अतः जब कवि कहता है कि नेत्र कमल के समान हैं, वीर सिंह के समान झपटता है और हृदय नवनीत के समान है तो ये सदृश वस्तुएँ सौन्दर्य, वीरत्व और कोमल सुखदता की व्यंजना भी साथ-ही-साथ करेंगी। इनके स्थान पर यदि हम रसात्मकता का विचार न करके नेत्र के आकार, झपटने की तेजी और प्रकृति

की नरमी की मात्रा पर ही दृष्टि रखकर कहें कि 'नेत्र बड़ी कौड़ी या बादाम के समान हैं' 'वीर बिल्ली की तरह झपटता है' और 'हृदय सेमर के धुएँ के समान है' तो काव्योपयुक्त कभी न होगा। कवियों की प्राचीन परम्परा में जो उपमान बँधे चले आ रहे हैं उनमें अधिकांश सौन्दर्य आदि की अनुभूति के उत्तेजक होने के कारण रस में सहायक होते हैं। पर कुछ ऐसे भी हैं जो आकार आदि ही निर्दिष्ट करते हैं, सौन्दर्य की अनुभूति अधिक करने में सहायक नहीं होते जैसे जंघों की उपमा के लिए हाथी की सूँड़, नायिका की कटि की उपमा के लिए भिड़ या सिंहनी की कमर इत्यादि। इनसे आकार के चढ़ाव-उतार और कटि की सूक्ष्मता भर का ज्ञान होता है, सौन्दर्य की भावना नहीं उत्पन्न होती; क्योंकि न तो हाथी की सूँड़ में ही दाम्पत्य रति के अनुकूल अनुरंजनकारी सौन्दर्य है और न भिड़ की कमर में ही। अतः रसात्मक प्रसंगों में इस बात का ध्यान रहना चाहिए कि अप्रस्तुत (उपमान) भी उसी प्रकार के भाव के उत्तेजक हों प्रस्तुत जिस प्रकार के भाव का उत्तेजक हों।

उपर्युक्त कथन का यह अभिप्राय कदापि नहीं कि ऐसे प्रसंगों में पुरानी बँधी हुई उपमाएँ ही लायी जायें, नई न लायी जायें। 'अप्रसिद्धि' मात्र उपमा का कोई दोष नहीं, पर नई उपमाओं की सारी जिम्मेदारी कवि पर होती है। अतः रसात्मक प्रसंगों में ऊपर लिखी बातों का ध्यान रखना आवश्यक है। जहाँ कोई रस स्फुट न भी हो वहाँ भी यह देख लेना चाहिए कि किसी पात्र के लिए जो उपमान लाया जाये वह उस भाव के अनुरूप हो जो कवि ने उस पात्र के संबंध में अपने हृदय में प्रतिष्ठित किया है और पाठक के हृदय में भी प्रतिष्ठित करना चाहता है।

किसी भावोद्रेक द्वारा परिचालित अन्तर्वृत्ति जब उस भाव के पोषक स्वरूप गढ़कर या काट-छाँटकर सामने रखने लगती है तब हम उसे सच्ची कवि कल्पना कह सकते हैं। यों ही सिरपच्ची करके बिना किसी भाव में मग्न हुए कुछ अनोखे रूप खड़े करना या कुछ को कुछ कहने लगना या तो बावलापन है; या दिमागी कसरत; सच्चे कवि की कल्पना नहीं। वास्तव के अतिरिक्त या वास्तव के स्थान पर जो रूप सामने लाये गये हों उनके संबंध में यह देखना चाहिए कि वे किसी भाव की उमंग में उस भाव को सँभालने या बढ़ानेवाले होकर आ खड़े हुए हैं या यों ही तमाशा दिखाने के लिए—कुतूहल उत्पन्न करने के लिए—जबरदस्ती पकड़कर लाये गये हैं। यदि ऐसे रूपों की तह में उनके प्रवर्तक या प्रेषक भाव का पता लग जाये तो समझिए कि कवि के हृदय का पता लग गया और वे रूप हृदय प्रेरित हुए।

कहने की आवश्यकता नहीं कि अलंकारविधान में उपयुक्त उपमान लाने में कल्पना ही काम करती है। जहाँ वस्तु, गुण या क्रिया के पृथक्-पृथक् साम्य पर ही कवि की दृष्टि रहती है वहाँ वह उपमा, रूपक, उत्प्रेक्षा आदि का सहारा लेता है और जहाँ व्यापारसमष्टि या पूर्ण प्रसंग का साम्य अपेक्षित होता है वहाँ दृष्टान्त, अर्थांतरन्यास और अन्योक्ति का। उपर्युक्त विवेचन से यह प्रकट है कि प्रस्तुत के

मेल में जो अप्रस्तुत रखा जाय—चाहे वह वस्तु, गुण या क्रिया हो अथवा व्यापार-समष्टि—वह प्राकृतिक और चित्ताकर्षक हो तथा उसी प्रकार का भाव जगानेवाला हो जिस प्रकार का प्रस्तुत व्यापार-समष्टि के समन्वय में कवि की सहृदयता का जिस पूर्णता के साथ हमें दर्शन होता है उस पूर्णता के साथ वस्तु, क्रिया आदि के पृथक्-पृथक् समन्वय में नहीं। इसी से सुन्दर अन्योक्तियाँ इतनी मर्मस्पर्शिनी होती हैं। चुना हुआ अप्रस्तुत व्यापार जितना ही प्राकृतिक होगा जितना ही अधिक मनुष्य जाति के आदिम जीवन में सुलभ दृश्यों के अन्तर्गत होगा—उतना ही रमणीय और अनुरंजनकारी होगा। कोई गोपिका या राधा स्वप्न में श्रीकृष्ण के दर्शनों का सुख प्राप्त कर रही थी कि उसकी नींद उचट गयी। इस व्यापार के मेल में कैसा प्रकृतिव्यापी और गूढ़ व्यापार सूर ने रखा है, देखिए—

हमको सपनेहू में सोच।
जा दिन तें बिछुरे नँदनंदन ता दिन तें यह पोच।
मनौ गोपाल आये मेरे घर हँसि करि भुजा गही।
कहा करौं बैरिनि भइ निंदिया, निमिष न और रही।
ज्यों चकई प्रतिबिम्ब देखि कै आनदी पिय जानि।
सूर पवन मिस निठुर बिधाता चपल कियो जल आनि।।

स्वप्न में अपने ही मानस में किसी का रूप देखने और जल में अपना ही प्रतिबिम्ब देखने का कैसा गूढ़ और सुन्दर साम्य है। इसके उपरान्त पवन द्वारा प्रशान्त जल के हिल जाने से छाया का मिट जाना कैसा भूतव्यापी व्यापार स्वप्नभंग के मेल में लाया गया है।

भारतीय काव्यपद्धति में उपमान चाहे उदासीन हों, पर भाव के विरोधी कभी नहीं होते। 'भाव' से मेरा अर्थ वही है जो साहित्य में लिया जाता है। 'भाव' का अभिप्राय साहित्य में तात्पर्यबोध मात्र नहीं बल्कि वह वेगयुक्त और जटिल अवस्था विशेष है जिसमें शरीरवृत्ति और मनोवृत्ति दोनों का योग रहता है। क्रोध को ही लीजिए। उसके स्वरूप के अन्तर्गत अपनी हानि या अपमान की बात तात्पर्यबोध, उग्र वचन और कर्म की प्रवृत्ति वेग तथा त्योरी चढ़ना, आँखें लाल होना, हाथ उठना ये सब बातें रहती हैं। मनोविज्ञान की दृष्टि-से इन सबके समष्टि विधान का नाम क्रोध का भाव है। रौद्ररस के प्रसंग में कवि लोग जो उपमान लाते हैं वे भी सन्तापदायक या उग्र होते हैं, जैसे अग्नि। क्रोध से रक्तवर्ण नेत्रों की उपमा जब कोई कवि देगा तब अंगार आदि की देगा, रक्त कमल या बन्धूक पुष्प की नहीं। इसी प्रकार श्रृंगार रस में रक्त, मांस, फफोले, हड्डी आदि का बीभत्स दृश्य सामने आना अरुचिकर प्रतीत होता है। पर जहाँ केवल 'तात्पर्य' के उत्कर्ष का ध्यान प्रधान रहेगा—खयाल की बारीकी या बलन्दपरवाजी पर ही नजर रहेगी वहाँ भाव के स्वरूप का उतना

विचार न रह जायेगा। फारसी की शायरी में ही विप्रलम्भ शृंगार के अन्तर्गत ऐसे बीभत्स दृश्य प्रायः लाये जाते हैं।

यदि कवि सच्चा है, शेष सृष्टि के साथ उसके हृदय का पूर्ण सामंजस्य है, उसमें सृष्टि-व्यापिनी सहृदयता है तो उसके सादृश्य विधान में एक बात और लक्षित होगी। वह जिस सदृश वस्तु या व्यापार की ओर ध्यान ले जाएगा कहीं-कहीं उससे मनुष्य को और प्राकृतिक पदार्थों के साथ अपने संबंध की बड़ी सच्ची अनुभूति होगी। विरहताप से झुलसी और सूखी हुई नागमती को जब प्रिय के आगमन का आभास मिलता है तब उसकी दशा कैसी होती है—

लस भुइँ दहिं असाढ़ पलुहाई। परहिं बूँद औ सोंध बसाई।।
ओहि भाँति पलुही सुख बारी। उठी करिल नइ कोंप सँवारी।।

इसमें मनुष्य देखता है कि जिस प्रकार सन्ताप और आह्लाद के चिह्न मेरे शरीर में दिखाई पड़ते हैं, वैसे ही पेड़-पौधों के भी। इस प्रकार उनके साथ अपने संबंध की अनुभूति का उदय उसके हृदय में होता है। ऐसी अनुभूति द्वारा मानव हृदय का प्रसार करने में जो कवि समर्थ हो वह धन्य है। 'शरीर पनपना' आदि लाक्षणिक प्रयोग जो बोलचाल में आ गये हैं वे ऐसे ही कवियों की कृपा से प्राप्त हुए हैं।

काव्य में बिंब-स्थापना (Imagery) प्रधान वस्तु है। वाल्मीकि, कालिदास आदि प्राचीन कवियों में यह पूर्णता को प्राप्त है। अंग्रेजी कवि शेली इसके लिए प्रसिद्ध हैं। भाषा के दो पक्ष होते हैं—एक सांकेतिक (Symbolic) और दूसरा बिंबाधायक (Presentative)। एक में तो नियत संकेत द्वारा अर्थबोध मात्र हो जाता है, दूसरे में वस्तु का बिंब या चित्र अंतःकरण में उपस्थित होता है। वर्णनों में सच्चे कवि द्वितीय पक्ष का अवलंबन करते हैं। वे वर्णन इस ढंग पर करते हैं कि ऐसी वस्तुओं का बिंब-ग्रहण कराया जाय, ऐसी वस्तुएँ सामने लाई जाएँ, जो प्रस्तुत रस के अनुकूल हों, उसकी प्रतीति में बाधक न हों।

हम अन्यत्र कह आये हैं कि अलंकार बर्णन करने की अनेक प्रकार की चमत्कारपूर्ण शैलियाँ हैं। इन्हें काव्यों से चुनकर प्राचीन आचार्यों ने नाम रखे और लक्षण बनाये। ये शैलियाँ न जाने कितनी हो सकती हैं। अतः यह नहीं कहा जा सकता कि जितने अलंकारों के नाम ग्रन्थों में मिलते हैं उतने ही अलंकार हो सकते हैं। बीच-बीच में नये आचार्य नये अलंकार बढ़ाते आये हैं; जैसे, 'विकल्प' अलंकार को अलंकार सर्वस्वकार राजनक रुय्यक ने ही निकाला था। इसलिए यह न समझना चाहिए कि काव्य रचना में उतनी ही चमत्कारपूर्ण शैलियों का समावेश हो सकता है जितना नाम रखकर गिना दी गई हैं। बहुत से स्थानों पर कवि ऐसी शैली का अवलम्बन कर जायेगा जिसके प्रभाव या चमत्कार की ओर लोगों का ध्यान न गया होगा और जिसका नाम न रखा गया होगा; यदि रखा भी गया होगा तो किसी दूसरे देश के रीतिग्रन्थ में। उदाहरण के लिए यह पद्य लीजिए—

कँवलहि विर-बिथा जस बाढ़ी। केसर बरन पीर हिय गाढ़ी।।

'केसर बरन पीर हिय गाढ़ी' इस पंक्ति का अर्थ अन्वयभेद से तीन ढंग से हो सकता है—(1) कमल केसर वर्ण (पीला) हो रहा है, हृदय में गाढ़ी पीर है। (2) गाढ़ी पीर से हृदय केसर वर्ण हो रहा है। (3) हृदय में केसर वर्ण गाढ़ी पीर है। इनमें से पहला अर्थ तो ठीक नहीं होगा, क्योंकि कवि की उक्ति का आधार कमल के केवल हृदय का पीला होना है, सारे कमल का पीला होना नहीं। दूसरा अर्थ अलबत सीधा और ठीक जँचता है, पर अन्वय इस प्रकार खींचतान कर करना पड़ता है—'गाढ़ी पीर हिय केसर बरन।' तीसरा अर्थ यदि लेते हैं तो 'पीर का एक असाधारण विशेषण केसर बरन' रखना पड़ता है। इस दशा में 'केसर वर्ण' का लक्षणा से अर्थ करना होगा 'केसरवर्ण करनेवाली', 'पीला करनेवाली' और पीड़ा का अतिशय लक्षणा का प्रयोजन होगा। पर यूरोपीय साहित्य में इस प्रकार की शैली अलंकार रूप से स्वीकृत है और हाईपेलेज (Hypallage) कहलाती है। इसमें कोई गुण प्रकृत गुणी से हटाकर दूसरी वस्तु में आरोपित कर दिया जाता है; जैसे यहाँ पीलेपन का गुण 'हृदय' से हटाकर 'पीड़ा' पर आरोपित किया गया है।

रूप, गुण और क्रिया तीनों का अनुभव तीव्र करने के लिए अधिकतर सादृश्यमूलक उपमा आदि अलंकारों का ही प्रयोग होता है। रूप का अनुभव प्रधानतः चार प्रकार का होता है—अनुरंजक, भयावह, आश्चर्यकारक या घृणोत्पादक। इस प्रकार के अनुभव में सहायक होने के लिए आवश्यक है कि प्रस्तुत वस्तु आलंकारिक वस्तु में बिम्ब-प्रतिबिम्ब भाव हो अर्थात् अप्रस्तुत (कवि द्वारा लायी हुई) वस्तु प्रस्तुत वस्तु से रूप रंग आदि में मिलती-जुलती हो और उससे उसी भाव के उत्पन्न होने की सम्भावना हो जो प्रस्तुत वस्तु से उत्पन्न हो रहा हो।

जहाँ वस्तु या व्यापार अगोचर होता है, वहाँ अलंकार उसके अनुभव में सहायता गोचर रूप प्रदान करके करता है; अर्थात् वह पहले गोचर प्रत्यक्षीकरण करके बोधवृत्ति की कुछ सहायता करता है, तब फिर रागात्मिकता वृत्ति को उत्तेजित करता है। जैसे यदि कोई आनेवाली विपत्ति या अनिष्ट को कुछ भी ध्यान न करके अपने रंग में मस्त रहता हो और उसको देखकर कहे कि—'चरै हरित तृन बलि-पसु जेसे' तो इस कथन से उसकी दशा का प्रत्यक्षीकरण कुछ अधिक हो जायेगा जिससे उसमें भय का संचार पहले से कुछ अधिक हो सकता है।

क्रिया और गुण का अनुभव तीव्र कराने के लिए प्रस्तुत-अप्रस्तुत वस्तु के बीच या तो 'अनुगामी' (एक ही) धर्म होता है या वस्तु प्रतिवस्तु या उपचरित। सीधी भाषा में यों कह सकते हैं कि अलंकार के लिए लायी हुई वस्तु और प्रसंग प्राप्त वस्तु का धर्म या तो एक ही होता है, या अलग-अलग कहे जाने पर भी दोनों के धर्म समान होते हैं; अथवा एक के धर्म का उपचार दूसरे पर किया जाता है। जैसे, उसका हृदय पत्थर के समान है।

अब गुण का अनुभव तीव्र करने में सहायक अलंकार पर आइए और देखिए कि इस 'व्यतिरेक' की सहायता से सन्तों का स्वभाव किस सफाई के साथ औरों से अलग करके दिखाया गया है–

सन्त हृदय नवनीत समाना। कहा कबिन पै कहइ न जाना।।
निज परिताप द्रवै नवनीता। पर दुख द्रवैं सुसन्त पुनीता।।

सन्तों और असन्तों के बीच के भेद को थोड़ा कहते-कहते 'व्याघात' द्वारा कितना बड़ा कह डाला है, जरा यह भी देखिए–

बन्दौ सन्त असज्जन चरना। दुखप्रद उभय, बीच कछु बरना।।
मिलत एक दारुन दुख देहीं। बिछुरत एक प्रान हरि लेहीं।।

इस इतने बड़े भेद को थोड़ा कहनेवाले का हृदय कितना बड़ा होगा! बहुत से स्थल ऐसे भी होते हैं, जहाँ यह निश्चय करने में गड़बड़ी हो सकती कि यहाँ अलंकार है या भाव। इसकी सम्भावना वहीं होगी जहाँ स्मरण, सन्देह और भ्रान्ति का वर्णन होगा। स्मरण का यह उदाहरण लीजिए–

बीच बास करि जमुनहिं आये। निरखि नीर लोचन जल छाए।।

इसे न विशुद्ध अलंकार ही कह सकते हैं, न भाव ही। उपमेय और उपमान (राम के शरीर, यमुना के जल) के सादृश्य की ओर ध्यान देते हैं तो स्मरण अलंकार ठहरता है; और जब अश्रु सात्विक की ओर देखते हैं तो स्मरण संचारी भाव निश्चित होता है। सच पूछिए तो इसमें दोनों हैं। पर इसमें सन्देह नहीं कि भाव का उद्रेक अत्यन्त स्वाभाविक है और यहाँ वही प्रधान है, जैसा कि 'लोचन जल छाये' से प्रकट होता है। विशुद्ध अलंकार तो वही कहा जा सकता है जहाँ सदृश वस्तु लाने में कवि का उद्देश्य केवल रूप, गुण या क्रिया का उत्कर्ष दिखाना रहता है। अलंकार का स्मरण प्रायः वास्तविक नहीं होता; रूप, गुण आदि के उत्कर्ष प्रदर्शन का एक कौशल मात्र होता है। दूसरी बात ध्यान देने की यह है कि स्मरण भाव केवल सदृश वस्तु से ही नहीं होता, संबंधी वस्तु से भी होता है। शुद्ध स्मरण भाव का यह उदाहरण बहुत ही अच्छा है–

जननी निरखति बान धनुहियाँ।
बार-बार उर नयननि लावति प्रभुजू की ललित पनहियाँ।।

अब भ्रम का एक ऐसा ही उदाहरण लीजिए। सीताजी अपने जलने के लिए अशोक से अंगार माँग रही थीं। इतने में हनुमान ने पेड़ के ऊपर से राम की 'मनोहर मुद्रिका' गिरायी और–

जानि असोक अँगार सीय हरषि उठि कर गह्यो।

इसी प्रकार जहाँ रामचरितमानस के उत्तरकाण्ड में अयोध्या की विभूति का वर्णन है, वहाँ कहा गया है–

मनि मुख मेलि डारि कपि देही।

इन दोनों उदाहरणों में 'भ्रम' अलंकार नहीं है। अलंकार में भ्रम के विषय की विशेषता होती है, भ्रान्त की नहीं। भ्रान्त की विशेषता में तो पागलों का भ्रम भी अलंकार हो जाएगा। सीता का जो भ्रम है, वह विरह की विह्वलता के कारण और बन्दरों का जो भ्रम है, वह पशुत्व के कारण। इस प्रकार का भ्रम अलंकार नहीं, यह बात आचार्यों ने स्पष्ट कह दी है–

मर्मप्रहारकृत-चित्तविक्षेप-विरहादिकृतोन्मादादिजन्यभ्रान्तेश्च नालंकारत्वम्।

–उद्योतकार।

सन्देह के संबंध में यही बात समझिए जो ऊपर कही गयी है। तीनों में सादृश्य आवश्यक है। सन्देह तो अलंकार तभी होगा जब उसको लाने का मुख्य उद्देश्य, रूप, गुण, क्रिया का उत्कर्ष (अपकर्ष भी) सूचित करना होगा। ऐसा सन्देह वास्तविक भी हो सकता है, पर वहाँ अलंकारत्व कुछ दबा-सा रहेगा। जैसे 'की मैनाक कि खगपति होई' में जो सन्देह है, वह कवि के प्रबन्ध-कौशल के कारण वास्तविक भी है तथा आकार की दीर्घता और वेग की तीव्रता भी सूचित करता है। पर नीचे लिखा उदाहरण यदि लीजिए तो उसमें कुछ भी अलंकारत्व नहीं है–

की तुम हरिदासन महँ कोई। मोरे हृदय प्रीति अति होई।।
की तुम राम दीन अनुरागी। आये मोहिं करन बड़ भागी।।

मूल्यांकन-खण्ड

मलिक मुहम्मद जायसी

सौ वर्ष पहले कबीरदास हिंदू और मुसलमान दोनों के कट्टरपन को फटकार चुके थे। पंडितों और मुल्लाओं की तो नहीं कह सकते पर साधारण जनता 'राम और रहीम' की एकता मान चुकी थी। साधुओं और फकीरों को दोनों दीन के लोग आदर और सम्मान की दृष्टि से देखते थे। साधु या फकीर भी सर्वप्रिय वे ही हो सकते थे जो भेदभाव से परे दिखाई पड़ते थे। बहुत दिनों तक एक साथ रहते-रहते हिंदू और मुसलमान एक-दूसरे के सामने अपना-अपना हृदय खोलने लग गए थे, जिससे मनुष्यता के सामान्य भावों के प्रवाह में मग्न होने और मग्न करने का समय आ गया था। जनता की प्रवृत्ति भेद से अभेद की ओर हो चली थी। मुसलमान हिंदुओं की रामकहानी सुनने को तैयार हो गए थे और हिंदू मुसलमान का दास्तानहमजा। नल और दमयंती की कथा मुसलमान जानने लगे थे और लैला मजनूँ की हिंदू। ईश्वर तक पहुँचानेवाला मार्ग ढूँढ़ने की सलाह भी दोनों कभी-कभी साथ बैठकर करने लगे थे। इधर भक्तिमार्ग के आचार्य और महात्मा भगवत्प्रेम को सर्वोपरि ठहरा चुके थे और उधर सूफी महात्मा मुसलमानों को 'इश्क हकीकी' का सबक पढ़ाते आ रहे थे।

चैतन्य महाप्रभु, वल्लभाचार्य और रामानंद के प्रभाव से प्रेमप्रधान वैष्णव धर्म का जो प्रवाह बंग देश से लेकर गुजरात तक बहा, उसका सबसे अधिक विरोध शाक्त मत और वाममार्ग के साथ दिखाई पड़ा। शाक्तमतविहित पशुहिंसा, मंत्र-तंत्र तथा यक्षिणी आदि की पूजा वेद-विरुद्ध अनाचार के रूप में समझी जाने लगी। हिंदुओं और मुसलमानों दोनों के बीच 'साधुता' का सामान्य आदर्श प्रतिष्ठित हो गया था। बहुत से मुसलमान फकीर भी अहिंसा का सिद्धांत स्वीकार करके मांसभक्षण को बुरा कहने लगे थे।

ऐसे समय में कुछ भावुक मुसलमान 'प्रेम की पीर' की कहानियाँ लेकर साहित्यक्षेत्र में उतरे। ये कहानियाँ हिंदुओं के ही घर की थीं। इनकी मधुरता और कोमलता का अनुभव करके इन कवियों ने यह दिखला दिया कि एक ही गुप्त तार मनुष्य मात्र के हृदयों से होता हुआ गया है जिसे छूते ही मनुष्य सारे बाहरी रूपरंग

के भेदों की ओर से ध्यान हटा एकत्व का अनुभव करने लगता है।

अमीर खुसरो ने मुसलमानी राजत्वकाल के आरंभ में ही हिंदू जनता के प्रेम और विनोद में योग देकर भावों के परस्पर आदान-प्रदान का सूत्रपात किया था, पर अलाउद्दीन के कट्टरपन और अत्याचार के कारण दोनों जातियाँ एक-दूसरे से खिंची सी रहीं, उनका हृदय मिल न सका। कबीर की अटपटी बानी से भी दोनों के दिल साफ न हुए। मनुष्य-मनुष्य के बीच जो रागात्मक संबंध है, यह उसके द्वारा व्यक्त न हुआ। अपने नित्य के व्यवहार में जिस हृदयसाम्य का अनुभव मनुष्य कभी-कभी किया करता है उसकी अभिव्यंजना उससे न हुई। जिस प्रकार दूसरी जाति या मतवाले के हृदय हैं उसी प्रकार हमारे भी हैं, जिस प्रकार दूसरे के हृदय में प्रेम की तरंगें उठती हैं, उसी प्रकार हमारे हृदय में भी, प्रिय का वियोग जैसे दूसरे को व्याकुल करता है वैसे ही हमें भी, माता का हृदय दूसरे के यहाँ है वही हमारे यहाँ भी, जिन बातों से दूसरों को सुख-दुःख होता है उन्हीं बातों से हमें भी, इस तथ्य का प्रत्यक्षीकरण कुतबन, जायसी आदि प्रेम कहानी के कवियों द्वारा हुआ। अपनी कहानियों द्वारा इन्होंने प्रेम का शुद्ध मार्ग दिखाते हुए उन सामान्य जीवनदशाओं को सामने रखा जिनका मनुष्य मात्र के हृदय पर एक प्रभाव दिखाई पड़ता है। हिंदू हृदय और मुसलमान हृदय आमने-सामने करके अजनबीपन मिटानेवालों में इन्हीं का नाम लेना पड़ेगा। इन्होंने मुसलमान होकर हिंदुओं की कहानियाँ हिंदुओं की ही बोली में पूरी सहृदयता से कहकर उनके जीवन की मर्मस्पर्शिनी अवस्थाओं के साथ अपने उदार हृदय का पूर्ण सामंजस्य दिखा दिया। कबीर ने केवल भिन्न प्रतीत होती हुई परोक्ष सत्ता की एकता का आभास दिया था। प्रत्यक्ष जीवन की एकता का दृश्य सामने रखने की आवश्यकता बनी थी। वह जायसी द्वारा पूरी हुई।

नागमती का विरह-वर्णन

नागमती का विरह-वर्णन हिंदी साहित्य में एक अद्वितीय वस्तु है। नागमती उपवनों के पेड़ों के नीचे रात-रात भर रोती फिरती है। इस दशा में पशु, पक्षी, पेड़, पल्लव जो कुछ सामने आता है उसे वह अपना दुखड़ा सुनाती है। वह पुण्यदशा धन्य है जिसमें ये सब अपने सगे लगते हैं और यह जान पड़ने लगता है कि इन्हें दुःख सुनाने से भी जी हल्का होगा। सब जीवों का शिरोमणि मनुष्य और मनुष्यों का अधीश्वर राजा! उसकी पटरानी, जो कभी बड़े-बड़े राजाओं और सरदारों की बातों की ओर भी ध्यान न देती थी, वह पक्षियों से अपने हृदय की वेदना कह रही है, उनके सामने अपना हृदय खोल रही है। हृदय की इस उदार और व्यापक दशा का कवियों ने केवल प्रेमदशा के भीतर ही वर्णन किया है, यह बात ध्यान देने योग्य है। मारने के लिए शत्रु का पीछा करता हुआ क्रोधातुर मनुष्य पेड़ों और पक्षियों से यह पूछता हुआ कहीं नहीं कहा गया है कि 'भाई! किधर गया?' वाल्मीकि,

कालिदास आदि से लेकर जायसी, सूर, तुलसी आदि भाषाकवियों तक सबने इस दशा का सन्निवेश विप्रलंभ (या कहीं-कहीं करुण) में ही किया है। वाल्मीकि के राम सीताहरण होने पर वन-वन पूछते फिरते हैं–

'हे कदंब! तुम्हारे फूलों से अधिक प्रीति रखनेवाली मेरी प्रिया को यदि जानते हो तो बताओ। हे बिल्ववृक्ष! यदि तुमने उस पीतवस्त्रधारिणी को देखा हो तो बताओ। हे मृग! उस मृगनयनी को तुम जानते हो?'

इसी प्रकार तुलसी के राम भी वन के पशु-पक्षियों से पूछते हैं–

हे खग, मृग, हे मधुकर स्रेनी। तुम देखी सीता मृगनैनी?

कालिदास का यक्ष भी चेतनाचेतन भेद इसी प्रेमदशा के ही भीतर भूला है। इससे यह सिद्ध है कि कवि परंपरा के बीच यह एक मान्य परिपाटी है कि इस प्रकार की दशा का वर्णन प्रेमदशा के भीतर ही हो।

इस संबंध में मामूली तौर पर तो इतना ही कहना काफी समझा जाता है कि 'उन्माद' की व्यंजना के लिए इस प्रकार का आचरण दिखाया जाता है। 'उन्माद' ही राही पर एक खास ढर्रे का है। इसका आविर्भाव प्रेमताप से पिघलकर फैले हुए हृदय में ही होता है। संबंध का मूल प्रेम है, अतः प्रेमदशा के भीतर ही मनुष्य का हृदय उस संबंध का आभास पाता है जो पशु, पक्षी, द्रुम, लता आदि के साथ अनादि काल से चला आ रहा है।

नागमती उपवनों में रोती फिरती है। उसके विलाप से घोंसलों में बैठे हुए पक्षियों की नींद हराम हो गई है–

फिरि फिरि रोव, कोइ नहिं डोला। आधी रात विहंगम बोला।।
तू फिरि फिरि दाहै सब पाँखी। केहि दुख रैनि न लावसि आँखी।

और कवियों ने पशु-पक्षियों को संबोधन भर करने का उल्लेख करके बात और आगे नहीं बढ़ाई है जिससे ऊपर से देखनेवालों का ध्यान 'उन्माद' की दशा ही तक रह जाता है। पर जायसी ने जिस प्रकार मनुष्य के हृदय में पशु-पक्षियों से सहानुभूति प्राप्त करने की संभावना की है, उसी प्रकार पक्षियों के हृदय में सहानुभूति के संचार की भी। उन्होंने सामान्य हृदयतत्त्व की सृष्टि-व्यापिनी भावना द्वारा मनुष्य और पशु-पक्षी सबको एक जीवन-सूत्र में बद्ध देखा है। राम के प्रश्न का खग, मृग और मधुकर कुछ जवाब नहीं देते। राजा पुरूरवा कोकिल, हंस इत्यादि को पुकारता ही फिरता है, पर कोई सहानुभूति प्रकट करता नहीं दिखाई पड़ता (विक्रमोर्वशी अंक 4) पर नागमती की दशा पर एक पक्षी को दया आती है–वह उसके दुःख का कारण पूछता है। नागमती उस पक्षी से कहती है–

चारिउ चक्र उजार भए, कोई न सँदेसा टेक।
कहौं विरह दुख आपन, बैठि सुनहु दँड एक।।

इस पर वह पक्षी संदेशा ले जाने को तैयार हो जाता है।

पद्मावती से कहने के लिए नागमती ने जो संदेशा कहा है, वह अत्यंत मर्मस्पर्शी है। उसमें मान, गर्व आदि से रहित, सुखभोग की लालसा से अलग, अत्यंत नम्र, शीतल और विशुद्ध प्रेम की झलक पाई जाती है—

पद्मावति सौं कहेहु, बिहंगम। कंत लोभाइ रही करि संगम।।
तोहि चैन सुख मिलै सरीरा। मो कहँ हिए दुंद दुख पूरा।।
हमहुँ बिआही संग ओहि पीऊ। आपुहि पाइ, जानु पर जीऊ।।
मोहि भोग सौं काज न बारी। सौंह दिस्टि कै चाहनहारी।।

मनुष्य के आश्रित, मनुष्य के पाले हुए, पेड़-पौधे किस प्रकार मनुष्य के सुख से सुखी और दुःख से दुःखी दिखाई देते हैं, यह दृश्य बड़े कौशल और बड़ी सहृदयता से जायसी ने दिखाया है। नागमती की विरहदशा में उसके बाग-बगीचों से उदासी बरस रही थी। पेड़-पौधे सब मुरझाए पड़े थे। उनकी सुध कौन लेता है? पर राजा रत्नसेन के चित्तौर लौटते ही—

पलुटी नागमती कै बारी। सोने फूल फूलि फुलवारी।
जावत पंखि रहे सब दहे। सबै पंखि बोले गहगहे।।

जब पेड़-पौधे सूख रहे थे तब पक्षी भी आश्रय न पाकर ताप से झुलस रहे थे। इस प्रकार नागमती की वियोगदशा का विस्तार केवल मनुष्य जाति तक ही नहीं, पशु-पक्षियों और पेड़-पौधों तक दिखाई पड़ता था। कालिदास ने पाले हुए मृग और पौधों के प्रति शकुंतला का स्नेह दिखाकर इसी व्यापक और विशद भाव की व्यंजना की है।

विप्रलंभ श्रृंगार ही 'पद्मावत' में प्रधान है। विरहदशा के वर्णन में जहाँ कवि ने भारतीय पद्धति का अनुसरण किया है, वहाँ कोई अरुचिकारक बीभत्स दृश्य नहीं आया है। कृशता, ताप, वेदना आदि के वर्णन में भी उन्होंने श्रृंगार के उपयुक्त वस्तु सामने रखी है, केवल उसके स्वरूप में कुछ अंतर दिखा दिया है। जो पद्मिनी स्वभावतः पद्मिनी समान विकसित रहा करती थी वह सूखकर मुरझाई हुई लगती है-

कँवल सूख, पखुरी बेहरानी। गलि गलि कै मिलि छार हेरानी।।

इस रूप में प्रदर्शित व्यक्ति के प्रति सहानुभूति और दया का पूरा अवसर रहता है। पाठक उसकी दशा व्यंजित करने वाली वस्तु की ओर कुछ देर दृष्टि गड़ाकर देख सकते हैं। मुरझाया फूल भी फूल ही है। अतीत सौंदर्य के स्मरण से भाव और उद्दीप्त होता है। पर उसके स्थान पर यदि चीरकर हृदय का खून, नसें और हड्डियाँ आदि दिखाई जाएँ तो दया होते हुए भी इन वस्तुओं की ओर दृष्टि जमाते न बनेगा।

विरहदशा के भीतर 'निरवलंबता' की अनुभूति रह-रहकर विरही को होती है। देखिए, कैसा परिचित और साधारण प्राकृतिक व्यापार सामने रखकर कवि ने इस 'निरवलंबता' का गोचर प्रत्यक्षीकरण किया है—

आवा पवन बिछोह कर पात परा बेकार।

तरिवर तजा जौं चूरि कै लागै केहि के डार।।

'लागै केहि के डार' मुहावरा भी बहुत अच्छा आया है।

'पद्मावत' में यद्यपि हिंदू जीवन के परिचायक भावों की ही प्रधानता है, पर बीच-बीच में फारसी साहित्य द्वारा पोषित भावों के भी छींटे कहीं-कहीं मिलते हैं। विदेशीय प्रभाव के कारण वियोगदशा के वर्णन में कहीं-कहीं बीभत्स चित्र सामने आ जाते हैं; जैसे 'कबाबे सीख' वाला यह भाव–

बिरह सरागन्हि भूँजै माँसू। गिरि गिरि परै रकत कै आँसू।।
कटि कटि माँसु सराग पिरोवा। रकत कै आँसु माँसु सब रोवा।।
खिन एक बार माँसु अस भूँजा। खिनहिं चबाइ सिंघ अस गूँजा।।

वियोग में इस प्रकार के बीभत्स दृश्य का समावेश जायसी ने जो किया है वह तो किया ही है, संयोग के प्रसंग में भी वे एक स्थान पर ऐसा ही बीभत्स चित्र सामने लाए हैं। बादल जब अपनी नवागता वधू की ओर से दृष्टि फेर लेता है, तब वह सोचती है कि क्या मेरे कटाक्ष तो उसके हृदय को वेधकर पीठ की ओर नहीं जा निकले हैं। यदि ऐसा है तो तूंबी लगाकर मैं उसे खींच लूँ और जब वह पीड़ा से चौंककर मुझे पकड़े तो गहरे रस से उसे धो डालूँ–

मकु पिउ दिस्टि समानेउ सालू। हुलसा पीठि कढ़ावौं सालू।।
कुचतूँबी अब पीठि गड़ोबौं। गहै जो हूकि, गाढ़ रस धोबौं।।

कटाक्ष या नेत्रों को 'अनियारे', 'नुकीले' तक कह देना तो ठीक है, पर ऊहात्मक या वस्तुव्यंजनात्मक पद्धति पर इस कल्पना को और आगे बढ़ाकर शरीर पर सचमुच घाव आदि दिखाने लगना काव्य की सीमा के बाहर जाना है, जैसा कि एक कवि जी ने किया है–

काजर दे नहिं, ऐरी सुहागिनि! आँगुरी तेरी कटैगी कटाछन।

यदि कटाक्ष से उँगली कटने का डर है तब तो तरकारी चीरने या फल काटने के लिए छुरी, हँसिया आदि की कोई जरूरत न होनी चाहिए। कटाक्ष मन में चुभते हैं न कि शरीर पर प्रत्यक्ष घाव करते हैं।

विरहजन्य कृशता के वर्णन में भी जायसी ने कविप्रथानुसार पूरी अत्युक्ति की है, पर उस अत्युक्ति में भी गंभीरता बनी हुई है, वह खेलवाड़ या मजाक नहीं होने पाई है। बिहारी की नायिका इतनी क्षीण हो गई है कि जब साँस खींचती है तब उसके झोंके से चार कदम पीछे हट जाती है और जब साँस निकालती है तब उसके साथ चार कदम आगे बढ़ जाती है। घड़ी के पेंडुलम की सी दशा उसकी रहती है। इसी प्रकार उर्दू के एक शायर साहब ने आशिक को जूँ या खटमल का बच्चा बना डाला–

इंतहाए लागरी से जब नजर आया न मैं।
हँस के वो कहने लगे, बिस्तर को झाड़ा चाहिए।।

पर जायसी का यह वर्णन सुन हृदय द्रवीभूत होता है, हँसी नहीं आती–

दहि कोइला भई कंत सनेहा। तोला माँसु रही नहिं देहा।।
रकत न रहा, बिरह तन जरा। रती रती होइ नैनन्ह ढरा।।
हाड़ भए सब किंगरी, नसैं भई सब ताँति।
रोवँ रोवँ ते धुनि उठै, कहौं बिथा केहि भाँति।।

इसी नागमती के विरह-वर्णन के अंतर्गत वह प्रसिद्ध बारहमासा है जिसमें वेदना का अत्यंत निर्मल और कोमल स्वरूप, हिंदू दांपत्य जीवन का अत्यंत मर्मस्पर्शी माधुर्य, अपने चारों ओर की प्राकृतिक वस्तुओं और व्यापारों के साथ विशुद्ध भारतीय हृदय की साहचर्य भावना तथा विषय के अनुसार भाषा का अत्यंत स्निग्ध, सरल, मृदुल और अकृत्रिम प्रवाह देखने योग्य है। पर इन कुछ विशेषताओं की ओर ध्यान जाने पर भी इसके सौंदर्य का बहुत कुछ हेतु अनिर्वचनीय रह जाता है। इस बारहमासे में वर्ष के बारह महीनों का वर्णन विप्रलंभ शृंगार के उद्दीपन की दृष्टि से है जिसमें आनंदप्रद वस्तुओं का दुःखप्रद होना दिखाया जाता है, जैसा कि मंडन कवि ने कहा है–

जेइ जेइ सुखद, दुखद अब तेइ तेइ कवि मंडन बिछुरत जदुपत्ती।

प्रेम में सुख और दुःख दोनों की अनुभूति की मात्रा जिस प्रकार बढ़ जाती है उसी प्रकार अनुभूति के विषयों का विस्तार भी। संयोग की अवस्था में जो प्रेम सृष्टि की सब वस्तुओं से आनंद का संग्रह करता है वही वियोग की दशा में सब वस्तुओं से दुःख का संग्रह करने लगता है। इसी दुःख रूप में प्रत्येक मास की उन सामान्य प्राकृतिक वस्तुओं और व्यापारों का वर्णन जायसी ने किया है जिनके साहचर्य का अनुभव मनुष्यमात्र–राजा से लेकर रंक तक–करते हैं। अतः इस बारहमासे में मुख्यतः दो बातें देखने की हैं–

(1) प्राकृतिक वस्तुओं और व्यापारों का दिग्दर्शन।

(2) दुःख के नाना रूपों और कारणों की उद्भावना।

प्रथम के संबंध में यह जान लेना चाहिए कि प्राचीन संस्कृत कवियों का सा संश्लिष्ट विशद चित्रण उद्दीपन की दृष्टि से किए हुए ऋतुवर्णन में नहीं हुआ करता, केवल वस्तुओं और व्यापारों की अलग-अलग झलक भर दिखाकर प्रेमी के हृदय की अवस्था की व्यंजना हुआ करती है। परिचित प्राकृतिक दृश्यों को साहचर्य द्वारा और कवियों की वाणी द्वारा जो मर्मस्पर्शी प्रभाव प्राप्त है, उसका अनुभव उनकी ओर संकेत करने मात्र से भी सहृदयों को हो जाता है। इस प्रकार बहुत ही सुंदर संकेत–बहुत ही मनोहर झलक–इस बारहमासे में हम पाते हैं। कुछ उदाहरण लीजिए–

चढ़ा असाढ़, गगन घन गाजा। साजा बिरह, दुंद दल बाजा।।
धूम, साम धौरे घन धाए। सेत धजा बगपाँति देखाए।।
खड़ग बीजु चमकै चहुँ ओरा। बुंदबान बरिसहिं चहुँ ओरा।।

बाट असूझ अथाह गँभीरी। जिउ बाउर भा फिरै भँभीरी।।
जग जल बूड़ जहाँ लगि ताकी। मोरि नाव खेवक बिनु थाकी।।
जेठ जरै जग चलै लुवारा। उठिहिं बवंडर परहिं अँगारा।।
उठै आगि औ आवै आँधी। नैन न सूझ मरौं दुख बाँधी।।

अपनी भावुकता का बड़ा भारी परिचय जायसी ने इस बात में दिया है कि रानी नागमती विरहदशा में अपना रानीपन बिल्कुल भूल जाती है और अपने को केवल साधारण स्त्री के रूप में देखती है। इसी सामान्य स्वाभाविक वृत्ति के बल पर उसके विरहवाक्य छोटे बड़े सबके हृदय को समान रूप में स्पर्श करते हैं। यदि कनकपर्यंक, मखमली सेज, रत्नजटित अलंकार, संगमरमर के महल, खसखाने इत्यादि की बातें होतीं तो वे जनता के एक बड़े भाग के अनुभव से कुछ दूर की होतीं। जायसी ने स्त्री जाति की या कम से कम हिंदू गृहिणी मात्र की सामान्य स्थिति के भीतर विप्रलंभ शृंगार के अत्यंत समुज्ज्वल रूप का विकास दिखाया है। देखिए, चौमासे में स्वामी के न रहने से घर की जो दशा होती है वह किस प्रकार गृहिणी के विरह का उद्दीपन करती है–

पुष्य नखत सिर ऊपर आवा। हौं बिनु नाह, मँदिर को छावा?

इसी प्रकार शरीर का रूपक देकर बरसात आने पर साधारण गृहस्थों की चिंता और आयोजना की झलक दिखाई गई है–

तपै लागि अब जेठ असाढ़ी। मोहि पिउ बिनु छाजनि भइ गाढ़ी।।
तन तिनउर भा, झूरौं खरी। भइ बरखा, दुख आगरि जरी।।
बंध नाहिं औ कंध न कोई। बात न आव, कहौं का रोई।
साँठि नाँठि, जग बात को पूछा। बिनुजिउ फिरै मूँज तनु छूछा।।
भई दुहेली टेक बिहूनी। थाँभ नाहिं, उठि सकै न थूनी।।
बरसै मेह, चुवहिं नैनाहा। छपर-छपर होइ रहि बिनु नाहा।।
कोरौ कहाँ, ठाट नव साजा। तुम बिनु कंत न छाजनि छाजा।।

यह आशिक माशूकों का निर्लज्ज प्रलाप नहीं है; यह हिंदू गृहिणी की विरहवाणी है। इसका सात्विक मर्यादापूर्ण माधुर्य परम मनोहर है।

यद्यपि इस बारहमासे में प्राकृतिक वस्तुओं, व्यापारों की रूढ़ि के अनुसार अलग-अलग झलक भर दिखाई गई है, उनका संश्लिष्ट चित्रण नहीं है, पर एक-आध जगह कवि का अपना निरीक्षण भी बहुत सूक्ष्म और सुंदर है जिसका उल्लेख वस्तुवर्णन के अंतर्गत किया जाएगा।

अब दुःख के नाना रूपों और कारणों की उद्भावना लीजिए। जायसी के विरहोद्गार अत्यंत मर्मस्पर्शी हैं। जायसी को हम विप्रलंभ शृंगार का प्रधान कवि कह सकते हैं। जो वेदना, जो कोमलता, जो सरलता और जो गंभीरता इनके वचनों में है, वह अन्यत्र दुर्लभ है। नागमती सब जीव-जंतुओं, पशु-पक्षियों में सहानुभूति की

भावना करती हुई कहती है—

पिउ सों कहेउ संदेसड़ा, हे भौंरा! हे काग!
सो धनि बिरहै जरि मुई, तेहि क धुवाँ हम्ह लाग।।

इस सहानुभूति की संभावना रानी के हृदय में होती कैसे है? यह समझकर होती है कि भौंरा और कौवा दोनों उसी विरहाग्नि के धुएँ से काले हो गए हैं जिसमें मैं जल रही हूँ। सम-दुःख भोगियों में परस्पर सहानुभूति का उदय अत्यंत स्वाभाविक है। 'सँदेसड़ा' शब्द में स्वार्थे 'ड़ा' का प्रयोग भी बहुत ही उपयुक्त है। ऐसा शब्द उस दशा में मुँह से निकलता है जब हृदय, माधुर्य, अल्पता, तुच्छता, आदि में से कोई भाव लिए हुए होता है। 'हे भौंरा!' 'हे काग!' से एक-एक को अलग-अलग संबोधन करना सूचित होता है। आवेग की दशा में यही उचित है। 'हे भौंरा औ काग' कहने में यह बात न होती।

दुःख और आह्लाद की दशा में एक बड़ा भारी भेद है। जब हृदय दुःख में मग्न रहता है तब सुखद और दुःखद दोनों प्रकार की वस्तुओं से दुःख का संग्रह करता है। पर आनंद की दशा का पोषण केवल सामान्य या आनंददायक वस्तुओं से ही होता है, दुःखप्रद वस्तुओं से नहीं। विरहदशा दुःखदशा है। इसमें कष्टदायक वस्तुएँ तो और भी कष्टदायक हो ही जाती हैं, जैसे—

(क) **काँपै हिया जनावै सीऊ। तो पै जाइ होइ सँग पीऊ।।**
पहल पहल तन रूई झाँपै। हहरि हहरि अधिकौ हिय काँपै।।

(ख) **चारिहु पवन झकोरै आगी। लंका दाहि पलंका लागी।।**
उठै आगि औ आवै आँधी। नैन न सूझ, मरौं दुःख बाँधी।।

सुखदायक वस्तुएँ भी दुःख को बढ़ाती हैं, जैसे—

कातिक सरद चंद उजियारी। जग सीतल हौं बिरहै जारी।।
चौदह करा चाँद परगासा। जनहुँ जरै सब धरति अकासा।।
तन, मन, सेज करै अगिदाहू। सब कहँ चंद भयहु मोहिं राहू।।

कहीं संयोगसुख या आनंदोत्सव देखकर अपने पक्ष में उसके अभाव की भावना से विरह की आग और भी भड़कती है—

(क) **अबहूँ निठुर आउ एहि बारा। परब देवारी होइ संसारा।।**
सखि झूमुक गावैं अंग मोरी। हौं झुरावँ, बिछुरी मोरि जोरी।।

(ख) **करहिं बनसपति हिए हुलासू। मो कह भा जग दून उदासू।।**
फागु करहिं सब चाँचरि जोरी। मोहिं तन लाइ दीन्हि जस होरी।।

नागमती देखती है कि बहुतों के बिछुड़े हुए प्रिय मित्र आ रहे हैं पर मेरे प्रिय नहीं आ रहे हैं। इस वैषम्य की भावना उसे और भी व्याकुल करती है। किसी वस्तु के अभाव से दुःखी मनुष्य के हृदय की यह एक अत्यंत स्वाभाविक वृत्ति है। पपीहे का प्रिय पयोधर आ गया, सीप के मुँह में स्वाति की बूँद पड़ गई, पर नागमती का

प्रिय न आया–

चित्रा मित्र मीन कर आवा। पपिहा पीउ पुकारत पावा।।
स्वाति बूँद चातक मुख परे। समुद सीप मोती सब भरे।।
सरवर सँवरि हंस चलि आए। सारस कुरलहिं खंजन देखाए।।

विरह का दुःख ऐसा नहीं कि चारों ओर जो वस्तुएँ दिखाई पड़ती हैं उनसे कुछ जी बहले। उनसे तो और भी अपनी दशा की ओर विरही का ध्यान जाता है, और भी उस दशा का दुःसह स्वरूप स्पष्ट होता है–चाहे वे उनकी दुःखदशा से भिन्न दशा में दिखाई पड़ें, चाहे कुछ सादृश्य लिए हुए। भिन्न भाव में दिखाई पड़नेवाली वस्तुओं के नमूने तो ऊपर उदाहरणों में आ गए हैं। अब भिन्न-भिन्न ऋतुओं की नाना वस्तुओं और व्यापारों को विरही लोग किस प्रकार सादृश्यभावना द्वारा अपनी दशा की व्यंजना का सुलभ साधन बनाया करते हैं, यह भी देखिए–

बरसै मघा झकोरि झकोरी। मोर दुइ नैन चुवैं जस ओरी।।
पुरवा लाग, भूमि जल पूरी। आक जवास भइ तस झूरी।।

सखिन्ह रचा पिउ संग हिंडोला। हरियर भूमि, कुसुंभी चोला।।
हिय हिंडोल अस डोलै मोरा। बिरह झुलाइ देह झकझोरा।।

तन जस पियर पात भा मोरा। तेहि पर विरह देइ झकझोरा।।

विरहिणी की इस सादृश्य भावना का वर्णन कविपरंपरासिद्ध है। सूरदास का 'निसि दिन बरसत नैन हमारे' यह पद प्रसिद्ध है। और कवियों ने भी ऋतुसुलभ वस्तुओं और व्यापारों के साथ विरहिणी के तन और मन की दशा का सादृश्यवर्णन किया है। यह सादृश्यकथन अत्यंत स्वाभाविक होता है, क्योंकि इसमें उपमान ऊहा द्वारा सोचकर निकाला हुआ नहीं होता बल्कि सामने प्रस्तुत रहता है, और प्रस्तुत रहकर उपमेय की ओर ध्यान ले जाता है। वैशाख में विरहिणी एक ओर सूखते तालों की दरारों को देखती है, दूसरी ओर विदीर्ण होते हुए अपने हृदय को। बरसात में वह एक ओर तो टपकती हुई ओलती देखती है, दूसरी ओर अपने आँसुओं की धारा। एक ओर सूखे हुए 'आक जवास' को देखती है, दूसरी ओर अपने शरीर को। शिशिर में एक ओर सूखकर झड़े हुए पीले पत्तों को देखती है, दूसरी ओर अपनी पीली पड़ी देह को। अतः उक्त उपमाएँ 'दूर की सूझ' नहीं हैं। उनमें सादृश्य बहुत सोचा विचारा हुआ नहीं है, उसका उदय विरहविह्वल अंतःकरण में बिना प्रयास हुआ है। दो उपस्थित वस्तुओं में सादृश्य की ऐसी स्वाभाविक भावना संस्कृत कवियों ने बहुत अच्छी की है। कालिदास का यह श्लोक ही लीजिए–

स पाटलायां गवि तस्थिवासं धनुर्धरः केसरिणं ददर्श।
अधित्यकायामिव धातुमय्यां लोध्रद्रुमं सानुमतः प्रफुल्लम्।।

(रघु. 2-29)

इस बारहमासे में हृदय के वेग की व्यंजना अत्यंत स्वाभाविक रीति से होने पर भी भाव अत्यंत उत्कर्ष दशा को पहुँचे हुए दिखाए गए हैं। देखिए, अभिलाषा का यहाँ कैसा उत्कर्ष है–

रात दिवस बस यह जिउ मोरे। लगौं निहोर कंत अब तोरे।।
यह तन जारौं छार कै कहौं कि पवन उड़ाव।
मकु तेहि मारग उड़ि परै कंत धरै जहँ पाव।।

जायसी की प्रबंध-कल्पना

किसी प्रबंध-कल्पना पर और कुछ विचार करने के पहले यह देखना चाहिए कि कवि घटनाओं को किसी आदर्श परिणाम पर ले जाकर तोड़ना चाहता है अथवा यों ही स्वाभाविक गति पर छोड़ना चाहता है। यदि कवि का उद्देश्य सत् और असत् का परिणाम दिखाकर शिक्षा देना होगा तो वह प्रत्येक पात्र का परिणाम वैसा ही दिखाएगा जैसा न्यायनीति की दृष्टि से उसे उचित प्रतीत होगा। ऐसे-नपे तुले परिणाम काव्यकला की दृष्टि से कुछ कृत्रिम जान पड़ते हैं।

'पद्मावत' के कथानक से यह स्पष्ट है कि घटनाओं को आदर्श परिणाम पर पहुँचाने का लक्ष्य कवि का नहीं है। यदि ऐसा लक्ष्य होता तो राघव चेतन का बुरा परिणाम बिना दिखाए वह ग्रंथ समाप्त न करता। कर्मों के लौकिक शुभाशुभ परिणाम दिखाना जायसी का उद्देश्य नहीं प्रतीत होता। संसार की गति जैसी दिखाई पड़ती है वैसे ही उन्होंने रखी है। संसार में अच्छे आदर्श चरित्रवालों का परिणाम भी आदर्श अर्थात् अत्यंत आनंदपूर्ण ही होता है और बुरे कर्म करने वालों पर अंत में आपत्ति का पहाड़ ही आ टूटता हो, ऐसा कोई निर्दिष्ट नियम नहीं दिखाई पड़ता। पर आदर्श परिणाम के विधान पर लक्ष्य न रहने पर भी जो बात बचानी चाहिए वह बच गई है। किसी सत्पात्र का न तो ऐसा भीषण परिणाम ही दिखाया गया है जिससे चित्त को क्षोभ प्राप्त होता हो और न किसी बुरे पात्र की ऐसी सुख समृद्धि ही दिखाई गई है जिससे अरुचि और उदासीनता उत्पन्न होती हो। अंतिम दृश्य से अत्यंत शांतिपूर्ण उदासीनता बरसती है। कवि की दृष्टि में मनुष्य जीवन का सच्चा अंत करुण क्रंदन नहीं, पूर्ण शांति है। राजा के मरने पर रानियाँ विलाप नहीं करती हैं, बल्कि इस लोक से अपना मुँह फेरकर दूसरे लोक की ओर दृष्टि किए आनंद के साथ पति की चिता में बैठ जाती हैं। इस प्रकार कवि ने सारी कथा का शांत रस में पर्य्यवसान किया है। पुरुषों के वीरगति प्राप्त हो जाने और स्त्रियों के सती हो जाने पर अलाउद्दीन गढ़ के भीतर घुसा और–

'छार उठाइ लीन्ह एक मूठी। दीन्ह उठाइ पिरिथिवी झूठी।।'

प्रबंध-काव्य में मानव-जीवन का एक पूर्ण दृश्य होता है। उसमें घटनाओं की संबंधशृंखला और स्वाभाविक क्रम के ठीक-ठीक निर्वाह के साथ-साथ हृदय को स्पर्श

करने वाले—उसे नाना भावों का रसात्मक अनुभव कराने वाले—प्रसंगों का समावेश होना चाहिए। इतिवृत्त मात्र के निर्वाह से रसानुभव नहीं कराया जा सकता। उसके लिए घटनाचक्र के अंतर्गत ऐसी वस्तुओं और व्यापारों का प्रतिबिंबवत् चित्रण होना चाहिए जो श्रोता के हृदय में रसात्मक तरंगें उठाने में समर्थ हों। अतः कवि को कहीं तो घटना का संकोच करना पड़ता है और कहीं विस्तार।

घटना का संकुचित उल्लेख तो केवल इतिवृत्त मात्र होता है। उसमें एक-एक ब्यौरे पर ध्यान नहीं दिया जाता और न पात्रों के हृदय की झलक दिखाई जाती है। प्रबंध-काव्य के भीतर ऐसे स्थल रसपूर्ण स्थलों की केवल परिस्थिति की सूचना देते हैं। इतिवृत्तरूप इन वर्णनों के बिना उन परिस्थितियों का ठीक परिज्ञान नहीं हो सकता जिनके बीच पात्रों को देखकर श्रोता उनके हृदय की अवस्था का अपनी सहृदयता के अनुसार अनुमान करते हैं। यदि परिस्थिति के अनुकूल पात्र के भाव नहीं हैं तो विभाव, अनुभाव और संचारी द्वारा उनकी अत्यंत विशद व्यंजना भी फीकी लगती है। प्रबंध और मुक्तक में यही बड़ा भारी भेद होता है। मुक्तक में किसी भाव की रसपद्धति के अनुसार अच्छी व्यंजना हो गई, बस। पर प्रबंध में इस बात पर भी ध्यान रहता है कि वह भाव परिस्थिति के अनुरूप है या नहीं। पात्र की परिस्थिति भी सहृदय श्रोता के हृदय में भाव का उद्‌बोधन करती है। उसके ऊपर से जब श्रोता के भाव के अनुकूल उमकी पूर्ण व्यंजना भी पात्र द्वारा हो जाती है तब रस की गहरी अनुभूति उत्पन्न होती है। 'वनवासी राम स्वर्णमृग को मार जब कुटी पर लौटे तब देखा कि सीता नहीं हैं' यह इतिवृत्तमात्र है; पर यह सहृदयों के हृदय को उस दुःखानुभव की ओर प्रवृत्त कर देता है, जिसकी व्यंजना राम ने अपने विरहवाक्यों में की। इसी बात को ध्यान में रखकर विश्वनाथ ने कहा है कि प्रबंध के रस से नीरस पद्यों में भी रसवत्ता मानी जाती है—रसवत्पद्यांतर्गतनीरसपदानामिव पद्यरसेन प्रबंधरसेनैव तेषां रसवत्ताङ्गीकारात्।

जिनके प्रभाव से सारी कथा में रसात्मकता आ जाती है वे मनुष्य जीवन के मर्मस्पर्शी स्थल हैं जो कथाप्रवाह के बीच-बीच में आते रहते हैं। यह समझिए कि काव्य में कथावस्तु की गति इन्हीं स्थलों तक पहुँचने के लिए होती है। 'पद्‌मावत' में ऐसे स्थल बहुत से हैं—जैसे, मायके में कुमारियों की स्वच्छंद क्रीड़ा, रत्नसेन के प्रस्थान पर नागमती आदि का शोक, प्रेममार्ग के कष्ट, रत्नसेन को सूली की व्यवस्था, उस दंड के संवाद से विप्रलंभ दशा में पद्मावती की करुण सहानुभूति, रत्नसेन और पद्मावती का संयोग, सिंहल से लौटते समय की सामुद्रिक घटना से दोनों की विह्वल स्थिति, नागमती की विरहदशा और वियोगसंदेश, उस संदेश को पाकर रत्नसेन की स्वाभाविक प्रणयस्मृति, अलाउद्दीन के संदेसे पर रत्नसेन का गौरवपूर्ण रोष और युद्धोत्साह, गोरा-बादल की स्वामिभक्ति और क्षात्रतेज से भरी प्रतिज्ञा, अपनी सजलनेत्रा भोली भाली नवागता वधू की ओर पीठ फेर बादल का युद्ध के लिए प्रस्थान, देवपाल

की दूती के आने पर पद्मावती द्वारा सतीत्वगौरव की अपूर्व व्यंजना, पद्मावती और नागमती का उत्साहपूर्ण सहगमन, चित्तौर की दशा इत्यादि। इनमें से पाँच स्थल तो बहुत ही अगाध और गंभीर हैं—नागमती वियोग, गोरा-बादल प्रतिज्ञा, कुँवर बादल का घर से निकलकर युद्ध के लिए प्रस्थान, दूती के निकट पद्मावती द्वारा सतीत्व गौरव की व्यंजना और सहगमन। ये पाँचों प्रसंग ग्रंथ के उत्तरार्द्ध में हैं। पूर्वार्द्ध में तो प्रेम ही प्रेम है; मानव जीवन की और और उदात्त वृत्तियों का जो कुछ समावेश है वह उत्तरार्द्ध में है।

जायसी के प्रबंध की परीक्षा के लिए सुभीते के विचार से हम उसके दो विभाग कर सकते हैं—इतिवृत्तात्मक और रसात्मक।

पहले इतिवृत्त लीजिए। प्रबंधकाव्य में इतिवृत्त की गति इस ढंग से होनी चाहिए कि मार्ग में जीवन की ऐसी बहुत सी दशाएँ पड़ जाएँ जिनमें मनुष्य के हृदय में भिन्न-भिन्न भावों का स्फुरण होता है और जिनका सामान्य अनुभव प्रत्येक मनुष्य स्वभावतः कर सकता है। इन्हीं स्थलों में रसात्मक वर्णनों की प्रतिष्ठा होती है। अतः इनमें एक प्रकार से इतिवृत्त या कथा के प्रवाह का विराम सा रहता है। ऐसे रसात्मक वर्णन यदि छोड़ भी दिए जाएँ तो वृत्त खंडित नहीं होता। रसानुकूल परिस्थिति तक श्रोता को पहुँचाने के लिए बीच-बीच में घटनाओं के सामान्य कथन या उल्लेख मात्र को ही शुद्ध इतिवृत्त समझना चाहिए, जैसी कि 'रामचरितमानस' की ये चौपाइयाँ हैं—

आगे चले बहुरि रघुराया। ऋष्यमूक पर्वत नियराया।।
तहँ रह सचिव सहित सुग्रीवा। आवत देखि अतुल बल सीवा।।
अति सभीत कइ सुनु हनुमाना। पुरुष जुगल बल-रूप निधाना।।
धरि बटुरूप देखु तैं जाई। कहेसि जानि जिय सैन बुझाई।।

हितोपदेश, कथासरित्सागर, सिंहासन बत्तीसी, बैताल पच्चीसी आदि की कहानियाँ इतिवृत्त रूप में ही हैं, इसी से उन्हें कोई काव्य नहीं कहता। ऐसी कहानियों से भी श्रोता या पाठक का मनोरंजन होता है पर वह काव्य के मनोरंजन से भिन्न होता है। रसात्मक वाक्यों में मनुष्य के हृदय की वृत्तियाँ लीन होती हैं और इतिवृत्त से उसकी जिज्ञासा वृत्ति तुष्ट होती है। 'तब क्या हुआ?' इस वाक्य द्वारा श्रोता अपनी जिज्ञासा प्रायः प्रकट करते हैं। इससे प्रत्यक्ष है कि जो कहा गया है उसमें कुछ देर के लिए भी श्रोता का हृदय रमा नहीं है, आगे की बात जानने की उत्कंठा ही मुख्य है। कोरी कहानियों में मनोरंजन इसी कुतूहलपूर्ण जिज्ञासा के रूप में होता है। उनके द्वारा हृदय की वृत्तियों (रति, शोक आदि) का व्यायाम नहीं होता; जिज्ञासा वृत्ति का व्यायाम होता है। उनका प्रधान गुण घटना-वैचित्र्य द्वारा कुतूहल को बनाए रखना ही होता है। कही जाने वाली कहानियाँ अधिकतर ऐसी ही होती हैं। पर कुछ कहानियाँ ऐसी भी जनसाधारण के बीच प्रचलित होती हैं जिनके बीच-बीच में भावोद्रेक करने

वाली दशाएँ भी पड़ती चलती हैं। इन्हें हम रसात्मक कहानियाँ कह सकते हैं। इनमें भावुकता का अंश बहुत कुछ होता है और ये अपढ़ जनता के बीच प्रबंधकाव्य का ही काम देती हैं। इनमें जहाँ मार्मिक स्थल आते हैं वहाँ-वहाँ कथोपकथन आदि के रूप में कुछ पद्य या गाना रहता है।

ऐसी रसात्मक कहानियों का घटनाचक्र ही ऐसा होता है जिसके भीतर सुख-दुःख पूर्ण जीवनदशाओं का बहुत कुछ समावेश रहता है। पहले कहा जा चुका है कि 'पद्मिनी और हीरामन तोते की कहानी' इसी प्रकार की है। इसके घटनाचक्र के भीतर प्रेम, वियोग, माता की ममता, यात्रा कष्ट, विपत्ति, आनंदोत्सव, युद्ध, जय, पराजय आदि के साथ-साथ विश्वासघात, वैर, छल, स्वामिभक्ति, पातिव्रत, वीरता आदि का भी विधान है। पर 'पद्मावत' शृंगारप्रधान काव्य है। इसी से इसके घटनाचक्र के भीतर जीवनदशाओं और मानवसंबंधों की वह अनेकरूपता नहीं है जो रामचरितमानस में है। इसमें रामायण की अपेक्षा बहुत कम मानव दशाओं और संबंधों का रसपूर्ण प्रदर्शन और बहुत कम प्रकार के चरित्रों का समावेश है। इसका मुख्य कारण यह है कि जायसी का लक्ष्य प्रेमपथ का निरूपण है। जो कुछ हो, यह अवश्य मानना पड़ता है कि रसात्मकता के संचार के लिए प्रबंधकाव्य का जैसा घटनाचक्र चाहिए पद्मावत का वैसा ही है। चाहे इसमें अधिक जीवन दशाओं को अंतर्भूत करने वाला विस्तार और व्यापकत्व न हो, पर इसका स्वरूप बहुत ठीक है।

महाकवि सूरदास

जयदेव की देववाणी की स्निग्ध पीयूषधारा, जो काल की कठोरता में दब गई थी, अवकाश पाते ही लोकभाषा की सरसता में परिणत होकर मिथिला की अमराइयों में विद्यापति के कोकिल कंठ से प्रकट हुई और आगे चलकर ब्रज के करीलकुंज के बीच फैल मुरझाये मनों को सींचने लगी। आचार्यों की छाप लगी हुई आठ वीणायें श्रीकृष्ण की प्रेमलीला का कीर्तन करने उठीं, जिनमें सबसे ऊँची, सुरीली और मधुर झनकार अन्धे कवि सूरदास की वीणा की थी। ये भक्त कवि सगुण उपासना का रास्ता साफ करने लगे। निर्गुण उपासना की नीरसता और अग्राह्यता दिखाते हुए ये उपासना का हृदयग्राही स्वरूप सामने लाने में लग गये। इन्होंने भगवान् का प्रेममय रूप ही लिया; इससे हृदय की कोमल वृत्तियों के ही आश्रय और आलम्बन खड़े किये। आगे जो इनके अनुयायी कृष्णभक्त हुए, वे भी उन्हीं वृत्तियों में लीन रहे। हृदय की अन्य वृत्तियों (उत्साह आदि) के रंजनकारी रूप भी यदि वे चाहते, तो कृष्ण में ही मिल जाते; पर उनकी ओर वे न बढ़े। भगवान् का यह व्यक्त स्वरूप यद्यपि एकदेशीय था—केवल प्रेममय था—पर उस समय नैराश्य के कारण जनता के हृदय में जीवन की ओर से एक प्रकार की जो अरुचि सी उत्पन्न हो रही थी, उसे हटाने में उपयोगी हुआ। मनुष्यता के सौन्दर्यपूर्ण और माधुर्यपूर्ण पक्ष को दिखाकर इन कृष्णोपासक वैष्णव कवियों ने जीवन के प्रति अनुराग जगाया, या कम से कम जीने की चाह बनी रहने दी।

बाल्यकाल और यौवनकाल कितने मनोहर हैं! उनके बीच नाना मनोरम परिस्थितियों के विशद चित्रण द्वारा सूरदासजी ने जीवन की जो रमणीयता सामने रखी, उससे गिरे हुए हृदय नाच उठे। 'वात्सल्य' और 'शृंगार' के क्षेत्रों का जितना अधिक उद्‌घाटन सूर ने अपनी बन्द आँखों से किया, उतना किसी और कवि ने नहीं। इन क्षेत्रों का कोना कोना वे झाँक आए। उक्त दोनों रसों के प्रवर्तक रति भाव के भीतर की जितनी मानसिक वृत्तियों और दशाओं का अनुभव और प्रत्यक्षीकरण सूर कर सके, उतनी का और कोई नहीं। हिन्दी साहित्य में शृंगार का रसराजत्व यदि किसी ने पूर्ण रूप से दिखाया, तो सूर ने।

उनकी उमड़ती हुई वाग्धारा उदाहरण रचनेवाले कवियों के समान गिनाये हुए

संचारियों से बँधकर चलनेवाली न थी। यदि हम सूर के केवल विप्रलम्भ शृंगार को ही लें, अथवा इस भ्रमरगीत को ही देखें, तो न जाने कितने प्रकार की मानसिक दशाएँ ऐसी मिलेंगी, जिनके नामकरण तक नहीं हुए हैं। मैं इसी को कवियों की पहुँच कहता हूँ। यदि हम मनुष्यजीवन के सम्पूर्ण क्षेत्र को लेते हैं तो सूरदासजी की दृष्टि परिमित दिखाई पड़ती है। पर यदि उनके चुने हुए क्षेत्रों (शृंगार और वात्सल्य) को लेते हैं, तो उनके भीतर उनकी पहुँच का विस्तार बहुत अधिक पाते हैं। उन क्षेत्रों में इतना अन्तर्दृष्टि विस्तार और किसी कवि का नहीं। बात यह है कि सूर को 'गीतकाव्य' की जो परम्परा (जयदेव और विद्यापति की) मिली, वह शृंगार की ही थी। इसी से सूर के संगीत में भी उसी की प्रधानता रही। दूसरी बात है उपासना का स्वरूप, सूरदासजी वल्लभाचार्यजी के शिष्य थे, जिन्होंने भक्तिमार्ग में भगवान् का प्रेममय स्वरूप प्रतिष्ठित करके उसके आकर्षण द्वारा 'सायुज्य मुक्ति' का मार्ग दिखाया था। भक्तिसाधना के इस चरम लक्ष्य या फल (सायुज्य) की ओर सूर ने कहीं-कहीं संकेत भी किया है जैसे—

सीत उष्ण सुख दुख नहिं मानै, हानि भये कछु सोच न राँचै।
जाय समाय सूर वा निधि में बहुरि न उलटि जगत में नाचै।।

जिस प्रकार ज्ञान की चरम सीमा ज्ञाता और ज्ञेय की एकता है उसी प्रकार प्रेमभाव की चरम सीमा आश्रय और आलम्बन की एकता है। अतः भगवद्भक्ति की साधना के लिए इसी प्रेमतत्त्व को वल्लभाचार्य ने रखा और उनके अनुयायी कृष्णभक्त कवि इसी को लेकर चले। गो. तुलसीदासजी की दृष्टि व्यक्तिगत साधना के अतिरिक्त लोकपक्ष पर भी थी; इसी से वे मर्यादा पुरुषोत्तम के चरित्र को लेकर चले; और उसमें लोकरक्षा के अनुकूल जीवन की और वृत्तियों का भी उन्होंने उत्कर्ष दिखाया और अनुरंजन किया।

उक्त प्रेमतत्त्व की पुष्टि में ही सूर की बाणी मुख्यतः प्रयुक्त जान पड़ती है। रतिभाव के तीनों प्रबल और प्रधान रूप—भगवद्विषयक रति, वात्सल्य और दाम्पत्य रति—सूर ने लिये हैं। यद्यपि पिछले दोनों प्रकार के रतिभाव भी कृष्णोन्मुख होने के कारण तत्त्वतः भगवत्प्रेम के अन्तर्भूत ही हैं, पर निरूपणभेद से और रचनाविभाग की दृष्टि से वे अलग रखे गये हैं। इस दृष्टि से विभाग करने से विनय के जितने पद हैं, वे भगवद्विषयक रति के अन्तर्गत आवेंगे; बाललीला के पद वात्सल्य के अर्न्तगत और गोपियों के प्रेम सम्बन्धी पद दाम्पत्य रतिभाव के अन्तर्गत होंगे। हृदय से निकली हुई प्रेम की इन तीनों प्रबल धाराओं से सूर ने बड़ा भारी सागर भरकर तैयार किया है।

कविकर्म विधान के दो पक्ष होते हैं—विभाव पक्ष और भाव पक्ष। कवि एक ओर तो ऐसी वस्तुओं का चित्रण करता है, जो मन में कोई भाव उठाने या उठे हुए भाव को और जगाने में समर्थ होती है, और दूसरी ओर उन वस्तुओं के अनुरूप

भावों के अनेक स्वरूप शब्दों द्वारा व्यक्त करता है। एक विभाव पक्ष है, दूसरा भाव पक्ष। कहने की आवश्यकता नहीं कि काव्य में ये दोनों अन्योन्याश्रित हैं, अतः दोनों रहते हैं। जहाँ एक ही पक्ष का वर्णन रहता है, वहाँ भी दूसरा पक्ष अव्यक्त रूप में रहता है। जैसे नायिका के रूप या नखशिख का कोरा वर्णन लें, तो उसमें भी आश्रय का रतिभाव अव्यक्त रूप में वर्तमान रहता है। भावपक्ष में सूर की पहुँच का उल्लेख ऊपर हो चुका है। सूरदासजी ने शृंगार और वात्सल्य ये ही दो रस लिए हैं। अतः विभावपक्ष में भी उनका वर्णन उन्हीं वस्तुओं तक परिमित है, जो उक्त दोनों रसों के आलम्बन या उद्दीपन के रूप में आ सकती हैं, जैसे, राधा और कृष्ण के नाना रूप, वेश और चेष्टायें तथा करीलकुंज, उपवन, यमुना, पवन, चन्द्र, ऋतु इत्यादि।

विभावपक्ष के अन्तर्गत भी वस्तुएँ दो रूपों में लायी जाती हैं—वस्तु रूप में और अलंकार रूप में; अर्थात् प्रस्तुत रूप में और अप्रस्तुत रूप में। मान लीजिए कि कोई कवि कृष्ण का वर्णन कर रहा है, पहले वह कृष्ण के श्याम या नीलवर्ण शरीर को, उस पर पड़े हुए पीताम्बर को, त्रिभंगी मुद्रा को, स्मित आनन को, हाथ में ली हुई मुरली को, सिर के कुंचित केश और मोर मुकुट आदि को सामने रखता है। यह विन्यास वस्तुरूप में हुआ। इसी प्रकार का विन्यास यमुनातट निकुंज की लहराती लताओं, चन्द्रिका, कोकिलकूजन आदि का होगा। इनके साथ ही यदि कृष्ण के शोभावर्णन में घन और दामिनी, सनाल कमल आदि उपमान के रूप में वह लाता है, तो यह विन्यास अलंकार रूप में होगा। वर्ण्य विषय की परिमिति के कारण वस्तुविन्यास का जो संकोच सूर की रचना में दिखाई पड़ता है, उसकी बहुत कुछ कसर अलंकार रूप में लाये हुए पदार्थों के प्राचुर्य द्वारा पूरी हो जाती है। कहने का तात्पर्य यह कि प्रस्तुत रूप में लाये हुए पदार्थों की संख्या सूर में कम, पर अलंकार-रूप में लाए हुए पदार्थों की संख्या बहुत अधिक है। यह दूसरे प्रकार की (आलंकारिक) रूपयोजना या व्यापारयोजना किसी और (प्रस्तुत) रूप के प्रभाव को बढ़ाने के लिए ही होती हैं। अतः इसमें लाये हुए रूप या व्यापार ऐसे ही होने चाहिए जो प्रभाव में उन प्रस्तुत रूपों या व्यापार के समान हों। सूर अलंकार योजना के लिए अधिकतर ऐसे ही पदार्थ लाये हैं।

सारांश यह कि यदि हम बाह्य सृष्टि से लिए रूपों और व्यापारों के सम्बन्ध में सूर की पहुँच का विचार करते हैं तो यह बात स्पष्ट देखने में आती है कि प्रस्तुत रूप में लिए हुए पदार्थों और व्यापारों की संख्या परिमित है। उन्होंने कृष्ण और राधा के अंग प्रत्यंग, मुद्राओं और चेष्टाओं, यमुना तट, वंशीवट, निकुंज, गोचारण, वन विहार, बाललीला, चोरी, नटखटी तथा कविपरिपाटी में परिगणित ऋतुसुलभ वस्तुओं तक ही अपने को रखा है।

इसके कारण दो हैं—पहली बात तो यह है कि इनकी रचना, 'गीतकाव्य' है

जिसमें मधुर ध्वनिप्रवाह के बीच कुछ चुने हुए पदार्थों और व्यापारों की झलक भर काफी होती है। गोस्वामी तुलसीदासजी के समान सूरसागर प्रबन्धकाव्य नहीं है; जिसमें कथाक्रम से अनेक पदार्थों और व्यापारों की शृंखला जुड़ती चली चलती है। सूरदासजी ने प्रत्येक लीला या प्रसंग पर फुटकर पद कहे हैं। एक पद दूसरे पद से सम्बद्ध नहीं है। प्रत्येक पद स्वतन्त्र है। इसी से किसी एक प्रसंग पर कहे हुए पदों को यदि हम लेते हैं; तो एक ही घटना से सम्बन्ध रखनेवाली एक ही बात भिन्न-भिन्न रागिनियों में कुछ फेरफार के साथ बहुत से पदों में मिलती है, जिससे पढ़नेवाले का जी कभी-कभी ऊब सा जाता है। यह बात प्रकृत प्रबन्धकाव्य में नहीं होती।

परिमिति का दूसरा कारण पहले ही कहा जा चुका है कि सूरदासजी ने जीवन की वास्तव में दो ही वृत्तियाँ ली हैं—बालवृत्ति और यौवनवृत्ति। इन दोनों के अन्तर्गत आये हुए व्यापार क्रीड़ा, उमंग और उद्रेक के रूप में ही हैं। प्रेम भी घटनापूर्ण नहीं है। उसमें किसी प्रकार का प्रयत्न विस्तार नहीं है, जिसके भीतर नई-नई वस्तुओं और व्यापारों का सन्निवेश होता चलता है। लोकसंघर्ष से उत्पन्न विविधव्यापारों की योजना सूर का उद्देश्य नहीं है। उनकी रचना जीवन की अनेकरूपता की ओर नहीं गयी है; बालक्रीड़ा, प्रेम के रंग रहस्य और उसकी अतृप्त वासना तक ही रह गयी है। जीवन की गम्भीर समस्याओं से तटस्थ रहने के कारण उसमें वह वस्तुगाम्भीर्य नहीं है जो गोस्वामीजी की रचनाओं में है। परिस्थिति की गम्भीरता के अभाव से गोपियों के वियोग में भी वह गम्भीरता नहीं दिखाई पड़ती जो सीता के वियोग में है। उनका वियोग खाली बैठे का काम सा दिखाई पड़ता है। सीता अपने प्रिय से वियुक्त होकर कई सौ कोस दूर दूसरे द्वीप में राक्षसों के बीच पड़ी हुई थीं। गोपियों के गोपाल केवल दो चार कोस दूर के एक नगर में राजसुख भोग रहे थे। सूर का वियोगवर्णन, वियोगवर्णन के लिए ही है, परिस्थिति के अनुरोध से नहीं। कृष्ण गोपियों के साथ क्रीड़ा करते-करते किसी कुंज या झाड़ी में जा छिपते हैं, या यों कहिये कि थोड़ी देर के लिए अन्तर्धान हो जाते हैं। बस गोपियाँ मूर्च्छित होकर गिर पड़ती हैं। उनकी आँखों से आँसुओं की धारा उमड़ चलती है। पूर्ण वियोग दशा उन्हें आ घेरती है। यदि परिस्थिति का विचार करें, तो ऐसा विरहवर्णन असंगत प्रतीत होगा; पर जैसा कहा जा चुका है, सूरसागर प्रबन्धकाव्य नहीं है, जिसमें वर्णन की उपयुक्तता या अनुपयुक्तता के निर्णय में घटना या परिस्थिति के विचार का बहुत कुछ योग रहता है।

पारिवारिक और सामाजिक जीवन के बीच हम सूर के बालकृष्ण को ही थोड़ा बहुत देखते हैं। कृष्ण के केवल बालचरित्र का प्रभाव नन्द, यशोदा आदि परिवार के लोगों और पड़ोसियों पर पड़ता दिखाई देता है। सूर का बाललीला वर्णन ही पारिवारिक जीवन से सम्बद्ध है। कृष्ण के छोटे-छोटे पैरों से चलने, मुँह में मक्खन लिपटाकर भागने या इधर-उधर नटखटी करने पर नन्द बाबा और यशोदा मैया का

कभी पुलकित होना, कभी खीझना, कभी पड़ोसियों का प्रेम से उलाहना देना आदि बातें एक छोटे से जनसमूह के भीतर आनन्द का संचार करती दिखाई गई हैं। इसी बाललीला के भीतर कृष्णचरित का लोकपक्ष अधिकतर आया है; जैसे कंस के भेजे हुए असुरों के उत्पात से गोपों को बचाना, काली नाग को नाथकर लोगों का भय छुड़ाना। इन्द्र के कोप से डूबती हुई बस्ती की रक्षा करने और नन्द को वरुण लोक से लाने का वृत्तान्त यद्यपि प्रेम लीला आरम्भ होने के पीछे आया है, पर उससे सम्बद्ध नहीं है। कृष्ण के चरित में जो यह थोड़ा बहुत लोकसंग्रह दिखाई पड़ता है, उसके स्वरूप में सूर की वृत्ति लीन नहीं हुई है। जिस शक्ति से उस बाल्यावस्था में ऐसे प्रबल शत्रुओं का दमन किया गया, उसके उत्कर्ष का अनुरंजनकारी और विस्तृत वर्णन उन्होंने नहीं किया है। जिस ओज और उत्साह से तुलसीदासजी ने मारीच, ताड़का, खरदूषण आदि के निपात का वर्णन किया है, उस ओज और उत्साह से सूरदासजी ने बकासुर, अघासुर, कंस आदि के वध और इन्द्र के गर्वमोचन का वर्णन नहीं किया है। कंस और उसके साथी असुर भी कृष्ण के शत्रु के रूप में ही सामने आते हैं, लोकशत्रु या लोकपीड़क के रूप में नहीं। रावण के साथी राक्षसों के समान वे ब्राह्मणों को चबा-चबाकर उनकी हड्डियों का ढेर लगानेवाले या स्त्री चुरानेवाले नहीं दिखाई पड़ते। उनके कारण वैसा हाहाकार नहीं सुनाई पड़ता। उनका अत्याचार 'सभ्य अत्याचार' जान पड़ता है। शक्ति, शील और सौन्दर्य भगवान् की इन तीन विभूतियों में से सूर ने केवल सौन्दर्य तक ही अपने को रखा है, जो प्रेम को आकर्षित करता है। शेष दो विभूतियों को भी लेकर भगवान् के लोकरंजनकारी स्वरूप की पूर्ण प्रतिष्ठा हमारे हिन्दी साहित्य में गोस्वामी तुलसीदासजी ने की। श्रद्धा या महत्त्वबुद्धि पुष्ट करने के लिए ही कृष्ण की शक्ति या लौकिक महत्त्व की प्रतिष्ठा में आग्रह न दिखाने के कारण ही सूर की उपासना सख्य भाव की कही जाती है।

पारिवारिक और सामाजिक जीवन के साथ सूरदास द्वारा वर्णित कृष्णचरित का जो थोड़ा बहुत सम्बन्ध दिखाई पड़ता है उसका सम्यक् स्फुरण नहीं हुआ है। रहा प्रेमपक्ष; वह ऐकान्तिक है। सूर का प्रेमपक्ष लोक से न्यारा है। गोपियों के प्रेमभाव की गम्भीरता आगे चलकर उद्धव का ज्ञानगर्व मिटाती हुई दिखाई पड़ती है। वह भक्ति की एकान्त साधना का आदर्श प्रतिष्ठित करती हुई जान पड़ती है; लोकधर्म के किसी अंग का नहीं। सूरदास सच्चे प्रेममार्ग के त्याग और पवित्रता को ज्ञानमार्ग के त्याग और पवित्रता के समकक्ष रखने में खूब समर्थ हुए हैं, साथ ही उन्होंने उस त्याग को रागात्मिका वृत्ति द्वारा प्रेरित दिखाकर भक्तिमार्ग या प्रेममार्ग की सुगमता भी प्रतिपादित की है।

तुलसी के समान लोकव्यापी प्रभाववाले कर्म और लोकव्यापिनी दशाएँ सूर ने वर्णन के लिए नहीं ली हैं। असुरों के अत्याचार से दुखी पृथ्वी की प्रार्थना पर भगवान् का कृष्णावतार हुआ, इस बात को उन्होंने केवल एक ही पद में कह डाला है। इसी

प्रकार कागासुर, बकासुर, शकटासुर आदि को हम लोकपीड़कों के रूप में नहीं पाते हैं। केवल प्रलम्ब और कंस के वध पर देवताओं का फूल बरसाना देखकर उक्त कर्म के लोकव्यापी प्रभाव का कुछ आभास मिलता है। पर वह वर्णन विस्तृत नहीं है। सूरदास का मन जितना नंद के घर की आनन्द बधाई, बालक्रीड़ा, मुरली की मोहिनी तान, रास नृत्य, प्रेम के रंगरहस्य और संयोग-वियोग की नाना दशाओं में लगा है, उतना ऐसे प्रसंगों में नहीं। ऐसे प्रसंगों को उन्होंने किसी प्रकार चलता कर दिया है। कुछ लोग रामचरितमानस में राम के प्रत्येक कर्म पर देवताओं का फूल बरसाना देखकर ऊबते से हैं। उन्हें समझना चाहिए कि गोस्वामीजी ने राम के प्रत्येक कर्म को ऐसे व्यापक प्रभाव का चित्रित किया है, जिसपर तीनों लोकों की दृष्टि लगी रहती थी। कृष्ण का गोचारण और रासलीला आदि देखने को भी देवगण एकत्र हो जाते हैं, पर केवल तमाशबीन की तरह।

सूरदासजी को मुख्यतः शृंगार और वात्सल्य का कवि समझना चाहिए, यद्यपि और रसों का भी एक-आध जगह अच्छा वर्णन मिल जाता है; जैसे दावानल के इस वर्णन में भयानक रस का–

भहरात भहरात दावानल आयो।
घेरि चहुँ ओर करि सोर अंदोर बन धरनि आकास चहुँ पास छायो।।
बरन बन बाँस, थरहरत कुस कास, जरि उड़त बहु झाँस, अति प्रबल धायो।
झपटि झपटत लपट, फूल फूटत पटकि, चटकि लट लटकि द्रुम फटि नवायो।।
अति अगिनि झार भभार धुंधार करि उचटि अंगार झंझार छायो।
बरत बनपात, झहरात, भहरात, अररात तरु महा धरनी गिरायो।।

पर जैसा कहते आ रहे हैं, मुख्यता शृंगार और वात्सल्य को ही है। पर इसमें सन्देह नहीं कि इन दोनों रसों के वे सबसे बड़े कवि हैं।

यहाँ तक तो सूर की रचना की सामान्य दृष्टि से समीक्षा हुई। अब इन महाकवि की उन विशेषताओं का थोड़ा बहुत दिग्दर्शन होना चाहिए जिनके कारण हिन्दी साहित्य में इनका स्थान इतना ऊँचा है। ध्यान देने की सबसे पहली बात यह है कि चलती हुई ब्रजभाषा में सबसे पहली साहित्यिक कृति इन्हीं की मिलती है, जो अपनी पूर्णता के कारण आश्चर्य में डाल देती है। पहली साहित्यिक रचना और इतनी प्रचुर, प्रगल्भ और काव्यांगपूर्ण कि अगले कवियों की शृंगार और वात्सल्य की उक्तियाँ इनकी जूठी जान पड़ती हैं। यह बात हिन्दी साहित्य का इतिहास लिखनेवालों को उलझन में डालनेवाली होगी। सूरसागर किसी पहले से चली आती हुई परम्परा का–चाहे वह मौखिक ही रही हो–पूर्ण विकास सा जान पड़ता है, चलनेवाली परम्परा का मूल रूप नहीं।

यदि भाषा को लेकर देखते हैं, तो वह ब्रज की चलती बोली होने पर भी एक साहित्यिक भाषा के रूप में मिलती है, जो और प्रान्तों के कुछ प्रचलित शब्दों और

प्रत्ययों के साथ ही साथ पुरानी काव्यभाषा अपभ्रंश के शब्दों को लिये हुए है। सूर की भाषा बिल्कुल बोलचाल की ब्रजभाषा नहीं है। 'जाकों' 'तासों' 'वाकों' चलती ब्रजभाषा के इन रूपों के समान ही 'जेहि' 'तेहि' आदि पुराने रूपों का प्रयोग बराबर मिलता है, जो अवधी की बोलचाल में तो अबतक हैं, पर ब्रज की बोलचाल में सूर के समय में भी नहीं थे। पुराने निश्चयार्थक 'पै' का व्यवहार भी पाया जाता है; जैसे, 'जाहि लगै सोई पै जानै, प्रेम बान अनियारो'। 'गोड़' 'आपन' 'हमार' आदि पूरबी प्रयोग भी बराबर पाये जाते हैं। कुछ पंजाबी प्रयोग भी मौजूद हैं, जैसे, महँगी के अर्थ में 'प्यारी' शब्द। ये सब बातें एक व्यापक काव्यभाषा के अस्तित्व की सूचना देती हैं।

अब हम संक्षेप में उन प्रसंगों को लेते हैं जिनमें सूर की प्रतिभा पूर्णतया लीन हुई है। कृष्ण जन्म की आनन्द बधाई के उपरान्त ही बाललीला का आरम्भ हो जाता है। जितने विस्तृत और विशद रूप में बाल्यजीवन का चित्रण इन्होंने किया है, उतने विस्तृत रूप में और किसी कवि ने नहीं किया। शैशव से लेकर कौमार अवस्था तक के क्रम से लगे हुए न जाने कितने चित्र मौजूद हैं। उनमें केवल बाहरी रूपों और चेष्टाओं का ही विस्तृत और सूक्ष्म वर्णन नहीं है, कवि ने बालकों की अन्तःप्रकृति में भी पूरा प्रवेश किया है और अनेक बाल्य भावों की सुन्दर स्वाभाविक व्यंजना की है। देखिये, 'स्पर्द्धा' का भाव जो बालकों में स्वाभाविक होता है, इन वाक्यों से किस प्रकार व्यंजित हो रहा है—

मैया कबहिं बढ़ैगी चोटी?
किती बार मोहिं दूध पियत भई, यह अजहूँ है छोटी।
तू जो कहति 'बल' की बेनी ज्यों ह्वैहै लाँबी मोटी।।

बालचेष्टा के स्वाभाविक मनोहर चित्रों का इतना बड़ा भांडार और कहीं नहीं है, जितना बड़ा सूरसागर में है। दो-चार चित्र देखिये—

(1) **कत हौ आरि करत मेरे मोहन यों तुम आँगन लोटी?**
जो माँगहु सो देहुँ मनोहर यहै बात तेरी खोटी।
सूरदास को ठाकुर ठाढ़ो हाथ लकुटि लिये छोटी।।

(2) **सोभित कर नवनीत लिये।**
घुटरुन चलत, रेनु तन मण्डित, मुख दधि लेप किये।।

(3) **सिखवत चलन जसोदा मैया।**
अरबराय करि पानि गहावत, डगमगाय धरै पैयाँ।।

(4) **पाहुनि करि दै तनक मह्यौ।**
आरि करै मनमोहन मेरो, अंचल आनि गह्यौ।
ब्याकुल मथत मथनियाँ रीती, दधि भ्वैं ढरकि रह्यौ।।

हारजीत के खेल में बालकों के 'क्षोभ' के कैसे स्वाभाविक वचन सूर ने रखे हैं—

खेलत में को काको गोसैयाँ।
हरि हारे, जीते श्रीदामा, बरबस ही कत करत रिसैयाँ।।
जाति पाँति हम तें कछु नाहिं, न बसत तुम्हारी छैयाँ।
अति अधिकार जनावत यातें, अधिक तुम्हारे हैं कछु गैयाँ।।

अब यहाँ पर थोड़ा इसका भी निर्णय हो जाना चाहिए कि इन बालचेष्टाओं का काव्यविधान में क्या स्थान होगा। वात्सल्य रस के अनुसार बालक कृष्ण आलम्बन होंगे और नंद या यशोदा आश्रय। अतः ये चेष्टायें अनुभाव के अन्तर्गत आती हैं; पर आलम्बनगत चेष्टाएँ उद्दीपन के ही भीतर आ सकती हैं। इससे यह स्पष्ट है कि ऐसी चेष्टाओं का स्थान भावविधान के ही भीतर है। उन्हें अलंकारविधान के भीतर घसीटकर 'स्वभावोक्ति' अलंकार कहना मेरी समझ में ठीक नहीं।

बाललीला के आगे फिर उस गोचारण का मनोरम दृश्य सामने आता है, जो मनुष्य जाति की अत्यन्त प्राचीन वृत्ति होने के कारण अनेक देशों में काव्य का प्रिय विषय रहा है। यवन देश (यूनान) के 'पशुचारण काव्य' (पैस्टोरल पोयट्री) का मधुर संस्कार यूरोप की कविता पर अबतक कुछ न कुछ चला ही जाता है। कवियों को आकर्षित करनेवाली गोपजीवन की सबसे बड़ी विशेषता है—प्रकृति के विस्तृत क्षेत्र में विचरने के लिए सबसे अधिक अवकाश। कृषि, बाणिज्य आदि और व्यवसाय जो आगे चलकर निकले, वे अधिक जटिल हुए—उनमें उतनी स्वच्छन्दता न रही। कविश्रेष्ठ कालिदास ने अपने रघुवंश काव्य के आरम्भ में दिलीप को नन्दिनी के साथ वन-वन फिराकर इसी मधुर जीवन का आभास दिखाया है। सूरदासजी ने जमुना के कछारों के बीच गोचारण के बड़े सुन्दर-सुन्दर दृश्यों का विधान किया है। यथा—

मैया री! मोहि दाऊ टेरत।
मोकों बनफल तोरि देत हैं, आपुन गैयन घेरत।।

यमुना तट पर किसी बड़े पेड़ की शीतल छाया में बैठकर कभी सब सखा कलेऊ बाँटकर खाते हैं, कभी इधर-उधर दौड़ते हैं। कभी कोई चिल्लाता है—

द्रुम चढ़ि काहे न टेरत, कान्हा, गैया दूरि गईं।
धाई जाति सबन के आगे जे वृषभान दईं।।

'जे 'वृषभान दईं' कहकर सूर ने पशुप्रकृति का अच्छा परिचय दिया है। नये खूँटे पर आयी हुई गायें बहुत दिनों तक चंचल रहती हैं और भागने का उद्योग करती हैं। इसी से वृषभान की दी हुई गायें चरते समय भी भाग खड़ी होती हैं, और कुछ दूसरी गायें भी स्वभावानुसार उनके पीछे दौड़ पड़ती हैं।

वृन्दावन के उसी सुखमय जीवन के हास परिहास के बीच गोपियों के प्रेम का उदय होता है। गोपियाँ कृष्ण के दिन-दिन खिलते हुए सौन्दर्य और मनोहर चेष्टाओं

को देख मुग्ध होती चली जाती हैं; और कृष्ण कौमार अवस्था की स्वाभाविक चपलतावश उनसे छेड़छाड़ करना आरम्भ करते हैं। हास-परिहास और छेड़छाड़ के साथ प्रेम-व्यापार का अत्यन्त स्वाभाविक आरम्भ सूर ने दिखाया है। किसी की रूप-चर्चा सुन, या अकस्मात् किसी की एक झलक पाकर हाय-हाय करते हुए इस प्रेम का आरम्भ नहीं हुआ है। नित्य अपने बीच चलते-फिरते, हँसते-बोलते वन में गाय चराते देखते-देखते गोपियाँ कृष्ण में अनुरक्त होती हैं और कृष्ण गोपियों में। इस प्रेम को हम जीवनोत्सव के रूप में पाते हैं; सहसा उठ खड़े हुए तूफान या मानसिक विप्लव के रूप में नहीं, जिसमें अनेक प्रकार के प्रतिबन्धों और विघ्नबाधाओं को पार करने की लम्बी-चौड़ी कथा खड़ी होती है। सूर के कृष्ण और गोपियाँ पक्षियों के समान स्वच्छन्द हैं। वे लोकबन्धनों से जकड़े हुए नहीं दिखाये गये हैं। जिस प्रकार के स्वच्छन्द समाज का स्वप्न अँगरेज कवि शेली देखा करते थे, उसी प्रकार का यह समाज सूर ने चित्रित किया।

सूर के प्रेम की उत्पत्ति में रूपलिप्सा और साहचर्य दोनों का योग है। बालक्रीड़ा के सखा-सखी आगे चलकर यौवनक्रीड़ा के सखा-सखी हो जाते हैं। गोपियों ने उद्धव से साफ कहा–'लरिकाई को प्रेम कहौ अलि, कैसे छूटै?' केवल एक साथ रहते-रहते भी दो प्राणियों में स्वभावतः प्रेम हो जाता है। कृष्ण एक तो बाल्यावस्था से ही गोपियों के बीच रहे, दूसरे सुंदरता में भी अद्वितीय थे। अतः गोपियों के प्रेम का क्रमशः विकास दो प्राकृतिक शक्तियों के प्रभाव से होने के कारण बहुत ही स्वाभाविक प्रतीत होता है। बालक्रीड़ा इस प्रकार क्रमशः यौवनक्रीड़ा के रूप में परिणत होती गई है कि सन्धि का पता ही नहीं चलता। रूप का आकर्षण बाल्यावस्था से ही आरम्भ हो जाता है। राधा और कृष्ण के विशेष प्रेम की उत्पत्ति सूर ने रूप के आकर्षण द्वारा ही कही है।

(क) **खेलन हरि निकसे ब्रज खोरी।**
गये श्याम रवि तनया के तट अंग लसति चन्दन की खोरी।।
औचक ही देखी तहँ राधा, नैन बिसाल भाल दिये रोरी।
सूर श्याम देखत ही रीझे, नैन नैन मिलि परी ठगोरी।।

(ख) **बूझत श्याम, कौन तू गोरी।**
'कहाँ रहति, काकी तू बेटी? देखी नाहिं कहूँ ब्रज खोरी'।।
'काहे को हम ब्रज तन आवति खेलति रहति आपनी पौरी'।
'सुनति रहति श्रवनन नँद ढोटा करत रहत माखन दधि चोरी'।।
'तुम्हरो कहा चोरि हम लैहैं? खेलन चलौ संग मिलि जोरी'।
सूरदास प्रभु रसिक सिरोमनि बातन भुरइ राधिका भोरी।।

इस खेल ही खेल में इतनी बड़ी बात पैदा हो गई है, जिसे प्रेम कहते हैं। प्रेम का आरम्भ उभय पक्ष में सम है। आगे चलकर कृष्ण के मथुरा चले जाने पर

उसमें कुछ विषमता दिखाई पड़ती है। कृष्ण यद्यपि गोपियों को भूले नहीं हैं, उद्धव के मुख से उनका वृत्तान्त सुनकर वे आँखों में आँसू भर लेते हैं, पर गोपियों ने जैसा वेदनापूर्ण उपालम्भ दिया है, उससे अनुराग की कमी ही व्यंजित होती है।

पहले कहा जा चुका है कि शृंगार और वात्सल्य के क्षेत्र में सूर की समता को और कोई कवि नहीं पहुँचा है। शृंगार के संयोग और वियोग दोनों पक्षों का इतना प्रचुर विस्तार और किसी कवि में नहीं मिलता। वृन्दावन में कृष्ण और गोपियों का सम्पूर्ण जीवन क्रीड़ामय है और वह सम्पूर्ण क्रीड़ा संयोगपक्ष है। उसके अन्तर्गत विभावों की परिपूर्णता, कृष्ण और राधा के अंगप्रत्यंग की शोभा के अत्यन्त प्रचुर और चमत्कारपूर्ण वर्णन में तथा वृन्दावन के करील कुंजों, लोनी लताओं, हरेभरे कछारों, खिली हुई चाँदनी, कोकिलकूजन आदि में देखी जाती है। अनुभावों और संचारियों का इतना बाहुल्य और कहाँ मिलेगा। सारांश यह कि संयोगसुख के जितने प्रकार के क्रीड़विधान हो सकते हैं, वे सब सूर ने लाकर इकट्ठे कर दिये हैं। यहाँ तक कि कुछ ऐसी बातें भी आ गई हैं—जैसे, कृष्ण के कन्धे पर चढ़कर फिरने का राधा का आग्रह—जो कम रसिक लोगों को अरुचिकर स्त्रैणता प्रतीत होगी।

सूर का संयोगवर्णन एक क्षणिक घटना नहीं है, प्रेम संगीतमय जीवन की एक गहरी चलती धारा है, जिसमें अवगाहन करनेवाले को दिव्य माधुर्य के अतिरिक्त और कहीं कुछ नहीं दिखाई पड़ता। राधाकृष्ण के रंगरहस्य के इतने प्रकार के चित्र सामने आते हैं कि सूर का हृदय प्रेम की नाना उमंगों का अक्षय भांडार प्रतीत होता है। प्रेमोदयकाल की विनोदवृत्ति और हृदयप्रेरित हावों की छटा चारों ओर छलकी पड़ती है। राधा और कृष्ण का गाय चराते समय वन में भी साथ हो जाता है, एक दूसरे के घर आने जाने भी लगे हैं, इसलिए ऐसी ऐसी बातें नित्य न जाने कितनी हुआ करती हैं—

(क) **करिं ल्यो न्यारी, हरि, आपनि गैया।**
नहि न बसात लाल कछु तुमसों, सबै ग्वाल इक ठैंया।।

(ख) **धेनु दुहत अति ही रति बाढ़ी।**
एक धार दोहनि पहुँचावत, एक धार जहँ प्यारी ठाढ़ी।
मोहन कर तें धार चलति पय मोहनि-मुख अति ही छबि बाढ़ी।।

(ग) **तुम पै कौन दुहावै गैया?**
इत चितवत, उत धार चलावत, एहि सिखयो है मैया?

यशोदा के इस कथन का कि बार-बार तू यहाँ क्यों उत्पात मचाने आती है राधा जो उत्तर देती है उसमें प्रेम के आविर्भाव की कैसी सीधी और भोलीभाली व्यंजना है—

बार बार तू ह्याँ जनि आवै।
मैं कहा करौं सुतहि नहिं बरजति, घर तें मोहिं बुलावै।

मोसों कहत तोहि बिनु देखे रहत न मेरो प्रान।
छोह लगत मोकों सुनि बानी, महरि! तिहारी आन।।

कहने का सारांश यह कि प्रेम नाम की मनोवृत्ति का जैसा विस्तृत और पूर्ण परिज्ञान सूर को था, वैसा और किसी कवि को नहीं। इनका सारा संयोगवर्णन लम्बी-चौड़ी प्रेमचर्या है जिसमें आनन्दोल्लास के न जाने कितने स्वरूपों का विधान है। रासलीला, दानलीला, मानलीला, इत्यादि सब उसी के अन्तर्भूत हैं। पीछे देव कवि ने एक 'अष्टयाम' रचकर प्रेमचर्या दिखाने का प्रयत्न किया; पर वह अधिकतर एक घर के भीतर के भोगविलास की कृत्रिम दिनचर्या के रूप में है। उसमें न तो वह अनेकरूपता है और न प्राकृतिक जीवन की वह उमंग।

आलम्बन की रूपप्रतिष्ठा के लिए कृष्ण के अंगप्रत्यंग का सूर ने जो सैकड़ों पदों में वर्णन किया है, वह तो किया ही है, आश्रय पक्ष में नेत्र व्यापार और उसके अद्‌भुत प्रभाव पर एक दूसरी ही पद्धति पर बड़ी ही रम्य उक्तियाँ बहुत अधिक हैं। रूप को हृदय तक पहुँचानेवाले नेत्र ही हैं। इससे हृदय की सारी आकुलता, अभिलाषा और उत्कंठा का दोष इन्हीं रूपवाहकों के सिर मढ़कर सूर ने इसके प्रभावप्रदर्शन के लिए बड़े अनूठे ढंग निकाले हैं। कहीं इनकी न बुझनेवाली प्यास की परेशानी दिखाई है; कहीं इनकी चपलता और निरंकुशता पर इन्हें कोसा है; पीछे बिहारी, रामसहाय, गुलाम नबी और रसनिधि ने भी इस पद्धति का बहुत कुछ अनुकरण किया, पर यहाँ तो भांडार भरा हुआ है। इस प्रकार के नेत्रव्यापार वर्णन आश्रय पक्ष और आलम्बन पक्ष दोनों में होते हैं। सूर ने आश्रय पक्ष में ही इस प्रकार के वर्णन किये हैं; जैसे–

मेरे नैना बिरह की बेलि बई।
सींचत नीर नैन के सजनी मूल पताल गई।।
विगसति लता सुभाय आपने, छाया सघन भई।
अब कैसे निरुवारौं, सजनी! सब तन पसरि छई।।

आलम्बन-पक्ष में सूर के नेत्र-वर्णन उपमा-उत्प्रेक्षा आदि से भरी रूपचित्रण की शैली पर ही है; जैसे–

देखि, री! हरि के चंचल नैन।
खंजन मीन मृगज चपलाई नहिं पटतर एक सैन।।
राजिवदल, इन्दीवर, शतदल कमल कुशेशय जाति।
निसि मुद्रित, प्रातहि वै बिगसत, ये बिगसत दिन राति।।
अरुन असित सित झलक पलक प्रति को बरनै उपमाय।
मनौ सरस्वती गंग जमुन मिलि आगम कीन्हों आय।।

आलम्बन में स्थित नेत्र क्या-क्या करते हैं; इसका वर्णन सूर ने बहुत ही कम किया है। पिछले कुछ कवियों ने इस पक्ष में भी चमत्कारपूर्ण उक्तियाँ कही हैं।

जैसे—सूर ने तो 'अरुन असित सित झलक' पर गंगा, यमुना और सरस्वती की उत्प्रेक्षा की है, पर गुलाम नबी (रसलीन) ने उसी झलक की यह करतूत दिखाई है—

अमिय हलाहल मद भरे श्वेत, स्याम, रतनार।
जियत, मरत, झुकि-झुकि परत जेहि चितवत इक बार।।

मुरली पर कही हुई उक्तियाँ भी ध्यान देने योग्य हैं; क्योंकि उनसे प्रेम की सजीवता टपकती है। यह वह सजीवता है, जो भरे हुए हृदय से छलककर निर्जीव वस्तुओं पर भी अपना रंग चढ़ाती है। गोपियों की छेड़छाड़ कृष्ण ही तक नहीं रहती, उनकी मुरली तक भी—जो जड़ और निर्जीव है—पहुँचती है। उन्हें वह मुरली कृष्ण के सम्बन्ध से कभी इठलाती, कभी चिढ़ाती और कभी प्रेमगर्व दिखाती जान पड़ती है। उसी सम्बन्ध भावना से वे उसे कभी फटकारती हैं, कभी उसका भाग्य सराहती हैं और कभी उससे ईर्ष्या प्रकट करती हैं—

(क) **माई री! मुरली अति गर्व काहू बदति नहिं आज।**
हरि के मुख कमल देखु पायो सुखराज।।

(ख) **मुरली तऊ गोपालहिं भावति।**
सुन, री सखी! जदपि नँदनन्दहि नाना भाँति नचावति।
राखति एक पायँ ठाढ़े करि, अति अधिकार जनावति।
अपुन पौढ़ि अधर सज्जा पर कर पल्लव सों पद पलुटावति।।
भृकुटी कुटिल, कोप नासापुट हम पर कोपि कुपावति।।

हृदय के पारखी सूर ने सम्बन्धभावना की शक्ति का अच्छा प्रसार दिखाया है। कृष्ण के प्रेम ने गोपियों में इतनी सजीवता भर दी है कि कृष्ण क्या, कृष्ण की मुरली तक से छेड़छाड़ करने को उनका जी चाहता है। हवा से लड़नेवाली स्त्रियाँ देखी नहीं, तो कम से कम सुनी बहुतों ने होंगी, चाहे उनकी जिन्दादिली की कद्र न की हो। मुरली के सम्बन्ध में कहे हुए गोपियों के वचन से दो मानसिक तथ्य उपलब्ध होते हैं—आलम्बन के साथ किसी वस्तु की सम्बन्धभावना का प्रभाव तथा अत्यन्त अधिक या फालतू उमंग के स्वरूप। मुरली सम्बन्धिनी उक्तियों में प्रधानता पहली बात की है, यद्यपि दूसरे तत्त्व का भी मिश्रण है। फालतू उमंग के बहुत अच्छे उदाहरण उस समय देखने में आते हैं, जब कोई स्त्री अपने प्रिय को कुछ दूर पर देख कभी ठोकर खाने पर कंकड़ पत्थर को दो चार मीठी गालियाँ सुनाती है, कभी रास्ते में पड़ती हुई पेड़ की टहनी पर भ्रूभंग सहित झुँझलाती है और कभी अपने किसी साथी को यों ही ढकेल देती है।

यह सूचित करने की आवश्यकता तो कदाचित् न हो कि रूप पर मोहित होना, दर्शन के लिए आकुल रहना, वियोग में तड़पना आदि गोपियों के पक्ष में जितना कहा गया है उतना कृष्ण पक्ष में नहीं। यह यहाँ के शृंगारी कवियों की—विशेषतः फुटकर पद्य रचनेवालों की—सामान्य प्रवृत्ति ही रही है। तुल्यानुराग होने पर भी स्त्रियों

की प्रेमदशा या कामदशा का वर्णन करने में ही यहाँ के कवियों का मन अधिक लगा है। पुराने प्रबन्धकाव्यों में तो यह भेद उतना लक्षित नहीं होता, पर पीछे के काव्यों में यह स्पष्ट झलकता है। वाल्मीकिजी ने रामायण में सीताहरण के उपरान्त राम और सीता दोनों के वियोग-दुःख-वर्णन में प्रायः समान ही शब्द व्यय किया है। कालिदास ने मेघदूत का आरम्भ यक्ष की विरहावस्था से करके उत्तर मेघ में यक्षिणी के विरह का वर्णन किया है। उनके नाटकों में भी प्रायः यही बात पायी जाती है। अतः मेरी समझ में शृंगार में नायिका की प्रेमदशा या विरहदशा का प्राधान्य श्रीमद्भागवत और ब्रह्मवैवर्तपुराण की कृष्णलीला के अधिकाधिक प्रचार के साथ हुआ, जिसमें एक ओर तो अनन्त सौन्दर्य की स्थापना की गयी और दूसरी ओर स्वाभाविक प्रेम का उदय दिखाया गया।

पुरुष आलम्बन हुआ और स्त्री आश्रय। जनता के बीच प्रेम के इस स्वरूप ने यहाँ तक प्रचार पाया कि क्या नगरों में, क्या ग्रामों में सर्वत्र प्रेम के गीतों के नायक कृष्ण हुए और नायिका राधा। 'बनवारी' या 'कन्हैया' नायक का एक सामान्य नाम सा हो गया। दिल्ली के पिछले बादशाह मुहम्मदशाह रँगीले तक को होली के दिनों में 'कन्हैया' बनने का शौक हुआ करता था!

और देशों की फुटकर शृंगारी कविताओं में प्रेमियों के ही विरह आदि के वर्णन की प्रधानता देखी जाती है। जैसे एशिया के अरब, फारस आदि देशों में वैसे ही यूरोप के इटली आदि काव्यसंगीतप्रिय देशों में भी यही पद्धति प्रचलित रही। इटली में पीट्रार्क की शृंगारी कविता एक प्रेमिक के हृदय का उद्गार है। भारत में कृष्णकथा के प्रभाव से नायक के आकर्षक रूप में प्रतिष्ठित होने से पुरुषों की प्राधान्य वासना की अधिक तृप्ति हुई। आगे चलकर पुरुषत्व पर इसका कुछ बुरा प्रभाव भी पड़ा। बहुतेरे शौर्य, पराक्रम आदि पुरुषोचित गुणों से मुँह मोड़ 'चटक मटक लटक' लाने में लगे--बहुत जगह तो माँगपट्टी, सुरमे, मिस्सी तक की नौबत पहुँची! यूरोप में, जहाँ स्त्री प्रधान आकर्षक के रूप में प्रतिष्ठित हुई; इसका उलटा हुआ। वहाँ स्त्रियों के बनाव, सिंगार और पहनावे के खर्च के मारे पुरुषों के नाकों दम हो गया!

सूर के संयोग वर्णन की बात हो चुकी। इनका विप्रलम्भ भी ऐसा ही विस्तृत और व्यापक है। वियोग की जितनी अन्तर्दशायें हो सकती हैं, जितने ढंगों से उन दशाओं का साहित्य में वर्णन हुआ है और सामान्यतः हो सकता है, वे सब उसके भीतर मौजूद हैं। आरम्भ वात्सल्य रस के वियोगपक्ष से हुआ है। कृष्ण के मथुरा से न लौटने पर नन्द और यशोदा दुःख के सागर में मग्न हो गये हैं। अनेक दुःखात्मक भाव तरंगें उनके हृदय में उठती हैं। कभी यशोदा नन्द से खीझकर कहती हैं–

छाँड़ि सनेह चले मथुरा, कत दौरि न चीर गह्यो।
फाटि न गई बज्र की छाती, कत यह सूल सह्यो।

इस पर नन्द यशोदा पर उलट पड़ते हैं—

तब तू मारिबोई करति।
रिसनि आगे कहै जो आवत, अब लै भाँडे भरति।।
रोस कै कर दाँवरी लै फिरति घर घर धरति।
कठिन हिय करि तब जो बाँध्यो, अब बृथा करि मरति।।

यह 'झुँझलाहट' वियोगजन्य है, प्रेमभाव के ही अन्तर्गत है और कितनी स्वाभाविक है! सुख शान्ति के भंग का कैसा यथातथ्य चित्र है।

आगे देखिये, गहरी 'उत्सुकता' और 'अधीरता' के बीच 'विरक्ति' (निर्वेद) और तिरस्कारमिश्रित 'खिझलाहट' का यह मेल कैसा अनूठा उतरा है। यशोदा नन्द से कहती हैं—

नन्द! ब्रज लीजै ठोंकि बजाय।
देहु बिदा मिलि जाहिं मधुपुरी जहँ गोकुल के राय।।

'ठोंकि बजाय' में कितनी व्यंजना है! 'तुम अपना ब्रज अच्छी तरह सँभालो; तुम्हें इसका गहरा लोभ है; मैं तो जाती हूँ'। एक-एक वाक्य के साथ हृदय लिपटा हुआ आता दिखाई दे रहा है। एक वाक्य दो-दो तीन-तीन भावों से लदा हुआ है। श्लेष आदि कृत्रिम विधानों से मुक्त ऐसा ही भावगुरुत्व हृदय को सीधे जाकर स्पर्श करता है। इसे भावशवलता कहें या भावपंचामृत; क्योंकि एक ही वाक्य 'नन्द! ब्रज लीजै ठोंकि बजाय' में कुछ निर्वेद, कुछ तिरस्कार और कुछ अमर्ष इन तीनों की मिश्र व्यंजना—जिसे शवलता ही कहने से सन्तोष नहीं होता—पायी जाती है। शवलता के प्रदत्त उदाहरणों में प्रत्येक भाव अलग शब्दों या वाक्यों द्वारा निर्दिष्ट किया जा सकता है; पर उक्त वाक्य में यह बात नहीं है।

ग्वाल सखाओं की भी यही दशा हो रही है। कभी वे व्याकुल और अधीर होते हैं, कभी कृष्ण की निष्ठुरता पर क्षुब्ध होकर कहते हैं—

भये हरि मधुपुरी राजा, बड़े बंस कहाय।
सूत मागध बदत विरुदहि बरनि बसुद्यौ तात।
राजभूषन अंग भ्राजत, अहिर कहत लजात।।

वियुक्त प्रिय पुत्र के सुख के अनिश्चय की 'शंका' तक न पहुँचती हुई भावना, 'दीनता' और क्षोभजन्य 'उदासीनता' किस प्रकार इन वचनों से टपक रही है—

सँदेसो देबकी सों कहियो।
हौं तो धाय तिहारे सुत को, कृपा करति ही रहियो।।
तुम तो टेव जानतिहि ह्वैहौ, तऊ मोहिं कहि आवै।
प्रात उठत मेरे लाल लड़ैतहि माखन रोटी भावै।।

कृष्ण राजभवन में जा पहुँचे हैं, यह जानते हुए भी यशोदा के प्रेमपूर्ण हृदय में यह बात जल्दी नहीं बैठती कि कृष्ण के सुख का ध्यान जितना वे रखती थीं

उतना संसार में और भी कोई रख सकता है। रसमग्न हृदय ही ऐसी दशाओं का अनुभव कर सकता है। केवल उदाहरण की लीक पीटनेवालों के भाग्य में यह बात कहाँ।

आगे चलकर गोपियों की वियोगदशा का जो धाराप्रवाह वर्णन है उसका तो कहना ही क्या है। न जाने कितनी मानसिक दशाओं का संचार उसके भीतर है। कौन गिना सकता है? संयोग और वियोग दो अंग होने से शृंगार की व्यापकता बहुत अधिक है। इसी से वह रसराज कहलाता है। इस दृष्टि से यदि सूरसागर को हम रससागर कहें तो बेखटके कह सकते हैं। कृष्ण के चले जाने पर सायं प्रभात तो उसी प्रकार होते हैं, पर 'मदन गोपाल बिना या तन की सबै बात बदली'। ब्रज में पहले सायंकाल में जो मनोहर दृश्य देखने में आया करता था वह अब बाहर नहीं दिखाई पड़ता; पर मन से उसकी 'स्मृति' नहीं जाती–

एहि बेरियाँ बन तें ब्रज आवते।
दूरहिं तें वह बेनु अधर धरि बारम्बार बजावते।।

संयोग के दिनों में आनन्द की तरंगें उठानेवाले प्राकृतिक पदार्थों को वियोग के दिनों में देखकर जो दुःख होता है उसकी व्यंजना के लिए कवियों में उपालम्भ की चाल बहुत दिनों से चली आती है। चन्द्रोपालम्भ सम्बन्धिनी बड़ी सुन्दर कवितायें संस्कृत साहित्य में हैं। देखिये, सागरमन्थन के समय चन्द्रमा को निकालनेवालों तक, इस उपालम्भ में, किस प्रकार गोपियाँ अपनी दृष्टि दौड़ाती हैं–

या बिनु होत कहा अब सूनो?
लै किन प्रगट कियो प्राची दिसि, बिरहिनि को दुख दूनो?
सब निरदय सुर, असुर, शैल सखि! सायर सर्प समेत।
धन्य कहौं वर्षा ऋतु, तमचुर औ कमलन को हेत।
जुग जुग जीवै जरा बापुरी मिलै राहु अरु केत।।

इसी पद्धति के अनुसार वे वियोगिनी गोपियाँ अपने उजड़े हुए नीरस जीवन के मेल में न होने के कारण वृन्दावन के हरेभरे पेड़ों को कोसती हैं–

मधुबन! तुम कत रहत हरे?
बिरह बियोग श्यामसुन्दर के ठाढ़े क्यों न जरे?
तुम हौ निलज, लाज नहिं तुमको फिर सिर पुहुप धरे।
ससा स्यार औ बन के पखेरू धिक धिक सबन करे।
कौन काज ठाढ़े रहे बन में, काहे न उकठि परे?

इसी प्रकार रात उन्हें साँपिन सी लग रही है। साँपिन की पीठ काली और पेट सफेद होता है। ऐसा प्रसिद्ध है कि वह काटकर उलट जाती है जिससे सफेद भाग ऊपर हो जाता है। बरसात की अँधेरी रात में कभी-कभी बादलों के हट जाने से जो चाँदनी फैल जाती है वह ऐसी ही लगती है–

पिया बिनु साँपिनि कारी राति।
कबहुँ जामिनी होति जुन्हैया डसि उलटी ह्वै जाति।।

इस पर न जाने कितने लोग लट्टू हैं!

सूरदासजी का विहार-स्थल जिस प्रकार घर की चारदीवारी के भीतर तक ही न रहकर यमुना के हरेभरे कछारों, करील के कुंजों और वनस्थलियों तक फैला है उसी प्रकार उनका विरहवर्णन भी 'बैरिन भई रतियाँ' और 'साँपिन भई सेजिया' तक ही न रहकर प्रकृति के खुले क्षेत्र के बीच दूर-दूर तक पहुँचता है। मनुष्य के आदिम वन्य जीवन के परम्परागत मधुर संस्कार को उद्दीप्त करनेवाले इन शब्दों में कितना माधुर्य है--**एक बन ढूँढ़ि सकल बन ढूँढ़ौ, कतहूँ न श्याम लहौं**। ऋतुओं का आना-जाना उसी प्रकार लगा है। प्रकृति पर उनका रंग वैसा ही चढ़ता-उतरता दिखाई पड़ता है। भिन्न-भिन्न ऋतुओं की वस्तुएँ देख जैसे गोपियों के हृदय में मिलने की उत्कंठा उत्पन्न होती है वैसे ही कृष्ण के हृदय में क्यों नहीं उत्पन्न होती? जान पड़ता है कि ये सब उधर जाती ही नहीं, जिधर कृष्ण बसते हैं। सब वृन्दावन में ही आ-आ कर अपना अड्डा जमाती हैं–

मानौ, माई! सबन्ह इतै ही भावत।
अब वहि देश नन्दनन्दन को कोउ न समौ जनावत।।
धरत न बन नवपत्र, फूल, फल पिक बसन्त नहिं गावत।
मुदित न सर सरोज अलि गुंजत, पवन पराग उड़ावत।।
पावस बिबिध बरन बर बादर उठि नहिं अम्बर छावत।
चातक मोर चकोर सोर करैं, दामिनि रूप दुरावत।।

अपनी अन्तर्दशा को ऋतुसुलभ व्यापारों के बीच बिम्बप्रतिबिम्बरूप में देखना भावमग्न अन्तःकरण की एक विशेषता है। इसके वर्णन में प्रस्तुत अप्रस्तुत का भेद मिट सा जाता है। ऐसे वर्णन पावस के प्रसंग में सूर ने बहुत अच्छे किये हैं। 'निसि दिन बरसत नैन हमारे' बहुत प्रसिद्ध पद है। विरहोन्माद में भिन्न-भिन्न प्रकार की उठती हुई भावनाओं से रंजित होकर एक ही वस्तु कभी किसी रूप में दिखाई पड़ती है, कभी किसी रूप में। उठते हुए बादल कभी तो ऐसे भीषण रूप में दिखाई पड़ते हैं–

देखियत चहुँ दिसि तें घन घोरे।
मानौ मत्त मदन के हथियन बल करि बन्धन तोरे।।
कारे तन अति चुवत गंड मद, बरसत थोरे थोरे।
रुकत न पवन महावत हू पै, मुरत न अंकुस मोरे।।

कभी अपने प्रकृत लोकसुखदायक रूप में ही सामने आते हैं और कृष्ण की अपेक्षा कहीं दयालु और परोपकारी लगते हैं–

बरु ये बदराऊ बरसन आये।
अपनी अवधि जानि, नँदनन्दन! गरजि गगन घन छाये।।

कहियत है सुरलोक बसत, सखि! सेवक सदा पराये।।
चातक कुल की पीर जानि कै, तेउ तहाँ तें धाये।।
तृन किये हरित, हरषि बेली मिलि, दादर मृतक जिवाये।।

'बदराऊ' के 'ऊ' और 'बरू' में कैसी व्यंजना है! 'बादल तक'—जो जड़ समझे जाते हैं—आश्रितों के दुःख से द्रवीभूत होकर आते हैं!

प्रिय के साथ कुछ रूपसाम्य के कारण वे ही मेघ कभी प्रिय लगने लगते हैं—

आजु घन श्याम की अनुहारि।
उनै आये साँवरे ते सजनी! देखि, रूप की आरि।।
इन्द्रधनुष मनो नवल बसन छबि, दामिनि दसन बिचारि।
जनु बग-पाँति माल मोतिन की चितवत हितहि निहारि।।

इसी प्रकार पपीहा कभी तो अपनी बोली के द्वारा प्रिय का स्मरण कराकर दुःख बढ़ाता हुआ प्रतीत होता है और यह फटकार सुनता है—

हौं तो मोहन के विरह जरी, रे तू कत जारत?
रे पापी तू पंखि पपीहा? 'पिउ पिउ पिउ' अधिराति पुकारत।।
सब जग सुखी दुखी तू जल बिनु तऊ न तन की बिथहि बिचारत।
सूरश्याम बिनु ब्रज पर बोलत, हठि अगिलोऊ जनम बिगारत।।

और कभी समदुःखभोगी के रूप में अत्यन्त सुहृद जान पड़ता है और समान प्रेम व्रत पालन के द्वारा उनका उत्साह बढ़ाता प्रतीत होता है—

बहुत दिन जीवौ पपिहा प्यारो।
बासर रैनि नाँव लै बोलत, भयौ बिरह जुर कारो।।
आपु दुखित पर दुखित जानि जिय चातक नाम तिहारो।
देखौ सकल बिचारि, सखी! जिय बिछुरन को दुख न्यारो।।
जाहि लगै सोई पै जानै प्रेम बान अनियारो।
सूरदास प्रभु स्वाति बूँद लगि, तज्यो सिन्धु करि खारो।।

काव्यजगत् की रचना करनेवाली कल्पना इसी को कहते हैं। किसी भावोद्रेक द्वारा परिचालित अन्तर्वृत्ति जब उस भाव के पोषक स्वरूप गढ़कर या काट छाँटकर सामने रखने लगती है तब हम उसे सच्ची कविकल्पना कह सकते हैं। यों ही सिरपच्ची करके—बिना किसी भाव में मग्न हुए—कुछ अनोखे रूप खड़े करना या कुछ का कुछ कहने लगना या तो बावलापन है, या दिमागी कसरत; सच्चे कवि की कल्पना नहीं।

यहाँ तक तो सूर की सहृदयता की बात हुई। अब उनकी साहित्यिक निपुणता के सम्बन्ध में भी दो चार बातें कहना आवश्यक है। किसी कवि की रचना के विचार के सुबीते के लिए हम दो पक्ष कर सकते हैं—हृदयपक्ष और कलापक्ष। हृदयपक्ष का कुछ दिग्दर्शन हो चुका है। अब सूर की कलानिपुणता के, काव्य के बाह्यांग के सम्बन्ध

में यह समझ रखना चाहिए कि वह भी उनमें पूर्ण रूप से वर्तमान है। यद्यपि काव्य में हृदयपक्ष ही प्रधान है, पर बहिरंग भी कम आवश्यक नहीं है। रीति, अलंकार, छन्द ये सब बहिरंगविधान के अन्तर्गत हैं, जिनके द्वारा काव्यात्मा की अभिव्यक्ति में सहायता पहुँचती है। सूर, तुलसी, बिहारी आदि कवियों में दोनों पक्ष प्रायः सम हैं। जायसी में हृदयपक्ष की प्रधानता है, कलापक्ष में अलंकारों का बहुत कुछ व्यवहार होते हुए भी त्रुटि और न्यूनता है। केशव में कलापक्ष ही प्रधान है, हृदयपक्ष न्यून है।

यह तो प्रारम्भ में ही कहा जा चुका है कि सूर की रचना जयदेव और विद्यापति के गीतकाव्यों की शैली पर है, जिसमें सुर और लय के सौन्दर्य या माधुर्य का भी रसपरिपाक में बहुत कुछ योग रहता है। सूरसागर में कोई राग या रागिनी छूटी न होगी, इससे वह संगीतप्रेमियों के लिए भी बड़ा भारी खजाना है। नादसौन्दर्य के साधनों में अनुप्रास आदि शब्दालंकार भी हैं। संस्कृत के गीतगोविन्द में कोमलकान्त पदावली और अनुप्रास की ओर बहुत कुछ ध्यान है। विद्यापति की रचना में कोमल पदावली का आग्रह तो है, पर अनुप्रास का उतना नहीं। सूर में चलती भाषा की कोमलता है, वृत्तिविधान और अनुप्रास की ओर झुकाव कम है। इससे भाषा की स्वाभाविकता में बाधा नहीं पड़ने पायी है। भावुक सूर ने अपना 'शब्द शोधन' दूसरी ओर दिखाया है। उन्होंने चलते हुए वाक्यों, मुहावरों और कहीं-कहीं कहावतों का बहुत अच्छा प्रयोग किया है। कहने का तात्पर्य यह कि सूर की भाषा बहुत चलती हुई और स्वाभाविक है। काव्यभाषा होने से यद्यपि उसमें कहीं-कहीं संस्कृत के पद, कवि के समय से पूर्व के परम्परागत प्रयोग तथा ब्रज से दूर-दूर के प्रदेशों के शब्द भी आ मिले हैं, पर उनकी मात्रा इतनी नहीं है कि भाषा के स्वरूप में कुछ अन्तर पड़े या कृत्रिमता आवे। श्लेष और यमक कूट पदों में ही अधिकतर पाये जाते हैं।

अर्थालंकारों की अलबत पूर्ण प्रचुरता है, विशेषतः उपमा, रूपक, उत्प्रेक्षा आदि सादृश्यमूलक अलंकारों की। यद्यपि उपमान अधिकतर साहित्यप्रसिद्ध और परम्परागत ही हैं, पर स्वकल्पित नये-नये उपमानों की भी कमी नहीं है। कहीं-कहीं तो जो प्रसिद्ध उपमान भी लिये गये हैं, वे प्रसंग के बीच बड़ी ही अनूठी उद्भावना के साथ बैठाये गये हैं। स्फटिक के आँगन में बालक कृष्ण घुटनों के बल चल रहे हैं और उनके हाथ-पैर का प्रतिबिम्ब पड़ता चलता है। इसपर कवि की उत्प्रेक्षा देखिये—

फटिक भूमि पर कर पग छाया यह शोभा अति राजति।
करि करि प्रति पद प्रति मनि बसुधा कमल बैठकी साजति।।

रूप या अंगों की शोभा के वर्णन में उपमा, उत्प्रेक्षा की भरमार बराबर मिलेगी। इनमें बहुत सी तो पुरानी और बँधी हुई हैं और कुछ नवीन भी हैं। उपमा, उत्प्रेक्षा की सबसे अधिकता 'हरि जू की बाल छबि' के वर्णन में पाई जाती है; यों तो जहाँ

जहाँ रूपवर्णन है सर्वत्र ये अलंकार भरे पड़े हैं। उपमान सब तरह के हैं, पृथ्वी पर के भी और पृथ्वी के बाहर के भी–सामान्य प्राकृतिक व्यापार भी और पौराणिक प्रसंग भी। पिछले प्रकार के उपमानों के उदाहरण इस प्रकार के हैं–

(क) **नील स्वेत पर पीत लाल मनि लटकन माल रुराई।**
सनि, गुरु, असुर, देवगुरु मिलि मनो भौम सहित समुदाई।।

(ख) **हरि कर राजत माखन रोटी।**
मनौ बराह भूधर सह पृथिवी धरी दसनन की कोटी।।

अंगशोभा और वेशभूषा आदि के वर्णन में सूर को उपमा देने की झक सी चढ़ जाती है और वे उपमा पर उपमा, उत्प्रेक्षा पर उत्प्रेक्षा कहते चले जाते हैं। इस झक में कभी-कभी परिमिति या मर्यादा का विचार (सेंस आव प्रोपोर्शन) नहीं रह जाता; जैसे, ऊपर के उदाहरण (ख) में कहाँ मक्खन लगी हुई छोटी सी रोटी और कहाँ गोल पृथ्वी! हाँ, जहाँ ईश्वरत्व या देवत्व की भावना से किसी छोटे व्यापार द्वारा अत्यन्त बृहद् व्यापार की ओर संकेत मात्र किया है वहाँ ऐसी बात नहीं खटकती; जैसे इस पद में–

मथत दधि मथनी टेकि रह्यो।
आरि करत मटकी गहि मोहन वासुकि संभु डर्‌यो।।
मन्दर डरत, सिन्धु पुनि काँपत फिरि जनि मथन करै।
प्रलय होय जनि महे मथानी, प्रभु मर्याद टरै।।

पर उक्त दोनों उदाहरणों के सम्बन्ध में तो इतना बिना कहे नहीं रहा जाता कि ऐसे उपमान बहुत काव्योपयोगी नहीं जँचते। काव्य में ऐसे ही उपमान अच्छी सहायता पहुँचाते हैं जो सामान्यतः प्रत्यक्ष रूप में परिचित होते हैं और जिनकी भव्यता, विशालता या रमणीयता आदि का संस्कार जनसाधारण के हृदय पर पहले से जमा चला आता है। न शनि का कोयले सा कालापन ही किसी ने आँखों देखा है न वराह भगवान् का दाँत की नोक पर पृथ्वी उठाना। यह बात दूसरी है कि केशव ऐसे कुछ प्रसिद्ध कवियों ने भी 'भानु मनो शनि अंक लिये' ऐसी उत्प्रेक्षा की ओर रुचि दिखाई है।

हमारे कहने का यह तात्पर्य नहीं कि ज्ञान विज्ञान के प्रसार से जो सूक्ष्म से सूक्ष्म और बृहत् से बृहत् क्षेत्र मनुष्य के लिए खुलते जाते हैं उनके भीतर के नाना रमणीय और अद्‌भुत रूपों और व्यापारों–जो सर्वसाधारण को प्रत्यक्ष नहीं है–काव्य में उपयोग करके उसके क्षेत्र का विस्तार न किया जाय। उनका प्रयोग किया जाय, कवि की प्रतिभा द्वारा वे गोचर रूप में सामने लाये जायँ, पर दूसरे प्रकार की रचनाओं में लाये जायँ; केवल अंग, आभूषण आदि की उपमा के लिए नहीं। ज्योतिर्विज्ञान द्वारा खगोल के बीच न जाने कितने चक्कर खाते, बनते-बिगड़ते, रंग-बिरंग के पिंडों, अपार ज्योतिसमूहों आदि का पता लगा है जिनके सामने पृथ्वी किसी गिनती में नहीं।

कोई विश्वव्यापिनी ज्ञानदृष्टिवाला कवि यदि विश्व की कोई गम्भीर समस्या लेकर उसे काव्यरूप में रखना चाहता है तो वह इन सबको हस्तामलक बनाकर सामने ला सकता है।

सूरदासजी में जितनी सहृदयता और भावुकता है, प्रायः उतनी ही चतुरता और वाग्विदग्धता (Wit) भी है। किसी बात को कहने के न जाने कितने टेढ़े-सीधे ढंग उन्हें मालूम थे।

सूर की विशेषताओं पर स्थूल रूप से इतना विचार करने के उपरान्त अब हम उनकी उस संगीतभूमि में थोड़ा प्रवेश करते हैं जो 'भ्रमरगीत' के नाम से प्रसिद्ध है और जिसमें वचन की भावप्रेरित वक्रता द्वारा प्रेमप्रसूत न जाने कितनी अन्तर्वृत्तियों का उद्घाटन परम मनोहर है। 'भ्रमरगीत' का प्रसंग इस प्रकार आया है। श्रीकृष्ण अक्रूर के साथ कंस के निमन्त्रण पर मथुरा गये और वहाँ कंस को मारकर अपने पिता वसुदेव का उद्धार किया। इसी बीच में कुब्जा नाम की कंस की एक दासी को उसकी सेवा से प्रसन्न होकर उन्होंने अपने प्रेम की अधिकारिणी बनाया। जब अवधि बीत जाने पर भी वे लौटकर गोकुल न आये तब नंद, यशोदा तथा सारे ब्रजवासी बड़े दुःखी हुए। उन गोपियों के विरह का क्या कहना है जिनके साथ उन्होंने इतनी क्रीड़ाएँ की थीं। बहुत दिनों पीछे श्रीकृष्ण ने ज्ञानोपदेश द्वारा गोपियों को समझने-बुझाने के लिए अपने सखा उद्धव को ब्रज से भेजा। उद्धव ही को क्यों भेजा? कारण यह था कि उद्धव को अपने ज्ञान का बड़ा गर्व था, प्रेम या भक्ति मार्ग की वे उपेक्षा करते थे। कृष्ण का उन्हें गोपियों के पास भेजने में यह अभिप्राय था कि वे उनकी प्रीति की गूढ़ता और तन्मयता देखकर शिक्षा ग्रहण करें और सगुण भक्तिमार्ग की सरसता और सुगमता के सामने उनका ज्ञान गर्व दूर हो–

जदुपति जानि उद्धव रीति।
जेहि प्रगट निज सखा कहियत करत भाव अनीति।।
विरह दुख जहँ नाहिं जामत, नाहिं उपजत प्रेम।
रेख, रूप न बरन जाके यह धर्‌यो वह नेम।।
त्रिगुन तन करि लखत हमकों, ब्रह्म मानत और।
बिना गुन क्यों पुहुमि उधरै, यह करत मन डौर।।
बिरह रस के मन्त्र कहिये क्यों चलै संसार।
कदु कहत यह एक प्रगटत, अति भर्‌यौ हुंकार।।
प्रेम भजन न नेकु याके, जाय क्यों समझाय?
सूर प्रभु मन यहै आनी, ब्रजहि देहुँ पठाय।।

'त्रिगुण तन करि लखत हमकों, ब्रह्म मानत और' इसी भ्रम का निवारण कृष्ण चाहते थे। जगत् से ब्रह्म को सदा अलग मानना, जगत् की नाना विभूतियों में उसे न स्वीकार करना भक्तिमार्गियों के निकट बड़ी भारी भ्रान्ति है। 'अहमात्मा गुडाकेश

सर्वभूताशयस्थितः' इस भगवद्वाक्य को मन में बैठाये हुए भक्तजन गीता के इस उपदेश के अनुसार भगवान् के व्यक्त स्वरूप की ओर आकर्षित रहते हैं–

क्लेशोऽधिकतरस्तेषामव्यक्तासक्तचेतसाम्।
अव्यक्ता हि गतिर्दुःख देहवद्भिरवाप्यते।।

उद्धव बात-बात में 'एक प्रगटत'–अद्वैतवाद का राग अलापते थे। पर 'विरह रस के मन्त्र कहिये क्यों चलै संसार?'–रसविहीन उपदेश से लोकव्यवहार कैसे चल सकता है? रसविहीन उपदेश किस प्रकार असर नहीं करते, यही दिखाने को भ्रमरगीत की रचना हुई।

उद्धव के ब्रज में दिखाई पड़ते ही सारे ब्रजवासी उन्हें घेर लेते हैं। वे नंद यशोदा से सँदेसा कह चुकने के उपरान्त गोपियों की ओर फिरकर कृष्ण के सन्देश के रूप में ज्ञानचर्चा छेड़ते हैं। इसी बीच में एक भौंरा उड़ता-उड़ता गोपियों के पास आकर गुनगुनाने लगता है–

यहि अन्तर मधुकर इक आयो।
निज सुभाव अनुसार निकट होइ सुन्दर शब्द सुनायो।।
पूछन लागीं ताहि गोपिका 'कुबजा तोहिं पठायो?
कैधौं सूर श्यामसुन्दर को हमैं सँदेसो लायो?'

फिर तो गोपियाँ मानो उसी भ्रमर को सम्बोधन करके जो जो जी में आता है, खरी-खोटी, उलटी-सीधी सब सुना चलती हैं। इसी से इस प्रसंग का नाम 'भ्रमरगीत' पड़ा है। कभी गोपियाँ उद्धव का नाम लेकर कहती हैं, कभी उसी भ्रमर को सम्बोधन करके कहती हैं–विशेषतः जब परुष और कठोर वचन मुँह से निकालना होता है। शृंगार रस का ऐसा सुन्दर 'उपालम्भ काव्य' दूसरा नहीं है।

उद्धव को देखते ही गोपियों को सम्बन्धभावना के कारण कृष्ण के मिलने का सा सुख हुआ–

ऊधौ! पा लागौं भले आये।
तुम देखे जनु माधव देखे, तुम त्रय ताप नसाये।।

प्रिय के सम्बन्ध से बहुत-सी वस्तुएँ प्रिय लगने लगती हैं। यही बात यहाँ अपने स्वाभाविक रूप में दिखाई गई है। इसको बढ़ाकर बिहारी कुछ और दूर तक ले गये हैं। उनकी नायिका को नायक के भेजे हुए पंखे की हवा लगने से उलटा और पसीना होता है। यह एक तमाशे की बात जरूर हो गई है–

हित करि तुम पठयो, लगे वा बिजना की बाय।
टरी तपनि तन की तऊ, चली पसीने न्हाय।।

सूर ने भी प्रिय की वस्तु पाकर 'सात्त्विक' होना दिखाया है, पर तमाशे के रूप में नहीं, अत्यन्त स्वाभाविक और मर्मस्पर्शी रूप में तथा अत्यन्त अर्थप्राचुर्य के साथ। उद्धव के हाथ से श्याम की पत्री राधा अपने हाथ में लेती है और–

निरखत अंक श्यामसुन्दर के बार बार लावति छाती।
लोचन जल कागद मसि मिलि कै है गइ श्याम श्याम की पाती।।

आँसुओं से भीगकर स्याही के फैलने से सारी चिट्ठी काली हो गयी, इससे कृष्णसम्बन्ध की भावना के कारण प्रबल प्रेमोद्रेक सूचित हुआ। आगे देखिये तो इस प्रेमोद्रेक की तीव्रता व्यंजित करने के लिए 'अंक' और 'श्याम' शब्दों में श्लेष कैसा काम कर रहा है। पत्री पाकर वैसा ही प्रेम उमड़ा जैसा कृष्ण को पाकर उमड़ता। कृष्ण की पत्री ही उनके लिए कृष्ण हो गयी। जैसा वे कृष्ण के अंक (गोद अर्थात् शरीर) को पाकर आलिंगन करतीं वैसे ही कृष्ण के लिखे अंक (अक्षर) देखकर वे पत्री को बार-बार हृदय से लगाती हैं। यहाँ भावाधिपति सूर ने भाव का और आधिक्य व्यंजित करने के लिए शब्दसाम्य की सहायता ऐसे कौशल से ली है कि एक बार शब्दों का साधारण अर्थ (अक्षर और काला) लेने से जिस भाव की अधिकता सूचित हुई फिर आगे उनका श्लिष्ट अर्थ (गोद और श्रीकृष्ण) लेने से उसी भाव की और अधिकता व्यंजित हुई। इससे जो लाघव हुआ है- मजमून में जो चुस्ती आयी है—वह तो है ही, साथ ही प्रेम के अन्तर्भूत एक मानसिक दशा के चित्र का रंग कैसा चटकीला हो गया है! शब्दसाम्य को उपयोग में लानेवाला सच्चा कविकौशल यही है।

यदि केशवदास के ढंग पर सूर भी यहाँ उक्त शब्दसाम्य को लेकर 'कृष्ण' और 'पत्री' की तुलना पर जोर देने लगते—कहते कि पत्री मानो कृष्ण ही है, क्योंकि वह भी श्याम है और उसके भी अंक (वक्षस्थल) हैं—तो काव्य की रमणीयता कुछ भी न आती। राधा को वह पत्री जो कृष्ण के समान लग रही है, वह सादृश्य या साधर्म्य के कारण नहीं, बल्कि सम्बन्धभावना के कारण, कृष्ण के हाथ की लिखी होने के कारण। केवल शब्दात्मक साम्य को लेकर यदि हम किसी पहाड़ को कहें कि यह बैल है क्योंकि इसे भी 'शृंग' हैं, तो यह काव्यकला तो न होगी, और कोई कला हो तो हो। क्या जरूरत है कि शब्दों की जितनी कलाबाजियाँ हों, सब काव्य ही कहलावें?

गोपियाँ कहती हैं कि हमने इतने सँदेसे भेजे हैं कि शायद उनसे मथुरा के कुएँ भर गये होंगे, पर जो सँदेसा लेकर जाता है वह लौटता नहीं—

संदेसनि मधुबन कूप भरे।
जो कोउ पथिक गये हैं ह्याँ तें फिरि नहिं गवन करे।।
कै वै श्याम सिखाय समोधे, कै वै बीच मरे?
अपने नहिं पठवत नंदनन्दन हमरेउ फेरि धरे।।
मसि खूँटी, कागद जल भीजे, सर दव लागि जरे!

प्रिय से सम्बन्ध रखनेवाले व्यक्तियों या वस्तुओं का प्रिय लगना ऊपर दिखा आये हैं। इस पद में प्रेमाभिलाष की पूर्ति में जो वस्तुयें बाधक होती हैं, सहायक नहीं होतीं या उपयोग में नहीं आतीं, उनके ऊपर बड़ी सुन्दर झल्लाहट स्त्रियों की

स्वाभाविक बोली में प्रकट की गई है। पथिक सँदेसा लेकर गये, पर न लौटे, न जाने कहाँ मर गये? कोई चिट्ठी भी नहीं आती है। मथुरा भर में स्याही ही चुक गई, या कागज भीगकर गल गये अथवा सरकंडों में (जिनकी कलम बनती है) आग लग गई, वे जल गये?

जो कोई पथिक उधर से होकर निकलता है उसे रोककर गोपियाँ अपना सँदेसा कहने लगती हैं। अब तो यह दशा है कि इसी डर से पथिकों ने उधर से होकर जाना ही छोड़ दिया है–

सूरदास सन्देसन के डर पथिक न वा मग जात।

ज्यों ही उद्धव अपना ज्ञानसन्देश सुनाना आरम्भ करते हैं त्यों ही गोपियाँ चकपकाकर पूछने लगती हैं–

हमसों कहत कौन की बातें?
सुनि, ऊधे! हम समझति नाहिं, फिरि बूझति हैं तातें।।
को नृप भयो, कंस किन मार्‌यो, को बसुद्यौ सुत आहि?
यहाँ हमारे परम मनोहर जीजत हैं मुख चाहि।।

गोपियों को यह 'चकपकाहट' उद्धव की बात की असंगति पर होती है। जिसने ऐसा सँदेसा भेजा है वह न जाने कौन है। परम प्रेमी कृष्ण तो हो नहीं सकते। इसका तात्पर्य यह नहीं कि वे मचमुच उद्धव को कृष्ण का दूत नहीं समझ रही हैं। वे केवल विश्वास करने की अपनी अतत्परता और आश्चर्य मात्र व्यंजित कर रही हैं। कृष्ण के सम्बन्ध से उद्धव भी गोपियों को प्रिय और अनोखे लग रहे हैं। इसी से बीच-बीच में वे उन्हें बनाने और उनसे परिहास करने लगती हैं। वे कृष्ण पर भी फबती छोड़ती हैं और उद्धव को भी बनाती हैं–

ऊधौ! जान्यो ज्ञान तिहारो।
जानै कहा राजगति लीला अन्त अहीर बेचारो।।
आवत नाहि लाज के मारे, मानहु कान्ह खिसान्यो।
हम सबै अयानी, एक सयानी कुबजा सों मन मान्यो।।
ऊधो जाहु बाँह धरि ल्याओ सुन्दर श्याम पियारो।
ब्याहौ लाख, धरो दस कुबरी, अन्तहि कान्ह हमारो।।

परिहास के अतिरिक्त अन्तिम चरण में प्रेम की उच्च दशा के 'औदार्य' की कैसी साफ झलक है।

उद्धव कहते जाते हैं, पर गोपियों के मन में यह बात समाती ही नहीं कि यह कृष्ण का सँदेसा है। कभी वे कहती हैं–'ऊधो! जाय बहुरि सुनि आवहु कहा कह्यो है नन्दकुमार'; कभी कहती हैं–'श्याम तुम्हें ह्याँ नाहिं पठाये; तु हौ बीच भुलाने'। जब उद्धव बकते ही जाते हैं तब वे और भी बनाती हैं; कहती हैं कि जरा अपने होश की दवा करो–

ऊधो! तुम अपनो जतन करौ।
हित की कहत कुहित की लागै, किन बेकाज ररौ?
जाय करौ उपचार आपनौ, हम जो कहत हैं जी की।
कछू कहत कछुवै कहि डारत, धुन देखियत नहिं नीकी।।

बीच-बीच में वे खिझला भी उठती हैं और कहती हैं कि तुम्हारे मुँह कौन लगे, तुम तो सनक गये हो। वहाँ सिर खाने लगे थे। तभी तुम्हें यहाँ भेजकर श्रीकृष्ण ने अपना पल्ला छुड़ाया–

साधु होय तेहि उत्तर दीजै तुमसों मानी हारि।
याही तैं तुम्हैं नँदनन्दन जू यहाँ पठाये टारि।।

फिर चित्त में कुछ विनोद वृत्ति के आ जाने पर वे कहती हैं–'भाई खूब आये! इस दुःख-दशा में भी अपनी बेढब बातों से एक बार लोगों को हँसा दिया'–

ऊधौ! भली करी तुम आये।
ये बातें कहि कहि या दुख में ब्रज के लोग हँसाये।।

प्रेम के जिस हास क्रीड़ामय स्वरूप को सूर ने लिया है, विप्रलम्भ दशा के अश्रु और दीर्घ निःश्वास के बीच-बीच में भी बराबर उसकी क्षणिक और क्षीण रेखा झलक जाती है। श्याम गोपियों के पास नहीं हैं, उनके सखा ही संयोग से उनके बीच आ फँसे हैं जो सदा उनके पास रहते हैं। बस यही सम्बन्धभावना कृष्ण के सन्देश की विलक्षणता की भावना के साथ मिलते ही रह-रहकर थोड़ी देर के लिए वृत्ति को विनोदमयी कर देती हैं–

ऊधौ हम आज भईं बड़भागी।
बिसरे सब दुख देखत तुमको, श्यामसुंदर हम लागीं।।
ज्यों दर्पन मधि दृग निरखत जहँ हाथ तहाँ नहिं जाई।
त्यों ही सूर हम मिली साँवरे बिरह बिथा बिसराई।।

मध्यस्थ द्वारा संयोगसूत्र का कैसा सुन्दर स्पष्टीकरण सूर ने किया है!

तुलसी की भावुकता

प्रबन्धकार कवि की भावुकता का सबसे अधिक पता यह देखने से चल सकता है कि वह किसी आख्यान के अधिक मर्मस्पर्शी स्थलों को पहचान सका है या नहीं। राम कथा के भीतर ये स्थल अत्यन्त मर्मस्पर्शी हैं—राम का अयोध्या त्याग और पथिक के रूप में वनगमन; चित्रकूट में राम और भरत का मिलन; शबरी का आतिथ्य; लक्ष्मण को शक्ति लगने पर राम का विलाप; भरत की प्रतीक्षा। इन स्थलों को गोस्वामीजी ने अच्छी तरह पहचाना है; इनका उन्होंने अधिक विस्तृत और विशद वर्णन किया है।

एक सुन्दर राजकुमार के—छोटे भाई और स्त्री को लेकर—घर से निकलने और वन-वन फिरने से अधिक मर्मस्पर्शी दृश्य क्या हो सकता है? इस दृश्य का गोस्वामीजी ने मानस, कवितावली और गीतावली तीनों में अत्यन्त सहृदयता के साथ वर्णन किया है। गीतावली में तो इस प्रसंग के सबसे अधिक पद हैं। ऐसा दृश्य स्त्रियों को सबसे अधिक स्पर्श करनेवाला, उनकी प्रीति, दया और आत्मत्याग को सबसे अधिक उभारनेवाला होता है, यह बात समझकर मार्ग में उन्होंने ग्राम-वधुओं का सन्निवेश किया है। ये स्त्रियाँ राम जानकी के अनुपम सौन्दर्य पर स्नेह-शिथिल हो जाती हैं, उनका वृत्तान्त सुनकर राजा की निष्ठुरता पर पछताती हैं; कैकेयी की कुचाल पर भला बुरा कहती हैं। सौन्दर्य के साक्षात्कार से थोड़ी देर के लिए उनकी वृत्तियाँ कोमल हो जाती हैं, वे अपने को भूल जाती हैं। यह कोमलता उपकार बुद्धि की जननी है—

सीता लषन सहित रघुराई। गाँव निकट जब निकसहिं जाई।।
सुनि सब बालवृद्ध नर नारी। चलहिं तुरत गृह काज बिसारी।।
राम लषन सिय रूप निहारी। पाइ नयन फल होहिं सुखारी।।
सजल विलोचन पुलक सरीरा। सब भए मगन देखि दोउ बीरा।।
रामहिं देखि एक अनुरागे। चितवत चले जाहि सँग लागे।।
एक देखि बट छाँह भलि, डासि मृदुल तृन पात।
कहहिं 'गँवाइय छिनुक स्रम, गवनब अबहिं कि प्रात'।।

राम जानकी के अयोध्या से निकलने का दृश्य वर्णन करने में गोस्वामीजी ने

कुछ उठा नहीं रखा। सुशीलता के आगार रामचन्द्र प्रसन्नमुख निकलकर दास दासियों को गुरु के सुपुर्द कर रहे हैं, सबसे वही करने की प्रार्थना करते हैं जिससे राजा का दुःख कम हो। उनकी सर्वभूतव्यापिनी सुशीलता ऐसी है कि उनके वियोग में पशु-पक्षी भी विकल हैं। भरतजी जब लौटकर अयोध्या आये, तब उन्हें सर सरिताएँ भी श्रीहीन दिखाई पड़ीं, नगर भी भयानक लगा। भरत को यदि रामगमन का संवाद मिल गया होता तो हम इसे भरत के हृदय की छाया कहते। पर घर में जाने के पहले उन्हें कुछ भी वृत्त ज्ञात नहीं था। इससे हम सरसरिता के श्रीहीन होने का अर्थ उनकी निर्जनता, उनका सन्नाटापन लेंगे। लोग रामवियोग में विकल पड़े हैं। सरसरिता में जाकर स्नान करने का उत्साह उन्हें कहाँ? पर यह अर्थ हमारे आपके लिए है। गोस्वामीजी ऐसे भावुक महात्मा के निकट तो राम के वियोग में अयोध्या की भूमि ही विषादमग्न हो रही है; आठ-आठ आँसू रो रही है।

चित्रकूट में राम और भरत का जो मिलाप हुआ है, वह शील और शील का, स्नेह और स्नेह का, नीति और नीति का मिलन है। इस मिलन से संघटित उत्कर्ष की दिव्य प्रभा देखने योग्य है। यह झाँकी अपूर्व है? 'भायप भगति' से भरे भरत नंगे पाँव राम को मनाने जा रहे हैं। मार्ग में जहाँ सुनते हैं कि यहाँ पर राम लक्ष्मण ने विश्राम किया था, उस स्थल को देख आँखों में आँसू भर लेते हैं–

राम बास थल बिटप बिलोके। उर अनुराग रहत नहिं रोके।।

मार्ग में लोगों से पूछते जाते हैं कि राम किस वन में हैं। जो कहता है कि हम उन्हें सकुशल देखे आते हैं, वह उन्हें राम लक्ष्मण के समान ही प्यारा लगता है। प्रिय सम्बन्धी आनन्द के अनुभव की आशा देनेवाला एक प्रकार के उस आनन्द का जगाने वाला है–'उद्दीपन' है। सब माताओं से पहले राम कैकेयी से प्रेमपूर्वक मिले। क्यों? क्या उसे चिढ़ाने के लिए? कदापि नहीं। कैकेयी से प्रेमपूर्वक मिलने की सबसे अधिक आवश्यकता थी। अपना महत्त्व या सहिष्णुता दिखाने के लिए नहीं, उसके परितोष के लिए। अपनी करनी पर कैकेयी को जो ग्लानि थी, वह राम ही के किए दूर हो सकती थी, और किसी के किए नहीं। उन्होंने माताओं से मिलते समय स्पष्ट कहा था–

अब! ईस आधीन जग काहु न देइय दोषु।

कैकेयी को ग्लानि थी या नहीं, इस प्रकार के सन्देह का स्थान गोस्वामीजी ने नहीं रखा। कैकेयी की कठोरता आकस्मिक थी, स्वभावगत नहीं। स्वभावगत भी होती तो भी राम की सरलता और सुशीलता उसे कोमल करने में समर्थ थी।

लखि सिय सहित सरल दोउ भाई। कुटिल रानि पछितानि अघाई।।
अवनि जमहि जाचति कैकेयी। महि न बीचु, बिधि मीचु न देई।।

जिस समाज के शील सन्दर्भ की मनोहारिणी छटा को देख वन के कोल किरात मुग्ध होकर सात्त्विक वृत्ति में लीन हो गये, उसका प्रभाव उसी समाज में रहनेवाली

कैकेयी पर कैसे न पड़ता?

(क) **भए सब साधु किरात किरातिनि राम दरस मिटि गयी कलुषाई।**

(ख) **कोलकिरात भिल्ल बनवासी। मधु सुचि सुन्दर स्वादु सुधा-सी।।**
भरि भरि परन पुटी रुचि रूरी। कन्द मूल फल अंकुर जूरी।।
सबहिं देहिं करि बिनय प्रनामा। कहि कहि स्वाद भेद गुननामा।।
देहिं लोग बहु, मोल न लेहीं। फेरत राम दोहाई देहीं।।
तुम्ह प्रिय पाहुन बन पगु धारे। सेवा जोगु न भाग हमारे।।
देब काह हम तुम्हहिं गोसाईं। ईधन पात किरात मिताई।।
यह हमारि अति बड़ी सेवकाई। लेहिं न बासन बसन चोराई।।
हम जड़ जीव जीव गन घाती। कुटिल कुचाली कुमति कुजाती।।
सपनेहुँ धरम बुद्धि कस काऊ। यह रघुनन्दन दरस प्रभाऊ।।

उस पुण्य समाज के प्रभाव से चित्रकूट की रमणीयता में पवित्रता भी मिल गयी। उस समाज के भीतर नीति, स्नेह, शील, विनय, त्याग आदि के संघर्ष से जो धर्मज्योति फूटी उससे आसपास का सारा प्रदेश जगमगा उठा—उसकी मधुर स्मृति से आज भी वहाँ की वनस्थली परम पवित्र है। चित्रकूट की उस सभा की कार्रवाई क्या थी, धर्म के एक-एक अंग की पूर्ण और मनोहर अभिव्यक्ति थी। रामचरितमानस में वह सभा एक आध्यात्मिक घटना है। धर्म के इतने स्वरूपों की एकसाथ योजना, हृदय की इतनी उदात्त वृत्तियों की एकसाथ उद्‌भावना तुलसी के ही विशाल 'मानस' में सम्भव थी। यह सम्भावना उस समाज के भीतर बहुत से भिन्न-भिन्न वर्गों के समावेश द्वारा संघटित की गयी है। राजा और प्रजा, गुरु और शिष्य, भाई और भाई, माता और पुत्र, पिता और पुत्री, श्वसुर और जामातृ, सास और बहू, क्षत्रिय और ब्राह्मण, ब्राह्मण और शूद्र, सभ्य और असभ्य के परस्पर व्यवहारों का उपस्थित प्रसंग के धर्मगांभीर्य और भावोत्कर्ष के कारण, अत्यन्त मनोहर रूप प्रस्फुटित हुआ। धर्म के उस स्वरूप को देख सब मोहित हो गये—क्या नागरिक या ग्रामीण और क्या जंगली। भारतीय शिष्टता और सभ्यता का चित्र यदि देखना हो तो इस राज समाज में देखिए। कैसी परिष्कृत भाषा में, कैसी प्रवचन-पटुता के साथ, प्रस्ताव उपस्थित होते हैं, किस गम्भीरता और शिष्टता के साथ बात का उत्तर दिया जाता है, छोटे-बड़े की मर्यादा का किस सरसता के साथ पालन होता है। सबकी इच्छा है कि राम अयोध्या को लौटें; पर उनके स्थान पर भरत बन को जायें, यह इच्छा भरत को छोड़ शायद ही और किसी के मन में हो। अपनी प्रबल इच्छाओं को लिये हुए लोग सभा में बैठते हैं; पर वहाँ बैठते ही धर्म के स्थिर और गम्भीर स्वरूप के सामने उनकी व्यक्तिगत इच्छाओं का कहीं पता नहीं रह जाता। राजा के सत्यपालन से जो गौरव राजा और प्रजा दोनों को प्राप्त होता दिखाई दे रहा है, उसे खंडित देखना वे नहीं चाहते। जनक, वशिष्ठ, विश्वामित्र आदि धर्मतत्त्व के पारदर्शी जो कुछ निश्चय कर दें, उसे वे कलेजे

पर हाथ रखकर मानने को तैयार हो जाते हैं।

इस प्रसंग में परिवार और समाज की ऊँची-नीची श्रेणियों के बीच कितने सम्बन्ध का उत्कर्ष दिखाई पड़ता है, देखिए–

(1) राजा और प्रजा का सम्बन्ध लीजिए। अयोध्या की सारी प्रजा अपना सब काम-धंधा छोड़ भरत के पीछे राम के प्रेम में उन्हीं के समान मग्न चली जा रही है और चित्रकूट में राम के दर्शन से आह्लादित होकर चाहती है कि चौदह वर्ष यहीं काट दें।

(2) भरत का अपने बड़े भाई के प्रति जो अलौकिक स्नेह और भक्तिभाव वहाँ से यहाँ तक झलकता है, वह तो सबका आधार ही है।

(3) ऋषि या आचार्य के सम्मुख प्रगल्भता प्रकट होने के भय से भरत और राम अपना मत तक प्रकट करते सकुचाते हैं।

(4) राम सब माताओं से जिस प्रकार प्रेमभाव से मिले, वह उनकी शिष्टता का ही सूचक नहीं है, उनके अन्तःकरण की कोमलता और शुद्धता भी प्रकट करता है।

(5) विवाहित कन्या को पति की अनुगामिनी देख जनक जो यह हर्ष प्रकट करते हैं–

पुत्रि! पवित्र किए कुल दोऊ। सुजस धवल जग कह सब कोऊ।।

वह धर्मभाव पर मुग्ध होकर ही।

(6) भरत और राम दोनों ही जनक को पिता के स्थान पर कहकर सब भार उन्हीं पर छोड़ते हैं।

(7) सीताजी अपने पिता के डेरे पर जाकर माता के पास बैठी हैं। इतने में रात हो जाती है और वे असमंजस में पड़ती हैं–

कहत न सीय सकुचि मन माहीं। इहाँ बसब रजनी भल नाहीं।।

पति तपस्वी के वेश में भूशय्या पर रात काटे और पत्नी उससे अलग राजसी ठाट बाट के बीच रहे, यही असमंजस की बात है।

(8) जब से कौशल्या आदि आयी हैं, तब से सीता बराबर उनकी सेवा में लगी रहती हैं।

(9) ब्राह्मण वर्ग के प्रति राज वर्ग के आदर सम्मान का जैसा मनोहर स्वरूप दिखाई पड़ता है, वैसा ही ब्राह्मण वर्ग गें राज्य और लोक के हितसाधन की तत्परता झलक रही है।

(10) केवट के दूर से ऋषि को प्रणाम करने और ऋषि के उसे आलिंगन करने में उभय पक्ष का व्यवहारसौष्ठव प्रकाशित हो रहा है।

(11) वन्य कोल-किरातों के प्रति सबका कैसा मृदुल और सुशील व्यवहार है।

कवि की पूर्ण भावुकता इसमें है कि वह प्रत्येक मानवस्थिति में अपने को डालकर

उसके अनुरूप भाव का अनुभव करे। इस शक्ति की परीक्षा का रामचरित से बढ़कर विस्तृत क्षेत्र और कहाँ मिल सकता है! जीवनस्थिति के इतने भेद और कहाँ दिखाई पड़ते हैं! इस क्षेत्र में जो कवि सर्वत्र पूरा उतरता दिखाई पड़ता है, उसकी भावुकता को और कोई नहीं पहुँच सकता। जो केवल दाम्पत्य रति ही में अपनी भावुकता प्रकट कर सकें, या वीरोत्साह ही का अच्छा चित्रण कर सकें, वे पूर्ण भावुक नहीं कहे जा सकते। पूर्ण भावुक वे ही हैं जो जीवन की प्रत्येक स्थिति के मर्मस्पर्शी अंश का साक्षात्कार कर सकें और उसे श्रोता या पाठक के सम्मुख अपनी शब्दशक्ति द्वारा प्रत्यक्ष कर सकें। हिन्दी के कवियों में इस प्रकार की सर्वांगपूर्ण भावुकता हमारे गोस्वामीजी में ही है जिसके प्रभाव से रामचरितमानस उत्तरी भारत की सारी जनता के गले का हार हो रहा है। वात्सल्य भाव का अनुभव करके पाठक तुरन्त बालक राम लक्ष्मण के प्रवास का उत्साहपूर्ण जीवन देखते हैं जिसके भीतर आत्मावलम्बन का विकास होता है। फिर आचार्यविषयक रीत का स्वरूप देखते हुए वे जनकपुर में जाकर सीताराम के परम पवित्र दाम्पत्य भाव के दर्शन करते हैं। इसके उपरान्त अयोध्या त्याग के करुण दृश्य के भीतर भाग्य की अस्थिरता का कटु स्वरूप सामने आता है। तदनन्तर पथिक वेशधारी राम-जानकी के साथ-साथ चलकर पाठक ग्रामीण स्त्री-पुरुषों के उस विशुद्ध सात्त्विक प्रेम का अनुभव करते हैं जिसे हम दाम्पत्य, वात्सल्य आदि कोई विशेषण नहीं दे सकते, पर जो मनुष्यमात्र में स्वाभाविक है।

रमणीय वन पर्वत के बीच एक सुकुमारी राजवधू को साथ लिये दो वीर आत्मावलम्बी राजकुमारों को विपत्ति के दिनों को सुख के दिनों में परिवर्तित करते पाकर वे 'वीरभोग्या वसुंधरा' की सत्यता हृदयंगम करते हैं। सीताहरण पर विप्रलंभ शृंगार का माधुर्य देखकर पाठक फिर लंका दहन के अद्‌भुत, भयानक और बीभत्स दृश्य का निरीक्षण करते हुए राम-रावण युद्ध के रौद्र और युद्धवीर तक पहुँचते हैं। शान्तरस का पुट तो बीच-बीच में बराबर मिलता ही है। हास्यरस का पूर्ण समावेश रामचरितमानस के भीतर न करके नारद मोह के प्रसंग में उन्होंने किया है। इस प्रकार काव्य के गूढ़ और उच्च उद्देश्य को समझनेवाले, मानव जीवन के सुख और दुःख दोनों पक्षों के नाना रूपों के मर्मस्पर्शी चित्रण को देखकर, गोस्वामीजी के महत्त्व पर मुग्ध होते हैं; और स्थूल बहिरंग दृष्टि रखनेवाले भी, लक्षण ग्रन्थों में गिनाए हुए नव रसों और अलंकारों पर, अपना आह्लाद प्रकट करते हैं।

यहाँ पर कहा जा सकता है कि गोस्वामीजी मनुष्य जीवन की बहुत अधिक परिस्थितियों का जो सन्निवेश कर सके, वह रामचरित की विशेषता के कारण। इतने अधिक प्रकार की मानव दशाओं का सन्निवेश आपसे आप हो गया। ठीक है, पर उन सब दशाओं का यथातथ्य चित्रण बिना हृदय की विशालता, भावप्रसार की शक्ति, मर्मस्पर्शी स्वरूपों की उद्‌भावना और शब्दशक्ति की सिद्धि के नहीं हो सकता। मानव प्रकृति के जितने अधिक रूपों के साथ गोस्वामीजी के हृदय का रागात्मक सामंजस्य

हम देखते हैं, उतना अधिक हिन्दी भाषा के और किसी कवि के हृदय का नहीं। यदि कहीं सौन्दर्य है तो प्रफुल्लता, शक्ति है तो प्रणति, शील है तो हर्षपुलक, गुण है तो आदर, पाप है तो घृणा, अत्याचार है तो क्रोध, अलौकिकता है तो विस्मय, पाखंड है तो कुढ़न, शोक है तो करुणा, आनन्दोत्सव है तो उल्लास, उपकार है तो कृतज्ञता, महत्त्व है तो दीनता, तुलसीदासजी के हृदय में बिम्बप्रतिबिम्ब भाव से विद्यमान है।

गोस्वामीजी की भावात्मक सत्ता का अधिक विस्तार स्वीकार करते हुए भी यह पूछा जा सकता है कि क्या उनके भावों में पूरी गहराई या तीव्रता भी है? यदि तीव्रता न होती, भावों का पूर्ण उद्रेक उनके वचनों में न होता, तो वे इतने सर्वप्रिय कैसे होते? भावों के साधारण उद्गार से ही सबको तृप्ति नहीं हो सकती। यह बात अवश्य है कि जो भाव सबसे अधिक प्रकृतिस्थ है, उसकी व्यंजना सबसे अधिक गूढ़ और ठीक है। जो प्रेमभाव अत्यन्त उत्कर्ष पर पहुँचा हुआ उन्होंने प्रकट किया है, वह अलौकिक है, अविचल है और अनन्य है। वह घन और चातक का प्रेम है।

एक भरोसो, एक बल, एक आस बिश्वास।
एक राम घनस्याम हित, चातक तुलसीदास।।

अपना उद्देश्य वह आप ही है। उसकी प्यास, उसकी उत्कंठा सदा बनी रहे, इसी में उसकी मर्यादा है; इसी में उसका महत्त्व है–

चातक तुलसी के मते स्वातिहू पियै न पानि।
प्रेम तृषा बाढ़ति भली, घट घटैगी आनि।।

प्रिय के लाख दुर्व्यवहार से भी वह हटनेवाला नहीं है–

बरषि परुष पाहन पयद पंख करौ टुक टूक।
तुलसी परी न चाहिए चतुर चातकहि चूक।।
उपल बरषि गरजत तरजि, डारत कुलिस कठोर।
चितव कि चातक मेघ तजि कबहुँ दूसरी ओर?

वह मेघ के लोकहितकर स्वरूप के प्रति आप से आप है–वह जगत् के हित को देखकर है–

जीव चराचर जहँ लग है सब को हित मेह।
तुलसी चातक मन बस्यौ घन सों सहज सनेह।।

जगत् में सब अपने सुख के लिए अनेक साधन और यत्न करते हैं और फलप्राप्ति से सुखी होते हैं। फिर चातक और मेघ का वह प्रेम कैसा है जिसके भीतर न किसी सुख का साधन है, न फल की चाह! यह ऐसा ही कुछ है–

साधन साँसति सब सहत, सबहि सुखद फल लाहु।
तुलसी चातक जलद की, रीझि बूझि बुध काहु।।

चातक को मेघ का जीवों को सुख देना अत्यन्त प्रिय लगता है। वह जो बारहों

महीने चिल्लाता है, सो अधिकतर प्रिय के इस सुखदायक मनोहर रूप के दर्शन के लिए, केवल स्वाती की दो बूँदों के लिए नहीं–

जाँचै बारह मास, पियै पपीहा स्वाति जल।

उसकी याचना के भीतर जगत् की याचना है, अतः इस याचना से उसका मान है। इस माँगने को वह माँगना नहीं समझता–

नहिं जाचत नहिं संग्रही सीस नाइ नहिं लेइ।
ऐसे मानी माँगनेहि को बारिद बिनु देइ।।

अब इस प्रेम की अनन्यता का स्वरूप देखिए–

चरग चंगुगत चातकहिं नेम प्रेम की पीर।
तुलसी परबस हाड़ पर परिहै पुहमी नीर।।
बध्यो बधिक, पर्‌यो पुन्यजल, उलटि उठाई चोंच।
तुलसी चातक प्रेमपट मरतहुँ लगी न खोंच।।

चातक का प्रिय लोकसुखदायी है। उसका मेघ सचमुच बड़ा है और सबके लिए बड़ा है। अतः चातक के प्रेम के भीतर महत्त्व की आनन्दमयी स्वीकृति छिपी हुई है। इस महत्त्व के सम्मुख वह जो दीनता प्रकट करता है वह सच्ची दीनता है, हृदय के भीतर अनुभव की हुई दीनता है, प्रेम की दीनता है। किसी महत्त्व की सच्ची अनुभूति से उत्पन्न दीनता से भिन्न दीनता को लोभ, भय आदि का बदला हुआ रूप समझिए। जिससे बड़ा चातक और किसी को नहीं समझता, उसे छोड़ यदि और किसी के सामने वह दीनता प्रकट करे तो उसकी दीनता की सचाई में फर्क आ जाय, उसके प्रेम की अनन्यता भंग हो जाय। जो आज एक से कहता है कि 'आपसे न माँगें तो और किससे माँगने जायेंगे?' और कल दूसरे से, वह उस दैन्य तक पहुँच ही नहीं सकता जो भक्ति का अंग है। जिस महत्त्व के प्रति सच्ची दीनता प्रकट की जाती है, उसका कुछ आभास लोक को उस दीनता से दिखाई पड़ता है–

तीन लोक तिहुँ काल जस चातक ही के माथ।
तुलसी जासु न दीनता सुनी दूसरे नाथ।।

इस प्रेम के सम्बन्ध में ध्यान देने की बात यह है कि यह समान के प्रति नहीं है, अपने से बड़े या ऊँचे के प्रति है। गोस्वामीजी अपने से बड़े या छोटे के साथ प्रेम करने को समान के साथ प्रेम करने से अच्छा समझते हैं–

कै लघु कै बड़ मीत भल, सम सनेह दुख सोइ।
तुलसी ज्यों घृत मधु सरिस मिले महाबिष होइ।।

इससे उनका भीतरी अभिप्राय यह है कि छोटे बड़े के सम्बन्ध में धर्मभाव अधिक है। यदि प्रिय हमसे छोटा है तो उसपर जो हमारा प्रेम होगा वह दया, दाक्षिण्य, अनुकंपा, क्षमा, साहाय्य इत्यादि वृत्तियों को उभारेगा, यदि प्रिय हमसे बड़ा है तो उसपर आलम्बित प्रेम, श्रद्धा, सम्मान, दैन्य, नम्रता, संकोच, कृतज्ञता, आज्ञाकारिता

इत्यादि को जाग्रत करेगा। इसमें तो कुछ कहना ही नहीं कि हमारे गोस्वामीजी का प्रेम दूसरे प्रकार का था—वह पूज्यबुद्धिगर्भित होकर भक्ति के रूप में था। उच्चता की जैसी प्राप्ति उच्च को आत्मसमर्पण करने से हो सकती है, वैसी समान को आत्मसमर्पण करने से नहीं। यह तो पहले ही दिखाया जा चुका है कि शील बाबाजी द्वारा निरूपित भक्ति के आलम्बन के स्वरूप के—आभ्यन्तर स्वरूप के सही—अन्तर्गत है। भक्ति और शील की परस्पर स्थिति ठीक उसी प्रकार बिम्बप्रतिबिम्ब भाव से है जिस प्रकार आश्रय और आलम्बन की। और आगे चलिए तो आश्रय की और आलम्बन की परस्पर स्थिति भी ठीक वही मिलती है जो ज्ञाता और ज्ञेय की है। हमें तो ऐसा दिखाई पड़ता है कि ज्ञान क्षेत्र में जो ज्ञाता और ज्ञेय की है, वही भाव क्षेत्र में आश्रय और आलम्बन है। ज्ञान की जिस चरम सीमा पर जाकर ज्ञाता और ज्ञेय एक हो जाते हैं, भाव की उसी चरम सीमा पर जाकर आश्रय और आलम्बन भी एक हो जाते हैं। शील और भक्ति का अभेद देखने का इतना विवेचन बहुत है।

दाम्पत्य प्रेम का दृश्य भी गोस्वामीजी ने बहुत ही सुन्दर दिखाया है, पर बड़ी ही मर्यादा के साथ। नायिकाभेदवाले कवियों का सा या कृष्ण की रासलीला के रसिकों का सा लोकमर्यादा का उल्लंघन उसमें कहीं नहीं है। सीता राम के परम पुनीत प्रणय की जो प्रतिष्ठा उन्होंने मिथिला में की, उसकी परिपक्वता जीवन की भिन्न-भिन्न दशाओं के बीच पति-पत्नी के सम्बन्ध की उच्चता और रमणीयता संघटित करती दिखाई देती है। अभिषेक के समय राम को बन जाने की आज्ञा मिलती है। आनन्दोत्सव का सारा दृश्य करुण दृश्य में परिणत हो जाता है। राम बन जाने को तैयार हैं और वन के क्लेश बताते हुए सीता को घर रहने के लिए कहते हैं। इसपर सीता कहती हैं—

बन दुख नाथ कहे बहुतेरे। भय बिषाद परिताप घनेरे।।
प्रभु बियोग लवलेस समाना। सब मिलि होहिं न कृपानिधाना।।
कुस किसलय साथरी सुहाई। प्रभु सँग मंजु मनोज तुराई।।
कन्द मूल फल अमिय अहारू। अवध सौधसत सरिस पहारू।।
मोहिं मग चलत न होइहि हारी। छिनु छिनु चरन सरोज निहारी।।
पाँय पखारि बैठि तरु छाहीं। करिहौं बाउ मुदित मन माहीं।।
बार बार मृदु मूरति जोही। लागिहि ताति बयारि न मोही।।

दुःख की परिस्थिति में सुख की इस कल्पना के भीतर हम जीवनयात्रा में श्रान्त पथिक के लिए प्रेम की शीतल सुखद छाया देखते हैं। यह प्रेम मार्ग निराला नहीं है, जीवनयात्रा के मार्ग से अलग होकर जानेवाला नहीं है। यह प्रेम कर्मक्षेत्र से अलग नहीं करता, उसमें बिखरे हुए काँटों पर फूल बिछाता है। राम जानकी को नंगे पाँव चलते देख ग्रामवासी कहते हैं—

जौ जगदीस इनहिं बन दीन्हा। कस न सुमनमय मारग कीन्हा।।

थोड़ी दूर साथ चलकर उन्होंने देख लिया होगा कि उनका मार्ग 'सुमनमय' ही है। प्रेम के प्रभाव से जंगल में भी मंगल था। सीता को तो सहस्रों अयोध्याओं का सुख वहाँ मिल रहा था–

नाह नेह नित बढ़त बिलोकी। हरषित रहति दिवस जिमि कोकी।।
सिय मन राम चरन अनुरागा। अवध सहस सम बन प्रिय लागा।।
परन कुटी प्रिय प्रियतम संगा। प्रिय परिवार कुरंग बिहंगा।।
सासु ससुरसम मुनितिय मुनिबर। असन अमियसम कन्द मूल फर।।

अयोध्या से अधिक सुख का रहस्य क्या है? प्रिय के साथ सहयोग के अधिक अवसर। अयोध्या में सहयोग और सेवा के इतने अवसर कहाँ मिल सकते थे? जीवनयात्रा की स्वाभाविक आवश्यकताओं की पूर्ति बन में अपने हाथों से करनी पड़ती थी। कुटी छाना, स्थान स्वच्छ करना, जल भर लाना, ईंधन और कन्दमूल इकट्ठा करना इत्यादि वहाँ के नित्य जीवन के अंग थे। ऐसे प्राकृतिक जीवन में प्रेम का जो विकास हो सकता है, वह कृत्रिम जीवन में दुर्लभ है। प्रिय के प्रयत्नों में ऐसे ही स्वाभाविक सहयोग की अभिलाषिणी एक ग्रामीण नायिका कहती है–

आगि लागि घर जरिगा, बड़ सुख कौन।।
पिय के हाथ घइलवा भरि भरि दीन।।

दूसरा कारण इस सुख का था हृदय का प्रकृति के अनेक रूपों के साथ सामंजस्य, जिसके प्रभाव से 'कुरंग बिहंग' अपने परिवार के भीतर जान पड़ते थे। उस जगज्जननी जानकी का हृदय ऐसा न होगा तो और किसका होगा जिसे एक स्थान पर लगाए हुए फूल पौधों को छोड़कर अन्य स्थान पर जाते हुए भी दुःख होता था।

सीताजी द्वारा शृंगार के संचारी भाव 'व्रीड़ा' की व्यंजना के लिए कैसा उपयुक्त अवसर चुना गया है! वन के मार्ग में ग्रामीण स्त्रियाँ राम की ओर लक्ष्य करके सीता से पूछती हैं कि ये तुम्हारे कौन हैं। इसपर सीता कहती हैं–

तिनहिं बिलोकि बिलोकति धरनी। दुहुँ, सँकोच सकुचति वर बरनी।।

'बिलोकति धरनी' कितनी स्वाभाविक मुद्रा है! 'दुहुँ सँकोच' द्वारा कवि ने सीता के हृदय की कोमलता और अभिमानशून्यता भी कैसे ढंग से व्यंजित कर दी है। एक तो राम को खुले शब्दों में अपना पति कहने में संकोच; दूसरा संकोच यह समझकर कि यदि इन भोलीभाली स्त्रियों को कोई उत्तर न दिया जायेगा तो ये मन में दुखी होंगी और मुझे अभिमानिनी समझेंगी।

इसके आगे सीताजी में शृंगारी चेष्टाओं का विधान भी अत्यन्त निपुणता और भावुकता के साथ गोस्वामीजी ने किया है–

बहुरि बदन-बिधु अंचल ढाँकी। पिय तन चितै भौंह करि बाँकी।।
खंजन मंजु तिरीछे नैननि। निज पति कहेउ तिन्हहिं सिय सैननि।।

यदि आम रास्ते पर राम के साथ बातचीत करने में ये चेष्टाएँ दिखाई जातीं तो कुलवधू की मर्यादा का भंग होता और कोई विशेष निपुणता की बात न होती, रूढ़ि का अनुसरण मात्र होता। पर बीच में उन स्त्रियों को डाल देने से एक परदा भी खड़ा हो गया और अधिक स्वाभाविकता भी आ गयी। सीता में ये चेष्टाएँ अपने साथ राम के सम्बन्ध की भावना द्वारा उत्पन्न दिखाई पड़ती हैं। यदि रामसीता के परस्पर व्यवहार में ये चेष्टाएँ दिखाई जातीं तो 'संभोग शृंगार' का खुला वर्णन हो जाता, जो गोस्वामीजी ने कहीं नहीं किया है।

अब प्रश्न यह है कि ये चेष्टाएँ 'अनुभाव' होंगी या विभावान्तर्गत 'हाव'। हिन्दी के लक्षणग्रन्थों में 'हाव' प्रायः 'अनुभाव' के अन्तर्गत रखे मिलते हैं। पर यह ठीक नहीं है। 'अनुभाव' के अन्तर्गत केवल आश्रय की चेष्टाएँ आ सकती हैं। 'आश्रय' की चेष्टाओं का उद्देश्य किसी भाव की व्यंजना करना होता है। पर 'हावों' का सन्निवेश किसी भाव की व्यंजना कराने के लिए नहीं होता, बल्कि नायिका का मोहक प्रभाव बढ़ाने के लिए, अर्थात् उसकी रमणीयता की वृद्धि के लिए, होता है। जिसकी रमणीयता या चित्ताकर्षकता का वर्णन या विधान किया जाता है, वह 'आलम्बन' होता है। अतः 'हाव' नामक चेष्टाएँ आलम्बनगत ही मानी जायेंगी और आलम्बनगत होने के कारण उनका स्थान 'विभाव' के अन्तर्गत ही ठहरता है।

अब विचार करना चाहिए कि सीताजी की उक्त चेष्टाएँ 'अनुभाव' होंगी या 'हाव'। लक्षण के अनुसार 'संभोगेच्छा प्रकाशक भ्रूनेत्रादिविकार' ही 'हाव' कहलाते हैं। पर सीताजी के विकार इस प्रकार के नहीं हैं। वे विकार राम के साथ अपने सम्बन्ध की भावना से उत्पन्न हैं और उनके प्रेम की व्यंजना करते हैं। इस प्रकार आश्रय की चेष्टाएँ होने के कारण वे विकार 'अनुभाव' ही होंगे।

सीताहरण होने पर इस प्रेम को हम एक ऐसे मनोहर क्षेत्र का द्वार खोलते हुए पाते हैं जिसमें बल और पराक्रम अपनी परमावस्था को पहुँचकर अनीति और अत्याचार का ध्वंस कर देता है। बन में सीता का बियोग चारपाई पर करवटें बदलानेवाला प्रेम नहीं है—चार कदम पर मथुरा गये हुए गोपाल के लिए गोपियों को बैठे-बैठे रुलानेवाला वियोग नहीं है, झाड़ियों में थोड़ी देर के लिए छिपे हुए कृष्ण के निमित्त राधा की आँखों से आँसुओं की नदी बहानेवाला वियोग नहीं है—यह राम को निर्जन वनों और पहाड़ों में घुमानेवाला, सेना एकत्र करानेवाला, पृथ्वी का भार उतारनेवाला वियोग है। इस वियोग की गम्भीरता के सामने सूरदास द्वारा अंकित वियोग अतिशयोक्ति पूर्ण होने पर भी बालक्रीड़ा सा लगता है।

हनुमान् के प्रकट होने के पहले जानकी उद्विग्न होकर कह रही थीं—

पावकमय ससि स्रवत न आगी। मानहुँ मोहिं जानि हतभागी।।
सुनिय बिनय मम बिटप असोका। सत्य नाम करु हरु मम सोका।।
नूतन किसलय अनल समाना। देहि अगिनि जिनि करहि निदाना।।

इतना कहते ही हनुमान् का मुद्रिका गिराना और सीता का उसे अंगार समझ कर हाथ में लेना, यह सब तो गोस्वामीजी ने प्रसन्नराघव नाटक से लिया है। हनुमान् को सामने पाकर सीता उसी मर्यादा के साथ अपने वियोगजनित दुःख की व्यंजना करती हैं जिस मर्यादा के साथ माता पुत्र के सामने कर सकती है। वे पहले 'अनुज सहित' राम का (अकेले राम का नहीं) कुशल पूछती हैं, फिर कहती हैं–

कोमलचित कृपालु रघुराई। कपि, केहि हेतु धरी निठुराई।।
सहज बानि सेवक सुखदायक। कबहुँक सुरति करत रघुनायक।।
कबहुँ नयन मम सीतल ताता। होइहिं निरखि स्याम मृदुगाता।।

प्रिय के कुशलमंगल के हेतु व्यग्रता भारतीय ललनाओं के वियोग का प्रधान लक्षण है। प्रिय सुख में है या दुःख में है, यह संशय विरह में दया या करुण भाव का हलका सा मेल कर देता है, भारत की कुलवधू का विरह आवारा आशिकों माशूकों का विरह नहीं है, वह जीवन के गाम्भीर्य को लिये हुए रहता है। यह वह विरह नहीं है जिसमें विरही अपना ही जलना और मरना देखता है, प्रिय मरता है कि जीता है, इससे कोई मतलब नहीं।

पवित्र दाम्पत्य रति की कैसी मनोहर व्यंजना उन्होंने सीता द्वारा उस समय कराई है जिस समय ग्रामवनिताओं ने मार्ग में राम को दिखाकर उनसे पूछा था कि 'ये तुम्हारे कौन हैं?'

कोटि मनोज लजावनहारे। सुमुखि कहहु को आहिं तुम्हारे।।
सुनि सनेहमय मंजुल बानी। सकुचि सीय मन महँ मुसुकानी।।
तिन्हहिं बिलोकि बिलोकति धरनी। दुहुँ सँकोच सकुचति बर बरनी।।
सकुचि सप्रेम बालमृगनयनी। बोली मधुर बचन पिकबयनी।।
सहज सुभाय सुभग तन गोरे। नाम लषन लघु देवर मोरे।।
बहुरि बदन बिधु अंचल ढाँकी। पिय मन चितै भौंह करि बाँकी।।
खंजन मंजु तिरीछे नैननि। निज पति कहेउ तिन्हहिं सिय सैननि।।

कुलवधू की इस अल्प व्यंजना में जो गौरव और माधुर्य है, वह उद्धत प्रेम-प्रलाप में कहाँ?

शोक का चित्रण भी गोस्वामीजी ने अत्यन्त हृदयद्रावक पद्धति से किया है। शोक के स्थल तुलसीदासवर्णित रामचरित में दो हैं–एक तो अयोध्या में राम वनगमन का प्रसंग और दूसरा लंका में लक्ष्मण को शक्ति लगने का। राम के वन जाने पर जो दुःख फैला, वह शोक ही माना जायेगा; वह प्रिय का प्रवासजन्य दुःख मात्र नहीं है। अभिषेक के समय वनवास बड़े दुःख की बात है–

कैकयनंदिनि मन्दमति, कठिन कुटिलपन कीन्ह।
जेहि रघुनन्दन जानकिहिं, सुख अवसर दुख दीन्ह।।

अतः परिजनों और प्रजा का दुःख राम की दुःखदशा को समझकर भी था,

केवल राम का अलग होना देखकर नहीं–

राम चलत अति भएउ बिषादू। सुनि न जाइ पुर आरतनादू।।

यह विषाद (जो शोक का संचारी है) और यह आर्तनाद शोकसूचक है। प्रिय के दुःख या पीड़ा पर जो दुःख हो, वह शोक है; प्रिय के कुछ दिनों के लिए वियुक्त होने मात्र का जो दुःख हो, वह विरह है। अतः राम के इस दुःखमय प्रवास पर जो दुःख लोगों को हुआ, यह शोक और वियोग दोनों है।

'तुलसी राम बियोग सोक बस समुझत नहिं समुझाए।'

में वियोग और शोकसूचक वाक्य यद्यपि मिले हुए हैं, पर हम चाहें तो उन्हें अलग करके भी देख सकते हैं। शुद्ध वियोग–

जब जब भवन बिलोकति सूनो।
तब तब विकल होति कौशल्या दिन दिन प्रति दुख दूनो।
को अब प्रात कलेऊ माँगत रूठि चलैगो माई?
स्याम तामरस नयन स्रवत जल काहि लेहुँ उर लाई[1]?

शोक या करुणा की व्यंजना इस प्रकार के वाक्यों में समझिए–

मृदु मूरति सुकुमार सुभाऊ। ताति बाउ तन लाग न काऊ।।
ते बन वसहिं बिपति सब भाँती। निदरे कोटि कुलिस सहि छाती।।
राम सुना दुख कान न काऊ। जीवन तरु जिमि जोग्वइ राऊ।।
ते अब फिरत विपिन पदचारी। कन्द मूल फल फूल अहारी।।

दशरथ के मरण पर यह शोक अपनी पूर्ण दशा पर पहुँच जाता है। उस समय की अयोध्या की दशा के वर्णन में पाठकों को करुणा की ऐसी धारा दिखाई पड़ती है, जिसमें पुरवासियों के साथ वे भी मग्न हो जाते हैं।

लागति अवध भयावनि भारी। मानहुँ कालराति अँधियारी।।
घोर जंतु सम पुर नर नारी। डरपहिं एकहि एक निहारी।।
धर मसान, परिजन जनु भूता। सुत हित मीत मनहुँ जमदूता।।
बागन्ह बिटप बेलि कुम्हिलाहीं। सरित सरोवर देखि न जाहीं।।
बिधि कैकयी किरातिनि कीन्हीं। जेहि दव दुसह दसहु दिसि दीन्हीं।।
सहि न सके रघुबर बिरहागी। चले लोग सब ब्याकुल भागी।।
करि बिलाप सब रोवहिं रानी। महाबिपति किमि जाइ बखानी।।
सुनि बिलाप दुखहू दुख लागा। धीरजहू कर धीरज भागा।।

गोस्वामीजी द्वारा चित्रित राजकुल का यह शोक ऐसा शोक है जिसके भागी केवल पुरवासी ही नहीं, मनुष्य मात्र हो सकते हैं; क्योंकि यह ऐसे आलम्बन के प्रति

---

1. यद्यपि वनगमन के समय राम इतने बच्चे न थे, पर वात्सल्य दिखाने के लिए गोस्वामीजी ने कौशल्या के मुख से ऐसा ही कहलाया है।

है जिसके थोड़े से दुःख को भी देख मनुष्य कहलानेवाले मात्र न सही तो मनुष्यता रखनेवाले सब करुणार्द्र हो सकते हैं।

दूसरा करुण दृश्य लक्ष्मण को शक्ति लगने पर राम का विलाप है। इस विलाप के भीतर शोक की व्यंजना अत्यन्त स्वाभाविक रीति से की गयी है। उसके प्रवाह में एक क्षण के लिए सारे नियम, व्रत, सारी दृढ़ता बही जाती सी दिखाई देती है–

जौ जनतेउँ बन बंधु बिछोहू। पिता बचन मनतेउँ नहिं ओहू।।

भाव-दशा का तात्पर्य न समझनेवाले, नीति के नाम पर पाषंड धारण करनेवाले, इसे चरित्रग्लानि समझेंगे या कहेंगे। पर ऐसे प्रिय बंधु का शोक, जिसने एक क्षण के लिए भी विपत्ति में साथ न छोड़ा, यदि एक क्षण के लिए सब बातों का विचार छुड़ा देनेवाला न होता तो राम के हृदय की वह कोमलता कहाँ दिखाई पड़ती जो भक्तों की आशा का अवलम्बन है? यह कोमलता, यह सहृदयता सब प्रकार के नियमों से परे है। नियमों से निराश होकर, 'कर्मवाद' की कठोरता से घबराकर, परोक्ष 'ज्ञान' और परोक्ष 'शक्ति' मात्र से पूरा पड़ता न देखकर ही तो मनुष्य परोक्ष 'हृदय' की खोज में लगा और अन्त में भक्तिमार्ग में जाकर उस परोक्ष हृदय को उसने पाया। भक्त लोगों का ईश्वर अविचल नियमों की समष्टि मात्र नहीं है; वह क्षमा, दया, उदारता इत्यादि का समुद्र है। लोक में जो कुछ क्षमा, दया, उदारता आदि दिखाई देती है वह उसी समुद्र का एक बिन्दु है।

'आत्मग्लानि' का जैसा पवित्र और सच्चा स्वरूप गोस्वामीजी ने दिखाया है, वैसा शायद ही किसी ने कहीं दिखाया हो। आत्मग्लानि का उदय शुद्ध और सात्त्विक अन्तःकरण में ही हो सकता है, अतः भरत से बढ़कर उपयुक्त आश्रय उसके लिए और कहाँ मिल सकता है? आत्मग्लानि नामक मानसिक शैथिल्य या तो अपनी बुराई का अनुभव आप करने से होता है अथवा किसी बुरे प्रसंग के साथ अपना सम्बन्ध लोक में दिखाई पड़ने से उत्पन्न हीनता का अनुभव करने से। भरतजी को ग्लानि थी दूसरे प्रकार की, पर बड़ी सच्ची और बड़ी गहरी थी। जिन राम का उनपर इतना गाढ़ा स्नेह था, जिन्हें वे लोकोत्तर श्रद्धा और भक्ति की दृष्टि से देखते आये, उनके विरोधी वे समझे जायें, यह दुःख उनके लिए असह्य था। इस दुःख के भार से हलके होने के लिए वे छटपटाने लगे, इस घोर आत्मग्लानि को वे हृदय में न रख सके–

को त्रिभुवन मोहिं सरिस अभागी। गति असि तोरि मातु जेहि लागी।।
पितु सुरपुर, बन रघुबर सेतू। मैं केवल सब अनरथ हेतू।।
धिग मोहिं भयउँ बेनु बन आगी। दुसह दाह दुख दूषन भागी।।

वे रह-रहकर सोचते हैं कि मैं लाख अपनी सफाई दूँ, पर लोक की दृष्टि में निष्कलंक नहीं दिखाई पड़ सकता–

जो पै हौं मातु मते महँ ह्वैहों।
तौ जननी जग में या मुख की कहाँ कालिमा ध्वैहों?
क्यौं हौं आज होत सुचि सपथनि? कौन मानिहै साँची?
महिमा मृगी कौन सुकृती की खल बच बिसिषन बाँची?
गहि न जाति रसना काहू की, कहौ जाहि जो सूझै?
दीनबंधु, कारुण्यसिंधु बिनु कौन हिये की बूझै?

कैकेयी को सामने पाकर इस ग्लानि के साथ अमर्ष का संयोग हो जाता है। उसकी पवित्रता के सामने माता के प्रति यह अवज्ञा कैसी मनोहर दिखाई पड़ती है—

(क) **जो पै कुरुचि रही अति तोहीं। जनमत काहे न मारेसि मोहीं।।**
पेड़ काठि तैं पालउ सीचा। मीन जियन हित बारि उलीचा।।
जब तैं कुमति! कुमत जिय ठयऊ। खंड खंड होइ हृदय न गयऊ।।
बर माँगत मन भई न पीरा। गरि न जीह मुँह परेउ न कीरा।।
अस को जीव जन्तु जग माँहीं। जेहि रघुनाथ प्रान प्रिय नाहीं।।
भे अति अहित राम तेउ तोहीं। को तू अहसि? सत्य कहु मोहीं।।

(ख) **ऐसे तैं क्यों कटु बचन कह्यो, री?**
'राम जाहु कानन' कठोर तेरे कैसे धौं हृदय रह्यो री।।
दिनकर बंस, पिता दसरथ से राम लषन से भाई।।
जननी! तू जननी तो कहा कहौं? बिधि केहि खोरि न लाई।।
'हौं लहिहौं सुख राजमातु ह्वै, सुत सिर छत्र धरैगो।।'
कुल कलंक मल मूल मनोरथ तब बिनु कौन करैगो।।
ऐहैं राम सुखी सब ह्वै हैं, ईस अजस मेरो हरिहैं?
तुलसिदास मोको बड़ो सोच, तू जनम कौन बिधि भरिहै।।

एक बार तो संसार की ओर देखकर भरतजी अयश छूटने से निराश होते हैं; पर फिर उन्हें आशा बँधती है और वे कैकेयी से कहते हैं कि ईश मेरा तो अयश हरेंगे, मैं तो मुँह दिखाने लायक हो जाऊँगा, पर तू अपने दिन कैसे काटेगी? वे समझते हैं कि राम के आते ही मेरा अयश दूर हो जायेगा। उनको विश्वास है कि सारा संसार मुझे दोषी माने, पर सुशीलता की मूर्ति राम मुझे दोषी नहीं मान सकते—

परिहरि राम सीय जग माहीं। कोउ न कहहि मोर मत नाहीं।।

राम की सुशीलता पर भरत को इतना अविचल विश्वास है! वह सुशीलता धन्य है जिस पर इतना विश्वास टिक सके; और वह विश्वास धन्य है जो सुशीलता पर इस अविचल भाव से जमा रहे! भरत की आशा का एकमात्र आधार यही विश्वास है। कौशल्या के सामने जिन वाक्यों द्वारा वे अपनी सफाई देते हैं, उनके एक एक शब्द से अन्तःकरण की स्वच्छता झलकती है। उनकी शपथ उनकी अन्तर्वेदना की व्यंजना है—

जे अघ मातु, पिता सुत मारे। गाय गोठ महिसुर पुर जारे।।
जे अघ तिय बालक बध कीन्हें। मीत महीपति माहुर दीन्हें।।
जे पातक उपपातक अहहीं। करम बचन मन भव कबि कहहीं।।
ते पातक मोहि होहु बिधाता। जौं एहु होइ मोर मत माता।।

इस सफाई के सामने हजारों वकीलों की सफाई कुछ नहीं है, इन कसमों के सामने लाखों कसमें कुछ नहीं हैं। यहाँ वह हृदय खोलकर रख दिया गया है जिसकी पवित्रता को देख जो चाहे अपना हृदय निर्मल कर ले।

शीलनिरूपण और चरित्रचित्रण

रससंचार से आगे बढ़ने पर हम काव्य की उस उच्च भूमि में पहुँचते हैं जहाँ मनोविकार अपने क्षणिक रूप में ही न दिखाई देकर जीवनव्यापी रूप में दिखाई पड़ते हैं। इसी स्थायित्व की प्रतिष्ठा द्वारा शीलनिरूपण और पात्रों का चरित्र-चित्रण होता है। कहने की आवश्यकता नहीं कि इस उच्च भूमि में आने पर फुटकरिए कवि पीछे छूट जाते है; केवल प्रबन्धकुशल कवि ही दिखाई पड़ते हैं। खेद के साथ कहना पड़ता है कि गोस्वामीजी को छोड़ हिन्दी का और कोई पुराना कवि इस क्षेत्र में नहीं दिखाई पड़ता। चारणकाल के चन्द आदि कवियों ने भी प्रबन्धरचना की है; पर उसमें चरित्रचित्रण को वैसा स्थान नहीं दिया गया है, वीरोल्लास ही प्रधान है। जायसी आदि मुसलमान कवियों की प्रबन्धधारा केवल प्रेमपथ का निदर्शन करती गयी है। दोनों प्रकार के आख्यानों में मनोविकारों के इतने भिन्न-भिन्न प्रकृतिस्थ स्वरूप नहीं दिखाई पड़ते जिन्हें हम किसी व्यक्ति या समुदायविशेष का लक्षण कह सकें।

रससंचार मात्र के लिए किसी मनोविकार की एक अवसर पर पूर्ण व्यंजना ही काफी होती है। पर किसी पात्र में उसे शील रूप में प्रतिष्ठित करने के लिए कई अवसरों पर उसकी अभिव्यक्ति दिखानी पड़ती है। रामचरितमानस के भीतर राम, भरत, लक्ष्मण, दशरथ और रावण, ये कई पात्र ऐसे हैं जिनके स्वभाव और मानसिक प्रवृत्ति की विशेषता गोस्वामीजी ने, कई अवसरों पर प्रदर्शित भावों और आचरणों की एकरूपता दिखाकर प्रत्यक्ष की है।

पहले राम को लीजिए और इस बात का ध्यान रखिए कि प्रधान पात्र होने के कारण जितनी भिन्न-भिन्न परिस्थितियों में उनका जीवन दिखाया गया है, और किसी पात्र का नहीं। भिन्न भिन्न मनोविकारों को उभारनेवाले जितने अधिक अवसर उनके सामने आये हैं, उतने और किसी पात्र के सामने नहीं। लक्ष्मण भी प्रत्येक परिस्थिति में उनके साथ रहे, इससे उनके सम्बन्ध में भी यही कहा जा सकता है। सारांश यह कि राम-लक्ष्मण के चरित्रों का चित्रण आख्यान के भीतर सबसे अधिक व्यापक होने के कारण सबसे अधिक पूर्ण है। भरत का चरित्र जितना अंकित है, उतना सबसे उज्ज्वल, सबसे निर्मल और सबसे निर्दोष है। पर साथ ही यह भी है

कि वह उतना अधिक अंकित नहीं है। राम से भी अधिक जो उत्कर्ष उनमें दिखाई पड़ता है वह बहुत कुछ चित्रण की अपूर्णता के कारण—उतनी अधिक परिस्थितियों में उसके न दिखाये जाने के कारण जितनी अधिक परिस्थितियों में राम-लक्ष्मण का चरित्र दिखाया गया है। पर इसमें भी कोई सन्देह नहीं कि जिस परिस्थिति में भरत दिखाए गये हैं, उससे बढ़कर शील की कसौटी हो ही नहीं सकती।

अनन्त शक्ति के साथ धीरता, गम्भीरता और कोमलता 'राम' का प्रधान लक्षण है। यही उनका 'रामत्व' है। अपनी शक्ति की स्वानुभूति ही उस उत्साह का मूल है जिससे बड़े-बड़े दुःसाध्य कर्म होते हैं। बाल्यावस्था में ही जिस प्रसन्नता के साथ दोनों भाइयों ने घर छोड़ा और विश्वामित्र के साथ बाहर रहकर अस्त्रशिक्षा प्राप्त की तथा विघ्नकारी विकट राक्षसों पर पहले पहल अपना बल आजमाया, वह उस उल्लासपूर्ण साहस का सूचक है जिसे 'उत्साह' कहते हैं। छोटी अवस्था में ही ऐसे विकट प्रवास के लिए जिनकी धड़क खुलती हमने देखी, उन्हीं को पीछे चौदह वर्ष वन में रहकर अनेक कष्टों का सामना करते हुए जगत् को क्षुब्ध करनेवाले कुम्भकर्ण और रावण ऐसे राक्षसों को मारते हुए हम देखते हैं। इस प्रकार जिन परिस्थितियों के बीच वीर जीवन का विकास होता है, उनकी परम्परा का निर्वाह हम क्रम से रामचरित में देखते हैं। राम और लक्ष्मण ये दो अद्वितीय वीर हम उस समय पृथ्वी पर पाते हैं। वीरता की दृष्टि मे हम कोई भेद दोनों पात्रों में नहीं कर सकते। पर सीता के स्वयंवर में दोनों भाइयों के स्वभाव में जो पार्थक्य दिखाई पड़ा उसका निर्वाह हम अन्त तक पाते हैं। जनक के परितापवचन पर उग्रता और परशुराम की बातों के उत्तर में जो चपलता हम लक्ष्मण में देखते हैं, उसे हम बराबर अवसर अवसर पर देखते चले जाते हैं। इसी प्रकार राम की जो धीरता और गम्भीरता हम परशुराम के साथ बातचीत करने में देखते हैं, वह बराबर आगे आने वाले प्रसंगों में हम देखते जाते हैं। इतना देखकर तब हम कहते हैं कि राम का स्वभाव धीर और गम्भीर था और लक्ष्मण का उग्र और चपल।

धीर, गम्भीर और सुशील अन्तःकरण की बड़ी भारी विशेषता यह होती है कि वह दूसरे में बुरे भाव का आरोप जल्दी नहीं कर सकता। सारे अवधवासियों को लेकर भरत को चित्रकूट की ओर आते देख लक्ष्मण कहते हैं—

कुटिल कुबंधु कुअवसर ताकी। जानि राम बनवास एकाकी।।
करि कुमंत्र मन, साजि समाजू। आए करइ अकंटक राजू।।

और तुरन्त इस अनुमान पर उनकी त्योरी चढ़ जाती है—

जिमि करि निकर दलइ मृगराजू। लेइ लपेटि लवा जिमि बाजू।।
तैसेहि भरतहि सेन समेता। सानुज निदरि निपातउँ खेता।।

पर राम के मन में भरत के प्रति ऐसा सन्देह होता ही नहीं है। अपनी सुशीलता के बल से उन्हें उनकी सुशीलता पर पूरा विश्वास है। वे तुरन्त समझाते हैं—

सुनहु लषन भल भरत सरीसा। बिधि प्रपंच महँ सुना न दीसा।।
भरतहिं होइ न राज मद बिधि हरि हर पद पाइ।
कबहुँ कि काँजी सीकरनि छीर सिंधु बिनसाइ।।

सुमन्त जब राम लक्ष्मण को विदा कर अयोध्या लौटने लगते हैं, तब रामचन्द्रजी अत्यन्त प्रेमभरा संदेसा पिता से कहने को कहते हैं जिसमें कहीं से खिन्नता या उदासीनता का लेश नहीं है। वे सारथी को बहुत तरह से समझाकर कहते हैं–

सब बिधि सोइ करतव्य तुम्हारे। दुख न पाव पितु सोच हमारे।।

यह कहना लक्ष्मण को अच्छा नहीं लगता। जिस निष्ठुर पिता ने स्त्री के कहने में आकर वनवास दिया, उसे भला सोच क्या होगा? पिता के व्यवहार की कठोरता के सामने लक्ष्मण का ध्यान उनके सत्यपालन और परवशता की ओर न गया, उनकी वृत्ति इतनी धीर और संयत न थी कि वे इतनी दूर सोचने जाते। पिता के प्रति कुछ कठोर वचन वे कहने लगे। पर राम ने उन्हें रोका और सारथी से बहुत विनती की कि लक्ष्मण की ये बातें पिता से न कहना।

पुनि कछु लषन कही कटु बानी। प्रभु बरजेउ बड़ अनुचित जानी।।
सकुचि राम निज सपथ दिवाई। लषन संदेसु कहिय जनि जाई।।

यह 'सकुचि' शब्द कितना भावगर्भित है। यह कवि की सूक्ष्म अन्तर्दृष्टि सूचित करता है। मनुष्य का जीवन सामाजिक है। वह समाजबद्ध प्राणी है। उसे अपने ही आचरण पर लज्जा या संकोच नहीं होता है, अपने कुटुम्बी, इष्टमित्र या साथी के भद्दे आचरण पर भी होता है। पुत्र की करतूत सुनकर पिता का सिर नीचा होता है, भाई की करतूत सुनकर भाई का। इस बात का अनुभव तो हम बराबर करते हैं कि हमारा साथी हमारे सामने यदि किसी से बातचीत करते समय भद्दे या अश्लील शब्दों का प्रयोग करता है, तो हमें लज्जा मालूम होती है। यह संकोच राम की सुशीलता और लोकमर्यादा का भाव व्यंजित करता है। मर्यादा-पुरुषोत्तम का चरित्र ऐसे ही कवि के हाथ में पड़ने योग्य था।

सुमन्त ने अयोध्या लौटकर राजा से लक्ष्मण की कही हुई बातें तो न कहीं, पर इस घटना का उल्लेख किए बिना उससे न रहा गया। क्यों? क्या लक्ष्मण से उससे कुछ शत्रुता थी? नहीं, राम के शील का जो अद्भुत उत्कर्ष उसने देखा, उसे वह हृदय में न रख सका। सुशीलता के मनोहर दृश्य का प्रभाव मानव अन्तःकरण पर ऐसा ही पड़ता है। सुमन्त को राम की आज्ञा के विरुद्ध कार्य करने का दोष अपने ऊपर लेना कबूल हुआ; पर उस शीलसौन्दर्य की झलक अपने ही तक वह न रख सका, दशरथ को भी उसे उसने दिखाया। कहने की आवश्यकता नहीं कि इस अन्तिम झलक ने राजा को और भी उस मृत्यु के पास तक पहुँचा दिया होगा जो आगे चलकर दिखाई गयी है। इसे कहते हैं घटना का सूक्ष्म क्रमविन्यास।

राम और लक्ष्मण के स्वभावभेद का बस एक और चित्र दिखा देना काफी

होगा। समुद्र के किनारे खड़े होकर समुद्र से विनय करते-करते राम को तीन दिन बीत गये। तब जाकर राम को क्रोध आया और 'भय बिनु होइ न प्रीति' वाली नीति की ओर उनका ध्यान गया। वे बोले–

लछिमन बान सरासन आनू। सोखउँ बारिधि बिसिख कृसानू।।
अस कहि रघुपति चाप चढ़ावा। यह मत लछिमन के मन भावा।।

जिसके बाण खींचते ही 'उठी उदधि उर अन्तर ज्वाला' उसने पहले तीन दिनों तक हर प्रकार से विनय की। विनय की मर्यादा पूरी होते ही राम ने अपना अतुल पराक्रम प्रकट किया जिसे देख लक्ष्मण को सन्तोष हुआ। विनयवाली नीति उन्हें पसन्द न थी। एक बार, दो बार कह देना ही वे काफी समझते थे।

वाल्मीकि ने राम के वनवास की आज्ञा पर लक्ष्मण के महाक्रोध का वर्णन किया है। पर न जाने क्यों वहाँ तुलसीदास जी इसे बचा गये हैं।

चित्रकूट में अपनी कुटिलता का अनुभव करती हुई कैकेयी से राम बार-बार इसलिए मिलते हैं कि उसे यह निश्चय हो जाय कि उनके मन में उस कुटिलता का ध्यान कुछ भी नहीं है और उसकी ग्लानि दूर हो। वे बार-बार उसके मन में यह बात जमाना चाहते हैं कि जो कुछ हुआ, उसमें उसका कुछ भी दोष नहीं है। अपने साथ बुराई करनेवाले के हृदय को शान्त और शीतल करने की चिन्ता राम के सिवा और किसको हो सकती है? दूसरी बात यह ध्यान देने की है कि राम का यह शीलप्रदर्शन उस समय हुआ, जिस समय कैकेयी का अन्तःकरण अपनी कुटिलता का पूर्ण अनुभव करने के कारण इतना द्रवीभूत हो गया था कि शील का संस्कार उसपर सब दिन के लिए जम सकता था। गोस्वामीजी के अनुसार हुआ भी ऐसा ही–

कैकयी जौ लौं जियति रही।
तौं लौं बात मातु सो मुँह भरि भरत न भूलि कही।
मानी राम अधिक जननी तें, जननिहु गँस न गही।।

इतने पर भी कहीं गाँस रह सकती है?

गार्हस्थ्य जीवन के दाम्पत्य भाव के भीतर सबसे मनोहर वस्तु है उनकी 'एक भार्या' की मर्यादा। इसके कारण यहाँ से वहाँ तक जिस गौरवपूर्ण माधुर्य का प्रसार दिखाई देता है, वह अनिवर्चनीय है। इसकी उपयोगिता का पक्ष दशरथ के चरित्र पर विचार करते समय दिखाया जायगा।

भक्तों को सबसे अधिक वश में करनेवाला राम का गुण है शरणागत की रक्षा। अत्यन्त प्राचीन काल से ही शरणागत की रक्षा करना भारतवर्ष में बड़ा भारी धर्म माना जाता है। इस विषय में भारत की प्रसिद्धि सारे सभ्य जगत् में थी। सिकन्दर से हारकर पारस का सम्राट् दारा जब भाग रहा था, तब उसके तीन साथी सरदारों ने विश्वासघात करके उसे मार डाला। उनमें से एक शकस्थान (सीस्तान) का क्षत्रप वरजयन्त था। जब सिकन्दर ने दंड देने के लिए इन तीनों विश्वासघातियों का पीछा

किया, तब वरजयन्त ने भातवासियों के यहाँ आकर शरण ली और बच गया। प्राचीन यहूदियों के एक जत्थे का गान्धार और दक्षिण में शरण पाना प्रसिद्ध है। इस्लाम की तलवार के सामने कुछ प्राचीन पारसी जब अपने आर्य धर्म की रक्षा के लिए भागे तब भारतवर्ष ही की ओर उनका ध्यान गया; क्योंकि शरणागत की रक्षा यहाँ प्राण देकर की जाती थी। अपनी हानि के भय से शरणागत का त्याग बड़ा भारी पाप माना जाता है—

सरनागत कहँ जे तजहिं, निज अनहित अनुमानि।
ते नर पाँवर पाप मय, तिनहि बिलोकत हानि।।

शरणागत की रक्षा की चिन्ता रामचंद्र के हृदय से दारुण शोक के समय में भी दूर न हुई। सामने पड़े हुए लक्ष्मण को देखकर वे विलाप कर रहे हैं—

मेरो सब पुरुषारथ थाको।
विपति बँटावन बंधु बाहु बिनु करौं भरोसो काको?
सुनु सुग्रीव! साँचहू मो सन फेर्‌यो बदन बिधाता।
ऐसे समय समर-संकट हौं तज्यो लषन सो भ्राता।।
गिरि कानन जैहैं साखा मृग, हौं पुनि अनुज सँघाती।
ह्वै है कहा बिभीषन की गति, रही सोच भरि छाती।।

राम के चरित्र की इस उज्ज्वलता के बीच एक धब्बा भी दिखाई देता है। वह है बालि को छिपकर मारना। वाल्मीकि और तुलसीदासजी दोनों ने इस धब्बे पर कुछ सफेद रंग पोतने का प्रयत्न किया है। पर हमारे देखने में तो यह धब्बा ही सम्पूर्ण रामचरित को उच्च आदर्श के अनुरूप एक कल्पना मात्र समझे जाने से बचाता है। यदि एक यह धब्बा न होता तो राम की कोई बात मनुष्य की सी न लगती और वे मनुष्यों के बीच अवतार लेकर भी मनुष्यों के काम के न होते। उनका चरित्र भी उपदेशक महात्माओं की केवल महत्त्वसूचक फुटकर बातों का संग्रह होता, मानव जीवन की विशद अभिव्यक्ति सूचित करनेवाले सम्बद्ध काव्य का विषय न होता। यह धब्बा ही सूचित करता है कि ईश्वरावतार राम हमारे बीच हमारे भाईबन्धु बनकर आये थे, मनुष्यता दिखाने आये थे। भूलचुक या त्रुटि से सर्वथा रहित मनुष्यता कहाँ होती है? इसी एक धब्बे के कारण हम उन्हें मानव जीवन से तटस्थ नहीं समझते—तटस्थ क्या कुछ भी हटे हुए नहीं समझते हैं।

बिहारी लाल

ये माथुर चौबे कहे जाते हैं और इनका जन्म ग्वालियर के पास बसुवा गोविंदपुर गाँव में संवत् 1660 के लगभग माना जाता है। एक दोहे के अनुसार इनकी बाल्यावस्था बुंदेलखंड में बीती और तरुणावस्था में ये अपनी ससुराल मथुरा में आ रहे। अनुमानतः संवत् 1720 तक वर्तमान रहे। ये जयपुर के मिर्जा राजा जयसाह (महाराज जयसिंह) के दरबार में रहा करते थे। कहा जाता है कि जिस समय ये कवीश्वर जयपुर पहुँचे उस समय महाराज अपनी छोटी रानी के प्रेम में इतने लीन रहा करते थे कि राजकाज देखने के लिए महलों के बाहर निकलते ही न थे। इस पर सरदारों की सलाह से बिहारी ने यह दोहा किसी प्रकार महाराज के पास भीतर भिजवाया—

नहिं पराग नहिं मधुर मधु, नहिं विकास यहि काल।
अली कली ही सों बँध्यो, आगे कौन हवाल।।

कहते हैं कि इस पर महाराज बाहर निकले और तभी से बिहारी का मान बहुत अधिक बढ़ गया। महाराज ने बिहारी को इसी प्रकार के सरस दोहे बनाने की आज्ञा दी। बिहारी दोहे बनाकर सुनाने लगे और उन्हें प्रति दोहे पर एक अशरफी मिलने लगी। इस प्रकार सात सौ दोहे बने जो संगृहीत होकर 'बिहारी सतसई' के नाम से प्रसिद्ध हुए।

शृंगाररस के ग्रंथों में जितनी ख्याति और जितना मान 'बिहारी सतसई' का हुआ उतना और किसी का नहीं। इसका एक-एक दोहा हिंदी साहित्य में एक-एक रत्न माना जाता है। इसकी पचासों टीकाएँ रची गयीं। इन टीकाओं में 4-5 टीकाएँ तो बहुत प्रसिद्ध हैं—कृष्ण कवि की टीका जो कवित्तों में है, हरिप्रकाश टीका, लल्लू लाल जी की लाल चंद्रिका, सरदार कवि की टीका और सूरति मिश्र की टीका। इन टीकाओं के अतिरिक्त बिहारी के दोहों के भाव पल्लवित करने वाले छप्पय, कुंडलियां, सवैया आदि कई कवियों ने रचे। पठान सुलतान की कुंडलियां इन दोहों पर बहुत अच्छी है, पर अधूरी है। भारतेंदु हरिश्चंद्र ने कुछ और कुंडलियां रचकर पूर्ति करनी चाही थी। पं. अंबिकादत्त व्यास ने अपने 'बिहारी बिहार' में सब दोहों के भावों को पल्लवित करके रोला छंद लगाये हैं। पं. परमानंद ने 'शृंगार सप्तशती' के नाम से

दोहों का संस्कृत अनुवाद किया है। यहाँ तक कि उर्दू शे'रों में भी एक अनुवाद थोड़े दिन हुए बुंदेलखंड के मुंशी देवीप्रसाद (प्रीतम) ने लिखा। इस प्रकार बिहारी संबंधी एक अलग साहित्य ही खड़ा हो गया है। इतने से ही इस ग्रंथ की सर्वप्रियता का अनुमान हो सकता है। बिहारी का सबसे उत्तम और प्रामाणिक संस्करण बड़ी मार्मिक टीका के साथ थोड़े दिन हुए प्रसिद्ध साहित्यमर्मज्ञ और ब्रजभाषा के प्रधान आधुनिक कवि बाबू जगन्नाथदास 'रत्नाकर' ने निकाला। जितने श्रम और जितनी सावधानी से यह संपादित हुआ है, आज तक हिंदी का और कोई ग्रंथ नहीं हुआ।

बिहारी ने इस सतसई के अतिरिक्त और कोई ग्रंथ नहीं लिखा। यही एक ग्रंथ उनकी इतनी बड़ी कीर्ति का आधार है। यह बात साहित्य क्षेत्र के इस तथ्य की स्पष्ट घोषणा कर रही है कि किसी कवि का यश उसकी रचनाओं के परिमाण के हिसाब से नहीं होता, गुण के हिसाब से होता है। मुक्तक कविता में जो गुण होना चाहिए वह बिहारी के दोहों में अपने चरम उत्कर्ष को पहुँचा है, इसमें कोई संदेह नहीं। मुक्तक में प्रबंध के समान रस की धारा नहीं रहती जिसमें कथा प्रसंग की परिस्थिति में अपने को भूला हुआ पाठक मग्न हो जाता है और हृदय में एक स्थायी प्रभाव ग्रहण करता है। इसमें तो रस के ऐसे छींटे पड़ते हैं जिनसे हृदयकलिका थोड़ी देर के लिए खिल उठती है। यदि प्रबंधकाव्य एक विस्तृत वनस्थली है तो मुक्तक एक चुना हुआ गुलदस्ता है। इसी से वह सभा-समाजों के लिए अधिक उपयुक्त होता है। उसमें उत्तरोत्तर अनेक दृश्यों द्वारा संगठित पूर्ण जीवन या उसके किसी एक पूर्ण अंग का प्रदर्शन नहीं होता, बल्कि कोई एक रमणीय खंडदृश्य इस प्रकार सहसा सामने ला दिया जाता है कि पाठक या श्रोता कुछ क्षणों के लिए मंत्रमुग्ध-सा हो जाता है। इसके लिए कवि को मनोरम वस्तुओं और व्यापारों का एक छोटा-सा स्तवक कल्पित करके उन्हें अत्यंत संक्षिप्त और सशक्त भाषा में प्रदर्शित करना पड़ता है। अतः जिस कवि में कल्पना की समाहार शक्ति के साथ भाषा की समास शक्ति जितनी ही अधिक होगी उतना ही वह मुक्तक की रचना में सफल होगा। यह क्षमता बिहारी में पूर्ण रूप से वर्तमान थी। इसी से वे दोहे ऐसे छोटे छंद में इतना रस भर सके हैं। इनके दोहे क्या हैं, रस के छोटे-छोटे छींटे हैं। इसी से किसी ने कहा है–

सतसैया के दोहरे, ज्यों नावक के तीर।
देखत में छोटे लगैं, बेधैं सकल शरीर।।

बिहारी की रसव्यंजना का पूर्ण वैभव उनके अनुभावों के विधानों में दिखाई पड़ता है। अधिक स्थलों पर तो इनकी योजना की निपुणता और उक्तिकौशल के दर्शन होते हैं, पर इस विधान में इनकी कल्पना की मधुरता झलकती है। अनुभावों और हावों की ऐसी सुंदर योजना कोई शृंगारी कवि नहीं कर सका है। नीचे की हावभरी सजीव मूर्तियाँ देखिए–

बतरस लालच लाल की, मुरली धरी लुकाइ।
सौंह करै, भौंहनि हँसै, दैन कहै, नटि जाइ।।
नासा मोरि, नचाइ दृग, करी कका की सौंह।
काँटे सी कसकै हिए, गड़ी कँटीली भौंह।।
ललन-चलन सुनि पलन में, आँसुआ झलकै आइ।
भई लखाइ न सखिन्ह हू, झूठै ही जमुहाइ।।

भावव्यंजना या रसव्यंजना के अतिरिक्त बिहारी ने वस्तुव्यंजना का सहारा भी बहुत लिया है–विशेषतः शोभा या कांति, सुकुमारता, विरहताप, विरह की क्षीणता आदि के वर्णन में। कहीं-कहीं इनकी वस्तुव्यंजना औचित्य की सीमा का उल्लंघन करके खेलवाड़ के रूप में हो गयी है। जैसे–इन दोहों में–

पत्रा ही तिथि पाइए, वा घर के चहुँ पास।
नित प्रति पून्योई रहै, आनन ओप उजास।।
छाले परिबे के डरन, सकै न हाथ छुवाइ।
झिझकति हियैं गुलाब कैं, झवा झवावति पाइ।।
इत आवति चलि जात उत, चली छ-सातक हाथ।
चढ़ी हिंडोरे सी रहै, लगी उसासन साथ।।
सीरे जतननि सिसिर ऋतु, सहि बिरहिनि तन ताप।
बसिबै कौं ग्रीषम दिनन, पर्‌यो परोसिनि पाप।।
आड़े दै आले बसन, जाड़े हूँ की राति।
साहस कै-कै नेहबस, सखी सबै ढिग जाति।।

अनेक स्थानों पर इनके व्यंग्यार्थ को स्फुट करने के लिए बड़ी क्लिष्ट कल्पना अपेक्षित होती है। ऐसे स्थलों पर केवल रीति या रूढ़ि ही पाठक की सहायता करती है और उसे एक पूरे प्रसंग का आक्षेप करना पड़ता है। ऐसे दोहे बिहारी में बहुत-से हैं, पर यहाँ दो-एक उदाहरण ही पर्याप्त होंगे–

ढीठि परोसिनि ईठ स्वै, कहे जु गहे सयानु।
सबै सँदेसे कहि कह्यो, मुसुकाहट मैं मानु।।
नये बिरह बढ़ती बिथा, खरी बिकल जिय बाल।
बिलखी देखि परोसिन्यौं, हरषि हँसी तिहि काल।।

इन उदाहरणों से यह स्पष्ट है कि बिहारी का 'गागर में सागर' भरने का जो गुण इतना प्रसिद्ध है वह बहुत कुछ रूढ़ि की स्थापना से ही संभव हुआ है। यदि नायिकाभेद की प्रथा इतने जोर-शोर से न चल गयी होती तो बिहारी को इस प्रकार की पहेली बुझाने का साहस न होता।

अलंकारों की योजना भी इस कवि ने बड़ी निपुणता से की है। किसी-किसी दोहे में कई अलंकार उलझे पड़े हैं, पर उनके कारण कहीं भद्दापन नहीं आया है।

'असंगति' और 'विरोधाभास' की ये मार्मिक और प्रसिद्ध उक्तियाँ कितनी अनूठी हैं!

दृग अरुझत टूटत कुटुम, जुरत चतुर चित प्रीति।
परति गाँठ दुरजन हिए, दई नई यह रीति।।
तंत्रीनाद कबित्त रस, सरस राग रति रंग।
अनबूड़े बूड़े तिरे, जे बूड़े सब अंग।।

दो-एक जगह व्यंग्य अलंकार भी बड़े अच्छे ढंग से आये हैं। इस दोहे में रूपक व्यंग्य है—

करे चाह सों चुटकि कै, खरैं उड़ौहैं मैन।
लाज नवाए तरफरत, करत खूँद सी नैन।।

शृंगार के संचारी भावों की व्यंजना भी ऐसी मर्मस्पर्शिनी है कि कुछ दोहे सहृदयों के मुँह से बार-बार सुने जाते हैं। इस स्मरण में कैसी गम्भीर तन्मयता है—

सघन कुंज, छाया सुखद, सीतल मंद समीर।
मन ह्वै जात अजौं वहै, वा जमुना के तीर।।

विशुद्ध काव्य के अतिरिक्त बिहारी ने सूक्तियाँ भी बहुत-सी कही हैं जिनमें बहुत-सी नीतिसंबंधिनी हैं। सूक्तियों में वर्णनवैचित्र्य या शब्दवैचित्र्य भी प्रधान रहता है। अतः उनमें से कुछ एक की ही गणना असल काव्य में हो सकती है। केवल शब्दवैचित्र्य के लिए बिहारी ने बहुत कम दोहे रचे हैं। कुछ दोहे यहाँ दिये जाते हैं—

यद्यति सुंदर सुघर पुनि, सगुनौ दीपक देह।
तऊ प्रकास करै तितो, भरिए जितो सनेह।।
कनक-कनक तें सौ गुनी, मादकता अधिकाय।
वह खाए बौराय नर, यह पाए बौराय।।
तो पर वारों उरबसी, सुनि राधिके सुजान।
तू मोहन के उर बसी, ह्वै उरबसी समान।।

बिहारी के बहुत-से दोहे 'आर्यासप्तशती' और 'गाथासप्तशती' की छाया लेकर बने हैं, इस बात को पं. पद्मसिंह शर्मा ने विस्तार से दिखाया है। पर साथ ही, उन्होंने यह भी स्पष्ट कर दिया है कि बिहारी ने गृहीत भावों को अपनी प्रतिभा के बल से किस प्रकार एक स्वतंत्र और कहीं-कहीं अधिक सुंदर रूप दे दिया है।

बिहारी की भाषा चलती होने पर भी साहित्यिक है। वाक्यरचना व्यवस्थित है और शब्दों के रूपों का व्यवहार एक निश्चित प्रणाली पर है। यह बात बहुत कम कवियों में पायी जाती है। ब्रजभाषा के कवियों में शब्दों को तोड़ मरोड़ कर विकृत करने की आदत बहुतों में पायी जाती है। 'भूषण' और 'देव' ने शब्दों का बहुत अंग-भंग किया है और कहीं-कहीं गढ़ंत शब्दों का व्यवहार किया है। बिहारी की भाषा इस दोष से बहुत कुछ मुक्त है। दो-एक स्थल पर ही 'स्मर' के लिए 'समर',

'ककै', ऐसे कुछ विकृत रूप मिलेंगे । जो यह भी नहीं जानते कि क्रांति को 'संक्रमण' (अप संक्रोन) भी कहते हैं, 'अच्छ' साफ के अर्थ में संस्कृत शब्द है, 'रोज' रुलाई के अर्थ में आगरे के आसपास बोला जाता है और कबीर, जायसी आदि द्वारा बराबर व्यवहृत हुआ है, 'सोनजाइ' शब्द 'स्वर्णजाति' से निकला है—जुही से कोई मतलब नहीं, संस्कृत में 'वारि' और 'वार' दोनों शब्द हैं और 'वार्द' का अर्थ भी बादल है, 'मिलान' पड़ाव या मुकाम के अर्थ में पुरानी कविता में भरा पड़ा है, चलती ब्रजभाषा में 'पिछानना' रूप ही आता है, 'खटकति' का रूप बहुवचन में भी यही रहेगा, यदि पचासों शब्द उनकी समझ में न आयें तो बेचारे बिहारी का क्या दोष?

बिहारी ने यद्यपि लक्षण ग्रंथ के रूप में अपनी 'सतसई' नहीं लिखी है, पर 'नखशिख', 'नायिकाभेद', 'षट् ऋतु' के अंतर्गत उनके सब शृंगारी दोहे आ जाते हैं और कई टीकाकारों ने दोहों को इस प्रकार के साहित्यिक क्रम के साथ रखा भी है। जैसा कि कहा जा चुका है, दोहों को बनाते समय बिहारी का ध्यान लक्षणों पर अवश्य था। इसीलिए हमने बिहारी को रीतिकाल के फुटकल कवियों में न रख, उक्त काल के प्रतिनिधि कवियों में ही रखा है।

बिहारी की कृति का मूल्य जो बहुत अधिक आँका गया है उसे अधिकतर रचना की बारीकी या काव्यांगों के सूक्ष्म विन्यास की निपुणता की ओर ही मुख्यतः दृष्टि रखने वाले पारखियों के पक्ष से समझना चाहिए—उनके पक्ष से समझना चाहिए जो किसी हाथी-दाँत के टुकड़े पर महीन बेलबूटे देख घंटों वाह-वाह किया करते हैं। पर जो हृदय के अंतस्तल पर मार्मिक प्रभाव चाहते हैं, किसी भाव की स्वच्छ निर्मल धारा में कुछ देर अपना मन मग्न रखना चाहते हैं, उनका संतोष बिहारी से नहीं हो सकता। बिहारी का काव्य हृदय में किसी ऐसी लय या संगीत का संचार नहीं करता जिसकी स्वरधारा कुछ काल तक गूँजती रहे। यदि घुले हुए भावों का आभ्यंतर प्रवाह बिहारी में होता तो वे एक-एक दोहे पर ही संतोष न करते। मार्मिक प्रभाव का विचार करें तो देव और पद्माकर के कवित्त-सवैयों का-सा गूँजने वाला प्रभाव बिहारी के दोहों का नहीं पड़ता।

दूसरी बात यह है कि भावों का बहुत उत्कृष्ट और उदात्त स्वरूप बिहारी में नहीं मिलता। कविता उनकी शृंगारी है, पर प्रेम की उच्च भूमि पर नहीं पहुँचती, नीचे ही रह जाती है।

घन आनंद

ये साक्षात् रस मूर्ति और ब्रजभाषा के प्रधान स्तंभों में हैं। इनका जन्म संवत् 1746 के लगभग हुआ था और ये संवत् 1796 में नादिरशाही में मारे गये। ये जाति के कायस्थ और दिल्ली के बादशाह मुहम्मदशाह के मीर मुंशी थे। कहते हैं कि एक दिन दरबार में कुछ कुचक्रियों ने बादशाह से कहा कि मीर मुंशी साहब गाते बहुत अच्छा हैं। बादशाह से इन्होंने बहुत टालमटोल किया। इस पर लोगों ने कहा कि ये इस तरह न गाएँगे, यदि इनकी प्रेमिका सुजान नाम की वेश्या कहे तब गायेंगे। वेश्या बुलाई गयी। इन्होंने उसकी ओर मुँह और बादशाह की ओर पीठ करके ऐसा गाया कि सब लोग तन्मय हो गये। बादशाह इनके गाने पर जितना ही खुश हुआ उतना ही बेअदबी पर नाराज। उसने इन्हें शहर से निकाल दिया। जब ये चलने लगे तब सुजान से भी साथ चलने को कहा पर वह न गयी। इस पर इन्हें विराग उत्पन्न हो गया और ये वृंदावन जाकर निंबार्क संप्रदाय के वैष्णव हो गये और वहीं पूर्ण विरक्त भाव से रहने लगे। वृंदावन भूमि का प्रेम इनके इस कवित्त से झलकता है–

गुरनि बतायो, राधा मोहन हू गायो सदा,
सुखद सुहायो वृंदावन गाढ़े गहि रे।
अद्‌भुत अभूत महिमंडन, परे तें परे,
जीवन को लाहु हा-हा क्यों न ताहि लहि रे।।
आनंद को घन छायो रहत निरंतर ही,
सरस सुदेय सो, पपीहापन बहि रे।
जमुना के तीर केलि कोलाहल भीर ऐसी,
पावन पुलिन पै पतित परे रहि रे।।

संवत् 1796 में जब नादिरशाह की सेना के सिपाही मथुरा तक आ पहुँचे तब कुछ लोगों ने उनसे कह दिया कि वृंदावन में बादशाह का मीर मुंशी रहता है, उसके पास बहुत कुछ माल होगा। सिपाहियों ने इन्हें आ घेरा और 'जर-जर-जर' (अर्थात् धन, धन, धन लाओ) चिल्लाने लगे। घनानंदजी ने शब्द को उलटकर 'रज

रज रज' कह कर तीन मुट्ठी वृंदावन की धूल उन पर फेंक दी। उनके पास सिवा इसके और था ही क्या? सैनिकों ने क्रोध में आकर इनका हाथ काट डाला। कहते हैं कि मरते समय इन्होंने अपने रक्त से यह कवित्त लिखा था—

बहुत दिनान की अवधि आसपास परे,
खरे अरबरनी भरे हैं उठि जान को।
कहि-कहि आवन छबीले मनभावन को,
गहि-गहि राखति ही दै-दै सनमान को।।
झूठी बतियानि की पत्यानि तें उदास ह्वै कै,
अब ना घिरत घन आनँद निदान को।
अधर लगे है आनि करि कै पयान प्रान,
चाहत चलन ये सँदेसो लै सुजान को।।

घन आनंद जी के इतने ग्रंथों का पता लगता है—सुजानसागर, विरहलीला, कोकसार, रसकेलिबल्ली और कृपाकंद। इसके अतिरिक्त इनके कवित्त-सवैयों के फुटकल संग्रह डेढ़ सौ से लेकर सवा चार सौ कवित्तों तक के मिलते हैं, कृष्णभक्ति संबंधी इनका एक बहुत बड़ा ग्रंथ छत्रपुर के राजपुस्तकालय में है जिसमें प्रियाप्रसाद, ब्रजव्यवहार, वियोग वेली, कृपाकंदनिबंध, गिरिगाथा, भावनाप्रकाश, गोकुल विनोद, धामचमत्कार, कृष्णकौमुदी, नाममाधुरी, वृंदावनमुद्रा, प्रेमपत्रिका, रसबसंत इत्यादि अनेक विषय वर्णित हैं। इनकी 'विरहलीला' ब्रजभाषा में, पर फारसी के छंद में है।

इनकी-सी विशुद्ध, सरस और शक्तिशालिनी ब्रजभाषा लिखने में और कोई कवि समर्थ नहीं हुआ। विशुद्धता के साथ प्रौढ़ता और माधुर्य भी अपूर्व ही है। विप्रलंभ शृंगार ही अधिकतर इन्होंने लिया है। ये वियोग शृंगार के प्रधान मुक्त कवि हैं। 'प्रेम की पीर' ही लेकर इनकी वाणी का प्रादुर्भाव हुआ। प्रेममार्ग का ऐसा प्रवीण और धीर पथिक तथा जबाँदानी का ऐसा दावा रखने वाला ब्रजभाषा का दूसरा कवि नहीं हुआ। अतः इनके संबंध में निम्नलिखित उक्ति बहुत ही संगत है—

नेही महा, ब्रजभाषा-प्रवीन औ सुंदरताहु के भेद को जानै।
योग-वियोग की रीति में कोविद, भावना भेद स्वरूप को ठानै।।
चाह के रंग में भीज्यो हियो, बिछुरे मिले प्रीतम सांति न मानै।
भाषाप्रबीन, सुछंद सदा रहै सो घन जू के कबित्त बखानै ।।

इन्होंने अपनी कविताओं में बराबर 'सुजान' को संबोधन किया है जो शृंगार में नायक के लिए और भक्तिभाव में कृष्ण भगवान् के लिए प्रयुक्त मानना चाहिए। कहते हैं कि इन्हें अपनी पूर्वप्रेयसी 'सुजान' का नाम इतना प्रिय था कि विरक्त होने पर भी इन्होंने उसे नहीं छोड़ा। यद्यपि अपने पिछले जीवन में घनानंद विरक्त भक्त के रूप में वृंदावन जा रहे, पर इनकी अधिकांश कविता भक्तिकाव्य की कोटि

में नहीं आएगी, शृंगार की ही कही जाएगी। लौकिक प्रेम की दीक्षा पाकर ही ये पीछे भगवत्प्रेम में लीन हुए। कविता इनकी भावपक्ष प्रधान है। कोरे विभावपक्ष का चित्रण इनमें कम मिलता है। जहाँ रूप छटा का वर्णन इन्होंने किया भी है वहाँ उसके प्रभाव का ही वर्णन मुख्य है। इनकी वाणी की प्रवृत्ति अंतर्वृत्तिनिरूपण की ओर ही विशेष रहने के कारण बाह्यार्थनिरूपक रचना कम मिलती है। होली के उत्सव, मार्ग में नायक-नायिका की भेंट, उनकी रमणीय चेष्टाओं आदि के वर्णन के रूप में ही वह पायी जाती है। संयोग का भी कहीं-कहीं बाह्य वर्णन मिलता है, पर उसमें भी प्रधानता बाहरी व्यापारों या चेष्टाओं की नहीं है, हृदय के उल्लास और लीनता की ही है।

प्रेमदशा की व्यंजना ही इनका अपना क्षेत्र है। प्रेम की गूढ़ अंतर्दशा का उद्घाटन जैसा इनमें है वैसा हिंदी के अन्य शृंगारी कवि में नहीं। इस दशा का पहला स्वरूप है हृदय या प्रेम का आधिपत्य और बुद्धि का अधीन पद, जैसा कि घनानंद ने कहा है—

'रीझ सुजान सची पटरानी, बची बुधि बापुरी है करि दासी।'

प्रेमियों की मनोवृत्ति इस प्रकार की होती है कि वे प्रिय की कोई साधारण चेष्टा भी देखकर उसका अपनी ओर झुकाव मान लिया करते हैं और फूले फिरते हैं। इसका कैसा सुंदर आभास कवि ने नायिका के इस वचन द्वारा दिया है जो मन को संबोधन करके कहा गया है—

'रुचि के वे राजा जान प्यारे हैं अनंदघन,
होत कहा हेरे, रंक! मानि लीनो मेल सो।'

कवियों की इसी अंतर्दृष्टि की ओर लक्ष्य करके एक प्रसिद्ध मनस्तत्त्ववेत्ता ने कहा है कि भावों या मनोविकारों के स्वरूप परिचय के लिए कवियों की वाणी का अनुशीलन जितना उपयोगी है उतना मनोविज्ञानियों का निरूपण नहीं।

प्रेम की अनिर्वचनीयता का आभास घनानंद ने विरोधाभासों के द्वारा दिया है। उनके विरोधमूलक वैचित्र्य की प्रवृत्ति का कारण यही समझना चाहिए।

यद्यपि इन्होंने संयोग और वियोग दोनों पक्षों को लिया है, पर वियोग की अंतर्दशाओं की ओर ही दृष्टि अधिक है। इसी से इनके वियोग संबंधी पद्य ही प्रसिद्ध हैं। वियोगवर्णन भी अधिकतर अंतर्वृत्तिनिरूपक है, बाह्यार्थनिरूपक नहीं। घनानंद ने न तो बिहारी की तरह विरहताप को बाहरी माप से मापा है, न बाहरी उछलकूद दिखाई है। जो कुछ हलचल है वह भीतर की है—बाहर से वह वियोग प्रशांत और गंभीर है, न उसमें करवटें बदलना है, न सेज का आग की तरह तपना है, न उछल-उछल कर भागना है। उनकी 'मौनमधि-पुकार' है।

यह निःसंकोच कहा जा सकता है कि भाषा पर जैसा अचूक अधिकार इनका था वैसा और किसी कवि का नहीं। भाषा मानो इनके हृदय के साथ जुड़कर ऐसी

वशवर्तिनी हो गयी थी कि ये उसे अपनी अनूठी भावभंगी के साथ-साथ जिस रूप में चाहते थे उस रूप में मोड़ सकते थे। इनके हृदय का योग पाकर भाषा को नूतन गतिविधि का अभ्यास हुआ और वह पहले से कहीं अधिक बलवती दिखाई पड़ी। जब आवश्यकता होती थी तब ये उसे बँधी प्रणाली पर से हटाकर अपनी नयी प्रणाली पर ले जाते थे। भाषा की पूर्व अर्जित शक्ति से ही काम न चलाकर इन्होंने उसे अपनी ओर से शक्ति प्रदान की है। घनानंद जी उन विरले कवियों में हैं जो भाषा की व्यंजकता बढ़ाते हैं। अपनी भावनाओं के अनूठे रूपरंग की व्यंजना के लिए भाषा का ऐसा बेधड़क प्रयोग करने वाला हिंदी के पुराने कवियों में दूसरा नहीं हुआ। भाषा के लक्षण्क और व्यंजक बल की सीमा कहाँ तक है, इसकी पूरी परख इन्हीं को थी।

लाक्षण्य का विस्तृत मैदान खुला रहने पर भी हिंदी कवियों ने उसके भीतर बहुत ही कम पैर बढ़ाया। एक घनानंद ही ऐसे कवि हुए हैं जिन्होंने इस क्षेत्र में अच्छी दौड़ लगायी। लाक्षणिक मूर्तिमत्ता और प्रयोगवैचित्र्य की जो छटा इनमें दिखाई पड़ी, खेद है कि वह फिर पौने दो सौ वर्ष पीछे जाकर आधुनिककाल के उत्तरार्ध में, अर्थात् वर्तमानकाल की नूतन काव्यधारा में ही, 'अभिव्यंजनावाद' के प्रभाव से कुछ विदेशी रंग लिये प्रकट हुई। घनानंद का प्रयोग वैचित्र्य दिखाने के लिए कुछ पंक्तियाँ नीचे उद्धृत की जाती हैं–

(क) **अरसानि गही वह बानि कछू, सरसानि सो आनि निहोरत है।**

(ख) **है है सोऊ घरी भाग उघरी अनंदघन सुरस बरसि, लाल! देखिहौ हरी हमें!** ('खुले भाग्यवाली घड़ी' में विशेषण-विपर्यय)।

(ग) **उघरो जग, छाय रहे घन आनँद, चातक ज्यों तकिए अब तौ।** (उघरो जग=संसार जो चारों ओर घेरे था वह दृष्टि से हट गया)।

(घ) **कहिए सु कहा, अब मौन भली, नहिं खोवते जौ हमें पावते जू।** (हमें=हमारा हृदय) विरोधमूलक वैचित्र्य भी जगह-जगह बहुत सुंदर मिलता है, जैसे–

(च) **झूठ की सचाई छाक्यौ, त्यों हित कचाई पाक्यो, ताके गुनगन घन आनँद कहा गनौ।**

(छ) **उजरनि बसी है हमारी अँखियानि देखौ, सुबस सुदेस जहाँ रावरे बसत हो।**

(ज) **गति सुनि हारी, देखि थकनि मैं चली जाति, थिर चर दसा कैसी ढकी उघरति है।**

(झ) **तेरे ज्यों न लेखो, मोहिं भारत परेखो महा, जान घन आनँद पे खोयबो लहत हैं।**

इन उद्धरणों से कवि की चुभती हुई वचनवक्रता पूरी-पूरी झलकती है। कहने

की आवश्यकता नहीं कि कवि की उक्ति ने वक्र पथ हृदय के वेग के कारण पकड़ा है।

भाव का स्रोत जिस प्रकार टकराकर कहीं-कहीं वक्रोक्ति के छींटे फेंकता है उसी प्रकार कहीं-कहीं भाषा के स्निग्ध, सरल और चलते प्रवाह के रूप में भी प्रकट होता है। ऐसे स्थलों पर अत्यंत चलती और प्रांजल ब्रजभाषा की रमणीयता दिखाई पड़ती है—

कान्ह परे बहुतायत में, इकलैन कौ वेदन जानो कहाँ तुम?
हौ मनमोहन, मोहे कहूँ न, बिथा बिमनैन की मानौ कहा तुम?
बौरे बियोगिन्ह आप सुजान ह्वै, हाय कछु उर आनौ कहाँ तुम?
आरतिवंत पपीहन को घनआनँद जू! पहिचानौ कहा तुम?

× × ×

कारी कूर कोकिला कहाँ को बैर काढ़ति री,
कूकि-कूकि अबही करेजो किन कोरि लै।
पैड़ परै पापी ये कलापी निसि द्यौस ज्यों ही,
चातक रे घातक ह्वै तुहू कान फोरि लै।।
आनंद के घन प्रान जीवन सुजान बिना,
जानि कै अकेली सब घेरो-दल जोरि लै।
जौ लौं करैं आवन विनोद बरसावन वे,
तौ लौं रे डरारे बजमारे घन घोरि लै।।

इस प्रकार की सरल रचनाओं में कहीं-कहीं नादव्यंजना भी बड़ी अनूठी है। एक उदाहरण लीजिए—

ए रे बीर पौन! तेरो सबै ओर गौन, वारि
तो सों और कौन मनै ढरकौं ही बानि दै।
जगत के प्रान, ओछे बड़े को समान, घन
आनंदनिधान सुखदान दुखियानि दै।।
जान उजियारे, गुनभारे अति मोहि प्यारे
अब ह्वै अमोही बैठे पीठि पहिचानि दै।
बिरहबिथा को मूरि आँखिन में राखौं पूरि,
धूरि तिन्ह पाँयन की हा हा! नैकु आनि दै।।

ऊपर के कवित्त के दूसरे चरण में आये हुए 'आनंदनिधान सुखदान दुखियानि दै' में मृदंग की ध्वनि का बड़ा ही सुंदर अनुकरण है।

उक्ति का अर्थगर्भत्व भी घनानंद का स्वतंत्र और स्वावलंबी होता है, बिहारी के दोहों के समान साहित्य की रूढ़ियों (जैसे—नायिकाभेद) पर आश्रित नहीं रहता। उक्तियों की सांगोपांग योजना या अन्विति इनकी निराली होती है। कुछ उदाहरण लीजिए—

पूरन प्रेम को मंत्र महा पन जा मधि सोधि सुधारि है लेख्यो।
ताही के चारु चरित्र विचित्रनि यों पचि कै रचि राखि बिसेख्यो।।
ऐसो हियो हित पत्र पवित्र जो आन कथा न कहूँ अवरेख्यो।
सो घनआनँद जान अजान लौं टूक कियो, पर बाँचि न देख्यो।।

× × ×

आनाकानी आरसी निहारिबो करौगे कौलौं?
कहा मो चकित दसा त्यों न दीठि डोलिहै?
मौन हू सो देखिहौं कितेक पन पालिहौ जू,
कूकभरी मूकता बुलाय आप बोलिहै।।
जान घनआनँद यों मोहि तुम्हें पैज परी,
जानियैगो टेक टरें कौन धौं मलोलिहै।
रुई दिए रहौगे कहाँ लौं बहरायबे की?
कबहूँ तौ मेरियै पुकार कान खोलिहै।।

× × ×

अंतर में बासी पै प्रवासी कैसो अंतर है,
मेरी न सुनत दैया! आपनीयौ ना कहौ।
लोचननि तारे ह्वै मुझाओ सब, सूझौ नाहिं,
बूझी न परति ऐसो सोचनि कहा दहौ।
हौ तौ जानराय, जाने जाहु न, अजान यातें,
आनँद के घन छाया छाय उघरे रहौ।
मूरति मया की हा हा! सूरति दिखैए नैकु,
हमैं खोय या बिधि हो? कौन धौं लहालहौ।।

× × ×

मूरति सिंगार की उजारी छबि आछी भाँति,
दीठि लालसा के लोयननि लैलै आँजिहौं।
रतिरसना सवाद पाँवड़े पुनीतकारी पाय,
चूमि-चूमि कै कपोलनि सो माँजिहौं।।
जान प्यारे प्रान अंग-अंग रुचि रंगिन में,
बोरि सब अंगन अनंग दुख भाँजिहौं।
कब घनआनँद ढरौही बानि देखें,
सुधा हेत मनघट दरकनि सुठि राँजिहौं।।
(राँजना—फूटे बरतन में जोड़ या टाँका लगाना)।

× × ×

निसि द्यौस खरी उर माँझ अरी छबि रंगभरी मुरि चाहनि की।
तकि मोरनि त्यों चख ढोरि रहैं, ढरिगो हिय ढोरनि बाहनि की।।
चट दै कटि पै बट प्रान गये गति सों मति में अवगाहनि की।
घन-आनँद जान लख्यो जब तें जक लागियै मोहि कराहनि की।।

इस अंतिम सवैये के प्रथम तीन चरणों में कवि ने बहुत सूक्ष्म कौशल दिखाया है। 'मुरि चाहनि' और 'तकि मोरनि' से यह व्यक्त किया गया है कि एक बार नायक ने नायिका की ओर मुड़कर देखा फिर देखकर मुड़ गये और अपना रास्ता पकड़ा। देखकर जब वे मुड़े तब नायिका का मन उनकी ओर इस प्रकार ढल पड़ा जैसे पानी नाली में ढल जाता है। कटि में बल देकर प्यारे नायिका के मन में डूबने के ढब से निकल गये।

घनानंद के ये दो सवैये बहुत प्रसिद्ध हैं–

परकारज देह को धारे फिरौ परजन्य! जथारथ ह्वै दरसौ।
निधि नीर सुधा के समान करौ, सबही बिधि सुंदरता सरसौ।।
घनआनँद जीवनदायक हौ, कबौं मेरियौ पीर हिये परसौ।
कबहूँ वा बिसासी सुजान के आँगन मो अँसुवान को लै बरसौ।।

× × ×

अति सूधो सनेह को मारग है, जहँ नैकु सयानप बाँक नहीं।
तहँ साँचे चलै तजि आपनपौ, झिझकैं कपटी जो निसाँक नहीं।।
घनआनँद प्यारे सुजान सुनौ, इत एक तें दूसरो आँक नहीं।
तुम कौन-सी पाटी पढ़े हो लला, मन लेहु पै देहु छटाँक नहीं।

× × ×

('विरहलीला' से)

सलोने स्याम प्यारे क्यों न आवौ। दरस प्यासी मरैं तिनकौं जिवावौ।।
कहाँ हो जू, कहाँ हौ जू, कहाँ हौ। लगे ये प्रान तुमसों हैं जहाँ हौ।।
रहौ किन प्रान प्यारे नैन आगें। तिहारे कारनै दिन-रात जागें।।
सजन! हित मान कै ऐसी न कीजै। भई है बावरी सुध आय लीजै।।

भारतेंदु हरिश्चंद्र

हिंदी-गद्य-साहित्य का सूत्रपात करने वाले चार महानुभाव कहे जाते हैं—मुंशी सदासुखलाल, इंशाअल्ला खाँ, लल्लू लाल और सदल मिश्र। ये चारों संवत् 1860 के आस-पास वर्तमान थे। सच पूछिए तो ये गद्य के नमूने दिखाने वाले ही रहे; अपनी परंपरा प्रतिष्ठित करने का गौरव इनमें से किसी को भी प्राप्त न हुआ। हिंदी-गद्य-साहित्य की अखंड परंपरा का प्रवर्त्तन इन चारों लेखकों के 70-72 वर्ष पीछे हुआ। विक्रम की बीसवीं शताब्दी का प्रथम चरण समाप्त हो जाने पर जब भारतेंदु ने हिंदी-गद्य की भाषा को सुव्यवस्थित और परिमार्जित करके उसका स्वरूप स्थिर कर दिया तब से गद्य-साहित्य की परंपरा लगातार चली। इस दृष्टि से भारतेंदु जी जिस प्रकार वर्तमान गद्य-भाषा के स्वरूप के प्रतिष्ठापक थे, उसी प्रकार वर्तमान साहित्य-परंपरा के प्रवर्त्तक।

राजा शिवप्रसाद के उर्दू की ओर एकबारगी झुक पड़ने के पहले ही राजा लक्ष्मण सिंह अपने 'शकुंतला नाटक' द्वारा संवत् 1919 में थोड़ी संस्कृत मिली ठेठ और विशुद्ध हिंदी सामने रख चुके थे, जिसमें अरबी-फारसी के शब्द नहीं थे। उसका कुछ अंश राजा शिवप्रसाद ने अपने 'गुटका' में दाखिल किया था। पीछे जब वे उर्दू की ओर झुके तब राजा लक्ष्मण सिंह ने अपने 'रघुवंश' के अनुवाद के प्राक्कथन में भाषा के संबंध में अपना मत इस प्रकार प्रकट किया—

"हमारे मत में हिंदी और उर्दू दो बोली न्यारी-न्यारी है। हिंदी इस देश के हिंदू बोलते हैं और उर्दू यहाँ के मुसलमानों और फारसी पढ़े हुए हिंदुओं की बोलचाल है। हिंदी में संस्कृत के पद बहुत आते हैं; उर्दू में अरबी-फारसी के। परंतु कुछ आवश्यक नहीं है कि अरबी-फारसी के शब्दों के बिना हिंदी न बोली जाय और न हम उस भाषा को हिंदी कहते हैं जिसमें अरबी-फारसी के शब्द भरे हों।"

ऊपर के अवतरण से स्पष्ट है कि जिस समय राजा लक्ष्मण सिंह और राजा शिवप्रसाद मैदान में आए थे, उस समय खींचतान बनी थी; भाषा के स्वरूप को स्थिरता नहीं प्राप्त हुई थी। वह भाषा का प्रस्ताव काल था। प्रवर्त्तन-काल का आरंभ भारतेंदु की कुछ रचनाओं के निकल जाने के उपरांत संवत् 1930 के लगभग हुआ। यद्यपि इसके पहले 'विद्यासुंदर' (संवत् 1925) तथा और, कई नाटक भारतेंदु जी

लिख चुके थे, पर वर्तमान हिंदी-गद्य के उदय का समय उन्होंने 'हरिश्चंद्र मैगजीन' के निकलने पर, अर्थात् संवत् 1930 से माना है।

भारतेंदु की भाषा में ऐसी क्या विशेषता पायी गयी कि उसका इतना चलन उन्हीं के सामने हो गया, इसका थोड़ा विचार कर लेना चाहिए। संवत् 1860 में खड़ीबोली के गद्य का सूत्रपात करने वालों में मुंशी सदासुख और सदल मिश्र ने ही व्यवहार-योग्य चलती भाषा का नमूना तैयार किया था। पर इन दोनों की रचनाओं में सफाई नहीं थी। बहुत कूड़ा-करकट भरा था। मुंशी सदासुख भगवद् भक्त पुरुष थे और पंडितों और साधु-संतों के सत्संग में रहा करते थे। इससे उनके 'सुखसागर' की भाषा में बहुत कुछ पंडिताऊपन है। उनकी खड़ीबोली उस ढंग की है जिस ढंग की संस्कृत विद्वान पंडित काशी, प्रयाग आदि पूरब के नगरों में बोलते थे और अब भी बोलते हैं। यद्यपि मुंशी जी खास दिल्ली के रहने वाले थे और उर्दू के अच्छे कवि और लेखक थे; पर हिंदी-गद्य के लिए उन्होंने पंडितों की बोली ही ग्रहण की। 'स्वभाव करके वे दैत्य कहलाये', 'उसे दुःख होयगा', 'बहकाने वाले बहुत हैं'। इस प्रकार के प्रयोग उन्होंने बहुत किये हैं। रहे सदल मिश्र; उनकी भाषा में पूरबीपन बहुत अधिक है 'जो' के स्थान पर 'जौन', 'माँ' के स्थान पर 'मतारी' 'यहाँ' के स्थान पर 'इहाँ', 'देखूँगी' के स्थान पर 'देखौंगी' ऐसे शब्द बराबर मिलते हैं। इसके अतिरिक्त ब्रजभाषा या काव्य-भाषा के ऐसे-ऐसे प्रयोग जैसे 'फूलन्ह के', 'चहुँ दिशि', 'सुनि' भी लगे रह गये हैं।

इन दोनों के पीछे राजा शिवप्रसाद और लक्ष्मण सिंह का समय आता है।

राजा शिवप्रसाद के गद्य में अधिक खटकने वाली बात थी उर्दूपन, जो दिन-दिन बढ़ती गयी। इसी प्रकार राजा लक्ष्मण सिंह के गद्य में खटकने वाली बात थी आगरे के बोलचाल का पुट। दूसरी बात यह थी कि विशुद्धता का जो आदर्श लेकर राजा लक्ष्मण सिंह चले थे, वह एक चलती व्यावहारिक भाषा के उपयुक्त न था। फारसी अरबी के जो शब्द लोगों की जबान पर नाचा करते थे उन्हें एकदम छोड़ देना भाषा की संचित शक्ति को घटाना था। हँसी-मजाक के लिए कुछ अरबी-फारसी के चलते शब्द कभी-कभी अच्छा काम देते हैं। यह हम लोग बराबर देखते हैं।

ऊपर लिखी त्रुटियों को ध्यान में रखते हुए जब हम भारतेंदु की भाषा पर विचार करने बैठते हैं, तब इस बात का समझना कुछ सुगम हो जाता है कि उन्होंने हिंदी-गद्य का क्या संस्कार किया। उनकी भाषा में न तो लल्लू लाल का ब्रजभाषापन आने पाया, न मुंशी सदासुख का पंडिताऊपन, न सदल मिश्र का पूरबीपन, न राजा शिवप्रसाद का उर्दूपन, और न राजा लक्ष्मण सिंह का खालिसपन और आगरापन। इतने 'पनों' से एक साथ पीछा छुड़ाना भाषा के संबंध में बहुत ही परिष्कृत रुचि का परिचय देता है। संस्कृत-शब्दों के रहने पर भी भाषा का सुबोध बना रहना, फारसी-अरबी के शब्द आने पर भी साथ-साथ उर्दूपन न आना, हिंदी की स्वतंत्र

सत्ता का प्रमाण था। उनका भाषा संस्कार शब्दों की काट-छाँट तक ही नहीं रहा। वाक्य-विन्यास में भी वे सफाई लाये उनकी लिखावट में एक साथ न जुड़ सकने वाले वाक्य एक में गुँथे हुए प्रायः नहीं पाये जाते। तात्पर्य के उपर्युक्त संयोजक अव्ययों का व्यवहार जैसा उन्होंने चलाया, वैसा उनके पहले न था। विराम की परख भी उन्हें राजा लक्ष्मण सिंह और राजा शिवप्रसाद से कहीं अच्छी थी।

चली आती हुई काव्यभाषा के स्वरूप पर भी उनकी दृष्टि गई। उन्होंने देखा कि बहुत से ऐसे शब्द, जिन्हें बोलचाल से उठे कई सौ वर्ष हो गये थे, कविताओं में बराबर लाये जाते हैं जिससे वे सर्वसाधारण के लगाव से कुछ दूर पड़ती जाती है। 'चक्कवै', 'ठायो', 'करसायल', 'ईठ', 'दिह' 'लोय' आदि के कारण बहुत से लोग हिंदी-कविता को अपने से कुछ दूर की चीज समझने लगे थे। दूसरा दोष जो बढ़ते-बढ़ते बुरी हद तक पहुँच गया था, वह शब्दों का तोड़-मरोड़ था। जैसे कपियों का स्वभाव 'रूख तोड़ना' तुलसीदासजी ने बताया है, वैसे ही कवियों का स्वभाव शब्द तोड़ना-मरोड़ना हो गया था। भाषा की सफाई पर बहुत कम ध्यान रहता था। बाबू हरिश्चंद्र द्वारा इन बातों का भी बहुत कुछ सुधार—चाहे जान में या अनजान में—हुआ। इस प्रकार काव्य की ब्रजभाषा के लिए भी उन्होंने बहुत अच्छा रास्ता दिखाया। अपने रसीले कवित्तों और सवैयों में उन्होंने चलती भाषा का व्यवहार किया है जैसे—

आजु लौं जौ न मिले तो कहा, हम तौ तुम्हरे सब भाँति कहावैं।
मेरे उराहनों है कुछ नाहिं, सबै फल आपने भाग को पावैं।।
जो हरिचंद भई सो भई, अब प्रान चले चहैं तासों सुनावैं।
प्यारे जू! है जग की यह रीति, विदा के समय सब कंठ लगावैं।।

इसी कारण उनकी कविता का प्रचार भी देखते-देखते हो गया। लोगों के मुँह से उनके सवैये भी चारों ओर सुनायी देने लगे, उनके बनाये गीत स्त्रियाँ तक घर-घर में गाने लगीं। उनकी रचना लोकप्रिय हुई। उनके समय में जो संग्रह-ग्रंथ बने, उन सब में उनकी कविताएँ विशेषतः सवैये भी रखे गये। लीक पीटने वालों की पुरानी पड़ी हुई शब्दावली हटा देने से उनकी काव्य-भाषा में भी बड़ी सफाई दिखाई पड़ी।

यह तो हुई भाषा की रूप-प्रतिष्ठा की बात। इससे भी बढ़कर काम उन्होंने हिंदी-साहित्य को एक नये मार्ग पर खड़ा करके किया। वे साहित्य के नये युग के प्रवर्त्तक हुए। यद्यपि देश में नये-नये विचारों और भावनाओं का संचार हो गया था, पर हिंदी उनसे दूर थी। लोगों की अभिरुचि बदल चली थी, पर हमारे साहित्य पर उसका कोई प्रभाव नहीं दिखाई पड़ता था। शिक्षित लोगों के विचारों और व्यापारों ने तो दूसरा मार्ग पकड़ लिया था, पर उनका साहित्य उसी पुराने मार्ग पर था। वे लोग समय के साथ आप तो कुछ आगे बढ़ आए थे, पर जल्दी में अपने साहित्य को साथ न ले सके थे। उसका साथ छूट गया था और वह उनके विचार-क्षेत्र और कार्य-क्षेत्र दोनों से अलग पड़ गया था। प्रायः सभी सभ्य जातियों का साहित्य उनके

विचारों और व्यापारों से लगा हुआ चलता है। यह नहीं कि उनकी चिंताओं और कार्यों का प्रवाह एक ओर जा रहा हो और उनके साहित्य का प्रवाह दूसरी ओर।

फिर यह विचित्र घटना यहाँ कैसे हुई? बात यह थी कि जिन लोगों के मन में नयी शिक्षा के प्रभाव से नये विचार उत्पन्न हो रहे थे, जो अपनी आँखों काल की गति देख रहे थे और देश की आवश्यकताओं को समझ रहे थे, उनमें अधिकांश तो ऐसे थे जिनका कई कारणों से–विशेषतः उर्दू के बीच में पड़ जाने से हिंदी-साहित्य से लगाव छूट-सा गया था और शेष–जिनमें नवीन भावों की कुछ प्रेरणा और विचारों की कुछ स्फूर्ति थी–ऐसे थे जिन्हें हिंदी-साहित्य का क्षेत्र इतना परिमित दिखाई देता था कि नये-नये विचारों को सन्निविष्ट करने के लिए स्थान ही नहीं सूझता था। उस समय एक ऐसे सामंजस्य पटु, साहसी और प्रतिभा-संपन्न पुरुष की आवश्यकता थी जो कौशल से उन बढ़ते हुए विचारों का मेल देश के परंपरागत साहित्य से करा देता। ऐसे ही पुरुष के रूप में बाबू हरिश्चंद्र साहित्य-क्षेत्र में उतरे। उन्होंने हमारे जीवन के साथ हमारे साहित्य को फिर से लगा दिया। बड़े भारी विच्छेद से उन्होंने हमें बचाया।

वे सिद्ध-वाणी के अत्यंत सरस हृदय कवि थे। इससे एक ओर तो उनकी लेखनी से शृंगार रस के ऐसे रसपूर्ण और मर्मस्पर्शी कवित्त-सवैये निकलते थे, जो उनके जीवन काल में ही इधर-उधर लोगों के मुँह से सुनाई पड़ने लगे थे और दूसरी ओर स्वदेश प्रेम में भरे हुए उनके लेख और कविताएँ चारों ओर देश के मंगल का मंत्र-सा फूँकती थीं। अपनी सर्वतोमुखी प्रतिभा के बल से एक ओर तो वे पद्माकर और द्विजदेव की परंपरा में दिखाई पड़ते थे, दूसरी ओर बंगदेश के मधुसूदनदत्त और हेमचंद्र की श्रेणी में, एक ओर तो राधा-कृष्ण की भक्ति में झूमते हुए 'नयी भक्तमाल' गूँथते दिखाई देते थे, दूसरी ओर टीकाधारी बगला भगतों की हँसी उड़ाते तथा स्त्री-शिक्षा, समाज-सुधार आदि पर व्याख्यान देते पाये जाते थे। प्राचीन और नवीन का यही सुंदर सामंजस्य भारतेंदु की कला का विशेष माधुर्य है। साहित्य के एक नवीन युग के आदि में प्रवर्त्तक के रूप में खड़े होकर उन्होंने यह भी प्रदर्शित किया कि नये-नये या बाहरी भावों को पचाकर इस ढंग से मिलाना चाहिए कि वे अपने ही साहित्य के विकसित अंग से लगें। प्राचीन और नवीन के उस संधिकाल में जैसी शीतल और मृदुल कला का संचार अपेक्षित था, वैसी ही शीतल और मृदुल कला के साथ भारतेंदु का उदय हुआ; इसमें संदेह नहीं।

कविता की नवीन धारा के बीच भारतेंदु की वाणी का सबसे ऊँचा स्वर देशभक्ति का था। नीलदेवी, भारत दुर्दशा आदि नाटकों के भीतर आई हुई कविताओं में देश दशा की जो मार्मिक व्यंजना है, वह तो है ही; बहुत-सी स्वतंत्र कविताएँ भी उन्होंने लिखीं जिनमें कहीं देश की अतीत-गौरव-गाथा का गर्व, कहीं वर्तमान अधोगति की क्षोभ भरी वेदना, कहीं भविष्य की भावना से जगी हुई चिंता इत्यादि अनेक पुनीत

भावों का संचार पाया जाता है। 'विजयिनी विजय वैजयंती' में जो मिस्र में, भारतीय सेना की विजय-प्राप्ति पर लिखी गई थी, देश-प्रेम-व्यंजक कैसे भिन्न-भिन्न संचारी भावों के उद्गार हैं। कहीं गर्व, कहीं क्षोभ, कहीं विषाद। "सहसन-बरसन सों सुन्यों जो सपने नहिं कान, सो जय-आरज-शब्द" को सुन और "फरकि उठी सबकी भुजा, खरकि उठी तलवार। क्यों आपुहि ऊँचे भये आर्य मोंछ के बार" का कारण जान प्राचीन आर्य गौरव का गर्व कुछ आ ही रहा था कि वर्तमान अधोगति का दृश्य ध्यान में आया और फिर वहीं 'हाय भारत!' की धुन—

हाय वहै भारत भुव भारी। सबही विधि सों भई दुखारी।।
हाय पंचनद! हा पानीपत! अजहुँ रहे तुम धरनि विराजत।।
हाय चित्तोर! निलज तू भारी। अजहुँ खरो भारतहि मंझारी।।
तुममें जल नहिं जमुना गंगा। बढ़हु बेगि किन प्रबल तरंगा।।
बोरहु किन झट मथुरा कासी। धोवहु वह कलंक की रासी।।

'चित्तौर', 'पानीपत' इन नामों में ही इतिहासविज्ञ हिंदू-हृदय के लिए कितने भावों की व्यंजना भरी है। उनके लिए ये नाम ही काव्य हैं। यदि कोई कवि केवल इन दो-चार नामों को एक साथ ले ले तो वह अपना बहुत कुछ काम कर चुका। ये आप ही कल्पना के कपाट खोल ऐसे-ऐसे दृश्य सामने ला देंगे जिनसे क्षुब्ध होकर हृदय अनेक गंभीर भावनाओं में मग्न हो जायगा।

'भारत दुर्दशा' में आलस्य आदि को लाकर इस कवि ने देश दशा को इस ढंग से झलकाया है कि नये और पुराने ढाँचों के लोगों का मन लगे। इस कलाकार में बड़ा भारी गुण यह था कि इसने नये और पुराने विचारों को अपनी रचनाओं में इस सफाई से मिलाया कि कहीं से जोड़ मालूम न हुआ। पुराने भावों और आदर्शों से लेकर इन्होंने नये आदर्श खड़े किये। देखिए, 'नीलदेवी' में एक देवता के मुँह से भारतवर्ष का कैसा मर्मभेदी भविष्य कहलाया—

सब भाँति दैव प्रतिकूल होय एहि नासा।
अब तजहु वीरवर भारत की सब आसा।।
अब सुख-सूरज को उदय नहीं इत ह्वै है।
मंगलमय भारत—भुव मसान ह्वै जै है।।

राजा सूरजदेव के मारे जाने पर रानी नीलदेवी ने जिस रीति से भगवान को पुकारा है वह कोई नयी बात नहीं। वह वही रीति है जिससे द्रौपदी ने भगवान् को पुकारा था। भेद इतना ही है कि द्रौपदी ने अपनी लज्जा रखने के लिए, अपना संकट हटाने के लिए पुकार मचाई थी; नीलदेवी ने देश की लज्जा रखने के लिए, देश का संकट दूर करने के लिए पुकारा है—

कहाँ करुनानिधि केशव सोये?
जागत नाहिं, अनेक जतन करि भारतवासी रोये।।

बड़ा भारी काम भारतेंदु ने यह किया कि स्वदेशाभिमान, स्वजाति-प्रेम, समाज-सुधार आदि की आधुनिक भावनाओं के प्रवाह के लिए हिंदी को चुना तथा इतिहास, विज्ञान, उपन्यास, पुरावृत्त इत्यादि अनेक समयानुकूल विषयों की ओर हिंदी को दौड़ा दिया। अब यह देखना है कि यदि वे कवि थे तो किस ढंग के थे? विषय-क्षेत्र के विचार से देखते हैं तो प्रायः तीन ढंग के कवि पाये जाते हैं, कुछ तो नर-प्रकृति के वर्णन में ही अधिकतर लीन रहते हैं, कुछ बाह्य प्रकृति के वर्णन में और कुछ दोनों में समान रुचि रखते हैं। पिछले वर्ग में वाल्मीकि, कालिदास, भवभूति इत्यादि संस्कृत के प्राचीन कवि ही आते हैं।

बाबू हरिश्चंद्र अधिकांश भाषा-कवियों के समान प्रथम प्रकार के कवियों में थे। यद्यपि इन्होंने अपनी कविता द्वारा नये-नये संस्कार उत्पन्न किये; पर उसके स्वरूप को परंपरानुसार ही रखा। मानवी वृत्तियों ही के मर्मस्पर्शी अंशों को छाँटकर उन्होंने मनोविकारों को तीव्र और परिष्कृत करने का प्रयत्न किया, दूसरी प्राकृतिक वस्तुओं और व्यापारों की मर्मस्पर्शिनी शक्ति पर बहुत कम ध्यान दिया। इन्होंने मनुष्य को सारी सृष्टि के बीच रखकर नहीं देखा, उसे उसी के उठाए हुए घेरे में रखकर देखा। मनुष्य की दृष्टि को उसके फैलाए हुए प्रपंचावरण से बाहर प्रकृति के विस्तृत क्षेत्र की ओर ले जाने का प्रयास इन्होंने नहीं किया। बात यह है कि हिंदी-साहित्य का उत्थान ही ऐसे समय में हुआ जब लोगों की दृष्टि बहुत कुछ संकुचित हो चुकी थी। वाल्मीकि, कालिदास और भवभूति के आदर्श लोगों के सामने से हट चुके थे।

हमारे आदिकवि वाल्मीकि के हृदय में जो भावुकता थी, वह कुछ काल पीछे मंद पड़ने लगी। जिस तन्मयता के साथ उन्होंने प्रकृति का निरीक्षण किया है, उसकी परंपरा कालिदास, भवभूति तक पाई जाती है। वाल्मीकि के हेमंत-वर्णन में कैसा सूक्ष्म प्रकृति निरीक्षण है। उनके वर्षा-वर्णन में भी यही बात है—

क्वचित्प्रकाशं क्वचिदपकाशं,
नभः प्रकीर्णाम्बुधनं विभाति।
क्वचित् क्वचित्पर्वत–सन्निरुद्धं
रूपं यथा शांतमहार्णवस्य।।
व्यामिश्रितं सर्जकदंब–पुष्पै–
र्नवं जलं पर्वत–धातु–ताम्रम्।
मयूरकेकाभिरनुप्रयातं
शैलापगाः शीघ्रतरं वहंति।

उपर्युक्त वर्णन में किस सूक्ष्मता के साथ कविकुल-गुरु ने ऐसे व्यापारों का निरीक्षण किया है जिनको बिना किसी अनूठी उक्ति के गिना देना ही कल्पना का परिष्कार और भाव का संचार करने के लिए बहुत है। कालिदास के कुमारसंभव

का हिमालय-वर्णन, रघुवंश में उस वन का वर्णन जहाँ नंदिनी को लेकर दिलीप गए हैं, तथा मेघदूत में यक्ष के बताए हुए मार्ग का वर्णन बार-बार पढ़ने योग्य है। भवभूति का तो कहना ही क्या है। देखिए–

एते त एव गिरयो विरूवन्मयूरा-
स्तान्येव मत्तहंरिणानि वनस्थलानि।
आमंजु-वंजुल-लतानि च तान्यमूनि,
नीरंध्र-नील-निचुलानि सरित्तटानि।।

इन महाकवियों ने कथा-प्रसंग के अतिरिक्त जहाँ वर्णन की रोचकता के लिए मनुष्य-व्यापार दिखाए हैं, वहाँ इन्होंने ऐसे ही स्थलों के व्यापारों को दिखलाया है जहाँ मनुष्य से प्रकृति की सन्निकटता है–जैसे ग्रामों के आस-पास किसानों का खेत जोतना या काटना, ग्वालों का गाय चराना इत्यादि-इत्यादि। जैसे मेघदूत में यक्ष मेघ से कहता है–

(क) त्वय्यायतं कृषिफलमिति भ्रूविकारानभिज्ञैः।
प्रीतिस्निधैर्जनपदवधूलोचनैः पीयमानः।
सद्यस्सीरोत्कषण-सुरभि क्षेत्रमारूह्य मालं
किञ्चित्पश्चाद ब्रज लघुगतिः किञ्चिदेवोत्तरेण।

(ख) कृषी निरवहिं चतुर किसाना।
जिमि बुध तजहिं मोह मद माना।।

सच्चे कवि ऋतु आदि के वर्णन में ऐसे ही व्यापारों को सामने लाए हैं। ऐसे कवि ग्रीष्म में छाया के नीचे बैठकर हाँफते हुए कुत्तों और पानी में बैठी हुई भैंसों का उल्लेख चाहे भले ही कर जाएँ, पर पसीने से तर रोकड़ मिलाते हुए मुनीम जी की ओर ध्यान न देंगे।

मनुष्य के व्यापार परिमित और संकुचित हैं। अतः बाह्य प्रकृति के अनंत और असीम व्यापारों के सूक्ष्म-से-सूक्ष्म अंशों को सामने करके भावना या कल्पना को शुद्ध और विस्तृत करना भी कवि का धर्म है, धीरे-धीरे लोग इस बात को भूल चले। इधर उच्च श्रेणी के भी जो कवि हुए, उन्होंने अधिकतर मनुष्य की चित्त-वृत्तियों के विविध रूपों को कौशल और मार्मिकता के साथ दिखाया, पर बाह्य प्रकृति की स्वच्छंद क्रीड़ा की ओर कम ध्यान दिया। पीछे से तो राजाश्रयलोलुप मँगते कवियों के कारण कविता केवल वाक्पटुता या शब्दों का शतरंज बन गई; विषयी लोगों के काम की चीज हो गई। भर्तृहरि के समय ही से यह दुरवस्था आरंभ हो गई थी जिस पर उन्होंने दुःख के साथ कहा था–

पुरा विद्वत्तासीदुपशमवतां क्लेशहतये
गता कालेनासौ विषयसुख-सिद्ध्यै विषयिणाम्।

वन, नदी, पर्वत आदि इन याचक कवियों को क्या दे देते जो वे उनका वर्णन

करने जाते। सूर और तुलसी आदि स्वच्छंद कवियों ने हिंदी कविता को उठाकर खड़ा ही किया था कि रीतिकाल से शृंगारी कवियों ने उसके पैर छानकर उसे गंदी गलियों में भटकने के लिए छोड़ दिया। फिर क्या था, नायिकाओं के पैरों में मखमल से सुर्ख बिछौने गड़ने लगे। यदि कोई षड्ऋतु की लीक पीटने खड़े हुए तो कहीं शरद् की चाँदनी से किसी विरहिणी का शरीर जलाया, कहीं कोयल की कूक से कलेजों के टूक किए, कहीं किसी को प्रमोद से प्रमत्त किया। उन्हें तो इन ऋतुओं को उद्दीपन मात्र मान संयोग या वियोग की दशा का वर्णन करना रहता था। उनकी दृष्टि प्रकृति के इन व्यापारों पर तो जमती नहीं थी, नायक या नायिका ही पर दौड़-दौड़कर जाती थी। अतः उनके नायक या नायिका की अवस्था-विशेष का प्रकृति की दो-चार इनी-गिनी वस्तुओं से जो संबंध होता था, उसी को दिखाकर वे किनारे हो जाते थे।

बाबू हरिश्चंद्र ने यद्यपि समयानुकूल प्रसंग छेड़ नए-नए संस्कार उत्पन्न किए पर उन्होंने भी प्रकृति पर प्रेम न दिखाया। उनका जीवन-वृत्तांत पढ़ने से भी पता लगता है कि वे प्रकृति के उपासक न थे। उन्हें जंगल, पहाड़, नदी आदि को देखने का उतना शौक न था। वे अपने भाव 'दस तरह के आदमियों के साथ उठ-बैठकर' प्राप्त करते थे। इसी से मनुष्यों की भीतरी-बाहरी वृत्तियाँ अंकित करने में ही वे तत्पर रहे हैं और नाटकों की ओर उन्होंने विशेष रुचि दिखाई है। भारत-दुर्दशा, नीलदेवी, वैदिकी हिंसा हिंसा न भवति, विषस्य विषमौषधम् आदि देखने से यह बात अच्छी तरह मन में बैठ जाएगी।

ऐसा भी कहा जाता है कि एक दिन उसके यहाँ बैठकर एक वेश्या गा रही थी। उसे देखकर उन्होंने कविता बनाई और पास के लोगों से कहा—"देखो यदि हम इनका सत्संग न रखें तो ये भाव कहाँ से सूझे?" वे उर्दू कविता के भी प्रेमी थे जिसमें बाह्य प्रकृति के सूक्ष्म निरीक्षण की चाल ही नहीं और जिसमें कल्पना के सामने आने वाले चित्रों (Imagery) के बीभत्स और घिनौने होने की कुछ परवा न कर भावों के उत्कर्ष की ही ओर ध्यान रखा जाता है। यदि ऐसा न होता जो "मरे हूँ पै आँखें ये खुली ही रहि जायँगी" ऐसे पद्य वे न लिखते। भावों का उत्कर्ष उन्होंने अच्छा दिखलाया है। वन, नदी, पर्वत आदि के चित्रों द्वारा मनुष्य की कल्पना को स्वच्छ और स्वस्थ करने का भार उन्होंने अपने ऊपर नहीं लिया था।

उनकी रचनाओं में विशुद्ध प्राकृतिक वर्णनों का अभाव बराबर पाया जाता है। वस्तु-वर्णन में उन्होंने मनुष्यों की कृति ही की ओर अधिक रुचि दिखाई। जैसे 'सत्य हरिश्चन्द्र' के गंगा के इस वर्णन में—

नव उज्जल जलधार हार हीरक सी सोहति।
बिच-बिच छहरत बूँद मध्य मुक्ता मनु पोहति।।
लोल लहर लहि पवन एक पै इक इमि आवत।

जिमि नरगन मन विविध मनोरथ करत मिटावत।।
कासी कहँ प्रिय जानि ललकि भेंट्यो उठि धाई।
सपनेहू नहिं तजी रही अंकम लपटाई।।
कहूँ बँधे नवघाट उच्च गिरिवर सम सोहत।
कहुँ छतरी, कहुँ मढ़ी बढ़ी मन मोहत जोहत।।
धवल धाम चहुँ ओर फरहरत धुजा पताका।
घहरति घंटाधुनि, धमकत घौंसा करि साका।।
मधुरी नौबत बजति, कहूँ नारी नर गावत।
वेद पढ़त कहुँ द्विज, कहुँ जोगी ध्यान लगावत।।

काशी के लोगों के विलक्षण स्वभाव तथा ऊँची-ऊँची हवेलियों और तंग गलियों का वर्णन करने ही के लिए 'काशी छायाचित्र' लिखा गया।

'चंद्रावली नाटिका' में एक जगह यमुना के तट का वर्णन आया है। पर वह भी परंपरा युक्त (Conventional) ही है। उसमें उपमानों और उत्प्रेक्षाओं आदि की भरमार इस बात को सूचित करती है कि कवि का मन प्रस्तुत प्राकृतिक वस्तुओं पर रमता नहीं था, हट-हट जाता था। कुछ अंश देखिए—

1. **तरनि-तनूजा-तट तमाल तरुवर बहु छाए।**
झुके कूल सों जल परसन हित मनहुँ सुहाए।
किधौं मुकुर मैं लखत उझकि सब निज-निज सोभा।
कै प्रनवत जल जानि परम पावन फल लोभा।।
मनु आतप-वारन तीर को सिमिटि सबै छाए रहत।
कैं हरि-सेवा हित नै रहे, निरखि नैन मन सुख लहत।।

2. **कहुँ तीर पर कमल अमल सोभित बहु भाँतिन।**
कहुँ सैवालन मध्य कुमुदिनी लगि रहि पाँतिन।।
मनु दृग धारि अनेक जमुन निरखति ब्रज सोभा।
कै उमगे पिय-प्रिया-प्रेम के अगनित गोभा।।
कै करिकै कर बहु, पीय को टेरत निज ढिग सोहई।
कै पूजन को उपचार लै चलति मिलन मन मोहई।।

3. **कै पिय-पद उपमान जानि यहि निज उर धारत।**
कै मुखि करि बहु भृंगन मिस अस्तुति उच्चारत।।
कै ब्रज तियगन-बदन कमल की झलकति झाँई।
कै ब्रज हरिपद-परस हेतु कमला बहु आई।।
कै सात्त्विक अरु अनुराग दोउ ब्रजमण्डल बगरे फिरत।
कै जानि लच्छमी-भौन यहि करि सतधा निज जल धरत।।

जयशंकर प्रसाद

प्रसादजी पहले ब्रजभाषा की कविताएँ लिखा करते थे जिनका संग्रह 'चित्राधार' में हुआ है। संवत् 1970 से वे खड़ी बोली की ओर आये और 'कानन कुसुम', 'महाराणा का महत्त्व', 'करुणालय' और 'प्रेमपथिक' प्रकाशित हुए। 'कानन कुसुम' में तो प्रायः उसी ढंग की कविताएँ हैं जिस ढंग की द्विवेदीकाल में निकला करती थीं। 'महाराणा का महत्त्व' और 'प्रेमपथिक' (संवत् 1970) अतुकांत रचनाएँ हैं जिसका मार्ग पं. श्रीधर पाठक दिखा चुके थे। भारतेंदु काल में ही पं. अंबिकादत्त व्यास ने बँगला की देखादेखी कुछ अतुकांत पद्य आजमाये थे। पीछे पं. श्रीधर पाठक ने 'सांध्य अटन' नाम की कविता खड़ी बोली के अतुकांत (तथा चरण के बीच में पूर्ण विराम वाले) पद्यों में बड़ी सफलता के साथ प्रस्तुत की थी।

सामान्य परिचय के अंतर्गत दिखाया जा चुका है कि किस प्रकार सर्वश्री मैथिलीशरण गुप्त, बदरीनाथ भट्ट और मुकुटधर पांडेय इत्यादि कई कवि अंतर्भावना की प्रगल्भ चित्रमयी व्यंजना के उपयुक्त स्वच्छंद नूतन पद्धति निकाल रहे थे। पीछे उस नूतन पद्धति पर प्रसादजी ने भी कुछ छोटी-छोटी कविताएँ लिखीं जो संवत् 1975 (सन् 1918) में 'झरना' के भीतर संगृहीत हुईं। 'झरना' की उन 24 कविताओं में उस समय नूतन पद्धति पर निकलती हुई कविताओं में कोई ऐसी विशिष्टता नहीं थी जिस पर ध्यान जाता। दूसरे संस्करण में जो बहुत पीछे संवत् 1984 में निकला, पुस्तक का स्वरूप ही बदल गया। उसमें आधी से ऊपर अर्थात् 31 रचनाएँ जोड़ी गयीं जिनमें पूरा रहस्यवाद, अभिव्यंजना का अनूठापन, व्यंजक, चित्रविधान सब कुछ मिल जाता है। 'विषाद', 'बालू की बेला', 'खोलो द्वार', 'बिखरा हुआ प्रेम', 'किरण', 'वसंत की प्रतीक्षा' इत्यादि उन्हीं पीछे जोड़ी हुई रचनाओं में हैं जो पहले (संवत् 1975 के) संस्करण में नहीं थीं। द्वितीय संस्करण में कहीं छायावाद कही जाने वाली विशेषताएँ स्फुट रूप में दिखाई पड़ीं। इसके पहले श्री सुमित्रानंदन पंत का 'पल्लव' बड़ी धूमधाम से निकल चुका था, जिसमें रहस्यभावना तो कहीं-कहीं पर अप्रस्तुत विधान, चित्रमयी भाषा और लाक्षणिक वैचित्र्य आदि विशेषताएँ अत्यंत प्रचुर परिमाण में दिखाई पड़ी थीं।

प्रसादजी में ऐसी मधुमयी प्रतिभा और ऐसी जागरूक भावुकता अवश्य थी कि उन्होंने इस पद्धति का अपने ढंग पर बहुत ही मनोरम विकास किया। संस्कृत की कोमल-कांत पदावली का जैसा सुंदर चयन बंगभाषा के काव्यों में हुआ है वैसा अन्य देशभाषाओं के साहित्य में नहीं दिखाई पड़ता। उनके परिशीलन से पदलालित्य की गूँज प्रसादजी के मन में समाई वह बराबर बनी रही।

जीवन के प्रेमविलासमय मधुर पक्ष की ओर स्वाभाविक प्रवृत्ति होने के कारण ने उस 'प्रियतम' के संयोग-वियोग वाली रहस्यभावना में—जिसे स्वाभाविक रहस्यभावना से अलग समझना चाहिए—रमते प्रायः पाये जाते हैं। प्रेमचर्या के शारीरिक व्यापारों और चेष्टाओं (अश्रु, स्वेद, चुंबन, परिरंभण, लज्जा की दौड़ी हुई लाली इत्यादि), रंगरेलियों और अठखेलियों, वेदना की कसक और टीस इत्यादि की ओर इनकी दृष्टि विशेष जमती थी। इसी मधुमयी प्रवृत्ति के अनुरूप प्रकृति के अनंत क्षेत्र में भी वल्लरियों के दान, कलिकाओं की मंद मुस्कान, सुमनों के मधुपात्र पर मँडराते मिलिंदों के गुंजार, सौरभहर समीर की झपक-लपक, पराग मकरंद की लूट, उषा के कपोलों पर लज्जा की लाली, आकाश और पृथ्वी के अनुरागमय परिरंभण, रजनी के आँसू से भीगे अंबर, चंद्रमुख पर शरद्घन के सरकते अवगुंठन, मधुमास की मधुवर्षा और झूमती मादकता इत्यादि पर अधिक दृष्टि जाती थी। अतः इनकी रहस्यवादी रचनाओं को देख चाहे तो यह कहें कि इनकी मधु के मानस-प्रचार के लिए रहस्यवाद क़ा परदा मिल गया अथवा यों कहें कि इनकी सारी प्रणयानुभूति ससीम पर से कूदकर असीम पर जा रही।

इनकी पहली विशिष्टरचना 'आँसू' (संवत् 1998) है। 'आँसू' वास्तव में तो हैं शृंगारी विप्रलंभ के, जिनमें अतीत संयोग सुख की खिन्न स्मृतियाँ रह-रहकर झलक मारती हैं, पर जहाँ प्रेमी की मादकता की बेसुधी में प्रियतम नीचे से ऊपर आते और संज्ञा की दशा में चले जाते हैं[1], जहाँ हृदय की तरंगें उस अनंत कोने को नहलाने चलती हैं, वहाँ वे आँसू उस 'अज्ञात प्रियतम' के लिए बहते जान पड़ते हैं। फिर जहाँ कवि यह देखने लगता है कि ऊपर तो—

अवकाश[2] असीम सुखों से आकाशतरंग[3] बनाता,
हँसता-सा छायापथ में नक्षत्र समाज दिखाता।

पर

1. मादकता से आये तुम, संज्ञा से चले गये थे।
उर्दू के प्रसिद्ध कवि अकबर ने भी कहा है—
मैं मरीजे होश था, मस्ती ने अच्छा कर दिया।
2. अवकाश—दिक्—स्पेस
3. आकाश तरंग—ईथर वेब्स

नीचे विपुला धरणी है दुखभार वहन-सी करती,
अपने खारे आँसू से करुणासागर को भरती।

और इस 'चिर दग्ध दुखी वसुधा' को इस निर्मम जगती को, अपनी प्रेमवेदना की कल्याणी शीतल ज्वाला का मंगलमय, उजाला देना चाहता है, वहाँ वे आँसू लोक-पीड़ा पर करुणा के आँसू से जान पड़ते हैं। पर वहीं पर जब हम कवि की दृष्टि अपनी सदा जगती हुई अखंड ज्वाला की प्रभविष्णुता पर इस प्रकार जमी पाते हैं कि 'हे मेरी ज्वाला!'

तेरे प्रकाश में चेतन संसार वेदनावाला,
मेरे समीप होता है पाकर कुछ करुण उजाला।

तब ज्वाला या प्रेमवेदना की अतिरंजित और दूरारूढ़ भावना ही—जो शृंगार की पुरानी रूढ़ि है—रह जाती है। कहने का तात्पर्य है कि वेदना की कोई एक निर्दिष्ट भूमि न होने से सारी पुस्तक का कोई एक समन्वित प्रभाव नहीं निष्पन्न होता।

पर अलग-अलग लेने पर उक्तियों के भीतर बड़ी ही रंजनकारिणी कल्पना, व्यंजक चित्रों का बड़ा ही अनूठा विन्यास, भावनाओं की अत्यंत सुकुमार योजना मिलती है। प्रसाद जी की यह पहली काव्यरचना है जिसने बहुत लोगों को आकर्षित किया। अभिव्यंजना की प्रगल्भता और विचित्रता के भीतर प्रेमवेदना की दिव्य विभूति का, विश्व में उसके मंगलमय प्रभाव का सुख और दुख दोनों को अपनाने की उसकी अपार शक्ति का और उसकी छाया में सौंदर्य और मंगल के संगम का भी आभास पाया जाता है। 'नियतिवाद' और 'दुखवाद' का विषण्ण स्वर भी सुनाई पड़ता है। इस चेतना को दूर हटाकर मदतंद्रा, स्वप्न और असंज्ञा की दशा का आस्वान रहस्यवाद की एक स्वीकृत विधि है। इस विधि का पालन 'आँसू' से लेकर 'कामायनी' तक हुआ है। अपने ही लिए नहीं, उजाले में हाथ-पैर मारने वाली 'चिर दग्ध दुखी वसुधा' के लिए भी यही नींद लाने वाली दवा लेकर आने को कवि निशा से कहता है—

चिर दग्ध दुखी यह वसुधा आलोक माँगती, तब भी;
तुम तुहिन बरस दो कन कन, यह पगली सोये अब भी।

चेतन की शांति या विस्मृति की दशा में ही 'कल्याण की वर्षा' होती है, मिलनसुख प्राप्त होता है। अतः उसके लिए रात्रि की भावना को बढ़ाकर प्रसाद जी महारात्रि तक ले गये हैं, जो सृष्टि और प्रलय का संधिकाल है, जिसमें सारे नाम-रूपों का लय हो जाता है—

चेतना लहर न उठेगी जीवन समुद्र थिर होगा।
संध्या हो सर्ग प्रलय की विच्छेद मिलन फिर होगा।।

'आँसू' के उपरांत दूसरी रचना 'लहर' है, जो कई प्रकार की कविताओं का संग्रह है। 'लहर' पर एक छोटी-सी कविता सबसे पहले दी गयी है। इसी से समूचे संग्रह का नाम 'लहर' रखा गया। 'लहर' से कवि का अभिप्राय उस आनंद की लहर

से है जो मनुष्य के मानस में उठा करती है और उसके जीवन को सरस करती रहती है। उसे ठहराने की पुकार अपने व्यक्तिगत नीरस जीवन को भी सरस करने के लिए कही जा सकती है और अखिल मानव जीवन को भी। यह जीवन की लहर भीतर उसी प्रकार स्मृतिचिह्न छोड़ जाती है जिस प्रकार जल की लहरें सूखी नदी की बालू बीच पसलियों की-सी उभरी रेखाएँ छोड़ जाती हैं–

उठ-उठ, गिर-गिर, फिर-फिर आती
नर्तित पदचिह्न बना जाती;
सिकता की रेखाएँ उभार
भर जाती अपनी तरल सिहर।

इसमें भी उस प्रियतम की आँखमिचौनी खेलना, दबे पाँव आना, किरन उँगलियों से आँख मूँदना (या मूँदने की कोशिश करना, क्योंकि उस ज्योतिर्मय का कुछ आभास मिल ही जाता है), प्रियतम की ओर अभिसार इत्यादि रहस्यवाद की सब सामग्री है। प्रियतम अज्ञात रहकर भी किस प्रकार प्रेम का आलंबन रहता है, यह भी दो-एक जगह सूचित किया गया है; जैसे–

तुम कौन और मैं क्या हूँ? इसमें क्या है धरा सुनो।
मानस जलधि रहे चिर चुंबित मेरे क्षितिज! उदार बनो।।

इसी प्रकार 'हे सागर संगम अरुण नील' में यह चित्र सामने रखा गया है कि सागर ने हिमालय से निकली नदी को कब देखा था, और नदी ने सागर को कब देखा था, पर नदी निकलकर स्वर्णस्वप्न देखती उसी की ओर चली और वह सागर भी बड़ी उमंग के साथ उससे मिला।

क्षितिज, जिसमें प्रातः-सायं अनुराग की लाली दौड़ा करती है, असीम (आकाश) और ससीम (पृथ्वी) का सहेट या मिलनस्थल-सा दिखाई पड़ा करता है। इस हलचलभरे संसार से हटाकर कवि अपने नाविक से वहीं ले चलने को कहता है–

ले चल वहाँ भुलावा देकर मेरे नाविक! धीरे-धीरे।
जिस निर्जन में सागर लहरी अंबर के कानों में गहरी
निश्छल प्रेमकथा कहती हो तज कोलाहल की अवनी रे।।

वहाँ जाने पर वह इस सुख-दुखमय व्यापक प्रसार को अपने नित्य और सत्य रूप में देखने की भी, पारमार्थिक ज्ञान की झलक पाने की भी आशा करता है; क्योंकि श्रम और विश्राम के उस संधिस्थल पर ज्ञान की दिव्य ज्योति-सी जगती दिखाई पड़ा करती है–

जिस गंभीर मधुर छाया में–विश्व चित्रपट चल माया में–
विभता विभु-सी पड़े दिखाई दुख-सुख वाली सत्य बनी रे।
श्रम-विश्राम क्षितिज बेला से, जहाँ सृजन करते मेला से–
अमर जागरण, उषा नयन से–बिखराती हो ज्योति घनी रे।।

'लहर' में चार-पाँच रचनाएँ ही रहस्यवाद की हैं। पर कवि की तंद्रा और स्वप्न वाली प्रिय भावना जगह-जगह व्यक्त होती है। रात्रि के उस सन्नाटे की कामना, जिसमें बाहर-भीतर की सब हलचल शांत रहती है, केवल अभावों की पूर्ति करने वाले अतृप्त कामनाओं की तृप्ति का विधान करने वाले, स्वप्न ही जगा करते हैं, इस गीत से पूर्णतया व्यक्त है–

अपलक जगती हो एक रात!
सब सोये हों इस भूतल में;
अपनी निरीहता संबल में,
चलती हो कोई भी न बात।

× × ×

वक्षस्थल में जो छिपे हुए
सोते हों हृदय अभाव लिये
उनके स्वप्नों का हो न प्रात।

जैसा कि पहले सूचित कर चुके हैं, 'लहर' में कई प्रकार की रचनाएँ हैं। कहीं तो प्रकृति के रमणीय पक्ष को लेकर सुंदर और मधुर रूपकमय गान है, जैसे–

बीती विभावरी जाग री!
अंबर पनघट में डुबो रही
तारा घट उषा नागरी।
खगकुल 'कुल-कुल' सा बोल रहा
किसलय का अंचल डोल रहा,
लो, यह लतिका भी भर लाई
मधु मुकुल नवल रस गागरी।।

कहीं उस यौवनकाल की स्मृतियाँ हैं जिनमें मधु का आदान-प्रदान चलता था, कहीं प्रेम का शुद्ध स्वरूप यह कहकर बताया गया है कि प्रेम देने की चीज है, लेने की नहीं। पर इस पुस्तक में कवि अपने मधुमय जगत् से निकलकर जगत् और जीवन के कई पक्षों की ओर बढ़ा है। वह अपने भीतर इतना अपरिमित अनुराग समझता है कि अपने सान्निध्य से वर्तमान जगत् में उसके फैलने की आशा करता है। उषा का अनुराग (लाली) जब फैल जाता है तभी ज्योति की किरन फूटती है–

मेरा अनुराग फैलने दो, नभ के अभिनव कलरव में,
जाकर सूनेपन के तम में, बन किरण कभी आ जाना।

कवि अपने प्रियतम से अब वह 'जीवनगीत' सुनाने को कहता है जिसमें 'करुणा का नव अभिनंदन हो'। फिर इस जगत् की अज्ञानांधकारमयी अश्रुपूर्ण रात्रि के बीच ज्ञानज्योति की भिक्षा माँगता हुआ वह उससे प्रेमवेणु के स्वर में जीवनगीत सुनाने को कहता है जिसके प्रभाव से मनुष्य जाति लताओं के समान स्नेहालिंगन में बद्ध

हो जाएगी और इस संतप्त पृथ्वी पर शीतल छाया हो जाएगी–

जग की सजल कालिमा रजनी में मुखचंद्र दिखा जाओ।
प्रेमवेणु की स्वरलहरी में जीवन गीत सुना जाओ।।

× × ×

स्नेहालिंगन की लतिकाओं की झुरमुट छा जाने दो।
जीवनधन! इस जले जगत् को वृंदावन बन जाने दो।।

जैसा कि पहले सूचित कर आये हैं, 'लहर' में प्रसाद जी ने अपनी प्रगल्भ कल्पना के रंग में इतिहास के कुछ खंडों को भी देखा है। जिस वरुणा के शांत कछार में बुद्ध भगवान् ने धर्मचक्र का प्रवर्तन किया था उसकी पुरानी झाँकी, 'अशोक की चिंता', 'शेरसिंह का शस्त्रसमर्पण', 'पेशोला की प्रतिध्वनि', 'प्रलय की छाया' ये सब अतीत के भीतर कल्पना के प्रवेश के उदाहरण हैं। इस प्रकार 'लहर' में हम प्रसादजी को वर्तमान और अतीत जीवन की प्रकृत ठोस भूमि पर अपनी कल्पना ठहराने का कुछ प्रयत्न करते पाते हैं।

किसी एक विशाल भावना को रूप देने की ओर भी अंत में प्रसादजी ने ध्यान दिया, जिसका परिणाम है 'कामायनी'। इसमें उन्होंने अपने प्रिय 'आनंद' की प्रतिष्ठा दार्शनिकता के ऊपरी आभास के साथ कल्पना की मधुमती भूमिका बनाकर की है। यह 'आनंदवाद' बल्लभाचार्य के 'काय' या आनंद के ढंग का न होकर, तांत्रिकों और योगियों की अंतर्भूमि पद्धति पर है। प्राचीन जलप्लावन के उपरांत मनु द्वारा मानवी सृष्टि के पुनर्विधान का आख्यान लेकर इस प्रबंध काव्य की रचना हुई है। काव्य का आधार है मनु का पहले श्रद्धा को फिर इड़ा को पत्नी के रूप में ग्रहण करना तथा इड़ा को बंदिनी या सर्वथा अधीन बनाने का प्रयत्न करने पर देवताओं का उन पर कोप करना। 'रूपक' की भावना के अनुसार श्रद्धा विश्वासमन्वित रागात्मिका वृत्ति है और इड़ा व्यावसायात्मिका बुद्धि। कवि ने श्रद्धा को मृदुता, प्रेम और करुणा का प्रवर्तन करने वाली और सच्चे आनंद तक पहुँचाने वाली चित्रित किया है। इड़ा या बुद्धि अनेक प्रकार के वर्गीकरण और व्यवस्थाओं में प्रवृत्त करती हुई कर्मों में उलझाने वाली चित्रित की गयी है।

कथा इस प्रकार चलती है। जलप्रलय के बाद मनु की नाव हिमवान् की चोटी पर लगती है और मनु वहाँ चिंताग्रस्त बैठे हैं। मनु पिछली सृष्टि की बातें और आगे की दशा सोचते-सोचते शिथिल और निराश हो जाते हैं। यह चिंता 'बुद्धि, मति या मनीषा' का ही रूप कही गयी है जिससे आरंभ में ही 'बुद्धिवाद' के विरोध का किंचित् आभास मिल जाता है। धीरे-धीरे आशा का रमणीय उदय होता है और श्रद्धा की मनु से भेंट होती है। श्रद्धा के साथ मनु शांतिपूर्वक कुछ दिन रहते हैं। पर पूर्व संस्कारवश कर्म की ओर फिर मनु की प्रवृत्ति होती है। आसुरी प्रेरणा से पशुहिंसापूर्ण काम्य यज्ञ करने लगते हैं जिससे श्रद्धा को विरक्ति होती है। वह यह देखकर दुखी होती

है कि मनु अपने ही सुख की भावना में मग्न होते जा रहे हैं, उनके हृदय में सुख के, सब प्राणियों में, प्रसार का लक्ष्य नहीं जग रहा है जिससे मानवता का नूतन विकास होता। मनु चाहते हैं कि श्रद्धा का सारा सद्भाव, सारा प्रेम, एकमात्र उन्हीं पर स्थिर रहे, तनिक भी इधर-उधर बँटने न पाये। इससे जब वह देखते हैं कि श्रद्धा पशुओं के बच्चों को प्रेम से पुचकारती है और अपनी गर्भस्थ संतति की सुखक्रीड़ा का आयोजन करती है तब उनके मन में ईर्ष्या होती है और उसे हिमालय की उसी गुफा में छोड़कर वे अपनी सुखवासना लिये चल देते हैं।

मनु उजड़े हुए सारस्वत प्रदेश में उतरते हैं जहाँ कभी श्रद्धा से हीन होकर सुर और असुर लड़े थे, इंद्र की विजय हुई थी। वे खिन्न होकर सोचते हैं कि क्या मैं भी उन्हीं के समान श्रद्धाहीन हो रहा हूँ। इसी बीच में अंतरिक्ष से 'काम' की अभिशापभरी वाणी सुनायी पड़ती है कि–

मनु! तुम श्रद्धा को गये भूल।
उस पूर्ण आत्म विश्वासमयी को उड़ा दिया था समझ तूल।
तुम भूल गये पुरुषत्व मोह में, कुछ सत्ता है नारी की।
समरसता है संबंध बनी अधिकार और अधिकारी की।

× × ×

यह अभिनव मानव प्रजा सृष्टि।
द्वयता में लगी निरंतर ही वर्णों की करती रहे वृष्टि।
अनजान समस्याएँ ही गढ़ती, रचती हो अपनी ही विनष्टि।
कोलाहल कलह अनंत चले, एकता नष्ट हो, बढ़े भेद।
अभिलषित वस्तु तो दूर रहे, हाँ मिले अनिच्छित दुखद खेद।

प्रभात होता है। मनु अपने सामने एक सुंदरी खड़ी पाते हैं–

बिखरी अलकें ज्यों तर्क जाल।
यह विश्व मुकुट-सा उज्ज्वलतम शशिखंड सदृश था स्पष्ट भाल।
गुंजरित मधुप से मुकुल सदृश वह आनन जिसमें भरा गान।
वक्षस्थल पर एकत्र धरे संसृति के सब विज्ञान ज्ञान।
था एक हाथ में कर्म कलश वसुधा जीवन रस सार लिये।
दूसरा विचारों के नभ को था मधुर अभय अवलंब दिये।

यह इड़ा (बुद्धि) थी। इसके साथ मनु सारस्वत प्रदेश की राजधानी में रह गये। मनु के मन में जब जगत् और उसके नियामक के संबंध में जिज्ञासा उठती है और उससे कुछ सहाय पाने का विचार आता है तब इड़ा कहती है–

हाँ! तुम ही हो अपने सहाय।
जो बुद्धि कहे उसको न मानकर फिर किसकी नर शरण जाय?
यह प्रकृति परम रमणीय अखिल ऐश्वर्यभरी शोधकविहीन।

तुम उसका पटल खोलने में परिकर कसकर बन कर्मलीन।
सबका नियमन शासन करते बस बढ़ा चलो अपनी क्षमता।
तुम जड़ता को चैतन्य करो, विज्ञान सहज साधन उपाय।

मनु वहाँ इड़ा के साथ रहकर प्रजा के शासन की पूरी व्यवस्था करते हैं। नगर की श्रीवृद्धि होती है। प्रकृति बुद्धि बल से वश में की जाती है। खेती धूमधाम से होने लगती है। अनेक प्रकार के उद्योग धंधे खड़े होते हैं। धातुओं के नये-नये अस्त्र-शस्त्र बनते हैं। मनु अनेक प्रकार के नियम प्रचलित करके, जनता का वर्णों या वर्गों में विभाग करके लोक का संचालन करते हैं। 'अहं' का भाव जोर पकड़ता है। वे अपने को स्वतंत्र नियामक और प्रजापति मानकर सब नियमों से परे रहना चाहते हैं। इड़ा उन्हें नियमों के पालन की सलाह देती है, पर वे नहीं मानते। इड़ा खिन्न होकर जाना चाहती है, पर मनु अपना अधिकार जताते हुए पकड़ रखते हैं। पकड़ते ही द्वार गिर पड़ता है। प्रजा जो दुर्व्यवहारों से क्षुब्ध होकर राजभवन घेरे थी, भीतर घुस पड़ती है। देवशक्तियाँ भी कुपित हो उठती हैं। शिव का तीसरा नेत्र खुल जाता है। प्रजा का रोष बढ़ता है। मनु युद्ध करते हैं और मूर्च्छित होकर गिर पड़ते हैं।

उधर श्रद्धा इसी प्रकार के विप्लव का भयंकर स्वप्न देखकर अपने कुमार को लेकर मनु को ढूँढ़ती वहाँ पहुँचती है। मनु उसे देखकर क्षोभ और पश्चात्ताप से भर जाते हैं। फिर उन सुंदर दिनों को याद करते हैं जब श्रद्धा के मिलने से उनका जीवन सुंदर और प्रफुल्ल हो गया था; जो जगत् पीड़ा और हलचल से व्यथित था वही विश्वास से पूर्ण, शांत, उज्ज्वल और मंगलमय बन गया था। मनु उससे चटपट अपने को वहाँ से निकाल ले चलने को कहते हैं। जब रात हुई तब मनु उठकर चुपचाप वहाँ से न जाने कहाँ चल दिये। उनके चले जाने पर श्रद्धा और इड़ा की बातचीत होती है और इड़ा अपनी बाँधी हुई अधिकार व्यवस्था के इस भयंकर परिणाम को देख अपना साहस छूटने की बात कहती है–

श्रम भाग वर्ग बन गया जिन्हें।
अपने बल का है गर्व उन्हें।।

× × ×

अधिकार न सीमा में रहते।
पावस निर्झर से वे बहते।।

× × ×

सब पिये मत्त लालसा घूँट।
मेरा साहस अब गया छूट।।

इस पर श्रद्धा बोली–

वन विषय ध्वांत
सिर चढ़ी रही पाया न हृदय, तू विकल कर रही है अभिनय।
सुख-दुख की मधुमय धूप-छाँह, तूने छोड़ी यह सरल राह।
चेतनता का भौतिक विभाग-कर, जग को बाँट दिया विराग।
चिति का स्वरूप यह नित्य जगत्, यह रूप बदलता है शत-शत।
कण विरह मिलन मय नृत्य निरत, उल्लासपूर्ण आनंद सतत।।

अंत में श्रद्धा अपने कुमार को इड़ा के हाथों में सौंप मनु को ढूँढ़ने निकली और उन्हें उसने सरस्वती तट पर एक गुफा में पाया। मनु उस समय आँखें बंद किये चित्त् शक्ति का अंतर्नाद सुन रहे थे, ज्योतिर्मय पुरुष का आभास पा रहे थे, अखिल विश्व के बीच नटराज का नृत्य देख रहे थे। श्रद्धा को देखते ही हतचेत पुकार उठे कि 'श्रद्धे! उन चरणों तक ले चल।' श्रद्धा आगे-आगे और मनु पीछे-पीछे हिमालय पर चलते चले जाते हैं। यहाँ तक कि वे ऐसे महादेश में अपने को पाते हैं जहाँ वे निराधार ठहरे जान पड़ते हैं। भूमंडल की रेखा का कहीं पता नहीं। यहाँ अब कवि पूरे रहस्यदर्शी का बाना धारण करता है और मन के भीतर एक नयी चेतना (इस चेतना से भिन्न) का उदय बतलाता है। अब मनु को त्रिदिक् (थ्रीडाइमेंशंस) विश्व और त्रिभुवन के प्रतिनिधि अलग-अलग तीन आलोकबिंदु दिखाई पड़ते हैं जो 'इच्छा', 'ज्ञान' और 'क्रिया' के केंद्र से हैं। श्रद्धा एक-एक का रहस्य समझाती है।

पहले 'इच्छा' का मधु, मादकता और अँगड़ाई वाला माया राज्य है जो रागारुण उषा के कंदुक-सा सुंदर है और जिसमें शब्द, स्पर्श, रूप, रस और गंध की पारदर्शिनी पुतलियाँ रंग-बिरंगी तितलियों के समान नाच रही हैं। यहाँ चलचित्रों की संसृतिछाया चारों ओर घूम रही है और आलोक बिंदु को घेरकर बैठी हुई माया मुस्करा रही है। यहाँ चिर बसंत का उद्गम भी है और एक ओर पतझड़ भी अर्थात् सुख और दुख एक सूत्र में बँधे हैं। यहाँ पर मनोमय विश्व रागारुण चेतना की उपासना कर रहा है।

फिर 'कर्म' का श्यामल लोक सामने आता है जो धुएँ-सा धुँधला है, जहाँ क्षण भर विश्राम नहीं है, सतत संघर्ष और विफलता का कोलाहल रहता है, आकांक्षा की तीव्र पिपासा बनी रहती है, भाव राष्ट्र के नियम दंड बने हुए हैं, सारा समाज मतवाला हो रहा है।

सबके पीछे 'ज्ञानक्षेत्र' आता है जहाँ सदा बुद्धिचक्र चलता रहता है, सुख-दुख से उदासीनता रहती है। यहाँ के निरंकुश अणु तर्कयुक्ति से अस्ति-नास्ति का भेद करते रहते हैं और निस्संग होकर भी मोक्ष से संबंध जोड़े रहते हैं। यहाँ केवल प्राप्य (मोक्ष या छुटकारा भर) मिलता है, तृप्ति (आनंद) नहीं, जीवनरस अछूता छोड़ा रहता है जिसमें बहुत-सा इकट्ठा होकर एक साथ मिले। इससे तृषा ही तृषा दिखाई देती है।

अंत में इन तीनों ज्योतिर्मय बिंदुओं को दिखाकर श्रद्धा कहती है कि यही त्रिपुर है जिसमें इच्छा, कर्म और ज्ञान एक-दूसरे से अलग-अलग अपने केंद्र आप

ही बने हुए हैं। इनका परस्पर न मिलना ही जीवन की असली विडंबना है। ज्ञान अलग पड़ा है, कर्म अलग। अतः इच्छा पूरी कैसे हो सकती है? यह कहकर श्रद्धा मुस्कराती है जिससे ज्योति की एक रेखा तीनों में दौड़ जाती है और चट तीनों एक में मिलकर प्रज्वलित हो उठते हैं और सारे विश्व में शृंग और डमरू का निनाद फैल जाता है। उस अनाहत नाद में मनु लीन हो जाते हैं।

इस रहस्य को पार करने पर फिर आनंदभूमि दिखाई गयी है। वहाँ इड़ा भी कुमार (मानव) को लिये अंत में पहुँचती है और देखती है कि पुरुष पुरातन प्रकृति से मिला हुआ अपनी ही शक्ति से लहरें मारता हुआ आनंदसागर-सा उमड़ रहा है। यह सब देख इड़ा श्रद्धा के प्रति अपनी कृतज्ञता प्रकट करती हुई कहती है कि 'मैं अब समझ गयी कि मुझमें कुछ भी समझ नहीं थी। व्यर्थ लोगों को भुलाया करती थी; यही मेरा काम था।' फिर मनु कैलास की ओर दिखाकर उस आनंदलोक का वर्णन करते हैं जहाँ पापताप कुछ भी नहीं है; सब समरस है और 'अभेद में भेद' वाले प्रसिद्ध सिद्धान्त का कथन करके कहते हैं–

अपने दुख-सुख से पुलकित यह मूर्त्त विश्व सचराचर
चिति का बिराट वपु मंगल यह सत्य सतत चिर सुंदर।

अंत में प्रसादजी वही प्रकृति से सारे सुख, भोग, कांति, दीप्ति की सामग्री जुटाकर लीन हो जाते हैं–वे ही वल्लरियाँ, पराग, मधु, मकरंद, अप्सराएँ बनी हुई रश्मियाँ।

यह काव्य बड़ी विशद कल्पनाओं और मार्मिक उक्तियों से पूर्ण है। इसका विचारात्मक आधार या अर्थभूमि केवल इतनी ही है कि श्रद्धा या विश्वासमयी रागात्मिका वृत्ति ही मनुष्य को इस जीवन में शांतिमय आनंद का अनुभव और चारों ओर प्रसार करती हुई कल्याणमार्ग पर ले चलती है और निर्विशेष आनंदधाम तक पहुँचाती है। इड़ा या बुद्धि मनुष्य को सदा चंचल रखती है, अनेक प्रकार के तर्क-वितर्क और निर्मम कर्मजाल में फँसाये रहती और तृप्ति या संतोष के आनंद से दूर रखती है। अंत में पहुँचकर कवि ने इच्छा, कर्म और ज्ञान के सामंजस्य पर तीनों के मेल पर जोर दिया है। एक-दूसरे से अलग रहने पर ही जीवन में विषमता आती है।

जिस समन्वय का पक्ष कवि ने अंत में सामने रखा है उसका निर्वाह रहस्यवाद की प्रवृत्ति के कारण काव्य के भीतर नहीं होने पाया है। पहले कवि ने कर्म को बुद्धि या ज्ञान की प्रवृत्ति के रूप में दिखाया, फिर अंत में कर्म और ज्ञान के बिंदुओं को अलग-अलग रखा। पीछे आया हुआ ज्ञान भी बुद्धि व्यवसायात्मक ज्ञान ही है (योगियों या रहस्यवादियों का परज्ञान नहीं) यह बात 'सदा चलता है बुद्धिचक्र' से स्पष्ट है। जहाँ रागारुण कंदुक-सा भावमयी प्रतिभा का मंदिर इच्छाबिंदु मिलता है वहाँ इच्छा रागात्मिका वृत्ति के अंतर्गत है; अतः रतिकाम से उत्पन्न श्रद्धा की ही प्रवृत्ति ठहरती है। पर श्रद्धा उससे अलग क्या तीनों बिंदुओं से परे रखी गयी है।

रहस्यवाद की परंपरा में चेतना से असंतोष की रूढ़ि चली आ रही है। प्रसाद

जी काव्य के आरंभ में ही 'चिंता' के अंतर्गत कहते हैं--

मनु का मन था विकल हो उठा संवेदन से खाकर चोट
संवेदन! जीवन जगती को जो कटुता से देता घोंट।
संवेदन का और हृदय का यह संघर्ष न हो सकता
फिर अभाव असफलताओं की गाथा कौन कहाँ बकता।

इन पंक्तियों में तो 'संवेदन' बोध वृत्ति के अर्थ में व्यवहृत जान पड़ता है, क्योंकि सुख-दुखात्मक अनुभूति के अर्थ में लें तो हृदय के साथ उसका संघर्ष कैसा? बोध के एकदेशीय अर्थ में भी यदि हम 'संवेदन' को लें तो भी भावभूमि से खारिज नहीं कर सकते। प्रत्येक 'भाव' का प्रथम अवयव विषयबोध ही होता है। स्वप्नदशा में भी, जिसका रहस्य क्षेत्र में कड़ा माहात्म्य है यह विषयबोध रहता है। श्रद्धा जिस करुणा, दया आदि की प्रवर्तिका कही गयी है, उसमें दूसरों की पीड़ा का बोध मिला रहता है।

आगे चलकर यह 'संवेदन' शब्द अपने वास्तविक या अवास्तविक दुख पर कष्टानुभव के अर्थ में आया है। मनु की बिगड़ी हुई प्रजा उनसे कहती है--

हम संवेदनशील हो चले, यही मिला सुख।
कष्ट समझने लगे बनाकर निज कृत्रिम दुख।।

मतलब यह कि अपनी किसी स्थिति को लेकर दुख का अनुभव करना ही संवेदन है। दुख को पास न फटकने देना अपनी मौज में--मधुमकरंद में--मस्त रहना ही वांछनीय स्थिति है। असंतोष से उत्पन्न अवास्तविक कष्टकल्पना के दुखानुभव के अर्थ में ही इस शब्द को जकड़ रखना भी व्यर्थ प्रयास कहा जायेगा। श्रद्धा जिस करुणा-दया आदि की प्रवर्तिका कही गयी है, वह दूसरों की पीड़ा का संवेदन ही तो है। दूसरों के दुख का अपना दुख हो जाना ही तो करुणा है। पर दुखानुभव अपनी ही सत्ता का प्रसार तो सूचित करता है। चाहे जिस अर्थ में लें, संवेदन का तिरस्कार कोई अर्थ नहीं रखता।

संवेदन, चेतना, जागरण आदि के परिहार का जो बीच-बीच में अभिलाष है उसे रहस्यवाद का तकाजा समझना चाहिए। ग्रंथ के अंत में जो हृदय, बुद्धि और कर्म के मेल या सामंजस्य का पक्ष रखा गया है, वह बहुत समीचीन है। उसे हम गोस्वामी तुलसीदास में, उनके भक्तिमार्ग की सबसे बड़ी विशेषता के रूप में दिखा चुके हैं। अपने कई निबंधों में हम जगत् की वर्तमान अशांति और अव्यस्था का कारण इसी सामंजस्य का अभाव कह चुके हैं। पर इस सामंजस्य का स्वर हम 'कामायनी' में और कहीं नहीं पाते हैं। श्रद्धा जब कुमार को लेकर प्रजाविद्रोह के उपरांत सारस्वत नगर में पहुँचती है तब 'इड़ा' से कहती है कि 'सिर चढ़ी रही पाया न हृदय'। क्या श्रद्धा के संबंध में नहीं कहा जा सकता था कि 'रस पगी रही पाई न बुद्धि?' जब दोनों अलग-अलग सत्ताएँ करके रखी गयी हैं तब एक को दूसरी

से शून्य कहना, और दूसरी को पहली से शून्य न कहना, गड़बड़ में डालता है। पर श्रद्धा में किसी प्रकार की कमी की भावना कवि की एकांतिक मधुर भावना के अनुकूल न थी।

बुद्धि की विगर्हणा द्वारा 'बुद्धिवाद' के विरुद्ध उस आधुनिक आंदोलन का आभास भी कवि को इष्ट जान पड़ता है जिनके प्रवर्तक अनातोले फ्रांस ने कहा है कि 'बुद्धि के द्वारा सत्य को छोड़कर और सब कुछ सिद्ध हो सकता है। बुद्धि पर मनुष्य का विश्वास नहीं होता। बुद्धि या तर्क का सहारा तो लोग अपनी भली-बुरी प्रवृत्तियों को ठीक प्रमाणित करने के लिए लेते हैं।'

विज्ञान द्वारा सुखसाधनों की वृद्धि के साथ-साथ विलासिता और लोभ की असीम वृद्धि तथा यंत्रों के परिचालन से जनता के बीच फैली हुई घोर अशक्तता, दरिद्रता आदि के कारण वर्तमान जगत् की जो विषम स्थिति हो रही है उसका भी थोड़ा-सा आभास मनु की विद्रोही प्रजा के इन वचनों द्वारा दिया गया है–

प्रकृति शक्ति तुमने यंत्रों से सबकी छीनी।
शोषण कर जीवनी बना दी जर्जर झीनी।।

वर्गहीन समाज की साम्यवादी पुकार की भी दबी-सी गूँज दो-तीन जगह है। 'विद्युत् कण (इलेक्ट्रांस) मिले झलकते से' में विज्ञान की भी झलक है।

यदि मधुचर्या का अतिरेक और रहस्य की प्रवृत्ति बाधक न होती तो इस काव्य के भीतर मानवता की योजना शायद अधिक पूर्ण और सुव्यवस्थित रूप में चित्रित होती। कर्म को कवि ने या तो काम्ययज्ञों के बीच दिखाया है अथवा उद्योग धंधों या शासनविधानों के बीच। श्रद्धा के मंगलमय योग से किस प्रकार कर्म धर्म का रूप धारण करता है, यह भावना कवि से दूर रही। इस भव्य और विशाल भावना के भीतर उग्र और प्रचंड भाव भी लोक के मांगलिक विधान के अंग हो जाते हैं। श्रद्धा और धर्म का संबंध अत्यंत प्राचीनकाल से प्रतिष्ठित है। महाभारत में श्रद्धा धर्म की पत्नी कही गयी है। हृदय के आधे पक्ष को अलग रखने से केवल कोमल भावों की शीतलछाया के भीतर आनंद का स्वप्न देखा जा सकता है; व्यक्त जगत् के बीच उसका आविर्भाव और अवस्थान नहीं दिखाया जा सकता।

यदि हम इस विशद काव्य की अंतर्योजना पर न ध्यान दें, समष्टि रूप में कोई समन्वित प्रभाव न ढूँढ़े, श्रद्धा, काम, लज्जा, इड़ा इत्यादि को अलग-अलग लें तो हमारे सामने बड़ी रमणीय चित्रमयी कल्पना, अभिव्यंजना की अत्यंत मनोरम पद्धति आती है। इन वृत्तियों की आभ्यंतर प्रेरणाओं और बाह्य प्रवृत्तियों को बड़ी मार्मिकता से परखकर इनके स्वरूपों की नराकार उद्भावना की योजना का तो कहना ही क्या है! प्रकृति के ध्वंसकारी भीषण रूपवेग का अत्यंत व्यापक परिधि के बीच चित्रण हुआ है। इस प्रकार प्रसादजी प्रबंध क्षेत्र में भी छायावाद की चित्रविधान और लाक्षणिक शैली की सफलता की आशा बँधा गये हैं।

सुमित्रानंदन पंत

पंतजी की रचनाओं का आरंभ संवत् 1975 से समझना चाहिए। इनकी प्रारंभिक कविताएँ 'वीणा' में, जिसमें 'हृत्तंत्री के तार' भी है, संगृहीत हैं। उन्हें देखने पर 'गीतांजलि' का प्रभाव कुछ लक्षित अवश्य होता है; पर साथ ही आगे चलकर प्रवर्धित चित्रमयी भाषा के उपयुक्त रमणीय कल्पना का जगह-जगह बहुत ही प्रचुर आभास मिलता है। गीतांजलि का रहस्यात्मक प्रभाव ऐसे गीतों को देखकर ही कहा जा सकता है–

हुआ था अब संध्या आलोक
हँस रहे थे तुम पश्चिम ओर,
विहँगरव बन कर मैं, चितचोर!
गा रहा था गुण; किंतु कठोर
रहे नहीं तुम वहाँ भी, शोक।

पर पंतजी की रहस्यभावना प्रायः स्वाभाविक ही रही। 'वाद' का सांप्रदायिक स्वरूप उसने शायद ही कहीं ग्रहण किया हो। उनकी जो एक बड़ी विशेषता है प्रकृति के सुंदर रूपों की आह्लादमयी अनुभूति, वह 'वीणा' में भी कई जगह पायी जाती है। सौंदर्य का आह्लाद उनकी कल्पना को उत्तेजित करके ऐसे अप्रस्तुत रूपों की योजना में प्रवृत्त करता है जिनसे प्रस्तुत रूपों की सौंदर्यानुभूति के प्रसार के लिए अनेक मार्ग से खुल जाते हैं। 'वीणा' की कविताओं में इसने लोगों को बहुत आकर्षित किया–

प्रथम रश्मि का आना रंगिणि! तूने कैसे पहचाना?
कहाँ-कहाँ हे बालविहंगिनि? पाया तूने यह गाना?
निराकार तुम मानो सहसा ज्योतिपुंज में हो साकार।
बदल गया द्रुत जगज्जाल में धरकर नाम रूप नाना।
खुले पलक, फैली सुवर्ण छवि खिली सुरभि डोले मधुबाल।
स्पंदन, कंपन, नव जीवन फिर सीखा जग ने अपनाना।

उस मूर्तिमती लाक्षणिकता का आभास जो 'पल्लव' में जाकर अपनी हद को

पहुँची है, 'वीणा' से ही मिलने लगता है, जैसे—

मारुत ने जिसकी अलकों में
चंचल चुंबन उलझाया।
अंधकार का अलसित अंचल
अब द्रुत ओढ़ेगा संसार
जहाँ स्वप्न सजते शृंगार।

'वीणा' के उपरांत 'ग्रंथि' है—असफल प्रेम की। इसमें एक छोटे-से प्रेमप्रसंग का आधार लेकर युवक कवि ने प्रेम की आनंदभूमि में प्रवेश, फिर चिरविषाद के गर्त में पतन दिखाया है। प्रसंग की कोई नयी उद्भावना नहीं है। करुणा और सहानुभूति से प्रेम का स्वाभाविक विकास प्रदर्शित करने के लिए जो वृत्त उपन्यासों और कहानियों में प्रायः पाये जाते हैं, जैसे—डूबने से बचाने वाले, अत्याचार से रक्षा करने वाले, बंदीगृह में पड़ने या रणक्षेत्र में घायल होने पर सेवा-शुश्रूषा करने वालों के प्रति प्रेम-संचार—उन्हीं में से चुनकर भावों की व्यंजना के लिए रास्ता निकाला गया है। झील में नाव डूबने पर एक युवक डूबकर बेहोश होता है और आँख खुलने पर देखता है कि एक सुंदरी युवती उसका सिर अपने जंघे पर रखे हुए उसकी ओर देख रही है। इसके उपरांत दोनों में प्रेमव्यापार चलता है, पर अंत में समाज के बड़े लोग इस स्वेच्छाचार को न सहन करके उस युवती का ग्रंथिबंधन दूसरे पुरुष के साथ कर देते हैं। यही ग्रंथिबंधन उस युवक या नायक के हृदय में एक ऐसी विषादग्रंथि डाल देता है जो कभी खुलती ही नहीं; समाज के द्वारा किस प्रकार स्वभावतः उठा हुआ प्रेम कुचल दिया जाता है, इस कहानी द्वारा कवि को यही दिखाना था। यद्यपि प्रेम का स्रोत कवि ने करुणा की गहराई से निकाला है पर आगे चलकर उसके प्रवाह में भारतीय पद्धति के अनुसार हासविनोद की झलक भी दिखाई है। कहानी तो एक निमित्तमात्र जान पड़ती है; वास्तव में सौंदर्य भावना की अभिव्यक्ति और आशा, उल्लास, वेदना, स्मृति इत्यादि की अलग-अलग व्यंजना पर ही ध्यान जाता है।

पंतजी की पहली प्रौढ़ रचना 'पल्लव' है जिसमें प्रतिभा के उत्साह या साहस का तथा पुरानी काव्यपद्धति के विरुद्ध प्रतिक्रिया का बहुत चढ़ा-बढ़ा प्रदर्शन है। इसमें चित्रमयी भाषा, लाक्षणिक वैचित्र्य, अप्रस्तुत विधान इत्यादि की विशेषताएँ प्रचुर परिमाण में भरी-सी पायी जाती हैं। 'वीणा' और 'पल्लव' दोनों में अँगरेजी कविताओं से लिये हुए भाव और अँगरेजी भाषा के लाक्षणिक प्रयोग बहुत-से मिलते हैं। कहीं-कहीं आरोप और अध्यवसान व्यर्थ और अशक्त हैं, केवल चमत्कार और वक्रता के लिए रखे प्रतीत होते हैं, जैसे—'नयनों के बाल' = आँसू। 'बाल' शब्द जोड़ने की प्रवृत्ति अधिक पायी जाती है, जैसे—मधुबाल, मधुपों के बाल। शब्द का मनमाने लिंगों में प्रयोग भी प्रायः मिलता है। कहीं-कहीं वैचित्र्य के लिए एक ही प्रयोग में दो-दो लक्षणाएँ गुंफित पायी जाती हैं—अर्थात् एक लक्ष्यार्थ से फिर दूसरे लक्ष्यार्थ पर जाना पड़ता

है, जैसे—'मर्म पीड़ा के हास' में पहले 'हास' का अर्थ लक्षणलक्षणा द्वारा वृद्धि या विकास लेना पड़ता है, फिर यह जानकर कि सारा संबोधन कवि अपने या अपने मन के लिए करता है, हमें सारी पदावली का उपादान लक्षणा द्वारा लक्ष्यार्थ लेना पड़ता है, 'हे बढ़ी हुई मर्म पीड़ा वाले मन'। इसी प्रकार कहीं-कहीं दो अप्रस्तुत भी एक में उलझे हुए पाये जाते हैं, जैसे—'अरुण कलियों से कोमल घाव'। पहले 'घाव' के लिए वर्ण के सादृश्य और कोमलता के साधर्म्य से 'कली' की उपमा दी गयी। पर 'घाव' स्वयं अप्रस्तुत या लाक्षणिक है और उसका अर्थ है 'कसकती हुई स्मृति'। इस तरह एक अप्रस्तुत लाकर फिर उस प्रस्तुत के लिए दूसरा अप्रस्तुत लाया गया है। इसी प्रकार दो-दो उपमान एक में उलझे हमें 'गुंजन' की इन पंक्तियों में मिलते हैं—

अरुण अधरों की पल्लव प्रात,
मोतियों-सा हिलता हिम-हास।

कहीं-कहीं पर साम्य बहुत ही सुंदर और व्यंजक है। वे प्रकृति के व्यापारों द्वारा मानसिक व्यापारों की बड़ी रमणीय व्यंजना करते हैं, जैसे—

तड़ित-सा सुमुखि! तुम्हारा ध्यान प्रभा के पलक मार उर चीर।
गूढ़ गर्जन कर जब गंभीर मुझे करता है अधिक अधीर,
जुगुनुओं से उड़ मेरे प्राण खोजते हैं तब तुम्हें निदान।
पूर्व सुधि सहसा जब सुकुमारि सरल शुक-सी सुखकर सुर में।
तुम्हारी भोली बातें कभी दुहराती हैं उर में।

जिस प्रकार भावों या मनोवृत्तियों का स्वरूप बाह्य वस्तुओं के साम्य द्वारा सामने लाया जाता है, उसी प्रकार कभी-कभी बाह्य वस्तुओं के साम्य के लिए आभ्यंतर भावों या मनोव्यापारों की ओर संकेत किया जाता है, जैसे—

अचल के जब वे विमल विचार अवनि से उठ-उठ कर ऊपर,
विपुल व्यापकता में अविकार लीन हो जाते वे सत्वर।

हिमालय प्रदेश में यह दृश्य प्रायः देखने को मिलता है कि रात में जो बादल खड्डों में भर जाते हैं, वे प्रभात होते ही धीरे-धीरे बहुत-से टुकड़ों में बँटकर पहाड़ के ऊपर इधर-उधर चढ़ते दिखाई देने लगते हैं और अंत में अनंत आकाश में विलीन हो जाते हैं। इसका साम्य कवि ने अचल ध्यान में मग्न योगी से दिखाया है जिसकी निर्मल मनोवृत्तियाँ उच्चता को प्राप्त होती हुई उस अनंत सत्ता में मिल जाती हैं।

पर 'छाया', 'वीचिविलास', 'नक्षत्र', ऐसी कविताओं में उपमानों के ढेर लगे हुए हैं, बहुत-से उपमान पुराने ढंग के खेलवाड़ के रूप में भी हैं, जैसे—

बारि बेलि-सी फैल अमूल छा अपत्र सरिता के कूल,
विकसा औ सकुचा नव जात बिना नाल के फेनिल फूल।

(नक्षत्र)

अहे! तिमिर चरते शशिशावक।

× × ×

इंदु दीप-से दग्ध शलभ शिशु!
शुचि उलूक अब हुआ बिहान,
अंधकारमय मेरे उर में,
आओ छिप जाओ अनजान।

सवेरा होने पर नक्षत्र भी छिप जाते हैं, उल्लू भी। बस इतने से साधर्म्य को लेकर कवि ने नक्षत्रों को उल्लू बनाया है—साफ-सुथरे उल्लू सही—और उन्हें अँधेरे में उर में छिपने के लिए आमंत्रित किया है। पर इतने उल्लू यदि डेरा डालेंगे तो मन की दशा क्या होगी? कवि को यदि अपने हृदय के नैराश्य और अवसाद की व्यंजना करनी थी तो नक्षत्रों को बिना उल्लू बनाये भी काम चल सकता था।

कहीं-कहीं संकीर्ण समास पद्धति के कारण कवि की विवक्षित भावनाएँ अस्फुट-सी हैं, जैसे नक्षत्रों के प्रति ये वाक्य—

ऐ! आतुर उर के समान!
अब मेरी उत्सुक आँखों से उमड़ो।

× × ×

मुग्ध दृष्टि की चरम विजय।

पहली पंक्ति में 'सम्मान' शब्द उस सजावट के लिए आया है जो प्रिय से मिलने के लिए आतुर व्यक्ति उसके आने पर या आने की आशा पर बाहर अनेक प्रकार के सामानों द्वारा और भीतर प्रेम से जगमगाते अनेक सुंदर भावों द्वारा करता है। दूसरी पंक्ति में कवि का तात्पर्य यह है कि प्रियदर्शन के लिए उत्सुक आँखें असंख्य-सी हो रही हैं। उन्हीं की ज्योति आकाश में नक्षत्रों के रूप में फैले। तीसरी पंक्ति में 'चरम विजय' का अभिप्राय है लगातार एकटक ताकते रहने में बाजी मारना।

पर इन साम्यप्रधान रचनाओं में कहीं-कहीं बहुत ही सुंदर आध्यात्मिक कल्पना है, जैसे छाया के प्रति इस कथन में—

हाँ सखि! आओ बाँह खोल हम लगकर गले जुड़ा लें प्राण।
फिर तुम तम में, मैं प्रियतम में हो जावें द्रुत अंतर्धान।

कवि कहता है कि छायारूप जगत्! आओ मैं तुम्हें प्यार कर लूँ। फिर तुम कहाँ और मैं कहाँ! मैं अर्थात् मेरी आत्मा तो उस अनंत ज्योति में मिल जाएगी और तुम अव्यक्त प्रकृति या महाशून्य में विलीन हो जाओगी।

'पल्लव' के भीतर 'उच्छ्वास', 'आँसू', 'परिवर्तन' और 'बादल' आदि रचनाएँ देखने से पता चलता है कि यदि 'छायावाद' के नाम से एक 'वाद' न चल गया होता तो पंतजी स्वच्छंदता के शुद्ध स्वाभाविक मार्ग (ट्र रोमांटिसिज्म) पर ही चलते। उन्हें प्रकृति की ओर सीधे आकर्षित होने वाला, उसके खुले और चिरंतन रूपों के

बीच खुलने वाला हृदय प्राप्त था। यही कारण है कि 'छायावाद' शब्द मुख्यतः शैली के अर्थ में चित्रभाषा के अर्थ में ही उनकी रचनाओं पर घटित होता है। रहस्यवाद की रूढ़ियों के रमणीय उदाहरण प्रस्तुत करने के लिए उनकी प्रतिभा बहुत कम प्रवृत्त हुई है। रहस्यभावना जहाँ है वहाँ अधिकतर स्वाभाविक है।

पल्लव में रहस्यात्मक रचनाएँ हैं 'स्वप्न' और 'मौन निमंत्रण'। पर जैसा कि पहले कह आये हैं, पंतजी की रहस्यभावना स्वाभाविक है, सांप्रदायिक (डागमेटिक) नहीं। ऐसी रहस्यभावना इस रहस्यमय जगत् के नाना रूपों को देख प्रत्येक सहृदय व्यक्ति के मन में कभी-कभी उठा करती है। व्यक्त जगत् नाना रूपों और व्यापारों के भीतर किसी अज्ञात चेतन सत्ता का अनुभव-सा करता हुआ कवि इसे केवल अतृप्त जिज्ञासा के रूप में प्रकट करता है। दूसरी बात ध्यान देने की यह है कि उस अज्ञात प्रियतम के प्रति प्रेम की व्यंजना में कवि ने प्रिय और प्रेमिका का स्वाभाविक पुरुष-स्त्री भेद रखा है। 'प्रसाद' जी के समान दोनों को पुल्लिंग रखकर फारसी या सूफी रूढ़ि का अनुसरण नहीं किया है। इसी प्रकार वेदना की वैसी बीभत्स विवृत्ति भी नहीं मिलती जैसी यह प्रसादजी की है–

छिल छिल कर छाले फोड़े मल मल कर मृदुल चरण से।

जगत् के पारमार्थिक स्वरूप की जिज्ञासा बहुत ही सुंदर भोलेपन के साथ 'शिशु' को संबोधन करके कवि ने इस प्रकार की है–

न अपना ही, न जगत् का ज्ञान, न परिचित हैं निज नयन, न कान;
दीखता है जग कैसा, तात! नाम गुण रूप अजान।

कवि, यह समझकर कि शिशु पर अभी उस नामरूप का प्रभाव पूरा-पूरा नहीं पड़ा है, जो सत्ता के पारमार्थिक स्वरूप को छिपा देता है उससे पूछता है कि 'भला बताओ तो, यह जगत् तुम्हें कैसा दिखाई पड़ता है?'

छायावाद के भीतर माने जाने वाले सब कवियों में प्रकृति के साथ सीधा प्रेमसंबंध पंतजी का ही दिखाई पड़ता है। प्रकृति के अत्यंत रमणीय खंड के बीच उनके हृदय ने रूप-रंग पकड़ा है। 'पल्लव', 'उच्छ्वास' और 'आँसू' में हम उस मनोरम खंड की प्रेमार्द्र स्मृति पाते हैं। यह अवश्य है कि सुषमा की ही उमंगभरी भावना के भीतर हम उन्हें रमते देखते हैं। 'बादल' को अनेक नेत्राभिराम रूपों में उन्होंने कल्पना की रंगभूमि पर ले आकर देखा है, जैसे–

फिर परियों के बच्चे से हम सुभग सीप के पंख पसार।
समुद पैरते शुचि ज्योत्स्ना में पकड़ इंदु के कर सुकुमार।

पर प्रकृति के बीच उसके गूढ़ और व्यापक सौहार्द तक–ग्रीष्म की ज्वाला से संतप्त चराचर पर उसकी छाया के मधुर, स्निग्ध, शीतल, प्रभाव तक; उसके दर्शन से तृप्त कृषकों के आशापूर्ण उल्लास तक–कवि ने दृष्टि नहीं बढ़ायी है। कल्पना के आरोप पर ही जोर देने वाले 'कलावाद' के संस्कार और प्रतिक्रिया के जोश ने

उसे मेघ को उस व्यापक प्रकृति-भूमि पर न देखने दिया जिस पर कालिदास ने देखा था। आरोपविधायिनी कल्पना की अपेक्षा प्रकृति के बीच किसी वस्तु के गूढ़ और अगूढ़ संबंधप्रसार का चित्रण करने वाली कल्पना अधिक गंभीर और मार्मिक होती है।

साम्य का आरोप भी निस्संदेह एक बड़ा विशाल सिद्धांत लेकर काव्य में चला है। वह जगत् के अनंत रूपों या व्यापारों के बीच फैले हुए उन मोटे और महीन संबंधसूत्रों की झलक-सी दिखाकर नरसत्ता के सूनेपन का भाव दूर करता है, अखिल सत्ता के एकत्व की आनंदमयी भावना जगाकर हमारे हृदय का बंधन खोलता है। जब हम रमणी के मुख के साथ कमल, स्मिति के साथ अधखिली कलिका सामने पाते हैं तब ऐसा अनुभव होता है कि एक ही सौंदर्यधारा से मनुष्य भी और पेड़-पौधे भी रूप-रंग प्राप्त करते हैं। यहीं तक नहीं, भाषा ने व्यवहार की सुगमता के लिए अलग-अलग शब्द रचकर जो भेद खड़े किये हैं वे भी कभी-कभी इन आरोपों के सहारे थोड़ी देर के लिए हमारे मन से दूर हो जाते हैं। यदि किसी बड़े पेड़ के नीचे उसी के गिरे हुए बीजों से जमे हुए छोटे-छोटे पौधों को हम आसपास खेलते उसके बच्चे कहें तो आत्मीयता का भाव झलक जाएगा।

'कलावाद' के प्रभाव से जिस सौंदर्यवाद का चलन योरप के काव्यक्षेत्र के भीतर हुआ उसका पंतजी पर पूरा प्रभाव रहा है। उन्होंने स्पष्ट रूप से कई स्थानों पर सौंदर्य चयन को अपने जीवन की साधना कहा है, जैसे—

धूल की ढेरी में अनजान छिपे हैं मेरे मधुमय गान।
कुटिल काँटे हैं कहीं कठोर, जटिल तरुजाल है किसी ओर,
सुमन दल चुनचुनकर निशि भोर, खोजना है अजान वह छोर[1]
× × ×
मेरा मधुकर का-सा जीवन, कठिन कर्म है, कोमल है मन।

उस समय तक कवि प्रकृति के केवल सुंदर, मधुर पक्ष में अपने हृदय के कोमल और मधुर भावों के साथ लीन था। कर्ममार्ग उसे कठोर ही कठोर दिखाई पड़ता था। कर्मसौंदर्य का साक्षात्कार उसे नहीं हुआ था। उसका साक्षात्कार आगे चलकर हुआ जब वह धीरे-धीरे जगत् और जीवन के पूर्ण स्वरूप की ओर दृष्टि ले गया।

'पल्लव' के अंत में पंतजी जगत् के विषम 'परिवर्तन' के नाना दृश्य सामने लाये हैं। इसकी प्रेरणा शायद उनके व्यक्तिगत जीवन की किसी विषम स्थिति ने की है। जगत् की परिवर्तनशीलता मनुष्य जाति को चिरकाल से क्षुब्ध करती आ

---

1. यही भाव इंग्लैंड के एक आधुनिक कवि और समीक्षक अबरक्रोंबे ने, जो हाल में मरे हैं, इस प्रकार व्यक्त किया है—

...So we are driven
Onward and upward in a wind of beauty. —Aberecrombe

रही है। परिवर्तन संसार का नियम है। यह बात स्वतः सिद्ध होने पर भी सहृदयों और कवियों का मर्म-स्पर्श करती रही है, और करती रहेगी, क्योंकि इसका संबंध जीवन के नित्य स्वरूप से है। जीवन के व्यापक क्षेत्र में प्रवेश के कारण कविकल्पना को कोमल, कठोर, मधुर, कटु, करुण, भयंकर कई प्रकार की भूमियों पर बहुत दूर तक एक संबद्ध धारा के रूप में चलना पड़ा है। जहाँ कठोर और भयंकर, भव्य और विशाल तथा अधिक अर्थसमन्वित भावनाएँ हैं वहाँ कवि ने रोला छंद का सहारा लिया है। काव्य में चित्रमयी भाषा सर्वत्र अनिवार्य नहीं; सृष्टि के गूढ, अगूढ़, मार्मिक तथ्यों के चयन द्वारा भी किसी भावना को मर्मस्पर्शी स्वरूप प्राप्त हो जाता है, इसका अनुभव शायद पंतजी को इस एक धारा में चलने वाली लंबी कविता के भीतर हुआ है। इसी से कहीं-कहीं हम सीधे सादे रूप में चुने हुए मार्मिक तथ्यों का समाहार मात्र पाते हैं जैसे—

तुम नृशंस नृप से जगती पर चढ़ अनियंत्रित
करते हो संसृति को उत्पीड़ित, पदमर्दित;
नग्न नगर कर, भग्न भवन प्रतिमाएँ खंडित,
हर लेते हो विभव, कलाकौशल चिरसंचित।
आधि-व्याधि, बहु वृष्टि, वात-उत्पात अमंगल।
वह्नि, बाढ़, भूकंप तुम्हारे विपुल सैन्यदल।

चित्रमयी लाक्षणिक भाषा तथा रूपक आदि का भी बहुत ही सफल प्रयोग इस रचना के भीतर हुआ है। उसके द्वारा तीव्र मर्मवेदना जगाने वाली शक्ति की पूरी प्रतिष्ठा हुई है। दो-एक उदाहरण लीजिए—

अहे निष्ठुर परिवर्तन!

× ×

अहे वासुकि सहस्रफन!
लक्ष अलक्षित चरण तुम्हारे चिह्न निरंतर।
छोड़ रहे हैं जग के विक्षत वक्षस्थल पर।
शत-शत फेनोच्छ्वसित, स्फीत फूत्कार भयंकर।
घुमा रहे हैं घनाकार जगती का अंबर।
मृत्यु तुम्हारा गरल दंत कंचुक कल्पांतर।
अखिल विश्व ही विवर, वक्र कुंडल दिङ्मंडल।
मृदुल होठों का हिमजल-हास उड़ा जाता निःश्वास समीर;
सरल भौंहों का शरदाकाश घेर लेते घन घिर गंभीर।

× × ×

विश्वमय हे परिवर्तन!
अतल से उमड़ अकूल, अपार

मेघ से विपुलाकार
दिशावधि में पल विविध प्रकार
अतल में मिलते तुम अविकार।

पहले तो कवि लगातार सुख का दुख में, उत्थान का पतन में, उल्लास का विषाद में, सरस सुषमा का शुष्कता और म्लानता में परिवर्तन सामने ला-लाकर हाहाकार का एक विश्वव्यापक स्वर सुनता हुआ क्षोभ से भर जाता है, फिर परिवर्तन के दूसरे पक्ष पर भी—दुखदशा से सुखदशा की प्राप्ति पर भी—थोड़ा दृष्टिपात करके चिंतनोन्मुख होता है और परिवर्तन को एक महाकरुण कांड के रूप में देखने के स्थान पर सुख-दुख की उलझी हुई समस्या के रूप में देखता है, जिसकी पूर्ति इस व्यक्त जगत् में नहीं हो सकती, जिसका सारा रहस्य इस जीवन के उस पार खुल सकता है—

आज का दुख, कल का आस्लाद
और कल का सुख, आज विषाद,
समस्या स्वप्न गूढ़ संसार,
पूर्ति जिसकी उस पार।

इस प्रकार तात्त्विक दृष्टि से जगत् के द्वंद्वात्मक विधान को समझकर कवि अपने मन को शांत करता है—

मूँदती नयन मृत्यु की रात, खोलती नवजीवन की प्रात।
म्लान कुसुमों की मृदु मुसकान, फलों में फलती फिर अम्लान।

× × ×

स्वीय कर्मों ही के अनुसार, एक गुण फलता विविध प्रकार।
कहीं राखी बनता सुकुमार, कहीं बेड़ी का भार।

× × ×

बिना दुख के सब सुख निःसार, बिना आँसू के जीवन भार।
दीन दुर्बल है रे संसार, इसी से क्षमा, दया और प्यार।

और जीवन के उद्देश्य का भी अनुभव करता है—

वेदना ही में तप कर प्राण; दमक दिखलाते स्वर्ण हुलास।

× × ×

अलभ है इष्ट, अतः अनमोल; साधना ही जीवन का मोल।

जीवन का एक सत्य स्वरूप लेकर अत्यंत मार्मिक अर्थपथ पर संबद्ध रूप में चलने के कारण, कल्पना को क्रीड़ा और वाग्वैचित्र्य पर प्रधान लक्ष्य न रहने के कारण, इस 'परिवर्तन' नाम की सारी कविता का एक समन्वित प्रभाव पड़ता है।

'पल्लव' के उपरांत 'गुंजन' में हम पंतजी को जगत् और जीवन के प्रकृत क्षेत्र के भीतर और बढ़ते हुए पाते हैं, यद्यपि प्रत्यक्षबोध से अतृप्त होकर कल्पना की रुचिरता से तृप्त होने और बुद्धि व्यापार से क्लांत होकर रहस्य की छाया में

विश्राम करने की प्रवृत्ति साथ ही साथ बनी हुई है। कवि जीवन का उद्देश्य बताता है इस चारों ओर खिले हुए जगत् की सुषमा से अपने हृदय को संपन्न करना–

क्या यह जीवन? सागर में जलभार मुखर भर देना!
कुसुमित पुलिनों की क्रीड़ा व्रीड़ा से तनिक न लेना?

पर इस जगत् में सुखसुषमा के साथ दुख भी तो है। इसके इस सुख-दुखात्मक स्वरूप के साथ कवि अपने हृदय का सामंजस्य कर लेता है–

सुख-दुख के मधुर मिलन से वह जीवन हो परिपूरन;
फिर घन में ओझल हो शशि फिर शशि से ओझल हो घन।

कवि वर्तमान जगत् की इस अवस्था से असंतुष्ट है कि कहीं तो सुख की अति है, कहीं दुख की। वह समभाव चाहता है–

जग पीड़ित है अति दुख से जग पीड़ित रे अति सुख से।
मानव जग में बँट जावे दुख-सुख से औ सुख-दुख से।

'मानव' नाम की कविता में जीवनसौंदर्य की नूतन भावना का उदय कवि अपने मन में इस प्रकार चाहता है–

मेरे मन के मधुबन में सुषमा के शिशु! मुसकाओ।
नव-नव साँसों का सौरभ नव मुख का सुख बरसाओ।

बुद्धिपक्ष ही प्रधान हो जाने से हृदयपक्ष जिस प्रकार दब गया है और श्रद्धाविश्वास का ह्रास होता जा रहा है, इसके विरुद्ध योरप के अनातोले फ्रांस आदि कुछ विचारशील पुरुषों ने जो आंदोलन उठाया उसका आभास भी पंतजी की इन पंक्तियों में मिलता है–

सुंदर विश्वासों से ही बनता रे सुखमय जीवन।

'नौकाविहार' का वर्णन अप्रस्तुत आरोपों से अधिक आच्छादित होने पर भी प्रकृति के प्रत्यक्ष रूपों की ओर कवि का खिंचाव सूचित करता है। जैसे और जगह वैसे ही गुंजन में भी पंतजी की रहस्यभावना अधिकतर स्वाभाविक पथ पर पायी जाती है। दूर तक फैले हुए खेतों और मैदानों के छोर पर वृक्षावलि की जो धुँधली हरिताभ-रेखा-सी क्षितिज से मिली दिखाई पड़ती है उसके उधर किसी मधुर लोक की कल्पना स्वभावतः होती है–

दूर उन खेतों के उस पार, जहाँ तक गयी नील झंकार।
छिपा छायावन में सुकुमार स्वर्ग की परियों का संसार।

कवि की रहस्य दृष्टि प्रकृति की आत्मा–जगत् के रूपों और व्यापारों में व्यक्त होने वाली आत्मा–की ओर ही जाती है जो 'निखिल छवि की छवि है' और जिसका 'अखिल जगजीवन हासविलास' है। इस व्यक्त प्रसार के बीच उसका आभास पाकर कुछ क्षण के लिए आनंदमग्न होना ही मुक्ति है, जिसकी साधना सरल और स्वाभाविक है, हठयोग की-सी चक्करदार नहीं। मुक्ति के लोभ से अनेक प्रकार की चक्करदार

साधना तो बंधन है—

है सहज मुक्ति का मधु क्षण, पर कठिन मुक्ति का बंधन।

कवि अपनी इस मनोवृत्ति को एक जगह इस प्रकार स्पष्ट भी करता है। वह कहता है कि इस जीवन की तह में जो परमार्थ तत्त्व छिपा हुआ कहा जाता है उसे पकड़ने और उसमें लीन होने के लिए बहुत-से लोग अंतर्मुख होकर गहरी डुबकियाँ लगाते हैं, पर मुझे तो उसके व्यक्त आभास ही रुचिकर हैं, अपनी पृथक् सत्ता विलीन करते समय भय-सा लगता है—

सुनता हूँ इस निस्तल जल में रहती मछली मोती वाली;
पर मुझे डूबने का भय है; भाती तट की चल जलमाली।
आएगी मेरे पुलिनों पर वह मोती की मछली सुंदर।
मैं लहरों के तट पर बैठा देखूँगा उसकी छबि जी भर।।

कहने का तात्पर्य यह कि पंतजी की स्वाभाविक रहस्यभावना को 'प्रसाद' और 'महादेवी वर्मा' की सांपद्रायिक भावना से भिन्न समझना चाहिए। पारमार्थिक ज्ञानोदय को अवश्य उन्होंने 'कुछ भी आज न लूँगी मोल' नामक गीत में प्रकृति की सारी विभूतियों से श्रेष्ठ कहा है। रहस्यात्मकता की अपेक्षा कवि में दार्शनिकता अधिक पायी जाती है। 'विहग के प्रति' नाम की कविता में कवि ने अव्यक्त प्रकृति के बीच चैतन्य के सान्निध्य से, शब्दब्रह्म के संचार या स्पंदन (वाईब्रेशन) से, सृष्टि के अनेक रूपात्मक विकास का बड़ा ही सजीव चित्रण किया है—

मुक्त पंखों में उड़ दिन-रात सहज स्पंदित कर जग के प्राण;
शून्य नभ में भर दी अज्ञात, मधुर जीवन की मादक तान।
छोड़ निर्जन का निभृत निवास, नीड़ में बँध जग के सानंद;
भर दिये कलरव से दिशि आश गृहों में कुसुमित, मुदित अमंद।
रिक्त होते जब-जब तरुवास, रूप धर तू नव-नव तत्काल;
नित्य नादित रखता सोल्लास, विश्व के अक्षयवट की डाल।

'गुंजन' में पंतजी की प्रतिभा बहुत ही व्यंजक और रमणीय साम्य जगह-जगह सामने लाती है, जैसे—

खुल-खुल नव-नव इच्छाएँ, फैलाती जीवन के दल।
गा-गा प्राणों का मधुकर, पीता मधुरस परिपूरण।

इसी प्रकार लक्षणा के सहारे बहुत ही अर्थगर्भित और व्यंजक साम्य इन पंक्तियों में हम पाते हैं—

यह शैशव का सरल हास है सहसा उर से है आ जाता।
यह उषा का नव विकास है, जो रज को है रजत बनाता।
यह लघु लहरों का विलास है कलानाथ जिसमें खिंच आता।

कवि का भाव तो इतना ही है कि बाल्यावस्था में यह सारी पृथ्वी कितनी

सुंदर और दीप्तिपूर्ण दिखाई देती है, पर व्यंजना बड़े ही मनोहर ढंग से हुई है। जिस प्रकार अरुणोदय में पृथ्वी का एक-एक कण स्वर्णाभ दिखाई देता है उसी प्रकार बालहृदय को यह सारी पृथ्वी दीप्तिमयी लगती है। जिस प्रकार सरोवर के हलके-हलके हिलोरों में चंद्रमा (उसका प्रतिबिंब) उतर कर लहराता दिखाई देता है उसी प्रकार बालहृदय की उमंगों में स्वर्गीय दीप्ति फैली जान पड़ती है।

'गुंजन' में हम कवि का जीवनक्षेत्र के भीतर अधिक प्रवेश ही नहीं, उसकी काव्यशैली को भी अधिक संयत और व्यवस्थित पाते हैं। प्रतिक्रिया की झोंक में अभिव्यंजना के लाक्षणिक वैचित्र्य आदि के अतिशय प्रदर्शन की जो प्रवृत्ति हम 'पल्लव' में पाते हैं वह 'गुंजन' में नहीं है। उसमें काव्यशैली अधिक संगत, संयत और गंभीर हो गयी है।

'गुंजन' के पीछे तो पंतजी वर्तमान जीवन के कई पक्षों को लेकर चलते दिखाई पड़ते हैं। उनके 'युगांत' में हम देश के वर्तमान जीवन में उठे हुए स्वरों की मीठी प्रतिध्वनि जगह-जगह पाते हैं। कहीं परिवर्तन की प्रबल आकांक्षा है, कहीं श्रमजीवियों की दशा की झलक है, कहीं तर्क-वितर्क छोड़ श्रद्धा-विश्वासपूर्वक जीवनपथ पर साहस के साथ बढ़ते चलने की ललकार है—कहीं 'बापू के प्रति' श्रद्धांजलि है। 'युगांत' में कवि स्वप्नों से जगकर यह कहता हुआ सुनाई पड़ता है—

जो सोये स्वप्नों के तम में वे जागेंगे यह सत्य बात।
जो देख चुके जीवननिशीथ वे देखेंगे जीवनप्रभात।

'युगांत' में कवि को हम केवल रूप-रंग, चमक-दमक, सुख-सौरभवाले सौंदर्य से आगे बढ़कर जीवन के सौंदर्य की सत्याश्रित कल्पना में प्रवृत्त पाते हैं। उसे बाहर जगत् में 'सौंदर्य, स्नेह, उल्लास' का अभाव दिखाई पड़ा है। इससे वह जीवन की सुंदरता की भावना मन में करके उसे जगत् में फैलाना चाहता है—

सुंदरता का आलोक स्रोत है फूट पड़ा मेरे मन में।
जिससे नवजीवन का प्रभात होगा फिर जग के आँगन में।

× × ×

मैं सृष्टि रच रहा नवल भावी मानव के हित, भीतर।
सौंदर्य, स्नेह, उल्लास मुझे मिल सका नहीं जग में बाहर।

अब कवि प्रार्थना करता है कि—

जगजीवन में जो चिर महान्, सौंदर्यपूर्ण औ सत्यप्राण।
मैं उसका प्रेमी बनूँ नाथ! जिसमें मानवहित हो समान!!

नीरस और ठूठे जगत् में क्षीण कंकालों के लोक में वह जीवन का वसंतविकास चाहता है—

कंकाल जाल जग में फैले फिर नवल रुधिर, पल्लव लाली।

ताजमहल के कलासौंदर्य को देख अनेक कवि मुग्ध हुए हैं। पर करोड़ों की

संख्या में भूखों मरती जनता के बीच ऐश्वर्यविभूति के उस विशाल आडंबर के खड़े होने की भावना से क्षुब्ध होकर युगांत के बदले हुए पंतजी कहते हैं—

हाय! मृत्यु का ऐसा अमर अपार्थिव पूजन।
जब विषण्ण निर्जीव पड़ा हो जग का जीवन।

× × ×

मानव! ऐसी भी विरक्ति क्या जीवन के प्रति।
आत्मा का अपमान, प्रेत औ छाया से रति।
शव को दें हम रूप-रंग, आदर मानव का।
मानव को हम कुत्सित चित्र बनावें शव का।

'पल्लव' में कवि अपने व्यक्तित्व के घेरे में बँधा हुआ, 'गुंजन' में कभी-कभी उसके बाहर और 'युगांत' में लोक के बीच दृष्टि फैलाकर आसन जमाता हुआ दिखाई पड़ता है। 'गुंजन' तक वह जगत् से अपने लिए सौंदर्य और आनंद का चयन करता प्रतीत होता है, युगांत में आकर वह सौंदर्य और आनंद का जगत् में पूर्ण प्रसार देखना चाहता है। कवि की सौंदर्य भावना अब व्यापक होकर मंगलभावना के रूप में परिणत हुई है। अब तक कवि लोकजीवन के वास्तविक शीत और ताप से अपने हृदय को बचाता-सा रहा; अब उसने अपना हृदय खुले जगत् के बीच रख दिया है कि उस पर उसकी गतिविधि का सच्चा और गहरा प्रभाव पड़े। अब वह जगत् और जीवन में जो कुछ सौंदर्य, माधुर्य प्राप्त है अपने लिए उसका स्तवक बनाकर तृप्त नहीं हो सकता। अब वह दुख, पीड़ा, अन्याय, अत्याचार के अंधकार को फाड़कर मंगलज्योति फूटती देखना चाहता है—मंगल का अमंगल के साथ वह संघर्ष देखना चाहता है, जो गत्यात्मक जगत् का कर्मसौंदर्य है।

संध्या होने पर अब कवि का ध्यान केवल प्रफुल्ल प्रसून, अलस, गंधवाह, रागरंजित और दीप्त दिगंचल तक ही नहीं रहता। वह यह भी देखता है कि—

बाँसों का झुरमुट, संध्या का झुटपुट

× × ×

ये नाप रहे निज घर का मग
कुछ श्रमजीवी घर डगमग डग
भारी है जीवन, भारी पग!

जो पुराना पड़ गया है जीर्ण और जर्जर हो गया है और नवजीवन सौंदर्य लेकर आने वाले युग के उपयुक्त नहीं है उसे पंतजी बड़ी निर्ममता के साथ हटाना चाहते हैं—

द्रुत झरो जगत् के जीर्ण पत्र! हे त्रस्त, ध्वस्त! हे शुष्क, शीर्ण!
हिम-ताप-पीत, मधु वात-भीत, तुम वीतराग, जड़ पुराचीन।
झरें जाति-कुल-वर्ण-पर्ण घन। अंध नीड़ से रूढ़-रीति छन।।

इस प्रकार कवि की वाणी में लोकमंगल की आशा और आशा-आकांक्षा के साथ घोर 'परिवर्तनवाद' का स्वर भी भर रहा है। गत युग के अवशेषों को ध्वस्त करने का अत्यंत रौद्र आग्रह प्रकट किया गया है–

गर्जन कर मानव केसरि!
प्रखर नखर नवजीवन की लालसा गड़ा कर।
छिन्न-भिन्न कर दे गत युग के शव को दुर्धर।

ऐसे स्थलों को देख यह संदेह हो सकता है कि कवि अपनी वाणी को केवल आंदोलनों के पीछे लगा रहा है या अपनी अनुभूति की प्रेरणा से परिचालित कर रहा है। आशा है कि पंतजी अपनी लोक मंगलभावना को ऐसे स्वाभाविक मर्मपथ पर ले चलेंगे जहाँ इस प्रकार के संदेह का अवसर न रहेगा।

'युगांत' में नरजीवन की वर्तमान दशा की अनुभूति ही सर्वत्र नहीं है। हृदय की नित्य और स्थायी वृत्तियों की व्यंजना भी, कल्पना की पूरी रमणीयता के साथ कई रचनाओं में मिलती है। सबसे ध्यान देने की बात यह है कि 'वाद' की लपेट से अपनी वाणी को कवि ने एक प्रकार से मुक्त कर लिया है। चित्रभाषा और लाक्षणिक वैचित्र्य के अनावश्यक प्रदर्शन की वह प्रवृत्ति अब नहीं है जो भाषा और अर्थ की स्वाभाविक गति में बाधक हो। 'संध्या', 'खद्योत', 'तितली', 'शुक' इत्यादि रचनाओं में जो रमणीय कल्पनाएँ हैं उनमें दूसरे के हृदय में ढलने की पूरी द्रवणशीलता है। 'तितली' के प्रति यह संबोधन लीजिए–

प्रिय तितली! फूल-सी ही फूली
तुम किस सुख में हो रही डोल?

× × ×

क्या फूलों से ली, अनिल कुसुम!
तुमने मन के मधु की मिठास?

हवा में उड़ती रंग-बिरंगी तितलियों के लिए 'अनिल कुसुम' शब्द की रमणीयता सबका हृदय स्वीकार करेगा। इसी प्रकार 'खद्योत' के सहसा चमक उठने पर यह कैसी सीधी-सादी सुंदर भावना है–

अँधियाली घाटी में सहसा, हरित स्फुलिंग सदृश फूटा वह।

'युगवाणी' में तो वर्तमान जगत् में सामाजिक व्यवस्था के संबंध में प्रायः जितने वाद, जितने आंदोलन उठे हैं, सबका समावेश किया गया है। इन नाना वादों के संबंध में अच्छा तो यह होता कि उसके नामों का निर्देश न करके, उनके भीतर जो जीवन का सत्यांश है उसका मार्मिक रूप सामने रख दिया जाता। ऐसा न होने से जहाँ इन वादों के नाम आये हैं वहाँ कवि का अपना रूप छिपा-सा लगता है। इन वादों को लेकर चले हुए आंदोलनों में कवि को मानवता के नूतन विकास का आभास मिलता दिखाई पड़ता है। उस आगामी विकास के कल्पित स्वरूप के प्रति तीव्र आकर्षण

प्रकट किया गया है जो वर्तमान पाश्चात्य साहित्य क्षेत्र की एक रूढ़ि (वर्शिप ऑव द फ्यूचर) के मेल में है। अतः लोक के भावी स्वरूप के सुंदर चित्र के प्रति व्यंजित ललक या प्रेम को कोई चाहे तो उपयोगिता की दृष्टि से कल्पित एक आदर्शभाव का उदाहरणमात्र कह सकता है। इसी प्रकार अतीत के सारे अवशेषों को सर्वथा ध्वस्त देखने की रोषपूर्ण आकुलता का स्थान भी मनुष्य की स्थायी अंतःप्रकृति के बीच कहीं मिलेगा, इसमें संदेह है।

बात यह है कि इस प्रकार के भाव वर्तमान की विषम स्थिति से क्षुब्ध, कर्म में तत्पर मन के भाव हैं। ये कर्मकाल के भीतर जगे रहते हैं। कर्म में रत मनुष्य के मन में सफलता की आशा, अनुमित भविष्य के प्रति प्रबल अभिलाष, बाधक वस्तुओं के प्रति रोष आदि का संचार होता है। ये भाव व्यावहारिक हैं, अर्थसाधना की प्रक्रिया से संबंध रखते हैं और कर्मक्षेत्र में उपयोगी माने जाते हैं। पंतजी ने वर्तमान को जगत् का कर्मकाल मानकर उसके अनुकूल भावों का स्वरूप सामने रखा है। सारांश यह है कि जिस मन के भीतर कवि ने इन भावों का अवस्थान किया है वह 'कर्म का मन' है।

इस रूप में कवि यदि लोककर्म में प्रवृत्त नहीं तो कम-से-कम कर्मक्षेत्र में उतरे हुए लोगों के साथ चलता दिखाई पड़ रहा है। स्वतंत्र द्रष्टा का रूप उसका नहीं रह गया है। उसका तो 'सामूहिकता ही निजत्व धन' है। सामूहिक धारा जिधर-जिधर चल रही है उधर-उधर उसका स्वर भी मिला सुनाई पड़ रहा है। वहीं वह 'गत संस्कृति के गरल' धनपतियों के अंतिम क्षण बता रहा है, कहीं मध्य वर्ग को 'संस्कृत का दास और उच्च वर्ग की सुविधा का शास्त्रोक्त प्रचारक' तथा श्रमजीवियों को 'लोकक्रांति का अग्रदूत और नव्य सभ्यता का उन्नायक' कह रहा है और कहीं पुरुषों के अत्याचार से पीड़ित स्त्री जाति की यह दशा सूचित कर रहा है—

पशु बल से कर जन शासित,
जीवन के उपकरण सदृश
नारी भी कर ली अधिकृत!

× × ×

अपने ही भीतर छिप-छिप
जग से हो गयी तिरोहित।

पंतजी ने समाजवाद के प्रति भी रुचि दिखाई है और 'गांधीवाद' के प्रति भी। ऐसा प्रतीत होता है कि लोकव्यवस्था के रूप में तो 'समाजवाद' की बातें उन्हें पसंद हैं और व्यक्तिगत साधना के लिए 'गांधीवाद' की बातें। कवि की दृष्टि में सब जीवों के प्रति आत्मभाव ही जीवजगत् की 'मनुष्यत्व में परिणति' है। मनुष्य की अपूर्णता ही उसकी शोभा है। 'दुर्बलताओं से शोभित मनुष्यत्व सुरत्व से दुर्लभ है'। 'पूर्ण सत्य' और असीम को ही श्रद्धा के लिए ग्रहण करने के फेर में रहना सभ्यता की बड़ी

भारी व्याधि है। सीमाओं के द्वारा उन्हीं की रेखाओं से मंगलविधायक आदर्श बनकर खड़े होते हैं। 'मानवपन' में दोष है, पर उन्हीं दोषों की रगड़ खाकर वह मँजता है, शुद्ध होता है–

व्याधि सभ्यता की है निश्चित पूर्ण सत्य का पूजन
प्राणहीन वह कला, नहीं जिसमें अपूर्णता शोभन।
सीमाएँ आदर्श सकल, सीमाविहीन यह जीवन,
दोषों से ही दोष शुद्ध है मिट्टी का मानवपन।

'समाजवाद' की बातें कवि ने ग्रहण की हैं पर अपना चिंतन स्वतंत्र रखा है। समाजवाद और संघवाद (कम्युनिज्म) के साथ लगा हुआ 'संकीर्ण भौतिकवाद' उसे इष्ट नहीं। पारमार्थिक दृष्टि से वह परात्परवादी है। आत्मा और भूतों के बीच संबंध स्थापित करने वाला तत्त्व वह दोनों से परे बताता है–

आत्मा औ भूतों में स्थापित करता कौन समत्व।
बहिरंतर, आत्मा भूतों से है अतीत वह तत्त्व।
भौतिकता आध्यात्मिकता केवल उसके दो कूल।
व्यक्ति-विश्व से, स्थूल-सूक्ष्म से परे सत्य के मूल।

यह परात्पर-भाव कवि की वर्तमान काव्यदृष्टि के कहाँ तक मेल में है, यह दूसरी बात है। पर जब हम देखते हैं कि उठे हुए सामयिक आंदोलन प्रायः एकांगदर्शी होते हैं, एक सीमा से दूसरी सीमा की ओर उन्मुख होते हैं तब उनके द्वारा आगामी भावसंस्कृति की हरियाली कवि को सूझ रही है वह निराधार-सी लगती है। इससे हम तो यही चाहेंगे कि पंतजी आंदोलनों की लपेट से अलग रहकर जीवन के नित्य और प्रकृत स्वरूप को लेकर चलें और उसके भीतर लोकमंगल की भावना का अवस्थान करें।

जो कुछ हो यह देखकर प्रसन्नता होती है कि 'छायावाद' के बँधे घेरे से निकलकर पंतजी ने जगत् की विस्तृत अर्थभूमि पर स्वाभाविक स्वच्छंदता के साथ विचरने का साहस दिखाया है। सामने खुले हुए रूपात्मक व्यक्त जगत् से ही सच्ची भावनाएँ प्राप्त होती हैं, रूप ही उर में मधुर भाव बन जाता है, इस 'रूपसत्य' का साक्षात्कार कवि ने किया है।

'युगवाणी' में नरजीवन पर ही विशेष रूप से दृष्टि जमी रहने के कारण कवि के सामने प्रकृति का वह रूप भी आया है जिसमें मनुष्य को लड़ना पड़ा है–

वह्नि बाढ़, उल्का, झंझा की भीषण भू पर
कैसे रह सकता है कोमल मनुज कलेवर।

'मानवता' के व्यापक संबंध की अनुभूति के प्रभाव से 'दो लड़के' में कवि को पासी के दो नंग-धड़ंग बच्चे प्यारे लगे हैं जो–

जल्दी से टीले के नीचे उधर, उतर कर
हैं चुन ले जाते कूड़े से निधियाँ सुंदर–

सिगरेट के खाली डिब्बे, पन्नी चमकीली,
फीतों के टुकड़े, तसवीरें नीली-पीली।

किंतु नरक्षेत्र के भीतर पंतजी की दृष्टि इतनी नहीं बँध गयी है कि चराचर के साथ अधिक व्यापक संबंध की अनुभूति मंद पड़ गयी हो। 'युगवाणी' में हम देखते हैं कि हमारे जीवनपथ के चारों ओर पड़ने वाली प्रकृति की साधारण से साधारण, छोटी से छोटी वस्तुओं को भी कवि ने कुछ अपनेपन के साथ देखा है। समस्त पृथ्वी पर निर्भय विचरण करती जीवन की 'अक्षय चिनगी' चींटी का अत्यंत कल्पनापूर्ण वर्णन हमें मिलता है। कवि के हृदय प्रसार का सबसे सुंदर प्रमाण हमें 'दो मित्र' में मिलता है जहाँ उसने एक टीले पर पास खड़े चिलबिल के दो पेड़ों को बड़ी मार्मिकता के साथ दो मित्रों के रूप में देखा है–

उस निर्जन टीले पर
दोनों चिलबिल
एक-दूसरे से मिले
मित्रों से हैं खड़े,
मौन, मनोहर
दोनों पादप
सह वर्षातप
हुए साथ हो बड़े
दीर्घ सुदृढ़तर।

शहद चाटने वालों और गुलाब की रूह सूँघने वालों को चाहे इसमें कुछ न मिले; पर हमें तो इसके भीतर चराचर के साथ मनुष्य के संबंध की बड़ी प्यारी भावना मिलती है। 'झंझा' में नीम' का चित्रण भी बड़ी स्वाभाविक पद्धति पर है। पंतजी को 'छायावाद' और 'रहस्यवाद' से निकलकर स्वाभाविक स्वच्छंदता (ट्रू रोमांटिसिज्म) की ओर बढ़ते देख हमें अवश्य संतोष होता है।

सूर्यकांत त्रिपाठी 'निराला'

पहले कहा जा चुका है कि 'छायावाद' ने पहले बँगला की देखादेखी अँगरेजी ढंग की प्रगीत पद्धति का अनुसरण किया। प्रगीत पद्धति में नाद सौंदर्य की ओर अधिक ध्यान रहने से संगीत तत्त्व का अधिक समावेश देखा जाता है। परिणाम यह होता है कि समन्वित अर्थ की ओर झुकाव कम हो जाता है। हमारे यहाँ संगीत राग-रागिनियों में बँधकर चलता आया है; पर योरप में उस्ताद लोग तरह-तरह की स्वरलिपियों की अपनी नयी-नयी योजनाओं का कौशल दिखाते हैं। जैसे और सब बातों की, वैसी ही संगीत के अँगरेजी ढंग की भी नकल पहले पहल बंगाल में शुरू हुई। इस नये ढंग की ओर निरालाजी सबसे अधिक आकर्षित हुए और अपने गीतों में इन्होंने उसका पूरा जौहर दिखाया। संगीत को काव्य के और काव्य को संगीत के अधिक निकट लाने का सबसे अधिक प्रयास निरालाजी ने किया है।

एक तो खड़ी बोली, दूसरे स्वरों की घटती-बढ़ती के साथ मात्राओं का स्वेच्छानुसार विभाग। इसके कारण 'गवैयों की जबान को सख्त परेशानी होगी' यह बात निरालाजी ने आप महसूस की है। गीतिका में इनके ऐसे ही गीतों का संग्रह है जिनमें कवि का ध्यान संगीत की ओर अधिक है, अर्थसमन्वय की ओर कम। उदाहरण—

अभरण भर वरण गान
वन-वन उपवन उपवन
जाग छवि, खुले प्राण।

× × ×

मधुप निकर कलरव भर,
गीत मुखर पिक प्रिय स्वर,
स्मर-शर हर केसर-झर,
मधुपूरित गंध, ज्ञान।

जहाँ कवि ने अधिक या कुछ पेचीले अर्थ रखने का प्रयास किया है वहाँ पद-योजना उस अर्थ को दूसरों तक पहुँचाने में प्रायः अशक्त या उदासीन पायी जाती

है। गीतिका का यह गीत लीजिए—

कौन तम के पार? (रे कह)
अखिल पल के स्रोत, जल जग,
गगन घन घन धार *(रे कह)*
गंध व्याकुल कूल उर सर,
लहर कच कर कमल मुख पर,
हर्ष अलि हर स्पर्श शर
गूँज बारंबार! (रे कह)
निशा प्रिय उर शयन सुख धन
सार या कि असार? (रे कह)

इसमें आयी हुई 'अखिल पल के स्रोत जल जग', 'हर्ष अलि हर स्पर्श शर', 'निशा प्रिय उर शयन सुख धन' इत्यादि पदावलियों का जो अर्थ कवि को स्वयं समझाना पड़ा है वह उन पदावलियों से जबरदस्ती निकाला जान पड़ता है। जैसे—'हर्ष अलि हर स्पर्श शर = आनंदरूपी भौंरा स्पर्श का चुभा तीर हर रहा है (तीर निकालने से भी एक प्रकार का स्पर्श होता है जो और सुखद है; तीर रूप का चुभा तीर है) निशा प्रिय उर शयन सुख धन = निशा का प्रियतम के उर पर शयन।

निरालाजी पर बंग भाषा की काव्यशैली का प्रभाव समास में गुंफित पदवल्लरी, क्रियापद के लोप आदि में स्पष्ट झलकता है। लाक्षणिक वैलक्षण्य लाने की प्रवृत्ति इनमें उतनी नहीं पायी जाती जितनी 'प्रसाद' और 'पंत' में।

सबसे अधिक विशेषता आपके पद्यों में चरणों की स्वच्छंद विषमता है। कोई चरण बहुत लंबा, कोई बहुत छोटा, कोई मझोला देखकर ही बहुत-से लोग 'रबर छंद', 'केंचुआ छंद' आदि कहने लगे थे। बेमेल चरणों की विलक्षण आजमाइश इन्होंने सबसे अधिक की है। 'प्रगल्भ प्रेम' नाम की कविता में अपनी प्रेयसी कल्पना या कविता का आह्वान करते हुए इन्होंने कहा है—

आज नहीं है मुझे और कुछ चाह,
अर्द्ध विकच इस हृदय कमल में आ तू,
प्रिये! छोड़कर बंधनमय छंदों की छोटी राह।
गजगामिनी वह पथ तेरा संकीर्ण
कंटकाकीर्ण।

बहुवस्तुस्पर्शिनी प्रतिभा निरालाजी में है। 'अज्ञात प्रिय' की ओर इशारा करने के अतिरिक्त इन्होंने जगत् के अनेक प्रस्तुत रूपों और व्यापारों को भी अपनी सरस भावनाओं के रंग में देखा है। 'विस्मृत की नींद से जगाने वाले' 'पुरातन के मलिन साज' खँडहर से वे जिज्ञासा करते हैं कि "क्या तुम—

ढीले करते हो भव बंधन नर-नारियों के?

अथवा

हो मलते कलेजा पड़े, जरा जीर्ण
निर्निमेष नयनों से।
बाट जोहते हो तुम मृत्यु की,
अपनी संतानों से बूँद भर पानी को तरसते हुए।

इसी प्रकार 'दिल्ली' नाम की कविता में दिल्ली की भूमि पर दृष्टि डालते हुए क्या यह वही देश है? कहकर कवि अतीत की कुछ इतिहासप्रसिद्ध बातों और व्यक्तियों को बड़ी सजीवता के साथ मन में लाता है–

निःस्तब्ध मीनार
मौन हैं मकबरे–
भय में आशा को जहाँ मिलते थे समाचार।
टपक पड़ता था जहाँ आँसुओं में सच्चा प्यार।।

यमुना को देखकर प्रत्यभिज्ञा का उदय हम इस रूप में पाते हैं–

मधुर मलय में यहीं
गूँजी थी एक वह जो तान,
× × ×
कृष्णघन अलक में
कितने प्रेमियों का यहाँ पुलक समाया था।

समाज में प्रचलित ढोंग का बड़ा चुभता दृश्य गोमती के किनारे कवि ने देखा है जहाँ एक पुजारी भगत ने बंदरों को तो मालपुआ खिलाया और एक कंगाल भिक्षुक की ओर आँख उठाकर देखा तक नहीं।

जिस प्रकार निरालाजी को छंद के बंधन अरुचिकर हैं उसी प्रकार सामाजिक बंधन भी। इसी से सम्राट अष्टम एडवर्ड की एक प्रशस्ति लिखकर उन्होंने उन्हें एक वीर के रूप में सामने रखा है जिसने प्रेम के निमित्त साहसपूर्वक पदमर्यादा के सामाजिक बंधन को दूर फेंका है।

रहस्यवाद से संबंध रखने वाली निरालाजी की रचनाएँ आध्यात्मिकता का वह रूप-रंग लेकर चली हैं, जिसका विकास बंगाल में हुआ। रचना के प्रारंभिक काल में इन्होंने स्वामी विवेकानंद और रवींद्रनाथ ठाकुर की कुछ कविताओं के अनुवाद भी किये हैं। अद्वैतवाद के वेदांती स्वरूप को ग्रहण करने के कारण इनकी रहस्यात्मक रचनाओं में भारतीय दार्शनिक निरूपणों की झलक जगह-जगह मिलती है। इस विशेषता को छोड़ दें तो इनकी रहस्यात्मक कविताएँ भी उसी प्रकार माधुर्य भावना को लेकर चली हैं जिस प्रकार और छायावादी कवियों की। 'रेखा' नाम की कविता में कवि ने प्रथम प्रेम के उदय का जो वर्णन किया है वह सर्वत्र एक ही चेतन सत्ता की

अनुभूति के रूप में सामने आता है—

यौवन के तीर पर प्रथम था आया जब
स्रोत सौंदर्य का,
वीचियो में कलरव सुख चुंबित प्रणय का
था मधुर आकर्षणमय
मज्जनावेदन मृदु फूटता सागर में

× × ×

सब कुछ तो था असार
अस्तु, वह प्यार?
सब चेतन जो देखता
स्पर्श में अनुभव-रोमांच,
हर्ष रूप में—परिचय

× × ×

खींचा उसी ने था हृदय यह
जड़ों में चेतन गतिकर्षण मिलता कहाँ?

'तुलसीदास' निरालाजी की एक बड़ी रचना है जो अधिकांश अंतर्मुख प्रबंध के रूप में है। इस ग्रंथ में कवि ने जिस परिस्थिति में गोस्वामीजी उत्पन्न हुए उसका बहुत ही चटकीला और रंगीन वर्णन करके चित्रकूट की प्राकृतिक छटा के बीच किस प्रकार उन्हें आनंदमयी सत्ता का बोध हुआ और नवजीवन प्रदान करने वाले गान की दिव्य प्रेरणा हुई उसका अंतर्वृत्ति के आंदोलन के रूप में वर्णन किया है।

'भविष्य का सुख स्वप्न' आधुनिक योरोपीय साहित्य की एक रूढ़ि है। जगत् की जीर्ण और प्राचीन व्यवस्था के स्थान पर नूतन सुखमयी व्यवस्था के निकट होने के आभास का वर्णन निरालाजी की 'उद्‌बोधन' नाम की कविता में मिलता है। इसी प्रकार श्रमजीवियों के कष्टों की समानुभूति लिये हुए जो लोकहितवाद का आंदोलन चला है उस पर भी अब निरालाजी की दृष्टि गयी है—

वह तोड़ती पत्थर;
देखा उसे मैंने इलाहाबाद के पथ पर।

इस प्रकार की रचनाओं में भाषा बोलचाल की पायी जाती है। पर निराला जी की भाषा अधिकतर संस्कृत की तत्सम पदावली से जड़ी हुई होती है जिसका नमूना 'राम की शक्ति पूजा' में मिलता है। जैसा पहले कह चुके हैं, इनकी भाषा में व्यवस्था की कमी प्रायः रहती है जिससे अर्थ या भाव व्यक्त करने में वह कहीं-कहीं बहुत ढीली पड़ जाती है।

इतिहास–खण्ड

इतिहास-दर्शन

जब कि प्रत्येक देश का साहित्य वहाँ की जनता की चित्तवृत्ति का संचित प्रतिबिंब होता है, तब यह निश्चित है कि जनता की चित्तवृत्ति के परिवर्तन के साथ-साथ साहित्य के स्वरूप में भी परिवर्तन होता चला जाता है। आदि से अंत तक इन्हीं चित्तवृत्तियों की परंपरा को परखते हुए साहित्य परंपरा के साथ उनका सामंजस्य दिखाना ही 'साहित्य का इतिहास' कहलाता है। जनता की चित्तवृत्ति बहुत कुछ राजनीतिक, सामाजिक, सांप्रदायिक तथा धार्मिक परिस्थिति के अनुसार होती है; अतः कारणस्वरूप इन परिस्थितियों का किंचित् दिग्दर्शन भी साथ ही साथ आवश्यक होता है। इस दृष्टि से हिंदी साहित्य का विवेचन करने में यह बात ध्यान में रखनी होगी कि किसी विशेष समय में लोगों में रुचिविशेष का संचार और पोषण किधर से और किस प्रकार हुआ।

काल-विभाग

इस पुस्तक में जिस पद्धति का अनुसरण किया गया है, उसका थोड़े में उल्लेख कर देना आवश्यक जान पड़ता है।

पहले कालविभाग को लीजिए। जिस कालविभाग के भीतर किसी विशेष ढंग की रचनाओं की प्रचुरता दिखाई पड़ी है, वह एक अलग काल माना गया है और उसका नामकरण उन्हीं रचनाओं के स्वरूप के अनुसार किया गया है। इसी प्रकार काल का एक निर्दिष्ट सामान्य लक्षण बनाया जा सकता है। किसी एक ढंग की रचना की प्रचुरता से अभिप्राय यह है कि दूसरे ढंग की रचनाओं में से चाहे किसी (एक) ढंग की रचना को लें वह परिमाणों में प्रथम के बराबर न होगी; यह नहीं कि और सब ढंगों की रचनाएँ मिलकर भी उसके बराबर न होंगी। जैसे, यदि किसी काल में पाँच ढंग की रचनाएँ 10, 5, 6, 7, और 2 के क्रम में मिलती हैं, तो जिस ढंग की रचना की 10 पुस्तकें हैं, उसकी प्रचुरता कही जायेगी, यद्यपि शेष और ढंग की सब पुस्तकें मिलकर 20 हैं। यह तो हुई पहली बात। दूसरी बात है, ग्रंथों की प्रसिद्धि। किसी काल के भीतर जिस एक ही ढंग के बहुत अधिक ग्रंथ प्रसिद्ध चले आते हैं, उस ढंग की रचना उस काल के लक्षण के अंतर्गत मानी जायगी, चाहे और दूसरे ढंग की अप्रसिद्ध और साधारण कोटि की बहुत-सी पुस्तकें भी इधर-उधर कोनों में पड़ी मिल जाया करें। प्रसिद्धि भी किसी काल की लोकप्रवृत्ति की प्रतिध्वनि है। सारांश यह कि इन दोनों बातों की ओर ध्यान रखकर कालविभागों का नामकरण किया गया है।

एक ही काल और एक ही कोटि की रचना के भीतर जहाँ भिन्न-भिन्न प्रकार की परंपराएँ चली हुई पायी गयी हैं, वहाँ अलग-अलग शाखाएँ करके सामग्री का विभाग किया गया है। जैसे भक्तिकाल के भीतर पहले तो दो काव्यधाराएँ निर्गुण धारा और सगुण धारा—निर्दिष्ट की गयी हैं। फिर प्रत्येक धारा की दो-दो शाखाएँ स्पष्ट रूप से लक्षित हुई हैं—निर्गुण धारा की ज्ञानाश्रयी शाखा और प्रेममार्गी (सूफी) शाखा तथा सगुण धारा की रामभक्ति शाखा और कृष्णभक्ति शाखा। इन धाराओं और शाखाओं की प्रतिष्ठा यों ही मनमाने ढंग पर नहीं की गयी है। उनकी एक-दूसरे

से अलग करने वाली विशेषताएँ अच्छी तरह दिखायी भी गयी हैं और देखते ही ध्यान में आ भी जायेंगी।

रीतिकाल के भीतर रीतिबद्ध रचना की जो परंपरा चली है उसका उपविभाग करने का कोई संगत आधार मुझे नहीं मिला। रचना के स्वरूप आदि में कोई स्पष्ट भेद निरूपित किये बिना विभाग कैसे किया जा सकता है? किसी कालविस्तार को लेकर यों ही पूर्व और उत्तर नाम देकर दो हिस्से कर डालना ऐतिहासिक विभाग नहीं कहला सकता। जब तक पूर्व और उत्तर के अलग-अलग लक्षण न बताये जाएँगे तब तक इस प्रकार के विभाग का कोई अर्थ नहीं। इसी प्रकार थोड़े-थोड़े अंतर पर होने वाले कुछ प्रसिद्ध कवियों के नाम पर अनेक काल बाँध चलने के पहले यह दिखाना आवश्यक है कि प्रत्येक कालप्रवर्तक कवि का यह प्रभाव उसके काल में होने वाले सब कवियों में सामान्य रूप से पाया जाता है। विभाग का कोई पुष्ट आधार होना चाहिए। रीतिबद्ध ग्रंथों की बहुत गहरी छानबीन और सूक्ष्म पर्यालोचना करने पर आगे चलकर शायद विभाग का कोई आधार मिल जाय, पर अभी तक मुझे नहीं मिला है।

रीतिकाल के संबंध में दो बातें और कहनी हैं। इस काल के कवियों के परिचयात्मक वृत्तों की छानबीन में मैं अधिक नहीं प्रवृत्त हुआ हूँ, क्योंकि मेरा उद्देश्य अपने साहित्य के इतिहास का एक पक्का और व्यवस्थित ढाँचा खड़ा करना था, न कि कवि कीर्तन करना। अतः कवियों के परिचयात्मक विवरण मैंने प्रायः 'मिश्रबंधु विनोद' से ही लिये हैं। कहीं कुछ कवियों के विवरणों में परिवर्तन और परिष्कार भी किया है, जैसे—ठाकुर, दीनदयाल गिरि, रामसहाय और रसिक गोविंद के विवरणों में। यदि कुछ कवियों के नाम छूट गये या किसी कवि की किसी मिली हुई पुस्तक का उल्लेख नहीं हुआ, तो इससे मेरी कोई बड़ी उद्देश्यहानि नहीं हुई। इस काल के भीतर मैंने जितने कवि लिये हैं, या जितने ग्रंथों के नाम दिये हैं, उतने ही जरूरत से ज्यादा मालूम हो रहे हैं।

रीतिकाल या और किसी काल के कवियों की साहित्यिक विशेषताओं के संबंध में मैंने जो संक्षिप्त विचार प्रकट किये हैं, वे दिग्दर्शन मात्र के लिए। इतिहास की पुस्तक में किसी कवि की पूरी क्या अधूरी आलोचना भी नहीं आ सकती। किसी कवि की आलोचना लिखनी होगी तो स्वतंत्र प्रबंध या पुस्तक के रूप में लिखूँगा। बहुत प्रसिद्ध कवियों के संबंध में थोड़ा विस्तार से लिखना पड़ा है। पर वहाँ भी विशेष प्रवृत्तियों का ही निर्धारण किया गया है। यह अवश्य है कि उनमें से कुछ प्रवृत्तियों को मैंने रसोपयोगी और कुछ को बाधक कहा है।

आधुनिक काल में गद्य का आविर्भाव सबसे प्रधान साहित्यिक घटना है। इसलिए उसके प्रसार का वर्णन विशेष विस्तार के साथ करना पड़ा है। मेरा विचार इस थोड़े-से काल के बीच हमारे साहित्य के भीतर जितनी अनेकरूपता का विकास हुआ है, उनको

आरंभ तक लाकर उसमें आगे की प्रवृत्तियों का सामान्य और संक्षिप्त उल्लेख करके ही छोड़ देने का था क्योंकि वर्तमान लेखकों और कवियों के संबंध में कुछ लिखना अपने सिर एक बला मोल लेना ही समझ पड़ता था। पर जी न माना। वर्तमान सहयोगियों तथा उनकी अमूल्य कृतियों का उल्लेख भी थोड़े-बहुत विवेचन के साथ डरते-डरते किया गया।

आधुनिक काल के अंत में वर्तमान काल की कुछ विशेष प्रवृत्तियों के वर्णन को थोड़ा और पल्लवित इसलिए करना पड़ा, जिसमें उन प्रवृत्तियों के मूल का ठीक-ठीक पता केवल हिंदी पढ़ने वालों को भी हो जाय और वे धोखे में न रहकर स्वतंत्र विचार में समर्थ हों।

आदिकाल
(प्रकरण 1)

सामान्य परिचय

प्राकृत की अंतिम अपभ्रंश अवस्था से ही हिंदी साहित्य का आविर्भाव माना जा सकता है। उस समय जैसे 'गाथा' कहने से प्राकृत का बोध होता था वैसे ही 'दोहा' या 'दूहा' कहने से अपभ्रंश या प्रचलित काव्यभाषा का पद्य समझा जाता था। अपभ्रंश या प्राकृताभास हिंदी के पद्यों का सबसे पुराना पता तांत्रिक और योगमार्गी बौद्धों की सांप्रदायिक रचनाओं के भीतर विक्रम की सातवीं शताब्दी के अंतिम चरण में लगता है। मुंज और भोज के समय (संवत् 1050 के लगभग) में तो ऐसी अपभ्रंश या पुरानी हिंदी का पूरा प्रचार शुद्ध साहित्य या काव्य-रचनाओं में भी पाया जाता है। अतः हिंदी साहित्य का आदिकाल संवत् 1050 से लेकर संवत् 1375 तक अर्थात् महाराज भोज के समय से लेकर हम्मीरदेव के समय के कुछ पीछे तक माना जा सकता है। यद्यपि जनश्रुति इस काल का आरंभ और पीछे ले जाती है और संवत् 770 में भोज के पूर्वपुरुष राजा मान के सभासद पुष्य नामक किसी बंदीजन का दोहों में एक अलंकार-ग्रंथ लिखना बताती है (दे. शिवसिंहसरोज), पर इसका कहीं कोई प्रमाण उपलब्ध नहीं है।

आदिकाल की इस दीर्घ परंपरा के बीच प्रथम डेढ़ सौ वर्ष के भीतर तो रचना की किसी विशेष प्रवृत्ति का निश्चय नहीं होता है—धर्म, नीति, शृंगार, वीर सब प्रकार की रचनाएँ दोहों में मिलती हैं। इस अनिर्दिष्ट लोकप्रवृत्ति के उपरांत जब से मुसलमानों की चढ़ाइयों का आरंभ होता है तब से हम हिंदी साहित्य की प्रवृत्ति एक विशेष रूप में बँधती हुई पाते हैं। राजाश्रित कवि और चारण जिस प्रकार नीति, शृंगार आदि के फुटकल दोहे राजसभाओं में सुनाया करते थे, उसी प्रकार अपने आश्रयदाता राजाओं के पराक्रमपूर्ण चरितों या गाथाओं का वर्णन भी किया करते थे। यही प्रबंध-परंपरा 'रासो' के नाम से पाई जाती है, जिसे लक्ष्य करके इस काल को हमने 'वीरगाथा-काल' कहा है।

दूसरी बात इस आदिकाल के संबंध में ध्यान देने की यह है कि इस काल

की जो साहित्यिक सामग्री प्राप्त है उसमें कुछ तो असंदिग्ध है और कुछ संदिग्ध है। असंदिग्ध सामग्री जो कुछ प्राप्त है, उसकी भाषा अपभ्रंश अर्थात् प्राकृताभास (प्राकृत की रूढ़ियों से बहुत कुछ बद्ध) हिंदी है। इस अपभ्रंश या प्राकृताभास हिंदी का अभिप्राय यह है कि यह उस समय की ठीक बोलचाल की भाषा नहीं है जिस समय की इसकी रचानाएँ मिलती हैं। यह उस समय के कवियों की भाषा है। कवियों ने काव्य परंपरा के अनुसार साहित्यिक प्राकृत के पुराने शब्द तो लिये ही हैं (जैसे पीछे की हिंदी में तत्सम संस्कृत शब्द लिये जाने लगे), विभक्तियाँ, कारकचिह्न और क्रियाओं के रूप आदि भी बहुत कुछ अपने समय से कई सौ वर्ष पुराने रखे हैं। बोलचाल की भाषा घिस-घिसाकर बिल्कुल जिस रूप में आ गयी थी सारा वही रूप न लेकर कवि और चारण आदि भाषा का बहुत कुछ वह रूप व्यवहार में लाते थे जो उनसे कई सौ वर्ष पहले से कवि परंपरा रखती चली आती थी।

अपभ्रंश के जो नमूने हमें पद्यों में मिलते हैं वे उस काव्य-भाषा के हैं जो अपने पुरानेपन के कारण बोलने की भाषा से कुछ अलग बहुत दिनों तक—आदि काल के अंत क्या उसके कुछ पीछे तक—पोथियों में चलती रही। विक्रम की चौदहवीं शताब्दी के मध्य में एक ओर तो पुरानी परंपरा के कोई कवि—संभवतः शार्ङ्गधर—हम्मीर की वीरता का वर्णन ऐसी भाषा में कर रहे थे—

चलिअ वीर हम्मीर पाअभर मेहणि कंपइ।
दिगमग णह अंधार धूलि सुररह आच्छाइहि।।

दूसरी ओर खुसरो मियाँ दिल्ली में बैठे ऐसी बोलचाल की भाषा में पहेलियाँ और मुकरियाँ कह रहे थे—

एक नार ने अचरज किया। साँप मार पिंजरे में दिया।

इसी प्रकार पंद्रहवीं शताब्दी में एक ओर तो विद्यापति बोलचाल की मैथिली के अतिरिक्त इस प्रकार की प्राकृताभास पुरानी काव्यभाषा भी भनते रहे—

बालचंद बिज्जावइ भाद्रा। दुहु नहिं लग्गइ दुज्जन-हासा।।

और दूसरी ओर कबीरदास अपनी अटपटी बानी इस बोली में सुना रहे थे—

अगिन जो लागी नीर में कंदो जलिया झारि।
उतर दषिण के पंडिता रहे विचारि-विचारि।।

सारांश यह है कि अपभ्रंश की यह परंपरा विक्रम की पंद्रहवीं शताब्दी के मध्य तक चलती रही। एक ही कवि विद्यापति ने दो प्रकार की भाषा का व्यवहार किया है—पुरानी अपभ्रंश भाषा का और बोलचाल की देशी भाषा का। इन दोनों भाषाओं का भेद विद्यापति ने स्पष्ट रूप से सूचित किया है—

देसिल बअना सब जन मिट्ठा। तें तैसन जंपओं अवहट्ठा।।

अर्थात् देशी भाषा (बोलचाल की भाषा) सबकों मींठी लगती है, इससे वैसा ही अपभ्रंश (देशी भाषा मिला हुआ) मैं कहता हूँ। विद्यापति ने अपभ्रंश से भिन्न,

प्रचलित बोलचाल की भाषा को 'देशी भाषा' कहा है। अतः हम भी इसी अर्थ में इस शब्द का प्रयोग कहीं-कहीं आवश्यकतानुसार करेंगे। इस आदिकाल के प्रकरण में पहले हम अपभ्रंश की रचनाओं का संक्षिप्त उल्लेख करके तब देशी भाषा की रचनाओं का वर्णन करेंगे।

पूर्व-मध्यकाल : भक्तिकाल
(संवत् 1375-1700)

सामान्य परिचय

देश में मुसलमानों का राज्य प्रतिष्ठित हो जाने पर हिंदू जनता के हृदय में गौरव, गर्व और उत्साह के लिए वह अवकाश न रह गया। उसके सामने ही उसके देवमंदिर गिराये जाते थे, देवमूर्तियाँ तोड़ी जाती थीं और पूज्य पुरुषों का अपमान होता था और वे कुछ भी नहीं कर सकते थे। ऐसी दशा में अपनी वीरता के गीत न तो वे गा ही सकते थे और न बिना लज्जित हुए सुन ही सकते थे। आगे चलकर जब मुस्लिम साम्राज्य दूर तक स्थापित हो गया तब परस्पर लड़ने वाले स्वतंत्र राज्य भी नहीं रह गये। इतने भारी राजनीतिक उलटफेर के पीछे हिंदू जनसमुदाय पर बहुत दिनों तक उदासी-सी छायी रही। अपने पौरुष से हताश जाति के लिए भगवान् की शक्ति और करुणा की ओर ध्यान ले जाने के अतिरिक्त दूसरा मार्ग ही क्या था?

यह तो हुई राजनीतिक परिस्थिति। अब धार्मिक स्थिति देखिए। आदिकाल के अंतर्गत यह दिखाया जा चुका है कि किस प्रकार वज्रयानी सिद्ध, कापालिक आदि देश के पूरबी भागों में और नाथपंथी जोगी पश्चिमी भागों में रमते चले आ रहे थे। इसी बात से इसका अनुमान हो सकता है कि सामान्य जनता की धर्मभावना कितनी दबती जा रही थी, उसका हृदय धर्म से कितनी दूर हटता चला जा रहा था।

धर्म का प्रवाह कर्म, ज्ञान और भक्ति, इन तीन धाराओं में चलता है। इन तीनों के सामंजस्य से धर्म अपनी पूर्ण सजीव दशा में रहता है। किसी एक के भी अभाव से वह विकलांग रहता है। कर्म के बिना वह लूला-लँगड़ा, ज्ञान के बिना अंधा और भक्ति के बिना हृदयविहीन क्या, निष्प्राण रहता है। ज्ञान के अधिकारी तो सामान्य से बहुत अधिक समुन्नत और विकसित बुद्धि के कुछ थोड़े-से विशिष्ट व्यक्ति ही होते हैं। कर्म और भक्ति ही सारे जनसमुदाय की संपत्ति होती है। हिंदी साहित्य के आदिकाल में कर्म तो अर्थशून्य विधिविधान, तीर्थाटन और पर्वस्नान इत्यादि के संकुचित घेरे में पहले से बहुत कुछ बद्ध चला आता था। धर्म की भावात्मक अनुभूति या भक्ति, जिसका सूत्रपात महाभारतकाल में और विस्तृत प्रवर्तन पुराणकाल में हुआ

था, कभी कहीं दबती, कभी कहीं उभरती किसी प्रकार चली भर आ रही थी।

अर्थशून्य बाहरी विधि विधान, तीर्थाटन, पर्वस्नान आदि की निस्सारता का संस्कार फैलाने का जो कार्य वज्रयानी सिद्धों और नाथपंथी जोगियों के द्वारा हुआ, उसका उल्लेख हो चुका है। पर उनका उद्देश्य 'कर्म' को उस तंग गड्ढे से निकालकर प्रकृत धर्म के खुले क्षेत्र में लाना न था बल्कि एकबारगी किनारे ढकेल देना था। जनता की दृष्टि को आत्मकल्याण और लोककल्याण विधायक सच्चे कर्मों की ओर ले जाने के बदले उसे वे कर्मक्षेत्र से ही हटाने में लग गये थे। उसकी बानी तो 'गुह्य, रहस्य और सिद्धि' लेकर उठी थी। अपनी रहस्यदर्शिता की धाक जमाने के लिए बाह्यजगत् की बातें छोड़, घट के भीतर के कोठों की बातें बताया करते थे। भक्ति, प्रेम आदि हृदय के प्रकृत भावों का उनकी अंतस्साधना में कोई स्थान न था, क्योंकि इनके द्वारा ईश्वर को प्राप्त करना तो सबके लिए सुलभ कहा जा सकता है। सामान्य अशिक्षित या अर्धशिक्षित जनता पर इनकी बानियों का प्रभाव इसके अतिरिक्त और क्या हो सकता था कि वह सच्चे शुभकर्मों के मार्ग से तथा भगवद्भक्ति की स्वाभाविक हृदय-पद्धति से हटकर अनेक प्रकार के मंत्र, तंत्र और उपचारों में उलझे और उसका विश्वास अलौकिक सिद्धियों पर जा जमे? इसी दशा की ओर लक्ष्य करके गोस्वामी तुलसीदास ने कहा था—

गोरख जगायो जोग, भगति भगायो लोग।

सारांश यह कि जिस समय मुसलमान भारत में आये उस समय सच्चे धर्मभाव का बहुत कुछ ह्रास हो गया था। प्रतिवर्तन के लिए बहुत कड़े धक्कों की आवश्यकता थी।

ऊपर जिस अवस्था का दिग्दर्शन हुआ है, वह सामान्य जनसमुदाय की थी। शास्त्रज्ञ विद्वानों पर सिद्धों और जोगियों की बानियों का कोई असर न था। वे इधर-उधर पड़े अपना कार्य करते जा रहे थे। पंडितों के शास्त्रार्थ भी होते थे, दार्शनिक खंडन-मंडन के ग्रंथ भी लिखे जाते थे। विशेष चर्चा वेदांत की थी। ब्रह्मसूत्रों पर, उपनिषदों पर, गीता पर, भाष्यों की परंपरा विद्वन्मंडली के भीतर चली चल रही थी जिससे परंपरागत भक्तिमार्ग के सिद्धांत पक्ष का कई रूपों में नूतन विकास हुआ।

कालदर्शी भक्त कवि जनता के हृदय को सँभालने और लीन रखने के लिए दबी हुई भक्ति को जगाने लगे। क्रमशः भक्ति का प्रवाह ऐसा विकसित और प्रबल होता गया कि उसकी लपेट में केवल हिंदू जनता ही नहीं, देश में बसनेवाले सहृदय मुसलमानों में से भी न जाने कितने आ गये। प्रेमस्वरूप ईश्वर को सामने लाकर भक्त कवियों ने हिंदुओं और मुसलमानों दोनों को मनुष्य के सामान्यरूप में दिखाया और भेदभाव के दृश्यों को हटाकर पीछे कर दिया।

भक्ति का जो सोता दक्षिण की ओर से धीरे-धीरे उत्तर भारत की ओर पहले से ही आ रहा था उसे राजनीतिक परिवर्तन के कारण शून्य पड़ते हुए जनता के

हृदय क्षेत्र में फैलने के लिए पूरा स्थान मिला। रामानुजाचार्य (संवत् 1073) ने शास्त्रीय पद्धति से जिस सगुण भक्ति का निरूपण किया था उसकी ओर जनता आकर्षित होती चली आ रही थी।

गुजरात में स्वामी मध्वाचार्य जी (संवत् 1254-1333) ने अपना द्वैतवादी वैष्णव संप्रदाय चलाया जिसकी ओर बहुत से लोग झुके। देश के पूर्वी भाग में जयदेव जी के कृष्ण-प्रेम-संगीत की गूँज चली आ रही थी जिसके सुर में मिथिला के कोकिल (विद्यापति) ने अपना सुर मिलाया। उत्तर या मध्य भारत में एक ओर तो ईसा की पंद्रहवीं शताब्दी में रामानुजाचार्य की शिष्य परंपरा में स्वामी रामानंद जी हुए जिन्होंने विष्णु के अवतार राम की उपासना पर जोर दिया और एक बड़ा भारी संप्रदाय खड़ा किया, दूसरी ओर बल्लभाचार्य जी ने प्रेममूर्ति कृष्ण को लेकर जनता को रसमग्न किया। इस प्रकार रामोपासक और कृष्णोपासक भक्तों की परंपराएँ चलीं जिनमें आगे चलकर हिंदी काव्य को प्रौढ़ता पर पहुँचाने वाले जगमगाते रत्नों का विकास हुआ। इन भक्तों ने ब्रह्म के 'सत्' और 'आनंद' स्वरूप का साक्षात्कार राम और कृष्ण के रूप में इस बाह्य-जग् के व्यक्त क्षेत्र में किया।

एक ओर तो प्राचीन सगुणोपासना का यह काव्यक्षेत्र तैयार हुआ, दूसरी ओर मुसलमानों के बस जाने से देश में जो नयी परिस्थिति उत्पन्न हुई उसकी दृष्टि से हिंदू-मुसलमान दोनों के लिए एक 'सामान्य भक्तिमार्ग' का विकास भी होने लगा। उसके विकास के लिए किस प्रकार वीरगाथाकाल में ही सिद्धों और नाथपंथी योगियों के द्वारा मार्ग निकाला जा चुका था, यह दिखाया जा चुका है। वज्रयान के अनुयायी अधिकतर नीची जाति के थे अतः जाति-पाँति की व्यवस्था से उनका असंतोष स्वाभाविक था। नाथ संप्रदाय में भी शास्त्रज्ञ विद्वान् नहीं आते थे। इस संप्रदाय के कनफट रमते योगी घट के भीतर के चक्रों, सहस्रदल, कमल, इला, पिंगला, नाड़ियों इत्यादि की ओर संकेत करने वाली रहस्यमयी बानियाँ सुनाकर और करामात दिखाकर अपनी सिद्धायी की धाक सामान्य जनता पर जमाये हुए थे। वे लोगों को ऐसी बातें सुनाते आ रहे थे कि वेदशास्त्र पढ़ने से क्या होता है, बाहरी पूजा-अर्चा की विधियाँ व्यर्थ हैं, ईश्वर तो प्रत्येक के घट के भीतर है, अंतर्मुख साधनाओं से ही वह प्राप्त हो सकता है, हिंदू-मुसलमान दोनों एक हैं, दोनों के लिए शुद्ध साधना का मार्ग भी एक ही है, जाति-पाँति के भेद व्यर्थ खड़े किये गये हैं, इत्यादि। इन जोगियों के पंथ में कुछ मुसलमान भी आये। इसका उल्लेख पहले हो चुका है।

भक्ति के आंदोलन की जो लहर दक्षिण से आयी उसी ने उत्तर भारत की परिस्थिति के अनुरूप हिंदू-मुसलमान दोनों के लिए एक सामान्य भक्तिमार्ग की भी भावना कुछ लोगों में जगायी। हृदयपक्षशून्य सामान्य अंतस्साधना का मार्ग निकालने का प्रयत्न नाथपंथी कर चुके थे, यह हम कह चुके हैं। पर रागात्मक तत्व से रहित साधना से ही मनुष्य की आत्मा तृप्त नहीं हो सकती। महाराष्ट्र देश के प्रसिद्ध भक्त

नामदेव (सं. 1328-1408) ने हिंदू-मुसलमान दोनों के लिए एक सामान्य भक्तिमार्ग का भी आभास दिया। उसके पीछे कबीरदास ने विशेष तत्परता के साथ एक व्यवस्थित रूप में यह मार्ग 'निर्गुणपंथ' के नाम से चलाया। जैसा कि पहले कहा जा चुका है, कबीर के लिए नाथपंथी जोगी बहुत कुछ रास्ता निकाल चुके थे। भेदभाव को निर्दिष्ट करने वाले उपासना के बाहरी विधानों को अलग रखकर उन्होंने अंतस्साधना पर जोर दिया था। पर नाथपंथियों की अंतस्साधना हृदयपक्षशून्य थी, उसमें प्रेमतत्व का अभाव था। कबीर ने यद्यपि नाथपंथ की बहुत-सी बातों को अपनी बानी में जगह दी, पर यह बात उन्हें खटकी। इसका संकेत उनके ये वचन देते हैं—

झिलमिल झगरा झूलते बाकी रही न काहु।
गोरख अटके कालपुर कौन कहावै साहु?
बहुत दिवस ते हिंडिया सुन्नि समाधि लगाई।
करहा पड़िया गाड़ में दूरि परा पछिताइ।।

(करहा = (1) करभ; हाथी का बच्चा; (2) हठयोग की क्रिया करने वाला)

अतः कबीर ने जिस प्रकार एक निराकार ईश्वर के लिए भारतीय वेदांत का पल्ला पकड़ा उसी प्रकार उस निराकार ईश्वर की भक्ति के लिए सूफियों का प्रेमतत्व लिया और अपना 'निर्गुण पंथ' धूमधाम से निकाला। बात यह थी कि भारतीय भक्तिमार्ग साकार और सगुण रूप को लेकर चला था, निर्गुण और निराकार ब्रह्म भक्ति या प्रेम का विषय नहीं माना जाता। इसमें कोई संदेह नहीं कि कबीर ने ठीक मौके पर जनता के उस बड़े भाग को सँभाला जो नाथपंथियों के प्रभाव से प्रेमभाव और भक्तिरस से शून्य और शुष्क पड़ता जा रहा था। उनके द्वारा यह बहुत ही आवश्यक कार्य हुआ। इसके साथ ही मनुष्यत्व की सामान्य भावना को आगे करके निम्न श्रेणी की जनता में उन्होंने आत्मगौरव का भाव जगाया और भक्ति के ऊँचे-से ऊँचे सोपान की ओर बढ़ने के लिए बढ़ावा दिया। उनका 'निर्गुणपंथ' चल निकला जिसमें नानक, दादू, मलूकदास आदि अनेक संत हुए।

कबीर तथा अन्य निर्गुणपंथी संतों के द्वारा अंतस्साधना में रागात्मिका 'भक्ति' और 'ज्ञान' का योग तो हुआ, पर 'कर्म' की दशा वही रही जो नाथपंथियों के यहाँ थी। इन संतों के ईश्वर ज्ञानस्वरूप और प्रेमस्वरूप ही रहे, धर्मस्वरूप न हो पाये। ईश्वर के धर्मस्वरूप को लेकर, उस स्वरूप को लेकर, जिसकी रमणीय अभिव्यक्ति लोक की रक्षा और रंजन में होती है, प्राचीन वैष्णव भक्तिमार्ग की रामभक्ति शाखा उठी। कृष्णभक्ति शाखा केवल प्रेमस्वरूप ही लेकर नयी उमंग से फैली।

यहाँ पर एक बात की ओर ध्यान दिला देना आवश्यक प्रतीत होता है। साधना के जो तीन अवयव—कर्म, ज्ञान और भक्ति—कहे गये हैं, वे सब काल पाकर दोषग्रस्त हो सकते हैं। 'कर्म' अर्थशून्य विधि-विधानों से निकम्मा हो सकता है, 'ज्ञान' रहस्य और गुह्य की भावना से पाखंडपूर्ण हो सकता है और 'भक्ति' इंद्रियोपभोग की वासना

से कलुषित हो सकती है। भक्ति की निष्पत्ति श्रद्धा और प्रेम के योग से होती है। जहाँ श्रद्धा या पूज्यबुद्धि का अवयव–जिसका लगाव धर्म से होता है–छोड़कर केवल प्रेम-लक्षणा भक्ति ली जायगी वहाँ वह अवश्य विलासिता से ग्रस्त हो जायगी।

इस दृष्टि से यदि हम देखें तो कबीर का 'ज्ञानपक्ष' तो रहस्य और गुह्य की भावना से विकृत मिलेगा, पर सूफियों से जो प्रेमतत्त्व उन्होंने लिया वह सूफियों के यहाँ चाहे कामवासनाग्रस्त हुआ हो, पर 'निर्गुणपंथ' में अविकृत रहा। यह निस्संदेह प्रशंसा की बात है। वैष्णवों की कृष्णभक्ति शाखा ने केवल प्रेमलक्षणा भक्ति ली; फल यह हुआ कि उसने अश्लील विलासिता की प्रवृत्ति जगायी। रामभक्ति शाखा में भक्ति सर्वांगपूर्ण रही; इससे वह विकृत न होने पायी। तुलसी की भक्तिपद्धति में कर्म (धर्म) और ज्ञान का पूरा सामंजस्य और समन्वय रहा। इधर आजकल अलबत्ता कुछ लोगों ने कृष्णभक्ति शाखा के अनुकरण पर उसमें भी 'माधुर्य भाव' का गुह्य रहस्य घुसाने का उद्योग किया है जिससे 'सखी संप्रदाय' निकल पड़े हैं और राम की भी 'तिरछी चितवन' और 'बाँकी अदा' के गीत गाये जाने लगे हैं।

यह सामान्य भक्तिमार्ग एकेश्वरवाद का एक निश्चित स्वरूप लेकर खड़ा हुआ, जो कभी ब्रह्मवाद की ओर ढलता था और कभी पैगंबरी खुदावाद की ओर। यह 'निर्गुणपंथ' के नाम से प्रसिद्ध हुआ। इसकी ओर ले जानेवाली सबसे पहली प्रवृत्ति जो लक्षित हुई वह ऊँच-नीच और जाति-पाँति के भाव का त्याग और ईश्वर की भक्ति के लिए मनुष्य मात्र के समान अधिकार का स्वीकार था। इस भाव का सूत्रपात भक्तिमार्ग के भीतर महाराष्ट्र और मध्यदेश में नामदेव और रामानंद जी द्वारा हुआ। महाराष्ट्र देश में नामदेव का जन्मकाल शक संवत् 1192 और मृत्युकाल शक संवत् 1272 प्रसिद्ध है। ये दक्षिण के नरुसीबमनी (सतारा जिला) के दरजी थे। पीछे पंढरपुर के विठोबा (विष्णु भगवान्) के मंदिर में भगवद्‌भजन करते हुए अपना दिन बिताते थे।

महाराष्ट्र के भक्तों में नामदेव का नाम सबसे पहले आता है। मराठी भाषा के अभंगों के अतिरिक्त इनकी हिंदी रचनाएँ भी प्रचुर परिमाण में मिलती हैं। इन हिंदी रचनाओं में एक विशेष बात यह पायी जाती है कि कुछ तो सगुणोपासना से संबंध रखती हैं और कुछ निर्गुणोपासना से। इसके समाधान के लिए इनके समय की परिस्थिति की ओर ध्यान देना आवश्यक है। आदिकाल के अन्तर्गत यह कहा जा चुका है कि मुसलमानों के आने पर पठानों के समय में गोरखपंथी योगियों का देश में बहुत प्रभाव था। नामदेव के ही समय में प्रसिद्ध ज्ञानयोगी ज्ञानदेव हुए हैं जिन्होंने अपने को गोरख की शिष्य-परंपरा में बताया है। ज्ञानदेव का परलोकवास बहुत थोड़ी अवस्था में ही हुआ, पर नामदेव उनके उपरांत बहुत दिनों तक जीवित रहे। नामदेव सीधे-सादे सगुण भक्ति मार्ग पर चले जा रहे थे, पर पीछे उस नाथपंथ के प्रभाव के भीतर भी ये लाये गये, जो अंतर्मुख साधना द्वारा सर्वव्यापक निर्गुणब्रह्म के साक्षात्कार को ही मोक्ष का मार्ग मानता था। लाने वाले थे ज्ञानदेव।

एक बार ज्ञानदेव इन्हें साथ लेकर तीर्थयात्रा को निकले। मार्ग में ये अपने प्रिय विग्रह विठोबा (भगवान्) के वियोग में व्याकुल रहा करते थे। ज्ञानदेव इन्हें बराबर समझाते जाते थे कि भगवान् क्या एक ही जगह हैं; वे तो सर्वत्र हैं, सर्वव्यापक हैं। यह मोह छोड़ो। तुम्हारी भक्ति अभी एकांगी है, जब तक निर्गुण पक्ष की भी अनुभूति तुम्हें न होगी, तब तक तुम पक्के न होगे। ज्ञानदेव की बहन मुक्ताबाई के कहने पर एक दिन 'संतपरीक्षा' हुई। जिस गाँव में यह संत मंडली उतरी थी, उसमें एक कुम्हार रहता था। मंडली के सब संत चुपचाप बैठ गये। कुम्हार घड़ा पीटने का पिटना लेकर सबके सिर पर जमाने लगा। चोट पर चोट खाकर भी कोई विचलित न हुआ। पर जब नामदेव की ओर बढ़ा तब वे बिगड़ खड़े हुए। इस पर वह कुम्हार बोला, 'नामदेव को छोड़ और सब घड़े पक्के हैं।' बेचारे नामदेव कच्चे घड़े ठहराये गये। इस कथा से यह स्पष्ट लक्षित हो जाता है कि नामदेव को नाथपंथ के योगमार्ग की ओर प्रवृत्त करने के लिए ज्ञानदेव की ओर से तरह-तरह के प्रयत्न होते रहे।

सिद्ध और योगी निरंतर अभ्यास द्वारा अपने शरीर को बिलक्षण बना लेते थे। खोपड़ी पर चोटें खा-खाकर उसे पक्की करना उनके लिए कोई कठिन बात न थी। अब भी एक प्रकार के मुसलमान फकीर अपने शरीर पर जोर-जोर से डंडे जमाकर भिक्षा माँगते हैं।

नामदेव किसी गुरु मे दीक्षा लेकर अपनी सगुण भक्ति में प्रवृत्त नहीं हुए थे, अपने ही हृदय की स्वाभाविक प्रेरणा से हुए थे। ज्ञानदेव बराबर उन्हें 'बिन गुरु होइ न ज्ञान' समझाते आते थे। संतों के बीच निर्गुण ब्रह्म के संबंध में जो कुछ कहा-सुना जाता है और ईश्वरप्राप्ति की जो साधना बतायी जाती है, वह किसी गुरु की सिखाई हुई होती है। परमात्मा के शुद्ध निर्गुणस्वरूप के ज्ञान के लिए ज्ञानदेव का आग्रह बराबर बढ़ता गया। गुरु के अभाव के कारण किस प्रकार नामदेव में परमात्मा की सर्वव्यापकता का उदार भाव नहीं जग पाया था और भेदभाव बना था, इस पर भी एक कथा चली आती है। कहते हैं कि एक दिन स्वयं विठोबा (भगवान्) एक मुसलमान फकीर का रूप धरकर नामदेव के सामने आये। नामदेव ने उन्हें नहीं पहचाना। तब उनसे कहा गया कि वे तो परब्रह्म भगवान् ही थे। अंत में बेचारे नामदेव ने नागनाथ नामक शिव के स्थान पर जाकर बिसोबा खेचर या खेचरनाथ नामक एक नाथपंथी कनफटे से दीक्षा ली। इसके संबंध में उनके ये वचन हैं—

मन मेरी सुई, तन मेरा धागा। खेचरजी के चरण पर नामा सिंपी लागा।
सुफल जन्म मोको गुरु कीना। दुख बिसार सुख अंतर दीना।।
ज्ञान दान मोको गुरु दीना। राम नाम बिन जीवन हीना।।
किस हूँ पूजूँ दूजा नजर न आई।
एके पाथर किज्जे भाव। दूजे पाथर धरिए पाव।।
जो वो देव तो हम वी देव। कहै नामदेव हम हरि की सेव।।

यह बात समझ रखनी चाहिए कि नामदेव के समय में ही देवगिरि पर पठानों की चढ़ाइयाँ हो चुकी थीं और मुसलमान महाराष्ट्र में भी फैल गये थे। इसके पहले से ही गोरखनाथ के अनुयायी हिंदुओं और मुसलमानों दोनों के लिए अंतस्साधना के एक सामान्य मार्ग का उपदेश देते आ रहे थे।

इनकी भक्ति के अनेक चमत्कार भक्तमाल में लिखे हैं, जैसे—विठोबा (ठाकुर जी) की मूर्ति का इनके हाथ से दूध पीना, अविंद नागनाथ के शिवमंदिर के द्वार पर इनकी ओर घूम जाना इत्यादि। इनके माहात्म्य ने यह सिद्ध कर दिखाया कि 'जाति-पाँति पूछै नहिं कोई। हरि को भजै सो हरि का होई।'

इनकी इष्ट सगुणोपासना के कुछ पद नीचे दिये जाते हैं जिनमें शबरी, केवट आदि की सुगति तथा भगवान् की अवतार लीला का कीर्तन बड़े प्रेमभाव से किया गया है—

अंबरीष को दियो अभय पद, राज विभीषण अधिक कर्‌यो।
नव निधि ठाकुर दई सुदामहिं, ध्रुव जो अटल अजहूँ न टर्‌यो।
भगत हेत मार्‌यो हरिनाकुस, नृसिंह रूप ह्वै देह धर्‌यो।
नामा कहै भगति बस केसव, अजहूँ बलि के द्वार खरो।।

× × ×

दसरथरायनंद राजा मेरा रामचंद। प्रणवै नामा तत्व रस अमृत पीजै।।

× × ×

धनि-धनि मेघा रोमावली, धनि-धनि कृष्ण ओढ़े कावँली।
धनि-धनि तू माता देवकी, जिह गृह रमैया कँवलापती।
धनि-धनि बनखंड वृंदाबना, जहँ खेले श्रीनारायना।
बेनु बजावै, गोधन चारै, नामे का स्वामि आनँद करै।।

यह तो हुई नामदेव की व्यक्तोपासना संबंधी हृदयप्रेरित रचना। आगे गुरु से सीखे हुए ज्ञान की उद्धरणी अर्थात् 'निर्गुन बानी' भी कुछ देखिए—

माइ न होती, बाप न होते, कर्म्म न होता काया।
हम नहिं होते, तुम नहिं होते, कौन कहाँ ते आया।
चंद न होता, सूर न होता, पानी पवन मिलाया।
शास्त्र न होता, वेद न होता, करम कहाँ ते आया।।

× × ×

पांडे तुम्हरी गायत्री लोधे का खेत खाती थी।
लैकरि ठेंगा टँगरी तोरी लंगत लंगत आती थी।।
पांडे तुम्हरा महादेव धौल बलद चढ़ा आवत देखा था।
पांडे तुम्हरा रामचंद सो भी आवत देखा था।।
रावन सेंती सरबर होई, घर की जोय गँवाई थी।

हिंदू अंधा तुरुकौ काना, दुवौ ते ज्ञानी सयाना।।
हिंदू पूजै देहरा, मुसलमान मसीद।
नामा सोई सेविया जहँ देहरा न मसीद।।

सगुणोपासक भक्त भगवान् के सगुण और निर्गुण दोनों रूप मानता है, पर भक्ति के लिए सगुण रूप ही स्वीकार करता है, निर्गुण रूप ज्ञानमार्गियों के लिए छोड़ देता है। सब सगुणमार्गी भक्त भगवान् के व्यक्त रूप के साथ-साथ उनके अव्यक्त और निर्विशेष रूप का भी निर्देश करते आये हैं जो बोधगम्य नहीं। वे अव्यक्त की ओर संकेत भर करते हैं, उसके विवरण में प्रवृत्त नहीं होते। नामदेव क्यों प्रवृत्त हुए, यह ऊपर दिखाया जा चुका है। जबकि उन्होंने एक गुरु से ज्ञानोपदेश लिया तब शिष्यधर्मानुसार उसकी उद्धरणी आवश्यक हुई।

नामदेव की रचनाओं में यह बात साफ दिखाई पड़ती है कि सगुण भक्ति के पदों की भाषा तो ब्रज या परंपरागत काव्य भाषा है, पर 'निर्गुण बानी' की भाषा नाथपंथियों द्वारा गृहीत खड़ी बोली या सधुक्कड़ी भाषा।

नामदेव की रचना के आधार पर यह कहा जा सकता है कि 'निर्गुणपंथ' के लिए मार्ग निकालनेवाले नाथपंथ के योगी और भक्त नामदेव थे। जहाँ तक पता चलता है, 'निर्गुण मार्ग' के निर्दिष्ट प्रवर्तक कबीरदास ही थे जिन्होंने एक ओर तो स्वामी रामानंदजी के शिष्य होकर भारतीय अद्वैतवाद की कुछ स्थूल बातें ग्रहण कीं और दूसरी ओर योगियों और सूफी फकीरों के संस्कार प्राप्त किये। वैष्णवों से उन्होंने अहिंसावाद और प्रपत्तिवाद लिये। इसी से उनके तथा 'निर्गुणवाद' वाले दूसरे संतों के वचनों में कहीं भारतीय अद्वैतवाद की झलक मिलती है तो कहीं योगियों के नाड़ीचक्र की, कहीं सूफियों के प्रेमतत्व की, कहीं पैगंबरी कट्टर खुदावाद की और कहीं अहिंसावाद की। अतः तात्विकता से न तो हम इन्हें पूरे अद्वैतवादी कह सकते हैं और न एकेश्वरवादी। दोनों का मिलाजुला भाव इनकी बानी में मिलता है। इनका लक्ष्य एक ऐसी सामान्य भक्ति पद्धति का प्रचार था जिसमें हिंदू और मुसलमान दोनों योग दे सकें और भेदभाव का कुछ परिहार हो। बहुदेवोपासना, अवतार और मूर्तिपूजा का खंडन ये मुसलमानी जोश के साथ करते थे और मुसलमानों की कुरबानी (हिंसा), नमाज, रोजा आदि की असारता दिखाते हुए ब्रह्म, माया, जीव, अनहद नाद, सृष्टि, प्रलय आदि की चर्चा पूरे हिंदू ब्रह्म-ज्ञानी बनकर करते थे। सारांश यह कि ईश्वरपूजा की उन भिन्न-भिन्न बाह्य विधियों पर से ध्यान हटाकर, जिनके कारण धर्म में भेदभाव फैला हुआ था, ये शुद्ध ईश्वर-प्रेम और सात्विक जीवन का प्रचार करना चाहते थे।

इस प्रकार देश में सगुण और निर्गुण के नाम से भक्तिकाव्य की दो धाराएँ विक्रम की पंद्रहवीं शताब्दी के अंतिम भाग से लेकर सत्रहवीं शताब्दी के अंत तक समानांतर चलती रहीं। भक्ति के उत्थान-काल के भीतर हिंदी भाषा की कुछ विस्तृत रचना पहले पहल कबीर ही की मिलती है अतः पहले निर्गुण मत के संतों का उल्लेख

उचित ठहरता है। यह निर्गुण धारा दो शाखाओं में विभक्त हुई—एक तो ज्ञानाश्रयी शाखा और दूसरी शुद्ध प्रेममार्गी शाखा (सूफियों की)।

पहली शाखा भारतीय ब्रह्मज्ञान और योगसाधना को लेकर तथा उसमें सूफियों के प्रेमतत्व को मिलाकर उपासना के क्षेत्र में अग्रसर हुई और सगुण के खंडन में उसी जोश के साथ तत्पर रही। जिस जोश के साथ पैगंबरी मत बहुदेवोपासना और मूर्तिपूजा आदि के खंडन में रहते हैं। इस शाखा की रचनाएँ साहित्यिक नहीं हैं—फुटकल दोहों या पदों के रूप में हैं जिनकी भाषा और शैली अधिकतर अव्यवस्थित और ऊटपटाँग है। कबीर आदि दो-एक प्रतिभासंपन्न संतों को छोड़कर औरों में ज्ञानमार्ग की सुनी-सुनाई बातों का पिष्टपेषण तथा हठयोग की बातों के कुछ रूपक भद्दी तुकबंदियों में हैं। भक्तिरस में मग्न करने वाली सरसता भी बहुत कम पाई जाती है। बात यह है कि इस पंथ का प्रभाव शिष्ट और शिक्षित जनता पर नहीं पड़ा, क्योंकि उसके लिए न तो इस पंथ में कोई नयी बात थी, न नया आकर्षण। संस्कृत बुद्धि, संस्कृत हृदय और संस्कृत वाणी का वह विकास इस शाखा में नहीं पाया जाता जो शिक्षित समाज को अपनी ओर आकर्षित करता। पर अशिक्षित और निम्न श्रेणी की जनता पर इन संत-महात्माओं का बड़ा भारी उपकार है। उच्च विषयों का कुछ आभास देकर, आचरण की शुद्धता पर जोर देकर, आडंबरों का तिरस्कार करके, आत्मगौरव का भाव उत्पन्न करके, इन्होंने इसे ऊपर उठाने का स्तुत्य प्रयत्न किया। पाश्चात्यों ने इन्हें जो 'धर्मसुधारक' की उपाधि दी है, वह इसी बात को ध्यान में रखकर।

दूसरी शाखा शुद्ध प्रेममार्गी सूफी कवियों की है जिनकी प्रेमगाथाएँ वास्तव में साहित्य कोटि के भीतर आती हैं। इस शाखा के सब कवियों ने कल्पित कहानियों के द्वारा प्रेममार्ग का महत्व दिखाया है। इन साधक कवियों ने लौकिक प्रेम के बहाने उस 'प्रेमतत्व' का आभास दिया है जो प्रियतम ईश्वर से मिलनेवाला है। इन प्रेम कहानियों का विषय तो वही साधारण होता है अर्थात् किसी राजकुमार का किसी राजकुमारी के अलौकिक सौंदर्य की बात सुनकर उसके प्रेम में पागल होना और घर-बार छोड़कर निकल पड़ना तथा अनेक कष्ट और आपत्तियाँ झेलकर अन्त में उस राजकुमारी को प्राप्त करना। पर 'प्रेम की पीर' की जो व्यंजना होती है, वह ऐसे विश्वव्यापक रूप में होती है कि वह प्रेम इस लोक से परे दिखाई पड़ता है।

हमारा अनुमान है कि सूफी कवियों ने जो कहानियाँ ली हैं वे सब हिंदुओं के घर में बहुत दिनों से चली आती कहानियाँ हैं जिनमें आवश्यकतानुसार उन्होंने हेरफेर किया है। कहानियों का मार्मिक आधार हिंदू है। मनुष्य के साथ पशु-पक्षी और पेड़-पौधों को भी सहानुभूति सूत्र में बद्ध दिखाकर एक अखंड जीवनसमष्टि का आभास देना हिंदू प्रेम कहानियों की विशेषता है। मनुष्य के घोर दुख पर वन के वृक्ष भी रोते हैं, पक्षी भी संदेशे पहुँचाते हैं। यह बात इन कहानियों में मिलती है।

शिक्षितों और विद्वानों की काव्यपरंपरा में यद्यपि अधिकतर आश्रयदाता राजाओं के चरितों और पौराणिक या ऐतिहासिक आख्यानों की ही प्रवृत्ति थी, पर साथ ही कल्पित कहानियों का भी चलन था, इसका पता लगता है। दिल्ली के बादशाह सिकन्दरशाह (संवत् 1546-1574) के समय में कवि ईश्वरदास ने 'सत्यवती कथा' नाम की एक कहानी दोहे, चौपाइयों में लिखी थी जिसका आरंभ तो व्यास-जनमेजय के संवाद से पौराणिक ढंग पर होता है, पर जो अधिकतर कल्पित, स्वच्छंद और मार्मिक मार्ग पर चलने वाली है। वनवास के समय पांडवों को मार्कंडेय ऋषि मिले जिन्होंने यह कथा सुनायी–

मथुरा के राजा चंद्रउदय को कोई संतति न थी। शिव की तपस्या करने पर उनके वर से राजा को सत्यवती नाम की एक कन्या हुई। वह जब कुमारी हुई तब नित्य एक सुंदर सरोवर में स्नान करके शिव का पूजन किया करती। इंद्रपति नामक एक राजा के ऋतुवर्ण आदि चार पुत्र थे। एक दिन ऋतुवर्ण शिकार खेलते-खेलते घोर जंगल में भटक गया। एक स्थान पर उसे एक कल्पवृक्ष दिखाई पड़ा जिसकी शाखाएँ तीस कोस तक फैली थीं। उस पर चढ़ कर चारों ओर दृष्टि दौड़ाने पर उसे एक सुंदर सरोवर दिखाई पड़ा जिसमें कई कुमारियाँ स्नान कर रही थीं। वह जब उतर कर वहाँ गया तो सत्यवती को देख मोहित हो गया। कन्या का मन भी उसे देखकर कुछ डोल गया। ऋतुवर्ण जब उसकी ओर एकटक ताकता रह गया तब सत्यवती को क्रोध आ गया और उसने यह कह कर कि–

एक चित्त हमैं चितवै जस जोगी चित जोग।
धरम न जानसि पापी, कहसि कौन तैं लोग।।

शाप दिया कि 'तू कोढ़ी और व्याधिग्रस्त हो जा।'

ऋतुवर्ण वैसा ही हो गया और फूट-फूट कर रोने लगा–

रोवै व्याधी बहुत पुकारी। छोहन ब्रिछ रोवैं सब झारी।।
बाघ सिंह रोवत बन माहीं। रोवत पंछी बहुत ओनाहीं।।

यह व्यापक विलाप सुनकर सत्यवती उस कोढ़ी के पास जाती है; पर वह उसे यह कहकर हटा देता है कि 'तुम जाओ, अपना हँसो खेलो।' सत्यवती का पिता राजा एक दिन जब उधर से निकला तब कोढ़ी के शरीर से उठी दुर्गंध से व्याकुल हो गया। घर आकर उस दुर्गंध की शांति के लिए राजा ने बहुत दान-पुण्य किया। जब राजा भोजन करने बैठा तब उसकी कन्या वहाँ न थी। राजा कन्या के बिना भोजन ही न करता था। कन्या को बुलाने जब राजा के दूत गये तब वह शिव की पूजा छोड़कर न आयी। इस पर राजा ने क्रुद्ध होकर दूतों से कहा कि सत्यवती को जाकर उसी कोढ़ी को सौंप दो। दूतों का वचन सुनकर कन्या नीम की टहनी लेकर उस कोढ़ी की सेवा के लिए चल पड़ी और उससे कहा–

तोहि छाँड़ि अब मैं कित जाऊँ। माइ-बाप सौंपा तुव ठाँऊ।।

कन्या प्रेम से उसकी सेवा करने लगी और एक दिन उसे कंधे पर बिठाकर सत्यवती तीर्थस्थान कराने ले गयी, जहाँ बहुत-से देवता, मुनि, किन्नर आदि निवास करते थे। वहाँ जाकर सत्यवती ने कहा, 'यदि मैं सच्ची सती हूँ तो रात हो जाय।' इस पर चारों ओर घोर अंधकार छा गया। सब देवता तुरंत सत्यवती के पास दौड़े आये। सत्यवती ने उनसे ऋतुवर्ण को सुंदर शरीर प्राप्त करने का वर माँगा। व्याधिग्रस्त ऋतुवर्ण ने तीर्थ में स्नान किया और उसका शरीर निर्मल हो गया। देवताओं ने दोनों का विवाह करा दिया।

ईश्वरदास ने ग्रंथ के रचनाकाल का उल्लेख इस प्रकार किया है–

भादौं मास पाष उजियारा। तिथि नौमी औ मंगलवारा।।
नषत अस्विनी, मेष क चंदा। पंच जना सो सदा अनंदा।।
जोगिनीपुर दिल्ली बड़ थाना। साह सिकंदर बड़ सुल्ताना।।
कंठे बैठ सरसुती विद्या गनपति दीन्ह।
ता दिन कथा आरंभ यह इसरदास कवि कीन्ह।।

पुस्तक में पाँच-पाँच चौपाइयों (अर्द्धालियों) पर एक दोहा है। इस प्रकार 58 दोहे पर यह समाप्त हो गयी है। भाषा अयोध्या के आस-पास की ठीक ठेठ अवधी है। 'बाटै' (= है) का प्रयोग जगह-जगह है। यही अवधी भाषा, चौपाई, दोहे का क्रम और कहानी का रूप-रंग सूफी कवियों ने ग्रहण किया। आख्यान काव्यों के लिए चौपाई, दोहे की परंपरा बहुत पुराने (विक्रम की ग्यारहवीं शती के) जैन चरित काव्यों में मिलती है, इसका उल्लेख पहले हो चुका है।

सूफियों के प्रेमप्रबंधों में खंडन-मंडन की बुद्धि को किनारे रखकर, मनुष्य के हृदय को स्पर्श करने का ही प्रयत्न किया गया है जिससे इनका प्रभाव हिंदुओं और मुसलमानों पर समान रूप से पड़ता है। बीच-बीच में रहस्यमय परोक्ष की ओर जो मधुर संकेत मिलते हैं, वे बड़े हृदयग्राही होते हैं। कबीर में जो रहस्यवाद मिलता है वह बहुत कुछ उन पारिभाषिक संज्ञाओं के आधार पर है जो वेदांत और हठयोग में निर्दिष्ट हैं। पर इन प्रेमप्रबंधकारों ने जिस रहस्यवाद का आभास बीच-बीच में दिया है, उसके संकेत स्वाभाविक और मर्मस्पर्शी हैं। शुद्ध प्रेममार्गी सूफी कवियों की शाखा में सबसे प्रसिद्ध जायसी हुए, जिनकी 'पद्मावत' हिंदी काव्यक्षेत्र में एक अद्भुत रत्न है। इस संप्रदाय के सब कवियों ने पूरबी हिंदी अर्थात् अवधी का व्यवहार किया है जिसमें गोस्वामी तुलसीदासजी ने अपना रामचरितमानस लिखा है।

अपना भावात्मक रहस्यवाद लेकर सूफी जब भारत आये तब यहाँ उन्हें केवल साधनात्मक रहस्यवाद योगियों, रसायनियों और तांत्रिकों में मिला। रसेश्वरदर्शन का उल्लेख 'सर्वदर्शनसंग्रह' में है। जायसी आदि सूफी कवियों ने हठयोग और रसायन की कुछ बातों को भी कहीं-कहीं अपनी कहानियों में स्थान दिया है।

उत्तर मध्यकाल
(रीतिकाल 1700-1900)

सामान्य परिचय

हिंदी काव्य अब पूर्ण प्रौढ़ता को पहुँच गया था। संवत् 1598 में कृपाराम थोड़ा-बहुत रसनिरूपण भी कर चुके थे। उसी समय के लगभग चरखारी के मोहनलाल मिश्र ने 'शृंगारसागर' नामक एक ग्रंथ शृंगारसंबंधी लिखा। नरहरि कवि के साथी करनेस कवि ने 'कर्णाभरण' श्रुतिभूषण' और 'भूपभूषण' नामक तीन ग्रंथ अलंकार संबंधी लिखे। रसनिरूपण और अलंकारनिरूपण का इस प्रकार सूत्रपात हो जाने पर केशवदास जी ने काव्य के सब अंग का निरूपण शास्त्रीय पद्धति पर किया। इसमें संदेह नहीं कि काव्यरीति का सम्यक् समावेश पहले-पहल आचार्य केशव ने ही किया। पर हिंदी में रीतिग्रंथों की अविरल और अखंडित परंपरा का प्रवाह केशव की 'कविप्रिया' के प्रायः 50 वर्ष पीछे चला और वह भी एक भिन्न आदर्श को लेकर, केशव के आदर्श को लेकर नहीं।

केशव के प्रसंग में यह पहले कहा जा चुका है कि वे काव्य में अलंकारों का स्थान प्रधान समझने वाले चमत्कारवादी कवि थे। उनकी इस मनोवृत्ति के कारण ही हिंदी साहित्य के इतिहास में एक विचित्र संयोग घटित हुआ। संस्कृत साहित्यशास्त्र के विकासक्रम की एक संक्षिप्त उद्धरणी हो गयी। साहित्य की मीमांसा क्रमशः बढ़ते-बढ़ते जिस स्थिति पर पहुँच गयी थी, उस स्थिति से सामग्री न लेकर केशव ने उसके पूर्व की स्थिति से सामग्री ली। उन्होंने हिंदी पाठकों को काव्यांगनिरूपण की उस पूर्व दिशा का परिचय कराया जो भामह और उद्भट के समय में थी; उस उत्तर दशा का नहीं जो आनंदवर्धनाचार्य, मम्मट और विश्वनाथ द्वारा विकसित हुई। भामह और उद्भट के समय से अलंकार और अलंकार्य का स्पष्ट भेद नहीं हुआ था; रस, रीति, अलंकार आदि सबके लिए 'अलंकार' शब्द का व्यवहार होता था। यही बात हम केशव की 'कविप्रिया' में भी पाते हैं। उसमें 'अलंकार' के 'सामान्य' और 'विशेष' दो भेद करके 'सामान्य' के अंतर्गत वर्ण्य-विषय और 'विशेष' के अंतर्गत वास्तविक अलंकार रखे गये हैं।

पर केशवदास के उपरांत तत्काल रीतिग्रंथों की परंपरा चली नहीं। कविप्रिया के 50 वर्ष पीछे उसकी अखंड परंपरा का आरंभ हुआ। यह परंपरा केशव के दिखाये हुए पुराने आचार्यों (भामह, उद्भट आदि) के मार्ग पर न चलकर परवर्ती आचार्यों के परिष्कृत मार्ग पर चली जिसमें अलंकार अलंकार्य का भेद हो गया था। हिंदी के अलंकारग्रंथ अधिकतर 'चंद्रालोक' और 'कुवलयानंद' के अनुसार निर्मित हुए। कुछ ग्रंथों में 'काव्यप्रकाश' और 'साहित्यदर्पण' का भी आधार पाया जाता है। काव्य के स्वरूप और अंगों के संबंध में हिंदी के रीतिकार कवियों ने संस्कृत के इन परवर्ती ग्रंथों का मत ग्रहण किया। इस प्रकार दैवयोग से संस्कृत साहित्यशास्त्र के इतिहास की संक्षिप्त उद्धरणी हिंदी में हो गयी।

हिंदी रीतिग्रंथों की परंपरा चिंतामणि त्रिपाठी से चली, अतः रीतिकाल का आरंभ उन्हीं से मानना चाहिए। उन्होंने संवत् 1700 के कुछ आगे-पीछे 'काव्यविवेक' 'कविकुलकल्पतरु' और 'काव्यप्रकाश' ये तीन ग्रंथ लिखकर काव्य के सब अंगों का पूरा निरूपण किया और पिंगल या छंदशास्त्र पर भी एक पुस्तक लिखी। उसके उपरांत तो लक्षणग्रंथों की भरमार-सी होने लगी। कवियों ने कविता लिखने की एक प्रणाली ही बना ली कि पहले दोहे में अलंकार या रस का लक्षण लिखना फिर उसके उदाहरण के रूप में कविता या सवैया लिखना। हिंदी साहित्य में यह अनूठा दृश्य खड़ा हुआ। संस्कृत साहित्य में कवि और आचार्य दो भिन्न-भिन्न श्रेणियों के व्यक्ति रहे। हिंदी काव्यक्षेत्र में यह भेद लुप्त-सा हो गया। इस एकीकरण का प्रभाव अच्छा नहीं पड़ा। आचार्यत्व के लिए जिस सूक्ष्म विवेचन या पर्यालोचन शक्ति की अपेक्षा होती है उसका विकास नहीं हुआ। कवि लोग एक ही दोहे में अपर्याप्त लक्षण देकर अपने कविकर्म में प्रवृत्त हो जाते थे। काव्यांगों का विस्तृत विवेचन, तर्क द्वारा खंडन-मंडन, नये-नये सिद्धांतों का प्रतिपादन आदि कुछ भी न हुआ। इसका कारण यह भी था कि उस समय गद्य का विकास नहीं हुआ था। जो कुछ लिखा जाता था वह पद्य में ही लिखा जाता था। पद्य में किसी बात की सम्यक् मीमांसा या उस पर तर्क-वितर्क हो नहीं सकता। इस अवस्था में 'चंद्रालोक' की यह पद्धति ही सुगम दिखाई पड़ी कि एक श्लोक या एक चरण में ही लक्षण कहकर छुट्टी ली।

उपर्युक्त बातों पर ध्यान देने से यह स्पष्ट हो जाता है कि हिंदी में लक्षणग्रंथ की परिपाटी पर रचना करने वाले जो सैकड़ों कवि हुए हैं वे आचार्य की कोटि में नहीं आ सकते। वे वास्तव में कवि ही थे। उनमें आचार्य के गुण नहीं थे। उनके लक्षण साहित्यशास्त्र का सम्यक् बोध कराने में असमर्थ हैं। बहुत स्थलों पर तो उनके द्वारा अलंकार आदि के स्वरूप का भी ठीक-ठीक बोध नहीं हो सकता। कहीं-कहीं तो उदाहरण भी ठीक नहीं हैं। 'शब्दशक्ति' का विषय तो दो ही चार कवियों ने नाममात्र के लिए लिया है जिससे उस विषय का स्पष्ट बोध होना तो दूर रहा, कहीं-कहीं भ्रांत धारणा अवश्य उत्पन्न हो सकती है। काव्य के साधारणतः दो भेद किए जाते

हैं—श्रव्य और दृश्य। इनमें से दृश्य काव्य का निरूपण तो छोड़ ही दिया गया। सारांश यह कि इन रीति ग्रन्थों पर ही निर्भर रहने वाले व्यक्ति का साहित्यज्ञान कच्चा ही समझा जाना चाहिए। यह सब लिखने का अभिप्राय यहाँ केवल इतना ही है कि यह न समझा जाय की रीतिकाल के भीतर साहित्यशास्त्र पर गंभीर और विस्तृत विवेचन तथा नयी-नयी बातों की उद्‌भावना होती रही।

केशवदास के वर्णन में यह दिखाया जा चुका है कि उन्होंने सारी सामग्री कहाँ-कहाँ से ली। आगे होने वाले लक्षण ग्रंथकार कवियों ने सारे लक्षण और भेद संस्कृत की पुस्तकों से लेकर लिखे हैं जो कहीं-कहीं अपर्याप्त हैं। अपनी ओर से उन्होंने न तो अलंकार क्षेत्र में कुछ मौलिक विवेचन किया, न रस क्षेत्र में। काव्यांगों का विस्तृत समावेश दास जी ने अपने 'काव्यनिर्णय' में किया है। अलंकारों को जिस प्रकार उन्होंने बहुत-से छोटे-छोटे प्रकरणों में बाँटकर रखा है उससे भ्रम हो सकता है कि शायद किसी आधार पर उन्होंने अलंकारों का वर्गीकरण किया है। पर वास्तव में उन्होंने किसी प्रकार के वर्गीकरण का प्रयत्न नहीं किया है। दास जी की एक नयी योजना अवश्य ध्यान देने योग्य है। संस्कृत काव्य में अंत्यानुप्रास या तुक का चलन नहीं था, इससे संस्कृत के साहित्यग्रंथों में उसका विचार नहीं हुआ है। पर हिंदी काव्य में वह बराबर आरंभ से ही मिलता है। अतः दास जी ने अपनी पुस्तक में उसका विचार करके बड़ा ही आवश्यक कार्य किया।

भूषण का 'भाविक छवि' एक नया अलंकार-सा दिखाई पड़ता है, पर वास्तव में संस्कृत ग्रंथों के 'भाविक' का ही एक दूसरा या प्रवर्द्धित रूप है। 'भाविक' का संबंध कालगत दूरी से है; इसका देशगत से। बस इतना ही अंतर है।

दास जी के 'अतिशयोक्ति' के पाँच नये दिखाई पड़ने वाले भेदों में से चार तो भेदों के भिन्न-भिन्न योग हैं। पाँचवाँ 'संभावनातिशयोक्ति' तो संबंधातिशयोक्ति ही है।

देव कवि का संचारियों के बीच 'छल' बढ़ा देना लोगों को नयी सूझ समझ पड़ा है। उन्हें समझना चाहिए कि देव ने जैसे और सब बातें संस्कृत की 'रसतरंगिणी' से ली हैं वैसे ही यह 'छल' भी। सच पूछिए तो 'छल' का अंतर्भाव अवहित्था में हो जाता है।

इस बात का संकेत पहले किया जा चुका है कि हिंदी के पद्यबद्ध लक्षणग्रंथों में दिये हुए लक्षणों और उदाहरणों में बहुत जगह गड़बड़ी पायी जाती है। अब इस गड़बड़ी के संबंध में दो बातें कही जा सकती हैं। या तो यह कहें कि कवियों ने अपना मतभेद प्रकट करने के लिए जानबूझकर भिन्नता कर दी है अथवा प्रमादवश और-का-और समझकर। मतभेद तो तब कहा जाता जब कहीं कोई नूतन विचारपद्धति मिलती। अतः दूसरा कारण ही ठहरता है। कुछ उदाहरणों से यह स्पष्ट हो जाएगा—

1. केशवदास ने रूपक के तीन भेद दंडी से लिये—अद्‌भुत रूपक, विरुद्ध रूपक

और रूपक रूपक। इनमें से प्रथम का लक्षण भी स्वरूप व्यक्त नहीं करता और उदाहरण भी 'अधिक-ताद्रूप्य रूपक' का हो गया है। विरुद्ध रूपक भी दंडी से नहीं मिलता और रूपकातिशयोक्ति हो गया है। रूपक रूपक दंडी के अनुसार वहाँ होता है जहाँ प्रस्तुत पर एक अप्रस्तुत का आरोप करके फिर दूसरे अप्रस्तुत का भी आरोप कर दिया जाता है। केशव के न तो लक्षण से यह बात प्रकट होती है, न उदाहरण से। उदाहरण में दंडी के उदाहरण का ऊपरी ढाँचा भर झलकता है, पर असल बात का पता नहीं है। इससे स्पष्ट है कि बिना ठीक तात्पर्य समझे ही लक्षण और उदाहरण हिंदी में दे दिये गये हैं।

2. भूषण क्या प्रायः सब हिंदी कवियों ने 'भ्रम' 'संदेह' और 'स्मरण' अलंकारों के लक्षणों में सादृश की बात छोड़ दी है। इससे बहुत जगह उदाहरण अलंकार के न होकर भाव के हो गये हैं। भूषण का उदाहरण सबसे गड़बड़ है।

3. शब्दशक्ति का विषय दास ने थोड़ा-सा लिया है, पर उससे उसका कुछ भी बोध नहीं हो सकता। 'उपादान लक्षणा' का लक्षण भी विलक्षण है और उदाहरण भी असंगत। उदाहरण से साफ झलकता है कि इस लक्षण का स्वरूप ही समझने में भ्रम हुआ है।

जबकि काव्यांगों का स्वतंत्र विवेचन ही नहीं हुआ तब तरह-तरह के 'वाद' कैसे प्रतिष्ठित होते? संस्कृत साहित्य में जैसे अलंकारवाद, रीतिवाद, रसवाद, ध्वनिवाद, वक्रोक्तिवाद इत्यादि अनेक वाद पाये जाते हैं, वैसे वादों के लिए हिंदी के रीतिक्षेत्र में रास्ता ही नहीं निकला। केशव को ही अलंकार आवश्यक मानने के कारण अलंकारवादी कह सकते हैं। केशव के उपरांत रीतिकाल में होने वाले कवियों ने किसी वाद का निर्देश नहीं किया। वे रस को ही काव्य की आत्मा या प्रधान वस्तु मानकर चले। महाराज जसवंत सिंह ने अपने 'भाषाभूषण' की रचना 'चंद्रालोक' के आधार पर की, पर उसके अलंकार की अनिवार्यता वाले सिद्धांत का समावेश नहीं किया।

इन रीतिग्रंथों के कर्ता भावुक, सहृदय और निपुण कवि थे। उनका उद्देश्य कविता करना था, न कि काव्यांगों का शास्त्रीय पद्धति पर निरूपण करना। अतः उनके द्वारा बड़ा भारी कार्य यह हुआ कि रसों (विशेषतः शृंगार रस) और अलंकारों के बहुत ही सरस और हृदयग्राही उदाहरण अत्यंत प्रचुर परिमाण में प्रस्तुत हुए। ऐसे सरस और मनोहर उदाहरण संस्कृत के सारे लक्षणों से चुनकर इकट्ठा करें तो भी उनकी इतनी अधिक संख्या न होगी। अलंकारों की अपेक्षा नायिकाभेद की ओर कुछ अधिक झुकाव रहा। इससे शृंगार रस के अंतर्गत बहुत सुन्दर मुक्तक रचना हिंदी में हुई। इस रस का इतना अधिक विस्तार हिंदी साहित्य में हुआ कि इसके एक-एक अंग को लेकर स्वतंत्र ग्रंथ रचे गये। इस रस का सारा वैभव कवियों ने नायिकाभेद के भीतर दिखाया। रसग्रंथ वास्तव में नायिकाभेद के ही ग्रंथ हैं जिनमें और दूसरे रस पीछे से संक्षेप में चलते कर दिये गये हैं। नायिका शृंगार रस का आलंबन है।

इस आलंबन के अंगों का वर्णन एक स्वतंत्र विषय हो गया और न जाने कितने ग्रंथ केवल नख-शिख वर्णन के लिखे गये। इसी प्रकार उद्दीपन के रूप में षट् ऋतुवर्णन पर भी कई अलग पुस्तकें लिखी गयीं। विप्रलंभ संबंधी 'बारहमासे' भी कुछ कवियों ने लिखे। रीतिग्रंथों की इस परंपरा द्वारा साहित्य के विस्तृत विकास में कुछ बाधा भी पड़ी। प्रकृति की अनेकरूपता, जीवन की भिन्न-भिन्न चिंत्य बातों तथा जगत् के नाना रहस्यों की ओर कवियों की दृष्टि नहीं जाने पायी। वह एक प्रकार से बद्ध और परिमित-सी हो गयी। उसका क्षेत्र संकुचित हो गया। वाग्धारा बँधी हुई नालियों में ही प्रवाहित होने लगी जिससे अनुभव के बहुत-से गोचर और अगोचर विषय रससिक्त होकर सामने आने से रह गये। दूसरी बात यह हुई कि कवियों की व्यक्तिगत विशेषता की अभिव्यक्ति का अवसर बहुत ही कम रह गया। कुछ कवियों के बीच भाषाशैली, पदविन्यास, अलंकारविधान आदि बाहरी बातों का भेद हम थोड़ा-बहुत दिखा सकें, पर उनकी आभ्यंतर प्रवृत्ति के अन्वीक्षण में समर्थ उच्चकोटि की आलोचना की सामग्री बहुत कम पा सकते हैं।

रीतिकाल में एक बड़े भारी अभाव की पूर्ति हो जानी चाहिए थी, पर वह नहीं हुई। भाषा जिस समय सैकड़ों कवियों द्वारा परिमार्जित होकर प्रौढ़ता को पहुँची उसी समय व्याकरण द्वारा उसकी व्यवस्था होनी चाहिए थी कि जिससे उस च्युतसंस्कृति दोष का निरूपण होता जो ब्रजभाषा काव्य में थोड़ा-बहुत सर्वत्र पाया जाता है। और नहीं तो वाक्यदोषों का पूर्ण रूप से निरूपण होता जिससे भाषा में कुछ और सफाई आती। बहुत थोड़े कवि ऐसे मिलते हैं, जिनकी वाक्यरचना सुव्यवस्थित पायी जाती है। भूषण अच्छे कवि थे। जिस रस को उन्होंने लिया उसका पूरा आवेश उनमें था, पर भाषा उनकी अनेक स्थलों पर सदोष है। यदि शब्दों के रूप स्थिर हो जाते और शुद्ध रूपों के प्रयोग पर जोर दिया जाता तो शब्दों को तोड़-मरोड़ कर विकृत करने का साहस कवियों को न होता। पर इस प्रकार की कोई व्यवस्था नहीं हुई, जिससे भाषा में बहुत कुछ गड़बड़ी बनी रही।

भाषा की गड़बड़ी का एक कारण ब्रज और अवधी इन दोनों काव्यभाषाओं का कवि की इच्छानुसार सम्मिश्रण भी था। यद्यपि एक समान साहित्यिक भाषा किसी प्रदेश विशेष के प्रयोगों तक ही परिमित नहीं रह सकती, पर वह अपना ढाँचा बराबर बनाये रहती है। काव्य की ब्रजभाषा के संबंध में भी अधिकतर यही बात रही। सूरदास की भाषा में यत्र-तत्र पूरबी प्रयोग—जैसे मोर, हमार, कीन, अस, जस इत्यादि—बराबर मिलते हैं। बिहारी की भाषा भी 'कीन' 'दीन' आदि से खाली नहीं। रीतिग्रंथों का विकास अधिकतर अवध में हुआ। अतः इस काल में काव्य की ब्रजभाषा में अवधी के प्रयोग और अधिक मिले। इस बात को किसी-किसी कवि ने लक्ष्य भी किया। दास जी ने अपने 'काव्यनिर्णय' में काव्यभाषा पर भी कुछ दृष्टिपात किया। मिश्रित भाषा के समर्थन में वे कहते हैं—

ब्रजभाषा भाषा रुचिर, कहैं सुमति सब कोइ।
मिलै संस्कृत पारस्यौ, पै अति प्रगट जु होइ।।
ब्रज, मागधी मिलै अमर, नाग यवन भाखानि।।
सहज पारसी हू मिलै, षट विधि कहत बखानि।।

उक्त दोहों में 'मागधी' शब्द से पूरबी भाषा का अभिप्राय है। अवधी अर्द्धमाग से निकली मानी जाती है और पूरबी हिंदी के अंतर्गत है। जबाँदानी के लिए ब्र का निवास आवश्यक नहीं है, आप्त कवियों की वाणी भी प्रमाण है, इस बात दास जी ने स्पष्ट कहा है–

सूर, केसव, मंडन, बिहारी, कालिदास, ब्रह्म,
चिंतामणि, मतिराम, भूषन सु जानिए।।
लीलाधर, सेनापति, निपट, नेवाज, निधि,
नीलकंठ, मिश्र सुखदेव, देव मानिए।।
आलम, रहीम, रसखान, सुंदरादिक,
अनेकन सुमति भए कहाँ लौ बखानिए।।
ब्रजभाषा हेत ब्रजवास ही न अनुमानौ,
ऐसे-ऐसे कविन की बानी हू सो जानिए।।

मिली-जुली भाषा के प्रमाण में दास जी कहते हैं कि तुलसी और गंग तक ने, जो कवियों के शिरोमणि हुए हैं, ऐसी भाषा का व्यवहार किया है–

तुलसी गंग दूवौ भए, सुकविन के सरदार।
इनके काव्यन में मिली, भाषा विविध प्रकार।।

इस सीधे-सादे दोहे का जो यह अर्थ लें कि तुलसी और गंग इसीलिए कवियों के सरदार हुए कि उनके काव्यों में विविध प्रकार की भाषा मिली है, उनकी समझ को क्या कहा जाय?

दास जी ने काव्यभाषा के स्वरूप का जो निर्णय किया वह कोई 100 वर्षों की काव्यपरंपरा के पर्यालोचन के उपरांत। अतः उनका स्वरूप निरूपण तो बहुत ही ठीक है। उन्होंने काव्यभाषा ब्रजभाषा ही कही है जिसमें और भाषाओं के शब्दों का भी मेल हो सकता है। पर भाषा संबंधी और अधिक मीमांसा न होने के कारण कवियों ने अपने को अन्य बोलियों के शब्दों तक ही परिमित नहीं रखा; उनके कारक चिह्नों और क्रिया के रूपों का भी वे मनमाना व्यवहार बराबर करते रहे। ऐसा वे केवल सौंदर्य की दृष्टि से करते थे, किसी सिद्धांत के अनुसार नहीं। 'करना' के भूतकाल के लिए वे छंद की आवश्यकता के अनुसार 'कियो' 'कीना' 'कर्‌यो' 'करियो' 'कीन' यहाँ तक कि 'किय' तक रखने लगे। इसका परिणाम यह हुआ कि भाषा को वह स्थिरता न प्राप्त हो सकी जो किसी साहित्यिक भाषा के लिए आवश्यक है। रूपों के स्थिर न होने से यदि कोई विदेशी काव्य की ब्रजभाषा का अध्ययन

करना चाहे तो उसे कितनी कठिनता होगी।

भक्तिकाल की प्रारंभिक अवस्था में ही किस प्रकार मुसलमानों के संसर्ग से कुछ फारसी के शब्द और चलते भाव मिलने लगे थे, इसका उल्लेख हो चुका है। नामदेव और कबीर आदि की तो बात ही क्या, तुलसीदास ने भी गनी, गरीब, साहब, इतांति, उमरदराज आदि बहुत-से शब्दों का प्रयोग किया। सूर में ऐसे शब्द अवश्य कम मिलते हैं। फिर मुसलमानी राज्य की दृढ़ता के साथ-साथ इस प्रकार के शब्दों का व्यवहार ज्यों-ज्यों बढ़ता गया त्यों-त्यों कवि लोग उन्हें अधिकाधिक स्थान देने लगे। राजा-महाराजाओं के दरबार में विदेशी शिष्टता और सभ्यता के व्यवहार का अनुकरण हुआ और फारसी के लच्छेदार शब्द वहाँ चारों ओर सुनाई देने लगे। अतः भाट या कवि लोग 'आयुष्मान' और 'जयजयकार' तक ही अपने को कैसे रख सकते थे? वे भी दरबार में खड़े होकर 'उमरदराज महाराज तेरी चाहिए' पुकारने लगे। 'बखतबलंद' आदि शब्द उनकी जबान पर भी नाचने लगे।

यह तो हुई व्यावहारिक भाषा की बात। फारसी काव्य के शब्दों को भी थोड़ा-बहुत कवियों ने अपनाना आरंभ किया। रीतिकाल में ऐसे शब्दों की संख्या कुछ और बढ़ी। पर यह देखकर हर्ष होता है कि अपनी भाषा की सरसता का ध्यान रखने वाले उत्कृष्ट कवियों ने ऐसे शब्दों को बहुत ही कम स्थान दिया। परंपरागत साहित्य का वग अभ्यास रखनेवाले साधारण कवियों ने कहीं-कहीं बड़े बेढंगे तौर पर ऐसे विदेशी शब्द रखे हैं। कहीं-कहीं 'खुसबोयन' आदि उनके विकृत शब्दों को देखकर शिक्षितों को एक प्रकार की विरक्ति-सी होती है और उनकी कविता गँवारों की रचना-सी लगती है। शब्दों के साथ-साथ कुछ थोड़े-से कवियों ने इश्क की शायरी की पूरी अलंकार सामग्री तक उठाकर रख ली है और उनके भाव भी बाँधे गये हैं। रसनिधिकृत 'रतनहजारा' में यह बात अरुचिकर मात्रा में पाई जाती है। बिहारी ऐसे परम उत्कृष्ट कवि भी यद्यपि फारसी भावों के प्रभाव से नहीं बचे हैं, पर उन्होंने उन भावों को अपने देशी साँचे में ढाल लिया है जिससे वे खटकते क्या सहसा लक्ष्य भी नहीं होते। उनकी विरहताप की अत्युक्तियों में दूर की सूझ और नाजुक ख्याली बहुत कुछ फारसी की शैली की है। पर बिहारी रसभंग करने वाले वीभत्स रूप कहीं नहीं लाये हैं।

यहाँ पर यह उल्लेख कर देना भी आवश्यक जान पड़ता है कि रीतिकाल के कवियों के प्रिय छंद कवित्त और सवैये ही रहे। कवित्त तो श्रृंगार और वीर दोनों रसों के लिए समान रूप से उपयुक्त माना गया था। वास्तव में पढ़ने के ढंग में थोड़ा विभेद कर देने से उसमें दोनों के अनुकूल नादसौंदर्य पाया जाता है। सवैया, श्रृंगार और करुण इन दो कोमल रसों के लिए बहुत उपयुक्त होता है, यद्यपि वीररस की कविता में भी इसका व्यवहार कवियों ने जहाँ-तहाँ किया है। वास्तव में श्रृंगार और वीर इन्हीं दो रसों की कविता इस काल में हुई। प्रधानता श्रृंगार की ही रही।

इससे इस काल को रस के विचार से कोई शृंगारकाल कहे तो कह सकता है। शृंगार के वर्णन को बहुतेरे कवियों ने अश्लीलता की सीमा तक पहुँचा दिया था। इसका कारण जनता की रुचि नहीं, आश्रयदाता राजा-महाराजाओं की रुचि थी जिनके लिए कर्मण्यता और वीरता का जीवन बहुत कम रह गया था।

आधुनिक काल : गद्य-खण्ड
प्रस्ताव काल

गद्य साहित्य का आविर्भाव

संवत् 1913 में अर्थात् बलवे के एक वर्ष पहले राजा शिवप्रसाद शिक्षाविभाग के इंस्पेक्टर पद पर नियुक्त हुए। उस समय और दूसरे विभागों के समान शिक्षाविभाग में भी मुसलमानों का जोर था जिनके मन में 'भाषापन' का डर बराबर समाया रहता था। वे इस बात से डरा करते थे कि कहीं नौकरी के लिए 'भाखा' संस्कृत से लगाव रखने वाली 'हिंदी' न सीखनी पड़े। अतः उन्होंने पहले तो उर्दू के अतिरिक्त हिंदी की पढ़ाई की व्यवस्था का घोर विरोध किया। उनका कहना था कि जब अदालती कामों में उर्दू ही काम में लायी जाती है तब एक और जबान का बोझ डालने से क्या लाभ? 'भाखा' में हिंदुओं की कथावार्ता आदि कहते सुन वे हिंदी को 'गँवारी' बोली भी कहा करते थे। इस परिस्थिति में राजा शिवप्रसाद को हिंदी की रक्षा के लिए बड़ी मुश्किल का सामना करना पड़ा। हिंदी का सवाल जब आता तब मुसलमान उसे 'मुश्किल जबान' कहकर विरोध करते। अतः राजा साहब के लिए उस समय यही सभव दिखाई पड़ा कि जहाँ तक हो सके ठेठ हिंदी का आश्रय लिया जाय जिसमें कुछ फारसी-अरबी के चलते शब्द भी आयें। उस समय साहित्य के कोर्स के लिए पुस्तकें नहीं थीं। राजा साहब स्वयं तो पुस्तकें तैयार करने में लग ही गये, पं. श्रीलाल और पं. वंशीधर आदि अपने कई मित्रों को भी उन्होंने पुस्तकें लिखने में लगाया। राजा साहब ने पाठ्यक्रम में उपयोगी कई कहानियाँ आदि लिखीं—जैसे राजा भोज का सपना, वीरसिंह का वृत्तांत, आलसियों को कोड़ा इत्यादि। संवत् 1909 और 1919 के बीच शिक्षा संबंधी अनेक पुस्तकें हिंदी में निकलीं जिनमें से कुछ का उल्लेख किया जाता है—

पं. वंशीधर ने, जो आगरा नॉर्मल स्कूल के मुदर्रिस थे, हिंदी-उर्दू का एक पत्र निकाला था जिसके हिंदी कॉलम का नाम 'भारतखंडामृत' और उर्दू कॉलम का नाम 'आबेहयात' था। उनकी लिखी पुस्तकों के नाम ये हैं—

1. पुष्पवाटिका (गुलिस्ताँ के एक अंश का अनुवाद, संवत् 1909)

2. भारतवर्षीय इतिहास (संवत् 1913)
3. जीविका परिपाटी (अर्थशास्त्र की पुस्तक, संवत् 1913)
4. जगत् वृत्तांत (संवत् 1915)

पं. श्रीलाल ने, संवत् 1909 में 'पत्रमालिका' बनायी। गार्सां द तासी ने इन्हें कई पुस्तकों का लेखक कहा है।

बिहारीलाल ने गुलिस्ताँ के आठवें अध्याय का हिंदी अनुवाद संवत् 1919 में किया।

पं. बद्रीलाल ने डॉ. बैलंटाइन के परामर्श के अनुसार संवत् 1919 में 'हितोपदेश' का अनुवाद किया जिसमें बहुत-सी कथाएँ छाँट दी गयी थीं। उसी वर्ष सिद्धांतसंग्रह (न्यायशास्त्र) और 'उपदेश पुष्पावती' नाम की दो और पुस्तकें निकली थीं।

यहाँ यह कह देना आवश्यक है कि प्रारंभ में राजा साहब ने जो पुस्तकें लिखीं वे बहुत ही चलती सरल हिंदी में थीं, उनमें वह उर्दूपन नहीं भरा था जो उनकी पिछली किताबों (इतिहासतिमिरनाशक आदि) में दिखाई पड़ता है। उदाहरण के लिए 'राजा भोज का सपना' से कुछ अंश उद्धृत किया जाता है—

> **वह कौन-सा मनुष्य है जिसने महाप्रतापी महाराज भोज का नाम न सुना हो। उसकी महिमा और कीर्ति तो सारे जगत् में व्याप रही है। बड़े-बड़े महिपाल उमका नाम सुनते ही काँप उठते और बड़े-बड़े भूपति उनके पाँव पर अपना सिर नवाते। सेना उसकी समुद्र के तरंगों का नमूना और खजाना उसका सोने-चाँदी और रत्नों की खान से भी दूना। उसके दान ने राजा कर्ण को लोगों के जी से भुलाया और उसके न्याय ने विक्रम को भी लजाया।**

अपने 'मानवधर्मसार' की भाषा उन्होंने अधिक संस्कृतगर्भित रखी है। इसका पता इस उद्धृत अंश से लगेगा—

> **मनुस्मृति हिंदुओं का मुख्य धर्मशास्त्र है। उसको कोई भी हिंदू अप्रामाणित नहीं कह सकता। वेद में लिखा है कि मनु जी ने जो कुछ कहा है उसे जीव के लिए औषधि समझना; और बृहस्पति लिखते हैं कि धर्मशास्त्राचार्यों में मनु जी सबसे प्रधान और अति मान्य हैं क्योंकि उन्होंने अपने धर्मशास्त्र में संपूर्ण वेदों का तात्पर्य लिखा है।...खेद की बात है कि हमारे देशवासी हिंदू कहलाके अपने मानवधर्मशास्त्र को न जानें और सारे कार्य उसके विरुद्ध करें।**

'मानवधर्मसार' की भाषा राजा शिवप्रसाद की स्वीकृत भाषा नहीं। प्रारंभकाल से ही वे ऐसी चलती ठेठ हिंदी के पक्षपाती थे जिसमें सर्वसाधारण के बीच प्रचलित अरबी-फारसी शब्दों का भी स्वच्छंद प्रयोग हो। यद्यपि अपने 'गुटका' में, जो साहित्य की पाठ्यपुस्तक थी, उन्होंने थोड़ी संस्कृत मिली ठेठ और सरल भाषा का ही आदर्श बनाये रखा, पर संवत् 1917 के पीछे उनका झुकाव उर्दू की ओर होने लगा जो बराबर बना क्या रहा, कुछ-न कुछ बढ़ता ही गया। इसका कारण चाहे जो समझिए। या

तो यह कहिए कि अधिकांश शिक्षित लोगों की प्रवृत्ति देखकर उन्होंने ऐसा किया अथवा अँगरेज अधिकारियों का रुख देखकर। अधिकतर लोग शायद पिछले कारण को ही ठीक समझेंगे। जो हो, संवत् 1917 के उपरांत जो इतिहास, भूगोल आदि की पुस्तकें राजा साहब ने लिखीं उनकी भाषा बिलकुल उर्दूपन लिये है। 'इतिहासतिमिरनाशक' भाग-2 की अँगरेजी भूमिका में, जो संवत् 1964 की लिखी है राजा साहब ने साफ लिखा है कि मैंने 'बैताल पचीसी' की भाषा का अनुसरण किया है–

I may be pardoned for saying a few words here to those who always urge the exclusion of persian words, even those which have become our household words, from our Hindi books and use in their stead Sanskrit words quite out of place and fashion of those coarse expressions which can be tolerated only among a rustic population.

I have adopted to a certain extent, the language on the 'Baital pachisi'

लल्लूलाल जी के प्रसंग में यह कहा जा चुका है कि 'बैताल पचीसी' की भाषा बिलकुल उर्दू है। राजा साहब ने अपने इस उर्दूवाले पिछले सिद्धांत का 'भाषा का इतिहास' नामक जिस लेख में निरूपण किया है, वही उनकी उस समय की भाषा का एक खास उदाहरण है, अतः उसका कुछ अंश नीचे दिया जाता है–

''हम लोगों को जहाँ तक बन पड़े चुनने में उन शब्दों को लेना चाहिए कि जो आम फहम और खानपसंद हों अर्थात् जिनको जियादा आदमी समझ सकते हैं और जो यहाँ के पढ़े-लिखे, आलिमफाजिल, पंडित, विद्वान् की बोलचाल में छोड़े नहीं गये हैं और जहाँ तक बन पड़े हम लोगों को हरगिज गैरमुल्क के शब्द काम में न लाने चाहिए और न संस्कृत की टकसाल कायम करके नये-नये ऊपरी शब्दों के सिक्के जारी करने चाहिए; जब तक कि हम लोगों को उसके जारी करने की जरूरत न साबित हो जाये अर्थात् यह कि उस अर्थ का कोई शब्द हमारी जबान में नहीं है, या जो है अच्छा नहीं है, या कविताई की जरूरत या इल्मी जरूरत या कोई और खास जरूरत साबित हो जाये।''

भाषा संबंधी जिस सिद्धांत का प्रतिपादन राजा साहब ने किया है उसके अनुकूल उनकी यह भाषा कहाँ तक ठीक है, पाठक आप समझ सकते हैं। 'आमफहम', 'खासपसंद', 'इल्मी जरूरत' जनता के बीच प्रचलित शब्द कदापि नहीं हैं। फारसी के 'आलिमफाजिल' चाहे ऐसे शब्द बोलते हों पर संस्कृत-हिंदी के पंडित विद्वान् तो ऐसे शब्दों से कोसों दूर हैं। किसी देश के साहित्य का संबंध उस देश की संस्कृति परंपरा से होता है। अतः साहित्य की भाषा उस संस्कृति का त्याग करके नहीं चल सकती। भाषा में जो रोचकता या शब्दों में जो सौंदर्य का भाव रहता है वह देश की प्रकृति के अनुसार होता है। इस प्रकृति के निर्माण में जिस प्रकार देश के प्राकृतिक रूप-रंग, आचार-व्यवहार आदि का योग रहता है उसी प्रकार परंपरा से चले आते

हुए साहित्य का भी। संस्कृत शब्दों में थोड़े-बहुत मेल से भाषा का जो रुचिकर रूप हजारों वर्षों से चला आता था उसके स्थान पर एक विदेशी रूप-रंग की भाषा गले में उतारना देश की प्रकृति के विरुद्ध था। यह प्रकृतिविरुद्ध भाषा खटकी तो बहुत लोगों को होगी, पर असली हिंदी का नमूना लेकर उस समय राजा लक्ष्मण सिंह ही आगे बढ़े। उन्होंने संवत् 1918 में 'प्रजाहितैषी' नाम का एक पत्र आगरा से निकाला और 1919 में 'अभिज्ञान शाकुंतलम्' का अनुवाद बहुत ही सरस और विशुद्ध हिंदी में प्रकाशित किया। इस पुस्तक की बड़ी प्रशंसा हुई और भाषा के संबंध में मानो फिर से लोगों की आँख खुली। राजा साहब ने उस समय इस प्रकार की भाषा जनता के सामने रखी–

> **अनसूया–(हौले प्रियंवदा से) सखी! मैं भी इसी सोच में हूँ। अब इससे कुछ पूछूँगी। (प्रगट) महात्मा! तुम्हारे मधुर बचनों के विश्वास में आकर मेरा जी यह पूछने को चाहता है कि तुम किस राजवंश के भूषण हो और किस देश की प्रजा को विरह में व्याकुल छोड़ यहाँ पधारे हो? क्या कारन है? जिससे तुमने अपने कोमल गात को कठिन तपोवन में आकर पीड़ित किया है?**

यह भाषा ठेठ और सरल होते हुए भी साहित्य में चिरकाल से व्यवहृत संस्कृत के कुछ रसिक शब्द लिये हुए है। रघुवंश के गद्यानुवाद के प्राक्कथन में राजा लक्ष्मण सिंह जी ने भाषा के संबंध में अपना मत स्पष्ट शब्दों में प्रकट किया है।

> **हमारे मत में हिंदी और उर्दू दो बोली न्यारी-न्यारी हैं। हिंदी इस देश के हिंदू बोलते हैं और उर्दू यहाँ के मुसलमान और फारसी पढ़े हुए हिंदुओं की बोलचाल है। हिंदी में संस्कृत के पद बहुत आते हैं, उर्दू में अरबी-फारसी के। परंतु कुछ आवश्यक नहीं है कि अरबी-फारसी के शब्दों के बिना हिंदी न बोली जाये और न हम उस भाषा को हिंदी कहते हैं जिसमें अरबी-फारसी के शब्द भरे हों।**

अब भारत की देशभाषाओं के अध्ययन की ओर इंग्लैंड के लोगों का भी ध्यान अच्छी तरह जा चुका था। उनमें जो अध्ययनशील और विवेकी थे, जो अखंड भारतीय साहित्य परंपरा और भाषा परंपरा से अभिज्ञ हो गये थे, उन पर अच्छी तरह प्रकट हो गया था कि उत्तरीय भारत की असली स्वाभाविक भाषा का स्वरूप क्या है। ऐसे अँग्रेज विद्वानों में फ्रेडरिक पिंकाट का स्मरण हिंदी प्रेमियों को सदा बनाये रखना चाहिए। इनका जन्म संवत् 1893 में इंग्लैंड में हुआ। उन्होंने प्रेस के कामों का बहुत अच्छा अनुभव प्राप्त किया और अंत में लंदन की प्रसिद्ध एलन ऐंड कंपनी (W. H. Allen and Co. 13 Waterloo place, pall Mall, S. W.) के विशाल छापेखाने के मैनेजर हुए। वहीं वे अपने जीवन के अंतिम दिनों के कुछ पहले तक शांतिपूर्वक रहकर भारतीय साहित्य और भारतीय जनहित के लिए बराबर उद्योग करते रहे।

संस्कृत की चर्चा पिंकाट साहब लड़कपन से ही सुनते आते थे, इससे उन्होंने

बहुत परिश्रम के साथ उसका अध्ययन किया। इसके उपरांत उन्होंने हिंदी और उर्दू का अभ्यास किया। इंग्लैंड में बैठे ही बैठे उन्होंने इन दोनों भाषाओं पर ऐसा अधिकार प्राप्त कर लिया कि इनमें लेख और पुस्तकें लिखने और अपने प्रेस में छापने लगे। यद्यपि उन्होंने उर्दू का भी अच्छा अभ्यास किया था, पर उन्हें इस बात का अच्छी तरह निश्चय हो गया था कि यहाँ की परंपरागत प्रकृत भाषा हिंदी है, अतः जीवन भर ये उसी की सेवा और हितसाधना में तत्पर रहे। उनके हिंदी लेखों, कविताओं और पुस्तकों की चर्चा आगे चलकर भारतेंदुकाल के भीतर की जायेगी।

संवत् 1947 में उन्होंने उपर्युक्त ऐलन कंपनी से संबंध तोड़ा और गिलबर्ट ऐंड रिविंगटन (Gilbert and Rivington Clerkenwell London) नामक विख्यात व्यवसाय कार्यालय में पूर्वीय मंत्री (Orient Adviser and Expert) नियुक्त हुए। उक्त कंपनी की ओर से एक व्यापार-पत्र 'आईन सौदागरी' उर्दू में निकलता था जिसका संपादन पिंकाट साहब करते थे। उन्होंने उसमें कुछ पृष्ठ हिंदी के लिए भी रखे। कहने की आवश्यकता नहीं कि हिंदी के लेख वे ही लिखते थे। लेखों के अतिरिक्त हिंदुस्तान में प्रकाशित होने वाले हिंदी समाचार-पत्रों (जैसे हिंदोस्तान, आर्यदर्पण, भारतमित्र) से उद्धरण भी उस पत्र के हिंदी विभाग में रहते थे।

भारत का हित वे सच्चे हृदय से चाहते थे। राजा लक्ष्मणसिंह, भारतेंदु हरिश्चंद्र, प्रतापनारायण मिश्र, कार्तिकप्रसाद खत्री इत्यादि हिंदी लेखकों से उनका बराबर हिंदी में पत्रव्यवहार रहता था। उस समय के प्रत्येक हिंदी लेखक के घर में पिंकाट साहब के दो-चार पत्र मिलेंगे। हिंदी के लेखकों और ग्रंथकारों का परिचय इंग्लैंडवालों को वहाँ के पत्रों में लेख लिखकर वे बराबर दिया करते थे। संवत् 1957 (नवंबर सन् 1895) में वे रीआ घास (जिसके रेशों से अच्छे कपड़े बनते थे) की खेती का प्रचार करने हिंदुस्तान में आये, पर साल भर से कुछ ऊपर ही यहाँ रह पाये थे कि लखनऊ में उनका देहांत (7 फरवरी, 1896) हो गया। उनका शरीर भारत की मिट्टी में ही मिला।

संवत् 1919 में जब राजा लक्ष्मणसिंह ने 'शकुंतला नाटक' लिखा तब उसकी भाषा देख वे बहुत ही प्रसन्न हुए और उसका एक बहुत सुंदर परिचय उन्होंने लिखा। बात यह थी कि यहाँ के निवासियों पर विदेशी प्रकृति और रूप-रंग की भाषा का लादा जाना वे बहुत अनुचित समझते थे। अपना यह विचार उन्होंने अपने उस अँग्रेजी लेख में स्पष्ट रूप से व्यक्त किया है जो उन्होंने बाबू अयोध्याप्रसाद खत्री के 'खड़ी बोली का पद्य' की भूमिका के रूप में लिखा था। देखिए, उसमें वे क्या कहते हैं—

> **फारसी मिश्रित हिंदी (अर्थात् उर्दू या हिंदुस्तानी) के अदालती भाषा बनाए जाने के कारण उसकी बड़ी उन्नति हुई। इससे साहित्य की एक नयी भाषा ही खड़ी हो गयी। पश्चिमोत्तर प्रदेश के निवासी, जिनकी यह भाषा कही जाती है, इसे एक विदेशी भाषा की तरह स्कूलों में सीखने के लिए विवश किये जाते हैं।**

पहले कहा जा चुका है कि राजा शिवप्रसाद ने उर्दू की ओर झुकाव हो जाने पर भी साहित्य की पाठ्यपुस्तक 'गुटका' में भाषा का आदर्श हिंदी ही रखा। उक्त गुटका में उन्होंने 'राजा भोज का सपना', 'रानी केतकी की कहानी' के साथ ही राजा लक्ष्मणसिंह के 'शकुंतला नाटक' का भी बहुत-सा अंश रखा। पहला गुटका शायद संवत् 1924 में प्रकाशित हुआ था।

संवत् 1919 और 1924 के बीच कई संवाद-पत्र हिंदी में निकले। 'प्रजाहितैषी' का उल्लेख हो चुका है। संवत् 1920 में 'लोकमित्र' नाम का एक पत्र ईसाईधर्म प्रचार के लिए आगरा (सिकंदरे) से निकला था जिसकी भाषा शुद्ध हिंदी होती थी। लखनऊ से जो 'अवध अखबार' (उर्दू) निकलने लगा था उसके कुछ भाग में हिंदी के लेख भी रहते थे।

जिस प्रकार इधर संयुक्त प्रांत में राजा शिवप्रसाद शिक्षाविभाग में रहकर हिंदी की किसी-न-किसी रूप में रक्षा कर रहे थे उसी प्रकार पंजाब में बाबू नवीनचंद्र राय महाशय कर रहे थे। संवत् 1920 और 1937 के बीच नवीन बाबू ने भिन्न-भिन्न विषयों की बहुत-सी हिंदी पुस्तकें तैयार कीं और दूसरों से तैयार करायीं। ये पुस्तकें बहुत दिनों तक वहाँ कोर्स में रहीं। पंजाब में स्त्री शिक्षा का प्रचार करने वालों में ये मुख्य थे। शिक्षा-प्रचार के साथ-साथ समाज सुधार आदि के उद्योग में भी बराबर रहा करते थे। ईसाइयों के प्रभाव को रोकने के लिए किस प्रकार बंगाल में ब्रह्मसमाज की स्थापना हुई थी, और राजा राममोहन राय ने हिन्दी के द्वारा भी उसके प्रचार की व्यवस्था की थी, इसका उल्लेख पहले हो चुका है। नवीनचंद्र ने ब्रह्मसमाज के सिद्धांतों के प्रचार के उद्देश्य से समय-समय पर कई पत्रिकाएँ भी निकालीं। संवत् 1924 (मार्च, सन् 1867) में उनकी 'ज्ञानदायिनी पत्रिका' निकली जिसमें शिक्षासंबंधी तथा साधारण ज्ञान विज्ञानपूर्ण लेख भी रहा करते थे। यहाँ पर यह कह देना आवश्यक है कि शिक्षा विभाग द्वारा जिस हिंदी गद्य के प्रचार में ये सहायक हुए वह शुद्ध हिंदी गद्य था। हिंदी को उर्दू के झमेले में पड़ने से ये सदा बचाते रहे।

हिंदी की रक्षा के लिए उन्हें उर्दू के पक्षपातियों से उसी प्रकार लड़ना पड़ता था जिस प्रकार यहाँ राजा शिवप्रसाद को। विद्या की उन्नति के लिए लाहौर में 'अंजुमन लाहौर' नाम की एक सभा स्थापित की। संवत् 1923 के उसके एक अधिवेशन में किसी सैयद हादी हुसैन खाँ ने एक व्याख्यान देकर उर्दू को ही देश में प्रचलित होने के योग्य कहा, उस सभा की दूसरी बैठक में नवीन बाबू ने खाँ साहब के व्याख्यान का पूरा खंडन करते हुए कहा–

> **उर्दू के प्रचलित होने से देशवासियों को कोई लाभ न होगा क्योंकि वह भाषा खास मुसलमानों की है। उसमें मुसलमानों ने व्यर्थ बहुत-से अरबी-फारसी के शब्द भर दिये हैं। पद्य या छंदोबद्ध रचना के लिए भी उर्दू उपयुक्त नहीं। हिंदुओं का यह कर्तव्य है कि अपनी परंपरागत भाषा की उन्नति करते चलें। उर्दू में**

आशिकी कविता के अतिरिक्त किसी गंभीर विषय को व्यक्त करने की शक्ति ही नहीं है।

नवीन बाबू के इस व्याख्यान की खबर पाकर इस्लामी तहजीब के पुराने हामी, हिंदी के पक्के दुश्मन गार्सां द तासी फ्रांस में बैठे-बैठे बहुत झल्लाये और अपने एक प्रवचन में उन्होंने बड़े जोश के साथ हिंदी का विरोध और उर्दू का पक्षमंडन किया तथा नवीन बाबू को कट्टर हिंदू कहा। अब यह फ्रांसीसी हिंदी से इतना चिढ़ने लगा था कि उसके मूल पर ही उसने कुठार चलाना चाहा और बीम्स साहब (M. Beames) का हवाला देते हुए कह डाला कि हिंदी तो एक पुरानी भाषा थी जो संस्कृत से बहुत पहले प्रचलित थी, आर्यों ने आकर उसका नाश किया, और जो बचे-खुचे शब्द रह गये उनकी व्युत्पत्ति भी संस्कृत से सिद्ध करने का रास्ता निकाला। इसी प्रकार जब जहाँ कहीं हिंदी का नाम लिया जाता तब तासी बड़े बुरे ढंग से विरोध में कुछ-न-कुछ इस तरह की बातें कहता।

सर सैयद अहमद का अँग्रेज अधिकारियों पर कितना प्रभाव था, यह पहले कहा जा चुका है। संवत् 1925 में इस प्रांत के शिक्षा विभाग के अध्यक्ष हैवेल (M. S. Havell) साहब ने अपनी यह राय जाहिर की कि–

यह अधिक अच्छा होता यदि हिंदू बच्चों को उर्दू सिखाई जाती न कि एक ऐसी 'बोली' में विचार प्रकट करने का अभ्यास कराया जाता जिसे अंत में एक दिन उर्दू के सामने सिर झुकाना पड़ेगा।

इस राय को गार्सां द तासी ने बड़ी खुशी के साथ अपने प्रवचन में शामिल किया। इसी प्रकार इलाहाबाद इंस्टीट्यूट के एक अधिवेशन में (संवत् 1925) जब यह विवाद हुआ था कि 'देसी जबान' हिंदी को मानें या उर्दू को, तब हिंदी के पक्ष में कई वक्ता उठकर बोले थे। उन्होंने कहा था कि अदालतों में उर्दू जारी होने का यह फल हुआ है कि अधिकांश जनता–विशेषतः गाँवों की–जो उर्दू से सर्वथा अपरिचित है, बहुत कष्ट उठाती है, इससे हिंदी का जारी होना बहुत आवश्यक है। बोलने वालों में से किसी-किसी ने कहा कि केवल अक्षर नागरी के रहें और कुछ लोगों ने कहा कि भाषा भी बदलकर सीधी-सादी की जाय। इस पर भी गार्सां द तासी ने हिंदी के पक्ष में बोलने वालों का उपहास किया था।

उसी काल में इंडियन डेली न्यूज के एक लेख में हिंदी प्रचलित किये जाने की आवश्यकता दिखाई गयी थी। उसका भी जवाब देने तासी साहब खड़े हुए थे। 'अवध अखबार' में जब एक बार हिंदी के पक्ष में लेख छपा था तब भी उन्होंने उसके संपादक की राय का जिक्र करते हुए हिंदी को एक 'भद्दी बोली' कहा था जिसके अक्षर भी देखने में सुडौल नहीं लगते।

शिक्षा के आंदोलन के साथ-ही साथ ईसाई मत का प्रचार रोकने के लिए मतमतांतर संबंधी आंदोलन देश के पश्चिमी भागों में भी चल पड़े। पैगंबरी एकेश्वरवाद

की ओर नवशिक्षित लोगों को खिंचते देख स्वामी दयानंद सरस्वती वैदिक एकेश्वरवाद लेकर खड़े हुए और संवत् 1920 से उन्होंने अनेक नगरों में घूम-घूम कर व्याख्यान देना आरंभ किया। कहने की आवश्यकता नहीं कि ये व्याख्यान देश में बहुत दूर-दूर तक प्रचलित साधु हिंदी भाषा में ही होते थे। स्वामी जी ने अपना 'सत्यार्थप्रकाश' तो हिंदी या आर्यभाषा में प्रकाशित किया ही, वेदों के भाष्य भी संस्कृत और हिंदी दोनों में किये। स्वामी जी के अनुयायी हिंदी को 'आर्यभाषा' कहते थे। स्वामी जी ने संवत् 1922 में 'आर्यसमाज' की स्थापना की और सब आर्यसमाजियों के लिए हिंदी या आर्यभाषा का पढ़ना आवश्यक ठहराया। संयुक्त प्रांत के पश्चिमी जिलों और पंजाब में आर्य समाज के प्रभाव से हिंदी गद्य का प्रचार बड़ी तेजी से हुआ। पंजाबी बोली में लिखित साहित्य न होने से और मुसलमानों के बहुत अधिक संपर्क में पंजाबवालों की लिखने-पढ़ने की भाषा उर्दू हो रही थी। आज जो पंजाब में हिंदी की पूरी चर्चा सुनाई देती है, इन्हीं की बदौलत है।

संवत् 1910 के लगभग ही विलक्षण प्रतिभाशाली विद्वान् पंडित श्रद्धाराम फुल्लौरी के व्याख्यानों और कथाओं की धूम पंजाब में आरंभ हुई। जालंधर के पादरी गोकुलनाथ के व्याख्यानों के प्रभाव से कपूरथला नरेश महाराज रणबीरसिंह ईसाई मत की ओर झुक रहे थे। पं. श्रद्धाराम जी तुरंत संवत् 1920 में कपूरथला पहुँचे और उन्होंने महाराज के सब संशयों का समाधान करके प्राचीन वर्णाश्रम धर्म का ऐसा सुंदर निरूपण किया कि सब लोग मुग्ध हो गये। पंजाब के सब छोटे-बड़े स्थानों में घूमकर पं. श्रद्धाराम जी उपदेश और वक्तृताएँ देते तथा रामायण, महाभारत आदि की कथाएँ सुनाते। उनकी कथाएँ सुनने के लिए दूर-दूर से लोग आते और सहस्रों आदमियों की भीड़ लगती थी। उनकी वाणी में अद्भुत आकर्षण था और उनकी भाषा बहुत जोरदार होती थी। स्थान-स्थान पर उन्होंने धर्मसभाएँ स्थापित कीं और उपदेशक तैयार किये। उन्होंने पंजाबी और उर्दू में भी कुछ पुस्तकें लिखी हैं। पर अपनी मुख्य पुस्तकें हिंदी में ही लिखी हैं। अपना सिद्धांतग्रंथ 'सत्यामृतप्रवाह' उन्होंने बड़ी प्रौढ़ भाषा में लिखा है। वे बड़े ही स्वतंत्र विचार के मनुष्य थे और वेदशास्त्र के यथार्थ अभिप्राय को किसी उद्देश्य से छिपाना अनुचित समझते थे। इसी से स्वामी दयानंद की बहुत-सी बातों का विरोध वे बराबर करते रहे। यद्यपि वे बहुत-सी बातें कह और लिख जाते थे जो कट्टर अंधविश्वासियों को खटक जाती थीं और कुछ लोग इन्हें नास्तिक तक कह देते थे पर जब तक वे जीवित रहे सारे पंजाब के हिंदू उन्हें धर्म का स्तंभ समझते रहे।

पं. श्रद्धाराम जी कुछ पद्यरचना भी करते थे। हिंदी गद्य में तो बहुत कुछ लिखा और वे हिंदी भाषा के प्रचार में बराबर लगे रहे। संवत् 1924 में उन्होंने 'आत्मचिकित्सा' नाम की एक अध्यात्मसंबंधी पुस्तक लिखी जिसे संवत् 1928 में हिंदी में अनुवाद करके छपाया। इसके पीछे 'तत्त्वदीपक', 'धर्मरक्षा', 'उपदेश संग्रह' (व्याख्यानों का

संग्रह), 'शतोपदेश' (दोहे) इत्यादि धर्मसंबंधी पुस्तकों के अतिरिक्त उन्होंने अपना एक बड़ा जीवनचरित (1400 पृष्ठों के लगभग) लिखा था जो कहीं खो गया। 'भाग्यवती' नाम का एक सामाजिक उपन्यास भी संवत् 1934 में उन्होंने लिखा, जिसकी बड़ी प्रशंसा हुई।

अपने समय के वे सच्चे हिंदी हितैषी और सिद्धहस्त लेखक थे। संवत् 1938 में उनकी मृत्यु हुई। जिस दिन उनका देहांत हुआ उस दिन उनके मुँह से सहसा निकला कि 'भारत में भाषा के लेखक दो हैं—एक काशी में; दूसरा पंजाब में। परंतु आज एक ही रह जायेगा।' कहने की आवश्यकता नहीं कि काशी के लेखक से अभिप्राय हरिश्चंद्र से था।

राजा शिवप्रसाद 'आमफहम' और 'खासपसंद' भाषा का उपदेश ही देते रहे, उधर हिंदी अपना रूप आप स्थिर कर चली। इस बात में धार्मिक और सामाजिक आंदोलनों ने भी बहुत कुछ सहायता पहुँचायी। हिंदी गद्य की भाषा किस दिशा की ओर स्वभावतः जाना चाहती है, इसकी सूचना तो काल अच्छी तरह दे रहा था। सारी भारतीय भाषाओं का साहित्य चिरकाल से संस्कृत की परिचित और भावपूर्ण पदावली का आश्रय लेता चला आ रहा था। अतः गद्य के नवीन विकास में उस पदावली का त्याग और किसी विदेशी पदावली का सहसा ग्रहण कैसे हो सकता था? जबकि बँगला, मराठी आदि अन्य देशी भाषाओं का गद्य परंपरागत संस्कृत पदावली का आश्रय लेता हुआ चल पड़ा था तब हिंदी गद्य उर्दू के झमेले में पड़कर कब तक रुका रहता? सामान्य संबंधसूत्र को त्यागकर दूसरी देशी भाषाओं से अपना नाता हिंदी कैसे तोड़ सकती थी? उनकी सगी बहन होकर एक अजनबी के रूप में उनके साथ वह कैसे चल सकती थी? जबकि यूनानी और लैटिन के शब्द यूरोप के भिन्न-भिन्न मूलों से निकली हुई देशी भाषाओं के बीच एक प्रकार का साहित्यिक संबंध बनाये हुए हैं तब एक ही मूल से निकली हुई आर्य भाषाओं के बीच उस मूल भाषा के साहित्यिक शब्दों की परंपरा यदि संबंधसूत्र के रूप में चली आ रही है तो इसमें आश्चर्य की क्या बात है।

कुछ अँगरेज विद्वान् संस्कृतगर्भित हिंदी की हँसी उड़ाने के लिए किसी अँगरेजी वाक्य में उसी भाषा में लैटिन के शब्द भरकर पेश करते हैं। उन्हें यह समझना चाहिए कि अँगरेजी का लैटिन के साथ मूल संबंध नहीं है, पर हिंदी, बँगला, मराठी, गुजराती आदि भाषाएँ संस्कृत के ही कुटुंब की हैं—उसी के प्राकृत रूपों से निकली हैं। इन आर्यभाषाओं का संस्कृत के साथ बहुत घनिष्ठ संबंध है। इन भाषाओं के साहित्य की परंपरा को भी संस्कृत साहित्य की परंपरा का विस्तार कह सकते हैं। देशभाषा के साहित्य को उत्तराधिकार में जिस प्रकार संस्कृत साहित्य के कुछ संचित शब्द मिले हैं उसी प्रकार विचार और भावनाएँ भी मिली हैं। विचार और वाणी की इस धारा से हिंदी अपने को विच्छिन्न कैसे कर सकती थी?

राजा लक्ष्मणसिंह के समय में ही हिंदी गद्य की भाषा अपने भावी रूप का आभास दे चुकी थी। अब आवश्यकता ऐसे शक्तिसंपन्न लेखकों की थी जो अपनी प्रतिभा और उद्‌भावना के बल से उसे सुव्यवस्थित और परिमार्जित करते और उसमें ऐसे साहित्य का विधान करते जो शिक्षित जनता की रुचि के अनुकूल होता। ठीक इसी परिस्थिति में भारतेंदु का उदय हुआ।

आधुनिक काल : गद्य-खण्ड

प्रथम उत्थान

(संवत् 1925-1950)

सामान्य परिचय

भारतेंदु हरिश्चंद्र का प्रभाव भाषा और साहित्य दोनों पर बड़ा गहरा पड़ा। उन्होंने जिस प्रकार गद्य की भाषा को परिमार्जित करके उसे बहुत ही चलता, मधुर और स्वच्छ रूप दिया, उसी प्रकार हिंदी साहित्य को भी नये मार्ग पर लाकर खड़ा कर दिया। उनके भाषासंस्कार की महत्ता को सब लोगों ने मुक्तकंठ से स्वीकार किया और वे वर्तमान हिंदी गद्य के प्रवर्तक माने गये। मुंशी सदासुख की भाषा साधु होते हुए भी पंडिताऊपन लिये थी, लल्लूलाल में ब्रजभाषापन और सदल मिश्र में पूरबीपन था। राज शिवप्रसाद का उर्दूपन शब्दों तक ही परिमित न था वाक्यविन्यास तक में घुसा था, राजा लक्ष्मणसिंह की भाषा विशुद्ध और मधुर तो अवश्य थी, पर आगरा की बोलचाल का पुट उसमें कम न था। भाषा का निखरा हुआ शिष्ट सामान्य रूप भारतेंदु की कला के साथ ही प्रकट हुआ। भारतेंदु हरिश्चंद्र ने पद्य की ब्रजभाषा का भी बहुत संस्कार किया। पुराने पड़े हुए शब्दों को हटाकर काव्यभाषा में भी वे बहुत कुछ चलतापन और सफाई लाये।

इससे भी बड़ा काम उन्होंने यह किया कि साहित्य को नवीन मार्ग दिखाया और वे उसे शिक्षित जनता के साहचर्य में ले आये। नयी शिक्षा के प्रभाव से लोगों की विचारधारा बदल चली थी। उनके मन में देशहित, समाजहित आदि की नयी उमंगें उत्पन्न हो रही थीं। काल की गति के साथ-साथ उनके भाव और विचार तो बहुत आगे बढ़ गये थे, पर साहित्य पीछे ही पड़ा था। भक्ति, शृंगारादि की पुराने ढंग की कविताएँ ही होती चली आ रही थीं। बीच-बीच में कुछ शिक्षासंबंधिनी पुस्तकें अवश्य निकल जाती थीं, पर देश काल के अनुकूल साहित्यनिर्माण का कोई विस्तृत प्रयत्न तब तक नहीं हुआ था। बंग देश में नये ढंग के नाटकों और उपन्यासों का सूत्रपात हो चुका था जिनमें देश और समाज की नयी रुचि और भावना का प्रतिबिंब आने लगा था। पर हिंदी साहित्य अपने पुराने रास्ते पर ही पड़ा था। भारतेंदु ने उस साहित्य को दूसरी ओर मोड़कर जीवन के साथ फिर से लगा दिया। इस प्रकार हमारे

जीवन और साहित्य के बीच जो विच्छेद पड़ रहा था उसे उन्होंने दूर किया। हमारे साहित्य को नये-नये विषयों की ओर प्रवृत्त करनेवाले हरिश्चंद्र ही हुए।

उर्दू के कारण अब तक हिंदी गद्य की भाषा का स्वरूप ही झंझट में पड़ा था। राजा शिवप्रसाद और राजा लक्ष्मणसिंह ने जो कुछ लिखा था वह एक प्रकार से प्रस्ताव के रूप में था। जब भारतेंदु अपनी मँजी हुई परिष्कृत भाषा सामने लाये तब हिंदी बोलने वाली जनता को गद्य के लिए खड़ी बोली का प्रकृत साहित्यिक रूप मिल गया और भाषा के स्वरूप का प्रश्न न रह गया। प्रस्तावकाल समाप्त हुआ और भाषा का स्वरूप स्थिर हुआ।

भाषा का स्वरूप स्थिर हो जाने पर जब साहित्य की रचना कुछ परिमाण में हो लेती है तभी शैलियों का भेद, लेखकों की व्यक्तिगत विशेषताएँ आदि लक्षित होती हैं। भारतेंदु के प्रभाव से उनके अल्प जीवनकाल के बीच ही लेखकों का एक खासा मंडल तैयार हो गया जिसके भीतर पं. प्रतापनारायण मिश्र, उपाध्याय बदरीनारायण चौधरी, ठाकुर जगमोहन सिंह, पं. बालकृष्ण भट्ट मुख्य रूप से गिने जा सकते हैं। इन लेखकों की शैलियों में व्यक्तिगत विभिन्नता स्पष्ट लक्षित हुई। भारतेंदु में ही हम दो प्रकार की शैलियों का व्यवहार पाते हैं। उनकी भावावेश की शैली दूसरी है और तथ्यनिरूपण की दूसरी। भावावेश के कथनों में वाक्य प्रायः बहुत छोटे-छोटे होते हैं और पदावली सरल बोलचाल की होती है जिसमें बहुत प्रचलित अरबी-फारसी के शब्द भी कभी-कभी, पर बहुत कम आ जाते हैं। जहाँ किसी ऐसे प्रकृतिस्थ भाव की व्यंजना होती है, जो चिंतन का अवकाश भी बीच-बीच में छोड़ता है, वहाँ की भाषा कुछ अधिक साधु और गंभीर होती है, वाक्य भी कुछ लंबे होते हैं, पर उनका अन्वय जटिल नहीं होता। तथ्यनिरूपण या सिद्धांतकथन के भीतर संस्कृत शब्दों का कुछ अधिक मेल दिखाई पड़ता है। एक बात विशेष रूप से ध्यान देने की है। वस्तुवर्णन या दृश्यवर्णन में विषयानुकूल मधुर या कठोर वर्णवाले संस्कृत शब्दों की योजनाओं की, जो प्रायः समस्त और सानुप्रास होती हैं, चाल-सी चली आयी है। भारतेंदु में यह प्रवृत्ति हम सामान्यतः नहीं पाते।

पं. प्रतापनारायण मिश्र की प्रकृति विनोदशील थी अतः उनकी भाषा बहुत स्वछंद गति से बोलचाल की चपलता और भावभंगिमा लिये चलती है। हास्य-विनोद की उमंग में वह कभी-कभी मर्यादा का अतिक्रमण करती, पूरबी कहावतों और मुहावरों की बौछार भी छोड़ती चलती है। उपाध्याय बदरीनारायण चौधरी 'प्रेमघन' के लेखों में गद्य काव्य के पुराने ढंग की झलक, रंगीन इमारत की चमक-दमक बहुत कुछ मिलती है। बहुत-से वाक्यखंडों की लड़ियों से गुँथे हुए उनके वाक्य अत्यंत लंबे होते थे—इतने लंबे कि उनका अन्वय कठिन होता था। पदविन्यास में तथा कहीं-कहीं वाक्यों के बीच विरामस्थलों पर भी, अनुप्रास देख इंशा और लल्लूलाल का स्मरण होता है। इस दृष्टि से देखें तो 'प्रेमघन' में पुरानी परंपरा का निर्वाह अधिक दिखाई

पड़ता है।

पं. बालकृष्ण भट्ट की भाषा अकिधतर वैसी ही होती थी जैसी खरी-खरी सुनाने में काम में लायी जाती है। जिन लेखों में उनकी चिड़चिड़ाहट झलकती है वे विशेष मनोरंजक हैं। नूतन पुरातन का वह संघर्षकाल था इसमें भट्ट जी को चिढ़ाने की पर्याप्त सामग्री मिल जाया करती थी। समय के प्रतिकूल पुराने बद्धमूल विचारों को उखाड़ने और परिस्थिति के अनुकूल नये विचारों को जमाने गें उनकी लेखनी सदा तत्पर रहती थी। भाषा उनकी चटपटी, तीखी और चमत्कारपूर्ण होती थी।

ठाकुर जगमोहन सिंह की शैली शब्दशोधन और अनुप्रास की प्रवृत्ति के कारण चौधरी बदरीनारायण की शैली से मिलती-जुलती है पर उसमें लंबे वाक्यों की जटिलता नहीं पायी जाती। इसके अतिरिक्त उनकी भाषा में जीवन की मधुर भारतीय रंगस्थलियों की मार्मिक ढंग से हृदय में जमाने वाले प्यारे शब्दों का चयन अपनी अलग विशेषता रखता है।

हरिश्चंद्रकाल के सब लेखकों में अपनी भाषा की प्रकृति की पूरी परख थी। संस्कृत के ऐसे ही शब्दों और रूपों का व्यवहार वे करते थे जो शिष्ट समाज के बीच प्रचलित चले आते हैं। जिन शब्दों या उनके जिन रूपों से केवल संस्कृतभाषी ही परिचित होते हैं और जो भाषा प्रवाह के साथ ठीक चलते नहीं, उनका प्रयोग वे बहुत औचट में पड़कर ही करते थे। उनकी लिखावट में न 'उड्डीयमान' और 'अवसाद' ऐसे शब्द मिलते हैं, न 'औदार्य' 'सौंकर्य' और 'मौर्ख्य' ऐसे रूप।

भारतेंदु के समय में ही देश के कोने-कोने में हिंदी लेखक तैयार हुए जो उनके निधन के उपरांत भी बराबर साहित्य सेवा में लगे रहे। अपने-अपने विषय-क्षेत्र के अनुकूल रूप हिंदी को देने में सबका हाथ रहा। धर्म संबंधी विषयों पर लिखने वालों (जैसे, पं. अंबिकादत्त व्यास) ने शास्त्रीय विषयों को व्यक्त करने में, संवाद-पत्रों में राजनीतिक बातों को सफाई के साथ सामने रखने में हिंदी को लगाया। सारांश यह कि उस काल में हिंदी का शुद्ध साहित्योपयोगी रूप ही नहीं, व्यवहारोपयोगी रूप भी निखरा।

यहाँ तक तो भाषा और शैली की बात हुई। अब लेखकों का दृष्टिक्षेत्र और उनका मानसिक अवस्थान लीजिए। हरिश्चंद्र तथा उनके समसामयिक लेखकों में जो एक सामान्य गुण लक्षित होता है वह है सजीवता या जिंदादिली। सब में हास्य या विनोद की मात्रा थोड़ी या बहुत पाई जाती है। राजा शिवप्रसाद या राजा लक्ष्मणसिंह भाषा पर अधिकार रखने वाले पर झंझटों से दबे हुए स्थिर प्रकृति के लेखक थे। उनमें वह चपलता, स्वच्छंदता और उमंग नहीं पाई जाती जो हरिश्चंद्र मंडल के लेखकों में दिखाई पड़ती है। शिक्षित समाज में संचरित भावों को भारतेंदु के सहयोगियों ने बड़े अनुरंजनकारी रूप में ग्रहण किया।

सबसे बड़ी बात स्मरण रखने की यह है कि उन पुराने लेखकों के हृदय का

मार्मिक संबंध भारतीय जीवन के विविध रूपों के साथ पूरा-पूरा बना था। भिन्न-भिन्न ऋतुओं में पड़ने वाले त्यौहार उनके मन में उमंग उठाते, परंपरा से चले आते हुए आमोद-प्रमोद के मेले उनमें कौतूहल जगाते और प्रफुल्लता लाते थे। आजकल के समान उनका जीवन देश के सामान्य जीवन से विच्छिन्न न था। विदेशी अंधड़ों ने उनकी आँखों में इतनी धूल नहीं झोंकी थी कि अपने देश का रूप-रंग उन्हें सुझाई ही न पड़ता। काल की गति वे देखते थे, सुधार के मार्ग भी उन्हें सूझते थे, पर पश्चिम की एक-एक बात के अभिनय को ही वे उन्नति का पर्याय नहीं समझते थे। प्राचीन और नवीन के संधिस्थल पर खड़े होकर वे दोनों का जोड़ इस प्रकार मिलाना चाहते थे कि नवीन प्राचीन का प्रवर्धित रूप प्रतीत हो, न कि ऊपर लपेटी हुई वस्तु।

विलक्षण बात यह है कि आधुनिक गद्य साहित्य की परंपरा का प्रवर्तन नाटकों से हुआ। भारतेंदु के पहले 'नाटक' के नाम से जो दो-चार ग्रंथ ब्रजभाषा में लिखे गये थे उनमें महाराज विश्वनाथ सिंह के 'आनंद रघुनंदन नाटक' को छोड़ और किसी में नाटकत्व न था। हरिश्चंद्र ने सबसे पहले 'विद्यासुंदर नाटक' का बँगला से सुंदर हिंदी में अनुवाद करके संवत् 1925 में प्रकाशित किया। उसके पहले वे 'प्रवास नाटक' लिख रहे थे पर वह पूरा न हुआ। उन्होंने आगे चलकर भी अधिकतर नाटक ही लिखे। पं. प्रतापनाराण और बदरीनारायण चौधरी ने भी उन्हीं का अनुसरण किया।

खेद के साथ कहना पड़ता है कि भारतेंदु के समय में धूम से चली हुई नाटकों की वह परंपरा आगे चलकर बहुत शिथिल पड़ गयी। बा. रामकृष्ण वर्मा बंगभाषा के नाटकों का जैसे—वीर नारी पद्मावती, कृष्णकुमारी—अनुवाद करके नाटकों का सिलसिला कुछ चलाते रहे। इस उदासीनता का कारण उपन्यासों की ओर दिन-दिन बढ़ती हुई रुचि के अतिरिक्त अभिनयशालाओं का अभाव भी कहा जा सकता है। अभिनय द्वारा नाटकों की ओर रुचि बढ़ती है और उनका अच्छा प्रसार होता है। नाटक दृश्य काव्य हैं। उनका बहुत कुछ आकर्षण अभिनय पर अवलंबित रहता है। उस समय नाटक खेलने वाली जो व्यवसायी फारसी कंपनियाँ थीं, वे उर्दू छोड़ हिंदी नाटक खेलने को तैयार न थीं। ऐसी दशा में नाटकों की ओर हिंदी प्रेमियों का उत्साह कैसे रह सकता था?

भारतेंदु, प्रतापनारायण मिश्र, बदरीनारायण चौधरी उद्योग करके अभिनय का प्रबंध किया करते थे और कभी-कभी स्वयं भी पार्ट लेते थे। पं. शीतलाप्रसाद त्रिपाठीकृत 'जानकीमंगल नाटक' का जो धूमधाम से अभिनय हुआ था उसमें भारतेंदु जी ने पार्ट लिया था। यह अभिनय देखने काशीनरेश महाराजा ईश्वरीप्रसाद नारायण सिंह भी पधारे थे और इसका विवरण 8 मई 1868 के इंडियन मेल में प्रकाशित हुआ था। प्रतापनारायण मिश्र का अपने पिता से अभिनय के लिए मूँछ मुड़ाने की आज्ञा माँगना प्रसिद्ध ही है।

'काश्मीरकुसुम' (राजतरंगिणी का कुछ अंश) और 'बादशाहदर्पण' लिखकर इतिहास की पुस्तकों की ओर, जयदेव का जीवनवृत्त लिखकर जीवनचरित की पुस्तकों की ओर भी हरिश्चंद्र ध्यान ले गये पर उस समय इन विषयों की ओर लेखकों की प्रवृत्ति न दिखाई पड़ी।

पुस्तक रचना के अतिरिक्त पत्रिकाओं में प्रकाशित अनेक प्रकार के फुटकल लेख और निबंध अनेक विषयों पर मिलते हैं, जैसे राजनीति, समाजदशा, देशदशा, ऋतु छटा, पर्व त्यौहार, जीवनचरित, ऐतिहासिक प्रसंग, जगत् और जीवन से संबंध रखने वाले सामान्य विषय, (जैसे आत्मनिर्भरता, मनोयोग, कल्पना)। लेखों और निबंधों की अनेकरूपता को देखते हुए उनका वर्गीकरण किया जा सकता है। समाजदशा और देशदशा संबंधी लेख कुछ विचारात्मक पर अधिकांश भावात्मक मिलेंगे। जीवनचरितों और ऐतिहासिक प्रसंगों में इतिवृत्ति के साथ भावव्यंजना भी गुंफित पाई जायेगी। ऋतुछटा और पर्व-त्यौहारों पर अलंकृत भाषा में वर्णनात्मक प्रबंध सामने आते हैं। जगत् और जीवन से संबंध रखने वाले सामान्य विषयों के निरूपण में विरल विचारखंड कुछ उक्तिवैचित्र्य के साथ बिखरे मिलेंगे। पर शैली की व्यक्तिगत विशेषताएँ थोड़ी-बहुत सब लेखकों में पाई जायेंगी।

जैसा कि कहा जा चुका है हास्यविनोद की प्रवृत्ति इस काल के प्रायः सब लेखकों में थी। प्राचीन और नवीन के संघर्ष के कारण उन्हें हास्य के अवलंबन दोनों पक्षों में मिलते थे। जिस प्रकार बात-बात में बाप-दादों की दुहाई देने वाले, धर्म के आडंबर की आड़ में दुराचार छिपाने वाले पुराने खूसट उनके विनोद के लक्ष्य थे, उसी प्रकार पश्चिमी चाल-ढाल की ओर मुँह के बल गिरने वाले फैशन के गुलाम भी।

नाटकों और निबंधों की ओर विशेष झुकाव रहने पर बंगभाषा की देखादेखी नये ढंग के उपन्यासों की ओर भी ध्यान जा चुका था। अँगरेजी ढंग का मौलिक उपन्यास पहले पहल हिंदी में लाला श्रीनिवासदास का 'परीक्षागुरु' ही निकला था। उसके पीछे बा. राधाकृष्णदास ने 'निस्सहाय हिंदू' और पं. बालकृष्ण भट्ट ने 'नूतन ब्रह्मचारी' तथा 'सौ अजान और एक सुजान' नामक छोटे-छोटे उपन्यास लिखे। उस समय तक बंगभाषा से बहुत-से अच्छे उपन्यास निकल चुके थे। अतः साहित्य के इस विभाग की शून्यता शीघ्र हटाने के लिए उनके अनुवाद आवश्यक प्रतीत हुए। हरिश्चंद्र ने ही अपने पिछले जीवन में बंगभाषा के एक उपन्यास के अनुवाद में हाथ लगाया था, पर पूरा न कर सके थे। पर उनके समय में ही प्रतापनाराण मिश्र और राधाचरण गोस्वामी ने कई उपन्यासों के अनुवाद किये। तदनंतर बाबू गदाधर सिंह ने बंगविजेता और दुर्गेशनंदिनी का अनुवाद किया। संस्कृत की कादंबरी की कथा भी उन्होंने बँगला के आधार पर लिखी। पीछे तो बा. राधाकृष्णदास, बा. कार्तिकप्रसाद खत्री, बा. रामकृष्ण वर्मा आदि ने बँगला के उपन्यासों के अनुवाद

की जो परंपरा चलाई वह बहुत दिनों तक चलती रही। इन उपन्यासों में देश के सर्वसामान्य जीवन के बड़े मार्मिक चित्र रहते थे।

प्रथम उत्थान का अंत होते-होते तो अनूदित उपन्यासों का ताँता बँध गया। पर पिछले अनुवादकों का अपनी भाषा पर वैसा अधिकार न हुआ था। अधिकांश अनुवादक प्रायः भाषा का ठीक हिंदी रूप देने में असमर्थ रहे। कहीं-कहीं तो बँगला के शब्द और मुहावरे तक ज्यों के त्यों रख दिये जाते थे—जैसे, 'काँदना', 'सिहरना', 'धू-धू करके आग जलना', 'छल-छल आँसू गिराना' इत्यादि। इन अनुवादों से बड़ा भारी काम यह हुआ कि नये ढंग के सामाजिक और ऐतिहासिक उपन्यासों के ढंग का अच्छा परिचय हो गया और स्वतंत्र उपन्यास लिखने की प्रवृत्ति और योग्यता उत्पन्न हो गयी।

हिंदी गद्य की सर्वतोन्मुखी गति का अनुमान इसी से हो सकता है कि पचीसों पत्र-पत्रिकाएँ हरिश्चंद्र जी के जीवनकाल में निकलीं जिनके नाम नीचे दिये जाते हैं—

1. अल्मोड़ा अखबार (संवत् 1928, संपादक पं. सदानंद सनवाल)
2. हिंदी दीप्तिप्रकाश (कलकत्ता 1929, कार्तिक प्रसाद खत्री)
3. बिहार बंधु (संवत् 1929, केशवराम भट्ट)
4. सदादर्श (दिल्ली 1931, ला. श्रीनिवासदास)
5. काशीपत्रिका (1933, बा. बलदेव प्रसाद बी. ए. शिक्षासंबंधी मासिक)
6. भारतबंधु (1933, तोताराम, अलीगढ़)
7. भारतमित्र (कलकत्ता, संवत् 1934, रुद्रदत्त)
8. मित्रविलास (लाहौर, 1934 कन्हैयालाल)
9. हिंदी प्रदीप (प्रयाग, 1934, पं. बालकृष्ण भट्ट, मासिक)
10. आर्यदर्पण (शाहजहाँपुर, 1934, मुं. बख्तावरसिंह)
11. सार सुधानिधि (कलकत्ता, 1935, सदानंद मिश्र)
12. उचित वक्ता (कलकत्ता, 1935, दुर्गाप्रसाद मिश्र)
13. सज्जन कीर्ति सुधाकर (उदयपुर, 1936, वंशीधर)
14. भारत सुदशाप्रवर्तक (फर्रुखाबाद 1936, गणेशप्रसाद)
15. आनंदकादंबिनी (मिर्जापुर, 1938, उपाध्याय बदरीनारायण चौधरी, मासिक)
16. देशहितैषी (अजमेर, 1936)
17. दिनकर प्रकाश (लखनऊ, 1940 रामदास वर्मा)
18. धर्मदिवाकर (कलकत्ता, 1940, देवीसहाय)
19. प्रयाग समाचार (1940, देवकीनंदन त्रिपाठी)
20. ब्राह्मण (कानपुर, 1940, प्रतापनारायण मिश्र)
21. शुभचिंतक (जबलपुर, 1940, सीताराम)
22. सदाचार मार्तंड (जयपुर, 1940, लालचंद शास्त्री)

23. हिंदोस्थान (इंग्लैंड, 1940, राजा रामपाल सिंह, दैनिक)
24. पीयूष प्रवाह (काशी, 1941, अम्बिकादत्त व्यास)
25. भारत जीवन (काशी, 1941, रामकृष्ण वर्मा)
26. भारतेंदु (वृंदावन, 1941, राधाचरण गोस्वामी)
27. कविकुलकंज दिवाकर (बस्ती, 1941, रामनाथ शुक्ल)

इनमें से अधिकांश पत्र-पत्रिकाएँ तो थोड़े ही दिन चलकर बंद हो गयीं, पर कुछ ने लगातार बहुत दिनों तक लोकहितसाधन और हिंदी की सेवा की है जैसे—बिहारबंधु, भारतमित्र, भारतजीवन, उचितवक्ता, दैनिक हिंदोस्थान, आर्यदर्पण, ब्राह्मण, हिंदीप्रदीप। 'मित्रविलास' सनातन धर्म का समर्थक पत्र था जिसने पंजाब में हिंदी प्रचार का बहुत कुछ कार्य किया था। 'ब्राह्मण', 'हिंदीप्रदीप' और 'आनंदकादंबिनी' साहित्यिक पत्र थे जिनमें बहुत सुंदर मौलिक गद्य प्रबंध और कविताएँ निकला करती थीं। इन पत्र-पत्रिकाओं को बराबर आर्थिक कठिनाइयों का सामना करना पड़ता था। 'हिंदी प्रदीप' को कई बार बंद होना पड़ा था। 'ब्राह्मण', संपादक पं. प्रतापनारायण मिश्र को ग्राहकों से चंदा माँगते-माँगते थक कर कभी-कभी पत्र में इस प्रकार याचना करनी पड़ती थी—

आठ मास बीते, जजमान! अब तौ करौ दच्छिना दान।।

बाबू कार्तिकप्रसाद खत्री ने हिंदी संवाद-पत्रों के प्रचार के लिए बहुत उद्योग किया था, उन्होंने संवत् 1928 में 'हिंदी दीप्ति प्रकाश' नाम का एक संवाद-पत्र और 'प्रेमविलासिनी' नाम की एक पत्रिका निकाली थी। उस समय हिंदी संवाद-पत्र पढ़ने वाले थे ही नहीं। पाठक उत्पन्न करने के लिए बाबू कार्तिकप्रसाद ने बहुत दौड़-धूप की थी। लोगों के घर जा-जाकर वे पत्र सुना तक आते थे। इतना सब करने पर भी उनका पत्र थोड़े दिन चलकर बंद हो गया। संवत् 1934 तक कोई अच्छा और स्थायी साप्ताहिक पत्र नहीं निकला था। अतः संवत् 1934 में पं. दुर्गाप्रसाद मिश्र, पं. छोटूलाल मिश्र, पं. सदानंद मिश्र और बाबू जगन्नाथप्रसाद खन्ना के उद्योग से कलकत्ता में 'भारतमित्र कमेटी' बनी और 'भारतमित्र' पत्र बड़ी धूमधाम से निकला जो बहुत दिनों तक हिंदी संवाद-पत्रों में एंक ऊँचा स्थान ग्रहण किये रहा। प्रारंभकाल में जब पं. छोटूलाल मिश्र इसके संपादक थे तब भारतेंदु जी कभी-कभी इसमें लेख दिया करते थे।

उसी संवत् में लाहौर से 'मित्रविलास' नामक पत्र पं. गोपीनाथ के उत्साह से निकला। इसके पहले पंजाब में कोई हिंदी का पत्र न था। केवल 'ज्ञानप्रदायनी' नाम की एक पत्रिका उर्दू-हिंदी में बाबू नवीनचंद्र द्वारा निकलती थी जिसमें शिक्षा और सुधारसंबंधी लेखों के अतिरिक्त ब्राह्मोमत की बातें रहा करती थीं। उसके पीछे जो 'हिंदीबांधव' निकला उसमें भी उर्दू और हिंदी दोनों रहती थीं। केवल हिंदी का एक भी पत्र न था। 'कवि वचनसुधा' की मनोहर लेखशैली और भाषा पर मुग्ध होकर

ही पं. गोपीनाथ ने 'मित्रविलास' निकाला था जिसकी भाषा बहुत सुष्ठु और ओजस्विनी होती थी। भारतेंदु के गोलोकवास पर बड़ी ही मार्मिक भाषा में इस पत्र ने शोकप्रकाश किया था और उनके नाम का संवत् चलाने का आंदोलन उठाया था।

इसके उपरांत संवत् 1935 में पं. दुर्गाप्रसाद मिश्र के संपादन में 'उचितवक्ता' और पं. सदानंद मिश्र के संपादन में 'सारसुधानिधि' ये दो पत्र कलकत्ता से निकले। इन दोनों महाशयों ने बड़े समय पर हिंदी के एक बड़े अभाव की पूर्ति में योग दिया था। पीछे कालाकाँकर के मनस्वी और देशभक्त राजा रामपाल सिंह जी अपनी मातृभाषा की सेवा के लिए खड़े हुए और संवत् 1940 में उन्होंने 'हिंदोस्थान' नामक पत्र इंग्लैंड से निकाला जिसमें हिंदी और अंग्रेजी दोनों रहती थीं। भारतेंदु के गोलोकवास के पीछे संवत् 1942 में यह हिंदी दैनिक के रूप में निकला और बहुत दिनों तक चलता रहा। इसके संपादकों में देशपूज्य पं. मदनमोहन मालवीय, पं. प्रतापनारायण मिश्र, बाबू बालमुकुंद गुप्त ऐसे लोग रह चुके हैं। बाबू हरिश्चंद्र के जीवनकाल में ही अर्थात् मार्च, सन् 1884 ई. में बाबू रामकृष्ण वर्मा ने काशी से 'भारतीय जीवन' पत्र निकाला। इस पत्र का नामकरण भारतेंदु ने ही किया था।

द्वितीय उत्थान

(संवत् 1950-1975)

सामान्य परिचय

इस उत्थान का आरंभ हम संवत् 1950 से मान सकते हैं। इसमें हम कुछ ऐसी चिंताओं और आकांक्षाओं का आभास पाते हैं जिनका समय भारतेंदु के सामने नहीं आया था। भारतेंदु मंडल मनोरंजक साहित्यनिर्माण द्वारा हिंदी गद्य साहित्य की स्वतंत्र सत्ता का भाव ही प्रतिष्ठित करने में अधिकतर लगा रहा। अब यह भाव पूर्ण रूप से प्रतिष्ठित हो गया था और शिक्षित समाज को अपने इस नये गद्य साहित्य का बहुत कुछ परिचय भी हो गया था। प्रथम उत्थान के भीतर बहुत बड़ी शिकायत यह रहा करती थी कि अँगरेजी की ऊँची शिक्षा पाये हुए बड़े-बड़े डिग्रीधारी लोग हिंदी साहित्य के नूतन निर्माण में योग नहीं देते और अपनी मातृभाषा से उदासीन रहते हैं। द्वितीय उत्थान में यह शिकायत बहुत कुछ कम हुई। उच्च शिक्षाप्राप्त लोग धीरे-धीरे आने लगे—पर अधिकतर यह कहते हुए कि 'मुझे तो हिंदी आती नहीं'। इधर से जवाब मिलता था, 'तो क्या हुआ? आ न जायेगी। कुछ काम तो शुरू कीजिए'। अतः बहुत-से लोगों ने हिंदी आने के पहले ही काम शुरू कर दिया। उनकी भाषा में जो दोष रहते थे, वे उनकी खातिर से दरगुजर कर दिये जाते थे। जब वे कुछ

काम कर चुकते थे—दो-चार चीजें लिख चुकते थे तब तो पूरे लेखक हो जाते थे। फिर उन्हें हिंदी आने, न आने की परवाह क्यों होने लगी?

इस कालखंड के बीच हिंदी लेखकों की तारीफ में प्रायः यही कहा-सुना जाता रहा कि ये संस्कृत बहुत अच्छी जानते हैं, ये अरबी, फारसी के पूरे विद्वान् हैं, ये अँगरेजी के अच्छे पंडित हैं। यह कहने की आवश्यकता नहीं समझी जाती थी कि ये हिंदी बहुत अच्छी जानते हैं। यह मालूम ही नहीं होता था कि हिंदी भी कोई जानने की चीज है। परिणाम यह हुआ कि बहुत से हिंदी के प्रौढ़ और अच्छे लेखक भी अपने लेखों में फारसीदानी, अँगरेजीदानी, संस्कृतदानी आदि का कुछ प्रमाण देना जरूरी समझने लगे थे।

भाषा बिगड़ने का एक और सामान दूसरी ओर खड़ा हो गया था। हिंदी के पाठकों का अब वैसा अकाल नहीं था—विशेषतः उपन्यास पढ़ने वालों का। बँगला उपन्यासों के अनुवाद धड़ाधड़ निकलने लगे थे। बहुत-से लोग हिंदी लिखना सीखने के लिए केवल संस्कृत शब्दों की जानकारी ही आवश्यक समझते थे जो बँगला की पुस्तकों से प्राप्त हो जाती थी। यह जानकारी थोड़ी-बहुत होते ही वे बँगला से अनुवाद भी कर लेते थे और हिंदी के लेख भी लिखने लगते थे। अतः एक ओर अँगरेजीदानों की ओर से 'स्वार्थ लेना', 'जीवन होड़', 'कवि का संदेश', 'दृष्टिकोण' आदि आने लगे; दूसरी ओर बंगभाषाश्रित लोगों की ओर से 'सिहरना', 'काँदना', 'बसंत रोग' आदि। इतना अवश्य था कि पिछले कैंड़े के लोगों की लिखावट उतनी अजनबी नहीं लगती थी जितनी पहले कैंड़ेवालों की। बंगभाषा फिर भी अपने देश की और हिंदी से मिलती-जुलती भाषा थी। उसके अभ्यास से प्रसंग या स्थल के अनुरूप बहुत ही सुंदर और उपयुक्त संस्कृत शब्द मिलते थे। अतः बंगभाषा की ओर जो सुझाव रहा उसके प्रभाव से बहुत ही परिमार्जित और सुंदर संस्कृत पदविन्यास की परंपरा हिंदी में आयी, यह स्वीकार करना पड़ता है।

पर 'अँगरेजी में विचार करने वाले' जब आप्टे का अँगरेजी-संस्कृत कोश लेकर अपने विचारों का शाब्दिक अनुवाद करने बैठते थे तब तो हिंदी बेचारी कोसों दूर जा खड़ी होती थी। वे हिंदी और संस्कृत शब्द भर लिखते थे, हिंदी भाषा नहीं लिखते थे। उनके बहुत-से वाक्यों का तात्पर्य अँगरेजी भाषा की भावभंगिमा से परिचित लोग ही समझ सकते थे, केवल हिंदी या संस्कृत जानने वाले नहीं।

यह पहले कहा जा चुका है कि भारतेंदु जी और उनके सहयोगी लेखकों की दृष्टि व्याकरण के नियमों पर अच्छी तरह जमी नहीं थी। वे 'इच्छा किया', 'आशा किया' ऐसे प्रयोग भी कर जाते थे और वाक्यविन्यास की सफाई पर भी उतना ध्यान नहीं रखते थे। पर उनकी भाषा हिंदी ही होती थी, मुहावरे के खिलाफ प्रायः नहीं जाती थी। पर द्वितीय उत्थान के भीतर बहुत दिनों तक व्याकरण की शिथिलता और भाषा की रूपहानि दोनों साथ-साथ दिखाई पड़ती रही। व्याकरण के व्यतिक्रम और

भाषा की अस्थिरता पर थोड़े ही दिनों में कोप दृष्टि पड़ी, पर भाषा की रूपहानि की ओर उतना ध्यान नहीं दिया गया। पर जो कुछ हुआ वही बहुत हुआ और उसके लिए हमारा हिंदी साहित्य पं. महावीरप्रसाद द्विवेदी का सदा ऋणी रहेगा। व्याकरण की शुद्धता और भाषा की सफाई के प्रवर्तक द्विवेदी जी ही थे। 'सरस्वती' के संपादक के रूप में उन्होंने आयी हुई पुस्तकों के भीतर व्याकरण और भाषा की अशुद्धियाँ दिखा-दिखाकर लेखकों को बहुत कुछ सावधान कर दिया। यद्यपि कुछ हठी और अनाड़ी लेखक अपनी भूलों और गलतियों का समर्थन तरह-तरह की बातें बनाकर करते रहे, पर अधिकतर लेखकों ने लाभ उठाया और लिखते समय व्याकरण आदि का पूरा ध्यान रखने लगे। गद्य की भाषा पर द्विवेदी जी के इस शुभ प्रभाव का स्मरण जब तक भाषा के लिए शुद्धता आवश्यक समझी जायेगी तब तक बना रहेगा।

व्याकरण की ओर इस प्रकार ध्यान जाने पर कुछ दिनों व्याकरण संवर्धिनी बातों की चर्चा भी पत्रों में अच्छी चली। विभक्तियाँ शब्दों से मिलाकर लिखी जानी चाहिए या अलग, इसी प्रश्न को लेकर कुछ काल तक खंडन-मंडन के लेख जोर-शोर से निकले। इस आंदोलन के नायक हुए थे—पं. गोविंद नारायण जी मिश्र, जिन्होंने 'विभक्ति-विचार' नाम की एक छोटी-सी पुस्तक द्वारा हिंदी की विभक्तियों को शुद्ध विभक्तियाँ बताकर लोगों को उन्हें मिलाकर लिखने की सलाह दी थी।

इस द्वितीय उत्थान में जैसे अधिक प्रकार के विषय लेखकों की विस्तृत दृष्टि के भीतर आये वैसे ही शैली की अनेकरूपता का अधिक विकास भी हुआ। ऐसे लेखकों की संख्या कुछ बढ़ी जिनकी शैली में कुछ उनकी निज की विशिष्टता रहती थी, जिनकी लिखावट को परखकर लोग कह सकते थे कि यह उन्हीं की है। साथ ही वाक्यविन्यास में अधिक सफाई और व्यवस्था आयी। विराम चिह्नों का आवश्यक प्रयोग होने लगा। अँगरेजी आदि अन्य समुन्नत भाषाओं की उच्च विचारधारा से परिचित और अपनी भाषा पर भी यथेष्ट अधिकार रखने वाले कुछ लेखकों की कृपा से हिंदी की अर्थोद्‌घाटिनी शक्ति की अच्छी वृद्धि और अभिव्यंजन प्रणाली का भी अच्छा प्रसार हुआ। सघन और गुंफित विचारसूत्रों को व्यक्त करने वाली तथा सूक्ष्म और गूढ़ भावों को झलकाने वाली भाषा हिंदी साहित्य को कुछ-कुछ प्राप्त होने लगी। उसी के अनुरूप हमारे साहित्य का डौल भी बहुत कुछ ऊँचा हुआ। बँगला के उत्कृष्ट सामाजिक, पारिवारिक और ऐतिहासिक उपन्यासों के लगातार आते रहने से रुचि परिष्कृत होती रही जिससे कुछ दिनों की तिलिस्म, ऐयारी और जासूसी के उपरांत उच्चकोटि के सच्चे साहित्यिक उपन्यासों की मौलिक रचना का दिन भी ईश्वर ने दिखाया।

नाटक के क्षेत्र में वैसी उन्नति नहीं दिखाई पड़ी। बाबू राधाकृष्णदास के 'महाराणा प्रताप' (या राजस्थान केसरी) की कुछ दिन धूम रही और उसका अभिनय भी बहुत बार हुआ। राय देवीप्रसाद जी पूर्ण ने 'चंद्रकला भानुकुमार' नामक एक

बहुत बड़े डीलडौल का नाटक लिखा, पर वह साहित्य के विविध अंगों से पूर्ण होने पर भी वस्तुवैचित्र्य के अभाव तथा भाषाओं की कृत्रिमता आदि के कारण उतना प्रसिद्ध न हो सका। बँगला के नाटकों के कुछ अनुवाद बाबू रामकृष्ण वर्मा के बाद भी होते रहे पर उतनी अधिकता से नहीं जितनी अधिकता से उपन्यासों के। इससे नाटक की गति बहुत मंद रही। हिंदीप्रेमियों के उत्साह से स्थापित प्रयाग और काशी की नाटक मंडलियों (जैसे, भारतेंदु नाटक मंडली) के लिए रंगशाला के अनुकूल दो एक छोटे-मोटे नाटक अवश्य लिखे गये, पर वे साहित्यिक प्रसिद्धि न पा सके। प्रयाग में पं. माधव शुक्ल जी और काशी में पं. दुगवेकर जी अपनी रचनाओं और अनूठे अभिनयों द्वारा बहुत दिनों तक दृश्य काव्य की रुचि जगाये रहे। इसके उपरांत बँगला में श्री द्विजेंद्रलाल राय के नाटकों की धूम हुई और उनके अनुवाद हिंदी में धड़ाधड़ हुए। इसी प्रकार रवींद्र बाबू के कुछ नाटक भी हिंदी रूप में लाये गये। द्वितीय उत्थान के अंत में दृश्य काव्य की अवस्था यही रही।

निबंधों की ओर यद्यपि बहुत कम ध्यान दिया गया और उसकी परंपरा ऐसी न चली कि हम 5-6 उच्चकोटि के निबंधलेखकों को उसी प्रकार झट से छाँटकर बता सकें जिस प्रकार अँगरेजी साहित्य में बता दिये जाते हैं, फिर भी बीच-बीच में अच्छे और उच्चकोटि के निबंध मासिक पत्रिकाओं में दिखाई पड़ते रहे। इस द्वितीय उत्थान में साहित्य के एक-एक अंग को लेकर जैसी विशिष्टता लेखकों में आ जानी चाहिए थी वैसी विशिष्टता न आ पायी। किसी विषय में अपनी सबसे अधिक शक्ति देख उसे अपनाकर बैठने की प्रवृत्ति बहुत कम दिखाई दी। बहुत-से लेखकों का यह हाल रहा कि कभी अखबारनवीसी करते, कभी उपन्यास लिखते, कभी नाटक में दखल देते, कभी कविता की आलोचना करने लगते और कभी इतिहास और पुरातत्व की बातें लेकर सामने आते। ऐसी अवस्था में भाषा की पूर्ण शक्ति प्रदर्शित करने वाले गूढ़-गंभीर निबंध लेखक कहाँ से तैयार होते। फिर भी भिन्न-भिन्न शैलियाँ प्रदर्शित करने वाले कई अच्छे लेखक इस बीच में बताये जा सकते हैं जिन्होंने लिखा तो कम है पर जो कुछ लिखा है वह महत्त्व का है।

समालोचना का आरंभ यद्यपि भारतेंदु के जीवनकाल में ही कुछ-न कुछ हो गया था पर उसका कुछ अधिक वैभव इस द्वितीय उत्थान में ही दिखाई पड़ा। श्रीयुत् पं. महावीर प्रसाद जी द्विवेदी ने पहले पहल विस्तृत आलोचना का रास्ता निकाला। फिर मिश्रबंधुओं और पं. पद्मसिंह शर्मा ने अपने ढंग पर कुछ पुराने कवियों के संबंध में विचार प्रकट किये। पर यह सब आलोचना अधिकतर बहिरंग बातों तक ही रही। भाषा के गुण-दोष, रस, अलंकार आदि की समीचीनता, इन्हीं सब परंपरागत विषयों तक पहुँची। स्थायी साहित्य में परिगणित होने वाली समालोचना जिसमें किसी कवि की अंतर्वृत्ति का सूक्ष्म व्यवच्छेद होता है, उसकी मानसिक प्रवृत्ति की विशेषताएँ दिखाई जाती हैं, बहुत ही कम दिखाई पड़ी।

साहित्यिक मूल्य रखने वाले तीन-चार जीवन चरित महत्त्व के निकले—पं. माधवप्रसाद मिश्र की 'विशुद्ध चरितावली' (स्वामी विशुद्धानंद का जीवन-चरित) तथा बाबू शिवनंदन सहाय लिखित 'हरिश्चंद्र का जीवन-चरित', 'गोस्वामी तुलसीदास जी का जीवन-चरित' और 'चैतन्य महाप्रभु का जीवन-चरित'।

गद्य साहित्य की वर्तमान गति
(संवत् 1975 से)

इस तृतीय उत्थान में हम वर्तमानकाल में पहुँचते हैं जो अभी चल रहा है। इसमें आकर हिंदी गद्य साहित्य के भिन्न-भिन्न क्षेत्रों के भीतर अनेक नये रास्ते खुले जिनमें से कई एक पर विलायती गलियों के नाम की तख्तियाँ भी लगीं। हमारे गद्य साहित्य का यह काल अभी हमारे सामने है। इसके भीतर रहने के कारण इसके संबंध में हम या हमारे सहयोगी जो कुछ कहेंगे वह इस काल का अपने संबंध में अपना निर्णय होगा। सच पूछिए तो वर्तमानकाल, जो अभी चल रहा है, हमसे इतना दूर पीछे नहीं छूटा है कि इतिहास के भीतर आ सके। इससे यहाँ आकर हम अपने गद्य साहित्य के विविध अंगों का संक्षिप्त विवरण ही इस दृष्टि से दे सकते हैं कि उनके भीतर की भिन्न-भिन्न प्रवृत्तियाँ लक्षित हो जायें।

सबसे पहले ध्यान लेखकों और ग्रंथकारों की दिन-दिन बढ़ती संख्या पर जाता है। इन बीस-इक्कीस वर्षों के बीच हिंदी साहित्य का मैदान काम करने वालों से पूरा-पूरा भर गया, जिससे उनके कई अंगों की बहुत अच्छी पूर्ति हुई, पर साथ ही बहुत-सी फालतू चीजें भी इधर-उधर बिखरीं। जैसे भाषा का पूरा अभ्यास और उस पर अच्छा अधिकार रखने वाले, प्राचीन और नवीन साहित्य के स्वरूप को ठीक-ठीक परखने वाले अनेक लेखकों द्वारा हमारा साहित्य पुष्ट और प्रौढ़ हो चला, वैसे ही केवल पाश्चात्य साहित्य के किसी कोने से आँख खोलने वाले और यूरोप की हर एक नयी पुरानी बात को 'आधुनिकता' कहकर चिल्लाने वाले लोगों के द्वारा बहुत कुछ अनाधिकार चर्चा-बहुत-सी अनाड़ीपन की बातें—भी फैल चलीं। इस दूसरे ढाँचे के लोग यूरोप की सामाजिक, राजनीतिक और साहित्यिक परिस्थियों के अनुसार समय-समय पर उठे हुए नाना वादों और प्रवादों को लेकर और उनकी उक्तियों के टेढ़े-सीधे अनुवाद को उद्धरणी करके ही अपने को हमारे वास्तविक साहित्यनिर्माताओं से दस हाथ आगे बता चले।

इनके कारण हमारा सच्चा साहित्य रुका तो नहीं, पर व्यर्थ की भीड़भाड़ के बीच ओट में अवश्य पड़ता रहा। क्या नाटक, क्या उपन्यास, क्या निबंध, क्या समालोचना, क्या काव्यस्वरूप-मीमांसा, सबके क्षेत्रों के भीतर कुछ विलायती मंत्रों

का उच्चारण सुनाई पड़ता आ रहा है। इनमें से कुछ तो ऐसे हैं जो अपने जन्मस्थान में अब नहीं सुनाई पड़ते। हँसी तब आती है जब कुछ ऐसे व्यक्ति भी 'मध्य युग की प्रवृत्ति', 'क्लासिकल', 'रोमांटिक' इत्यादि शब्दों से विभूषित अपनी आलोचना द्वारा 'नये युग की वाणी' का संचार समझाने खड़े होते हैं, जो इन शब्दों का अर्थ जानना तो दूर रहा, अँग्रेजी भी नहीं जानते। उपन्यास के क्षेत्र में देखिए तो एक ओर प्रेमचंद जैसे प्रतिभाशाली उपन्यासकार हिंदी की कीर्ति का देश भर में प्रसार कर रहे हैं, दूसरी ओर कोई उनकी भरपेट निंदा करके टालस्टाय का 'पापी के प्रति घृणा नहीं दया' वाला सिद्धांत लेकर दौड़ता है। एक दूसरा आता है जो दयावाले सिद्धांत के विरुद्ध यूरोप का साम्यवादी सिद्धांत ला भिड़ाता है और कहता है कि गरीबों का रक्त चूसकर उन्हें अपराधी बनाना और फिर बड़ा बनकर दया दिखाना तो उच्च वर्ग के लोगों की मनोवृत्ति है। वह बड़े जोश के साथ सूचित करता है कि इस मनोवृत्ति का समर्थन करने वाला साहित्य हमें नहीं चाहिए, हमें तो ऐसा साहित्य चाहिए जो पददलित अकिंचनों में रोष, विद्रोह और आत्मगौरव का संचार करे और उच्च वर्ग के लोगों में नैराश्य, लज्जा और ग्लानि का।

एक ओर स्वर्गीय जयशंकर प्रसाद जी अपने नाटकों द्वारा यह साफ झलका देते हैं कि प्राचीन ऐतिहासिक वृत्ति लेकर चलने वाले नाटकों की रचना के लिए कालविशेष के भीतर के तथ्य बटोरने वाला कैसा विस्तृत अध्ययन और उन तथ्यों द्वारा अनुमित सामाजिक स्थिति के सजीव ब्योरे सामने खड़ी करने वाली कैसी सूक्ष्म कल्पना चाहिए, दूसरी ओर कुछ लोग ऐसे नाटकों के प्रति उपेक्षा का-सा भाव दिखाते हुए बर्नाडशा आदि का नाम लेते हैं और कहते हैं कि आधुनिक युग 'समस्या नाटकों' का है। यह ठीक है कि विज्ञान की साधना द्वारा संसार के वर्तमान युग का बहुत-सा रूप यूरोप का खड़ा किया हुआ है। पर इसका क्या मतलब है कि युग का सारा रूपविधान यूरोप ही करे और हम आराम से जीवन के सब क्षेत्रों में उसी के दिये हुए रूप को लेकर रूपवान बनते चलें? क्या अपने स्वतंत्र स्वरूपविकास की हमारी शक्ति सब दिन के लिए मारी गयी?

हमारा यह तात्पर्य नहीं कि यूरोप के साहित्यक्षेत्र में उठी हुई बातों की चर्चा हमारे यहाँ न हो। यदि हमें वर्तमान जगत् के बीच से अपना रास्ता निकालना है तो वहाँ के अनेक 'वादों' और प्रवृत्तियों तथा उन्हें उत्पन्न करने वाली परिस्थितियों का पूरा परिचय हमें होना चाहिए। उन वादों की चर्चा अच्छी तरह हो, उन पर पूरा विचार हो और उनके भीतर जो थोड़ा-बहुत सत्य छिपा हो उसका ध्यान अपने साहित्य के विकास में रखा जाये। पर उनमें से कभी इसको कभी उसको, यह कहते हुए सामने रखना कि वर्तमान विश्वसाहित्य का स्वरूप यही है जिससे हिंदी साहित्य अभी बहुत दूर है, अनाड़ीपन ही नहीं, जंगलीपन भी है।

आजकल भाषा की भी बुरी दशा है। बहुत-से लोग शुद्ध भाषा लिखने का

अभ्यास होने के पहले ही बड़े-बड़े पोथे लिखने लगते हैं जिनमें व्याकरण की भद्दी भूलें तो रहती ही हैं, कहीं-कहीं वाक्यविन्यास तक ठीक नहीं रहता। यह बात और किसी भाषा के साहित्य में शायद ही देखने को मिले। व्याकरण की भूलों तक ही बात नहीं है। अपनी भाषा की प्रकृत्ति की पहचान न रहने के कारण कुछ लोग उसका स्वरूप भी बिगाड़ चले हैं। वे अँगरेजी के शब्द, वाक्य और मुहावरे तक ज्यों-के त्यों उठाकर रख देते हैं, यह नहीं देखने जाते कि भाषा हिंदी हुई या और कुछ।

आधुनिक काल : काव्य-खण्ड

प्रथम उत्थान
(संवत् 1925-1950)

यह सूचित किया जा चुका है कि भारतेंदु हरिश्चंद्र ने जिस प्रकार गद्य की भाषा का स्वरूप स्थिर करके गद्य साहित्य को देशकाल के अनुसार नये-नये विषयों की ओर लगाया, उसी प्रकार कविता की धारा को भी नये-नये क्षेत्रों की ओर मोड़ा। इस नये रंग में सबसे ऊँचा स्वर देशभक्ति की वाणी का था। उसी से लगे हुए विषय लोकहित, समाजसुधार, मातृभाषा का उद्धार आदि थे। हास्य और विनोद के नये विषय भी इस काल में कविता को प्राप्त हुए। रीतिकाल के कवियों की रूढ़ि में हास्यरस के आलंबन कंजूस ही चले आते थे। पर साहित्य के इस नये युग के आरंभ से ही कई प्रकार के नये आलंबन सामने आने लगे—जैसे, पुरानी लकीर के फकीर, नये फैशन के गुलाम, नोच-खसोट करने वाले अदालती अमले, मूर्ख और खुशामदी रईस, नाम या दाम के भूखे देशभक्त इत्यादि। इसी प्रकार वीरता के आश्रय भी जन्मभूमि के उद्धार के लिए रक्त बहाने वाले अन्याय और अत्याचार का दमन करने वाले इतिहासप्रसिद्ध वीर होने लगे। सारांश यह कि इस नयी धारा की कविता के भीतर जिस नये-नये विषयों के प्रतिबिंब आये, वे अपनी नवीनता से आकर्षित करने के अतिरिक्त नूतन परिस्थिति के साथ हमारे मनोविकारों का सामंजस्य भी घटित कर चले। कालचक्र के फेर से जिस नयी परिस्थिति के बीच हम पड़ जाते हैं, उसका सामना करने योग्य अपनी बुद्धि को बनाये बिना जैसे काम नहीं चल सकता, वैसे ही उसकी ओर अपनी रागात्मिका वृत्ति को उन्मुख किये बिना हमारा जीवन फीका, नीरस, शिथिल और अशक्त रहता है।

विषयों की अनेकरूपता के साथ-साथ उनके विधान का ढंग भी बदल चला। प्राचीन धारा में 'मुक्तक' और 'प्रबंध' की जो प्रणाली चली आती थी, उससे कुछ भिन्न प्रणाली का भी अनुसरण करना पड़ा। पुरानी कविता में 'प्रबंध' का रूप कथात्मक और वस्तुवर्णनात्मक ही चला आता था। या तो पौराणिक कथाओं, ऐतिहासिक वृत्तों

को लेकर छोटे-बड़े आख्यान काव्य रचे जाते थे—जैसे, पद्मावत, रामचरितमानस, रामचंद्रिका, छत्रप्रकाश, सुदामाचरित, दानलीला, चीरहरन लीला इत्यादि—अथवा विवाह, मृगया, झूला, हिंडोला, ऋतुबिहार आदि को लेकर वस्तुवर्णनात्मक प्रबंध। अनेक प्रकार के सामान्य विषयों पर—जैसे बुढ़ापा, विधिविडंबना, जगतसचाईसार, गोरक्षा, माता का स्नेह, सपूत, कपूत—कुछ दूर तक चलती हुई विचारों और भावों की मिश्रित धारा के रूप में छोटे-छोटे प्रबंधों या निबंधों की चाल न थी। इस प्रकार के विषय कुछ उक्तिवैचित्र्य के साथ एक ही पद्य में कहे जाते थे अर्थात् वे मुक्तक की सूक्तियों के रूप में ही होते थे। पर नवीन धारा के आरंभ में छोटे-छोटे पद्यात्मक निबंधों की परंपरा भी चली जो प्रथम उत्थानकाल के भीतर तो बहुत कुछ भावप्रधान रही पर आगे चलकर शुष्क और इतिवृत्तात्मक (मैटर ऑव फैक्ट) होने लगी।

जैसा ऊपर कह आये हैं, नवीन धारा के बीच भारतेंदु की वाणी का सबसे ऊँचा स्वर देशभक्ति का था। नीलदेवी, भारतदुर्दशा आदि नाटकों के भीतर आई हुई कविताओं में देश दशा की जो मार्मिक व्यंजना है, वह तो है ही; बहुत-सी स्वतंत्र कविताएँ भी उन्होंने लिखीं जिनमें कहीं देश के अतीत गौरव गाथा का गर्व, कहीं वर्तमान अधोगति की क्षोभभरी वेदना, कहीं भविष्य की भावना से जगी हुई चिंता इत्यादि अनेक पुनीत भावों का संचार पाया जाता है। 'विजयिनीविजय वैजयंती' में, जो मिस्र में भारतीय सेना की विजय प्राप्ति पर लिखी गयी थी, देशभक्ति व्यंजक कैसे भिन्न-भिन्न संचारी भावों का उद्गार है! कहीं गर्व, कहीं क्षोभ, कहीं विषाद। 'सहसन बरसन सों सुन्यो जो सपने नहिं कान, सो जय आरज शब्द' को सुन और 'फरकि उठीं सबकी भुजा, खरकि उठीं तरवार। क्यों आपुहिं ऊँचे भये आर्य मोछ के बार' का कारण जान, प्राचीन आर्य गौरव का गर्व कुछ आ ही रहा था कि वर्तमान अधोगति का दृश्य ध्यान में आया और फिर वही 'हाय भारत!' की धुन।

हाय! वहै भारत-भुव भारी। सब ही विधि सों भई दुखारी।।
हाय! पंचनद, हा पानीपत। अजहुँ रहे तुम धरनि बिराजत।।
हाय चित्तौर! निलज तू भारी। अजहुँ खरो भारतहि मँझारी।।
तुममें जल नहिं जमुना-गंगा। बढ़हु बेगि किन प्रबल तरंगा।।
बोरहु किन झट मथुरा-कासी? धोवहु यह कलंक की रासी।।

'चित्तौर', 'पानीपत' इन नामों में ही हिंदूहृदय के लिए कितने भावों की व्यंजना भरी है। उसके लिए ये नाम ही काव्य हैं। नीलदेवी में यह कैसी करुण पुकार है—

कहाँ करुणानिधि केशव सोये?
जागत नाहिं अनेक जतन करि भारतवासी रोये।।

यहाँ पर यह कह देना आवश्यक है कि भारतेंदु जी ने हिंदी काव्य को केवल नये-नये विषयों की ओर ही उन्मुख किया, उसके भीतर किसी नवीन विधान या प्रणाली का सूत्रपात नहीं किया। दूसरी बात उनके संबंध में ध्यान देने की यह है

कि वे केवल 'नरप्रकृति' के कवि थे, बाह्य प्रकृति की अनेकरूपता के साथ उनके हृदय का सामंजस्य नहीं पाया जाता। अपने नाटकों में दो-एक जगह उन्होंने जो प्राकृतिक वर्णन रखे हैं (जैसे, सत्य हरिश्चंद्र में गंगा का वर्णन, चंद्रावली में यमुना का वर्णन) वे केवल परंपरापालन के रूप में हैं। उनके भीतर उनका हृदय नहीं पाया जाता। वे केवल उपमा और उत्प्रेक्षा के चमत्कार के लिए लिखे जान पड़ते हैं। एक पंक्ति में कुछ अलग-अलग वस्तुएँ और व्यापार हैं और दूसरी पंक्ति में उपमा या उत्प्रेक्षा। कहीं-कहीं तो यह अप्रस्तुत विधान तीन पंक्तियों तक चला चलता है।

अंत में यह सूचित कर देना आवश्यक है कि गद्य को जिस परिमाण में भारतेंदु ने नये-नये विषयों और मार्गों की ओर लगाया उस परिमाण में पद्य को नहीं। उनकी अधिकांश कविता तो कृष्णभक्त कवियों के अनुकरण पर गेय पदों के रूप में है जिनमें राधाकृष्ण की प्रेमलीला और विहार का वर्णन है। शृंगाररस के कवित्त-सवैयों का उल्लेख पुरानी धारा के अंतर्गत हो चुका है। देशदशा, अतीतगौरव आदि पर उनकी कविताएँ या तो नाटकों में रखने के लिए लिखी गयीं अथवा विशेष अवसरों पर—जैसे प्रिंस ऑफ वेल्स (पीछे सम्राट् सप्तम एडवर्ड) का आगमन, मिस्र पर भारतीय सेना द्वारा ब्रिटिश सरकार की विजय—पढ़ने के लिए। ऐसी रचनाओं में राजभक्ति और देशभक्ति का मेल आजकल के लोगों को कुछ विलक्षण लग सकता है। देशदशा पर दो-एक होली या वसंत आदि गाने की चीजें फुटकल भी मिलती हैं। पर उनकी कविताओं के विस्तृत संग्रह के भीतर आधुनिकता कम ही मिलेगी।

द्वितीय उत्थान

(संवत् 1950-1975)

सामान्य परिचय

पं. श्रीधर पाठक के 'एकांतवासी योगी' का उल्लेख खड़ी बोली की कविता के आरंभ के प्रसंग में प्रथम उत्थान के अंतर्गत हो चुका है। उसकी सीधी-सादी खड़ी बोली और जनता के बीच प्रचलित लय ही ध्यान देने योग्य नहीं है, किंतु उसकी कथा की सार्वभौम मार्मिकता भी ध्यान देने योग्य है। किसी के प्रेम में योगी होना और प्रकृति के निर्जन क्षेत्र में कुटी छाकर रहना एक ऐसी भावना है जो समान रूप में सब देशों के और सब श्रेणियों के स्त्री-पुरुषों के मर्म का स्पर्श स्वभावतः करती आ रही है। सीधी-सादी खड़ी बोली में अनुवाद करने के लिए ऐसी प्रेम कहानी चुनना जिसकी मार्मिकता अनपढ़ स्त्रियों तक के गीतों की मार्मिकता के मेल में हो, पंडितों की बँधी हुई रूढ़ि से बाहर निकलकर अनुभूति के स्वतंत्र क्षेत्र में आने की प्रवृत्ति का द्योतक है। भारतीय हृदय का सामान्य स्वरूप पहचानने के लिए पुराने प्रचलित

ग्रामगीतों की ओर भी ध्यान देने की आवश्यकता है, केवल पंडितों द्वारा प्रचलित काव्यपरंपरा का अनुशीलन ही अलम् नहीं है।

पंडितों की बँधी प्रणाली पर चलने वाली काव्यधारा के साथ-साथ सामान्य अनपढ़ जनता के बीच एक स्वच्छंद और प्राकृतिक भावधारा भी गीतों के रूप में चलती रहती है—ठीक उसी प्रकार जैसे बहुत काल से स्थिर चली आती हुई पंडितों की साहित्यभाषा के साथ-साथ लोकभाषा की स्वाभाविक धारा भी बराबर चलती रहती है। जब पंडितों की काव्यभाषा स्थिर होकर उत्तरोत्तर आगे बढ़ती हुई लोकभाषा से दूर पड़ जाती है और जनता के हृदय पर प्रभाव डालने की उसकी शक्ति क्षीण होने लगती है तब शिष्ट समुदाय लोकभाषा का सहारा लेकर अपनी काव्यपरंपरा में नया जीवन डालता है। प्राकृत के पुराने रूपों से लदी अपभ्रंश जब लद्धड़ होने लगी तब शिष्ट काव्य प्रचलित देशी भाषाओं से शक्ति प्राप्त करके ही आगे बढ़ सका। यही प्राकृतिक नियम काव्य के स्वरूप के संबंध में भी अटल समझना चाहिए। जब-जब शिष्टों का काव्य पंडितों द्वारा बँधकर निश्चेष्ट और संकुचित होगा तब-तब उसे सजीव और चेतन प्रसार देश की सामान्य जनता के बीच स्वच्छंद बहती हुई प्राकृतिक भावधारा से जीवनतत्त्व ग्रहण करने से ही प्राप्त होगा।

यह भावधारा अपने साथ हमारे चिरपरिचित पशु-पक्षियों, पेड़-पौधों, जंगल-मैदानों आदि को भी समेटे चलती है। देश के स्वरूप के साथ यह संबद्ध चलती है। एक गीत में कोई ग्रामवधू अपने वियोगकाल दीर्घता की व्यंजना अपने चिरपरिचित प्रकृति व्यापार द्वारा इस भोले ढंग से करती है—

> **जो नीम का प्यारा पौधा प्रिय हाथ से द्वार पर लगा गया वह बड़ा होकर फूला और उसके फूल झड़ भी गये, पर प्रिय न आया।**

इस भावधारा की अभिव्यंजन प्रणालियाँ वे ही होती हैं जिन पर जनता का हृदय इस जीवन में अपने भाव स्वभावतः ढालता आता है। हमारी भावप्रवर्तिनी शक्ति का असली भंडार इसी स्वाभाविक भावधारा के भीतर निहित समझना चाहिए। जब पंडितों की काव्यधारा इस स्वाभाविक भावधारा से विच्छिन्न पड़कर रूढ़ हो जाती है तब वह कृत्रिम होने लगती है और उसकी शक्ति भी क्षीण होने लगती है। ऐसी परिस्थिति में इसी भावधारा की ओर दृष्टि ले जाने की आवश्यकता होती है। दृष्टि ले जाने का अभिप्राय है उस स्वभाविक भावधारा के ढलाव की नाना अंतर्भूमियों को परख कर शिष्ट काव्य के स्वरूप का पुनर्विधान करना। यह पुनर्विधान सामंजस्य के रूप में हो, अंधप्रतिक्रिया रूप में नहीं, जो विपरीतता की हद तक जा पहुँचती है। इस प्रकार के परिवर्तन को ही अनुभूति की सच्ची नैसर्गिक स्वच्छंदता (ट्रू रोमांटिसिज्म) कहना चाहिए, क्योंकि वह मूल प्राकृतिक आधार पर होता है।

इंग्लैंड के जिस स्वच्छंदतावाद (रोमांटिसिज्म) का इधर हिंदी में भी बराबर नाम लिया जाने लगा है उसके प्रारंभिक उत्थान के भीतर परिवर्तन के मूल प्राकृतिक आधार

का स्पष्ट आभास रहा। पीछे के कवियों की व्यक्तिगत, विद्यागत और बुद्धिगत प्रवृत्तियों और विशेषताओं के जैसे—रहस्यात्मकता, दार्शनिकता, स्वातंत्र्यभावना, कलाकार आदि के अधिक प्रदर्शन से वह कुछ ढक-सा गया। काव्य को पांडित्य की विदेशी रूढ़ियों से मुक्त और स्वच्छंद काउपर (Cowper) ने किया था. पर स्वच्छंद होकर जनता के हृदय में संचरण करने की शक्ति वह कहाँ से प्राप्त करे, यह स्काटलैंड के किसानी झोंपड़े में रहने वाले कवि बर्न्स (Robert Burns) ने ही दिखाया था। उसने अपने देश के परंपरागत प्रचलित गीतों की मार्मिकता परखकर देशभाषा में रचनाएँ कीं, जिन्होंने वहाँ के सारे जनसमाज के हृदय में अपना घर किया। वाल्टर स्काट (Wolter Scott) ने देश की अंतर्व्यापिनी भावधारा से शक्ति लेकर साहित्य को अनुप्राणित किया था।

जिस परिस्थिति में अँगरेजी साहित्य में स्वच्छंदता का विकास हुआ उसे भी देखकर यह समझ लेना चाहिए कि रीतिकाल के अंत में या तो भारतेंदुकाल के अंत में हिंदी काव्य की जो परिस्थिति थी वह कहाँ तक इंग्लैंड की परिस्थिति के अनुरूप थी। सारे यूरोप में बहुत दिनों तक पंडितों और विद्वानों के लिखने-पढ़ने की भाषा लैटिन (प्राचीन रोमियो की भाषा) रही। फ्रांसीसियों के प्रभाव से इंग्लैंड की काव्यरचना भी लैटिन की प्राचीन रूढ़ियों से जकड़ी जाने लगी। उस भाषा के काव्यों की सारी पद्धतियों का अनुसरण होने लगा। बँधी हुई अलंकृत पदावली, वस्तुर्व्णन की रूढ़ियाँ, छंदों की व्यवस्था सब ज्यों-की त्यों रखी जाने लगी। इस प्रकार अँगरेजी काव्य, विदेशी काव्य और साहित्य की रूढ़ियों से इतना आच्छन्न हो गया कि वह देश की परंपरागत स्वाभाविक भावधारा से विच्छिन्न-सा हो गया। काउपर, क्रैब और बर्न्स ने काव्यधारा को साधारण जनता की नादरुचि के अनुकूल नाना मधुर लयों में तथा लोक हृदय के ढलाव की नाना मार्मिक अंतर्भूमियों में ढाला। अँगरेजी साहित्य के भीतर काव्य का यह स्वच्छंद रूप पूर्व रूप से बहुत अलग दिखाई पड़ा। बात यह थी कि लैटिन (जिसके साहित्य का निर्माण बहुत कुछ युनानी ढाँचे पर हुआ था) इग्लैंड के लिए दूर देश की भाषा थी अतः उसका साहित्य भी वहाँ के निवासियों के अपने चिरसंचित संस्कार और भावव्यंजनापद्धति से दूर पड़ता था।

पर हमारे साहित्य में रीतिकाल की जो रूढ़ियाँ हैं वे किसी और देश की नहीं, उनका विकास इसी देश के साहित्य के भीतर संस्कृत में हुआ है। संस्कृत काव्य और उसी के अनुकरण पर रचित प्राकृत अपभ्रंश काव्य भी हमारा ही पुराना काव्य है, पर पंडितों और विद्वानों द्वारा रूप ग्रहण करते रहने और कुछ बँध जाने के कारण जनसाधारण की भावमयी वाग्धारा से कुछ हटा-सा लगता है। पर एक ही जाति के बीच आविर्भूत होने के कारण दोनों में कोई मौलिक पार्थक्य नहीं। अतः हमारे वर्तमान काव्यक्षेत्र में यदि अनुभूति की स्वच्छंदता की धारा प्रकृत पद्धति पर अर्थात् परंपरा से चले आते हुए मौखिक गीतों के मर्मस्थल से शक्ति लेकर चल पाती तो वह अपनी

ही काव्यपरंपरा होती—अधिक सजीव और स्वच्छंद की हुई।

रीतिकाल के भीतर हम दिखा चुके हैं कि किस प्रकार रसों और अलंकारों के उदाहरणों के रूप में रचना होने से और कुछ छंदों की परिपाटी बँध जाने से हिंदी कविता जकड़-सी उठी थी। हरिश्चंद्र के सहयोगियों में काव्यधारा को नये-नये विषयों की ओर मोड़ने की प्रवृत्ति दिखाई पड़ी, पर भाषा ब्रज ही रहने दी गयी और पद्य के ढाँचों, अभिव्यंजना के ढंग तथा प्रकृति के स्वरूपनिरीक्षण आदि में स्वच्छंदता के दर्शन न हुए। इस प्रकार की स्वच्छंदता का आभास पहले पहल पं. श्रीधर पाठक ने ही दिया। उन्होंने प्रकृति के रूढ़िबद्ध रूपों तक ही न रहकर अपनी आँखों से भी उसके रूपों को देखा। 'गुनवंत हेमंत' में वे गाँव में उपजने वाली मूली, मटर ऐसी वस्तुओं को भी प्रेम से सामने लाये जो परंपरागत ऋतुवर्णनों के भीतर नहीं दिखाई पड़ती थी। इसके लिए उन्हें पं. माधवप्रसाद मिश्र की बौछार भी सहनी पड़ी थी। उन्होंने खड़ी बोली पद्य के लिए सुंदर लय और चढ़ाव-उतार के कई नये ढाँचे भी निकाले और इस बात का ध्यान रखा कि छंदों का सुंदर लय से पढ़ना एक बात है, रागरागिनी गाना दूसरी बात। ख्याल या लावनी की लय पर जैसे 'एकांतवासी योगी' लिखा गया वैसे ही सुथरे साइयों के सधुक्कड़ी ढंग पर 'जगत्-सच्चाई सार' जिसमें कहा गया कि 'जगत् है सच्चा, तनिक न कच्चा, समझो बच्चा! इसका भेद'। 'स्वर्गीय वीणा' में उन्होंने उस परोक्ष दिव्य संगीत की ओर रहस्यपूर्ण संकेत किया जिसके ताल-सुर पर यह सारा विश्व नाच रहा है। इन सब बातों का विचार करने पर पं. श्रीधर पाठक ही सच्चे स्वच्छंदतावाद (रोमांटिसिज्म) के प्रवर्तक ठहरते हैं।

खेद है कि सच्ची और स्वाभाविक स्वच्छंदता का यह मार्ग हमारे काव्यक्षेत्र के बीच चल न पाया। बात यह है कि उस समय पिछले संस्कृत काव्य के संस्कारों के साथ पं. महावीरप्रसाद द्विवेदी हिंदी साहित्य क्षेत्र में आये जिनका प्रभाव गद्य साहित्य और काव्यनिर्माण दोनों पर बहुत व्यापक पड़ा। हिंदी में परंपरा के व्यवहृत छंदों के स्थान पर संस्कृत के वृत्तों का चलन हुआ, जिसके कारण संस्कृत पदावली का समावेश बढ़ने लगा। भक्तिकाल और रीतिकाल की परिपाटी के स्थान पर पिछले संस्कृत साहित्य की पद्धति की ओर लोगों का ध्यान बँटा। द्विवेदी जी 'सरस्वती' पत्रिका द्वारा बराबर कविता में बोलचाल की सीधी-सादी भाषा का आग्रह करते रहे जिससे इतिवृत्तात्मक (मैटर ऑफ फैक्ट) पद्यों का खड़ी बोली में ढेर लगने लगा। यह तो हुई द्वितीय उत्थान के भीतर की बात।

आगे चलकर तृतीय उत्थान में उक्त परिस्थिति के कारण जो प्रतिक्रिया उत्पन्न हुई, वह भी स्वाभाविक स्वच्छंदता की ओर न बढ़ने पायी। बीच में रवींद्र बाबू की 'गीतांजलि' की धूम उठ जाने के कारण नवीनता प्रदर्शन के इच्छुक नये कवियों में से कुछ लोग तो बंग भाषा की रहस्यात्मक कविताओं की रूपरेखा लाने में लगे, कुछ लोग पाश्चात्य काव्यपद्धति को 'विश्वसाहित्य' का लक्षण समझ उसके अनुसरण

में तत्पर हुए। परिणाम यह हुआ कि अपने यहाँ की रीतिकाल की रूढ़ियों और द्वितीय उत्थान की इतिवृत्तात्मकता से छूटकर बहुत-सी हिंदी कविता विदेश की अनुकूल रूढ़ियों और वादों में जा फँसी। इने-गिने नये कवि ही स्वच्छंदता के मार्मिक और स्वाभाविक पथ पर चले।

1. पं. श्रीधर पाठक–'एकांतवासी योगी' के बहुत दिनों पीछे पं. श्रीधर पाठक ने खड़ी बोली में और भी रचनाएँ कीं। खड़ी बोली में इनकी दूसरी पुस्तक 'श्रांत पथिक' (गोल्डस्मिथ के ट्रेवेलर का अनुवाद) निकली। इनके अतिरिक्त खड़ी बोली में फुटकल कविताएँ भी पाठक जी ने बहुत-सी लिखीं। मन की मौज के अनुसार कभी-कभी ये एक ही विषय के वर्णन में दोनों बोलियों के पद्य रख देते थे। खड़ी बोली और ब्रजभाषा दोनों में ये बराबर कविता करते रहे। 'ऊजड़ ग्राम' (डेजर्टेड विलेज) इन्होंने ब्रजभाषा में ही लिखा। अँगरेजी और संस्कृत दोनों के काव्य साहित्य का अच्छा परिचय रखने के कारण हिंदी कवियों में पाठक जी की रुचि बहुत ही परिष्कृत थी। शब्दशोधन में तो पाठक जी अद्वितीय थे। जैसी चलती और रसीली इनकी ब्रजभाषा होती थी, वैसा ही कोमल और मधुर संस्कृत पदविन्यास भी। ये वास्तव में एक बड़े प्रतिभाशाली, भावुक और सुरुचि संपन्न कवि थे। भद्दापन इनमें न था–न रूप-रंग में, न भाषा में, न भाव में, न चाल में, न भाषण में।

इनकी प्रतिभा बराबर रचना के नये-नये मार्ग भी निकाला करती थी। छंद, पदविन्यास, वाक्यविन्यास आदि के संबंध में नयी-नयी बंदिशें इन्हें खूब सूझा करती थीं। अपनी रुचि के अनुसार कई नये ढाँचे के छंद इन्होंने निकाले जो पढ़ने में बहुत ही मधुर लय पर चलते थे। यह छंद देखिए–

नाना कृपान निज पानि लिये, वपु नील वसन परिधान किये।
गंभीर घोर अभिमान हिये, छकि पारिजात मधुपान किये।।
छिन-छिन पर जोर मरोर दिखावत, पल-पल पर आकृतिकोर झुकावत।
यह मोर नचावत, सोर मचावत, स्वेत-स्वेत बगपाँति उड़ावत।।
नंदन प्रसून-मकरंद-बिंदु-मिश्रित समीर बिनु धीर चलावत।।

अंत्यानुप्रासरहित बेठिकाने समाप्त होने वाले गद्य के-से लंबे वाक्यों के छंद भी (जैसे अँगरेजी में होते हैं) इन्होंने लिखे हैं। 'सांध्य अटन' का यह छंद देखिए–

बिजन बनप्रांत था; प्रकृतिमुख शांत था;
अटन का समय था, रजनि का उदय था।
प्रसव के काल की लालिमा में लसा।
बाल-शशि व्योम की ओर था आ रहा।।
सद्य - उत्फुल्ल - अरविंद - नभ नील सुवि–
शाल नभवक्ष पर जा रहा था चढ़ा।।

विश्वसंचालक परोक्षसंगीतध्वनि की ओर रहस्यपूर्ण संकेत 'स्वर्गीय वीणा' की

इन पंक्तियों में देखिए–

कहीं पै स्वर्गीय कोई बाला सुमंजु वीणा बजा रही है।
सुरों के संगीत की-सी कैसी सुरीली गुंजार आ रही है।।
कोई पुरंदर की किंकरी है कि या किसी सुर की सुंदरी है।
वियोगतप्ता-सी भोगमुक्ता हृदय के उद्गार गा रही है।।
कभी नयी तान प्रेममय है, कभी प्रकोपन, कभी विनय है।
दया है, दाक्षिण्य का उदय है अनेकों बानक बना रही है।।
भरे गगन में हैं जितने तारे, हुए हैं बदमस्त गत पै सारे।
समस्त ब्रह्मांड भर को मानो दो उँगलियों पर नचा रही है।।

यह कह आये हैं कि 'खड़ी बोली' की पहली पुस्तक 'एकांतवासी योगी' इन्होंने लावनी या ख्याल के ढंग पर लिखी थी। पीछे 'खड़ी बोली' को हिंदी के प्रचलित छंदों में ले आये। 'श्रांत पथिक' की रचना इन्होंने रोला छंद में की। इसके आगे भी ये बढ़े, और यह दिखा दिया कि सवैये में भी खड़ी बोली कैसी मधुरता के साथ ढल सकती है–

इस भारत में बन पावन तू ही तपस्वियों का तप-आश्रय था।
जगतत्व की खोज में लग्न जहाँ ऋषियों ने अभग्न किया श्रम था।।
तब प्राकृत विश्व का विभ्रम और था, सात्विक जीवन का क्रम था।
महिमा वनवास की थी तब और, प्रभाव पवित्र अनूपम था।।

पाठक जी कविता के लिए हर एक विषय ले लेते थे। समाजसुधार के वे बड़े आकांक्षी थे; इससे विधवाओं की वेदना, शिक्षाप्रसार ऐसे-ऐसे विषय भी उनकी कलम के नीचे आया करते थे। विषयों को काव्य का पूरा-पूरा स्वरूप देने में चाहे वे सफल न हुए हों, अभिव्यंजना के वाग्वैचित्र्य की ओर उनका ध्यान चाहे न रहा हो, गंभीर नूतन विचारधारा चाहे उनकी कविताओं के भीतर कम मिलती हो, पर उनकी वाणी में कुछ ऐसा प्रसाद था कि जो बात उसके द्वारा प्रकट की जाती थी, उसमें सरसता आ जाती थी। अपने समय के कवियों में प्रकृति का वर्णन पाठक जी ने सबसे अधिक किया, इससे हिंदी प्रेमियों में वे प्रकृति के उपासक कहे जाते थे। पर यहाँ यह कह देना आवश्यक है कि उनकी यह उपासना प्रकृति के उन्हीं रूपों तक परिमित थी जो मनुष्य को सुखदायक और आनंदप्रद होते हैं, या जो भव्य और सुंदर होते हैं। प्रकृति के सीधे-सादे नित्य आँखों के सामने आने वाले देश के परंपरागत जीवन से संबंध रखने वाले दृश्यों की मधुरता की ओर उनकी दृष्टि कम रहती।

पं. श्रीधर पाठक का जन्म संवत् 1916 में और मृत्यु संवत्. 1984 में हुई।

तृतीय उत्थान
(संवत् 1975 से)

वर्तमान काव्यधाराएँ : सामान्य परिचय

द्वितीय उत्थान के समाप्त होते-होते खड़ी बोली में बहुत कुछ कविता हो चुकी थी। इन 25-30 वर्षों के भीतर वह बहुत कुछ मँजी, इसमें संदेह नहीं, पर इतनी नहीं जितनी उर्दू काव्य क्षेत्र के भीतर जाकर मँजी है। जैसा पहले कह चुके हैं, हिंदी में खड़ी बोली के पद्यप्रवाह के लिए तीन रास्ते खोले गये—उर्दू या फारसी की बह्रों का, संस्कृत के वृत्तों का और हिंदी के छंदों का। इनमें से प्रथम मार्ग का अवलंबन तो मैं नैराश्य या आलस्य समझता हूँ। वह हिंदी काव्य का निकाला हुआ अपना मार्ग नहीं। अतः शेष दो मार्गों का ही थोड़े में विचार किया जाता है।

इसमें तो कोई संदेह नहीं कि संस्कृत के वर्णवृत्तों का-सा माधुर्य अन्यत्र दुर्लभ है, पर उनमें भाषा इतनी जकड़ जाती है कि वह भावधारा के मेल में पूरी तरह से स्वच्छंद होकर नहीं चल सकती। इसी से संस्कृत के लंबे समासों का कुछ सहारा लेना पड़ता है। पर संस्कृत पदावली के अधिक समावेश से खड़ी बोली की स्वाभाविक गति के प्रसार के लिये अवकाश कम रहता है। अतः वर्णवृत्तों का थोड़ा-बहुत उपयोग किसी बड़े प्रबंध के भीतर बीच-बीच में ही उपयुक्त हो सकता है। तात्पर्य यह कि संस्कृत पदावली का अधिक आश्रय लेने से खड़ी बोली के मँजने की संभावना दूर ही रहेगी।

हिंदी के सब तरह के प्रचलित छंदों में खड़ी बोली की स्वाभाविक वाग्धारा का अच्छी तरह खपने के योग्य हो जाना ही उनका मँजना कहा जायेगा। हिंदी के प्रचलित छंदों में दंडक और सवैया भी हैं। सवैया यद्यपि वर्णवृत्त है, पर लय के अनुसार लघु-गुरु का बंधन उसमें बहुत कुछ उसी प्रकार शिथिल हो जाता है जिस प्रकार उर्दू के छंदों में। मात्रिक छंदों में तो कोई अड़चन ही नहीं है। प्रचलित मात्रिक छंदों के अतिरिक्त कविजन इच्छानुसार नये-नये छंदों का विधान भी बहुत अच्छी तरह कर सकते हैं।

खड़ी बोली की कविताओं की उत्तरोत्तर गति की ओर दृष्टिपात करने से यह पता चल जाता है कि किस प्रकार ऊपर लिखी बातों की ओर लोगों का ध्यान क्रमशः गया है और जा रहा है। बाबू मैथिलीशरण गुप्त की कविताओं में चलती हुई खड़ी बोली का परिमार्जित और सुव्यवस्थित रूप गीतिका आदि हिंदी के प्रचलित छंदों में तथा नये गढ़े हुए छंदों में पूर्णतया देखने में आया। ठाकुर गोपालशरण सिंह जी कवित्तों और सवैयों में खड़ी बोली का बहुत ही मँजा हुआ रूप सामने ला रहे हैं। उनकी रचनाओं को देखकर खड़ी बोली के मँज जाने की पूरी आशा होती है।

खड़ी बोली का पूर्ण सौष्ठव के साथ मँजना तभी कहा जायेगा जब कि पद्यों

में उसकी अपनी गतिविधि का पूरा समावेश हो और कुछ दूर तक चलने वाले वाक्य सफाई के साथ बैठें। भाषा का इस रूप में परिमार्जन उन्हीं के द्वारा हो सकता है जिनका हिंदी पर पूरा अधिकार है, जिन्हें उसकी प्रकृति की पूरी परख है। पर जिस प्रकार बाबू मैथिलीशरण गुप्त और ठाकुर गोपालशरण सिंह जी ऐसे कवियों की लेखनी से खड़ी बोली को मँजते देख आशा का पूर्ण संचार होता है उसी प्रकार कुछ ऐसे लोगों को जिन्होंने अध्ययन या शिष्ट समागम द्वारा भाषा पर पूरा अधिकार नहीं प्राप्त किया है, संस्कृत की विकीर्ण पदावली के भरोसे पर या अँगरेजी पद्यों के वाक्यखंडों के शब्दानुवाद जोड़-जोड़ कर, हिंदी कविता के नये मैदान में उतरते देख आशंका भी होती है। ऐसे लोग हिंदी जानने या उसका अभ्यास करने की जरूरत नहीं समझते। पर हिंदी भी एक भाषा है, जो आते-आते आती है। भाषा बिना अच्छी तरह जाने वाक्यविन्यास, मुहावरे आदि कैसे ठीक हो सकते हैं?

नये-नये छंदों के व्यवहार और तुक के बंधन के त्याग की सलाह द्विवेदी जी ने बहुत पहले दी थी। उन्होंने कहा था कि 'तुले हुए शब्दों में कविता करने और तुक, अनुप्रास आदि ढूँढ़ने से कवियों के विचारस्वातंत्र्य में बाधा आती है।'

नये-नये छंदों की योजना के संबंध में हमें कुछ नहीं कहना है। यह बहुत अच्छी बात है। 'तुक' भी ऐसी कोई अनिवार्य वस्तु नहीं। चरणों के भिन्न प्रकार के मेल चाहे जितने किये जायें, ठीक हैं। पर इधर कुछ दिनों से बिना छंद (मीटर) के पद्य भी–बिना तुकांत के होना तो बहुत ध्यान देने की बात नहीं–निराला जी ऐसे नयी रंगत के कवियों में देखने में आते हैं। यह अमेरिका के एक कवि वाल्ट ह्विटमैन (Walt Whitman) की नकल है, जो पहले बँगला में थोड़ी-बहुत हुई। बिना किसी प्रकार की छंदोव्यवस्था की अपनी पहली रचना 'लीव्स ऑफ ग्रास' उसने सन् 1855 ई. में प्रकाशित की। उसके उपरांत और भी बहुत-सी रचनाएँ इसी प्रकार की मुक्त या स्वच्छंद पंक्तियों में निकलीं, जिनके संबंध में एक समालोचक ने लिखा है–

"A chaos of impressions, thought of feelings thrown together without thyme, which matters little, without metre, which matters more and often without reason, which matters much."[1]

सारांश यह कि उसकी ऐसी रचनाओं में छंदोव्यवस्था का ही नहीं, बुद्धितत्त्व का भी प्रायः अभाव है। उसकी वे ही कविताएँ अच्छी मानी और पढ़ी गयीं जिनमें छंद और तुकांत की व्यवस्था थी।

पद्यव्यवस्था से मुक्त काव्यरचना वास्तव में पाश्चात्य ढंग के गीतकाव्यों के अनुकरण का परिणाम है। हमारे यहाँ के संगीत में बँधी हुई राग-रागनियाँ हैं। पर यूरोप में संगीत के बड़े-बड़े उस्ताद (कंपोजर्स) अपनी अलग-अलग नादयोजना या

1. Literature in the Century (Nineteenth Century Series), by A.B. De Mille.

स्वरमैत्री चलाया करते हैं। उस ढंग का अनुकरण पहले बंगाल में हुआ। वहाँ की देखादेखी हिंदी में भी चलाया गया। 'निराला' जी का तो इसकी ओर प्रधान लक्ष्य रहा। हमारा इस संबंध में यही कहना है कि काव्य का प्रभाव केवल नाद पर अवलंबित नहीं।

छंदों के अतिरिक्त वस्तुविधान और अभिव्यंजनशैली में भी कई प्रकार की प्रवृत्तियाँ इस तृतीय उत्थान में प्रकट हुईं जिससे अनेकरूपता की ओर हमारा काव्य कुछ बढ़ता दिखाई पड़ा। किसी वस्तु में अनेकरूपता आना विकास का लक्षण है, यदि अनेकता के भीतर एकता का कोई एक सूत्र बराबर बना रहे। इस समन्वय से रहित जो अनेकरूपता होगी यह भिन्न-भिन्न वस्तुओं की होगी, एक ही वस्तु की नहीं। अतः काव्यत्व यदि बना रहे तो काव्य का अनेक रूप-धारण करके भिन्न-भिन्न शाखाओं में प्रवाहित होना उसका विकास ही कहा जायेगा। काव्य के भिन्न भिन्न रूप एक-दूसरे के आगे-पीछे भी आविर्भूत हो सकते हैं और साथ-साथ भी निकल और चल सकते हैं। पीछे आविर्भूत होनेवाला रूप पहले से चले आते हुए रूप से अवश्य ही श्रेष्ठ या समुन्नत हो, ऐसा कोई नियम काव्यक्षेत्र में नहीं है। अनेक रूपों को धारणा करने वाला तत्व यदि एक है तो शिक्षित जनता की बाह्य और आभ्यंतर स्थिति के साथ सामंजस्य के लिए काव्य अपना रूप भी कुछ बदल सकता है और रुचि की विभिन्नता का अनुसरण करता हुआ एक साथ कई रूपों में भी चल सकता है।

प्रथम उत्थान के भीतर हम देख चुके हैं कि किस प्रकार काव्य को भी देश की बदली हुई स्थिति और मनोवृत्ति के मेल में लाने के लिए भारतेंदु मंडल ने कुछ प्रयत्न किया पर यह प्रयत्न केवल सामाजिक और राजनीतिक स्थिति की ओर हृदय को थोड़ा प्रवृत्त करके रह गया। राजनीतिक और सामाजिक भावनाओं को व्यक्त करने वाली वाणी भी दबी-सी रही। उसमें न तो संकल्प की दृढ़ता और न्याय के आग्रह का जोश था, न उलटफेर की प्रबल कामना का वेग। स्वदेश प्रेम व्यंजित करने वाला यह स्वर अवसाद और खिन्नता का स्वर था, आवेश और उत्साह का नहीं। उसमें अतीत के गौरव का स्मरण और वर्तमान ह्रास का वेदनापूर्ण अनुभव ही स्पष्ट था। अभिप्राय यह कि प्रेम जगाया तो गया, पर कुछ नया-नया-सा होने के कारण उस समय काव्यभूमि पर पूर्ण रूप से प्रतिष्ठित न हो सका।

कुछ नूतन भावनाओं के समावेश के अतिरिक्त काव्य की परंपरागत पद्धति में किसी प्रकार का परिवर्तन भारतेंदुकाल में न हुआ। भाषा ब्रजभाषा ही रहने दी गयी और उसकी अभिव्यंजनाशक्ति का कुछ विशेष प्रसार न हुआ। काव्य को बँधी हुई प्रणालियों से बाहर निकाल कर जगत् और जीवन के विविध पक्षों की मार्मिकता झलकाने वाली धाराओं में प्रवाहित करने की प्रवृत्ति भी न दिखाई पड़ी।

द्वितीय उत्थान में कुछ दिन ब्रजभाषा के साथ-साथ चलकर खड़ी बोली क्रमशः

अग्रसर होने लगी; यहाँ तक कि नयी पीढ़ी के कवियों को उसी का समय दिखाई पड़ा। स्वदेशगौरव और स्वदेशप्रेम की जो भावना प्रथम उत्थान में जगायी गयी थी उसका अधिक प्रसार द्वितीय उत्थान में हुआ और 'भारत भारती' ऐसी पुस्तक निकली। इस भावना का प्रसार तो हुआ पर इसकी अभिव्यंजना में प्रातिभ प्रगल्भता न दिखाई पड़ी।

शैली में प्रगल्भता और विचित्रता चाहे न आयी हो, पर काव्यभूमि का प्रसार अवश्य हुआ। प्रसार और सुधार की जो चर्चा नागरीप्रचारिणी सभा की स्थापना के समय से ही रह-रहकर थोड़ी-बहुत होती आ रही थी वह 'सरस्वती' के निकलने के साथ ही कुछ अधिक ब्योरे के साथ हुई। उस पत्रिका के प्रथम दो-तीन वर्षों के भीतर ही ऐसे लेख निकले जिनमें साफ कहा गया कि अब नायिका-भेद और शृंगार में ही बँधे रहने का जमाना नहीं है, संसार में न जाने कितनी बातें हैं जिन्हें लेकर कवि चल सकते हैं। इस बात पर द्विवेदी जी बराबर जोर देते रहे और कहते रहे कि 'कविता के बिगड़ने और उसकी सीमा परिमित हो जाने से साहित्य पर भारी आघात होता है।' द्विवेदी जी 'सरस्वती' के संपादन-काल में कविता में नयापन लाने के बराबर इच्छुक रहे। नयापन आने के लिए वे नये-नये विषयों का नयापन या नानात्व प्रधान समझते रहे और छंद, पदावली, अलंकार आदि का नयापन उसका अनुगामी। रीतिकाल की शृंगारी कविता की ओर लक्ष्य करके उन्होंने लिखा–

इस तरह की कविता सैकड़ों वर्षों से होती आ रही है। अनेक कवि हो चुके जिन्होंने इस विषय पर न मालूम क्या-क्या लिख डाला है। इस दशा में नये कवि अपनी कविता में नयापन कैसे ला सकते हैं; वही तुक, वही छंद, वही शब्द, वही उपमा, वही रूपक! इस पर भी लोग पुरानी लकीर बराबर पीटते जाते हैं। कवित्त, सवैये, दोहे, सोरठे लिखने से बाज नहीं आते।

द्वितीय उत्थान के भीतर हम दिखा आये हैं कि किस प्रकार काव्यक्षेत्र का विस्तार बढ़ा, बहुत-से नये-नये विषय लिये गये और बहुत-से कवि कवित्त, सवैये लिखने से बाज आकर संस्कृत के अनेक वृत्तों में रचना करने लगे। रचनाएँ चाहे अधिकतर साधारण गद्यनिबंधों के रूप में ही हुई हों, पर प्रवृत्ति अनेक विषयों की ओर रही, इसमें संदेह नहीं। उसी द्वितीय उत्थान में स्वतंत्र वर्णन के लिए मनुष्येतर प्रकृति को कवि लोग लेने लगे पर अधिकतर उसके ऊपरी प्रभाव तक ही रहे। उसके रूप, व्यापार कैसे सुखद, सजीले और सुहावने लगते हैं, अधिकतर यही देख-दिखाकर उन्होंने संतोष किया। चिर साहचर्य से उत्पन्न उनके प्रति हमारा राग व्यंजित न हुआ। उनके बीच मनुष्य जीवन को रखकर उसके प्रकृत स्वरूप पर व्यापक दृष्टि नहीं डाली गयी। रहस्यमयी सत्ता के अक्षरप्रसार के भीतर व्यंजित भावों और मार्मिक तथ्यों के साक्षात्कार तथा प्रत्यक्षीकरण की ओर झुकाव न देखने में आया। इसी प्रकार विश्व के अत्यंत सूक्ष्म और अत्यंत महान् विधानों के बीच जहाँ तक हमारा ज्ञान पहुँचा

है वहाँ तक हृदय को भी पहुँचाने का कुछ प्रयास होना चाहिए था, पर न हुआ। द्वितीय उत्थानकाल का अधिकांश भाग खड़ी बोली को भिन्न-भिन्न प्रकार के पद्यों में ढालने में ही लगा।

तृतीय उत्थान में आकर खड़ी बोली के भीतर काव्यत्व का अच्छा स्फुरण हुआ। जिस देशप्रेम को लेकर काव्य की नूतन धारा भारतेंदुकाल में चली थी वह उत्तरोत्तर प्रबल और व्यापक रूप धारण करता आया। शासन की अव्यवस्था और अशांति के उपरांत अँगरेजी के शांतिमय और रक्षापूर्ण शासन के प्रति कृतज्ञता का भाव भारतेंदुकाल में बना हुआ था। इससे उस समय की देशभक्ति संबंधी कविताओं में राजभक्ति का स्वर भी प्रायः मिला पाया जाता है। देश की दुखदशा का प्रधान कारण राजनीति समझते हुए भी उस दुखदशा में उद्धार के लिए कवि लोग दयामय भगवान् को ही पुकारते मिलते हैं। कहीं-कहीं उद्योग-धंधों को न बढ़ाने, आलस्य में पड़े रहने और देश की बनी वस्तुओं का व्यवहार न करने के लिए वे देशवासियों को भी कोसते पाये जाते हैं। सरकार पर रोष या असंतोष की व्यंजना उनमें नहीं मिलती। कांग्रेस की प्रतिष्ठा होने के उपरांत भी बहुत दिनों तक देशभक्ति की वाणी में विशेष बल और वेग न दिखाई पड़ा। बात यह थी कि राजनीति की लंबी-चौड़ी चर्चा साल भर में एक बार धूमधाम के साथ थोड़े-से शिक्षित बड़े आदमियों के बीच हो जाया करती थी जिसका कोई स्थायी और क्रियोत्पादक प्रभाव नहीं देखने में आता था। अतः द्विवेदीकाल की देशभक्ति संबंधी रचनाओं में शासनपद्धति के प्रति असंतोष तो व्यंजित होता था पर कर्म में तत्पर कराने वाला आत्मत्याग कराने वाला जोश और उत्साह न था। आंदोलन भी कड़ी याचना के आगे नहीं बढ़े थे।

तृतीय उत्थान में आकर परिस्थिति बहुत बदल गयी। आंदोलनों ने सक्रिय रूप धारण किया और गाँव-गाँव में राजनीतिक और आर्थिक परतंत्रता के विरोध की भावना जगायी गयी। सरकार से कुछ माँगने के स्थान पर अब कवियों की वाणी देशवासियों को ही 'स्वतंत्रता देवी की वेदी पर बलिदान' होने को प्रोत्साहित करने लगी। अब जो आंदोलन चले वे सामान्य जनसमुदायों को भी साथ लेकर चले। इससे उनके भीतर अधिक आवेश और बल का संचार हुआ। सबसे बड़ी बात यह हुई कि आंदोलन संसार के और भागों में चलने वाले आंदोलनों के मेल में लाये गये, जिससे ये क्षोभ की एक सार्वभौम धारा की शाखाओं से प्रतीत हुए। वर्तमान सभ्यता और लोक की घोर आर्थिक विषमता से जो असंतोष का ऊँचा स्वर पश्चिम में उठा और उसकी गूँज यहाँ भी पहुँची। दूसरे देशों का धन खींचने के लिए यूरोप में महायंत्रप्रवर्तन का जो क्रम चला उससे पूँजी लगाने वाले थोड़े-से लोगों के पास तो अपार धनराशि इकट्ठी होने लगी पर अधिकांश श्रमजीवी जनता के लिए भोजन, वस्त्र मिलना भी कठिन हो गया। अतः एक ओर तो यूरोप में मशीन की सभ्यता के विरुद्ध टालस्टाय की धर्मबुद्धि जगाने वाली वाणी सुनायी पड़ी जिसका भारतीय

अनुवाद गाँधी जी ने किया; दूसरी ओर इस घोर आर्थिक विषमता की घोर प्रतिक्रिया के रूप में साम्यवाद और समाजवाद नामक सिद्धांत चले जिन्होंने रूस में अत्यंत उग्र रूप धारण करके भारी उलट फेर कर दिया।

अब संसार के प्रायः सारे सभ्य भाग एक-दूसरे के लिए खुले हुए हैं। इससे एक भूखंड में उठी हुई हवाएँ दूसरे भूखंड में शिक्षित वर्गों तक तो अवश्य ही पहुँच जाती हैं। यदि उनका सामंजस्य दूसरे भूखंड की परिस्थिति के साथ हो जाता है तो उस परिस्थिति के अनुरूप शक्तिशाली आंदोलन चल पड़ते हैं। इसी नियम के अनुसार शोषक साम्राज्यवाद के विरुद्ध राजनीतिक आंदोलन के अतिरिक्त यहाँ भी किसान आंदोलन, मजदूर आंदोलन, अछूत आंदोलन इत्यादि कई आंदोलन एक विराट् परिवर्तनवाद के नाना व्यावहारिक अंगों के रूप में चले। श्री रामधारीसिंह 'दिनकर', बालकृष्ण शर्मा 'नवीन', माखनलाल चतुर्वेदी आदि कई कवियों की वाणी द्वारा ये भिन्न-भिन्न प्रकार के आंदोलन प्रतिध्वनित हुए। ऐसे समय में कुछ ऐसे भी आंदोलन दूसरे देशों की देखादेखी खड़े होते हैं जिनकी नौबत वास्तव में नहीं आयी रहती। यूरोप में जब देश के देश बड़े-बड़े कल-कारखानों से भर गये हैं और जनता का बहुत-सा भाग उसमें लग गया है तब मजदूर आंदोलन की नौबत आयी है। यहाँ अभी कल-कारखाने केवल चल खड़े हुए हैं और उनमें काम करने वाले थोड़े-से मजदूरों की दशा खेत में काम करने वाले करोड़ों अच्छे किसानों की दशा से कहीं अच्छी है। पर मजदूर आंदोलन साथ लग गया। जो कुछ हो, इन आंदोलनों का तीव्र स्वर हमारी काव्यवाणी में सम्मिलित हुआ।

जीवन के कई क्षेत्रों में जब एक साथ परिवर्तन के लिए पुकार सुनाई पड़ती है तब परिवर्तन एक 'वाद' का व्यापक रूप धारण करता है और वह बहुतों के लिए सब क्षेत्रों में स्वतः एक चरम साध्य बन जाता है। 'क्रांति' के नाम से परिवर्तन की प्रबल कामना हमारे हिंदी काव्य क्षेत्र में प्रलय की पूरी पदावली के साथ व्यक्त की गयी। इस कामना के साथ कहीं-कहीं प्राचीन के स्थान पर नवीन के दर्शन की उत्कंठा भी प्रकट हुई। सब बातों में परिवर्तन-ही-परिवर्तन की यह कामना कहाँ तक वर्तमान परिस्थिति के स्वंतत्र पर्यालोचन का परिणाम है और कहाँ तक केवल अनुकृत है, नहीं कहा जा सकता है। इतना अवश्य दिखाई पड़ता है कि इस परिवर्तनवाद के प्रदर्शन की प्रवृत्ति अधिक हो जाने से जगत् और जीवन के नित्य स्वरूप की वह अनुभूति नये कवियों में कम जग पायेगी जिसकी व्यंजना काव्य को दीर्घायु प्रदान करती है।

यह तो हुई काल के प्रभाव की बात। थोड़ा यह भी देखना चाहिए कि चली आती हुई काव्यपरंपरा की शैली से अतृप्ति या असंतोष के कारण परिवर्तन की कामना कहाँ तक जगी और उसकी अभिव्यक्ति किन-किन रूपों में हुई। भक्तिकाल और रीतिकाल की चली आती हुई परंपरा के अंत में किस प्रकार भारतेंदुमंडल के प्रभाव

से देशप्रेम और जातिगौरव की भावना को लेकर एक नूतन परंपरा की प्रतिष्ठा हुई, इसका उल्लेख हो चुका है। द्वितीय उत्थान में काव्य की नूतन परंपरा का अनेक विषयस्पर्शी प्रसार अवश्य हुआ पर द्विवेदी जी के प्रभाव से एक ओर उसमें भाषा की सफाई आयी, दूसरी ओर उसका स्वरूप गद्यवत, रूखा, इतिवृत्तात्मक और अधिकतर बाह्यार्थ निरूपक हो गया। अतः इस तृतीय उत्थान में जो परिवर्तन हुआ और पीछे 'छायावाद' कहलाया वह इसी द्वितीय उत्थान की कविता के विरुद्ध कहा जा सकता है। उसका प्रधान लक्ष्य काव्यशैली की ओर था, वस्तुविधान की ओर नहीं। अर्थभूमि या वस्तुभूमि का तो उसके भीतर बहुत संकोच हो गया। समन्वित विशाल भावनाओं को लेकर चलने की ओर ध्यान न रहा।

द्वितीय उत्थान की कविता में काव्य का स्वरूप खड़ा करने वाली दोनों बातों की कमी दिखाई पड़ती है, कल्पना का रंग भी बहुत कम फीका रहता था और हृदय का वेग भी खूब खुलकर नहीं व्यंजित होता था। इन बातों की कमी परंपरागत ब्रजभाषा काव्य का आनंद लेने वालों को भी मालूम होती थी और बँगला या अँगरेजी कविता का परिचय रखने वालों को भी। अतः खड़ी बोली की कविता में पदलालित्य, कल्पना की उड़ान, भाव की वेगवती व्यंजना, वेदना की विवृत्ति, शब्दप्रयोग की विचित्रता इत्यादि अनेक बातें देखने की आकांक्षा बढ़ती गयी।

सुधार चाहने वालों में कुछ लोग नये-नये विषयों की ओर प्रवृत्त खड़ी बोली की कविता को ब्रजभाषा काव्य की-सी ललित पदावली तथा रसात्मकता और मार्मिकता से समन्वित देखना चाहते थे। जो अँगरेजी या अँगरेजी के ढंग पर चली हुई बँगला की कविताओं से प्रभावित थे वे कुछ लाक्षणिक वैचित्र्य, व्यंजक चित्रविन्यास और रुचिर अन्योक्तियाँ देखना चाहते थे। श्री पारसनाथ सिंह के किये हुए बँगला कविताओं के हिंदी अनुवाद 'सरस्वती' आदि पत्रिकाओं में संवत् 1967 (सन् 1910) से ही निकलने लगे थे। ग्रे, वड्र्सवर्थ आदि अँगरेजी कवियों की रचनाओं के कुछ अनुवाद भी (जैसे, जीतन सिंह द्वारा अनूदित वड्र्सवर्थ का 'कोकिल') निकले। अतः खड़ी बोली की कविता जिस रूप में चल रही थी उससे संतुष्ट न रहकर द्वितीय उत्थान के समाप्त होने से कुछ पहले ही कई कवि खड़ी बोली काव्य को कल्पना का नया रूप-रंग देने और उसे अधिक अंतर्भाव व्यंजक बनाने में प्रवृत्त हुए जिनमें प्रधान थे सर्वश्री मैथिलीशरण गुप्त, मुकुटधर पांडेय और बदरीनाथ भट्ट। कुछ अँगरेजी ढर्रा लिये हुए जिस प्रकार की फुटकल कविताएँ और प्रगीत मुक्तक (लिरिक्स) बँगला में निकल रहे थे, उनके प्रभाव से कुछ विशृंखल वस्तुविन्यास और अनूठे शीर्षकों के साथ चित्रमयी, कोमल और व्यंजक भाषा में इनकी नये ढंग की रचनाएँ संवत् 1970-71 से ही निकलने लगी थीं जिनमें से कुछ के भीतर रहस्य भावना भी रहती थी।

वे कवि जगत् और जीवन के विस्तृत क्षेत्र के बीच नयी कविता का संचार

चाहते थे। ये प्रकृति के साधारण, असाधारण, सब रूपों पर प्रेमदृष्टि डालकर, उसके रहस्यभरे सच्चे संकेतों को परखकर, भाषा को अधिक चित्रमय, सजीव और मार्मिक रूप देकर कविता का एक अकृत्रिम, स्वछंद मार्ग निकाल रहे थे। भक्तिक्षेत्र में उपास्य की एकदेशीय या धर्मविशेष में प्रतिष्ठित भावना के स्थान पर सार्वभौम भावना की ओर बढ़ रहे थे जिसमें सुंदर रहस्यात्मक संकेत भी रहते थे। अतः हिंदी कविता की नयी धारा का प्रवर्तक इन्हीं को विशेषतः श्री मैथिलीशरण गुप्त और श्री मुकुटधर पांडेय को—समझना चाहिए। इस दृष्टि से छायावाद का रूप-रंग खड़ा करने वाले कवियों के संबंध में अँगरेजी या बँगला की समीक्षाओं से उठाई हुई इस प्रकार की पदावली का कोई अर्थ नहीं कि 'इन कवियों के मन में एक आँधी उठ रही थी जिसमें आंदोलित होते हुए वे उड़े जा रहे थे; एक नूतन वेदना की छटपटाहट थी जिसमें सुख की मीठी अनुभूति भी लुकी हुई थी; रूढ़ियों के भार से दबी हुई युग की आत्मा अपनी अभिव्यक्ति के लिए हाथ-पैर मार रही थी।' न कोई आँधी थी, न तूफान, न कोई नयी कसक थी, न वेदना, न प्राप्त युग की नाना परिस्थितियों का हृदय पर कोई नया आघात था, न उसका आहत नाद। इन बातों का कुछ अर्थ तब हो सकता था जब काव्य का प्रवाह ऐसी भूमियों की ओर मुड़ता जिन पर ध्यान न दिया गया होता। छायावाद के पहले नये-नये मार्मिक विषयों की ओर हिंदी कविता प्रवृत्त होती आ रही थी। कसर थी तो आवश्यक और व्यंजक शैली की, कल्पना और संवेदना के अधिक योग की। तात्पर्य यह कि छायावाद जिस आकांक्षा का परिणाम था उसका लक्ष्य केवल अभिव्यंजना की रोचक प्रणाली का विकास था जो धीरे-धीरे अपने स्वतंत्र ढर्रे पर श्री मैथिलीशरण गुप्त, श्री मुकुटधर पांडेय आदि के द्वारा हो रहा था।

गुप्त जी और मुकुटधर पांडेय आदि के द्वारा स्वच्छंद नूतन धारा चली ही थी कि श्री रवींद्रनाथ ठाकुर की उन कविताओं की धूम हुई जो अधिकतर पाश्चात्य ढाँचे का आध्यात्मिक रहस्यवाद लेकर चली थीं। पुराने ईसाई संतों के छायाभास (फैंटासमाटा) तथा यूरोपीय काव्यक्षेत्र में प्रवर्तित आध्यात्मिक प्रतीकवाद (सिंबालिज्म) के अनुकरण पर रची जाने के कारण बँगला में ऐसी कविताएँ 'छायावाद' कही जाने लगी थीं। यह 'वाद' क्या प्रकट हुआ, एक बने-बनाये रास्ते का दरवाजा-सा खुल पड़ा और हिंदी के कुछ नये कवि उधर एकबारगी झुक पड़े। यह अपना क्रमशः बनाया हुआ रास्ता नहीं था। इनका दूसरे साहित्यक्षेत्र में प्रकट होना, कई कवियों का इस पर एक साथ चल पड़ना और कुछ दिनों तक इसके भीतर अँग्रेजी और बँगला की पदावली का जगह-जगह ज्यों-का त्यों अनुवाद रखा जाना, ये बातें मार्ग की स्वतंत्र उद्भावना नहीं सूचित करतीं।

'छायावाद' नाम चल पड़ने का परिणाम यह हुआ कि बहुत-से कवि रहस्यात्मकता, अभिव्यंजना के लाक्षणिक वैचित्र्य, वस्तुविन्यास की विशृंखलता, चित्रमयी भाषा और मधुमयी कल्पना को ही साध्य मानकर चले। शैली की इन विशेषताओं की दूरारूढ़

साधना में ही लीन हो जाने के कारण अर्थभूमि के विस्तार की ओर उनकी दृष्टि न रही। विभावपक्ष या तो शून्य अथवा अनिर्दिष्ट रह गया। इस प्रकार प्रसारणोन्मुख काव्यक्षेत्र बहुत कुछ संकुचित हो गया। असीम और अज्ञात प्रियतम के प्रति अत्यंत चित्रमयी भाषा में अनेक प्रकार के प्रेमोद्‌गारों तक ही काव्य की गतिविधि प्रायः बँध गयी। हृत्तंत्री की झंकार, नीरव संदेश, अभिसार, अनंत प्रतीक्षा, प्रियतम का दबे पाँव आना, आँखमिचौली, मद में झूमना, विभोर होना इत्यादि के साथ-साथ शराब, प्याला, साकी आदि सूफी कवियों के पुराने सामान भी इकट्ठे किये गये। कुछ हेर-फेर के साथ वही बँधी पदावली, वेदना का वही प्रकांड प्रदर्शन, कुछ विशृंखलता के साथ प्रायः सब कविताओं में मिलने लगा।

अज्ञेय और अव्यक्त को अज्ञेय और अव्यक्त ही रखकर कामवासना के शब्दों में प्रेमव्यंजना भारतीय काव्यधारा में कभी नहीं चली, यह स्पष्ट बात 'हमारे यहाँ यह भी था, वह भी था' की प्रवृत्तिवालों को अच्छी नहीं लगती। इससे खिन्न होकर वे उपनिषद् से लेकर तंत्र और योगमार्ग तक की दौड़ लगाते हैं। उपनिषद् में आये हुए आत्मा के पूर्ण आनंदस्वरूप के निर्देश, ब्रह्मानंद की अपरिमेयता को समझाने के लिए स्त्री-पुरुष संबंधवाले दृष्टांत या उपमाएँ, योग के सहस्रदल कमल आदि की भावना के बीच से बड़े संतोष के साथ उद्धृत करते हैं। यह सब करने के पहले उन्हें समझना चाहिए कि जो बात ऊपर कही गयी है उमका तात्पर्य क्या है? यह कौन कहता है कि मत-मतांतरों की साधना के क्षेत्र में रहस्यमार्ग नहीं चले? योग रहस्यमार्ग है; तंत्र रहस्यमार्ग है; रसायन भी रहस्यमार्ग है। पर ये सब साधनात्मक हैं; प्रकृत भावभूमि या काव्यभूमि के भीतर चले हुए मार्ग नहीं। भारतीय परंपरा का कोई कवि मणिपुर, अनाहत आदि के चक्रों को लेकर तरह-तरह के रंगमहल बनाने में प्रवृत्त नहीं हुआ।

संहिताओं में तो अनेक प्रकार की बातों का संग्रह है। उपनिषदों में ब्रह्म और जगत् आत्मा और परमात्मा के संबंध में कई प्रकार के मत हैं। वे काव्यग्रंथ नहीं हैं। उनमें इधर-उधर काव्य का जो स्वरूप मिलता है वह ऐतिह्य, कर्मकांड, दार्शनिक चिंतन, सांप्रदायिक गुह्य साधना, मंत्रतंत्र, जादू-टोना इत्यादि बहुत-सी बातों में उलझा हुआ है। विशुद्ध काव्य का निखरा हुआ स्वरूप पीछे अलग हुआ। रामायण का आदिकाव्य कहलाना साफ यही सूचित करता है। संहिताओं और उपनिषदों को कभी किसी ने काव्य नहीं कहा। अब सीधा सवाल यह रह गया कि क्या वाल्मीकि से लेकर पंडितराज जगन्नाथ तक कोई एक भी ऐसा कवि बताया जा सकता है जिसने अज्ञेय और अव्यक्त को अज्ञेय और अव्यक्त ही रखकर प्रियतम बनाया हो और उसके प्रति कामुकता के शब्दों में प्रेमव्यंजना की हो। कबीरदास किस प्रकार हमारे यहाँ के ज्ञानवाद और सूफियों के भावात्मक रहस्यवाद को लेकर चले, यह हम पहले दिखा आये हैं। उसी भावात्मक रहस्यपरंपरा का यह नूतन-भावभंगी और लाक्षणिकता

के साथ आविर्भाव है। बहुत रमणीय है, कुछ लोगों को अत्यंत रुचिकर है, यह और बात है।

प्रणयवासना का यह उद्‌गार आध्यात्मिक पर्दे में ही छिपा न रह सका। हृदय की सारी कामवासनाएँ, इंद्रियों के सुखविलास की मधुर और रमणीय सामग्री के बीच एक बँधी हुई रूढ़ि पर व्यक्त होने लगी। इस प्रकार रहस्यवाद से संबंध न रखने वाली कविताएँ भी छायावाद ही कही जाने लगीं। अतः 'छायावाद' शब्द का प्रयोग रहस्यवाद तक ही न रहकर काव्यशैली के संबंध में भी प्रतीकवाद (सिंबालिज्म) के अर्थ में होने लगा।

छायावाद की इस धारा के आने के साथ-ही साथ अनेक लेखक नवयुग के प्रतिनिधि बनकर यूरोप के साहित्यक्षेत्र में प्रवर्तित काव्य और कला संबंधी अनेक नये-पुराने सिद्धांत सामने लाने लगे। कुछ दिन 'कलावाद' की धूम रही और कहा जाता रहा 'कला का उद्देश्य कला ही है'। इस जीवन के साथ काव्य का कोई संबंध न रखने वाली उसकी दुनिया ही और है। किसी काव्य के मूल्य का निर्धारण जीवन की किसी वस्तु के मूल्य के रूप में नहीं हो सकता। काव्य तो एक लोकातीत वस्तु है। कवि एक प्रकार का रहस्यदर्शी (सीयर) या पैगंबर है। इसी प्रकार क्रोचे के अभिव्यंजनावाद को लेकर बताया गया कि काव्य में वस्तु या वर्ण्य-विषयक कुछ नहीं; जो कुछ है वह अभिव्यंजना के ढंग का अनूठापन है। इन दोनों वादों के अनुसार काव्य का लक्ष्य उसी प्रकार सौंदर्य की सृष्टि या योजना कहा गया जिस प्रकार बेलबूटे या नक्काशी का। कविकल्पना प्रत्यक्षजगत् से अलग एक रमणीय स्वप्न घोषित किया जाने लगा और कवि सौंदर्य भावना के मद में झूमने वाला एक लोकातीत जीव। कला और काव्य की प्रेरणा का संबंध स्वप्न और कामवासना से बतानेवाला मत भी इधर-उधर उद्धृत हुआ। सारांश यह कि इस प्रकार के अनेक वाद-प्रवाद पत्र-पत्रिकाओं में निकलते रहे।

छायावाद की कविता की पहली दौड़ तो बंगभाषा की रहस्यात्मक कविताओं के सजीले और कोमल मार्ग पर हुई। पर उन कविताओं की बहुत कुछ गतिविधि अँगरेजी वाक्यखंडों के अनुवाद द्वारा संघटित देख, अँगरेजी काव्यों से परिचित हिंदी कवि सीधे अँगरेजी से तरह-तरह के लाक्षणिक प्रयोग लेकर उनके ज्यों-के त्यों अनुवाद जगह-जगह अपनी रचनाओं में जड़ने लगे। 'कनक प्रभात', 'विचारों में बच्चों की साँस', 'स्वर्ण समय', 'प्रथम मधुबाल', 'तारिकाओं की तान', 'स्वप्निल क्रांति' ऐसे प्रयोग अजायबघर के जानवरों की तरह उनकी रचनाओं के भीतर इधर-उधर मिलने लगे। निराला जी की शैली कुछ अलग रही। उसमें लाक्षणिक वैचित्र्य का उतना आग्रह नहीं पाया जाता जितना पदावली की तड़क-भड़क और पूरे वाक्य के वैलक्षण्य का। केवल भाषा के प्रयोगवैचित्र्य तक ही बात न रही। ऊपर जिन अनेक यूरोपीय वादों और प्रवादों का उल्लेख हुआ है उन सबका प्रभाव भी छायावाद कही जाने वाली

कविताओं के स्वरूप पर कुछ-न कुछ पड़ता रहा।

कलावाद और अभिव्यंजनावाद का पहला प्रभाव यह दिखाई पड़ा कि काव्य में भावानुभूति के स्थान पर कल्पना का विधान ही प्रधान समझा जाने लगा और कल्पना अधिकतर अप्रस्तुतों की योजना करने तथा लाक्षणिक मूर्तिमत्ता और विचित्रता लाने में ही प्रवृत्त हुई। प्रकृति के नाना रूप और व्यापार इसी प्रस्तुत योजना के काम में लाये गये। सीधे उनके मर्म की ओर हृदय प्रवृत्त न दिखाई पड़ा। पंत जी अलबत्ता प्रकृति के कमनीय रूपों की ओर कुछ रुककर हृदय रमाते पाये गये।

दूसरा प्रभाव यह देखने में आया कि अभिव्यंजना प्रणाली या शैली की विचित्रता ही सब कुछ समझी गयी। नाना अर्थभूमियों पर काव्य का प्रसार रुक-सा गया। प्रेमक्षेत्र (कहीं आध्यात्मिक, कहीं लौकिक) के भीतर ही कल्पना की चित्रविधायिनी क्रीड़ा के साथ प्रकांड वेदना, औत्सुक्य, उन्माद आदि की व्यंजना तथा व्रीड़ा से दौड़ी हुई प्रिय के कपोलों पर की ललाई, हावभाव, मधुस्राव, अश्रुप्रवाह इत्यादि के रँगीले वर्णन करके ही अनेक कवि अब तक पूर्ण तृप्त दिखाई देते हैं। जगत् और जीवन के नाना मार्मिक पक्षों की ओर उनकी दृष्टि नहीं है। बहुत-से नये रसिक प्रस्वेद, गंधयुक्त, चिपचिपाती और भिनभिनाती भाषा को ही सब कुछ समझने लगे हैं। लक्षणाशक्ति के सहारे अभिव्यंजना प्रणाली या काव्यशैली का अवश्य बहुत अच्छा विकास हुआ है पर; अभी तक कुछ बँधे हुए शब्दों की रूढ़ि चली चल रही है। रीतिकाल की शृंगारी कविता—कभी रहस्य का पर्दा डालकर, कभी खुले मैदान—अपनी कुछ अदा बदलकर फिर प्रायः सारा काव्यक्षेत्र छेंककर चल रही है।

'कलावाद' के प्रसंग में बार-बार आने वाले 'सौंदर्य' शब्द के कारण बहुत-से कवि बेचारी स्वर्ग की अप्सराओं को पर लगाकर कोहकाफ की परियों या विहिश्त के फरिश्ता की तरह उड़ाते हैं, सौंदर्य चयन के लिए इंद्रधनुषी बादल, उषा, विकच कलिका, पराग, सौरभ, स्मित आनन, अधरपल्लव इत्यादि बहुत ही सुंदर और मधुर सामग्री प्रत्येक कविता में जुटाना आवश्यक समझते हैं। स्त्री के नाना अंगों के आरोप के बिना वे प्रकृति के किसी दृश्य के सौंदर्य की भावना ही नहीं कर सकते। 'कला कला' की पुकार के कारण यूरोप में गीत मुक्तकों (लिरिक्स) का ही अधिक चलन देखकर यहाँ भी उसी का जमाना यह बता कर कहा जाने लगा कि अब ऐसी लंबी कविताएँ पढ़ने की किसी को फुर्सत कहाँ जिनमें कुछ इतिवृत्त भी मिला रहता हो। अब तो विशुद्ध काव्य की सामग्री जुटाकर सामने रख देनी चाहिए जो छोटे-छोटे प्रगीत मुक्तकों में ही संभव है। इस प्रकार काव्य में जीवन की अनेक परिस्थितियों की ओर ले जाने वाले प्रसंगों या आख्यानों की उद्भावना बंद-सी हो गयी।

खैरियत यह हुई कि कलावाद की उस रसवर्जिनी सीमा तक लोग नहीं बढ़े जहाँ यह कहा जाता है कि रसानुभूति के रूप में किसी प्रकार का भाव जगाना तो वक्ताओं का काम है, कलाकार का काम तो केवल कल्पना द्वारा बेलबूटे या बारात

की फुलवारी की तरह की शब्दमयी रचना खड़ी करके सौंदर्य की अनुभूति उत्पन्न करना है। हृदय और वेदना का पक्ष छोड़ा नहीं गया है, इससे काव्य के प्रकृतस्वरूप के तिरोभाव की आशंका नहीं है। पर छायावाद और कलावाद के सहसा आ धमकने से वर्तमान काव्य का बहुत-सा अंश एक बँधी हुई लीक के भीतर सिमट गया, नाना अर्थभूमियों पर न जाने पाया, यह अब अवश्य कहा जायेगा।

छायावाद की शाखा के भीतर धीरे-धीरे काव्यशैली का बहुत अच्छा विकास हुआ, इसमें संदेह नहीं। इसमें भावावेश की आकुल व्यंजना, लाक्षणिक वैचित्र्य, मूर्ति प्रत्यक्षीकरण, भाषा की वक्रता, विरोध चमत्कार, कोमल पदविन्यास इत्यादि काव्य का स्वरूप संघटित करने वाली प्रचुर सामग्री दिखाई पड़ी। भाषा के परिमार्जनकाल में किस प्रकार खड़ी बोली की कविता के रूखे-सूखे रूप से ऊबकर कुछ कवि उसमें सरसता लाने के चिह्न दिखा रहे थे, यह कहा जा चुका है। अतः आध्यात्मिक रहस्यवाद का नूतन रूप हिंदी में न आता तो भी शैली और अभिव्यंजना पद्धति की उक्त विशेषताएँ क्रमशः स्फुरित होतीं और उनका स्वतंत्र विकास होता। हमारी काव्यभाषा में लाक्षणिकता का कैसा अनूठा आभास घनानंद की रचनाओं में मिलता है, यह हम दिखा चुके हैं।

छायावाद जहाँ तक आध्यात्मिक प्रेम लेकर चला है वहाँ तक तो रहस्यवाद के अंतर्गत ही रहा है। उसके आगे प्रतीकवाद या चित्रभाषावाद (सिंबालिज्म) नाम की काव्यशैली के रूप में गृहीत होकर भी वह अधिकतर प्रेमगान ही करता रहा है। हर्ष की बात है कि अब कई कवि उस संकीर्ण क्षेत्र से बाहर निकलकर जगत् और जीवन के और मार्मिक पक्षों की ओर भी बढ़ते दिखाई दे रहे हैं। इसी के साथ काव्यशैली में प्रतिक्रिया के प्रदर्शन व नयेपन की नुमाइश का शौक भी घट रहा है। अब अपनी शाखा की विशिष्टता को विभिन्नता की हद पर ले जाकर दिखाने की प्रवृत्ति का वेग क्रमशः कम तथा रचनाओं को सुव्यवस्थित और अर्थगर्भित रूप देने की रुचि क्रमशः अधिक होती दिखाई पड़ती है।

स्वर्गीय जयशंकर प्रसाद जी अधिकतर तो विरहवेदना के नाना सजीले शब्दपथ निकालते तथा लौकिक और अलौकिक प्रणय का मधुगान ही करते रहे, पर इधर 'लहर' में कुछ ऐतिहासिक वृत्त लेकर छायावाद की चित्रमयी शैली की विस्तृत अर्थभूमि पर ले जाने का प्रयास भी उन्होंने किया और जगत् के वर्तमान दुखद्वेषपूर्ण मानव जीवन का अनुभव करके इस 'जले जगत् के वृंदावन बन जाने' की आशा भी प्रकृत की तथा 'जीवन के प्रभात' को जगाया। इसी प्रकार श्री सुमित्रानंदन पंत ने 'गुंजन' में सौंदर्य चयन से आगे बढ़ जीवन के नित्य स्वरूप पर भी दृष्टि डाली है; सुख-दुख दोनों के साथ अपने हृदय का सामंजस्य किया है और जीवन की गति में भी 'लय' का अनुभव किया है। बहुत अच्छा होता यदि पंत जी उसी प्रकार जीवन की अनेक परिस्थितियों को नित्य रूप में लेकर अपनी सुंदर, चित्रमयी प्रतिभा को अग्रसर करते

जिस प्रकार उन्होंने 'गुंजन' और 'युगांत' में किया है। पर 'युगवाणी' में उनकी वाणी बहुत कुछ वर्तमान आंदोलनों की प्रतिध्वनि के रूप में परिणत होती दिखाई देती है।

निराला जी की रचना का क्षेत्र तो पहले से ही कुछ विस्तृत रहा। उन्होंने जिस प्रकार 'तुम और मैं' में उस रहस्यमय 'नाद वेग आकार सार' का गान किया, 'जूही की कली' और 'शेफालिका' में उन्मद प्रणय चेष्टाओं के पुष्पचित्र खड़े किये उसी प्रकार 'जागरण वीणा' बजायी; इस जगत् के बीच विधवा की विधुर और करुण मूर्ति खड़ी की और इधर आकर 'इलाहाबाद के पथ पर' एक पत्थर तोड़ती दीन स्त्री के माथे पर के श्रमसीकर दिखाये। सारांश यह कि अब शैली के वैलक्षण्य द्वारा प्रतिक्रियाप्रदर्शन का वेग कम हो जाने से अर्थभूमि के रमणीय प्रसार के चिह्न भी छायावादी कहे जाने वाले कवियों की रचनाओं में दिखाई पड़ रहे हैं।

इधर हमारे साहित्य-क्षेत्र की प्रवृत्तियों का परिचालन बहुत कुछ पश्चिम से होता है। कला में 'व्यक्तित्व' की चर्चा खूब फैलने से कुछ कवि लोक के साथ अपना मेल न मिलने की अनुभूति की बड़ी लंबी-चौड़ी व्यंजना, कुछ मार्मिकता और कुछ फक्कड़पन के साथ करने लगे हैं। भावक्षेत्र में असामंजस्य की इस अनुभूति का भी एक स्थान अवश्य है, पर यह कोई व्यापक या स्थायी मनोवृत्ति नहीं। हमारा भारतीय काव्य उस भूमि की ओर प्रवृत्त रहा है जहाँ जाकर प्रायः सब हृदयों का मेल हो जाता है। वह सामंजस्य को लेकर--अनेकता में एकता को लेकर--चलता रहा है, असामंजस्य को लेकर नहीं।

उपर्युक्त परिवर्तनवाद और छायावाद को लेकर चलने वाली कविताओं के साथ-साथ दूसरी धाराओं की कविताएँ भी विकसित होती हुई चल रही हैं। द्विवेदीकाल में प्रवर्तित विविध, वस्तुभूमियों पर प्रसन्न प्रवाह के साथ चलने वाली काव्यधारा सर्वश्री मैथिलीशरण गुप्त, ठाकुर गोपालशरण सिंह, अनूप शर्मा, श्यामनारायण पांडेय, पुरोहित प्रतापनारायण, तुलसीराम शर्मा 'दिनेश' इत्यादि अनेक कवियों की वाणी के प्रसाद से विविध प्रसंग, आख्यान और विषय लेकर निखरती तथा प्रौढ़ और प्रगल्भ होती चली आ रही है। उसकी अभिव्यंजना प्रणाली में अब अच्छी सरसता और सजीवता तथा अपेक्षित वक्रता का भी विकास होता चल रहा है।

यद्यपि कई वादों के कूद पड़ने और प्रेमगान की परिपाटी (लव लिरिक्स) का फैशन चल पड़ने के कारण अर्थभूमि का बहुत कुछ संकोच हो गया है और हमारे वर्तमान काव्य का बहुत-सा भाग कुछ रूढ़ियों को लेकर एक बँधी लीक पर बहुत दिनों तक चला, फिर भी स्वाभाविक स्वच्छंदता (ट्रू रोमांटिसिज्म) के उस नूतन पथ का ग्रहण करके कई कवि चले जिसका उल्लेख पहले हो चुका है। पं. रामनरेश त्रिपाठी के संबंध में द्वितीय उत्थान के भीतर कहा जा चुका है। तृतीय उत्थान के आरंभ में पं. मुकुटधर पांडेय की रचनाएँ छायावाद के पहले किस प्रकार नूतन, स्वच्छंद

मार्ग निकाल रही थीं यह भी हम दिखा आये हैं। मुकुटधर जी की रचनाएँ नरेतर प्राणियों की गतिविधि का भी रागरहस्यपूर्ण परिचय देती स्वाभाविक स्वच्छंदता की ओर झुकती मिलेंगी। प्रकृति प्रांगण के चर-अचर प्राणियों का रागपूर्ण परिचय, उनकी गतिविधि पर आत्मीयताव्यंजक दृष्टिपात, सुख-दुख में उनके साहचर्य की भावना, ये सब बातें स्वाभाविक स्वच्छंदता के पथचिह्न हैं। सर्वश्री सियारामशरण गुप्त, सुभद्राकुमारी चौहान, ठाकुर गुरुभक्त सिंह, उदयशंकर भट्ट इत्यादि कई कवि विस्तृत अर्थभूमि पर स्वाभाविक स्वच्छंदता का मर्मपथ ग्रहण करके चल रहे हैं। वे न तो केवल नवीनता के प्रदर्शन के लिए पुराने छंदों का तिरस्कार करते हैं, न उन्हीं में एकबारगी बँधकर चलते हैं। वे प्रसंग के अनुकूल परंपरागत पुराने छंदों का व्यवहार और नये ढंग के छंदों तथा चरण व्यवस्थाओं का विधान भी करते हैं। व्यंजक, चित्रविन्यास, लाक्षणिक वक्रता और मूर्तिमत्ता, सरसपदावली आदि का भी सहारा लेते हैं, पर इन्हीं बातों को सब कुछ नहीं समझते। एक छोटे-से घेरे में इनके प्रदर्शनमात्र से वे संतुष्ट नहीं दिखाई देते हैं। उनकी कल्पना इस व्यक्त जगत् और जीवन की अनंत वीथियों में हृदय को साथ लेकर विचरने के लिए आकुल दिखाई देती है।

तृतीयोत्थान की प्रवृत्तियों के इस संक्षिप्त विवरण से ब्रजभाषा काव्यपरंपरा के अतिरिक्त इस समय चलने वाली खड़ी बोली की तीन मुख्य धाराएँ स्पष्ट हुई होंगी—द्विवेदीकाल की क्रमशः विस्तृत और परिष्कृत होती हुई धारा, छायावाद कही जानेवाली धारा तथा स्वाभाविक स्वच्छंदता को लेकर चलती हुई धारा जिसके अंतर्गत राजनीतिक और सामाजिक परिवर्तन की लालसा व्यक्त करने वाली शाखा भी हम ले सकते हैं। ये धाराएँ वर्तमानकाल में चल रही हैं और अभी इतिहास की सामग्री नहीं बनी हैं। इसलिए इनके भीतर की कुछ कृतियों और कुछ कवियों का थोड़ा-सा विवरण देकर ही हम संतोष करेंगे। इनके बीच मुख्य भेद वस्तुविधान और अभिव्यंजनकला के रूप और परिणाम में है। पर काव्य की भिन्न-भिन्न धाराओं के भेद इतने निर्दिष्ट नहीं हो सकते कि एक की कोई विशेषता दूसरी में कहीं दिखाई ही न पड़े। जब कि धाराएँ साथ-साथ चल रही हैं तब उनका थोड़ा-बहुत प्रभाव एक-दूसरे पर पड़ेगा ही। एक धारा का कवि दूसरी धारा की किसी विशेषता में भी अपनी कुछ निपुणता दिखाने की कभी-कभी इच्छा कर सकता है। धाराओं का विभाग सबसे अधिक सामान्य प्रवृत्ति देखकर ही किया जा सकता है फिर भी दो-चार कवि ऐसे रह जायेंगे जिनमें सब धाराओं की विशेषताएँ समान रूप से पायी जायेंगी, जिनकी रचनाओं का स्वरूप मिला-जुला होगा। कुछ विशेष प्रवृत्ति होगी भी तो व्यक्तिगत होगी।

छायावाद

संवत् 1970 तक किस प्रकार 'खड़ी बोली' के पद्यों में ढलकर मँजने की अवस्था पार हुई और श्री मैथिलीशरण गुप्त, मुकुटधर पांडेय आदि कई कवि खड़ी बोली काव्य

को अधिक कल्पनामय, चित्रमय और अंतर्भावव्यंजक रूप-रंग देने में प्रवृत्त हुए यह कहा जा चुका है। उनके कुछ रहस्यभावापन्न प्रगीतमुक्तक भी दिखाये जा चुके हैं। वे किस प्रकार कार्यक्षेत्र का प्रसार चाहते थे, प्रकृति की साधारण-असाधारण वस्तुओं से अपने चिरसंबंध का सच्चा मार्मिक अनुभव करते हुए चले थे, इसका भी निर्देश हो चुका है।

यह स्वच्छंद नूतन पद्धति अपना रास्ता निकाल ही रही थी कि श्री रवींद्रनाथ की रहस्यात्मक कविताओं की धूम हुई और कई कवि एक साथ रहस्यवाद और 'प्रतीकवाद' या 'चित्रभाषावाद' को ही एकांत ध्येय बनाकर चल पड़े। 'चित्रभाषा' या अभिव्यंजन पद्धति पर ही जब लक्ष्य टिक गया तब उसके प्रदर्शन के लिए लौकिक या अलौकिक प्रेम का क्षेत्र ही काफी समझा गया। इस बँधे हुए क्षेत्र के भीतर चलने वाले काव्य ने छायावाद का नाम ग्रहण किया।

रहस्यभावना और अभिव्यंजनपद्धति पर ही प्रधान लक्ष्य हो जाने और काव्य को केवल कल्पना की सृष्टि कहने का चलन हो जाने से सहानुभूति तक कल्पित होने लगी। जिस प्रकार अनेक प्रकार की रमणीय वस्तुओं की कल्पना की जाती है उसी प्रकार अनेक प्रकार की विचित्र भावानुभूतियों की कल्पना भी बहुत अच्छी होने लगी। काव्य की प्रकृत पद्धति तो यह है कि वस्तुयोजना चाहे लोकोत्तर हो पर भावानुभूति का स्वरूप सच्चा अर्थात् स्वाभाविक वासनाजन्य हो। भावानुभूति का स्वरूप भी यदि कल्पित होगा तो हृदय से उसका संबंध क्या रहेगा? भावानुभूति यदि ऐसी होगी, जैसी नहीं हुआ करती तो सचाई (सिंसियारिटी) कहाँ रहेगी? यदि कोई मृत्यु को केवल जीवन की पूर्णता कहकर उसका प्रबल अभिलाष व्यंजित करे, अपने मर-मिटने के अधिकार पर गर्व की व्यंजना करे तो कथन के वैचित्र्य से हमारा मनोरंजन तो अवश्य होगा पर ऐसा अभिलाष या गर्व की कहीं सत्ता मानने की आवश्यकता न होगी।

'छायावाद' शब्द का प्रयोग दो अर्थों में समझना चाहिए। एक तो रहस्यवाद के अर्थ में, जहाँ उसका संबंध काव्यवस्तु से होता है अर्थात् जहाँ कवि उस अनंत और अज्ञात प्रियतम को आलंबन बनाकर अत्यंत चित्रमयी भाषा में प्रेम की अनेक प्रकार से व्यंजना करता है। रहस्यवाद के अंतर्गत रचनाएँ पहुँचे हुए पुराने संतों या साधकों की उसी वाणी के अनुकरण पर होती है जो तुरीयावस्था या समाधिदशा में नाना रूपकों के रूप में उपलब्ध आध्यात्मिक ज्ञान का आभास देती हुई मानी जाती थी। इस रूपात्मक आभास को यूरोप में 'छाया' (फैंटसमाटा) कहते थे। इसी से बंगाल में ब्रह्मसमाज के बीच उक्त वाणी के अनुकरण पर जो आध्यात्मिक गीत या भजन बनते थे वे 'छायावाद' कहलाने लगे। धीरे-धीरे यह शब्द धार्मिक क्षेत्र से वहाँ के साहित्य क्षेत्र में आया और फिर रवींद्र बाबू की धूम मचने पर हिंदी के साहित्य क्षेत्र में भी प्रकट हुआ।

'छायावाद' शब्द का दूसरा प्रयोग काव्यशैली या पद्धतिविशेष के व्यापक अर्थ में है। सन् 1885 में फ्रांस में रहस्यवादी कवियों का एक दल खड़ा हुआ जो प्रतीकवाद (सिंबालिस्ट्स) कहलाया। वे अपनी रचनाओं में प्रस्तुतों के स्थान पर अधिकतर अप्रस्तुत प्रतीकों को लेकर चलते थे। इसी से उनकी शैली की ओर लक्ष्य करके 'प्रतीकवाद' शब्द का व्यवहार होने लगा। आध्यात्मिक या ईश्वरप्रेम संबंधी कविताओं के अतिरिक्त और सब प्रकार की कविताओं के लिए भी प्रतीक शैली की ओर वहाँ प्रवृत्ति रही। हिंदी में 'छायावाद' शब्द का जो व्यापक अर्थ में–रहस्यवादी रचनाओं के अतिरिक्त और प्रकार की रचनाओं के संबंध में भी–ग्रहण हुआ वह इसी प्रतीक शैली के अर्थ में। छायावाद का सामान्यतः अर्थ हुआ प्रस्तुत के स्थान पर उसकी व्यंजना करने वाली छाया के रूप में अप्रस्तुत का कथन। इस शैली के भीतर किसी वस्तु या विषय का वर्णन किया जा सकता है।

'छायावाद' का केवल पहला अर्थात् मूल अर्थ लेकर तो हिंदी काव्यक्षेत्र में चलने वाली महादेवी वर्मा हैं। पंत, प्रसाद, निराला इत्यादि और सब कवि प्रतीकपद्धति या चित्रभाषा शैली की दृष्टि से ही छायावादी कहलाये।

रहस्यवाद के भीतर आने वाली रचनाएँ तो थोड़ी या बहुत सभी ने उक्त पद्धति पर की हैं, पर उनकी शब्दकला, वासनात्मक प्रणयोद्गार, वेदना विवृत्ति, सौंदर्य संघटन, मधुचर्या, अतृप्तिव्यंजना इत्यादि में अधिकनर नियुक्त रही। जीवन के अवसाद, विषाद और नैराश्य की झलक भी उनके मधुमय गानों में मिलती रही। इसी परिमित क्षेत्र के भीतर चित्रभाषाशैली का वे वैलक्षण्य के साथ प्रदर्शन करते रहे। जैसा कि सामान्य परिचय के भीतर कहा जा चुका है वैलक्षण्य लाने के लिए अँगरेजी की लाक्षणिक पदालवलियों के अनुवाद भी ज्यों-के-त्यों रखे जाते रहे। जिनकी प्रवृत्ति लाक्षणिक वैचित्र्य की ओर कम थी, वे बंगभाषा के कवियों के ढंग पर श्रुतिरंजक या नादानुकृत पदावली गुंफित करने में अधिक तत्पर दिखाई दिये।

चित्रभाषा शैली या प्रतीक पद्धति के अंतर्गत जिस प्रकार वाचक पदों के स्थान पर लक्षक पदों का व्यवहार आता है उसी प्रकार प्रस्तुत प्रसंग के स्थान पर उसकी व्यंजना करने वाले अप्रस्तुत चित्रों का विधान भी। अतः अन्योक्तिपद्धति का अवलंबन भी छायावाद का एक विशेष लक्षण हुआ। यह पहले कहा जा चुका है कि छायावाद का चलन द्विवेदीकाल की रूखी इतिवृत्तात्मकता की प्रतिक्रिया के रूप में हुआ था। अतः इस प्रतिक्रिया का प्रदर्शन केवल लक्षण और अन्योक्ति के प्राचुर्य के रूप में ही नहीं, कहीं-कहीं उपमा और उत्प्रेक्षा की भरमार के रूप में भी हुआ। इनमें से उपादान और लक्षण-लक्षणाओं को छोड़ और सब बातें किसी-न किसी प्रकार की साम्यभावना के आधार पर ही खड़ी होने वाली हैं। साम्य को लेकर अनेक प्रकार की अलंकृत रचनाएँ बहुत पहले भी होती थीं तथा रीतिकाल के और उसके पीछे भी होती रही हैं। अतः छायावाद की रचनाओं के भीतर साम्यग्रहण की उस प्रणाली

का निरूपण आवश्यक है जिसके कारण उसे एक विशिष्ट रूप प्राप्त हुआ।

हमारे यहाँ साम्य मुख्यतः तीन प्रकार का माना गया है। सादृश्य (रूप या आकार का साम्य), साधर्म्य (गुण या क्रिया का साम्य) और केवल शब्दसाम्य (दो भिन्न वस्तुओं का एक ही नाम होना)। इनमें से अंतिम तो श्लेष की शब्दक्रीड़ा दिखाने वालों के ही काम का है। रहे सादृश्य और साधर्म्य। विचार करने पर इन दोनों में प्रभावसाम्य छिपा मिलेगा। सिद्ध कवियों की दृष्टि ऐसे ही अप्रस्तुतों की ओर जाती है, जो प्रस्तुतों के समान ही सौंदर्य, दीप्ति, कांति, कोमलता, प्रचंडता, भीषणता, उग्रता, उदासी, अवसाद, खिन्नता इत्यादि की भावना जगाते हैं। काव्य में बँधे चले आते हुए उपमान अधिकतर इसी के हैं। केवल रूप-रंग, आकार या व्यापार को ऊपर से देखकर या नाप-जोखकर, भावना पर उनका प्रभाव परखे बिना, वे नहीं रखे जाते थे। पीछे कविकर्म के बहुत कुछ श्रमसाध्य या अभ्यासगम्य होने के कारण जब कृत्रिमता आने लगी तब बहुत-से उपमान केवल बाहरी नाप-जोख के अनुसार भी रखे जाने लगे। कटि की सूक्ष्मता दिखाने के लिए सिंहनी और भिड़ सामने लायी जाने लगी।

छायावाद बड़ी सहृदयता के साथ प्रभावसाम्य पर ही विशेष लक्ष्य रखकर चला है। कहीं-कहीं तो बाहरी सादृश्य या साधर्म्य अत्यंत अल्प या न रहने पर भी आभ्यंतर प्रभावसाम्य लेकर अप्रस्तुतों का सन्निवेश कर दिया जाता है। ऐसे अप्रस्तुत अधिकतर उपलक्षण के रूप में या प्रतीकवत् (सिंबालिक) होते हैं—जैसे सुख, आनंद, प्रफुल्लता, यौवनकाल इत्यादि के स्थान पर उनके द्योतक उषा, प्रभात, मधुकाल, प्रिया के स्थान पर मुकुल; प्रेमी के स्थान पर मधुप; श्वेत या शुभ्र के स्थान पर कुंद, रजत; माधुर्य के स्थान पर मधु; दीप्तिमान या कांतिमान के स्थान पर स्वर्ण; विषाद या अवसाद के स्थान पर अंधकार, अँधेरी रात, संध्या की छाया, पतझड़, मानसिक आकुलता या क्षोभ के स्थान पर झंझा, तूफान, भावतरंग के लिए झंकार, भावप्रवाह के लिए संगीत या मुरली का स्वर इत्यादि, आभ्यंतर प्रभावसाम्य के आधार पर लाक्षणिक और व्यंजनात्मक पद्धति का प्रगल्भ और प्रचुर विकास छायावाद की काव्यशैली की असली विशेषता है।

हिंदी काव्यपरंपरा में अन्योक्तिपद्धति का प्रचार तो रहा है, पर लाक्षणिकता का एक प्रकार से अभाव ही रहा। केवल कुछ रूढ़ लक्षणाएँ मुहावरों के रूप में कहीं-कहीं मिल जाती थीं। ब्रजभाषा कवियों में लाक्षणिक साहस किसी ने दिखाया तो घनानंद ने। इस तृतीय उत्थान में सबसे अधिक लाक्षणिक साहस पंत जी ने अपने 'पल्लव' में दिखाया। जैसे—

1. धूल की ढेरी में अनजान छिपे हैं मेरे मधुमय गान।।
   (धूल की ढेरी=असुंदर वस्तुएँ। मधुमय गान=गान के विषय अर्थात् सुंदर वस्तुएँ)
2. मर्मपीड़ा के हास (हास=विकास, समृद्धि। विरोधी वैचित्र्य के लिए

व्यंग्यव्यंजक संबंध को लेकर लक्षणा)। (मर्मपीड़ा के हास! = हे मेरे पीड़ित मन! आधार आधेय संबंध लेकर)।

3. चाँदनी का स्वभाव में वास। विचारों में बच्चों की साँस। (चाँदनी=मृदुलता, शीतलता। बच्चों की साँस=भोलापन)।
4. मृत्यु का यही दीर्घ निःश्वास (मृत्यु=आसन्नमृत्यु व्यक्ति अथवा मृतक के लिए शोक करने वाले व्यक्ति।)
5. कौन तुम अतुल अरूप अनाम (शिशु के लिए। अल्पार्थक के स्थान पर निषेधार्थक।)

'पल्लव' में प्रतिक्रिया के आवेश के कारण वैचित्र्य प्रदर्शन की प्रवृत्ति अधिक थी जिसके लिए कहीं-कहीं अँगरेजी के लाक्षणिक प्रयोग भी ज्यों-के त्यों ले लिये गये। पर पीछे यह प्रवृत्ति घटती गयी।

'प्रसाद' की रचनाओं में शब्दों के लाक्षणिक वैचित्र्य की प्रवृत्ति उतनी नहीं रही है जितनी साम्य की दुरारूढ़ भावना की। उनके उपलक्षण (सिंबल्स) सामान्य अनुभूति के मेल में होते थे। जैसे—

1. **झंझा झकोर गर्जन है, बिजली है, नीरद माला।**
   पाकर इस शून्य हृदय को, सबने आ डेरा डाला।।
   (झंझा झकोर=क्षोभ; आकुलता। गर्जन=वेदना की तड़प। बिजली=चमक या टीस। नीरदमाला=अंधकार। शून्य शब्द विशेषण के अतिरिक्त आकाशवाचक भी है; जिससे उक्ति में बहुत सुंदर समन्वय आ जाता है।)
2. **पतझड़ था; झाड़ खड़े थे सूखे से फुलवारी में।**
   किसलय दल कुसुम बिछाकर आये तुम इस क्यारी में।।
   (पतझड़=उदासी। किसलयदलकुसुम=वसंत, सरसता और प्रफुल्लता)।
   —आँसू।
3. काँटों ने भी पहना मोती (कँटीले पौधों=पीड़ा पहुँचाने वाले कठोर हृदय मनुष्यों। पहना मोती=हिंमबिंदु धारण किया=अश्रुपूर्ण हुए।)—लहर।

अप्रस्तुत किस प्रकार एकदेशीय, सूक्ष्म और धुँधले पर मर्मव्यंजक साम्य का धुँधला-सा आधार लेकर खड़े किये जाते हैं, यह बात नीचे के कुछ उद्धरणों से स्पष्ट हो जायेगी—

1. **उठ-उठ री लघु लघु लोल लहर।**
   करुणा की नव अँगड़ाई-सी, मलयनिल की परछाई-सी,
   इस सूखे तट पर छहर छहर।।
   (लहर=सरस कोमल भाव। सूखा तट=शुष्क जीवन। अप्रस्तुत या उपमान भी लाक्षणिक हैं।)

2. **गूढ़ कल्पना-सी कवियों की, अज्ञाता के विस्मय-सी**
ऋषियों के गंभीर हृदय-सी, बच्चों के तुतले भय-सी।–'छाया'

3. **गिरिवर के उर से उठ-उठ कर, उच्चाकांक्षाओं से तरुवर, हैं,**
झाँक रहे नीरव नभ पर।
(उठे हुए पेड़ों का साम्य मनुष्य के हृदय की उन उच्चाकांक्षाओं से है, जो लोक के परे जाती हैं।)

4. **बनमाला के गीतों-सा निर्जन में बिखरा है मधुमास।**

छायावाद की रचनाएँ गीतों के रूप में ही अधिकतर होती हैं। इससे उनमें अन्विति कम दिखाई पड़ती है। जहाँ यह अन्विति होती है वहीं समूची रचना अन्योक्ति पद्धति पर की जाती है। इस प्रकार साम्यभावना का ही प्राचुर्य हम सर्वत्र पाते हैं। यह साम्यभावना हमारे हृदय का प्रसार करने वाली, शेष सृष्टि के साथ मनुष्य के गूढ़ संबंध की धारणा बँधानेवाली, अत्यंत अपेक्षित मनोभूमि है, इसमें संदेह नहीं, पर यह सच्चा मार्मिक प्रभाव वहीं उत्पन्न करती है जहाँ यह प्राकृतिक वस्तु या व्यापार से प्राप्त सच्चे आभास के आधार पर खड़ी है। प्रकृति अपने अनंत रूपों और व्यापारों के द्वारा अनेक बातों की गूढ़ वा अगूढ़ व्यंजना करती रहती है। इस व्यंजना को न परखकर या न ग्रहण करके जो साम्यविधान होगा यह मनमाना आरोपमात्र होगा। इस अनंत विश्व महाकाव्य की व्यंजनाओं की परख के साथ जो साम्यविधान होता है वह मार्मिक और उद्बोधक होता है; जैसे–

दुखदावा से नवअंकुर पाता जग जीवन का बन
करुणार्द्र विश्व का गर्जन बरसाता नवजीवन कण।
खुल-खुल नवइच्छाएँ फैलातीं जीवन के दल।
यह शैशव का सरल हास है, सहसा उर से है आ जाता।
यह ऊषा का नवविकास है, जो रज को है रजत बनाता।
यह लघु लहरों का विलास है, कलानाथ जिसमें खिंच आता।।

× × ×

हँस पड़े कुसुमों में छविमान, जहाँ जग में पदचिह्न पुनीत।
वही सुख में आँसू बन प्राण, ओस में लुढ़क दमकते गीत।।

–गुंजन

मेरा अनुराग फैलने दो, नभ के अभिनव कलरव में।
जाकर सूनेपन के तम में, बन किरन कभी आ जाना।
अखिल की लघुता आयी बन, समय का सुंदर वातायन।
देखने को अदृष्ट नर्त्तन।

–लहर

जल उठा स्नेह दीपक-सा, नवनीत हृदय था मेरा।
अब शेष धूमरेखा से, चित्रित कर रहा अँधेरा।।

—आँसू

मनमाने आरोप, जिनका विधान प्रकृति के संकेत पर नहीं होता, हृदय के मर्मस्थल का स्पर्श नहीं करते, केवल वैचित्र्य या कुतूहल मात्र उत्पन्न करके रह जाते हैं। छायावाद की कविता पर कल्पनावाद, कलावाद, अभिव्यंजनावाद आदि का भी प्रभाव ज्ञात या अज्ञात के रूप में पड़ता रहा है। इससे बहुत-सा अप्रस्तुत विधान मनमाने आरोप के रूप में भी सामने आता है। प्रकृति के वस्तु-व्यापारों पर मानुषी वृत्तियों के आरोप का बहुत चलन हो जाने से कहीं-कहीं ये आरोप वस्तु-व्यापारों की प्रकृत व्यंजना से बहुत दूर जा पड़े हैं जैसे—चाँदनी के इस वर्णन में—

1. **जग के दुख दैन्य शयन पर यह रुग्णा जीवनबाला।**
पीली पड़, निर्बल, कोमल, कृश देहलता कुम्हलाई।
विवसना, लाज में, लिपटी, साँसों में शून्य समाई।।

चाँदनी अपने आप इस प्रकार की भावना मन में नहीं जगाती। उसके संबंध में यह उद्‌भावना भी केवल स्त्री की सुंदर मुद्रा सामने खड़ी करती जान पड़ती है—

2. **नीले नभ के शतदल पर वह बैठी शारद हासिनी।**
मृदु करतल पर शशिमुख धर नीरव अनिमिष एकाकिनि।।

इसी प्रकार आँसुओं को 'नयनों के बाल' कहना भी व्यर्थ-सा है। नीचे की जूठी प्याली भी (जो बहुत आया करती है) किसी मयखाने से लाकर रखी जान पड़ती है—

3. **लहरों में प्यास भरी है, है भँवर पात्र से खाली।**
मानव का सब रस पीकर, लुढ़का दी तुमने प्याली।।

प्रकृति के नाना रूपों के सौंदर्य की भावना सदैव स्त्री सौंदर्य का आरोप करके करना उक्त भावना की संकीर्णता सूचित करता है। कालिदास ने भी मेघदूत से निर्विध्या और सिंधु नदियों में स्त्री सौंदर्य की भावना की है जिनसे नदी और मेघ के प्रकृत संबंध की रमणीय व्यंजना होती है। ग्रीष्म में नदियाँ सूखती-सूखती पतली हो जाती हैं और तपती रहती हैं। उन पर मेघ छाया करता है तब वे शीतल हो जाती हैं और उस छाया को अंक में धारण किये दिखाई देती हैं। वही मेघ बरसकर उनकी क्षीणता दूर करता है। दोनों के बीच इसी प्राकृतिक संबंध की व्यंजना ग्रहण करके कालिदास ने अप्रस्तुत विधान किया है। पर सौंदर्य की भावना सर्वत्र स्त्री का चित्र चिपकाकर करना खेल-सा हो जाता है। उषासुंदरी के कपोलों की ललायी, रजनी के रत्नजटित केश कलाप, दीर्घ निःश्वास और अश्रुबिंदु तो रूढ़ हो ही गये हैं; किरन, लहर, चंद्रिका, छाया, तितली, सब अप्सराएँ या परियाँ बनकर सामने आने पाती हैं। इसी तरह प्रकृति के नाना व्यापार भी चुंबन, आलिंगन, मधुग्रहण, मधुदान, कामिनी की क्रीड़ा इत्यादि

में अधिकतर परिणत दिखाई देते हैं। कहने का तात्पर्य यह कि प्रकृति की नाना वस्तुओं और व्यापारों का अपना-अपना अलग सौंदर्य भी है जो एक ही प्रकार की वस्तु या व्यापार के आरोप द्वारा अभिव्यक्ति नहीं हो सकता।

इसी प्रकार पंत जी की 'छाया', 'वीचिविलास', 'नक्षत्र' में जो यहाँ से वहाँ तक उपमानों का ढेर लगा है उनमें से बहुत-से तो अत्यंत सूक्ष्म और सुकुमार साम्य के व्यंजक हैं और बहुत से रंग-बिंरगे खिलौने के रूप में ही हैं। ऐसी रचनाएँ उस 'कल्पनावाद', 'कलावाद' या 'अभिव्यंजनावाद' के उदाहरण-सी लगती हैं जिसके अनुसार कविकल्पना का काम प्रकृति की नाना वस्तुएँ लेकर एक नया निर्माण करना वा नूतन सृष्टि खड़ी करना है। प्रकृति के सच्चे स्वरूप, उसकी सच्ची व्यंजना ग्रहण करना उक्त वादों के अनुसार आवश्यक नहीं। उनके अनुसार तो प्रकृति की नाना वस्तुओं का उपयोग केवल उपादान के रूप में है; उसी प्रकार जैसे बालक, ईंट, पत्थर, लकड़ी, कागज, फूल-पत्ती लेकर हाथी-घोड़े, घर-बगीचे इत्यादि बनाया करते हैं। प्रकृति के नाना चित्रों के द्वारा अपनी भावनाएँ व्यक्त करना तो बहुत ठीक है, पर उन भावनाओं को व्यक्त करने की स्वाभाविक प्रवृत्ति भी तो गृहीत चित्रों में होनी चाहिए।

छायावाद की प्रवृत्ति अधिकतर प्रेमगीतात्मक होने के कारण हमारा वर्तमान काव्य प्रसंगों की अनेकरूपता के साथ नयी-नयी अर्थभूमियों पर कुछ दिनों तक बहुत कम चल पाया। कुछ कवियों में वस्तु का आधार अत्यंत अल्प रहता है। विशेष लक्ष्य अभिव्यंजना के अनूठे विस्तार पर रहा है। इससे उनकी रचनाओं का बहुत-सा भाग अधर में ठहराया-सा जान पड़ता है। जिन वस्तुओं के आधार पर उक्तियाँ मन में खड़ी की जाती हैं उनका कुछ भाग कला के अनूठेपन के लिए पंक्तियों के इधर-उधर से हटा भी लिया जाता है। अतः कहीं-कहीं व्यवहृत शब्दों की व्यंजकता पर्याप्त न होने पर भाव अस्फुट रह जाता है, पाठक को अपनी ओर से बहुत कुछ आक्षेप करना पड़ता है, जैसे नीचे की पंक्तियों में—

निज अलकों के अंधकार में तुम कैसे छिप आओगे।
इतना सजग कुतूहल ठहरो, यह न कभी बन पाओगे।
आह, चूम लूँ जिन चरणों को चाँप-चाँप कर उन्हें नहीं।
दुख दो इतना, अरे! अरुणिमा उषा-सी वह उधर बही।

यहाँ कवि ने उस प्रियतम के छिपकर दबे पाँव आने की बात कही है जिनके चरण इतने सुकुमार हैं कि जब आहट न सुनाई पड़ने के लिए वह उन्हें बहुत दबा-दबाकर रखते हैं तब एड़ियों में ऊपर की ओर खून की लाली दौड़ जाती है। वही ललाई उषा की लाली के रूप में झलकती है। 'प्रसाद' जी का ध्यान शरीर विकारों पर विशेष जमता था। इसी से उन्होंने 'चाँप-चाँपकर दुख दो' से ललाई दौड़ने की कल्पना पाठकों के ऊपर छोड़ दी है। 'कामायनी' में उन्होंने मले हुए कान में भी कामिनी के कपोलों

पर की 'लज्जा की लाली' दिखाई है।

अभिव्यंजना की पद्धति या काव्यशैली पर ही प्रधान लक्ष्य रहने से छायावाद के भीतर उसका बहुत ही रमणीय विकास हुआ है, यह हम पहले कह आये हैं।[1] साम्यभावना और लक्षणा शक्ति के बल पर किस प्रकार काव्योपयुक्त चित्रमयी भाषा की ओर सामान्यतः झुकाव हुआ यह भी कहा जा चुका है। साम्य पहले उपमा, उत्प्रेक्षा, रूपक—ऐसे अलंकारों के बड़े-बड़े साँचों के भीतर ही फैलाकर दिखाया जाता था। वह अब प्रायः थोड़े में या तो लाक्षणिक प्रयोगों के द्वारा झलका दिया जाता है अथवा कुछ प्रच्छन्न रूपकों में प्रतीयमान रहता है। इसी प्रकार किसी तथ्य या पूरे प्रसंग के लिए दृष्टांत, अर्थान्तरन्यास आदि का सहारा न लेकर अब अन्योक्ति पद्धति ही अधिक चलती है। यह बहुत ही परिष्कृत पद्धति है। पर यह न समझना चाहिए कि उपमा, रूपक, उत्प्रेक्षा आदि का प्रयोग नहीं होता है, बराबर होता है और बहुत होता है। उपमा में धर्म बराबर लुप्त रहता है। प्रतिवस्तूपमा, हेतुत्प्रेक्षा, विरोध, श्लेष, एकावली इत्यादि अलंकार भी कहीं-कहीं पाये जाते हैं।

किस प्रकार एक बँधे घेरे से निकलकर अब छायावादी कहे जाने वाले कवि धीरे-धीरे जगत् और जीवन के अनंत क्षेत्र में इधर-उधर दृष्टि फैलाते देखे जा रहे हैं, इसका आभास दिया जा चुका है। अब तक उनकी कल्पना थोड़ी-सी जगह के भीतर कलापूर्ण और मनोरंजक नृत्य-सा कर रही थी। वह जगत् और जीवन के जटिल स्वरूप से घबराने वालों का जी बहलाने का काम करती रही है। अब उसे अखिल जीवन के नाना पक्षों की मार्मिकता का साक्षात्कार करते हुए एक करीने के साथ रास्ता चलना पड़ेगा। इसके लिए उसे अपनी चपलता और भावभंगिमा का प्रदर्शन, क्रीड़ा कौतुक की प्रवृत्ति कुछ संयत करनी पड़ेगी। इस ऊँचे-नीचे मर्मपथ पर चित्रों का बहुत अधिक फालतू बोझ लादकर चलना भी वाणी के लिए उपयुक्त न होगा। प्रसाद जी ने 'लहर' में छायावाद की चित्रमयी शैली को तीन ऐतिहासिक जीवनखंडों के बीच ले जाकर आजमाया है। उनमें कथावस्तु का विन्यास नाटकीय पद्धति पर करके उन्होंने बाह्य और आभ्यंतर परिस्थितियों का व्यंजक, मनोहर, मार्मिक या आवेशपूर्ण शब्दविधान किया है। पर कहीं-कहीं जहाँ मधुमय चित्रों की परंपरा दूर तक चली है वहाँ समन्वित प्रभाव में बाधा पड़ी है। 'कामायनी' में उन्होंने नरजीवन के विकास में भिन्न-भिन्न भावात्मिका वृत्तियों का योग और संघर्ष बड़ी प्रगल्भ और रमणीय कल्पना द्वारा चित्रित करके मानवता का रागात्मक इतिहास प्रस्तुत किया है। इसी प्रकार निराला जी ने जिनकी वाणी पहले से भी बहुमुखी थी, 'तुलसीदास' के मानस विकास का बड़ा ही दिव्य और विशाल रंगीन चित्र खींचा है।

---

1. देखो, पृष्ठ 354-355

विविध-खण्ड

कविता

हृदय का मधुर भार

झलक (1)

नगर से दूर कुछ गाँव की-सी बस्ती एक
हरे-भरे खेतों के समीप अति अभिराम;
जहाँ पत्रजाल अंतराल से झलकते हैं
लाल खपरैल, श्वेत छज्जों के सँवारे धाम।
बीचोबीच वट-वृक्ष खड़ा है विशाल एक,
झूलते हैं बाल कभी जिसकी जटाएँ थाम,
चढ़ी मंजु मालती-लता है जहाँ छाई हुई,
पत्थर की पट्टियों की चौकियाँ पड़ी हैं श्याम।
बैठते हैं नित्य यहाँ धर्म के धुरीण एक
क्षत्रिय कुलीन वृद्ध 'भद्र' भीष्म के समान;
नाना इतिहास औ' पुराण के प्रसंग यहाँ
छिड़े हुए रहते हैं करते पवित्र कान।
नीम-तले पास ही पुरोहित का द्वार वह,
रहती है जहाँ शिष्य-मंडली विराजमान;
पढ़े-लिखे लोगों का निवास ही विशेष यहाँ;
पर है दो चार गोप, नापित भी गुणवान।
पंडित 'श्रीविंध्य जी' की मधुर, सरस वाणी
भारत की भारती की ज्योति को जगाती है;
बीथियों में स्वच्छ शुभ्र शिष्यों की फिरती हुई
मंडली पुराना दृश्य सामने फिराती है।
परम पुनीत रीति नीति-भरी 'भद्र जी' की

द्वापर की छाया वट-छाया बीच छाती है;
यों इस भूखंड की निराली आर्य-माधुरी का
नूतन करालता न लोप कर पाती है।
चहल-पहल सदा रहती है; सोंहते हैं
प्रकृति के बाँधे रुचि-रंग में सने समाज;
छाया छिन्न हुई, धूप छिटकी छटा के साथ,
दूबों पर आप ओस-कण की रही विराज।
जम गई मंडली सयानों की सहास मुख,
जिन्हें है नचाता नहीं आज कोई काम-काज;
चल पड़ी चर्चा चटकीली चित-चाह-भरी,
घड़ी कोई अड़ी जान पड़ती नहीं है आज।
देखो यह टोली जो कुमारों की निकली अब
बोली औ' ठठोली के निकालती अनेक ढंग;
युगल 'प्रमोद बंधु' और 'वृक' आगे चले,
पीछे मैं 'अरूण जी' को लाता हूँ ढ़केले संग।
फिर वे न-जाने किस बात पर लौट पड़े,
मुँह को लटकाते झुँझलाते किए भ्रूभंग;
हँस-हँस लोटते हैं उधर 'प्रमोद बंधु',
बीच में मैं रहता हूँ देख यह दृश्य दंग।
जाते हैं पूर्व पथ पकड़े हुए 'पुष्कर' का
पनस-रसाल-जाल-बीच से बिचरते;
दोनों ओर फैली हरियाली हृदयों में
ढ़ली पड़ती है, पैर आगे आप से उभरते।
नंदन-वन-बीथी का खंड यह साथ लिए
आते हम मानो स्वर्गधाम से उतरते;
चलते हैं संग में उमंग-भरे साथी सब,
छेड़ किसी खूसट को अट्टहास करते।
छोड़ पथ 'पुष्कर' के कोने पर आए अब,
पीपल की डाल जहाँ दूर तक छाई है;
मंडप है शिव का पुराना एक नीच वहीं,
घाट भी है आगे बंधा देता दिखलाई है।
दाहिने कदंब और बाएँ है अशोक खड़ा,
बीचो बीच टूटी हुई ढ़ालुवाँ जुड़ाई है;
नीम, आम लगे हुए टीलों पर तीन ओर,

कोने पर कुटी एक साधु की बनाई है।
दक्षिण की ओर उस टीले पर देख पड़े
'हरिकेश' हाथ को उठाए औ' पुकारते;
गन्ने कुछ हाथ में थे उनके, सो बाँट लिए,
जौत उन्हें साथ अब आगे हैं सिधारते।
खेतों में घुमाती चली जाती है ढुर्री यह
'शरपत्र' ओर जहाँ नित्य ही पधारते;
चंदन से चर्चित कलेवर ले 'नंदन जी'
मधुर-मधुर छन्द मुख से उचारते।
भूरी, हरी घास आस-पास, फूली सरसों है,
पीली-पीली बिंदियों का चारों ओर है पसार;
कुछ दूर विरल, सघन फिर, और आगे
एक रंग मिला चला गया पीत-पारावार।
गाढ़ी हरी श्यामता की तुंग राशि-रेखा घनी
बाँधती है दक्षिण की ओर उसे घेर धार;
जोड़ती है जिसे खुले नीले नभ मंडल से
धुधंली-सी नीली नगमाला उठी धुँआधार।
लगती हैं चोटियाँ वे अति ही रहस्यमयी,
पास ही में होगा बस यहीं कहीं देवलोक;
बार-बार दौड़ती है दृष्टि उस धुँधली सी
छाया बीच ढूँढ़ने को अमर-विलास-ओक।
ओट में अखाड़े यहीं होंगे वे पुरंदर के,
अप्सराएँ नाच रही होंगी जहाँ ताली ठोंक,
सुनने को सुंदर संगीत वह मंद-मंद
बुद्धि की नहीं है अभी कहीं कोई रोक-टोक।
अंकित नीलाभरक्त, श्वेत, नील सुमनों से
मटर के फैले हुए घने हरे जाल में;
फलियाँ हैं करतीं संकेत जहाँ मुड़ते हैं;
और अधिकार का न ज्ञान इस काल में।
बैठते हैं प्रीति-भोज हेतु आस-पास सब
पक्षियों के साथ इस भरी हुई थाल में;
हाँक पर एक साथ पंखों ने सराटे भरे;
हम मेड़-पार हुए एक ही उछाल में।
सूखती तलैया के चारों ओर चिपकी हुई

लाल-लाल काइयों की भूमि पार करते;
गहरे पड़े गोपद के चिन्हों से अंकित जो,
श्वेत बक जहाँ हरी दूब में बिचरते।
बैठ कुछ काल एक पास के मधूक-तले,
मन में सन्नाटे का निराला सुर भरते;
आए 'शरपत्र' के किनारे जहाँ रूखे खुले
टीले कँकरीले हैं हिमंत में निखरते।
श्यामल, सघन अमराइयों के बीच जहाँ
धौले, मटियाले घर देखने में आते हैं;
करते निवास उसी ग्राम में हैं 'नंदन जी',
नारद-सा दिव्य रूप नित्य जो दिखाते हैं।
पच्छिम की ओर उस छोटे-से सरोवर के
पार जब दृष्टि हम अपनी दौड़ाते हैं;
पड़ता है दिखाई धाम पूज्य 'वागीश जी' का
बात-बात में जो हास्य-रस बरसाते हैं
दर्शन की लालसा से सीधे मुड़े उसी ओर
गड्ढ़ों और खाइयों का कुछ भी न ध्यान कर;
टेढ़े-मेढ़े मेड़ छोड़ चलते हैं खेतों बीच,
बोलता है कोई, तो न मानते हैं तिल-भर।
बीच से चबूतरे के निकला है पीपल जो,
आए वहाँ बैठे मिले साथ दोनों विप्रवर;
ठोकर खा जड़ की ज्यों बोले हम 'पंडित जी!'
हँसे वे हमारे इस झुकते प्रमाण पर।

('माधुरी', मार्च, 1925)

रूपमय हृदय

(1)

बहु नीहार-कल्पनाएँ बन
रखता है वह सर्व सनातन।
रूप हृदयमय, हृदय रूपमय का अनंत अंबुद्धि उमड़ा है;
कहीं किसी चढ़ती तरंग पर शीर्ष बिंदु बन उछल पड़ा है।
कह कर "क्या ही अकल कला है!"

प्रलय-निलय की ओर चला है।

(2)

विविध रूप-संगीत-नीत स्वर।
भीतर हृदय हमारे होकर
भाव-सूत्र शुभ खोल बाँटते हैं हमको दहने औ' बाएँ
"बटते-बँटते चुक जाएँ हम, ये लेने वाले रह जाएँ"।
गरज गरज कर बरस गया धन।
उमड़ चला जग में नव जीवन।

(3)

नवदल-गुंफित पुष्पहास यह!
शशिरेखा-सुस्मित-विभास यह!
नभ चुंबित नग-निविड़-नीलिमा उठी अवनि-उर की उमंग सी।
कलित-विरल-घनपटल-दिंगचल-प्रभा पुलकमय राग-रंग सी।
पांडुर धूम्र पुंज बहु खंडित;
कोर हिरण्य-मेखला-मंडित।

(4)

तिग्म ताप तिलमिली तिरोहित,
शीतलता संचरित समाहित,
दृग रंजन अंजन-घन-छाया हरे हरे लहलहे हर्ष पर।
निशा-नयन मीलित अरूपता असित असत् छन हेतु छिन्न कर।
वज्र रेख-द्युति द्रुत उन्मीलन,
अक्षर रूपकला अनुशीलन।

(5)

चमक दमक कुछ नहीं जहाँ पर,
भोग-विभूति नहीं विस्मयकर,
रूप वहाँ के भी अंतस् में कोई प्रिय प्रसंग कहते हैं;
साहचर्य-सुत-स्निग्ध श्लेष रस सिक्त सदा लिपटे रहते हैं।
चमत्कार की चाह वाह पर
नहीं चारुता उनकी निर्भर।

(6)

जीर्ण शीर्ण दीवार खड़ी है,
जिसमें कहीं दरार पड़ी है;
सटे नींव से धरे पीत पुट हैं घमोय के झाड़ कँटीले।
ठूँठी नीम तले कुछ बैठे धूल-धूसरे बाल हठीले।।

ये भी स्मृति-मधु में हैं गिरते,
लगी हुई आँखों में फिरते।

(7)

रूपों से तो परे हमारा
हृदय नहीं है कभी पधारा,
और पधारेगा न कभी वह, जो चाहे सो पैर उभारे–
ज्ञान जाय, अज्ञान जाय, मतवाद जाय, बकवाद सिधारे।
अखिल व्यंजना को इस सुंदर
छोड़े कौन लक्षणा कहकर?

(8)

ये ही रूप खेल कर मन में
देशकाल के धुँधलेपन में
नंदनवन बनकर ललचाते, अमर धाम की आहट लाते,
शोभा-शक्ति शीलमय प्रभु की लोकरंजनी कला दिखाते–
धन्य! धन्य! जगमंगल झाँकी
यह नारायणमय नरता की।

(9)

भव्य भावना-भवन हमारे,
रचित इन्हीं रूपों से सारे।
इनकी ही अनुभूति-भूति से विश्व मूर्तिमय योग जगेगा।
किंतु न किसी अरूप लोक से हृदय हमारा कभी लगेगा।
रसमय-रूप-रूपमय-रस धर
चलित चराचर चक्र निरंतर।

(10)

अत्याचार वेदना भारी
बढ़ती है तो बढ़े हमारी–
मर लेंगे फिर कभी, अभी तो ऐसी कुछ हड़बड़ी नहीं है।
बढ़ती है वह धर्म शक्ति के दर्शन को जो यहीं कहीं है।
अमित पाप-संताप सने हैं
उत्कंठा में इसी बने हैं।

(11)

सिर पर के झोंकों से सारे
छत्र पत्र छिन जाँय हमारे,
इस उत्कंठा में ही ठूँठी ठटरी तक हम खड़े रहेंगे।

फूले फले हरे निज बीती प्रिय समीर से कभी कहेंगे।
आशा-सुख की भाषा सुन्दर-
हास विलास रूप कुसुमाकर।

(12)

सचमुच ही यदि प्रेम कहीं है,
ज्ञात छोड़ वह कहीं नहीं है।
'लगा किसी अज्ञात क्षेत्र में' यह कहकर क्यों बात छिपाना।
यही ज्ञात 'सत' का प्रकाश है, 'चित' का भी है यही ठिकाना।।
यही सघन 'आनंद' घटा है।
यही अजस्र अदभ्र छटा है।

(13)

एक देशगत ध्वंस असत् है,
रूप कला विभु सत् शाश्वत है।
प्रभु के रक्षामय स्वरूप में है 'सत' का संकेत सुभासित।
रूचिर लोकरंजन सुषमा में है 'आनंद' मोद अधिवासित।
काव्य-कलाधर 'सदानंद' मय
वाल्मीकि तुलसी जय जय जय।

(14)

सम्मुख सर्जन, रक्षण, रंजन।
विमुख विलोपन, भक्षण, भंजन।
लोकनीति-बाधा-छाया में उभयमुखी यह कला छूटकर।
रोष-अमर्ष-समन्वित फूटी होकर कोमल करूण काव्य स्वर-
क्रुद्ध प्रेममय उग्र अनुग्रह
दया दर्पमय द्रवण भयावह।

कहानी

ग्यारह वर्ष का समय

दिन भर बैठे-बैठे मेरे सिर में पीड़ा उत्पन्न हुई; मैं अपने स्थान से उठा और अपने एक नए एकान्तवासी मित्र के यहाँ मैंने जाना विचारा। जाकर मैंने देखा तो वे ध्यानमग्न सिर नीचा किए हुए कुछ सोच रहे थे। मुझे यह देखकर कुछ आश्चर्य नहीं हुआ; क्योंकि यह कोई नई बात न थी। उन्हें थोड़े ही दिन पूरब से इस देश में आए हुए हैं। नगर में उनसे मेरे सिवाय और किसी से विशेष जान-पहचान नहीं है; और न यह विशेषतः किसी से मिलते-जुलते ही हैं। केवल मुझसे, मेरे भाग्य से वे मित्रभाव रखते हैं। उदास तो वह हर समय रहा करते हैं। कई बेर उनसे मैंने इस उदासीनता का कारण पूछा भी; किंतु मैंने देखा कि उसके प्रगट करने में उन्हें एक प्रकार का दुःख सा होता है; इसी कारण मैं विशेष पूछा-पाछा नहीं करता।

मैंने पास जाकर कहा ''मित्र! आज तुम बहुत उदास जान पड़ते हो। चलो थोड़ी दूर तक घूम आवें। चित्त बहल जाएगा।''

वे तुरन्त खड़े हो गए और कहा, ''चलो मित्र, मेरा भी यही जी चाहता है। मैं तो तुम्हारे यहाँ जानेवाला था।''

हम दोनों उठे और नगर से पूर्व की ओर का मार्ग लिया। मार्ग के दोनों ओर की कृषि-सम्पन्न भूमि की शोभा का अनुभव करते और हरियाली के विस्तृत राज्य का अवलोकन करते हम लोग चले। दिन का अधिकांश अभी शेष था; इससे चित्त को स्थिरता थी। पावस की जरावस्था थी इससे ऊपर से भी किसी प्रकार के अत्याचार की संभावना न थी प्रस्तुत ऋतु की प्रशंसा भी हम दोनों बीच-बीच में करते जाते थे।

अहा! ऋतुओं में उदारता का अभिमान यही कर सकता है। दीन कृषकों को अन्नदान और सूर्य्यातप-तप्त पृथिवी वो वस्त्रदान देकर यश का भागी यही होता है। इसे तो कवियों की 'कौंसिल' से 'रायबहादुर' की उपाधि मिलनी चाहिए। यद्यपि पावस की युवावस्था का समय नहीं है; किंतु उसके यश की ध्वजा फहरा रही है। स्थान-स्थान पर प्रसन्न सलिल-पूर्ण ताल यद्यपि, उसकी पूर्व उदारता का परिचय दे रहे हैं।

एतादृश भावों की उलझन में पड़कर, हम लोगों का ध्यान मार्ग की शुद्धता की ओर न रहा। हम लोग नगर से बहुत दूर निकल गये। देखा तो शनैः-शनैः भूमि में परिवर्तन लक्षित होने लगा; अरूणिता मिश्रित पहाड़ी, रेतीली भूमि, जंगली बैर मकोय की छोटी-छोटी झाड़ियाँ, दृष्टि के अंतर्गत होने लगीं। अब हम लोगों को जान पड़ा कि हम दक्षिण की ओर झुके जा रहे हैं। सन्ध्या भी हो चली, दिवाकर की डूबती हुई किरणों की अरुण आभा झाड़ियों पर पड़ने लगी। इधर प्राची की ओर दृष्टि गई तो देखा चन्द्रदेव पहले से ही सिंहासनारूढ़ होकर एक पहाड़ी के पीछे से झाँक रहे थे।

अब हमलोग नहीं कह सकते कि किस स्थान पर हैं। एक पगडण्डी के आश्रय में अब तक हम लोग चल रहे थे जिस पर उगी हुई घास इस बात की शपथ खा के साक्षी दे रही थी कि वर्षों से मनुष्यों के चरण इस ओर नहीं पड़े हैं। कुछ दूर तक चलकर यह मार्ग भी तृणसागर में लुप्त हो गया। "इस समय क्या कर्तव्य है?" चित्त इसी के उत्तर की प्रतीक्षा में लगा। अंत में यह विचार स्थिर हुआ कि किसी-किसी खुले स्थान से चारों ओर देखकर यह ज्ञान प्राप्त हो सकता है कि हम लोग अमुक स्थान पर हैं।

दैवात् सम्मुख ही एक ऊँची पहाड़ी देख पड़ी, उसी को इस कार्य के उपयुक्त स्थान हम लोगों ने विचारा। ज्यों-त्यों करके पहाड़ी के शिखर तक हम लोग गये। ऊपर आते ही भगवती जह्नुनन्दिनी के दर्शन हुए। नेत्र तो सफल हुए। इतने में चारूहासिनी चन्द्रिका भी अट्टहास करके खिल पड़ी। उत्तर-पूर्व की ओर दृष्टि गई। विभिन्न दृश्य सम्मुख आ उपस्थित हुआ। जाह्नवी के तट से कुछ अंतर पर नीचे मैदान में, बहुत दूर गिरे हुए मकानों के ढ़ेर स्वच्छ चन्द्रिका में स्पष्ट रूप से दिखाई दिए।

मैं सहसा चौंक पड़ा और ये शब्द मेरे मुँह से निकल पड़े, "क्या यह वही खंडहर है जिसके विषय में यहाँ अनेक दन्तकथाएँ प्रचलित हैं?" चारों ओर दृष्टि उठाकर देखने से मुझे पूर्णरूप से निश्चय हो गया कि हो न हो यह वही स्थान है, जिसके संबंध में मैंने बहुत-कुछ सुना है। मेरे मित्र मेरी ओर ताकने लगे। मैंने संक्षेप में उस खंडहर के विषय में जो कुछ सुना था कह सुनाया। हम लोगों के चित्त में कौतूहल की उत्पत्ति हुई। उसको निकट से देखने की प्रबल इच्छा ने मार्ग-ज्ञान की व्यग्रता को हृदय से बहिर्गत कर दिया। उत्तर की ओर उतरना बड़ा दुष्कर प्रतीत हुआ, क्योंकि जंगली वृक्षों और कंटकमय झाड़ियों से पहाड़ का वह भाग आच्छादित था। पूर्व की ओर से हम लोग सुगमतापूर्वक नीचे उतरे। यहाँ से खंडहर लगभग डेढ़ मील के प्रतीत होता था। हम लोगों ने पैरों को उस ओर मोड़ा, मार्ग में घुटनों तक उगी हुई घास पग-पग पर बाधा उपस्थित करने लगी; किंतु अधिक विलम्ब तक यह कष्ट हम लोगों को भोगना न पड़ा, क्योंकि आगे चलकर फूटे हुए खपड़ैलों की

सिटकियाँ मिलने लगीं, इधर-उधर गिरी हुई दीवारें और मिट्टी के ढूह प्रत्यक्ष होने लगे। हम लोगों ने जाना कि अब यहीं से खंडहर का आरंभ है। दीवारों की मिट्टी से स्थान क्रमशः ऊँचा होता जाता था, जिस पर से होकर हम लोग जा रहे थे। इस निर्भयता के लिए हम लोग चन्द्रमा के प्रकाश के भी अनुग्रहीत हैं। सम्मुख ही एक देवमंदिर पर दृष्टि जा पड़ी जिसका कुछ भाग तो नष्ट हो गया था; किंतु शेष प्रस्तर विनिर्मित होने के कारण अब तक क्रूर काल के आक्रमण को सहन करता आया था। मन्दिर का द्वार ज्यों का त्यों खड़ा था। किवाड़ सट गये थे। भीतर भगवान भवानीपति बैठे निर्जन कैलाश का आनंद ले रहे थे; द्वार पर उनका नन्दी भी बैठा था। मैं तो प्रणाम करके वहाँ से हटा; किंतु देखा तो हमारे मित्र बड़े ध्यान से खड़े हो उस मंदिर की ओर देख रहे हैं और मन ही मन कुछ सोच रहे हैं। मैंने मार्ग में भी कई बार लक्ष्य किया था कि वे कभी-कभी ठिठक जाते और किसी वस्तु को बड़ी स्थिर दृष्टि से देखने लगते। मैं खड़ा हो गया और पुकारकर मैंने कहा, "कहो मित्र! क्या है? क्या देख रहे हो?" मेरी बोली सुनते ही वे झट मेरे पास दौड़ आए और कहा, "कुछ नहीं, मैं मंदिर देखने लग गया था।" मैंने फिर तो कुछ न पूछा। किंतु अपने मित्र की ओर देखता जाता था, जिस पर कि विस्मययुक्त एक अद्भुतभाव लक्षित होता था। इस समय खंडहर के मध्य भाग में हम लोग खड़े थे। मेरा हृदय इस स्थान को इस अवस्था में देख विदीर्ण होने लगा। प्रत्येक वस्तु से उदासी बरस रही थी, इस संसार की अनित्यता की सूचना मिल रही थी। इस करुणोत्पादक दृश्य का प्रभाव मेरे हृदय पर किस सीमा तक हुआ, शब्दों क्षरा अनुभव कराना असंभव है।

कहीं खड़े हुए किवाड़ भूमि पर पड़े प्रचण्ड काल को साष्टांग दण्डवत् कर रहे हैं। जिन घरों में किसी अपरिचित की परछाईं पड़ने से कुल की मर्यादा भंग होती थी, वे भीतर से बाहर तक खुले पड़े हैं। रंग-बिरंगी चूड़ियों के टुकड़े इधर-उधर पड़े काल की महिमा गा रहे हैं। मैंने इनमें से एक को हाथ में उठाया, उठाते ही यह प्रश्न उपस्थित हुआ कि "वे कोमल हाथ कहाँ हैं, जो इन्हें धारण करते थे।" कोमल हाथ कहाँ हैं, जो इन्हें धारण करते थे।

हाँ! यही स्थान किसी समय नर-नारियों के आमोद-प्रमोद से पूर्ण रहा होगा और बालकों के कल्लोल की ध्वनि चारों क्षेत्र से आती रही होगी। वही आज कराल काल के कठोर दाँतों के तले पिस कर चकनाचूर हो गया है। तृणों से आच्छादित गिरी हुई दीवारें, मिट्टी और ईंटों के ढूह, टूटेफूटे चौखटे और किवाड़ इधर-उधर पड़े एक स्वर से मानो पुकार के कह रहे थे—"दिन को फेर होत मेरू. होत माटी को"; प्रत्येक पार्श्व से मानों यही ध्वनि आ रही थी। मेरे हृदय में करुणा का एक समुद्र उमड़ पड़ा जिसमें मेरे विचार सब मग्न होने लगे।

मैं एक स्वच्छ शिला पर, जिसका कुछ भाग तो पृथ्वीतल में धँसा था और शेषांश बाहर था, बैठ गया। मेरे मित्र भी आकर मेरे पास बैठे। मैं तो बैठे-बैठे काल-चक्र

की गति पर विचार करने लगा; मेरे मित्र भी किसी विचार में डूबे थे; किंतु मैं नहीं कह सकता कि वह क्या था। यह सुंदर स्थान इस शोचनीय और पतित दशा को क्यों प्राप्त हुआ, मेरे चित्त में तो यही प्रश्न बार-बार उठने लगा; किंतु उसका संतोषदायक उत्तर प्रदान करने वाला वहाँ कौन था? अनुमान ने यथासाध्य प्रयत्न किया, परंतु कुछ फल न हुआ। माथा घूमने लगा। न जाने कितने और किस-किस प्रकार के विचार मेरे मस्तिष्क से होकर दौड़ गये।

हम लोग अधिक विलम्ब तक इस अवस्था में न रहने पाए। यह क्या? मधुसूदन! यह कौन सा दृश्य है। जो कुछ देखा उससे अवाक् रह गया। कुछ दूर पर एक श्वेत वस्तु इसी खंडहर की ओर आती हुई प्रतीत हुई। मुझे रोमाञ्च हो आया; शरीर काँपने लगा। मैंने अपने मित्र को उसी ओर आकर्षित किया और उंगली उठा के दिखाया। परंतु कहीं कुछ न देख पड़ा, मैं स्थापित मूर्ति की भाँति बैठा रहा। पुनः वही दृश्य! अबकी बार ज्योत्स्नालोक में स्पष्ट रूप से हम लोगों ने देखा कि एक श्वेत-परिच्छद-धारिणी स्त्री एक जल का पात्र लिए खंडहर के एक पार्श्व से होकर दूसरी ओर वेग से निकल गई और उन्हीं खंडहरों के बीच फिर न जाने कहाँ अन्तर्धान हो गई। इरा अदृष्ट-पूर्व व्यापार को देख मेरे मस्तक पर पसीना आ गया और कई प्रकार के भ्रम उत्पन्न होने लगे। विधाता! तेरी सृष्टि में न जाने कितनी अद्‌भुत-अद्‌भुत वस्तु मनुष्य की सूक्ष्म विचार-दृष्टि से वञ्चित पड़ी है। यद्यपि मैंने इस स्थान-विशेष के संबंध में अनेक भयानक वार्ताएँ सुन रक्खी थीं; किंतु मेरे हृदय पर भय का विशेष सञ्चार न हुआ। हम लोगों को प्रेतों पर भी इतना दृढ़ विश्वास न था, नहीं तो हम दोनों का एक क्षण भी उस स्थान पर ठहरना दुष्कर हो जाता। रात्रि भी अधिक व्यतीत होती जाती थी। हम दोनों को अब यह चिंता हुई कि यह स्त्री कौन है? इसका उचित परिशोध अवश्य लगना चाहिए।

हम दोनों अपने स्थान से उठे, और जिस ओर यह स्त्री जाती हुई देख पड़ी थी उसी ओर चले। अपने चारों ओर प्रत्येक स्थान को भली प्रकार देखते, हम लोग गिरे हुए मकानों के भीतर जा-जा के शृंगालों के स्वछंद विहार में बाधा डालने लगे। अभी तक तो कुछ ज्ञात न हुआ। यह बात तो हम लोगों के मन में निश्चय हो गई थी कि हो न हो वह स्त्री खंडहर के किसी गुप्त भाग में गई है। गिरी हुई दीवारों की मिट्टी और ईंटों के ढेर से इस समय हम लोग परिवृत्त थे। बाह्य जगत की कोई वस्तु दृष्टि के अंतर्गत न थी। हम लोगों को जान पड़ता था कि किसी दूसरे संसार में खड़े हैं। वास्तव में खंडहर के एक बड़े भयानक भाग में इस समय हम लोग खड़े थे। सामने एक बड़ी ईंटों की दीवार देख पड़ी जो औरों की अपेक्षा अच्छी दशा में थी। इसमें एक खुला हुआ द्वार था। इसी द्वार से हम दोनों ने इसमें प्रवेश किया। भीतर एक विस्तृत आँगन था जिसमें बेर और बबूल के पेड़ स्वच्छन्दतापूर्वक खड़े उस स्थान को मनुष्य जाति के संबंध से मुक्त सूचित करते थे। इसमें पैर धरते ही

मेरे मित्र की दशा कुछ और हो गई और वे चट बोल उठे, "मित्र! मुझे ऐसा जान पड़ता है कि जैसे मैंने इस स्थान को और कभी देखा हो—यह नहीं कह सकता कब। प्रत्येक वस्तु यहाँ की पूर्व परिचित सी जान पड़ती है।" मैं अपने मित्र की ओर ताकने लगा। उन्होंने आगे कुछ न कहा। मेरा मित्र इस स्थान के अनुसंधान करने को मुझे बाध्य करने लगा। इधर-उधर देखा तो एक ओर मिट्टी पड़ते-पड़ते दीवार की ऊँचाई के मध्य भाग तक वह पहुँच गई थी। इस पर से होकर हम दोनों दीवार पर चढ़ गये। दीवार के नीचे दूसरे किनारे में चतुर्दिक वेष्टित एक कोठरी दिखाई दी, मैं उसमें उतरने का यत्न करने लगा। बड़ी सावधानी से एक उभरी हुई ईंट पर पैर रखकर हम दोनों नीचे उतर गये। यह कोठरी ऊपर से बिल्कुल खुली थी, इसलिए चन्द्रमा का प्रकाश इसमें बे-रोकटोक आ रहा था। कोठरी की दाहिनी ओर एक द्वार था। हम लोगों ने निकट जाकर किवाड़ों को पीछे की ओर धीरे से ढकेला तो जान पड़ा कि भीतर से बंद है।

मेरे तो पैर काँपने लगे। पुनः साहस को धारण कर हम लोगों ने किवाड़ के छोटे-छोटे रन्ध्रों से झाँका तो एक प्रशस्त कोठरी देख पड़ी। एक कोने में मन्द मन्द एक प्रदीप जल रहा था जिसका प्रकाश द्वार तक न पहुँचता था। यदि यह प्रदीप उसमें न होता तो अंधकार के अतिरिक्त हम लोग और कुछ न देख पाते।

हम लोग कुछ काल तक स्थिर दृष्टि से उसी ओर देखते रहे। इतने में एक स्त्री की आकृति देख पड़ी जो हाथ में कई छोटे पात्र लिए उस कोठरी के प्रकाशित भाग में आई। अब तो किसी बात का संदेह न रहा। एक बेर इच्छा हुई कि खटखटायें, किंतु कई बातों का विचार करके हम लोग ठहर गये। जिस प्रकार से हम लोग कोठरी मे आये थे, धीरे-धीरे उसी प्रकार निःशब्द दीवार पर से होकर फिर आँगन में आए। मेरे मित्र ने कहा, "इसका शोध अवश्य लगाओ कि यह स्त्री कौन है।" अन्त में हम दोनों आड़ में, इस आशा से कि कदाचित् वह फिर बाहर निकले, बैठे रहे। पौन घंटे के लगभग हम लोग इसी प्रकार बैठे रहे। इतने में वही श्वेतबसनधारिणी स्त्री आँगन में सहसा आकर खड़ी हो गयी। हम लोगों को यह देखने का समय न मिला कि वह किस ओर से आयी। उसका अपूर्व सौंदर्य देखकर हम लोग स्तम्भित व चकित रह गये। चन्द्रिका में उसके सर्वांग की सुंदरता स्पष्ट जान पड़ती थी। गौर वर्ण, शरीर किञ्चित् क्षीण और आभूषणों से सर्वथा रहि; मुख उसका यद्यपि उस पर उदासीनता और शोक का स्थायी निवास लक्षित होता था, एक अलौकिक प्रशान्त कांति से देदीप्यमान हो रहा था। सौम्यता उसके अंग-अंग से प्रदर्शित होती थी। वह साक्षात् देवी जान पड़ती थी।

कुछ काल तक किंकर्तव्यविमूढ़ होकर स्तब्ध लोचनों से उसी ओर हम लोग देखते रहे। अन्त में हमने अपने को सम्हाला और इसी अवसर को अपने कार्यापयुक्त विचारा। हम लोग अपने स्थान से उठे और तुरंत उस देवरूपिणी के सम्मुख हुए।

वह देखते ही बड़े वेग से पीछे हटी। मेरे मित्र से गिड़गिड़ा के कहा, "देवि! ढिठाई क्षमा करो। मेरे भ्रमों का निवारण करो।" वह स्त्री क्षण भर के लिए चुप रही, फिर स्निध और गंभीर स्वर में बोली, "तुम कौन हो और क्यों मुझे व्यर्थ कष्ट देते हो।" इसका उत्तर ही क्या था? मेरे मित्र ने फिर विनीत भाव से कहा, "देवि! मुझे बड़ा कौतूहल है दया करके यहाँ का सब रहस्य कहो।"

इस पर उसने उदास स्वर से कहा, "तुम हमारा परिचय लेकर क्या करोगे? इतना जान लो कि मेरे समान अभागिनी इस समय इस पृथ्वीमण्डल में कोई नहीं है।"

मेरे मित्र से न रहा गया, हाथ जोड़कर उन्होंने फिर निवेदन किया, "देवि! अपने वृत्तान्त से मुझे परिचित करो। इसी हेतु हम लोगों ने इतना साहस किया है। मैं भी तुम्हारे ही समान दुखिया हूँ। मेरा इस संसार में कोई नहीं है।" मैं अपने मित्र का यह भाव देखकर चकित रह गया।

स्त्री ने करुण स्वर से कहा, "तुम मेरे नेत्रों के सम्मुख भूला-भुलाया मेरा दुःख फिर उपस्थित करने का आग्रह कर रहे हो। अच्छा बैठो।"

मेरे मित्र निकट एक पत्थर पर बैठ गये। मैं भी उन्हीं के पास जा बैठा। कुछ काल तक सब लोग चुप रहे। अंत में वह स्त्री बोली–

"इसके प्रथम कि मैं अपने वृत्तान्त से तुम्हें परिचित करूँ, तुम्हें शपथपूर्वक यह प्रतिज्ञा करनी होगी कि तुम्हारे सिवाय यह रहस्य संसार में और किसी के कानों तक न पहुँचे, नहीं तो मेरा इस स्थान पर रहना दुष्कर हो जायेगा और आत्महत्या ही मेरे लिए एकमात्र उपाय शेष रह जायेगा।"

हम लोगों ने नेत्र गीले हो आये। मेरे मित्र ने कहा–"देवि! मुझसे तुम किसी प्रकार का भय न करो, ईश्वर मेरा साक्षी है।"

स्त्री ने तब इस प्रकार कहना प्रारम्भ किया–"यह खंडहर जो तुम देखते हो, आज से 10 वर्ष पूर्व एक सुंदर ग्राम था। अधिकांश ब्राह्मण क्षत्रियों की इसमें बस्ती थी। यह घर जिसमें हम लोग बैठे हैं, चन्द्रशेखर मिश्र नामी एक प्रतिष्ठित और कुलीन ब्राह्मण का निवास स्थान था। घर में उनकी स्त्री और एक पुत्र था; इस पुत्र के सिवाय उन्हें और कोई संतान न थी। आज 11 वर्ष हुए मेरा विवाह इसी चन्द्रशेखर मिश्र के पुत्र के साथ हुआ था।"

इतना सुनते ही मेरे मित्र सहसा चौंक पड़े। "हे परमेश्वर! यह सब स्वप्न है या प्रत्यक्ष?" ये शब्द उनके मुख से निकले ही थे कि उनकी दशा विचित्र हो गयी। उन्होंने अपने को बहुत संभाला और फिर से संभल कर बैठे। वह स्त्री उनका यह भाव देखकर विस्मित हुई और उनसे पूछा, "क्यों, क्या है?"

मेरे मित्र ने विनीत भाव से उत्तर दिया, "कुछ नहीं, यों ही मुझे एक बात का स्मरण आया। कृपा करके आगे कहो।" स्त्री ने फिर कहना आरंभ किया–

"मेरे पिता का घर काशी में......महल्ले में था। विवाह के एक वर्ष पश्चात् इस ग्राम में एक भयानक दुर्घटना उपस्थित हुई। यहीं से मेरे दुर्दयनीय दुःख का जन्म हुआ। सन्ध्या को सब ग्रामीण अपने-अपने कार्य से निश्चिन्त होकर अपने-अपने घरों को लौटे। बालकों का कोलाहल बंद हुआ। निद्रा देवी ने ग्रामीणों के चिन्ताशून्य हृदयों में अपन डेरा जमाया। आधी रात से अधिक बीत चुकी थी; कुत्ते भी थोड़ी देर तक भूक कर अन्त में चुप हो रहे। प्रकृति निस्तब्ध हुई, सहसा ग्राम में कोलाहल मचा और धमाके के कई शब्द हुए। लोग आँखें मींजते उठे। चारपाई के नीच पैर देते हैं तो घुटने भर पानी में खड़े। कोलाहल सुनकर बच्चे भी जगे। एक दूसरे का नाम ले-लेकर लोग चिल्लाने लगे। अपने-अपने घरों में से लोग बाहर निकल कर खड़े हुए। भगवती जाह्नवी को द्वार पर बहते पाया। भयानक विपत्ति कोई उपाय नहीं। जल का वेग क्रमशः अधिक बढ़ने लगा। पैर कठिनता से ठहरते थे। जिधर दृष्टि उठाकर देखा जल ही जल दिखाई दिया। एक-एक करके सब सामग्रियाँ बहने लगीं। संयोग-वश एक नाव कुछ दूर पर आती देख पड़ी। आशा! आशा!! आशा!!!

नौका आई, लोग टूट पड़े और बलपूर्वक चढ़ने का यत्न करने लगे। मल्लाहों ने भारी विपत्ति सम्मुख देखी। नाव पर अधिक बोझ होने के भय से उन्होंने तुरन्त अपनी नाव बढ़ा दी। बहुत लोग रह गये। नौका पवनगति से गमन करने लगी। लोग उतरे। चन्द्रशेखर मिश्र भी नाव पर से उतरे और अपने पुत्र का नाम लेकर पुकारा। कोई उत्तर न मिला। उन्होंने अपने साथ ही उसे नाव पर चढ़ाया था। किंतु भीड़-भाड़ नाव पर होने के कारण वह उनसे पृथक् हो गया था, मिश्र जी बहुत घबड़ाए और तुरंत नाव लेकर लौटे। देखा, बहुत से लोग रह गये थे, उनसे पूछ-पाछ किया। किसी ने कुछ पता न दिया। निराशा भयंकर रूप धारण करके उनके सामने उपस्थित हुई।

सन्ध्या का समय था, मेरे पिता दरवाजे पर बैठे थे। सहसा मिश्रजी घबड़ाए हुए आते देख पड़े। इन्होंने आकर आद्योपान्त पूर्वोल्लिखित घटना कह सुनाई, और तुरंत उन्मत्त की भाँति वहाँ से चल दिये। लोग पुकारते ही रह गये; वे एक क्षण भी वहाँ न ठहरे। तबसे फिर कभी वे दिखाई न दिये। ईश्वर जाने वे कहाँ गए। मेरे पिता भी दत्तचित्त होकर अनुसंधान करने लगे। उन्होंने सुना कि ग्राम के बहुत से लोग नाव पर चढ़-चढ़ कर इधर भाग गये हैं। इसलिए इन्हें आशा थी। इस प्रकार ढूँढ़ते-ढाँढ़ते कई मास व्यतीत हो गये। अब तक वे समाचार की प्रतीक्षा में थे और उन्हें आशा थी; किंतु अब उन्हें भी चिंता हुई। चन्द्रशेखर मिश्र का भी तब से कहीं कुछ समाचार न मिला। जहाँ-जहाँ मिश्र जी का सम्बन्ध था मेरे पिता स्वयं गये; किंतु चारों ओर से निराश लौटे; किसी का कुछ अनुसंधान न लगा। एक वर्ष बीता, दो वर्ष बीते, तीसरा वर्ष आरंभ हुआ। पिता बहुत इधर-उधर दौड़े, अंत में ईश्वर और भाग्य के ऊपर छोड़कर बैठे रहे। तीसरा वर्ष भी व्यतीत हो गया।

मेरी अवस्था उस समय 14 वर्ष की हो चुकी थी; अब तक तो मैं निर्बोध बालिका थी। अब क्रमशः मुझे अपनी वास्तविक दशा का ज्ञान होने लगा। मेरा समय भी अहर्निश इसी चिंता में अब व्यतीत होने लगा। शरीर दिन पर दिन क्षीण होने लगा। मेरे देवतुल्य पिता ने यह बात जानी। वे सदा मेरा दुःख भुलाने का यत्न करते रहते थे। अपने पास बैठाकर रामायण आदि की कथा सुनाया करते थे। पिता अब वृद्ध होने लगे; दिवा-रात्रि की चिंता ने उन्हें और भी वृद्ध बना दिया। घर के समस्त कार्य-सम्पादन का भार मेरे बड़े भाई के ऊपर पड़ा। उनकी स्त्री का स्वभाव बड़ा क्रूर था। कुछ दिन तो किसी प्रकार चला। अंत में वह मुझसे डाह करने लगी और कष्ट देना प्रारंभ किया। मैं चुपचाप सब सहन करती थी। धीरे-धीरे आश्वासन वाक्य के स्थान पर वह तीक्ष्ण वचनों से मेरा चित्त अधिक दुखाने लगी। यदि कभी मैं अपने भाई से निवेदन करती तो वे भी कुछ न बोलते, आनाकानी कर जाते। और मेरे पिता की वृद्धावस्था के कारण कुछ चल नहीं सकती थी। मेरे दुःख का समझने वाला वहाँ कोई नहीं देख पड़ता था। मेरी माता का पहिले ही परलोकवास हो चुका था। मुझे अपनी दशा पर बहुत दुःख हुआ। हाँ! मेरा स्वामी यदि इस समय होता तो क्या, मेरी यही दशा होती? पिता के घर क्या इन्हीं वचनों द्वारा मेरा सत्कार किया जाता? यही सब विचार करके मेरा हृदय फटने लगा था। अब क्रमशः मेरा हृदय मेघाच्छन्न होने लगा। मुझे संसार शून्य दिखाई देने लगा। एकांत में बैठकर अपनी अवस्था पर अश्रुवर्षण करती। उसमें भी यह भय लगा रहता कि कहीं भौजाई न पहुँच जाय। एक दिन उसने मुझे इसी अवस्था में पाया तो तुरन्त व्यंग्य वचनों द्वारा मुझे आश्वासन देने लगी। मेरा शोकार्त हृदय अग्निशिखा की भाँति प्रज्ज्वलित हो उठा, किंतु मौनावलम्बन के सिवाय अन्य उपाय ही क्या था? दिन-दिन मुझे यह दुःख असह्य होने लगा। एक रात्रि को मैं उठी; किसी से कुछ न कहा; और सूर्योदय के प्रामि ही अपने पिता का गृह मैंने परित्याग किया।

मैं अब यह नहीं कह सकती कि उस समय मेरा क्या विचार था? मुझे एक बेर अपने पति के स्थान को देखने की लालसा हुई। दुःख और शोक से मेरी दशा उन्मत्त की सी हो गयी थी। संसार में मैंने दृष्टि उठा के देखा तो मुझे और कुछ न दिखलाई दिया, केवल चारों ओर दुःख। सैकड़ों कठिनाइयाँ झेलकर अंत में मैं इस स्थान तक आ पहुँची। उस समय मेरी अवस्था केवल 16 वर्ष की थी। मैंने इस स्थान को उस समय भी प्रायः इसी दशा में पाया था। यहाँ आने पर मुझे कई चिन्ह ऐसे मिले जिनसे मुझे यह निश्चय हो गया कि चन्द्रशेखर मिश्र का घर यही है। इस स्थान को देखकर मेरे आर्त हृदय पर बड़ा कठोर आघात पहुँचा।" इतना कहते-कहते हृदय के आवेग ने शब्दों को उसके हृदय में ही बन्द रक्खा; बाहर प्रगट होने न दिया। क्षणिक पर्यन्त वह चुप रही, सिर नीचा किये भूमि की ओर देखती रही। इधर मेरे

मित्र की दशा कुछ और ही हो रही थी; लिखित चित्र की भाँति बैठे वे एकटक ताक रहे थे, इन्द्रियाँ अपना कार्य उस समय भूल गयी थीं। स्त्री ने फिर करना आरंभ किया–

'इस स्थान को देख मेरा चित्त बहुत दग्ध हुआ। हाँ! यदि ईश्वर चाहता तो किसी दिन मैं इसी गृह की स्वामिनी होती। आज ईश्वर ने मुझको इस अवस्था में दिखलाया। उसके आगे किसका वश है? अनुसंधान करने पर मुझे दो कोठरियाँ मिलीं जो सर्व प्रकार से रक्षित और मनुष्य की दृष्टि से दुर्भेद्य थीं। लगभग चारों ओर मिट्टी पड़ जाने के कारण किसी को उनकी स्थिति का संदेह नहीं हो सकता था। मुझे बहुत सी सामग्रियाँ भी इनमें प्राप्त हुईं जो मेरी तुच्छ आवश्यकतानुसार बहुत थीं। मुझे यह निर्जन स्थान अपने पिता के कष्टागार से प्रियतर प्रतीत हुआ। यहीं मेरे पति के बाल्यावस्था के दिन व्यतीत हुए थे। यही स्थान मुझे प्रिय है। यहीं मैं अपने दुःखमय जीवन का शेष भाग, उसी करुणालय जगदीश्वर की, जिसने मुझे इस अवस्था में डाला, आराधना में बिताऊँगी। यही विचार मैंने स्थिर किया। ईश्वर को मैंने धन्यवाद दिया, जिसने ऐसा उपयुक्त स्थान मेरे लिए ढूँढ़कर निकाला। कदाचित् तुम पूछोगे कि इस अभागिनी ने अपने लिए इस प्रकार का जीवन क्यों उपयुक्त विचारा? तो उसका उत्तर है कि यह दुष्ट संसार भाँति-भाँति की वासनाओं से पूर्ण है, जो मनुष्य को उसके सत्य पथ से विचलित कर देती हैं, दुष्ट और कुमार्गी लोगों के अत्याचार से वञ्चित रहना भी कठिन कार्य है।''

इतना कहकर वह स्त्री ठहर गयी। मेरे मित्र की ओर उसने देखा। वे कुछ मिनट तक काष्ठपुतलिका की भाँति बैठे रहे; अन्त में एक लम्बी ठंठी साँस भरके उन्होंने यह कहा, ''ईश्वर! यह स्वप्न है या प्रत्यक्ष?'' स्त्री उनका यह भाव देख-देखकर विस्मित हो रही थी। उसने पूछा, ''क्यों; कैसा चित्त है?'' मेरे मित्र ने अपने को सम्हाला और उत्तर दिया, ''तुम्हारी कथा का प्रभाव मेरे चित्त पर बहुत हुआ है, कृपा करके आगे कहो।''

स्त्री ने कहा, ''मुझे अब कुछ कहना शेष नहीं है। आज पाँच वर्ष मुझे इस स्थान पर आये हुए; संसार में किसी मनुष्य को आज तक यह प्रगट नहीं हुआ। यहाँ प्रेतों के भय से कोई पदार्पण नहीं करता। इससे मुझे अपने को गोपन रखने में विशेष कठिनता नहीं पड़ती। संयोगवश रात्रि में किसी की दृष्टि मुझ पर पड़ी भी तो चुड़ैल के भ्रम से मेरे निकट तक आने का किसी को साहस न हुआ। यह आज प्रथम ऐसा संयोग उपस्थित हुआ है; तुम्हारे साहस को मैं सराहती हूँ और प्रार्थना करती हूँ कि तुम अपने शपथ पर दृढ़ रहोगे। संसार में अब मैं प्रगट होना नहीं चाहती; प्रगट होने से मेरी बड़ी दुर्दशा होगी। मैं यहीं अपने पति के स्थान पर अपना जीवन शेष करना चाहती हूँ। इस संसार में मैं अब बहुत दिन न रहूँगी।''

मैंने देखा मेरे मित्र का चित्त भीतर ही भीतर आकुल और संतप्त हो रहा था; हृदय का वेग रोक कर उन्होंने प्रश्न किया, ''क्यों! तुम्हें अपने पति का कुछ स्मरण है?''

स्त्री के नेत्रों से अनर्गल वारिधारा प्रवाहित हुई। बड़ी कठिनता-पूर्वक उसने उत्तर दिया, ''मैं उस समय बालिका थी। विवाह के समय मैंने उन्हें देखा था। वह मूर्त्ति यद्यपि मेरे हृदय-मंदिर में विद्यमान है; प्रचण्ड काल भी उसको वहाँ से हटाने में असमर्थ है।''

मेरे मित्र ने कहा, ''देवि! तुमने बहुत कुछ रहस्य प्रगट किया; जो कुछ शेष है उसका वर्णन कर अब मैं इस कथा की पूर्ति करता हूँ।''

स्त्री विस्मयोत्फुल्ल लोचनों से मेरे मित्र की ओर निहारने लगी। मैं भी आश्चर्य से उन्हीं की ओर देखने लगा। उन्होंने कहना आरंभ किया–

''इरा आख्यायिका में यही ज्ञात होना शेष है कि चन्द्रशेखर मिश्र के पुत्र की क्या दशा हुई। चन्द्रशेखर मिश्र और उनकी पत्नी क्या हुए। सुनो, नाव पर मिश्रजी ने अपने पुत्र को अपने साथ ही बैठाया। नाव पर भीड़ अधिक हो जाने के कारण वह उनसे पृथक् हो गया। उन्होंने समझा कि वह नाव पर ही है; कोई चिंता नहीं। इधर मनुष्यों की धक्का-मुक्की से वह लड़का नाव पर से नीचे जा रहा। ठीक उसी समय मल्लाह ने नाव खोल दी। उसने कई बेर अपने पिता को पुकारा, किंतु लोगों के कोलाहल में उन्हें कुछ सुनाई न दिया। नाव चली गयी। बालक वहीं खड़ा रह गया। और लोग किसी प्रकार अपना-अपना प्राण लेके इधर-उधर भागे। नीचे भयानक जल-प्रवाह, ऊपर अनन्त आकाश। लड़के ने एक छप्पर को बहते हुए अपनी ओर आते देखा; तुरंत वह उसी पर बैठ गया। इतने में जल का एक बहुत ऊँचा प्रबल झोंका आया। छप्पर लड़के सहित शीघ्र गति से बहने लगा। वह चुपचाप मूर्तिवत उसी पर बैठा रहा। उसे यह ध्यान नहीं कि इस प्रकार कै दिन तक बहता गया। वह भय और दुविधा से संज्ञाहीन हो गया था। संयोगवश एक व्यापारी की नाव जिस पर रूई लदी थी पूरब की ओर जा रही थी। नौका स्वामी भी बजरे पर ही था। उसकी दृष्टि उस लड़के पर पड़ी। वह उसे नाव पर ले गया। लड़के की अवस्था उस समय मृतप्राय थी। अनेक यत्न के उपरान्त वह होश में लाया गया। उस सज्जन ने लड़के की नाव पर बड़ी सेवा की। नौका बराबर चलती रही, बीच में कहीं न रुकी, कई दिनों के उपरान्त वह कलकत्ते पहुँची।

वह बंगाली सज्जन उस लड़के को अपने घर ले गया और उसे उसने अपने परिवार में सम्मिलित किया। बालक ने अपने माता-पिता के देखने की इच्छा प्रगट की। उसने उसे बहुत समझाया और शीघ्र अनुसन्धान करने का वचन दिया। लड़का चुप हो रहा।

इसी प्रकार कई मास व्यतीत हो गये। क्रमशः वह अपने पास के लोगों में

हिलमिल गया। बंगाली महाशय के एक पुत्र था—दोनों में भ्रातृस्नेह स्थापित हो गया। वह सज्जन उस लड़के के भावी हित की चेष्टा में तत्पर हुआ। ईस्ट इण्डिया कंपनी के स्थापित किये हुए एक अंग्रेजी स्कूल में, अपने पुत्र के साथ-साथ उसे भी वह शिक्षा देने लगा। क्रमशः उसे अपने घर का ध्यान कम होने लगा। वह दत्तचित्त होकर शिक्षा में अपना सारा समय देने लगा। इसी प्रकार कई वर्ष व्यतीत हो गये। उसके चित्त में अब अन्य प्रकार के विचारों ने निवास किया। अब पूर्वपरिचित लोगों के ध्यान के लिए उसके मन में कम स्थान शेष रह गया। मनुष्य का स्वभाव ही इस प्रकार का है। 9 वर्ष का समय निकल गया।

इसी बीच में एक बड़ी चित्ताकर्षक घटना उपस्थित हुई। बङगदेशी सज्जन के उस पुत्र का विवाह हुआ। चन्द्रशेखर का पुत्र भी उस समय वहाँ उपस्थित था। उसने सब देखा; दीर्घकाल की निद्रा भङग हुई। सहसा उसे ध्यान हो आया "मेरा भी विवाह हुआ है; अवश्य हुआ है।" उसे अपने विवाह का बारम्बार ध्यान आने लगा। अपनी पाणिग्रहीता भार्या का भी उसे स्मरण हुआ। स्वदेश में लौटने को उसका चित्त आकुल होने लगा। रात-दिन इसी चिंता में व्यतीत होने लगे।

हमारे कतिपय पाठक हम पर दोषारोपण करेंगे कि" हैं! न कभी साक्षात् हुआ, न वार्तालाप हुआ, न लम्बी-लम्बी कोर्टशिप हुई; यह प्रेम कैसा" महाशय! रुष्ट न होइए। इम अदृष्ट प्रेम का धर्म और कर्त्तव्य से घनिष्ठ संबंध है। इसकी उत्पत्ति केवल सदाशय और निःस्वार्थ हृदय में ही हो सकती है। इसकी जड़ संसार के और प्रकार के प्रचलित प्रेमों से दृढ़तर और अधिक प्रशस्त है। आपको सन्तुष्ट करने को मैं इतना और कहे देता हूँ कि इंग्लैण्ड के भूतपूर्व प्रधान मन्त्री लार्ड बेकन्सफील्ड (Earl of Baconsfield) का भी यही मत था।

युवक का चित्त अधिक डाँवाडोल होने लगा। एक दिन उसने उस देवतुल्य सज्जन पुरुष से अपने चित्त की अवस्था प्रगट की और बहुत विनय के साथ आज्ञा माँगी। आज्ञा पाकर उसने स्वदेश की ओर यात्रा की। देश में आने पर उसे विदित हुआ कि ग्राम में अब कोई नहीं है। उसने लोगों से अपने पिता के विषय में पूछ-पाछ किया। कुछ लोगों ने कहा कि थोड़े दिन हुए वे दोनों इस नगर में थे; और अब वे तीर्थस्थानों में देशाटन कर रहे हैं। वह अपनी धर्मपत्नी के दर्शनों की अभिलाषा से सीधे काशी गया। वहाँ तुम्हारे पिता के घर का वह अनुसंधान करने लगा। बहुत दिनों के पश्चात् तुम्हारे ज्येष्ठ भ्राता से उससे साक्षात् हुआ, जिससे तुम्हारे संसार से सहसा लोप हो जाने की बात ज्ञात हुई। वह निराश होकर संसार में घूमने लगा।"

इतना कहकर मेरे मित्र चुप हो रहे। इधर शेष भाग सुनने को हम लोगों का चित्त ऊब रहा था; आश्चर्य से उन्हीं की ओर हम ताक रहे थे। उन्होंने फिर उस स्त्री की ओर देखकर कहा, "कदाचित् तुम पूछोगी, कि इस समय अब वह कहाँ है? यह वही अभागा मनुष्य तुम्हारे सम्मुख बैठा है।"

हम दोनों के शरीर में बिजली सी दौड़ गयी, वह स्त्री भूमि पर गिरने लगी; मेरे मित्र ने दौड़कर उसको सँभाला। वह किसी प्रकार उन्हीं के सहारे बैठी। कुछ क्षण के उपरान्त उसने बहुत धीमे स्वर से कहा, ''अपना हाथ दिखाओ।''

उन्होंने चट अपना हाथ फैला दिया, जिस पर एक काला तिल दिखाई दिया। स्त्री कुछ काल तक उसी ओर देखती रही; फिर मुख ढाँप कर सिर नीचा करके बैठ रही। लज्जा का प्रवेश हुआ। क्योंकि यह एक हिंदू रमणी का उसके पति के साथ प्रथम संयोग था।

आज इतने दिनों के उपरान्त मेरे मित्र का गुप्त-रहस्य प्रकाशित हुआ। उस रात्रि को मैं अपने मित्र का, खंडहर में अतिथि रहा। सबेरा होते ही हम सब लोग प्रसन्न चित्त नगर में आये।

संस्मरण

प्रेमधन की छाया-स्मृति

मेरे पिताजी फारसी के अच्छे ज्ञाता और पुरानी हिंदी कविता के बड़े प्रेमी थे। फारसी कवियों की उक्तियों को हिंदी कवियों की उक्तियों के साथ मिलाने में उन्हें बड़ा आनंद आता था। वे रात को प्रायः रामचरितमानस ओर रामचन्द्रिका, घर के सब लोगों को एकत्र करके बड़े चित्ताकर्षक ढंग से पढ़ा करते थे। आधुनिक हिंदी-साहित्य में भारतेंदुजी के नाटक उन्हें बहुत प्रिय थे। उन्हें भी वे कभी-कभी सुनाया करते थे। जब उनकी बदली हमीरपुर जिले की राठ तहसील से मिर्जापुर हुई तब मेरी अवस्था आठ वर्ष की थी। उसके पहिले ही से भारतेंदु के संबंध में एक अपूर्व मधुर भावना मेरे मन में जगी रहती थी। 'सत्य हरिश्चन्द्र' नाटक के नायक राजा हरिश्चन्द्र और कवि हरिश्चन्द्र में मेरी बाल-बुद्धि कोई भेद नहीं कर पाती थी। 'हरिश्चन्द्र' शब्द से दोनों की एक मिली-जुली भावना एक अपूर्व माधुर्य का संचार मेरे मन में करती थी। मिर्जापुर आने पर कुछ दिनों में सुनाई पड़ने लगा कि भारतेंदु हरिश्चन्द्र के एक मित्र यहाँ रहते हैं, जो हिंदी के एक प्रसिद्ध कवि हैं और जिनका नाम है उपाध्याय बदरीनारायण चौधरी।

भारतेन्दु-मंडल की किसी सजीव स्मृति के प्रति मेरी कितनी उत्कण्ठा रही होगी, यह अनुमान करने की बात है। मैं नगर से बाहर रहता था। एक दिन बालकों की मंडली जोड़ी गई। जो चौधरी साहब के मकान से परिचित थे, वे अगुआ हुए। मील डेढ़ का सफर तै हुआ। पत्थर के एक बड़े मकान के सामने हम लोग जा खड़े हुए। नीचे का बरामदा खाली था। ऊपर का बरामदा सघन लताओं के जाल से आवृत था। बीच-बीच में खंभे और खुली जगह दिखाई पड़ती थी। उसी ओर देखने के लिए मुझसे कहा गया। कोई दिखाई न पड़ा। सड़क पर कई चक्कर लगे। कुछ देर पीछे एक लड़के ने उँगली से ऊपर की ओर इशारा किया। लता-प्रतान के बीच एक मूर्ति खड़ी दिखाई पड़ी। दोनों कंधों पर बाल बिखरे हुए थे। एक हाथ खंभे पर था। देखते ही देखते वह मूर्ति दृष्टि से ओझल हो गई। बस, यही पहली झाँकी थी।

ज्यों-ज्यों मैं सयाना होता गया, त्यों-त्यों हिंदी के नूतन साहित्य की ओर मेरा

झुकाव बढ़ता गया। क्वीन्स कालेज में पढ़ते समय स्वर्गीय बा. रामकृष्ण वर्मा मेरे पिताजी के सहपाठियों में थे। भारत जीवन प्रेस की पुस्तकें प्रायः मेरे यहाँ आया करती थीं, पर अब पिताजी उन पुस्तकों को छिपाकर रखने लगे। उन्हें डर हुआ कि कहीं मेरा चित्त स्कूल की पढ़ाई से हट न जाय—मैं बिगड़ न जाऊँ। उन्हीं दिनों पं. केदारनाथ जी पाठक ने एक हिंदी पुस्तकालय खोला था। मैं वहाँ से पुस्तकें ला-लाकर पढ़ा करता। एक बार एक आदमी साथ करके मेरे पिताजी ने मुझे एक बारात में काशी भेजा। मैं उसी के साथ घूमता-फिरता चौखंभा की ओर जा निकला। वहीं पर एक घर में से पं. केदारनाथ जी पाठक निकलते दिखाई पड़े। पुस्तकालय में वे मुझे प्रायः देखा करते थे। इससे मुझे देखते ही वे वहीं खड़े हो गए। बात ही बात में मालूम हुआ कि जिस मकान में से वे निकले थे, वह भारतेंदु जी का घर था। मैं बड़ी चाह और कुतूहल की दृष्टि से कुछ देर तक उस मकान की ओर, न जाने किन-किन भावनाओं में लीन होकर, देखता रहा। पाठक जी मेरी यह भावुकता देख बड़े प्रसन्न हुए और बहुत दूर मेरे साथ बातचीत करते हुए गए। भारतेंदु जी के मकान के नीचे का यह हृदय-परिचय बहुत शीघ्र गहरी मैत्री में परिणत हो गया। 16 वर्ष की अवस्था तक पहुँचते-पहुँचते तो समवयस्क हिंदी-प्रेमियों की एक खासी मंडली मुझे मिल गई, जिनमें श्रीयुत् काशीप्रसादजी जायसवाल, बा. भगवानदास जी हालना, पं. बदरीनाथ गौंड़, पं. उमाशंकर द्विवेदी मुख्य थे। हिंदी के नए पुराने लेखकों की चर्चा बराबर इस मंडली गें रहा करती थी। मैं भी अब अपने को एक लेखक मानने लगा था। हम लोगों की बातचीत प्रायः लिखने-पढ़ने की हिंदी में हुआ करती, जिसमें 'निस्सन्देह' इत्यादि शब्द आया करते थे। जिस स्थान पर मैं रहता था, वहाँ अधिकतर वकील मुख्तारों तथा कचहरी के अफसरों और अमलों की बस्ती थी। ऐसे लोगों के उर्दू कानों में हम लोगों की बोली कुछ अनोखी लगती थी। इसी से उन्होंने हम लोगों का नाम 'निस्सान्देह' लोग रख छोड़ा था। मेरे मुहल्ले में कोई मुसलमान सब-जज आ गए थे। एक दिन मेरे पिताजी खड़े-खड़े उनके साथ कुछ बातचीत कर रहे थे। इसी बीच मैं उधर जा निकला। पिताजी ने मेरा परिचय देते हुए उनसे कहा—"इन्हें हिंदी का बड़ा शौक है।" चट जवाब मिला—"आपको बताने की जरूरत नहीं। मैं तो इनकी सूरत देखते ही इस बात से 'वाकिफ' हो गया।" मेरी सूरत में ऐसी क्या बात थी, यह इस समय नहीं कह सकता। आज से तीस वर्ष पहिले की बात है।

चौधरी साहब से तो अब अच्छी तरह परिचय हो गया था। अब उनके यहाँ मेरा जाना एक लेखक की हैसियत से होता था। हम लोग उन्हें एक पुरानी चीज समझा करते थे। इस पुरातत्व की दृष्टि में प्रेम और कुतूहल का एक अद्भुत मिश्रण रहता था। यहाँ पर यह कह देना आवश्यक है कि चौधरी साहब एक खासे हिंदुस्तानी रईस थे। वसन्त पंचमी, होली इत्यादि अवसरों पर उनके यहाँ खूब नाचरंग और उत्सव

हुआ करते थे। उनकी हर एक अदा से रियासत और तबीयतदारी टपकती थी। कन्धों तक बाल लटक रहे हैं। आप इधर से उधर टहल रहे हैं। एक छोटा-सा लड़का पान की तश्तरी लिए पीछे-पीछे लगा हुआ है। बात की काँट-छाँट का क्या कहना है! जो बातें उनके मुँह से निकलती थीं, उनमें एक विलक्षण वक्रता रहती थी। उनकी बातचीत का ढंग उनके लेखों के ढंग से एकदम निराला होता था। नौकरों तक के साथ उनका संवाद सुनने-लायक होता था। अगर किसी नौकर के हाथ से कभी कोई गिलास वगैरह गिरा, तो उनके मुँह से यही निकला कि "कारे बचा त नाहीं।' उनके प्रश्नों के पहिले 'क्यों साहब' अक्सर लगा रहता था।

वे लोगों को प्रायः बनाया करते थे, इससे उनसे मिलनेवाले लोग भी उन्हें बनाने की फिक्र में रहा करते थे। मिर्जापुर में पुरानी परिपाटी के एक बहुत ही प्रतिभाशाली कवि रहते थे, जिनका नाम था--वामनाचार्यगिरि। एक दिन वे सड़क पर चौधरी साहब के ऊपर एक कविता जोड़ते चले जा रहे थे। अंतिम चरण रह गया था कि चौधरी साहब अपने बरामदे में कन्धों पर बाल छिटकाये खम्भे के सहारे खड़े दिखाई पड़े। चट कवित्त पूरा हो गया और वामनजी ने नीचे से वह कवित्त ललकारा, जिसका अंतिम अंश था--"खम्भा टेकि खड़ी जैसे नारि मुगलाने की।"

एक दिन कई लोग बैठे बातचीत कर रहे थे कि इतने में एक पंडितजी आ गए। चौधरी साहब ने पूछा--"कहिये क्या हाल है?" पंडितजी बोले--"कुछ नहीं, आज एकादशी थी, कुछ जल खाया है और चले आ रहे हैं।" प्रश्न हुआ--"जल ही खाया है कि कुछ फलहार भी पिया है?"

एक दिन चौधरी साहब के एक पड़ोसी उनके यहाँ पहुँचे। देखते ही सवाल हुआ--"क्यों साहब, एक लफ्ज मैं अक्सर सुना करता हूँ, पर उसका ठीक अर्थ समझ में न आया। आखिर घनचक्कर के क्या मानी है, उसके क्या लक्षण हैं?" पड़ोसी महाशय बोले--"वाह, यह क्या मुश्किल बात है। एक दिन रात को सोने के पहले कागज-कलम लेकर सवेरे से रात तक जो जो काम किए हों, सब लिख जाइए और पढ़ जाइए।"

मेरे सहपाठी पं. लक्ष्मीनारायण चौबे, बा. भगवानदास हालना, बा. भगवानदास मास्टर--इन्होंने उर्दू-बेगम नाम की एक बड़ी ही विनोदपूर्ण पुस्तक लिखी थी, जिसमें उर्दू की उत्पत्ति, प्रचार आदि का वृत्तांत एक कहानी के ढंग पर दिया गया था--इत्यादि कई आदमी गर्मी के दिनों में छत पर बैठे चौधरी साहब से बातचीत कर रहे थे। चौधरी साहब के पास ही एक लैम्प जल रहा था। लैम्प की बत्ती एक बार भभकने लगी। चौधरी साहब नौकरों को आवाज देने लगे। मैंने चाहा कि बढ़कर बत्ती नीचे गिरा दूँ, पर लक्ष्मीनारायण ने तमाशा देखने के विचार से मुझे धीरे से रोक लिया। चौधरी साहब कहते जा रहे हैं, "अरे, जब फूट जाई तबै चलत आवह।" अंत में चिमनी ग्लोब के सहित चकनाचूर हो गई, पर चौधरी साहब का हाथ लैम्प की तरफ

न बढ़ा।

उपाध्यायजी नागरी को भाषा मानते थे और बराबर नागरी भाषा लिखा करते थे। उनका कहना था कि, ''नागर अपभ्रंश से, जो शिष्ट लोगों की भाषा विकसित हुई, वही नागरी कहलाई।'' इसी प्रकार वे मिर्जापुर न लिखकर मीरजापुर लिखा करते थे, जिसका अर्थ वे करते थे लक्ष्मीपुर—मीर=समुद्र + जा=पुत्री + पुर।

जीवनी

श्री राधाकृष्णदास

मनुष्य के जीवन की शक्ति उसके कार्य के फल के विस्तार और स्थायित्व में देखी जाती है। उसके कर्मों से कितने मनुष्य सुखी व दुखी हुए हैं तथा कितने काल तक उनसे मनुष्य सुखी वा दुखी होते जाएँगे, इसका एक साधारण अटकल बाँध कर हम उसके महत्त्व का विचार करते हैं। क्योंकि सृष्टि के बीच मनुष्य की स्थिति इस प्रकार की है कि उसकी प्रसन्नता व अप्रसन्नता का अधिक भाग औरों की क्रिया व अवस्था पर अवलंबित है। यह विस्तार और स्थायित्व उस श्रम के प्रभाव को नहीं प्राप्त होता जो शरीर-पोषण व कुटुंबपालन के हेतु किया जाता है। जब किसी असाधारण जीवन के कृत्यों का प्रभाव उससे कई सौ कोस दूर व कई पीढ़ियों के आगे जा पहुँचता है तब लोग मोहित होकर कर्ता से घनिष्टता प्राप्त करने के हेतु उसकी एक-एक बात से परिचित होना चाहते हैं। उसके कार्य के क्रम, उसके चित्त की प्रवृति तथा भिन्न-भिन्न अवस्थाओं में उसके कर्तव्य को देखकर हम यह भी पता लगाना चाहते हैं कि किस विशेषता के कारण वह अपने प्रभाव में समर्थ हुआ और किन-किन बातों ने उसके मार्ग में बाधा डाली। अतएव हम हिंदी-भाषा-भाषी स्वर्गीय बाबू राधाकृष्णदास के विषय में चाहे जितनी जिज्ञासा करें अनुपयुक्त नहीं। कोई यह नहीं कह सकता कि तुम्हें क्या करना है।

वंश परिचय

बाबू राधाकृष्णदास के पूर्वजों की निवास-भूमि मथुरा थी। वहाँ से वे किसी कारणवश आरा चले आये। इनके वृद्ध प्रपितामह बाबू रामचंद्र तक आरा ही में स्थित रहे। बाबू राधाकृष्णदास के परदादा बाबू हरिवंशलाल आरा से सैदपुर आकर रहे। बाबू हरिवंशलाल के पुत्र बाबू श्यामबिहारीलाल हुए जो कि गाजीपुर के चीनी के प्रसिद्ध व्यापारी बाबू शिवसहाय के मुनीब थे। बाबू श्यामबिहारी के बाबू

कल्याणदास[1] हुए। बाबू कल्याणदास का विवाह काशी के प्रसिद्ध धनिक काले हर्षचन्द्र की पुत्री और हिंदी के प्रसिद्ध कवि बाबू गोपालचंद्र की भगिनी श्रीमती गंगाबीबी से हुआ। यह संबंध बाबू गोपालचंद्र के द्वारा स्थिर हुआ था। बाबू गोपालचंद्र और बाबू कल्याणदास में परस्पर बड़ा स्नेह था। एक बार बाबू कल्याणदास ने अपना प्राण संकट में डाल कर बाबू गोपालचंद्र को गंगाजी में डूबने से बचाया था। इस स्नेह के कारण दोनों आदमी एक दूसरे से पृथक् रहना नहीं सहन कर सकते थे। बाबू गोपालचंद्र बाबू कल्याणदास से काशी में ही आकर रहने के लिए अनुरोध करने लगे। अंत में ये काशी चले आये और चौखंभे में बाबू गोपालचंद्र ही के परिवार में सम्मिलित होकर रहने लगे। बाबू कल्याणदास के दो पुत्र और एक कन्या हुई। बड़े पुत्र का नाम जीवनदास और छोटे का राधाकृष्णदास हुआ। इन्हीं राधाकृष्ण के कृत्यों को हम अंकित करने बैठे हैं।

बाबू राधाकृष्णदास का जन्म संवत् 1922 श्रावण 15 (राखी पूर्णिमा) (सन् 1865 ई.) को हुआ। जीवनारंभ ही में परमात्मा ने इन्हें पिता के लालन-पालन से वंचित कर दिया, उनके चरित्राभास को इनके जीवन पर से हटा दिया। जब ये दस महीने के थे ओर अपने पराए की पहचान ही आरंभ कर रहे थे तभी इनके पिता बाबू कल्याणदास संवत् 1923 ज्येष्ठ शुक्ल (मई 1866 ई.) को इस लोक से चल बसे। उस समय ये ही दोनों पुत्र अपनी माता के धैर्य के कारण हुए। किंतु यह अवस्था भी स्थिर न रहने पाई। बड़े पुत्र जीवनदास ने भी पिता की मृत्यु के थोड़े ही दिन पीछे शीतला रोग से 10 वर्ष की अवस्था में इस संसार से मुँह फेर लिया। अब रह गए केवल बालक राधाकृष्णदास और उनका मुँह देखती हुई दुःखिनी माता।

शिक्षा

ठीक इसी समय भारतेंदु का प्रकाश फैल रहा था; भाषा रसिक लोग उसकी ओर झुक रहे थे और हिंदी के लिए राह निकल रही थी। बाबू हरिश्चंद्र के ये फुफेरे भाई थे। वे अपने सगे छोटे भाई ही के समान इन्हें मानते थे और प्यार से 'बच्चा' कह कर पुकारते थे। इसी से काशी में अधिकांश लोग इन्हें 'बच्चा बाबू' कहते थे। भारतेंदु जी इन पर कैसा स्नेह रखते थे यह बतलाने की आवश्यकता नहीं। सारा संसार जिसकी दया और प्रीति का पात्र था उसका भाव अपने पितृविहीन फुफेरे भाई के प्रति कैसा रहा होगा यह स्वयं समझने की बात है। बाबू हरिश्चंद्र कौतूहलप्रिय

1. बाबू कल्याणदास की माता बाल्यावस्था में ही इन्हें छोड़कर परलोक गामिनी हुई। उनका लालन-पालन इनकी चाची, बाबू बनवारीलाल की स्त्री, ने बड़े यत्न और स्नेह के साथ किया। अपनी पहले भार्या की मृत्यु के पीछे बाबू श्यामबिहारीलाल ने दूसरा विवाह किया जिससे बाबू पुरुषोत्तमदास हुए जो हमारे चरित्रनायक के चचा और उनकी संपत्ति के प्रबंधकर्ता हैं।

मनुष्य थे, इससे ये बराबर उन्हीं के साथ रहते थे और उनकी एक-एक बात को ध्यानपूर्वक देखते थे। बाबू साहब भी एक न एक युक्ति लड़कों को प्रसन्न करने के लिए निकाला करते थे। इनकी शिक्षा की ओर बाबू हरिश्चंद्र का बहुत ध्यान रहा और इसके लिए वे निरंतर यत्न करते रहे। किंतु ये प्रायः रोगग्रस्त रहा करते थे। जहाँ दो एक महीने जमकर पढ़ते कि बीमार पड़ जाते और क्रम टूट जाता। उन दिनों शिक्षा के प्रचार में बाबू हरिश्चंद्र और उनके छोटे भाई बाबू गोकुलचंद्र तन मन से लगे थे। अपने घर पर लड़कों को बुलाकर पढ़ाते थे। लड़कों को कुछ फीस नहीं देनी पड़ती थी। उनको पुस्तक और स्लेट आदि भी बिना मूल्य दी जाती थी। बाबू राधाकृष्ण की शिक्षा का आरंभ यहीं से समझना चाहिए। इनका स्वास्थ्य इनकी पढ़ाई में बड़ा भारी बाधक था। किंतु विद्या की ओर इनकी स्वाभाविक अभिरुचि थी। इससे इस अशक्तता के रहते हुए भी ये उससे अधिक उन्नति करते गए जितनी साधारण बालक नियमित रूप से शिक्षा पाकर करते हैं।

स्कूल में ये जो कुछ पढ़ते थे उसके अतिरिक्त बाबू हरिश्चंद्र इन्हें बँगला आदि भी पढ़ाते थे। बाबू साहब की कन्या विद्यावती इनसे बहुत हिली मिली थी। ये लोग एक दूसरे को कभी-कभी चिढ़ाया भी करते थे।

इनका विवाह 17-18 वर्ष की अवस्था में काशी के राजा दरवाजा मुहल्ले में बाबू बुलाकीदास की लड़की अर्थात् बाबू जगन्नाथ दुर्रानी (कलकत्ता) की भांजी से हुआ था जो थोड़े ही दिन इस संसार में रहीं।

इनका दूसरा विवाह पटना (मुहल्ला मारूगंज) निवासी बाबू लेखराज की कन्या अर्थात् वर्तमान बाबू रघुनंदनप्रसाद और हरनंदनप्रसाद की बहिन से हुआ।

इनका उठना-बैठना बाबू हरिश्चंद्र ही के पास होता था। अतः एक प्रकार से इनकी शिक्षा हर घड़ी हुआ करती थी। विद्या ही की चर्चा अधिक सुनने को मिलती थी। जिस भारतेंदु की सभा में विद्वानों का सम्मान और उनके गुणों की परीक्षा होती थी उसमें ये भी जा बैठते थे। जहाँ देश की दुरवस्था पर शोक प्रकट किया जाता था, समाज की अधम गति की आलोचना होती थी, हिंदी की उन्नति के उपाय सोचे जाते थे वहाँ रहकर बालक राधाकृष्ण बूढ़ों के भी कान काटने लगे। भारतेंदु के कारण बाल्यावस्था में इनका उठना बैठना अधिकतर अपने से वयोवद्ध लोगों में रहा इससे चंचलता और कौतूहल-प्रियता आदि बालोचित गुण इनमें धीमे पड़ गए। लड़कपन ही से ये बुड्ढों की सी बातचीत करने लगे। इनकी अभिलाषाएँ साधारण बालकों की अभिलाषाओं से कुछ भिन्न होने लगीं। बड़े होने पर लोग जिन बातों में अपनी प्रशंसा कराना चाहते हैं ये छोटी अवस्था में ही उन बातों में अपनी प्रशंसा चाहने लगे। मेरी यह धारणा है कि इनकी यह प्रवृत्ति भी इनके विद्याध्ययन में कुछ बाधक हुई। ज्ञान-संचय के पीछे जिन कार्यों द्वारा लोग अच्छा नाम पैदा करते हैं उनकी ओर विद्याभ्यास की अवधि के भीतर ही ये लपकने लगे।

उस समय भारतेंदु उस धन को जिसने उनके पूर्वजों को खाया था खा चुके थे। उनके हिस्से की सारी पैतृक संपत्ति सड़ चुकी थी। अर्थोपासकों की मंडली से उन्हें 'नालायक' की पदवी भी मिल चुकी थी। उनके छोटे भाई बाबू गोकुलचंद्र जी बड़ों का नाम निशान रखने के लिए जी जान से लगे हुए थे। बाबू राधाकृष्ण पर दोनों भाइयों की समान दृष्टि रहती थी। इधर बाबू हरिश्चंद्र चाहते कि इन्हें अपने रंग में रँगे और हाथ में कलम देकर सांसारिक झंझटों से न्यारे कर दें और उधर उनके छोटे भाई बाबू गोकुलचंद्र जी इस चेष्टा में रहते कि इन्हें संसार में अपने पैरों के बल खड़े होने के योग्य बना दें। स्वभावतः बाबू गोकुलचंद्र जी की ओर सारा परिवार और इष्ट-मित्र-समुदाय था। इससे उनका बल इन पर अधिक था। वे सदा इन पर कड़ी दृष्टि रखते कि ये लेखनी हाथ में न लेने पावें। अपने पास बिठा कर वे व्यवसाय की ओर इनका मन ले जाते थे और उसके दाँव-पेंच इन्हें बतलाते थे। जब बाबू गोकुलचंद्र ने देखा कि उनकी बातें इनके मन में कुछ धँसने लगीं तब वे इन्हें चिढ़ाने भी लगे। कभी-कभी ऐसा होता कि बाबू गोकुलचन्द्र तथा दो चार और आदमी बैठे हैं और ये वहाँ पहुँच गए। उस समय बाबू साहब इनसे पूछते—'क्यों बच्चा बाबू। दुःखिनी बाला और स्वर्णलता न लिखी जाएगी।' ये सुनकर कुछ न बोलते और मुँह लटका कर चले जाते। इससे यह न समझिए कि लिखने की ओर से इनका मन हट गया। बात यह हुई कि बाबू गोकुलचंद्र की बातों पर भी ये इतना अधिक ध्यान देने लगे कि उन्हें कुछ कहने सुनने की जगह न रही। लिखने की ओर तो इनकी प्रवृत्ति हो ही चुकी थी। पहरा चौकी रहने पर भी ये कुछ न कुछ लिख ही डालते थे, पर उनकी दृष्टि बचा कर। कभी रात को उठकर लिखते कभी कहीं बाहर जाकर। एक दिन एक रूई का बोरा रखा हुआ था और आप उसी की आड़ में कलम चला रहे थे। इतने में बाबू गोकुलचंद पहुँच गए और ये पकड़े गए। इस रोक-टोक और शिक्षा का आगे चलकर इनके जीवन पर बहुत अच्छा प्रभाव पड़ा। साहित्यसेवा का गौरव भी इनके हृदय में समाया और द्रव्य का माहात्म्य भी इन पर प्रकट रहा। ये दोनों ओर दो रूपों से ढल पड़े। एक बाबू राधाकृष्णदास के दो बाबू राधाकृष्ण हो गए। एक तो साहित्य सेवा में तत्पर राधाकृष्णदास, दूसरे व्यवसाय में लिप्त राधाकृष्णदास। लेख और पुस्तकें लिखने में इनके आदर्श हुए बाबू हरिश्चंद्र, और सांसारिक व्यवहार में बाबू गोकुलचंद्र।

साहित्य-सृजन

भारतेंदु की आभा इनके हृदय पर पूरी पड़ी। जातीयता की ज्योति इनके हृदय में जगमगाने लगी, प्राचीन भारत वर्ष का गौरव इन्हें स्मरण आने लगा, पृथ्वीराज, बाप्पा रावल, महाराणी पद्मावती आदि का समय प्रत्यक्ष करने के लिए इनका मन यत्न करने लगा। सोमनाथ का टूटना, मथुरा का लूटा जाना, थानेसर का युद्ध, ये

सब घटनाएँ एक-एक करके इनकी आँखों के सामने फिरने लगीं। हिंदू जाति के सहस्त्रों वर्ष पूर्व दिखलाए हुए पराक्रम पर आनंद और सहे हुए अपमान पर क्रोध और ग्लानि ये अनुभव करने लगे।

बाबू हरिश्चंद्र ऐसे प्रेमरस मग्न मनुष्य के पास रहने पर भी यदि उस रस का संचार इनके हृदय में न होता तो आश्चर्य ही था। 16-17 वर्ष की अवस्था ही से प्रेम की रंगत भी इन पर चढ़ने लगी, शृंगार रस की कविता का भी चस्का इन्हें लगा।

सन् 1882 ही से इनके लेख समाचार पत्रों में निकलने लगे। पहिले कविवचनसुधा ही में इन्होंने लिखना आरंभ किया। इसके उपरांत 'सारसुधानिधि', ''भारतमित्र', 'उचितवक्ता', 'भारतबंधु', 'भारतोदय' आदि संवादपत्रों में ये बराबर लिखते रहे।

30 मई 1881 के कविवचनसुधा में अपने-अपने राज्य की पृथक् उपाधि प्रचलित करने के लिए इन्होंने 'भारतवर्षीय राजा महाराजाओं के प्रति सविनय निवेदन' किया और उसके लाभ बतलाए। उसी वर्ष 'सारसुधानिधि' में गोरक्षा के ऊपर भी कई लेख लिखे जिनका फल यह हुआ कि पंडित राममिश्र शास्त्री ने 'ब्रामृतवर्षिणी सभा' में इस विषय का प्रस्ताव किया। बाबू हरिश्चंद्र जी भी उस सभा में सम्मिलित थे। बहुत कुछ चंदा हुआ। इसके अनंतर पंडित राममिश्र शास्त्री गोरक्षिणी सभाएँ करने के अभिप्राय से लखनऊ, बरेली, आगरा और मथुरा आदि कई नगरों में गए।

सन् 1882 तक तो इनके न जाने कितने ही लेख प्रकाशित हो चुके थे और ये उस समय हिंदी के अच्छे लेखकों में गिने जाते थे। 16 जनवरी 1882 के 'सारसुधानिधि' में इन्होंने 'हिंदी भाषा के पत्र' शीर्षक एक लेख लिखा जिसमें उस पत्र की प्रशंसा इस प्रकार की, ''संप्रति हिंदी भाषा में कई पत्र निकलने लगे हैं, पर उनमें से थोड़े ही अच्छे हैं और सब तो बस नाम के हैं। हिंदी पत्रों में ऐसा एक ही पत्र है जो शुद्ध हिंदी में छपता है। इस पत्र का नाम सार सुधा निधि है।''

बाबू हरिश्चंद्र के सुयश सौरभ के प्रसार का इनको बड़ा ध्यान रहता था। उनकी कीर्त्तिकौमुदी को संसार के सम्मुख प्रत्यक्ष करने में ये निरंतर लगे रहते थे। वास्तव में यदि ये उदयकाल ही से वायु के समान चंचल होकर समय-समय पर भ्रम रूपी मेघों को न छाँटते रहते तो भारतेंदु की शीतल किरनें बहुतेरे अंधकारमग्न हृदयों में न पहुँचती। यदि यह सच्चा परखने वाला न होता तो आज हम उस नर रत्न के बहुत से अलौकिक गुणों को न जान सकते। सन् 1882 में भारतवर्ष के भिन्न-भिन्न प्रांतों में जितनी लड़कियाँ अंग्रेजी की परीक्षाओं में उत्तीर्ण हुई थीं सबको शिक्षा विभाग द्वारा बाबू हरिश्चंद्र ने साड़ियाँ दी थीं। कलकत्ता में बिथून कालिज की लड़कियों को लेडी रिपन ने अपने हाथ से उन साड़ियों को बाँटा था। कलकत्ते के अंग्रेजी, बँगला और हिंदी पत्रों ने जब इस प्रशंसनीय कार्य का उल्लेख और वर्णन न किया तब ये आकुल हो उठे और तुरंत 30 मार्च (1882) के 'भारतमित्र' में इस विषय

पर एक लेख भेजा जिसके अंत में इन्होंने क्षोभ के साथ लिखा—"हमको महान् आश्चर्य है कि कलकत्ते के हिंदी, अंग्रेजी और बँगला अखबारवालों ने इस प्रसिद्ध महात्मा के इस देशोपकारक कार्य का सविस्तार वर्णन अभी तक न लिखा।"

सार्वजनिक जीवन

नगर में जहाँ कहीं कोई सभा समाज होता वहाँ बाबू राधाकृष्णदास अवश्य पहुँचते और उसकी कार्यवाहियों की सूचना संवादपत्रों में लिखकर भेजते। काशी में जब आशु कवि पंडित गोवर्द्धनलाल आए थे और अपनी छंदरचनाशक्ति का अद्भुत चमत्कार उन्होंने दिखलाया था तब इन्होंने भारतवर्ष के गुणों की अपने घर पर शिक्षा देना आरंभ किया था। धीरे-धीरे जब लड़कों की संख्या बढ़ने लगी तब पढ़ाने के लिए एक वैतनिक अध्यापक नियत किया गया और सन् 1868 में नियमित रूप से चौखंभा स्कूल स्थापित किया गया जो आगे चलकर हरिश्चंद्र स्कूल के नाम से प्रख्यात हुआ। जब तक बाबू हरिश्चंद्र जी थे तब तक तो इस स्कूल को वे ही चलाते रहे। 1879 तक तो यह बिल्कुल उन्हीं की आर्थिक सहायता पर रहा। इसके पीछे गवर्न्मेंट ने 20 रु. मासिक ग्रांट देना आरंभ किया जो आगे चलकर 45 रु. हो गया। म्युनिसिपेल्टी से भी 200 रु. वार्षिक मिलने लगा। भारतेंदु जी की मृत्यु के पीछे इसका प्रबंध बाबू गोकुलचंद्र जी ने अपने हाथ में लिया। स्कूल बराबर उन्नति करता गया और 1888 ई. में मिडिल क्लास खोल दिया गया। पर सन् 1892 में बाबू गोकुलचंद्र का भी परलोकवास हो गया। उनके दोनों पुत्र बाबू कृष्णचंद्र और ब्रजचंद्र, छोटे थे। घर का सँभालनेवाला सिवाय बाबू राधाकृष्णदास के और कोई न था। ये ही उनकी संपत्ति के मैनेजर हुए। इस प्रबंध भार को ये धीरता और सहिष्णुता के साथ आवश्यक अवधि तक लिए रहे। स्वार्थी लोगों ने, जिनकी दाल इनके मारे नहीं गलने पाती थी, बीच-बीच में इन पर अनेक अपवाद भी लगाए और घर में एक दूरारे के मन में मैल भी डालनी चाही पर ये अपने कर्तव्य पथ से न डिगे। और वस्तुओं के साथ हरिश्चंद्र स्कूल का इंतजाम भी इन्हीं के सिर पड़ा। ये उसके एक मात्र प्रबंधकर्ता (Responsible Manager) हुए। जब से इन्होंने इसका प्रबंधभार अपने ऊपर लिया ये बराबर इसकी उन्नति के लिए फटफटाते रहे। समय-समय पर छात्रों की जाकर परीक्षा लेते, उत्साहित करने के लिए उन्हें पुरस्कार देते, मास्टरों पर ताकीद करते। सन् 1896 में इन्होंने इंट्रेंस क्लास भी खोल दिया। थोड़े दिनों तक तो काम अच्छी तरह चला, उसके पीछे सहायता की कमी और इनकी अवस्था के कारण उत्साह शिथिल पड़ गया। इंसपेक्टर ने बड़ी खराब रिपोर्ट लिखी। अंत में लाचार होकर इंट्रेंस तोड़ देना पड़ा। इन्होंने भरसक स्कूल के लिए कोई बात उठा नहीं रखी पर यदि सहायता न मिले, लोगों को इसके संस्थापित की कीर्ति की रक्षा का ध्यान और विद्या प्रचार के महत्त्व का अनुमान न हो तो अकेले ये कहाँ तक हाय-हाय करें। हर्ष की बात

है कि यह स्कूल आगे चलकर संभल गया और इसने अपनी बहुत उन्नति की। आज कल यह नगर के बहुत अच्छे हाई स्कूलों में है।

काशी नागरी-प्रचारिणी-सभा से संबंध

काशी में कालेज के कुछ विद्यार्थियों ने मिलकर एक सभा स्थापित की और उसका नाम नागरीप्रचारिणी रखा। यह सभा बहुत दिनों तक नार्मल स्कूल में होती रही। इसके पीछे 9 जुलाई 1893 को इसके नियम आदि बनाए गए। 16 तारीख को फिर एक बैठक हुई जिसमें वे नियम संशोधित होकर स्थिर हुए। यही दिन सभा का जन्मदिन माना गया। बाबू श्यामसुंदरदास, बी.ए. सभा के मंत्री बनाए गए और तब से बराबर सभा का कार्य नियमित रूप से होने लगा। यह सभा बाबू प्रमदादास मित्र के बुलानाले वाले घर पर होने लगी; किंतु वर्षाकाल में सभासदों और दर्शकों को कष्ट होने लगा। इस पर बाबू राधाकृष्णदास ने कृपा करके हरिश्चन्द्र स्कूल में स्थान दिया और सभा के अधिवेशन बहुत दिनों तक वहीं होते रहे।

17 फरवरी सन् 1894 को श्रीयुत बाबू राधाकृष्णदास जी ने सभा की प्रार्थना से सभापति होना स्वीकार किया और उसी दिन से मानो इस सभा में संजीवनी शक्ति का संचार हुआ। फिर तो दिनोंदिन सभा में अच्छे-अच्छे हिंदी के विद्वान् तथा स्थानिक और विदेशीय मान्य लोग सभासद होने लगे और उसके साथ ही साथ सभा की भी उन्नति होने लगी। बस अब तो कोई अधिवेशन ऐसा न होने लगा जिसमें विद्वान् लोग उपस्थित न हों और हिंदी के प्रचारार्थ कुछ उत्तम प्रबंध न किया गया हो।[1]

इस सभा से संबंध होते ही बाबू राधाकृष्णदास तन मन धन से इसकी सेवा में तत्पर हो गए। तब से बराबर इनके अनेक उद्योगों का लक्ष्य सभा का उपकार ही रहा। इसके लिए इन्होंने शारीरिक कष्ट उठाया, मानसिक व्यथा सही, द्रव्य को संशय में डाला, जो जो बन पड़ा सब कुछ किया। इनके जीवन की बहुत सी घटनाओं का केंद्र यह सभा बनी। 24 मार्च (1893) को सभा का एक अधिवेशन बड़ी धूम धाम का हुआ जिसमें बाबू रामदीन सिंह, पंडित रामाशंकर व्यास तथा और भी बहुत से हिंदी के उत्साही प्रेमी उपस्थित थे। बाबू राधाकृष्णदास ने अपना लिखा 'नागरीदास का जीवन चरित्र' सभा के सामने पढ़ा। लोगों को यह एक नई चीज मालूम हुई। बाबू रामदीन सिंह ने इसे अपने खड्गविलास प्रेस में छापकर प्रकाशित किया। इस अधिवेशन का प्रभाव लोगों पर बहुत अच्छा पड़ा। सभा के आगामी महत्त्व का आभास लोगों को मिलने लगा। अनेक विद्वान् और प्रतिष्ठित लोग सभासद हुए। इसके पहिले भी अनेक विषयों पर सभासदों ने लेख पढ़े थे परंतु यह सबसे पहला था जो छपकर पुस्तकाकार प्रकाशित हुआ।

---

1. ना. प्र. सभा प्रथम वर्ष की रिपोर्ट

सभा का प्रथम वार्षिकोत्सव भी बड़ी धूम से हुआ। नगर के प्रायः सब प्रतिष्ठित और विद्वान् लोग उपस्थित हुए। (परलोकवासी) राय बहादुर पं. लक्ष्मीशंकर मिश्र एम.ए. सभापित बनाए गए। वार्षिक रिपोर्ट पढ़ी गई जिसमें बाबू राधाकृष्णदास के विषय में कहा गया–'बाबू राधाकृष्णदास जी तथा बाबू कार्तिकप्रसाद जी का उद्योग और उत्साह इस सभा के कार्यों में परम प्रशंसास्पद है। इन महाशयों ने सभा की सहायता बड़े अविचल और उदार भाव से की अथवा यों कहिए कि सभा की इस उन्नति के मूल कारण ये ही दो महाशय हैं।' बाबू राधाकृष्णदास ने सभा को धन्यवाद दे कर कहा–"मैं कदापि इस धन्यवाद के योग्य नहीं हूँ जो इस सभा ने मेरे प्रति अपनी वार्षिक रिपोर्ट में प्रकाशित किया है।" इसके अनंतर उन्होंने इस विषय पर कि 'हिंदी क्या है?' एक अत्यंत सारगर्भित और युक्तिपूर्ण लेख पढ़ा जिस पर सभागृह में चारों ओर से करतल ध्वनि हुई।

इसके अनंतर ये बराबर समय-समय पर उपयोगी प्रस्तावों द्वारा सभा की सहायता करने लगे। ता. 22 मई (1894) के अधिवेशन में इन्होंने यह प्रस्ताव किया कि हिंदी के प्रसिद्ध ग्रंथकारों, पत्रसंपादकों तथा लेखकों के जीवनचरित्र लिखकर तथा लिखवाकर प्रकाशित किये जायें। इस प्रस्ताव को सभा ने स्वीकार किया था और लोगों के चरित्र संग्रह करना आरंभ भी कर दिया था, पर कई कारणों से यह कार्य उस समय न हो सका।

सितंबर 1902 में बा. श्यामसुंदरदास ने, जो सभा के मंत्री थे, कार्यवश तीन मास की छुट्टी ली और बाबू राधाकृष्णदास जी इनके स्थान पर मंत्री हुए। 27 सितंबर को 'द्रव्य के प्रयोग' पर इन्होंने साधारण अधिवेशन में एक अच्छी वक्तृता दी थी। प्रशंसा करते हुए इसका सविस्तार विवरण 'सारसुधानिधि' में लिखकर भेजा था। कानपुर में पंडित प्रतापनारायण मिश्र ने जब अपने स्थापित नाट्यसमाज द्वारा 15 अप्रैल 1882 को 'नीलदेवी' और 'अन्धेर नगरी' का अभिनय किया था तब ये बड़े ही आल्हादित हुए थे और 'कविवचन सुधा' में पंडित प्रतापनारायण मिश्र के उद्योग की बड़ी प्रशंसा इन्होंने की थी।

सन् 1884 समाप्त हुआ। 2 जनवरी ही को बाबू हरिश्चंद्र को एकाएक भयानक ज्वर आया। ज्वर आठ पहर तक रहा। ज्वर उतरने पर पसली में दर्द आरंभ हुआ। इसी समय से निराशा लोगों के सामने नाचने लगी। किसी प्रकार यह कष्ट भी हटा। तीसरे दिन खाँसी बड़े वेग से उठी और अंत में 6 जनवरी को पौने दस बजे रात अपनी शीतल किरणों की आभा संसार में छोड़ भारतेंदु अस्त हो गए। हिंदी प्रेमियों के हृदय में अंधकार छा गया।

जिन आँखों से बाबू राधाकृष्णदास उस भारतेंदु के माधुर्य का विकास देखते थे उन्हीं से आज उन्हें इस संसार से विदा होते उन्होंने देखा। वह हँसती हुई माधुर्य-मूर्ति सब दिन के लिए इनकी आँखों के सामने से हट गई। अब रह गए बाबू राधाकृष्णदास

और यह कठोर विस्तृत संसार। इस समय हमारे चरित्रनायक के हृदय पर कैसा आघात पहुँचा होगा पाठकगण स्वयं विचार लें। जिस छाया का ये आरंभ से अनुसरण करते आए वह छाया अब इस लोक में न रही। महीनों तक इनका चित्त उचटा रहा; चेहरे पर उदासी छाई रही। कभी बैठे-बैठे ध्यान आ जाता और "भाई साहब, भाई साहब!" पुकार उठते। हमारे चरित्रनायक की तो यह सब दशा हुई, पर संसार को इससे क्या? वह तो अपने निशाने से चूकनेवाला नहीं, वह तो एक क्षण के लिए भी अपना चरखा वंद करनेवाला नहीं।

सन् 1881 में कई नवयुवकों के उद्योग से जिनमें बाबू राधाकृष्णदास मुख्य थे काशी में एक 'बाल्य समाज' स्थापित हुआ। इसका मुख्य उद्देश्य बोलने की शक्ति बढ़ाना था। प्रति रविवार को नगर के उत्साही बालक और युवक इकट्ठे होते थे और नियत विषयों पर हिंदी वा उर्दू में कुछ न कुछ कहते थे। देशोन्नति संवंधी विपय ही प्रायः इसमें नियत किए जाते थे। यद्यपि यह 'बालसमाज' था पर पचीस वर्ष के मुछाड़िए भी सम्मिलित होते थे। बाबू राधाकृष्णदास इस सभा के लेखाध्यक्ष थे। इसके प्रबंध का भार इन्होंने अपने ऊपर लिया था, सभा का कार्य विवरण आदि यही पढ़ते थे। इस समाज के सामने 'भारतवर्प की वर्तमान अवस्था' तथा और कई विपयों पर बाबू राधाकृष्णदास ने व्याख्यान दिए थे। उद्योग और उन्नति का संबंध आरंभ ही से इनके चित्त पर जम गया था। एक दिन की बात है कि समाज के सामने 'भारत की आनेवाली अवस्था और उसकी उन्नति के उपाय' पर विचार हो रहा था। व्याख्यानदाता बाबू मुरलीधर नाम के किसी महाशय ने कहा 'भारतवर्प की यह दुरवस्था न सुधरेगी वरंच और भी बिगड़ती जाएगी'। उद्योगोपासक बाबू राधाकृष्णदास जी से न रहा गया। उन्होंने तुरंत उठकर कहा 'ऐसा कदापि नहीं है। भारतवर्प की उन्नति अवश्य होगी। देखिए, आगे लोग इतना भी नहीं जानते थे कि भारतवर्ष दुर्दशा में है या नहीं, और उन्नति किस चिड़िया का नाम है। पर अब लोग धीरे-धीरे इसकी चर्चा करने लगे। पहिले यहाँ केवल बाबू हरिश्चंद्र जी ने इस विषय में कमर बाँधी। अब उनके साथ बहुत से लोग हैं। इसी तरह धीरे-धीरे जब अधिकांश लोग ऐसे हो जाएँगे तब अवश्य उन्नति होगी।'

बाबू हरिश्चंद्र और उनके छोटे भाई बाबू गोकुलचंद्र ने आस-पास के लड़कों को इकट्ठा करके स्थानिक समाचारपत्र भारतजीवन में महाराजा बनारस के विषय में कोई अनुपयुक्त बात लिख दी थी जिसको लेकर कुछ स्वार्थी और भारतजीवन के विरुद्ध खुशामदी लोगों ने एक वितंडावाद खड़ा कर दिया और टाउनहाल में एक सभा कर डाली। बाबू श्यामसुंदरदास और बाबू राधाकृष्णदास ने सभा में उपस्थित होकर विरोध को बहुत कुछ शांत किया।

मृत्यु

ऊपर लिखा जा चुका है कि इनका शरीर स्वस्थ दशा में बहुत कम रहा। जो कुछ इन्होंने किया अस्वस्थ शरीर लेकर। इससे इनके मन की दृढ़ता और शक्ति का आभास मिलता है जो इनके क्षीण शरीर को उकसाता था। ज्वर इत्यादि से पीड़ित रहकर भी ये व्यवसाय का उद्योग और लिखने-पढ़ने का काम बराबर किए जाते थे। जब बहुत अशक्त हो जाते थे तभी बैठते थे। कभी-कभी तो ये अपने जीवन से बिल्कुल निराश हो जाते थे। 3 दिसंबर 1899 को ये खाँसी और बुखार से बहुत तंग आकर लिखते हैं "जान पड़ता है कि पापों के प्रायश्चित्त का समय निकट है। बरस दिन तक योंही खाँसी और बलगम से दुःख पाकर अंत में 6 दिन में पूज्य भारतेंदु जी अस्त हुए थे। वही दशा अपनी भी जान पड़ती है।"

इनका परिश्रम देखकर लोगों को चकित होना पड़ता था। व्यवसाय की हाय-हाय भी वैसी ही, साहित्य सेवा की धुन भी वैसी ही। इनकी जिस कार्य विभाग पर दृष्टि जाती ये उसी में लीन देख पड़ते थे। एक दिन की बात है कि मैं किसी कार्यवश काशी आया और इनसे मिलने गया। ये उन दिनों बीमार थे। मैंने देखा कि एक चारपाई पर ये बिल्कुल अशक्त और क्षीण होकर पड़े हैं, बीच-बीच में अपने रोगजनित कष्ट को आस-पास बैठे हुए लोगों से कहते जाते हैं। मुझे देखकर इन्होंने तुरंत बात फेर दी और हिंदी की चर्चा चला दी। इतने ही में कोई गुमाश्ता वहाँ आया। उसे देखते ही बड़ी व्यग्रता के साथ आप व्यवसाय संबंधी कई बातों की जिज्ञासा करने लगे। एक ओर अर्थ की कराल चिंता, दूसरी ओर लोकोपकार और साहित्य चिंता। ये दोनों चिंताएँ इनके स्वभावतः क्षीण शरीर को चर गयीं। इनका शरीर और मन श्रम और चिंता के भार को सहते-सहते ऊब गया। यों तो ये बराबर बीमार रहा करते थे पर इधर दो तीन वर्षों से बहुत लट गए थे। दस दिन अच्छे रहते तो चार दिन बीमार। इतने पर भी कार्य का क्रम बराबर जारी रहा। संध्या के समय ठेके के काम पर जाना और नागरीप्रचारिणी सभा के कागज पत्रों की देखभाल करना न छूटा। अपने परिवार के कार्यों में भी इन्होंने किसी प्रकार की रुकावट डालना न चाहा। अपने पुत्र बाबू बालकृष्णदास के विवाह की बातचीत में थे और उसके निमित्त कुछ तैयारी भी कर रहे थे। मार्च 1907 की बात है कि इनके कोई परिचित मित्र बीमार थे। ये उन्हें देखने के लिए गए। वहाँ इन्हें बहुत रात हो गई। रास्ते में लौटते समय इन्हें कुछ हवा और सर्दी लगी इससे पुरानी बीमारी लकवे का जोर हो गया। उसी दिन रात को जो ये चारपाई पर पड़े तो फिर न उठे। ये उन दिनों सभा के मंत्री थे अतः 1 अप्रैल को प्रातः काल तक तो आपने सभा के कागजों पर दस्तखत किए। फिर उसी दिन संध्या को जब और कुछ कागज हस्ताक्षर के

लिए लाए गए तब आप इस लोक से प्रस्थान करने की तैयारी में थे। यहाँ के लोगों से बातचीत करना छोड़ दिया था। उसी दिन रात को दो बजते-बजते बाबू राधाकृष्णदास इस लोक से चल बसे। भारतेंदु की अवशिष्ट कला विलीन हुई, हिंदी का एक सच्चा हितैषी और ग्रंथकार, समाज का एक अनुभवी सुधारक संसार से उठ गया।

परिशिष्ट

(1) आचार्य राचमन्द्र शुक्ल : जीवन-रेखा

पिता–पं. रामबली शुक्ल (कानूनगो)।

जन्म–आश्विन शुक्ल चतुर्दशी के उपरान्त पूर्णिमा मध्याह्न सन् 1884 ई.।

जन्म स्थान-ग्राम अगौना, जिला बस्ती।

प्रारंभिक शिक्षा-हमीरपुर जिले की राठ तहसील के राठ कस्बे में।

मिर्जापुर आगमन–1893 ई.।

बदरीनारायण चौधरी 'प्रेमघन' से प्रथम परिचय–1893 ई.।

मिडिल परीक्षा उत्तीर्ण की–मिर्जापुर (जुबिली स्कूल से), 1898 ई.।

विवाह–सन् 1896 ई.।

स्कूल फाईनल परीक्षा उत्तीर्ण की–(मिर्जापुर के लन्दन मिशन स्कूल से), 1901 ई.।

''आनंद कादम्बिनी'' के सम्पादक–1903 ई.।

नायब तहसीलदारी के लिए नामित हुए किंतु उसे स्वीकार नहीं किया, 1904 ई.।

लंदन मिशन स्कूल में ड्राइंग मास्टर नियुक्त–1904 ई.।

पहली कविता–'भारत और बसन्त'–(आनंद कादम्बिनी में प्रकाशित) 1896 ई.।

पहली गद्य रचना-'भाषा का विस्तार' (आनंद कादम्बिनी में प्रकाशित) 1899 ई.।

पहला अनूदित निबंध-कल्पना का आनंद (ना.प्र.प. में प्रकाशित) सन् 1905 ई (अनुवाद 1901 में पूर्ण)।

अंग्रेजी में लिखा पहला निबन्ध-ह्वाट हैज इण्डिया टु डू–(हिन्दुस्तान रिव्यू में प्रकाशित) 1907 ई.।

हिंदी शब्द-सागर के सहायक संपादक के रूप में काशी आगमन–1908 ई.।

पिता का स्वर्गवास–1918 ई.।

काशी हिंदू विश्वविद्यालय में अध्यापक–1919 ई.।

अलवर के महाराज जयसिंह के हिंदी सचिव–1924 ई.।

हिंदी शब्द सागर का संपादन-कार्य समाप्त हुआ, 1927 ई.।

हिंदी साहित्य-सम्मेलन के इंदौर अधिवेशन के साहित्य-विभाग के सभापित–1935 ई.।

हिंदी-विभाग, काशी हिंदू विश्वविद्यालय के अध्यक्ष नियुक्त–1937 ई.।

हिंदी साहित्य सम्मेलन द्वारा चिंतामणि, भाग-1 पर मंगलाप्रसाद पारितोषिक प्राप्त–1939 ई.।

अठ्ठाइसवें अखिल भारतीय हिंदी-साहित्य-सम्मेलन, काशी, के साहित्य परिषद के स्वागताध्यक्ष-अक्टूबर 1939 ई.।

अध्यापन का अंतिम दिन-शुक्रवार 31 जनवरी, 1941 ई.।

स्वर्गवास-2 फरवरी, रविवार, रात्रि 9.30 बजे, 1941 ई.।

(2) रचनाएँ

'कल्पना का आनंद' (एडिसनकृत प्लेजर ऑफ इमैजिनेशन का अनुवाद)–अनुवाद 1901 ई., प्रकाशन 1905 ई.।

'ह्वाट हैज इंडिया टु डू' (हिंदुस्थान रिव्यू' में प्रकाशित)–1907 ई.।

'साहित्य' (न्यू मैन के 'आइडिया ऑफ ए युनिवर्सिटी' के 'लिटरेचर' नामक निबंध के आधार पर लिखित)।

मेगस्थनीज का भारतवर्षीय विवरण (पुस्तक रूप में प्रकाशित)–1906 ई.।

बाबू राधाकृष्ण दास का जीवनचरित–1913 ई. में प्रकाशित।

कविता क्या है? (आचार्य शुक्ल का काव्य-चिंतन संबंधी प्रसिद्ध निबंध)–1909 ई. (प्रथम प्रारूप)।

राज्य प्रबंध शिक्षा (सर टी. माधव राव के माइनर हिंट्स का अनुवाद)–1913 ई.।

आदर्श जीवन (एडमूस विलियम डेवन पोर्ट लिखित प्लेन लिविंग एण्ड हाई थिकिंग के आधार पर) लिखित निबंधों का संग्रह-1914 ई.।

हिंदी ऐंड दी मुसलमान्स (1917 ई. में सी.वाई. चिंतामणि के प्रान्तीय काउन्सिल में हिंदी संबंधी प्रस्ताव का मुसलमान सदस्यों द्वारा विरोध किए जाने पर प्रतिक्रिया में लिखा गया निबंध, 'लीडर' के कई अंकों में प्रकाशित)–1917 ई.।

नान कोआपरेशन ऐंड दी नान मर्केंटाइल क्लासेज (पटना के 'एक्सप्रेस' के कई अंकों में प्रकाशित)–1921 ई.।

विश्वप्रपंच (हैकल के 'रिड्ल ऑफ दी यूनिवर्स का अनुवाद)–1920 ई.।

काव्य में प्राकृतिक दृश्य (माधुरी में पहली बार प्रकाशित)–1922 ई.।

भ्रमरगीत सार (सूर सागर के उद्धव-गोपी-प्रसंग से चुने हुए पद)–1922 ई.।

गोस्वामी तुलसीदास (तुलसी ग्रंथावली की भूमिका रूप में लिखित)–1923 ई., संशोधित संस्करण 1933 ई.।

शशांक (राखालदास बन्द्योपाध्याय के बंगला उपन्यास का अनुवाद)–1922 ई.।

बुद्धचरित (एड्विन आर्नल्ड के 'लाइट ऑफ एशिया') का ब्रजभाषा में पद्यानुवाद–1922 ई.।

महाकवि सूरदास (नागरी प्रचारिणी पत्रिका में प्रकाशित सूरदास की समीक्षा)–1924 ई.।

जायसी ग्रंथावली (जायसी की महत्त्वपूर्ण कृतियों का संपादन, 210 पृष्ठों की विस्तृत भूमिका के साथ)–1924 ई.।

वीरसिंह देव चरित (केशवदास कृत 'वीरसिंह देव' का संपादन)–1926 ई.।

तुलसी ग्रंथावली (तुलसीदास की कृतियों का लाला भगवानदीन और ब्रजरत्नदास के साथ संपादन)–1923 ई.।

काव्य में रहस्यवाद (पुस्तक रूप में प्रकाशित)–1929 ई.।

हिंदी शब्द-सागर–(हिन्दी का प्रथम मौलिक कोश) 1929 ई.।

हिंदी साहित्य का इतिहास (मूलतः हिंदी–शब्द-सागर की भूमिका के रूप में लिखा गया था)–1929 ई., संशोधित परिवर्द्धित 1940 ई.।

विचार-वीथी (आचार्य शुक्ल के 1912 ई. से लेकर 1919 तक लिखे गए मनोविकार संबंधी तथा उसके बाद के लिखे व्यावहारिक समीक्षा संबंधी निबंधों का संग्रह)–1930 ई.।

काव्य में अभिव्यंजनावाद, साहित्य सम्मेलन के इंदौर अधिवेशन में साहित्य परिषद के सभापति पद से दिया गया वक्तव्य–1935 ई.।

चिंतामणि (भाग-1) विचार वीथी के निबंधों का परिमार्जित संस्करण–1939 ई.।

चिंतामणि (भाग-2) (आचार्य शुक्ल के तीन बड़े निबंधों का संग्रह)–1939 ई.।

चिंतामणि (भाग-3) संपादक डॉ. नामवर सिंह–1983 ई.।

चिंतामणि (भाग-4) संपादक–कुसुम चतुर्वेदी, ओमप्रकाश सिंह, 2002।

रसमीमांसा (आचार्य शुक्ल के काव्य चिंतन संबंधी निबंधों का सुनियोजित संग्रह, यह संग्रह आचार्य विश्वनाथ प्रसाद मिश्र द्वारा संपादित है–1949 ई.।

मधुस्रोत (आचार्य शुक्ल की 1901 से 1929 के बीच लिखित कविताओं का संग्रह)–1971 ई.।

(3) आचार्य शुक्ल संबंधी महत्त्वपूर्ण आलोचना-साहित्य

1. आचार्य रामचन्द्र शुक्ल–शिवनाथ — सं.2000 वि.
2. आलोचक रामचन्द्र शुक्ल–गुलाब राय : विजयेन्द्र स्नातक — 1952 ई.
3. चिंतामणि-दर्शन–हरिहर नाथ टण्डन — 1954 ई.
4. आचार्य रामचन्द्र शुक्ल और हिंदी आलोचना-रामविलास शर्मा — 1955 ई.
5. समीक्षक प्रवर श्री रामचन्द्र शुक्ल-गिरिजादत्त शुक्ल 'गिरीश' — 1955 ई.
6. रामचन्द्र शुक्ल : जीवनी और कृतित्व-चन्द्रशेखर शुक्ल — 1962 ई.
7. आचार्य रामचन्द्र शुक्ल : सिद्धांत कृतित्व और आलोचना का विशद विवेचन शंभुनाथ पाण्डेय — 1962 ई.
8. आचार्य रामचन्द्र शुक्ल : सिद्धांत और साहित्य-जयचन्द्र राय — 1963 ई.
9. आचार्य शुक्ल के समीक्षा-सिद्धांत-रामलाल सिंह — 1969 ई.
10. आचार्य शुक्ल विचार कोष-अजित कुमार — 1974 ई.

11. आचार्य रामचन्द्र शुक्ल का चिंतन जगत्-कृष्णदत्त पालीवाल 1984 ई.
12. भारतीय समीक्षा और आचार्य शुक्ल की काव्य-दृष्टि-डॉ. नगेन्द्र 1985 ई.
13. आचार्य रामचन्द्र शुक्ल-रामचन्द्र तिवारी 1985 ई.
14. रामचन्द्र शुक्ल-सं. विश्वनाथ प्रसाद तिवारी 1985 ई.
15. रामचन्द्र शुक्ल-नीलकान्त 1985 ई.
16. हिंदी आलोचना की परंपरा और आचार्य रामचन्द्र शुक्ल —शिव कुमार मिश्र 1986 ई.
17. आचार्य रामचन्द्र शुक्ल : एक दृष्टि —हिंदुस्तानी अकादमी, इलाहाबाद 1986 ई.
18. आचार्य शुक्ल आलोचना कोष-रामचन्द्र तिवारी 1986 ई.
19. आचार्य रामचन्द्र शुक्ल : साहित्य चिंतन एवं समीक्षा दृष्टि —जगदीश शर्मा, रमाकान्त शर्मा 1986 ई.
20. रामचन्द्र शुक्ल-मलयज 1987 ई.
21. रामचन्द्र शुक्ल संचयन—डॉ. नामवर सिंह 1988 ई.
22. चिंतामणि चिंतक रामचन्द्र शुक्ल—डॉ. राजमल बोरा 2000 ई.
23. आचार्य रामचन्द्र शुक्ल : आलोचना का अर्थ : अर्थ की आलोचना—डॉ. रास्वरूप चतुर्वेदी 2001 ई.

●●●